IMMOBILIEN KAUFLEUTE 1

Lernfelder 1–5

Autoren

Manuela Lengwinat · Dr. Dirk Wenzel · Manfred Wünsche

unter Mitarbeit der Verlagsredaktion

Cornelsen

Dieses Buch wurde erstellt unter Verwendung von Materialien von:
Senta Amann, Kerstin Ansel-Röhrleef, Hans-Peter von der Bergen, Volker Brettschneider, Wolfgang R. Diemer, Oliver Dillmann, Christian Dirksen, Wolfgang Duschek, Peter Engelhardt, Kai Franke, Christian Fritz, Bettina Glania, Hans-Peter Hrdina, Ariane Hoffmann, Ludger Katt, Michael Klein, Antje Kost, Sven Labowsky, Susanne Lange, Antje Licht, Beate Löbs, Ute Morgenstern, Wolfgang Metzen, Klaus Otte, Elena Pestel, Michael Piek, Roswitha Pütz, Bernhard Rausch, Katrin Rohde, Michael Rottmeier, Manfred Scharffe, Thomas Schmitz-Kaltenthaler, Benjamin Schmorl, Heike Scholz, Josef Schnettler, Dieter Schütte, Anja Seiler, Alexander Siegmund, Gabriele Sikorski, Claudia Simons-Kövér, Alfons Steffes-lai, Maike Tholen, Marie Luise Titze, Gudrun Vogel-Kammerer†, Sabine Wagner, Gisbert Weleda, Insa Wenke, Petra Zedler†, Carsten Zehm

Verlagsredaktion: Sascha Heinrich, Rebecca Syme
Außenredaktion: Dold & Straub GbR, Züssow
Bildredaktion: Gertha Maly, Christina Scheuerer
Covergestaltung: Rosemeyer + Unger GbR
Innenlayout: sofarobotnik GbR, Augsburg und München
Technische Umsetzung: STRAIVE, Klein & Halm, Berlin
Illustrationen: Joachim Gottwald (S. 64, S. 125, S. 372)
Titelfoto: Shutterstock.com/Pressmaster

www.cornelsen.de

1. Auflage, 3. Druck 2026

Alle Drucke dieser Auflage können im Unterricht nebeneinander verwendet werden.

Druck: Drukarnia Dimograf Sp. z o.o., Bielsko-Biała

ISBN: 978-3-06-452261-9

Vorwort

Wir freuen uns, dass Sie sich für den Ausbildungsberuf „Immobilienkaufmann/-frau“ entschieden haben. In der nun vor Ihnen liegenden beruflichen Ausbildung werden Sie sich mit den komplexen und anspruchsvollen Leistungsprozessen immobilienwirtschaftlicher Unternehmen auseinandersetzen. Dabei eignen Sie sich z. B. umfassende Kenntnisse über das Vermieten von Wohn- und Gewerberäumen, das Begleiten von Bauprojekten sowie das Begründen und Verwalten von Wohnungseigentum an. Ihre Ausbildung bietet somit eine große Bandbreite spannender Themen. Neben dem reinen Fachwissen geht es in der Ausbildung aber auch darum, sich Handlungskompetenzen anzueignen und themenübergreifendes Arbeiten zu lernen.

Um den Anforderungen des Ausbildungsberufs und der Branche gerecht zu werden, folgt die neubearbeitete Lehrwerksreihe konsequent dem aktuell gültigen Rahmenlehrplan für den Ausbildungsberuf „Immobilienkaufmann/Immobilienkauffrau“.

Vom ersten Erscheinungstermin der Vorgängertitel bis heute sind nicht nur einige Jahre vergangen, auch alle Beteiligten sind um viele Erfahrungen reicher. Der konsequenten Arbeit der Schüler und Schülerinnen, der Lehrkräfte sowie betrieblichen Ausbilder und Ausbilderinnen mit den Lehrwerken haben wir eine Reihe von Anregungen zu verdanken, die in die Neubearbeitung eingeflossen sind.

Das Autorenteam, Praktiker und Praktikerinnen sowie erfahrene Lehrkräfte in der immobilienwirtschaftlichen Ausbildung, legen mit dieser Neubearbeitung Materialien vor, die uneingeschränkt dem Lernfeldkonzept folgen und die für einen erfolgreichen Abschluss der Ausbildung erforderlichen Kenntnisse vermitteln.

Neben den fachlichen Inhalten bietet die Neubearbeitung zu jedem Lernfeld verschiedene Situationen mit Arbeitsaufträgen, die den beruflichen Alltag abbilden und berufliche Anforderungen widerspiegeln. Weitere Aufgaben bieten zudem die Möglichkeit, das Gelernte zu wiederholen und zu festigen.

Mit der Neubearbeitung der Lehrwerksreihe „Immobilienkaufleute“ möchten wir Ihnen ein guter Begleiter auf dem Weg zur Abschlussprüfung sein und den Grundstein legen für einen erfolgreichen Berufseinstieg in die Immobilienwirtschaft. Wir wünschen Ihnen viel Spaß bei der Arbeit mit den neuen Büchern und eine spannende sowie zukunftsweisende Ausbildung.

Berlin, März 2022

Manuela Lengwinat
William Münckwitz
Mira Strittmatter
Dr. Dirk Wenzel
Manfred Wünsche

LF 1

Die Berufsausbildung selbstständig mitgestalten

LF 2 Das Immobilienunternehmen repräsentieren

LF 3 Wertströme und Werte erfassen und dokumentieren

Situationen

LF 4

Wohnräume vermieten

Situationen

LF 5

Wohnräume verwalten und Bestände pflegen

Firmenportrait:
MEWOH Musterwohn GmbH

MEWOH Musterwohn GmbH
Mieten. Einziehen. Wohlfühlen.

Die MEWOH Musterwohn GmbH ist eine mittelständische Wohnungsbaugesellschaft, deren Erfolgsgeschichte im Jahr 2002 in Leipzig mit dem Zusammenschluss der Jaanson & Kassis Grundstücks- und Wohnungsverwaltung GmbH und der Frank Giger Bauträger GmbH & Co. KG begann. Von Anfang an war es ihr Ziel, bundesweit Wohnraum für jedermann zu erschließen und anzubieten. Mittlerweile verfügt die MEWOH Musterwohn GmbH über ein umfangreiches Wohnungsportfolio mit gut 8 000 Wohneinheiten. Von der kleinen „Studentenbude" bis hin zum exklusiven Loft im Szeneviertel ist für jeden Geschmack etwas dabei. Hinzu kommen zudem ca. 650 Gewerbeeinheiten.
Zu den vielfältigen Aufgaben der MEWOH Musterwohn GmbH gehören u. a. die Verwaltung der eigenen Bestandseinheiten sowie deren Instandhaltung und -setzung. Außerdem bietet sie auch den Service an, Fremdobjekte zu betreuen. Dazu zählen u. a. die WEG-Verwaltung, die Sondereigentumsverwaltung und auch das Verwalten von fremden Gewerbeimmobilien.
Da es eine eigene Baubetreuung gibt, werden entsprechende Planungs- und Überwachungsaufgaben sowie die Durchführung von Modernisierungs- und Sanierungsarbeiten firmenintern übernommen.
Im Jahr 2020 haben Frau Dr. Kerstin Pohl und Herr Karsten Riedel die Geschäftsführung der MEWOH Musterwohn GmbH gemeinschaftlich übernommen. Ihr Mitarbeiterteam setzt sich teils aus erfahrenen und teils aus jüngeren Mitarbeitern zusammen, die mit viel Know-how, Engagement und Motivation die Stützpfeiler des Unternehmens bilden. Außerdem wird das Team durch drei Auszubildende verstärkt. Eine Übersicht über wesentliche Firmendaten gibt die folgende Aufstellung.

Firma
MEWOH Musterwohn GmbH
Fangerstraße 15 – 20
04104 Leipzig

☎ 0341 9321XX-0
🖷 0341 9321XX-9

✉ info@mewoh-musterwohn.dex
🌐 www.mewoh-musterwohn.dex

Rechtsform
Gesellschaft mit beschränkter Haftung (GmbH)
Sitz: Leipzig

Handelsregister
Amtsgericht Leipzig
HRB 61175/413

Geschäftsführung
Dr. Kerstin Pohl
Karsten Riedel

Gesellschafter
Frank Giger
Fenja Jaanson
Halim Kassis
Barbara Ruths

Bankverbindungen
TopBank Leipzig
IBAN: DE24 1001 0700 0060 0521 98
BIC: TOPBE DE729

Vereinsbank Ost
IBAN: DE28 9003 0300 0180 0643 03
BIC: VBOSDEFF XXX

Finanzamt
Leipzig III
Laukenweg 102
04217 Leipzig

Steuernummer
142/0878/497

Betriebsnummer für die Sozialversicherung
75 207 490

Umsatzsteuer ID-Nr.
DE 15788 8081

Anzahl der Beschäftigten
147

Wir sind für Sie da!

Sie sind auf der Suche nach einer Mietwohnung im Großraum Leipzig?

Wollen die Verwaltung Ihres Wohneigentums in kompetente Hände geben?

Spielen mit dem Gedanken, eine Gewerbeimmobilie anzumieten?

Liebäugeln Sie mit dem Kauf einer Wohnimmobilie?

Unser kompetentes Team steht Ihnen mit Rat und Tat zur Seite. Seit 2002 bieten wir Ihnen ein umfangreiches Angebot an immobilienwirtschaftlichen Leistungen. Wir beraten, betreuen und verwalten. In unserem Immobilienbestand findet sich für jeden Geschmack und jeden Anspruch das Richtige. Darüber hinaus engagieren wir uns mit unseren Bauprojekten in der Stadtentwicklung, um das Wohnen in Leipzig und Umgebung moderner und nachhaltiger zu gestalten.

Unsere Leistungen für Sie (Auszug):
- Vertrieb von eigenen Objekten und Fremdobjekten (u. a. Bestandsvertrieb und Akquise)
- Verwaltung von eigenen Objekten und Fremdobjekten (u. a. WEG-Verwaltung, Sondereigentum und Gewerbeimmobilien)
- kaufmännische und technische Bestandsbetreuung

Sie wollen mit uns in Kontakt treten? Dann rufen Sie uns unter 0341 9321XX-0 an. Oder schicken Sie eine Mail an info@mewoh-musterwohn.dex.

Gesellschaftsvertrag

§ 1 Firma und Sitz der Gesellschaft

(1) Die Firma der Gesellschaft lautet:
MEWOH Musterwohn
Gesellschaft mit beschränkter Haftung
(2) Sitz der Gesellschaft ist Leipzig.

§ 2 Gegenstand des Unternehmens

Gegenstand des Unternehmens ist das Errichten, Vermieten und Bewirtschaften von eigenen Immobilien sowie das Betreuen und Verwalten von fremden Immobilien. Die Gesellschaft darf andere Unternehmen gleicher oder ähnlicher Art übernehmen, vertreten und sich an solchen beteiligen. Sie darf auch Zweigniederlassungen errichten.

§ 3 Stammkapital

(1) Das Stammkapital beträgt 500.000 Euro (in Worten: fünfhunderttausend Euro). Davon übernehmen
a) Herr Frank Giger, Stammeinlage: 200.000 Euro,
b) Frau Fenja Jaanson, Stammeinlage: 150.000 Euro,
c) Herr Halim Kassis, Stammeinlage: 50.000 Euro,
d) Frau Barbara Ruths, Stammeinlage: 100.000 Euro.
(2) Alle Gesellschafter leisten ihre Einlagen in Geld. Je 50 % der Stammeinlage sind sofort zur freien Verfügung der Gesellschaft einzuzahlen, die Restbeträge sind nach Aufforderung der Geschäftsführung zu leisten.

§ 4 Dauer der Gesellschaft, Geschäftsjahr, Kündigung

(1) Die Gesellschaft wird auf unbestimmte Zeit errichtet.
(2) Geschäftsjahr ist das Kalenderjahr.
(3) Jedem Gesellschafter steht ein Kündigungsrecht mit einjähriger Frist zum Jahresende zu.

§ 5 Organe der Gesellschaft

Die Organe der Gesellschaft sind
a) die Geschäftsführung,
b) die Gesellschafterversammlung.

§ 6 Geschäftsführer

(1) Die Geschäftsführung besteht aus einer oder mehreren Personen. Sind mehrere Personen bestellt, so wird die Gesellschaft durch je zwei von ihnen gemeinschaftlich vertreten.
(2) Zum Geschäftsführer wurde bestellt:
Herr Frank Giger. Er ist von den Beschränkungen des § 181 BGB befreit.

§ 7 Gesellschafterversammlung und Stimmrecht

(1) Alljährlich findet innerhalb von 6 Monaten nach Schluss des vorangegangenen Rechnungsjahres eine ordentliche Gesellschafterversammlung statt. Diese beschließt über die

- Feststellung des Jahresabschlusses für das vorangegangene Geschäftsjahr,
- Verwendung des Ergebnisses der Unternehmung,
- Entlastung der Geschäftsführung,
- Wahl einer eventuell zu bestellenden Person für die Abschlussprüfung.

(2) Je 1.000 Euro eines Geschäftsanteils gewähren eine Stimme.

§ 8 Jahresabschluss

Innerhalb der ersten drei Monate nach Abschluss eines Geschäftsjahres hat die Geschäftsführung den Jahresabschluss und den Lagebericht aufzustellen und diese zusammen mit einem Vorschlag zur Ergebnisverwendung der ordentlichen Gesellschafterversammlung vorzulegen. Der Jahresabschluss ist nach den gesetzlichen Vorschriften und Gliederungen zu erstellen.

§ 9 Bekanntmachungen

Bekanntmachungen der Gesellschaft werden im Bundesanzeiger veröffentlicht.

Leipzig, den 03.07.2002

Frank Giger	*Halim Kassis*
Frank Giger	Halim Kassis
Fenja Jaanson	*Barbara Ruths*
Fenja Jaanson	Barbara Ruths

Der Gesellschaftsvertrag wurde von Rechtsanwältin und Notarin Frau Dr. Petra Mehl-Grauer, Leipzig, notariell beglaubigt.

Änderung des Gesellschaftsvertrages § 6 (2) durch die Gesellschafterversammlung am 17. Mai 2020:
Ab dem 01. Juli 2020 werden Frau Dr. Kerstin Pohl und Herr Karsten Riedel zur gemeinschaftlichen Geschäftsführung bestellt. Sie lösen damit Herrn Frank Giger ab. Beide sind von den Beschränkungen des § 181 BGB befreit. Die Änderungen wurden von Rechtsanwältin und Notarin Frau Dr. Claudia Grehl, Leipzig, notariell beglaubigt.

Organigramm (Auszug)

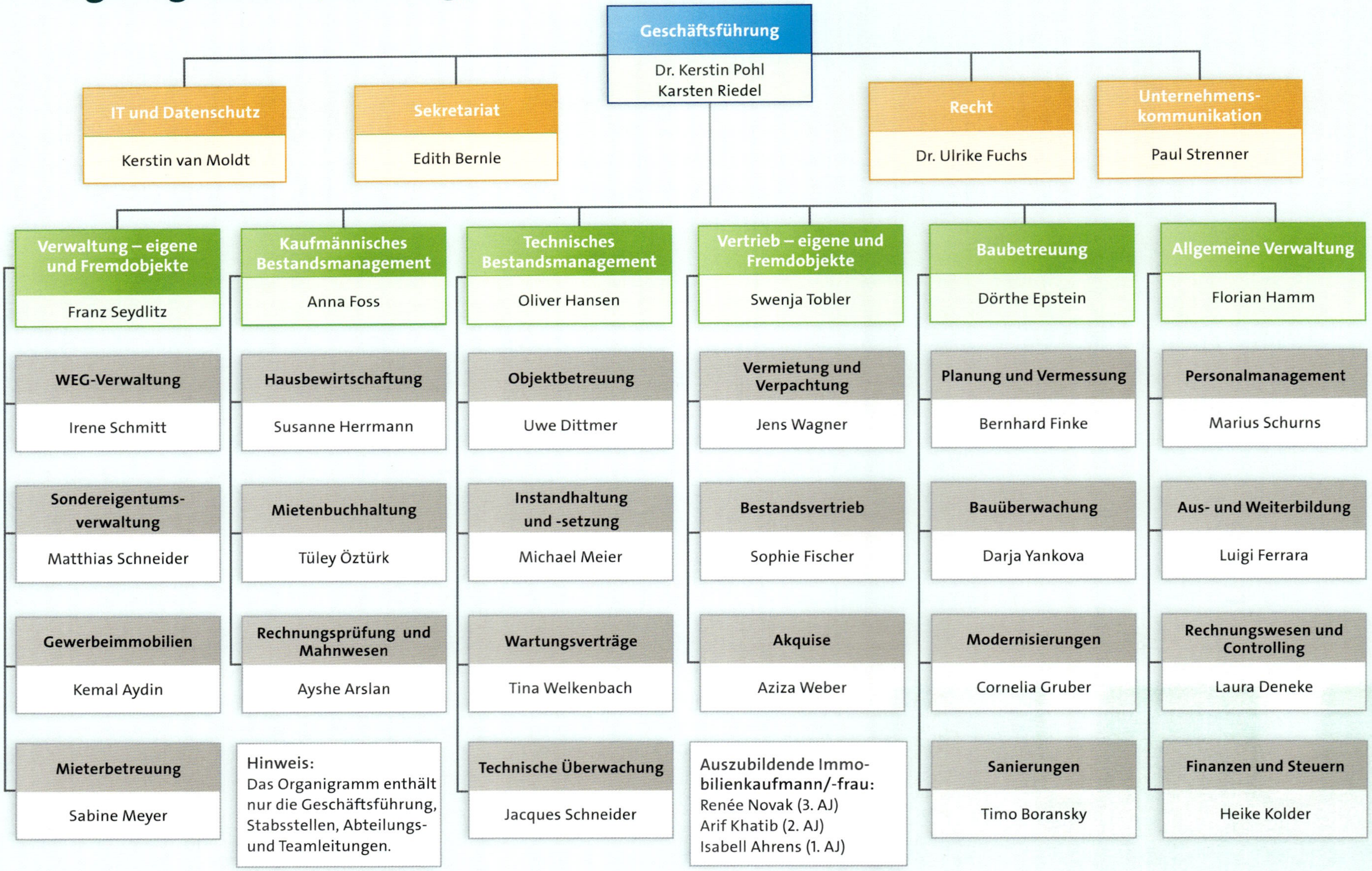

LERNFELD 1

Die Berufsausbildung selbstständig mitgestalten

SB ▶ SITUATION 1
Ein Unternehmen kennenlernen

▶ SITUATION 2
Eine Berufsausbildung beginnen

1 Der Immobilienkaufmann/ die Immobilienkauffrau: Berufsausbildung und Arbeitsverhältnis

Die Berufsausbildung zum Immobilienkaufmann/zur Immobilienkauffrau ist ein **staatlich anerkannter Ausbildungsberuf**. Das bedeutet, dass Inhalte und Ablauf der Ausbildung staatlich einheitlich geregelt sind. Die Ausbildung ist dem Berufsfeld Wirtschaft und Verwaltung zugeordnet.

Der Ausbildungsberuf Immobilienkaufmann/Immobilienkauffrau gehört zum **dualen Ausbildungssystem,** d. h., die Ausbildung findet an **zwei Lernorten** statt: Im Ausbildungsbetrieb werden in erster Linie fachpraktische Kenntnisse und Fertigkeiten vermittelt, während in der Berufsschule vorwiegend Berufstheorie, Methodenkompetenz und Allgemeinbildung auf dem Plan stehen.

§ 4 BBiG
Nachzulesen ist die Ausbildungsverordnung z. B. im Bundesgesetzblatt

Grundlage einer einheitlichen und anerkannten Berufsausbildung ist das **Berufsbildungsgesetz (BBiG)**. Es sieht vor, dass Ausbildungsberufe durch Ausbildungsverordnungen beschrieben werden müssen. Die erlassene Verordnung über die Berufsausbildung zum Immobilienkaufmann/zur Immobilienkauffrau legt folgende Inhalte fest:

Ausbildungsverordnung zum Immobilienkaufmann/zur Immobilienkauffrau

- § 1 Staatliche Anerkennung des Ausbildungsberufes
- § 2 Ausbildungsdauer
- § 3 Zielsetzung und Struktur der Berufsausbildung
- § 4 Ausbildungsberufsbild
- § 5 Ausbildungsrahmenplan
- § 6 Ausbildungsplan
- § 7 Schriftlicher Ausbildungsnachweis
- § 8 Zwischenprüfung
- § 9 Abschlussprüfung
- § 10 Bestehende Berufsausbildungsverhältnisse
- § 11 Inkrafttreten, Außerkrafttreten

Lernort Betrieb

Lernort Berufsschule

1.1 Inhalte der Ausbildung

In § 4 der Ausbildungsverordnung wird das sogenannte **Ausbildungsberufsbild** festgelegt. Darunter versteht man Fertigkeiten, Kenntnisse und Fähigkeiten, die dem Auszubildenden während der Ausbildung mindestens vermittelt werden müssen.

Das Bundesministerium für Bildung und Forschung (BMBF) stellt Informationsmaterial für Auszubildende kostenlos zum Download bereit.

www.praktisch-unschlagbar.de

Gegenstand der Berufsausbildung zum Immobilienkaufmann/zur Immobilienkauffrau sind mindestens die folgenden Fertigkeiten, Kenntnisse und Fähigkeiten:

Fertigkeiten, Kenntnisse und Fähigkeiten	
1. Der Ausbildungsbetrieb	5. Immobilienbewirtschaftung
2. Organisation, Information und Kommunikation	6. Erwerb, Veräußerung und Vermittlung von Immobilien
3. Kaufmännische Steuerung und Kontrolle	7. Begleitung von Bauvorhaben
4. Marktorientierung	8. Zwei Wahlqualifikationseinheiten

1.1.1 Ausbildungsrahmenplan

Der Ausbildungsrahmenplan ist eine Anleitung zur sachlichen und zeitlichen Gliederung der Berufsausbildung im Lernort Betrieb. Er ist der Ausbildungsverordnung als Anlage beigefügt.

Die sachliche Gliederung ordnet den Anforderungen des Ausbildungsberufsbildes die Inhalte zu, die den Auszubildenden im Betrieb vermittelt werden müssen. Die zeitliche Gliederung legt fest, in welchem Abschnitt der dreijährigen Ausbildung dies geschehen soll. Von diesen Vorgaben kann jedoch im Einzelfall abgewichen werden, wenn betriebliche Besonderheiten dies erfordern.

Der Ausbildungsrahmenplan legt die Ausbildungsinhalte verbindlich und allgemeingültig fest. Für jeden einzelnen Auszubildenden müssen diese Inhalte jedoch individuell in einen betrieblichen Ausbildungsplan umgesetzt werden, den der Ausbildende erstellt. Der Auszubildende ist seinerseits verpflichtet, den Verlauf seiner Ausbildung in einem schriftlichen Ausbildungsnachweis zu dokumentieren.

Wahlqualifikationen
- Bauprojektmanagement
- Gebäudemanagement
- Maklergeschäfte
- Steuerung und Kontrolle
- Wohnungseigentumsverwaltung

1.1.2 Rahmenlehrplan

Für den Lernort Berufsschule ist der Rahmenlehrplan maßgebend. Die Ausbildung in der Berufsschule ist in Lernfelder (thematische Einheiten) gegliedert, denen bestimmte Zeitrichtwerte für die drei Ausbildungsjahre zugeordnet sind. Ausbildungsrahmenplan und Rahmenlehrplan sind aufeinander abgestimmt. Im dualen Ausbildungssystem erfolgt somit die Vermittlung der theoretischen Fachkenntnisse durch die Berufsschule parallel zur praktischen Ausbildung im Betrieb.

Den aktuellen Rahmenlehrplan finden Sie z. B. unter:

https://www.bibb.de/dienst/berufesuche/de/index_berufesuche.php/profile/apprenticeship/n5457575

1.1.3 Ausbildung und Praxis

Die Aufgaben und Tätigkeiten in der Immobilienwirtschaft haben sich durch den technischen und wirtschaftlichen Wandel in den letzten Jahren verändert. Die zunehmende Nutzung neuer Informationsmedien und der EDV führt dazu, dass der Kontakt zu Kunden, Mietern und Geschäftspartnern intensiver und schneller geworden ist. Viele Arbeitsabläufe erfordern ein gutes Organisationstalent, wobei selbstständiges kaufmännisches Denken und vor allem Teamarbeit mehr und mehr gefordert sind. Bei den Anforderungen während der Ausbildung haben **fachübergreifende Qualifikationen** erheblich an Bedeutung gewonnen.

Handlungskompetenz
selbstständiger Umgang mit Aufgaben und Problemen unter Einbeziehung von Partnern und unter Berücksichtigung von ökologischen und ökonomischen Faktoren

Die Ausbildung in Berufsschule und Betrieb ist deshalb darauf ausgerichtet, den Auszubildenden eine umfassende berufliche **Handlungskompetenz** zu vermitteln, die sich zusammensetzt aus

- **Fachkompetenz:** Fähigkeit, Aufgaben und Probleme auf der Grundlage fachlichen Wissens und Könnens selbstständig, zielgerichtet und methodengeleitet zu bearbeiten und das Ergebnis zu beurteilen.
- **Methodenkompetenz:** Fähigkeit und Bereitschaft, bei der Bearbeitung von Aufgaben und Problemen im beruflichen und außerberuflichen Bereich zielgerichtet und planmäßig vorzugehen und geeignete Verfahren und Vorgehensweisen anzuwenden.
- **Selbstkompetenz:** Fähigkeit und Bereitschaft, als individuelle Persönlichkeit die Entwicklungschancen, Anforderungen und Einschränkungen in Familie, Beruf und öffentlichem Leben zu klären, zu durchdenken und zu beurteilen, eigene Begabungen zu entfalten sowie Lebenspläne zu fassen und fortzuentwickeln. Sie umfasst Eigenschaften wie Selbstständigkeit, Kritikfähigkeit, Selbstvertrauen, Zuverlässigkeit, Verantwortungs- und Pflichtbewusstsein. Zu ihr gehören insbesondere auch die Entwicklung durchdachter Wertvorstellungen und die selbstbestimmte Bindung an Werte.
- **Sozialkompetenz:** Fähigkeit und Bereitschaft, sich mit anderen rational, verantwortungsbewusst und kooperativ auseinanderzusetzen und zu verständigen.
- **Kommunikative Kompetenz:** Fähigkeit und Bereitschaft, kommunikative Situationen zu verstehen und zu gestalten. Hierzu gehört es, eigene Absichten und Bedürfnisse sowie die der Partner wahrzunehmen, zu verstehen und darzustellen.
- **Lernkompetenz:** Fähigkeit und Bereitschaft, Informationen über Sachverhalte und Zusammenhänge selbstständig und gemeinsam mit anderen zu verstehen, auszuwerten und in gedankliche Strukturen einzuordnen. Dazu gehört insbesondere auch die Fähigkeit und Bereitschaft, im Beruf und über den Berufsbereich hinaus Lerntechniken und Lernstrategien zu entwickeln und diese für **lebenslanges Lernen** zu nutzen.

Gesetzliche Regelungen eines staatlich anerkannten Ausbildungsberufes

Das Berufsbildungsgesetz (BBiG) → verlangt die Erstellung einer → **Ausbildungsordnung,** → die Bestimmungen enthält zum → **Ausbildungsrahmenplan,** → die umgesetzt werden müssen im → **betrieblichen Rahmenplan.**

1.2 Ablauf der Ausbildung

Die Berufsausbildung dauert drei Jahre. Verkürzungen am Anfang oder am Ende der Ausbildungszeit sind jedoch möglich. Spezifische Fachinhalte werden in allen drei Ausbildungsjahren vermittelt.

Im Rahmen der Ausbildung ist eine **Zwischen-** und eine **Abschlussprüfung** zu absolvieren, wobei die Zwischenprüfung in der Mitte des zweiten Ausbildungsjahres und die Abschlussprüfung gegen Ende der Ausbildung stattfinden soll.

§ 8 Zwischenprüfung

Die Zwischenprüfung dient zur Ermittlung des Ausbildungsstands und erstreckt sich laut Ausbildungsordnung auf die für das erste Ausbildungsjahr vorgesehenen Fertigkeiten, Kenntnisse und Fähigkeiten sowie auf den im Berufsschulunterricht entsprechend dem Rahmenlehrplan zu vermittelnden Lehrstoff. Das Ergebnis fließt nicht in die Abschlussprüfung ein.

Die Zwischenprüfung erfolgt in schriftlicher Form. Sie enthält praxisbezogene Aufgaben oder Fälle, die in höchstens 120 Minuten bearbeitet werden müssen und bezieht sich auf die folgenden Bereiche:
- Ausbildungsbetrieb und Immobilienmarkt
- Mietobjekte und Immobilienvermittlung
- Wirtschafts- und Sozialkunde

§ 9 Abschlussprüfung

Die Abschlussprüfung besteht aus vier Prüfungsbereichen, wobei drei Prüfungsbereiche schriftlich und einer mündlich geprüft werden. Bei den vier Prüfungsbereichen handelt es sich um:
- Immobilienwirtschaft (180 Minuten)
- Kaufmännische Steuerung, Dokumentation (90 Minuten)
- Wirtschafts- und Sozialkunde (90 Minuten)
- Kundengespräch, Teambesprechung (mündlich, maximal 30 Minuten)

Im Prüfungsbereich Kundengespräch, Teambesprechung werden die im Ausbildungsvertrag festgelegten Wahlqualifikationen berücksichtigt.

Gewichtung des Gesamtergebnisses der Abschlussprüfung	
Immobilienwirtschaft	40 %
Kaufmännische Steuerung, Dokumentation	20 %
Wirtschafts- und Sozialkunde	20 %
Kundengespräch, Teambesprechung	20 %

Auf Antrag des Prüflings oder nach Ermessen des Prüfungsausschusses kann eine mit „mangelhaft“ bewertete schriftliche Prüfung durch eine mündliche Prüfung von etwa 15 Minuten ergänzt werden, sofern dies zum Bestehen der Prüfung führen kann. Das ist dann der Fall, wenn die Prüfungsleistungen in bis zu zwei schriftlichen Prüfungsbereichen mit „mangelhaft“ und in den übrigen schriftlichen Prüfungsbereichen mit mindestens „ausreichend“ bewertet worden sind.

Mit dem Bestehen der Abschlussprüfung ist die Ausbildung beendet. Bei Nichtbestehen hat der Auszubildende die Möglichkeit, die Prüfung im folgenden Prüfungsdurchgang zu wiederholen.

1.3 Ausbildungsvertrag

Rechtliche Grundlage für die Berufsausbildung ist das Berufsbildungsgesetz (BBiG). Es schreibt für jede Berufsausbildung den Abschluss eines Ausbildungsvertrages vor.

§ 10 BBiG Vertrag

Wer andere Personen zur Berufsausbildung einstellt (Ausbildende), hat mit den Auszubildenden einen Berufsausbildungsvertrag zu schließen.

§ 11 BBiG

Da der Vertragsabschluss allein noch nichts über die Inhalte aussagt, schreibt das BBiG **Mindestangaben** vor, die der Ausbildungsvertrag enthalten muss.

Inhalte des Ausbildungsvertrages nach § 11 BBiG

Mindestanforderung	Erläuterung
1. Art, sachliche und zeitliche Gliederung sowie Ziel der Berufsausbildung, insbesondere die Berufstätigkeit, für die ausgebildet werden soll	–
2. Beginn und Dauer der Berufsausbildung	Das Ausbildungsverhältnis soll nicht mehr als drei Jahre und nicht weniger als zwei Jahre dauern. Die Ausbildung endet mit Bestehen der Abschlussprüfung, unabhängig von der im Vertrag festgelegten Ausbildungsdauer.
3. Ausbildungsmaßnahmen außerhalb der Ausbildungsstätte	z. B. Seminare, andere Betriebsstätten oder Zweigstellen
4. Dauer der regelmäßigen täglichen Ausbildungszeit	richtet sich nach gesetzlichen und tariflichen Bestimmungen
5. Dauer der Probezeit	Die Probezeit darf bis zu vier Monaten betragen. Während der Probezeit kann das Ausbildungsverhältnis von beiden Vertragsparteien ohne Einhalten der Kündigungsfrist und ohne Angabe von Gründen gekündigt werden.
6. Zahlung und Höhe der Vergütung	richtet sich nach gesetzlichen und tariflichen Bestimmungen
7. Dauer des Urlaubs	richtet sich nach gesetzlichen und tariflichen Bestimmungen
8. Voraussetzungen, unter denen der Berufsausbildungsvertrag gekündigt werden kann	Nach der Probezeit kann das Ausbildungsverhältnis nur gekündigt werden ▪ aus einem wichtigen Grund ohne Einhalten der Kündigungsfrist (innerhalb von zwei Wochen, nachdem der wichtige Grund bekannt wurde). ▪ vom Auszubildenden mit einer Frist von vier Wochen, wenn der Auszubildende die Berufsausbildung aufgeben oder sich in einem anderen Beruf ausbilden lassen will.
9. ein allgemein gehaltener Hinweis auf die Tarifverträge, Betriebs- oder Dienstvereinbarungen, die auf das Berufsausbildungsverhältnis anzuwenden sind	–

Ausbildender ist derjenige, der den Auszubildenden einstellt. Der Ausbildende muss die Ausbildung aber nicht unbedingt selbst durchführen, sondern kann einen **Ausbilder** damit beauftragen.

Ausbildender
stellt Auszubildenden ein
Ausbilder
führt Ausbildung durch

Der Ausbildungsvertrag kommt – wie jeder andere Vertrag auch – durch zwei übereinstimmende Willenserklärungen zustande. Ist der Auszubildende noch nicht volljährig und damit noch nicht voll geschäftsfähig, bedarf der Vertrag der Zustimmung des gesetzlichen Vertreters (in der Regel der Eltern).

Geschäftsfähigkeit
▶ LF 2, Kap. 1.3

Spätestens vor Beginn der Ausbildung ist der Vertrag **schriftlich** niederzulegen und bei der zuständigen Industrie- und Handelskammer (IHK) einzureichen. Die elektronische Form (z. B. per E-Mail) ist nicht zulässig. Die Vertragsniederschrift ist vom Ausbildenden, vom Auszubildenden und ggf. vom gesetzlichen Vertreter zu unterschreiben, dann erhält jede Vertragspartei eine Ausfertigung des unterzeichneten Vertrages.

Schriftform von Verträgen
▶ LF 2, Kap. 1.7

Im Ausbildungsvertrag kann nicht alles frei vereinbart werden. Manche Vereinbarungen sind grundsätzlich ungültig (nichtig), z. B.
- die Verpflichtung des Auszubildenden, für die Berufsausbildung eine Entschädigung zu zahlen,
- Vertragsstrafen oder
- der Ausschluss oder die Beschränkung von Schadenersatzansprüchen.

§ 12 BBiG

Nichtigkeit von Verträgen
▶ LF 2, Kap. 1.8.1

1.4 Rechte und Pflichten aus dem Ausbildungsvertrag

Nach Abschluss des Ausbildungsvertrages, also noch vor Beginn der eigentlichen Ausbildung, muss der Ausbildende die **Eintragung in das Verzeichnis der Berufsausbildungsverhältnisse** bei der zuständigen Industrie- und Handelskammer beantragen. Die Bestätigung der Kammer wird auf dem Ausbildungsvertrag vermerkt. Sie gibt dem Auszubildenden Sicherheit, dass der Vertrag den Bestimmungen des BBiG und der Ausbildungsordnung entspricht und dass der ausbildende Betrieb und der Ausbildende auch die notwendige **Eignung** besitzen. Außerdem muss der Ausbildende den Auszubildenden bei der **zuständigen Berufsschule** anmelden.

Eignung
Ausbilden darf nur, wer dazu persönlich und fachlich geeignet ist (§ 28 BBiG). Dazu muss der Ausbilder einen entsprechenden Nachweis, in der Regel durch die Ausbildereignungsprüfung, erbringen.

Auszubildende unter 18 Jahren dürfen nur beschäftigt werden, wenn sie innerhalb der letzten 14 Monate von einem Arzt auf ihre Berufstauglichkeit untersucht worden sind und hierüber eine **ärztliche Bescheinigung** vorliegt.

Vor Beginn der Ausbildung wird über jeden Auszubildenden eine **Personalakte** angelegt, in der die persönlichen Daten festgehalten werden. Während der Ausbildung wird diese Akte weitergeführt und ergänzt, z. B. die erste Beurteilung vor Abschluss der Probezeit, das Ergebnis der Zwischenprüfung, Ausbildungsmaßnahmen außerhalb der Betriebsstätte oder Seminare.

Die Steueridentifikationsnummer
wird vom Bundeszentralamt für Steuern erteilt.

Spätestens zum Beginn der Ausbildung müssen dem Ausbildenden die **Steueridentifikationsnummer** und der **Krankenversicherungsnachweis** übergeben werden, damit die Angaben in der Personalakte vermerkt werden können und der Ausbildungsbetrieb die notwendigen Anmeldungen (bei Krankenkasse und Finanzamt) vornehmen kann.

Dem Auszubildenden steht eine angemessene monatliche **Ausbildungsvergütung** zu, die mit Fortschreiten der Ausbildung – mindestens aber jährlich – ansteigt. Die Vergütung ist spätestens am letzten Arbeitstag des laufenden Monats zu zahlen. Bei Krankheit des Auszubildenden ist sie für den Zeitraum von sechs Wochen weiterzuzahlen.

Die **Höhe der Vergütung** richtet sich nach den laufenden Tarifen und wird von den Tarifparteien festgelegt. Für tarifgebundene Ausbildungsbetriebe stellen die tariflich vereinbarten Vergütungen Mindestbeträge dar, d. h., niedrigere Vergütungen sind unzulässig. Besteht keine Tarifbindung, kann die Höhe der tariflichen Vergütung um bis zu 20 % unterschritten werden. Auskunft über die angemessene Höhe Ihrer Ausbildungsvergütung erhalten Sie bei den zuständigen Tarifparteien.

Ist die Ausbildungsvergütung so gering, dass sie zur Deckung der notwendigen Ausgaben (Lehrmittel, Fahrtkosten, Lebensunterhalt) nicht ausreicht, kann der Auszubildende eine **Berufsausbildungsbeihilfe** beantragen. Dazu muss er sich an die zuständige Agentur für Arbeit wenden.

Damit steht dem Beginn der Ausbildung nichts mehr im Wege! Auch während der Ausbildung bestehen jedoch für den Ausbildenden und den Auszubildenden Rechte und Pflichten, die in den Paragrafen 13 bis 16 des BBiG festgehalten sind.

Pflichten des Ausbildenden und des Auszubildenden nach dem BBiG

Der Ausbildende verpflichtet sich,	Der Auszubildende verpflichtet sich,
• dafür zu sorgen, dass den Auszubildenden die berufliche Handlungsfähigkeit vermittelt wird, die zum Erreichen des Ausbildungszieles erforderlich ist.	• sich um den Erwerb der beruflichen Handlungsfähigkeit zu bemühen, die zum Erreichen des Ausbildungszieles erforderlich ist.
• den Auszubildenden kostenlos die Ausbildungsmittel, Werkzeuge und Werkstoffe zur Verfügung zu stellen, die zur Berufsausbildung und zum Ablegen von Zwischen- und Abschlussprüfungen erforderlich sind.	• die ihm im Rahmen seiner Berufsausbildung aufgetragenen Aufgaben sorgfältig auszuführen.
• Auszubildende zum Besuch der Berufsschule sowie zum Führen von schriftlichen Ausbildungsnachweisen anzuhalten, soweit solche im Rahmen der Berufsausbildung verlangt werden, und diese durchzusehen.	• an Ausbildungsmaßnahmen teilzunehmen, für die er nach § 15 freigestellt wird.
• dafür zu sorgen, dass Auszubildende charakterlich gefördert sowie sittlich und körperlich nicht gefährdet werden.	• den Weisungen zu folgen, die ihm im Rahmen der Berufsausbildung von Ausbildenden, von Ausbildern oder Ausbilderinnen oder von anderen weisungsberechtigten Personen erteilt werden.
• die Auszubildenden für die Teilnahme am Berufsschulunterricht und an Prüfungen freizustellen. Das Gleiche gilt, wenn Ausbildungsmaßnahmen außerhalb der Ausbildungsstätte durchzuführen sind.	• Werkzeug, Maschinen und sonstige Einrichtungen pfleglich zu behandeln.
• bei Beendigung des Berufsausbildungsverhältnisses ein schriftliches Zeugnis auszustellen.	• über Betriebs- und Geschäftsgeheimnisse Stillschweigen zu wahren.

1.5 Das Jugendarbeitsschutzgesetz

SB ▶ SITUATION 3
Arbeitszeitkonflikte in der Berufsausbildung erkennen und lösen

Beispiel

Dirk: Bei uns ist das Betriebsklima sehr gut, und ich arbeite schon voll mit. Mein Chef hat mich heute gefragt, ob ich diese Woche ausnahmsweise auch am Samstag zur Arbeit kommen kann. Zwei Kollegen sind krank, und wir können unseren Liefertermin sonst nicht halten, sagt er.

Tim: Samstagsarbeit – ist das für Azubis nicht verboten?

Dirk: Wieso denn – ich bin doch einverstanden, und meine Eltern haben auch nichts dagegen. Außerdem kann ich das Extrageld gut für den Führerschein brauchen.

Junge Menschen sind, da sie sich noch in der Entwicklung befinden, weniger belastbar als Erwachsene. Das Jugendarbeitsschutzgesetz (JArbSchG) schützt deshalb jugendliche Beschäftigte zwischen 15 und 18 Jahren vor gesundheitsschädigenden Belastungen bei der Arbeit. Der Gesetzgeber betrachtet Vierzehnjährige noch als Kinder, deren Beschäftigung – von wenigen Ausnahmen abgesehen (z. B. ein Betriebspraktikum während der Schulzeit) – grundsätzlich verboten ist. Einige Bestimmungen des JArbSchG gelten jedoch auch für Berufsschulpflichtige, die 18 Jahre oder älter sind. Es enthält u. a. Bestimmungen zu Arbeitszeiten, Ruhepausen, Freizeit, Urlaub und Berufsschulzeiten.

1.5.1 Arbeitszeit

§ 8 JArbSchG

Die regelmäßige tägliche Arbeitszeit muss im Ausbildungsvertrag festgehalten werden. Jugendliche dürfen nicht mehr als 8 Stunden täglich und 40 Stunden wöchentlich beschäftigt werden. Von dieser grundsätzlichen Regel kann in Ausnahmefällen abgewichen werden,

- wenn im Zusammenhang mit Feiertagen durch Umverteilung der Arbeitszeit eine längere zusammenhängende Freizeit erreicht wird (Brückentage) oder
- wenn an einzelnen Werktagen (z. B. freitags) die Arbeitszeit gekürzt ist, dürfen Jugendliche an anderen Werktagen derselben Woche bis zu 8,5 Stunden beschäftigt werden.

Die Fünftagewoche ist verbindlich. In Betrieben mit Samstagsarbeit (z. B. in Krankenhäusern, im Einzelhandel, im Verkehrswesen oder in der Landwirtschaft) muss ein Ausgleich an einem anderen Wochentag geschaffen werden.

Zwischen dem Feierabend und dem Arbeitsbeginn am nächsten Tag müssen mindestens 12 Stunden Freizeit liegen. Jugendliche dürfen nur zwischen 6 und 20 Uhr beschäftigt werden. Ausnahmen gelten für Jugendliche über 16 Jahren z. B. in der Gastronomie, in Bäckereien oder in der Landwirtschaft.

1.5.2 Pausen

§ 11 JArbSchG

- Die Ruhepause muss bei Arbeitszeiten zwischen 4,5 und 6 Stunden mindestens 30 Minuten betragen. Bei längeren Arbeitszeiten muss die Pause mindestens 60 Minuten dauern.
- Die erste Pause muss spätestens nach 4,5 Arbeitsstunden beginnen.
- Die Mindestdauer einer Pause beträgt 15 Minuten.

1.5.3 Berufsschule

§§ 9, 10 JArbSchG

Der Berufsschulbesuch (einschließlich Pausen) wird auf die Arbeitszeit angerechnet und vergütet. Es gilt:

- Beschäftigungsverbot vor einem Berufsschulunterricht, der um 9 Uhr beginnt (auch für Auszubildende über 18 Jahren)
- Beschäftigungsverbot an Berufsschultagen mit mehr als 5 Unterrichtsstunden (zu je 45 Minuten), einmal in der Woche
- Freistellung des Auszubildenden für die Teilnahme an der Zwischen- und Abschlussprüfung
- Freistellung am Arbeitstag unmittelbar vor der schriftlichen Abschlussprüfung und Anrechnung der Abschlussprüfung auf die Arbeitszeit
- der Besuch der Berufsschule darf nicht zu einem Verdienstausfall führen

1.5.4 Urlaub

Der bezahlte Jahresurlaub beträgt, wenn der Jugendliche zu Beginn des Kalenderjahres **noch nicht**

- 16 Jahre alt ist: mindestens 30 Werktage,
- 17 Jahre alt ist: mindestens 27 Werktage,
- 18 Jahre alt ist: mindestens 25 Werktage.

Jugendarbeitsschutzgesetz

Geltungsbereich

Jugendliche unter 18 Jahren und Berufsschulpflichtige (teilweise)

Arbeitszeit

- max. 8 h täglich
- max. 40 h wöchentlich
- 5-Tage-Woche
- mindestens 12 h Freizeit nach Feierabend

Pausen

- min. 30 min bei 4,5 bis 6 h Arbeitszeit
- min. 60 min bei mehr als 6 h Arbeitszeit
- Mindestdauer 15 min

Berufsschule

- keine Beschäftigung vor 9 Uhr an einem Berufsschultag
- keine Beschäftigung an einem Berufsschultag mit mehr als 5 h (1 x wöchentlich)
- Freistellung für Prüfungen
- Freistellung am Arbeitstag vor der Prüfung
- Anrechnung der Prüfung auf die Arbeitszeit
- kein Verdienstausfall

Beschäftigungsverbot

- für Kinder unter 14 Jahren
- an Samstagen, Sonn- und Feiertagen (mit Ausnahmen)
- keine Akkordarbeit
- keine gefährlichen Arbeiten

1.6 Der Arbeitsvertrag

SB ▶ SITUATION 4
Einen Arbeitsvertrag bewerten

Wird eine Auszubildende nach Abschluss der Ausbildung vom Ausbildungsbetrieb übernommen oder wird ein neuer Mitarbeiter eingestellt, wird ein Arbeitsvertrag geschlossen. Dieser Arbeitsvertrag zwischen Arbeitgeber und Arbeitnehmer ist die rechtliche Grundlage für das Arbeitsverhältnis.

Wesentliche Inhalte des Arbeitsvertrages sind:
- Name und Anschrift der Vertragsparteien
- Art und Umfang der Tätigkeit
- Einsatzort
- Beginn und Dauer des Arbeitsverhältnisses
- Probezeit
- Kündigungsfristen
- Gehalt
- Dauer der Arbeitszeit
- Urlaub
- Hinweise auf anzuwendende Gesetze, Tarifverträge und Betriebsvereinbarungen

In einem Arbeitsvertrag können die Vertragsparteien aber nicht alles frei vereinbaren. Zunächst sind die **gesetzlichen Regelungen** des Arbeitsschutzes zu beachten, die in verschiedenen Gesetzen und Rechtsverordnungen sowie in den von den Trägern der Unfallversicherung erlassenen Unfallverhütungsvorschriften zu finden sind.

Gesetze zum Arbeitsschutz
▶ LF 1, Kap. 4

Wird ein Arbeitsvertrag zwischen Mitgliedern der Tarifvertragspartner (Gewerkschaften und Arbeitgeberverbände) geschlossen, so sind die Regelungen des **Tarifvertrages** auf das Arbeitsverhältnis anzuwenden. Das gilt auch, wenn im einzelnen Arbeitsvertrag nicht ausdrücklich auf den Tarifvertrag Bezug genommen wird. Grundsätzlich gelten Tarifverträge nur für die Mitglieder der Tarifparteien.

Tarifvertrag
▶ LF 1, Kap. 3

Darüber hinaus können zwischen dem Betriebsrat und dem Arbeitgeber jedoch **Betriebsvereinbarungen** geschlossen werden, die für die Arbeitnehmer eines bestimmten Unternehmens unmittelbar gelten. Diese Betriebsvereinbarungen müssen in schriftlicher Form getroffen und von Arbeitgeber und Betriebsrat unterzeichnet werden.

Betriebsrat
▶ LF 1, Kap. 3.3

Durch Betriebsvereinbarungen können z. B. geregelt werden:
- zusätzliche Maßnahmen zur Verhütung von Arbeitsunfällen und Gesundheitsschädigungen
- Maßnahmen zur Förderung der Vermögensbildung
- Pausenregelungen
- Regelungen zur flexiblen Arbeitszeit
- Sondervergütungen

Mit dem Abschluss des Arbeitsvertrages übernehmen Arbeitgeber und Arbeitnehmer eine Reihe von Pflichten.

Pflichten aus dem Arbeitsvertrag (Beispiele)	
Pflichten des Arbeitgebers	**Pflichten des Arbeitnehmers**
• Vergütung • Beschäftigung • Fürsorge • Zeugnisausstellung • Urlaubsgewährung • Gleichbehandlung • Datenschutz • Entgeltfortzahlung	• Dienstleistung (Arbeit) • Anweisungen befolgen • keine Rufschädigung des Arbeitgebers • keine Schmiergelder annehmen • Verschwiegenheit • Wettbewerbsverbot

MEWOH Musterwohn GmbH
Mieten. Einziehen. Wohlfühlen.

Arbeitsvertrag für Angestellte unter Verweisung auf den Tarifvertrag

Zwischen der MEWOH Musterwohn GmbH, Fangerstraße 15-20, 04104 Leipzig (Arbeitgeber)

und ~~Herrn~~/Frau Monika Korbmacher geb. am 13.04.1972
wohnhaft in Julius-Raschdorff-Straße 139
04159 Leipzig (Arbeitnehmer) wird folgender Arbeitsvertrag geschlossen.

§ 1 Inhalt und Beginn des Arbeitsverhältnisses
I. ~~Der~~/Die Arbeitnehmer(in) tritt ab 01.09.20XX als Buchhalterin auf unbestimmte Zeit in die Dienste des Arbeitgebers.
II. Der Arbeitsvertrag bezieht sich auf eine Tätigkeit in Leipzig. Der Arbeitgeber behält sich vor, dem/der Arbeitnehmer(in) im Rahmen des Unternehmens auch an einem anderen Ort eine andere oder zusätzliche, der Vorbildung und den Fähigkeiten entsprechende Tätigkeit zu übertragen.

§ 2 Arbeitszeit
I. Die Arbeitszeit richtet sich nach den für den Betrieb geltenden tariflichen und betrieblichen Bestimmungen.
II. ~~Der~~/Die Arbeitnehmer(in) ist verpflichtet, im Rahmen des AZG und des MTV Mehrarbeit zu leisten.

§ 3 Arbeitsvergütung und Urlaubsanspruch
I. ~~Der~~/Die Angestellte erhält eine monatliche Vergütung nach dem Gehalts-Tarifvertrag.
a) Gehalt nach der Tarifgruppe V
b) eine außerordentliche monatliche Zulage in Höhe von 250,00 €.
II. Die Arbeitsvergütung ist jeweils am Monatsanfang auszuzahlen.
III. Der Urlaubsanspruch beträgt 25 Arbeitstage pro Kalenderjahr.

§ 4 Besondere Vergütungen
Neben dem in § 3 festgelegten Arbeitsentgelt werden noch folgende besondere Vergütungen gezahlt:
I. Urlaubsgeld 1.400,00 €
II. Sonderzahlungen 500,00 €
III. Sonstiges VL 40,00 €

§ 5 Arbeitsfähigkeit
I. ~~Der~~/Die Arbeitnehmer(in) ist verpflichtet, im Falle der Dienstverhinderung den Grund und die voraussichtliche Dauer der Verhinderung vorher bzw. unverzüglich mitzuteilen und im Falle der Erkrankung diese bis zum Ablauf des 3. Werktages nach Eintritt der Dienstverhinderung nachzuweisen.

§ 6 Verschwiegenheitspflicht, Wettbewerbsverbot
~~Der~~/Die Arbeitnehmer(in) ist verpflichtet, über alle Betriebs- und Geschäftsgeheimnisse sowie über alle betriebsinternen vertraulichen Angelegenheiten Stillschweigen zu bewahren. Der/Die Arbeitnehmer(in) darf nicht vor der rechtlichen oder tatsächlichen Beendigung des Arbeitsverhältnisses als Konkurrentin des Arbeitgebers auftreten, weder selbstständig noch für fremde Rechnung.

§ 7 Beendigung des Arbeitsverhältnisses
I. Das Arbeitsverhältnis endet zum Ablauf des Monats, in dem ~~der~~/die Arbeitnehmer(in) das 65. Lebensjahr vollendet.
II. Das Arbeitsverhältnis kann mit der Frist von 1 Monat zum Monatsende gekündigt werden.
Bei längerer Betriebszugehörigkeit verändert sich die Kündigungsfrist entsprechend (siehe MTV und KSchG).

§ 8 Änderungen des Arbeitsvertrages
Änderungen dieses Vertrages bedürfen der Schriftform.

§ 9 Bestandteile des Vertrages
Die Angaben im Einstellungsfragebogen und in den Bewerbungsunterlagen sind Bestandteil des Arbeitsvertrages. Die unwahre Beantwortung der Fragen berechtigt zur Anfechtung oder außerordentlichen Kündigung des Arbeitsvertrages.

Leipzig, den 27.08.20XX

Dr. Kerstin Pohl	*Monika Korbmacher*
Arbeitgeber	Arbeitnehmer(in)

1.7 Die Gehaltsabrechnung

SB ▶ SITUATION 5
Eine Gehaltsabrechnung lesen und verstehen

Hinweis:

Für einen Großteil der Arbeitnehmer entfällt seit dem 01.01.2021 der Solidaritätszuschlag.

▶ LF 1, Kap. 1.7.2

Beispiel

Zum Ende des ersten Monats ihrer Ausbildung erhält Isabell Ahrens von der Personalabteilung der MEWOH Musterwohn GmbH ihre erste Gehaltsabrechnung. Leider kann sie auf den ersten Blick überhaupt nicht erkennen, wie viel Geld sie denn nun auf ihr Girokonto bei der Stadtbank überwiesen bekommt. Die vielen Zahlen auf der Abrechnung erscheinen Isabell zunächst sehr unübersichtlich – noch ist ihr nicht ganz klar, warum von der Ausbildungsvergütung so viele Beträge abgezogen werden sollen.

MEWOH Musterwohn GmbH
Mieten. Einziehen. Wohlfühlen.

MEWOH Musterwohn GmbH • Fangerstraße 15-20 • 04104 Leipzig

Frau Isabell Ahrens
Bahnhofstraße 8a
04152 Leipzig

Fangerstraße 15-20
04104 Leipzig

Tel. +49 0341 9321XX-0
Fax +49 0341 9321XX-9

Mail info@mewoh-musterwohn.dex
www.mewoh-musterwohn.dex

– VERTRAULICH –
Personalnr. 812

Abrechnungsmonat August 20XX
Kostenstelle 0100
Sachbearbeiter/in Herr Schurns

Entgeltabrechnung: Ausbildungsvergütung
Immobilienkauffrau
1. Ausbildungsjahr

		Betrag €
Steuerklasse 1 / kein Freibetrag		
Ev. Lutherisch		
Eintritt 01.08.20XX		
Geburtsdatum: 17.05.20..		
Monatsentgelt		931,00
VL Arbeitgeberanteil		26,00
Gesamtbrutto		957,00
Steuerbrutto, laufende Bezüge	957,00	
Krankenversicherungsbrutto	957,00	
Krankenversicherung: AGK (8,75 %)		–83,74
Pflegeversicherung (2,3 %; Sonderregelung Sachsen)		–22,01
Rentenversicherungsbrutto	957,00	
Rentenversicherung (9,3 %)		–89,00
Arbeitslosenversicherung (1,3 %)		–12,44
Gesetzliches Netto		749,81
VL Bausparen		–40,00
Empfänger:		
BUILD Bausparkasse 5718235		
Auszahlungsbetrag auf Konto:		709,81
155555 TopBank Wuppertal		

Zur Ausbildungsvergütung bzw. dem Arbeitsentgelt werden die vermögenswirksamen Leistungen (VL) hinzugerechnet. Vermögenswirksame Leistungen werden vom Arbeitgeber zusätzlich gezahlt, damit Erwerbstätige ein Vermögen aufbauen können. In diesem Beispiel zahlt die MEWOH Musterwohn GmbH eine Teilleistung von 26,00 €.

Vom Bruttogehalt werden die Steuern und die Sozialversicherungsbeiträge berechnet.

Die Lohn- und Kirchensteuer sowie der Solidaritätszuschlag werden vom Bruttogehalt abgezogen und direkt an das Finanzamt überwiesen. Wenn das Bruttoeinkommen wie in diesem Beispiel unter 12.348,00 € (2026) im Jahr liegt, müssen keine Steuern abgeführt werden.

Die Beiträge zur Renten-, Kranken- und Arbeitslosenversicherung müssen vom Ausbildungsbetrieb bzw. dem Arbeitgeber und dem Auszubildenden je zur Hälfte bezahlt werden. Bei der Krankenversicherung können die Krankenkassen einen Zusatzbeitrag erheben, der zurzeit bei durchschnittlich 2,9 % liegt. Der Beitragssatz zur gesetzlichen Krankenversicherung beträgt also insgesamt 17,5 %. Bei der Pflegeversicherung zahlen kinderlose Versicherte ab 23 Jahren einen Zuschlag von 0,60 % (Stand: 2026).

Der Auszahlungsbetrag ist der Nettoverdienst minus der VL.

Der Nettoverdienst entspricht dem Gesamtbruttogehalt abzüglich der Steuern und der Sozialversicherungsbeiträge.

Die VL werden z. B. auf einen Sparvertrag oder einen Bausparvertrag überwiesen.

Das Gehalt eines Arbeitnehmers kann aus zwei Perspektiven betrachtet werden.

Aus **Sicht des Arbeitgebers** verursachen sowohl die Ausbildungsvergütung für Auszubildende als auch die Gehaltszahlung an den Arbeitnehmer Personalkosten. Das Berücksichtigen von Personalkosten ist insbesondere beim Erstellen von Kalkulationen eine wichtige Grundlage, da sie einen Einfluss auf die Preispolitik eines Unternehmens haben.

Aus **Sicht des Arbeitnehmers** stellt die monatliche Gehaltszahlung das Einkommen und somit seine Lebensgrundlage dar. Allerdings besteht ein wesentlicher Unterschied zwischen dem Bruttogehalt, das in seinem Arbeitsvertrag festgeschrieben ist, und dem Nettogehalt, das er am Monatsende tatsächlich zur Verfügung hat.

AN = Arbeitnehmer
AG = Arbeitgeber

Vermögenswirksame Leistungen
▶ LF 1, Kap. 1.7.4

Vom SV-Brutto werden die Beiträge zu den Sozialversicherungen berechnet.

Vom Steuer-Brutto werden die steuerlichen Abzüge berechnet.

Sozialversicherungsbeiträge (AN) werden vom SV-Brutto abgezogen.

Schema einer Entgeltabrechnung	
Bruttoentgelt lt. Arbeitsvertrag	
+ Sonderzahlungen, Zulagen (z. B. Weihnachts- oder Urlaubsgeld, vermögenswirksame Leistungen des Arbeitgebers)	
= **sozialversicherungspflichtiges Bruttoentgelt (SV-Brutto)**	Basis zur Berechnung der Sozialversicherungsbeiträge – Krankenversicherung – Pflegeversicherung – Rentenversicherung – Arbeitslosenversicherung
– Steuerfreibetrag	
= **steuerpflichtiges Bruttoentgelt (Steuer-Brutto)**	Basis zur Berechnung der steuerlichen Abzüge – Lohnsteuer – Solidaritätszuschlag – Kirchensteuer
SV-Brutto – Sozialversicherungsbeiträge (AN) – steuerliche Abzüge	
= **Nettoentgelt**	
– bereits früher gezahlter Vorschuss	
– vermögenswirksames Sparen (AG- und AN-Anteil)	
= **Nettoauszahlungsbetrag**	

1.7.1 Ermittlung des Bruttogehaltes

Tarifparteien
▶ LF 1, Kap. 3

Allgemeinverbindlichkeitserklärung
▶ LF 1, Kap. 3

Günstigkeitsprinzip
▶ LF 1, Kap. 3.1

Die Höhe des Bruttogehalts wird im Arbeitsvertrag schriftlich fixiert. Sind Arbeitnehmer und Arbeitgeber tariflich gebunden (Mitglied der Tarifparteien) oder wurde der Tarifvertrag für allgemein verbindlich erklärt, ist die Mindesthöhe des Gehalts abhängig von der Einstufung des Arbeitnehmers in eine **Beschäftigungsgruppe**. Diese richtet sich nach der Ausbildung und dem Aufgabengebiet des Arbeitnehmers.

Zudem ist die Gehaltshöhe abhängig von der **Beschäftigungsdauer** innerhalb der jeweiligen Gruppe (Beschäftigungsjahr). Trotz Tarifgebundenheit kann zwischen Arbeitnehmer und Arbeitgeber ein höherer Verdienst vereinbart werden als tariflich vorgeschrieben, ein niedrigerer Verdienst ist arbeitsrechtlich nicht möglich.

Zum Bruttoentgelt gehören alle Leistungen, die dem Arbeitnehmer bzw. Auszubildenden im Rahmen seines Arbeitsverhältnisses gezahlt werden. Auch die neben dem Bruttogehalt gezahlten sonstigen Vergütungen wie z. B. Urlaubsgeld, Weihnachtsgeld, Provisionen und Prämien, Fahrtkostenerstattung, vermögenswirksame Leistungen und Sachwerte erhöhen das Bruttoentgelt. Das Bruttoentgelt ist Grundlage für die Berechnung der gesetzlichen Sozialversicherungsbeiträge und wird auch als **sozialversicherungspflichtiges Bruttoentgelt** bezeichnet.

gesetzliche Sozialversicherungsbeiträge
▶ LF 1, Kap. 1.7.3

1.7.2 Berechnung der steuerlichen Abzüge

Die steuerlichen Abzüge setzen sich zusammen aus:
- Lohnsteuer/Einkommensteuer
- Kirchensteuer
- Solidaritätszuschlag

Die Gehaltszahlung unterscheidet sich von der Ausbildungsvergütung im Wesentlichen durch den Abzug von Lohnsteuer, Kirchensteuer und Solidaritätszuschlag. Zumindest im 1. Ausbildungsjahr ist die Vergütung häufig noch so gering, dass keine Abzüge vorgenommen werden.

Grundlage für die Berechnung der steuerlichen Abzüge bilden das steuerpflichtige Bruttoentgelt und die individuellen Lebensverhältnisse eines jeden Arbeitnehmers:
- der Familienstand
- die Anzahl und die Höhe der Kinderfreibeträge
- der steuerliche Freibetrag
- die zugeordnete oder gewählte Steuerklasse

Der Staat erhebt auf die Einkommen aller natürlichen Personen, die im Inland wohnen und arbeiten, **Einkommensteuer.** Diese stellt eine der wichtigsten Einnahmequellen des Staates dar. Die **Lohnsteuer** ist eine besondere Form der Einkommensteuer, die nur die Einkünfte aus nicht selbstständiger Arbeit besteuert. Die Lohnsteuer wird jeden Monat vom steuerpflichtigen Bruttoentgelt abgezogen und vom Arbeitgeber direkt an das Finanzamt überwiesen. Der Einkommensteuertarif legt fest, mit welchem prozentualen Steuersatz das Einkommen besteuert wird.

Arbeitnehmer, die einer Steuer erhebenden Religionsgemeinschaft angehören, zahlen außerdem **Kirchensteuer.** Die derzeitige Kirchensteuer beträgt 9 % (in Bayern und Baden-Württemberg 8 %) von der zu zahlenden Lohnsteuer.

Bundesweit erheben die evangelischen, lutherischen und römisch-katholischen Landeskirchen Steuern.

Als Maßnahme zur Bewältigung der finanziellen Erblasten im Zusammenhang mit der deutschen Wiedervereinigung und zur langfristigen Sicherung des Aufbaus in den neuen Ländern wird ein **Solidaritätszuschlag** in Höhe von derzeit 5,5 % der Lohnsteuer erhoben. Allerdings entfällt dieser seit 2021 für 90 % der Beschäftigten. Grund dafür ist eine deutlich höhere Freigrenze für einkommensteuerpflichtige Personen.

Die Angaben für die Berechnung der steuerlichen Abzüge (Lohnsteuerabzugsmerkmale) werden den Arbeitgebern über ein elektronisches Verfahren zum Abruf bereitgestellt.

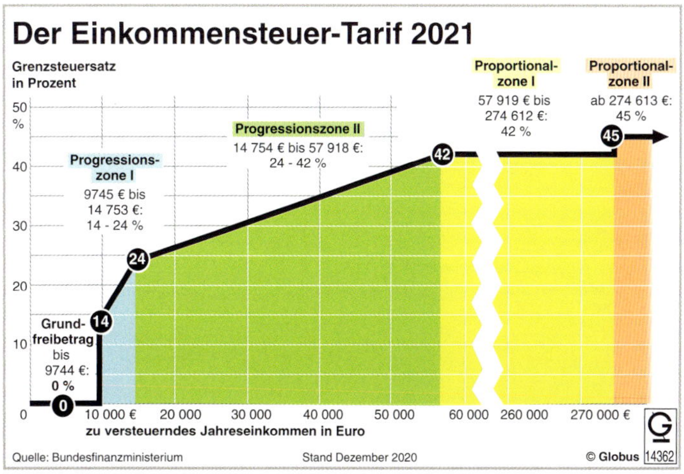

Die **Steuerklassen** spiegeln die familiären Lebensverhältnisse der Arbeitnehmer wider und führen zu einem unterschiedlichen Steuerabzug. Die geringsten steuerlichen Abzüge müssen bei der Steuerklasse III, die höchsten Abzüge bei Steuerklasse VI hingenommen werden.

Steuerklasse	Arbeitnehmer
I	ledige und geschiedene Arbeitnehmer sowie verwitwete Arbeitnehmer, sofern sie nicht in die Steuerklasse II oder III fallen
II	ledige, geschiedene und verwitwete Arbeitnehmer, denen der Entlastungsbetrag für Alleinerziehende zusteht. Der Entlastungsbetrag für Alleinerziehende steht grundsätzlich einem im Übrigen alleinstehenden Arbeitnehmer zu, in dessen Haushalt mindestens ein Kind mit Haupt- oder Nebenwohnung gemeldet ist, für das ihm ein Kinderfreibetrag zusteht oder für das er Kindergeld erhält.
III	Verheiratete, wenn der Ehepartner keine Einkünfte erzielt oder der arbeitende Ehepartner die Steuerklasse V gewählt hat, sowie verwitwete Arbeitnehmer für das Kalenderjahr, das auf das Todesjahr des Ehepartners folgt
IV	Verheiratete, wenn beide Ehepartner Arbeitslohn beziehen und anstelle der Steuerklasse III + V die Steuerklassen IV + IV gewählt haben
V	Verheiratete, wenn der Ehepartner die Steuerklasse III gewählt hat
VI	Arbeitnehmer, die gleichzeitig von mehreren Arbeitgebern Arbeitslohn erhalten, für die Einbehaltung der Lohnsteuer aus dem zweiten und aus weiteren Dienstverhältnissen

Die Lohnsteuer, Kirchensteuer und der Solidaritätszuschlag werden vom Arbeitgeber bei jeder Lohnzahlung vom Bruttoentgelt einbehalten und an das Finanzamt bis spätestens zum 10. des Folgemonats abgeführt. Der Arbeitgeber ist somit der **Steuerschuldner**, der Arbeitnehmer ist der **Steuerträger**.

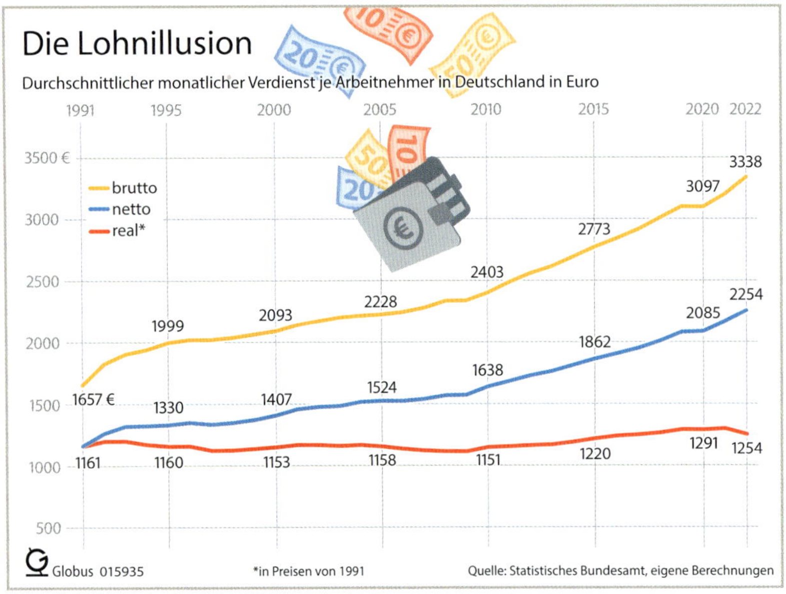

Am Jahresende erhält der Arbeitnehmer vom Arbeitgeber eine Lohnsteuerbescheinigung für das abgelaufene Kalenderjahr. Diese Bescheinigung dient dem Arbeitnehmer als Nachweis über das erhaltene Jahresbruttogehalt, die darauf gezahlten Steuern und Sozialversicherungsbeiträge. Der Arbeitnehmer benötigt diese Informationen für seine Einkommensteuererklärung.

1.7.3 Gesetzliche Sozialversicherungsbeiträge

Neben den steuerlichen Abzügen sind die gesetzlichen Sozialversicherungsbeiträge der zweite große Block an Abzügen, die der Arbeitnehmer zahlen muss. Der Arbeitnehmer muss für folgende Sozialversicherungen Beiträge zahlen: Krankenversicherung, Pflegeversicherung, Rentenversicherung und Arbeitslosenversicherung.

Aber nicht nur der Arbeitnehmer zahlt für seine soziale Absicherung in diese Sozialversicherungskassen ein, sondern **auch der Arbeitgeber**, der noch einmal fast die gleichen Beiträge beisteuert. Mit anderen Worten: Arbeitgeber und Arbeitnehmer teilen sich die Kosten der sozialen Absicherung des Arbeitnehmers.

Dies ist zum einen eine bemerkenswerte soziale Errungenschaft unseres Landes, zum anderen erhöht dieses System aber aus Sicht des Unternehmers die Personalkosten erheblich. Diese setzen sich somit u. a. zusammen aus den Gehaltszahlungen und dem Arbeitgeberanteil zu den Sozialversicherungen (Lohnnebenkosten).

Sozialversicherungsbeiträge 2026

Versicherungszweig	Gesamtbeitragssatz	Arbeitgeberanteil	Arbeitnehmeranteil	Bemessungsgrenzen (Monat)
Rentenversicherung	18,6 %	9,3 %	9,3 %	8.450,00 €
Arbeitslosenversicherung	2,6 %	1,3 %	1,3 %	
Krankenversicherung	14,6 % + x[1]	7,3 % + $\frac{x}{2}$	7,3 % + $\frac{x}{2}$	5.812,50 €
Pflegeversicherung	3,6 % +0,6 %[2]	1,8 %	1,8 % +0,6 %[2]	

[1] x = Zusatzbeitrag (2026 betrug der durchschnittliche Zusatzbeitrag aller Krankenkassen 2,9 %)
[2] Den Zuschlagssatz von 0,6 %-Punkten zahlen Kinderlose ab 23 Jahren.

Die Beitragssätze für die Sozialversicherungen beziehen sich auf das sozialversicherungspflichtige Bruttoentgelt. Je mehr ein Arbeitnehmer also verdient, desto höhere Beiträge muss er entrichten. Es findet jedoch ein sozialer Ausgleich zwischen den Versicherten statt: Trotz unterschiedlich hoher Beiträge erhalten alle Mitglieder die gleichen Versicherungsleistungen (**Solidaritätsprinzip**).

Hinweis zur Pflegeversicherung:
Ab dem 2. Kind wird der Beitrag pro Kind um 0,25 %-Punkte gesenkt (bis zum 5. Kind). Die max. Entlastung beträgt somit 1,0 %-Punkte.

Das sozialversicherungspflichtige Bruttoentgelt wird zur Berechnung der Sozialversicherungsbeiträge aber nur bis zu einer bestimmten Höhe herangezogen (**Beitragsbemessungsgrenze**). Liegt das Bruttoentgelt eines Arbeitnehmers über der jeweiligen Beitragsbemessungsgrenze, so wird der Beitragssatz nur bis zu dieser Bemessungsgrenze erhoben. Das darüber liegende Gehalt bleibt beitragsfrei.

Bitte beachten:
In Sachsen gilt hinsichtlich der Arbeitgeber- und Arbeitnehmeranteile bei der PV eine Sonderregelung.

Arbeitnehmer sind grundsätzlich in der gesetzlichen Kranken-, Renten-, Arbeitslosen- und Pflegeversicherung **pflichtversichert.** Ab einem gewissen Einkommen steht es dem Arbeitnehmer jedoch frei, die gesetzliche Kranken- und Pflegekasse zu verlassen und sich privat zu versichern. Voraussetzung ist, dass der Arbeitnehmer mit seinem Einkommen über der **Versicherungspflichtgrenze** liegt. Für die Renten- und Arbeitslosenversicherung besteht eine solche Möglichkeit nicht. Hier bleibt jeder abhängig Beschäftigte, unabhängig von seinem Verdienst, pflichtversichert.

Die Versicherungspflichtgrenze (2026)
liegt bei einem monatlichen Bruttoeinkommen von 6.450,00 € (77.400,00 €/Jahr)

Genau wie die Steuerabzüge werden auch die vom Arbeitnehmer zu tragenden Sozialversicherungsbeiträge direkt **vom Arbeitgeber einbehalten.** Der Arbeitgeber führt die Arbeitnehmer- und Arbeitgeberanteile an die Krankenkasse des jeweiligen Arbeitnehmers bis zum drittletzten Bankarbeitstag des jeweiligen Monats ab. Die jeweilige Krankenkasse hat dann die Aufgabe, die verschiedenen Beiträge an die entsprechenden Sozialversicherungsträger zu überweisen.

1.7.4 Vermögenswirksame Leistungen

Aus gesellschaftspolitischen Gründen hält der Staat es für unterstützenswert, dass sich Arbeitnehmer ein eigenes Vermögen aufbauen. Deshalb hat der Staat Gesetze geschaffen, mit denen die Arbeitnehmer zum Sparen angeregt werden sollen. Ein solches Gesetz ist das **5. Vermögensbildungsgesetz (VermBG)**, das alle Arbeitnehmer begünstigt, die abhängig beschäftigt sind. Vermögensbildung nach diesem Gesetz wird unter bestimmten Voraussetzungen sowohl vom Staat als auch vom Arbeitgeber gefördert. Voraussetzung für die Förderung durch den Arbeitgeber ist die tarifliche, betriebsvereinbarte bzw. arbeitsvertragliche Vereinbarung über die Zahlung vermögenswirksamer Leistungen.

Vermögenswirksame Leistungen (VL) sind Geldleistungen, die dem Arbeitnehmer in der Regel nicht zur freien Verfügung ausgezahlt, sondern für ihn langfristig angelegt werden. Sie sind für den Arbeitnehmer arbeitsrechtlich Bestandteil des Gehalts und somit lohnsteuer- und sozialversicherungspflichtig.

vermögenswirksame Leistung (vom Arbeitgeber)
\+ freiwilliger Sparbetrag (vom Arbeitnehmer)
= vermögenswirksame Sparleistung

In der Gehaltsabrechnung müssen die vermögenswirksamen Leistungen und die vermögenswirksame Sparleistung auseinandergehalten werden. Die **vermögenswirksame Sparleistung** setzt sich zusammen aus der vom Arbeitgeber geleisteten vermögenswirksamen Leistung und dem freiwillig erbrachten Anteil des Arbeitnehmers. Die Sparleistung wird vom Nettoentgelt abgezogen und vom Arbeitgeber einbehalten, sie mindert also den Auszahlungsbetrag. Der Arbeitgeber muss dann, je nach Anlageart, die einbehaltene Sparleistung z. B. auf das Bausparkonto des Arbeitnehmers überweisen.

Erfolgt die Anlage der vermögenswirksamen Sparleistung in bestimmten Anlageformen, erhält der Arbeitnehmer u. U. auch eine staatliche Förderung, die sogenannte **Arbeitnehmersparzulage.**

Voraussetzungen zur staatlichen Förderung (Arbeitnehmersparzulage)

Anlageform	Arbeitnehmer-sparzulage	Maximal geförderte Sparleistung	Wer erhält die Arbeitnehmersparzulage (Einkommensgrenze)?
Bausparvertrag	9 %	470 € im Jahr	Ledige: bis 40.000 € pro Jahr Verheiratete: bis 80.000 € pro Jahr
Investmentsparverträge	20 %	400 € im Jahr	Ledige: bis 40.000 € pro Jahr Verheiratete: bis 80.000 € pro Jahr

Eingetragene Partnerschaften werden Verheirateten gleichgesetzt.

Die Anlageformen Bausparvertrag und Investmentsparverträge sind kombinierbar, d. h., beide Formen können gleichzeitig angespart und gefördert werden. Die maximale Sparzulage des Staates beträgt dann 123,00 €/246,00 €.

2 Leistungen des Staates und der Sozialkassen

Die Gesamtabzüge vom Bruttogehalt einschließlich der Sozialbeiträge eines Arbeitnehmers betragen je nach dem persönlichen Steuersatz bis zu 50 %. Keine Frage, bei einem Blick auf die Gehaltsabrechnung fragt sich der Arbeitnehmer, ob das richtig ist. Aber er zahlt dieses Geld nicht vergebens. Er bekommt dafür vom Staat und von den Sozialversicherungen eine Gegenleistung.

2.1 Leistungen des Staates

Der Staat erfüllt eine ganze Reihe von öffentlichen Aufgaben. Beispielsweise finanziert er unseren Rechtsstaat, unterhält Krankenhäuser, baut Straßen, finanziert die Bildung und sorgt für die innere Sicherheit durch Polizei und Feuerwehr sowie für die äußere Sicherheit durch die Bundeswehr. Damit der Staat diese öffentlichen Aufgaben erfüllen kann, benötigt er entsprechende Einnahmen.

Der Staat finanziert seine Ausgaben aus verschiedenen Quellen:

- **Steuern** sind Geldleistungen des Steuerpflichtigen, ohne dass dieser eine konkrete Gegenleistung beanspruchen kann.
- **Beiträge** sind Geldleistungen, durch die sich der Beitragszahler einen Anspruch erwirbt, die Leistungen der beitragserhebenden Institution zu nutzen.
- **Gebühren** werden für bestimmte Leistungen des Staates oder öffentlicher Einrichtungen erhoben, z. B. für die Müllabfuhr oder für die Beantragung eines Reisepasses.

Steuern sind mit Abstand die wichtigste Einnahmequelle des Staates. Die Lohn- und Einkommensteuer stellt dabei eine der wichtigsten Größen dar. Welche weiteren Einnahmequellen der Staat hat, zeigt die folgende Grafik.

Die Umsatz-, Mehrwertsteuer stellt den größten Posten bei den Steuereinnahmen dar. Lohnsteuer und Einkommensteuer sind in der Grafik getrennt ausgewiesen, denn Lohnsteuer wird ausschließlich auf nicht selbstständige Arbeit erhoben, während Einkommensteuer sich auch auf alle anderen Einkunftsarten bezieht.

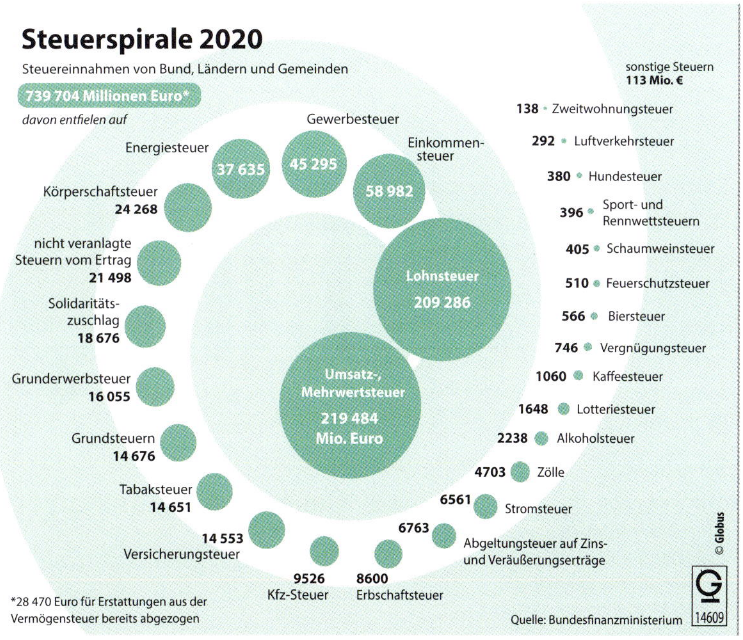

2.2 Leistungen der Sozialversicherungen

Im Rahmen der sozialen Absicherung spricht man in Deutschland auch von dem **Fünf-Säulen-System.** Die fünf Säulen symbolisieren dabei jeweils eine Sozialversicherung, die den Arbeitnehmer im Bedarfsfall absichert:

- Krankenversicherung
- Pflegeversicherung
- Rentenversicherung
- Arbeitslosenversicherung
- gesetzliche Unfallversicherung

Das System der Sozialversicherung beruht auf dem sogenannten **Versicherungsprinzip**: Nur derjenige hat Anspruch auf eine Versicherungsleistung, der vorher auch seinen Beitrag gezahlt hat. Doch angesichts immer steigender Lebenserwartung, steigender Kosten für das Gesundheitswesen und hoher Arbeitslosenzahlen beginnt dieses Säulensystem zu bröckeln. Die Ausgaben der Sozialversicherungen sind häufig nicht mehr durch die Beitragszahlungen gedeckt.

Bei finanziellen Engpässen springt immer häufiger der Staat ein und bezuschusst die Sozialkassen, damit diese die zugesagten Leistungen auch erfüllen können. Gleichzeitig steigen die Sozialversicherungsbeiträge und belasten Arbeitnehmer und Arbeitgeber in zunehmendem Maße. Angesichts der schwerwiegenden Finanzierungsprobleme des Sozialversicherungssystems werden aber auch immer wieder Leistungskürzungen, private Zuzahlungen oder sogar die Reduzierung auf ein Grundsicherungssystem diskutiert.

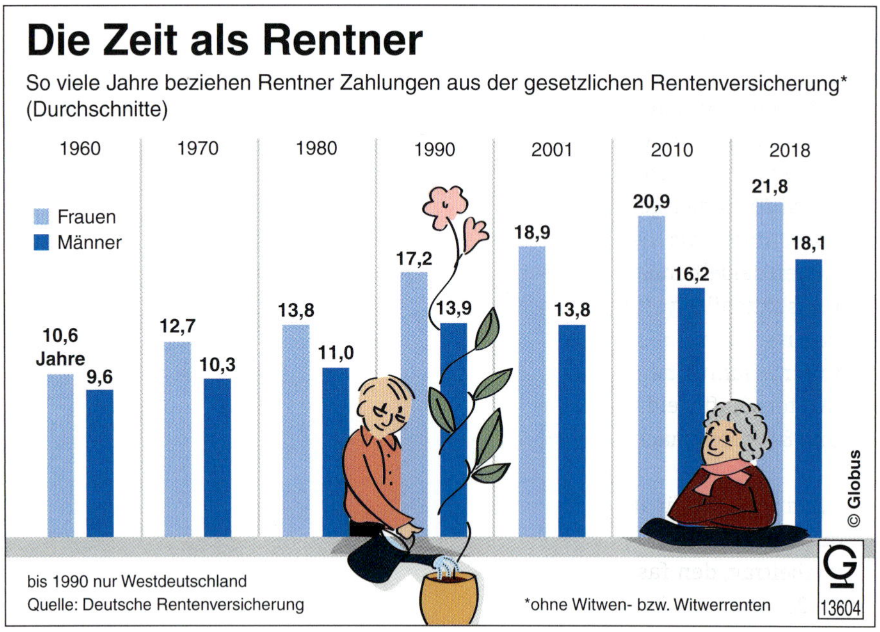

www.bmg.bund.de
Unter dieser Internetadresse finden Sie weitere Informationen zum Thema gesetzliche Krankenversicherung sowie zur Pflegeversicherung und zur Rente.

2.2.1 Gesetzliche Krankenversicherung

Aufgabe der gesetzlichen Krankenversicherung (KV) ist es, Arbeitnehmer und ihre Familien für den Krankheitsfall abzusichern. **Träger** der gesetzlichen Krankenversicherung sind Orts-, Betriebs- und Innungskrankenkassen sowie die Ersatzkassen, denen ein Versicherter beitreten kann.

Es besteht **freie Kassenwahl**, d. h., jedes Mitglied der gesetzlichen Krankenkasse kann wählen, bei welcher Kasse es sich versichern lassen möchte. Alle Versicherten können die Mitgliedschaft bei ihrer Krankenkasse zum Ende des übernächsten Monats kündigen. Gerechnet wird von dem Monat an, in dem die Kündigung erklärt wird. An die Wahl der gesetzlichen Krankenkasse sind die Mitglieder 18 Monate gebunden.

Beispiel

- Kündigung bis zum 31.01.20XX → neue Krankenkasse ab 01.04.20XX
- Kündigung bis zum 28.02.20XX → neue Krankenkasse ab 01.05.20XX

Während die Regelleistungen bei allen gesetzlichen Krankenkassen gleich sind, können die einzelnen Kassen zusätzliche Mehrleistungen in ihrer Satzung vorsehen.

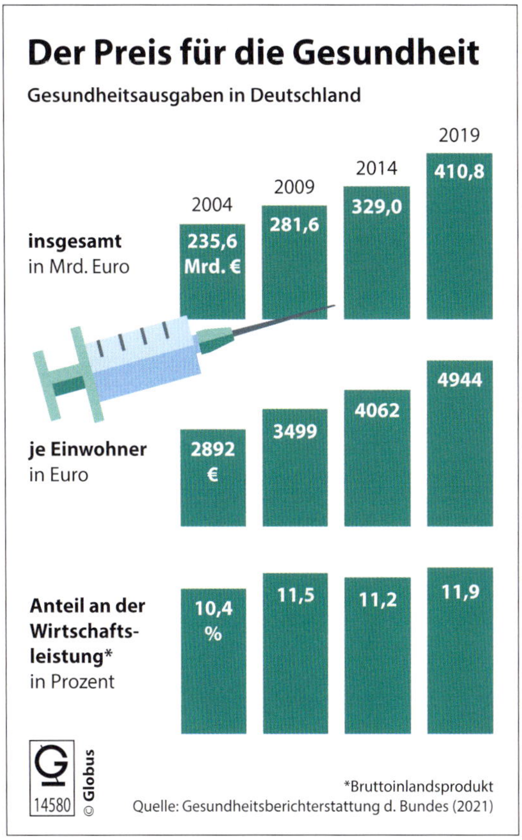

Die Versicherten der gesetzlichen Krankenkasse haben Anspruch auf folgende **Regelleistungen:**

- Maßnahmen zur Vorsorge und Früherkennung bestimmter Krankheiten
- ärztliche und zahnärztliche Behandlung mit freier Arztwahl
- Behandlung im Krankenhaus mit Transport
- Arznei-, Verband- und Heilmittel sowie Hilfsmittel (bei einigen Leistungen ist der Versicherte zur Übernahme von Eigenanteilen verpflichtet)
- Betreuung bei Schwangerschaft und im Mutterschutz
- Rehabilitationsmaßnahmen in entsprechenden Kliniken
- Krankengeld: nach sechswöchiger Lohnfortzahlung durch den Arbeitgeber zahlt die Kasse 70 % des Bruttoarbeitsentgelts als Krankengeld für maximal 78 Wochen wegen derselben Erkrankung
- Haushaltshilfe, wenn bei Krankheit oder Kur der Haushalt nicht weitergeführt werden kann und ein Kind unter 12 Jahren betreut werden muss
- Mutterschaftsgeld für die Schutzfrist von 6 Wochen vor und 8 Wochen nach der Geburt

Der Beitragssatz für die Krankenversicherung beträgt zurzeit einheitlich 14,6 %. Gezahlt wird er je zur Hälfte von Arbeitgeber und -nehmer. Hinzu kommt noch ein Zusatzbeitrag, den fast alle Krankenkassen erheben. Er liegt durchschnittlich bei 2,9 % (2026). Auch dieser wird je zur Hälfte von Arbeitgeber und -nehmer gezahlt.

Arbeitnehmern mit einem monatlichen Bruttoeinkommen über 6.450,00 € (2026) steht es frei, die gesetzliche Krankenversicherung zu verlassen und zu einer privaten Krankenkasse zu wechseln (Versicherungspflichtgrenze).

Beispiel

Einheitlicher Beitragssatz der Krankenkassen: 14,6 % des sozialversicherungspflichtigen Bruttoentgelts + Zusatzbeitrag

- Arbeitgeberanteil: 50 % von 14,6 % + Zusatzbeitrag 2,9% = 8,75 %
- Arbeitnehmeranteil: 50 % von 14,6 % + Zusatzbeitrag 2,9 % = 8,75 %

2.2.2 Pflegeversicherung

Viele ältere Menschen leiden an Alterskrankheiten, die ihre physische und psychische Gesundheit so stark beeinträchtigen, dass sie sich nicht mehr selbst versorgen können und Pflege benötigen. Pflege im Alter ist teuer und für viele Mitbürger sogar unbezahlbar.

Die 1995 eingeführte Pflegeversicherung (PV) soll dieses Risiko absichern. Die Pflegeversicherung verfolgt u. a. folgende Ziele:

- Jeder soll sich darauf verlassen können, im Bedarfsfall ausreichende Pflegeleistungen zu erhalten.
- Pflegebedürftige Menschen sollen nicht auf Sozialhilfe angewiesen sein.
- Pflegekosten sollen nicht dem Staat aufgebürdet werden.
- Pflege durch Angehörige soll finanziell honoriert werden.

In der Pflegeversicherung gilt der Grundsatz: „Pflegeversicherung folgt Krankenversicherung." Das heißt: Wer in der gesetzlichen Krankenversicherung versichert ist, gehört automatisch auch der gesetzlichen Pflegeversicherung an. Wer privat versichert ist, muss eine private Pflegeversicherung abschließen. **Träger** der Pflegeversicherung sind die Pflegekassen der Krankenkassen und der privaten Krankenversicherungen.

Zuordnung der Pflegegrade	
Pflegegrad 1	geringe Beeinträchtigungen der Selbstständigkeit oder der Fähigkeiten
Pflegegrad 2	erhebliche Beeinträchtigung der Selbstständigkeit oder der Fähigkeiten
Pflegegrad 3	schwere Beeinträchtigung der Selbstständigkeit oder der Fähigkeiten
Pflegegrad 4	schwerste Beeinträchtigungen der Selbstständigkeit oder der Fähigkeiten
Pflegegrad 5	schwerste Beeinträchtigungen der Selbstständigkeit oder der Fähigkeiten mit besonderen Anforderungen an die pflegerische Versorgung

Leistungen der Pflegeversicherung (2026)

Pflegegrad	Geldleistung (ambulant)	Sachleistung (ambulant)	Entlastungsbetrag (ambulant, zweckgebunden)	Leistungsbetrag (vollstationär)
1	--	131 Euro	131 Euro	131 Euro
2	347 Euro	796 Euro	131 Euro	805 Euro
3	599 Euro	1.497 Euro	131 Euro	1.319 Euro
4	800 Euro	1.859 Euro	131 Euro	1.855 Euro
5	990 Euro	2.299 Euro	131 Euro	2.096 Euro

Die Pflegeversicherung bezuschusst die Pflege, die entweder im Hause des Pflegebedürftigen oder im Heim erfolgen kann. Die Leistungen der Pflegeversicherung richten sich nach dem Grad der Bedürftigkeit, d. h., sie sind abhängig vom sogenannten Pflegegrad.

Der **Beitrag** zur Pflegeversicherung beläuft sich 2026 auf 3,6 % des sozialversicherungspflichtigen Bruttoentgelts. Er wird je zur Hälfte vom Arbeitgeber und Arbeitnehmer gezahlt. Kinderlose Arbeitnehmer ab einem Alter von 23 Jahren zahlen außerdem einen Zuschlag in Höhe von 0,6 %-Punkten.

sozialversicherungspflichtiges Bruttoentgelt
▶ LF 1, Kap. 1.7

Ab dem 2. Kind wird der Beitrag pro Kind um 0,25 %-Punkte gesenkt (bis zum 5. Kind). Die max. Entlastung beträgt somit 1,0 %-Punkte.

Bei der Einführung der Pflegeversicherung wurde ein gesetzlicher Feiertag (Buß- und Bettag) zum Ausgleich der Arbeitgeberkosten gestrichen. Lediglich in **Sachsen** gilt eine Sonderregelung. Hier wurde auf die Streichung des Buß- und Bettages verzichtet, dafür trägt der Arbeitnehmer einen größeren Anteil am Beitragssatz der Pflegeversicherung. Die Arbeitnehmer zahlen in Sachsen 2,3 % (kinderlos: + 0,6 %-Punkte) und die Arbeitgeber 1,3 % des Bruttoentgelts.

Sonderregelung in Sachsen

2.2.3 Rentenversicherung

Aufgabe der gesetzlichen Rentenversicherung (RV) ist die finanzielle Sicherung der Arbeitnehmer und ihrer Familien bei Berufs- und Erwerbsunfähigkeit, Alter und Tod. **Träger** ist die Deutsche Rentenversicherung. Leistungen werden nur gewährt, wenn ihr der Versicherte eine Mindestanzahl von Versicherungsjahren (sogenannte Wartezeit) angehört hat. Die **Leistungen** der Rentenversicherung lassen sich in vier große Bereiche untergliedern.

www.deutsche-rentenversicherung.de

Leistungen der Rentenversicherung			
Altersrente	Erwerbsminderungsrente	Hinterbliebenenrente	sonstige Leistungen

Altersrente
Die Regelaltersrente erhält der Versicherte, der die Regelaltersgrenze erreicht hat. Von 2012-2029 wird die Grenze schrittweise von 65 auf 67 Jahre angehoben. Damit wird dem Umstand Rechnung getragen, dass immer weniger Menschen arbeiten und immer mehr Menschen sich im Rentenalter befinden. Versicherte können zwar auch ab 63 vorzeitig in Rente gehen, müssen allerdings 45 Beitragsjahre vorweisen.

Erwerbsminderungsrente
Können Arbeitnehmer aufgrund einer gesundheitlichen Einschränkung gar nicht mehr oder nur noch weniger als drei Stunden täglich arbeiten, erhalten sie aus der Rentenkasse die volle Erwerbsminderungsrente (ca. 34 % des letzten Bruttoeinkommens). Die halbe Erwerbsminderungsrente erhält der Versicherte, wenn er noch mindestens drei und maximal sechs Stunden täglich arbeiten kann (ca. 17 % des letzten Bruttoeinkommens).

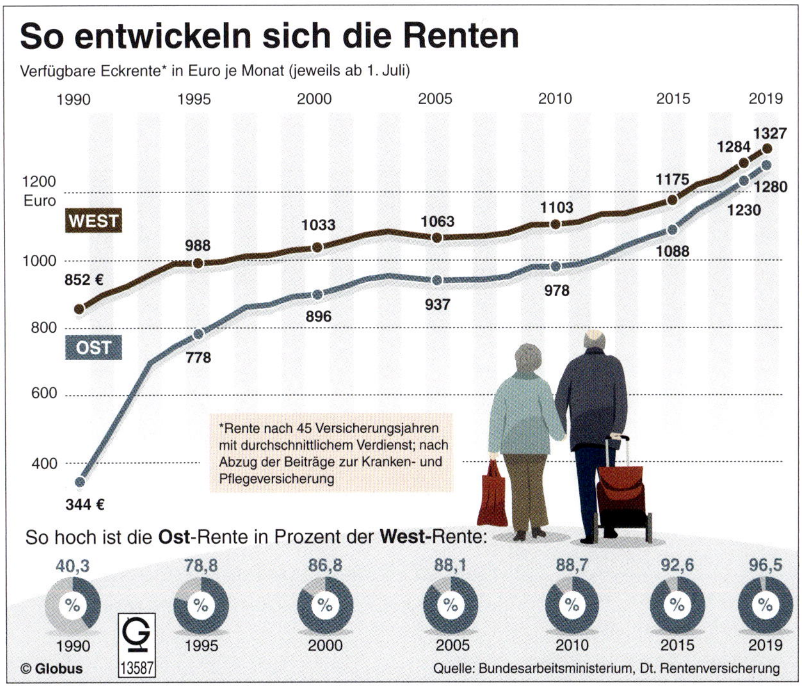

Hinterbliebenenrente
Stirbt ein Versicherter, zahlt die Deutsche Rentenversicherung an den hinterbliebenen Ehepartner und/oder die Kinder eine Rente. Hinterbliebene Ehepartner erhalten eine Witwen-/Witwerrente in Höhe von maximal 60 % der Rente des Verstorbenen. Allerdings wird ein etwaiges eigenes Einkommen des Partners angerechnet. Hinterbliebene Kinder erhalten eine Waisenrente bis zur Vollendung des 18. Lebensjahres. Sollten sie sich noch in der Ausbildung befinden (Berufsausbildung, Studium), verlängert sich ihr Anspruch bis zur Vollendung ihres 25. Lebensjahres.

Sonstige Leistungen
Neben der Zahlung von Renten hat die Deutsche Rentenversicherung die Aufgabe, die Erwerbsfähigkeit der Versicherten zu erhalten, zu verbessern oder ggf. wiederherzustellen. Dies tut sie, indem sie Heilbehandlungen und Berufsförderungsmaßnahmen bei Bedarf für die Versicherten finanziert.

Der gesetzlichen Rentenversicherung liegt das Prinzip des **Generationenvertrages** zugrunde. Durch die Beitragszahlungen der Erwerbstätigen werden die Rentenzahlungen der nicht mehr erwerbstätigen Generation finanziert (Umlagefinanzierung). Dies setzt aber voraus, dass es genügend Erwerbstätige gibt, die in die Rentenkasse einzahlen. Angesichts sinkender Geburtenraten, steigender Lebenserwartung und hoher Arbeitslosigkeit steht die Rentenversicherung vor großen finanziellen Problemen und langfristig sicherlich vor weitreichenden Veränderungen.

In der Regel werden die Renten den jährlichen Lohn- und Gehaltssteigerungen der rentenversicherungspflichtigen Arbeitnehmer angepasst. Steigt also das durchschnittliche Nettoentgelt aller versicherungspflichtigen Arbeitnehmer, so steigen die Renten im darauf folgenden Jahr im gleichen prozentualen Verhältnis an (**dynamische Rente**).

Aktuelle Modellrechnungen prognostizieren allerdings nur einen sehr geringen durchschnittlichen Rentenanstieg in den nächsten Jahren. Das liegt zum einen an den nur langsam steigenden Nettolöhnen. Zum anderen werden bei der Rentenberechnung inzwischen weniger Ausbildungsjahre angerechnet, wodurch die Rentenhöhe bei vielen Neurentnern sinkt.

Der aktuelle **Beitragssatz** zur Rentenversicherung beträgt 18,6 % und wird je zur Hälfte vom Arbeitnehmer und vom Arbeitgeber gezahlt.

2.2.4 Arbeitslosenversicherung

Die Arbeitslosenversicherung versichert das Risiko der Arbeitslosigkeit und der damit verbundenen Einkommenseinbußen. **Träger** der Arbeitslosenversicherung ist die Bundesagentur für Arbeit mit Sitz in Nürnberg.

Im Rahmen der Arbeitslosenversicherung werden folgende Leistungen erbracht:
- Zahlung von Entgeltersatzleistungen (Arbeitslosengeld, Kurzarbeitergeld, Saison-Kurzarbeitergeld, Insolvenzausfallgeld und Beiträge zur Sozialversicherung für Arbeitslose)
- Berufsberatung
- Förderung der beruflichen Aus- und Weiterbildung
- Kindergeldzahlung als Familienkasse

Als arbeitslos gilt, wer
1. keine Beschäftigung hat, d. h. weniger als 15 Stunden in der Woche arbeitet,
2. Arbeit sucht,
3. dem Arbeitsmarkt zur Verfügung steht und
4. arbeitslos gemeldet ist.

Nur wer diese vier Kriterien erfüllt, wird in den offiziellen Arbeitslosenstatistiken geführt und hat unter bestimmten Voraussetzungen Anspruch auf Arbeitslosengeld I (ALG I).

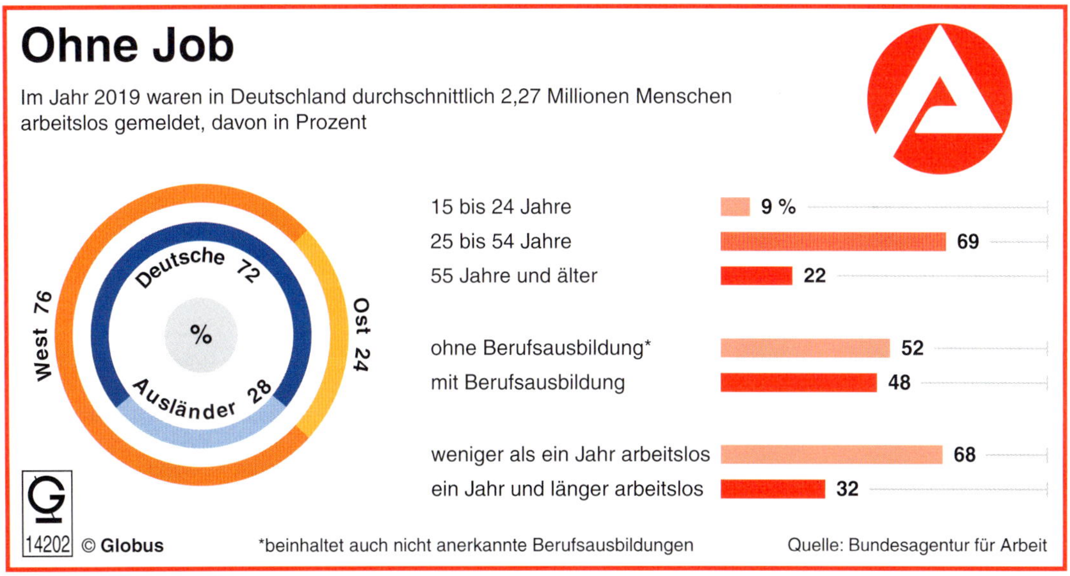

Arbeitslosengeld I erhält, wer
- wie oben beschrieben arbeitslos ist,
- in den letzten zwei Jahren vor der Arbeitslosigkeit mindestens zwölf Monate gearbeitet und dabei in die Arbeitslosenversicherung eingezahlt hat,
- sich persönlich arbeitslos gemeldet hat.

Kündigung
▶ LF 1, Kap. 5

Diese persönliche Meldung über die Beendigung des Arbeitsverhältnisses oder eines sonstigen Versicherungspflichtverhältnisses muss unmittelbar nach Kenntnis über die Beendigung des Arbeitsverhältnisses (z. B. bei Erhalt der Kündigung) persönlich erfolgen. Handelt es sich um einen befristeten Vertrag, muss die Meldung drei Monate vor Ablauf des Vertrages erfolgen. Diese Regelung gilt nicht für betriebliche Ausbildungsverhältnisse. Erfolgt die Meldung nicht rechtzeitig, so kommt es zu Kürzungen des Arbeitslosengeldes.

Die **Höhe des Arbeitslosengeldes** beläuft sich auf 60 % (bzw. 67 % für Arbeitslose mit Kind) des Nettoentgelts, das in der letzten Beschäftigung vor der Arbeitslosigkeit durchschnittlich erzielt wurde. Wie lange ein Arbeitsloser Anspruch auf Arbeitslosengeld hat, ist abhängig von seinem Alter und davon, wie lange er in den letzten sieben Jahren bei der Bundesagentur für Arbeit versicherungspflichtig war.

Das Arbeitslosengeld

Angaben für Alleinstehende mit eigenem Haushalt pro Monat

Arbeitslosengeld

- Leistung für Personen, die in den vergangenen 30 Monaten vor der Arbeitslosigkeit mindestens **12 Monate pflicht- oder freiwillig in der Arbeitslosenversicherung versichert waren** (Regelanwartschaftszeit) und sich arbeitslos gemeldet haben

Dauer des Bezugs*

- bis 49-Jährige: 6 bis 12 Monate
- 50- bis 54-Jährige: 6 bis 15 Monate
- 55- bis 57-Jährige: 6 bis 18 Monate
- ab 58-Jährige: 6 bis 24 Monate

Höhe des Arbeitslosengeldes €

- 60 % des errechneten letzten Nettogehalts**
- eigenes Nebeneinkommen wird berücksichtigt***, eigenes Vermögen nicht

Zusätzliche Leistungen +

- keine; bei Bedarf kann zusätzlich ein Antrag auf Wohn- oder Bürgergeld gestellt werden

*je nach Dauer der Einzahlung in die Arbeitslosenversicherung in den vergangenen 5 Jahren
**berücksichtigt werden Gehälter der letzten 12 Monate
***jeweils abzgl. eines bzw. mehrerer Freibeträge; beim ALG ist eine Tätigkeit unter 15 Stunden wöchentlich erlaubt

Bürgergeld

- **Grundsicherung** für erwerbsfähige Personen im Alter von mindestens 15 Jahren bis zum Renteneintritt, die ihren **Lebensunterhalt nicht aus eigener Kraft und eigenen Mitteln** decken können

Höhe des Regelsatzes €

- 563 Euro
- eigenes Einkommen und Vermögen werden bei der Höhe der Leistung mitberücksichtigt***

Zusätzliche Leistungen +

- Übernahme der Kosten für Unterkunft und Heizung (Miete), soweit angemessen
- eventuell Einmalleistungen als (Geld-/Sachleistungen) für Wohnungs-, Bekleidungserstausstattung und/oder Kosten für medizinische/therapeutische Geräte
- eventuell Mehrbedarf für besondere Lebenslagen (z. B. Alleinerziehende)

Quelle: Bundesagentur für Arbeit   Stand Mai 2026   © Globus 14442

www.arbeitsagentur.de

Nach Ablauf des Anspruchs auf Arbeitslosengeld hat der Arbeitslose die Möglichkeit, **Bürgergeld** bei der Bundesagentur für Arbeit zu beantragen. Das Bürgergeld ist allerdings keine Leistung der Arbeitslosenversicherung, sondern wird als staatliche Transferleistung durch Steuergelder finanziert.

Der **Beitragssatz** zur Arbeitslosenversicherung beträgt zurzeit 2.6 % und wird je zur Hälfte vom Arbeitgeber und vom Arbeitnehmer gezahlt.

2.2.5 Unfallversicherung

Die Unfallversicherung ist die Sozialversicherung mit den meisten Versicherten. Neben allen Arbeitnehmern sind u. a. auch Schüler und Studenten pflichtversichert. Unternehmer können sich selbst freiwillig versichern.

Die Beiträge zur gesetzlichen Unfallversicherung werden vom Arbeitgeber allein gezahlt. Die **Beitragshöhe** richtet sich nach Gefahrenklassen (z. B. muss ein Dachdeckerbetrieb wegen der größeren Unfallgefahr höhere Beiträge zahlen als ein Immobilienunternehmen) und nach der Betriebsgröße (Lohn- und Gehaltssummen des Betriebs). **Träger** der Unfallversicherung sind die Berufsgenossenschaften der unterschiedlichen Branchen (für die Immobilienwirtschaft ist das die Verwaltungs-Berufsgenossenschaft [VBG]) oder bei Schülern die Gemeindeunfallversicherung.

Die Beiträge zur Unfallversicherung trägt der Arbeitgeber allein.

Leistungsbereiche der Unfallversicherung

Unfallverhütung

- Erlass und Überwachung von Unfallverhütungsmaßnahmen
- Sicherstellung einer wirksamen ersten Hilfe bei Arbeitsunfällen
- Auskunft- und Beratungswesen

Milderung oder Beseitigung von Unfallfolgen bei Arbeitsunfällen

- Zahlung der Heilbehandlung
- Berufshilfe für den Unfallverletzten und Erkrankten (z. B. Umschulung)
- finanzielle Entschädigung für Unfallfolgen
- Berufserkrankungen (z. B. Rentenzahlung)

Unter **Arbeitsunfällen** sind Unfälle zu verstehen, die im Zusammenhang mit der Berufsausübung eintreten, wie Unfälle während der Arbeit, Unfälle auf dem Weg von oder zu der Arbeit und Berufskrankheiten. **Berufskrankheiten** entstehen durch besonders schädigende Einflüsse am Arbeitsplatz (z. B. Schadstoffe und Lärm).

SB ▶ SITUATION 6
Tarifkonflikte verstehen

3 Tarifvertragliche Regelungen

3.1 Was ist ein Tarifvertrag?

Rechtliche Grundlagen des Tarifvertrags bilden das Grundgesetz (Art. 9 Abs. 3 GG) sowie das Tarifvertragsgesetz (TVG).

Die Regelung zwischen den Sozialpartnern wird auch als kollektives Arbeitsrecht bezeichnet.

Grundlage für die Entlohnung, den Urlaubsanspruch, die Arbeitszeiten und Arbeitsbedingungen der Arbeitnehmer ist – neben den gesetzlichen Bestimmungen – der **Tarifvertrag**. Ein Tarifvertrag ist ein schriftlicher Vertrag zwischen den sogenannten **Tarif- oder Sozialpartnern**. Dabei handelt es sich um einen einzelnen Arbeitgeber oder einen Arbeitgeberverband auf der einen Seite und um eine Gewerkschaft als Interessenvertretung der Arbeitnehmer auf der anderen Seite. Gegenstand eines solchen Tarifvertrages ist die Regelung arbeitsrechtlicher Fragen. In der Regel gilt ein Tarifvertrag für einen ganzen Wirtschaftszweig.

Tarif
einheitliche Bedingungen für bestimmte Leistungen

Autonomie
Selbstbestimmung

Den Tarifpartnern ist es also gestattet, die **Tarife** für Arbeitsleistungen durch vertragliche Verhandlungen eigenverantwortlich und ohne Einflussnahme des Gesetzgebers zu bestimmen. Deshalb spricht man auch von der **Tarifautonomie**. Man unterscheidet verschiedene Arten von Tarifverträgen.

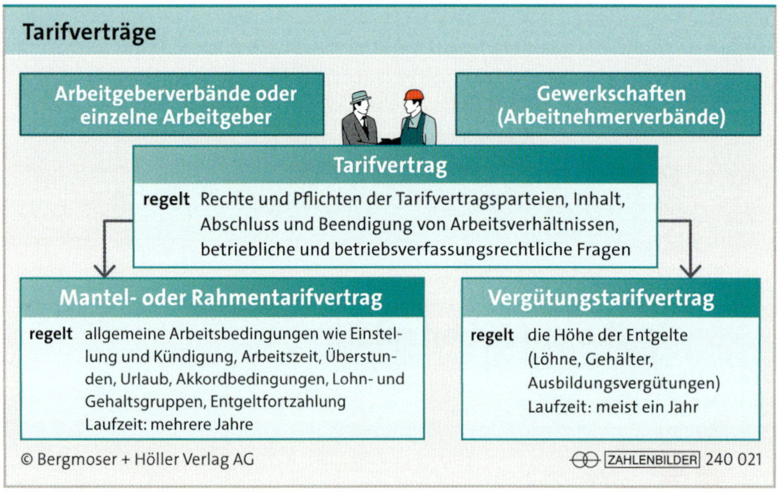

Ein **Manteltarifvertrag** ist ein auf längere Zeit angelegter Tarifvertrag. Darin werden diejenigen Arbeitsbedingungen geregelt, die nicht ständiger Änderung unterliegen, wie z. B.

- Arbeitszeit (einschließlich Pausen),
- Urlaub,
- Kündigungsfristen,
- Zuschläge bei Mehr-, Nacht- und Feiertagsarbeit,
- vermögenswirksame Leistungen,
- Altersversorgung.

Ein **Lohn- oder Gehaltstarifvertrag** regelt das Arbeitsentgelt für einen bestimmten Zeitraum. Er regelt Lohnsätze und Gehälter für die verschiedenen nach Ausbildung, Art der Tätigkeit oder Lebensjahren gebildeten Gruppen von Arbeitnehmern, aber auch Zuschläge, Urlaubs- und Weihnachtsgeld sowie die Auszubildendenvergütungen.

Im **Gehalts- oder Lohnrahmentarifvertrag** sind die Bewertungsgrundsätze für die Entlohnung festgeschrieben, d. h. die **Eingruppierung** in eine bestimmte Lohn- oder Gehaltsgruppe. Diese Einteilung ist sinnvoll, weil sich die Rahmenbedingungen der Entlohnung in der Regel nicht so schnell ändern wie die oft jährlich neu verhandelten Lohn- und Gehaltssätze. Für Beschäftigte in der Wohnungs- und Immobilienwirtschaft gelten außerdem gesonderte Tarifverträge, wie z. B. zur Altersteilzeit.

Geltungsbereich des Tarifvertrages
Ein Tarifvertrag gilt nur innerhalb eines bestimmten **geografischen Gebiets**. Nach dem Geltungsbereich unterscheidet man Landes-, Bezirks-, Orts- und Werkstarife. Die Regelungen des Tarifvertrages gelten unmittelbar und zwingend für die Arbeitsverhältnisse von Mitgliedern der Tarifvertragspartner. Hierbei spricht man von **Tarifgebundenen**. Somit findet der Tarifvertrag auf ein Arbeitsverhältnis auch dann Anwendung, wenn im einzelnen Arbeitsvertrag nicht ausdrücklich auf den Tarifvertrag Bezug genommen wird.

Wirkung entfaltet ein Tarifvertrag aber nicht nur zwischen den Tarifpartnern. Durch eine sogenannte **Allgemeinverbindlichkeitserklärung** des Bundesministeriums für Wirtschaft kann ein Tarifvertrag auch über die Vertragsbeteiligten hinaus erstreckt werden. Sie sichert den nicht gewerkschaftlich organisierten Arbeitnehmern die rechtliche Gleichstellung mit den Gewerkschaftsmitgliedern zu. In vielen Betrieben werden die nicht tarifgebundenen Mitarbeiter den tarifgebundenen auch über eine Betriebsvereinbarung oder eine Klausel im Arbeitsvertrag gleichgestellt.

Bestimmungen des Arbeitsvertrages oder Betriebsvereinbarungen, die Tarifvertragsregelungen widersprechen, sind unwirksam, es sei denn, die individuelle Regelung sieht eine Leistung **über** Tarif vor. Eine zugunsten des Arbeitnehmers wirkende Abweichung ist also jederzeit möglich (**Günstigkeitsprinzip**).

Betriebsvereinbarung
▶ LF 1, Kap. 3.3

Geltungsbereiche des Tarifvertrages	
persönlich	Grundsätzliche Wirkung nur zwischen den Tarifgebundenen, es sei denn, es besteht eine Allgemeinverbindlichkeitserklärung oder eine entsprechende betriebliche Vereinbarung.
räumlich	Bund, Bundesland, Bezirk, Ort oder einzelner Betrieb
zeitlich	In der Regel ist eine bestimmte Dauer im Vertrag festgelegt.
fachlich	Geltung für bestimmte Gruppen von Arbeitnehmern (z. B. kaufmännische und technische Angestellte)
betrieblich	Zugehörigkeit des Betriebes zum Wirtschaftszweig, für den der Tarifvertrag abgeschlossen ist.

3.2 Wie entsteht ein Tarifvertrag?

Ein Tarifvertrag dient auch der Begründung einer sogenannten **Friedenspflicht** zwischen Arbeitnehmern und Arbeitgebern. Während der Laufzeit eines Tarifvertrags darf es keine Arbeitskämpfe wegen Angelegenheiten geben, die in dem betreffenden Tarifvertrag geregelt wurden.

Läuft ein Tarifvertrag aus, formulieren die entsprechenden Ausschüsse der Tarifpartner ihre Forderungen und Absichten für den Abschluss eines neuen Tarifvertrags. Es beginnen die **Tarifverhandlungen**. Bereits während der laufenden Verhandlungen kann es zu **Warnstreiks** kommen, mit denen die Gewerkschaften ihren Forderungen Nachdruck verleihen wollen.

Kommt es bei den Verhandlungen zu keiner Einigung, wird ein Schlichtungsverfahren eingeleitet. Die **Schlichtungskommission** besteht in der Regel aus der jeweils gleichen Anzahl von Arbeitgeber- und Arbeitnehmervertretern plus einer neutralen Person, auf die sich beide Seiten einigen müssen.

Im Schlichtungsverfahren versuchen die Tarifparteien, einen Kompromiss zu erzielen. Gelingt dies nicht, wird in einer Urabstimmung über Arbeitskampfmaßnahmen entschieden. Stimmen mindestens 75 % der gewerkschaftlich organisierten Arbeitnehmer dafür, wird von der Gewerkschaft ein Streik ausgerufen. Der Streik ist ein rechtlich anerkanntes Mittel der Gewerkschaften, ihren Forderungen Nachdruck zu verleihen (Arbeitskampf).

Die **Rechtmäßigkeit des Streiks** hat fünf Voraussetzungen:

- Der Streik muss von einer Gewerkschaft ausgerufen worden sein. Ein „wilder" Streik, der nur von einzelnen Arbeitnehmern ausgerufen wird, ist rechtswidrig.
- Die angestrebten Änderungen der Arbeitsbedingungen müssen durch Tarifvertrag regelbar sein.
- Die Gewerkschaft darf nicht der Friedenspflicht eines noch laufenden Tarifvertrages unterliegen.
- Die Gewerkschaft muss sich an das durch ihre Satzung vorgeschriebene Verfahren gehalten haben.
- Der Streik muss dem angestrebten Ziel angemessen sein und die Verhandlungsmöglichkeiten müssen ausgeschöpft sein.

Das selten angewandte Kampf- und Beugemittel der Arbeitgeber ist die **Aussperrung**. Sie liegt vor, wenn ein Arbeitgeber planmäßig Arbeitnehmergruppen nicht arbeiten lässt und die Lohnzahlung verweigert. Regelmäßig wird die Aussperrung von den Arbeitgebern nur als Verteidigungsmittel eingesetzt. Sie darf nicht gegen den **Grundsatz der Verhältnismäßigkeit** verstoßen und nicht gezielt nur gegen Gewerkschaftsmitglieder gerichtet sein.

Verhältnismäßigkeit

Streik und Aussperrungen betreffen nicht nur die unmittelbar Beteiligten. Deshalb unterliegen sie dem obersten Gebot der Verhältnismäßigkeit. Es sind wirtschaftliche Gegebenheiten zu berücksichtigen und das Gemeinwohl darf nicht offensichtlich verletzt werden.

Der Arbeitgeber will sich bei einer Aussperrung nicht von den betroffenen Arbeitnehmern trennen. Im Unterschied zu einer Kündigung wird das Arbeitsverhältnis nur unterbrochen. Daher fallen Aussperrungen als Maßnahmen des Arbeitskampfes nicht unter das Kündigungsschutzgesetz. Für ausgesperrte Arbeitnehmer sichert eine sogenannte Wiedereinstellungsklausel im neuen Tarifvertrag die Fortsetzung des Arbeitsverhältnisses.

Der Weg zum neuen Tarifvertrag

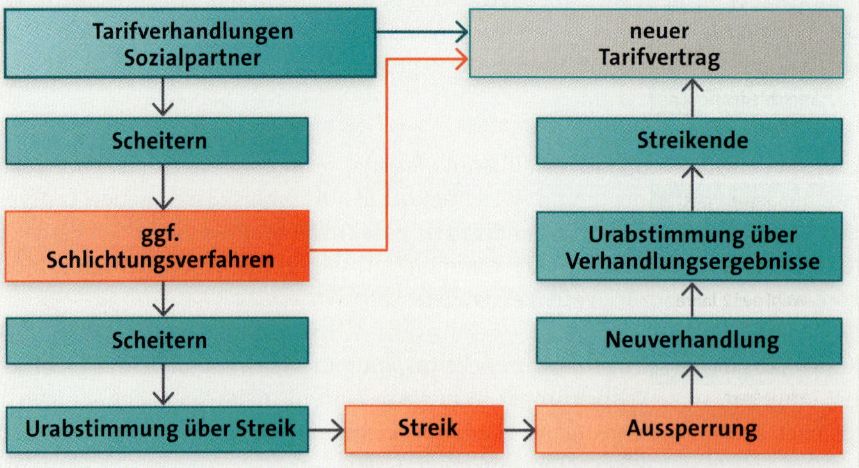

3.3 Betriebliche Mitbestimmung

SB ▶ SITUATION 7
Betriebliche Mitbestimmung organisieren

Das **Betriebsverfassungsgesetz (BetrVG)** regelt die Interessenvertretung der Arbeitnehmer in den Betrieben der privaten Wirtschaft. Es ermöglicht die Bildung von **Betriebsräten**, die als gewählte Vertretungsorgane der Beschäftigten über abgestufte Mitbestimmungs- und Mitwirkungsrechte verfügen. Das Betriebsverfassungsgesetz stellt damit eine wichtige gesetzliche Regelung für die Auszubildenden und Arbeitnehmer in der Wohnungs- und Immobilienwirtschaft dar.

§ 1 BetrVG Errichtung von Betriebsräten

In Betrieben mit in der Regel mindestens fünf ständigen wahlberechtigten Arbeitnehmern, von denen drei wählbar sind, werden Betriebsräte gewählt.

Wahlberechtigt sind alle Arbeitnehmer und Auszubildenden, die mindestens 16 Jahre alt sind (**aktives Wahlrecht**). Wählbar sind alle Mitarbeiter ab 18 Jahren, die mindestens sechs Monate dem Betrieb angehören (**passives Wahlrecht**).

Um gewählt werden zu können, muss man mindestens 18 Jahre alt sein.

Der Betriebsrat wird regelmäßig zwischen dem 1. März und dem 31. Mai eines Jahres gewählt. Seine Amtszeit beträgt vier Jahre. Die Zahl seiner Mitglieder richtet sich dabei nach der Anzahl der Mitarbeiter im Betrieb. Je mehr Mitarbeiter ein Betrieb hat, desto mehr Betriebsratsmitglieder können auch gewählt werden.

§ 9 BetrVG

Der Betriebsrat veranstaltet regelmäßig **Betriebsversammlungen** für alle Beschäftigten. Dort werden Angelegenheiten behandelt, die den Betrieb oder seine Arbeitnehmer unmittelbar betreffen. Die Betriebsversammlung selbst besitzt keine eigene Entscheidungskompetenz. Allerdings kann der Betriebsrat auf Grundlage eines Beschlusses der Betriebsversammlung mit dem Arbeitgeber eine **Betriebsvereinbarung** abschließen, in der spezielle Bedingungen für die Arbeitsverhältnisse im Betrieb festgelegt werden.

Bei Unstimmigkeiten zwischen Betriebsrat und Arbeitgeber kann die innerbetriebliche Einigungsstelle angerufen werden, die aus einem Vorsitzenden sowie Vertretern der Arbeitgeber und des Betriebsrats besteht.

Das Betriebsverfassungsgesetz

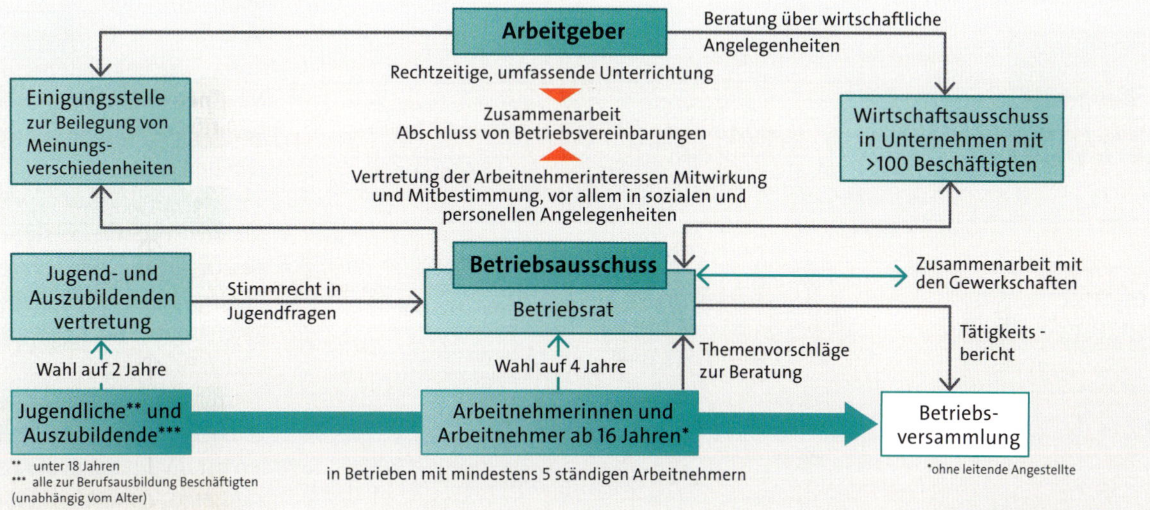

Die **Rechte des Betriebsrates** reichen von der Informationspflicht des Arbeitgebers in wirtschaftlichen Angelegenheiten bis zu Mitbestimmungsrechten in sozialen Angelegenheiten.

Rechte des Betriebsrates

Mitbestimmungsrecht in sozialen Angelegenheiten	Mitwirkungsrecht in personellen Angelegenheiten	Unterrichtungsrecht in wirtschaftlichen Angelegenheiten
Der Betriebsrat hat, soweit eine gesetzliche oder tarifliche Regelung nicht besteht, u. a. in folgenden Fällen mitzubestimmen: 1. Betriebsordnung und Arbeitnehmerverhalten 2. Beginn, Ende und Verteilung der täglichen Arbeitszeit, Pausen 3. Urlaubsplan 4. Einführung von technischen Einrichtungen zur Überprüfung von Verhalten und Leistung der Arbeitnehmer 5. Unfallverhütung 6. Sozialeinrichtungen im Betrieb 7. betriebliche Entlohnungsgrundsätze 8. Akkord- und Prämiensätze 9. betriebliches Vorschlagswesen	Der Betriebsrat ist bei der Durchführung einer Maßnahme zu beteiligen durch: 1. Informationsrechte: Einstellung, Ein- und Umgruppierung, Versetzung (z. B. Einsicht in Personalakten) 2. Vorschlagsrechte: Durchführung betrieblicher Bildungsmaßnahmen 3. Aktionsrechte: Kündigung	Der Arbeitgeber muss den Betriebsrat bzw. Wirtschaftsausschuss unterrichten, sich mit ihm beraten (Beratungsrecht) über: 1. wirtschaftliche und finanzielle Lage 2. Produktions- und Absatzlage 3. Investitionen und Rationalisierungen 4. Arbeitsmethoden 5. Stilllegen, Verlegen und Zusammenschließen von Betrieben 6. Änderungen der Betriebsorganisation 7. Gestaltung des Arbeitsplatzes

Quelle: in Anlehnung an: Workshop Zukunft, Hans-Böckler-Stiftung, Themenheft 10, Mitbestimmen, Mitgestalten, Mitverantworten, S. 8

Eine **Jugend- und Auszubildendenvertretung (JAV)** wird in Betrieben mit mindestens fünf jugendlichen Arbeitnehmern oder Auszubildenden gewählt. Die Amtszeit beträgt zwei Jahre. Die Mitgliederzahl richtet sich dabei nach der Zahl der Jugendlichen und Auszubildenden im Betrieb. Je größer diese Personengruppe, desto größer ist auch die Anzahl ihrer Vertreter.

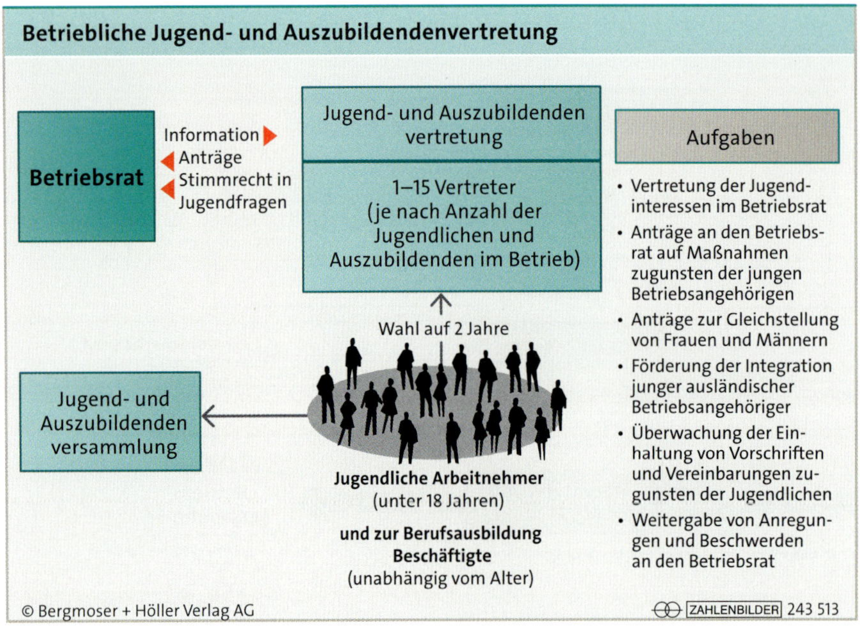

Die JAV ist Teil des Betriebsrates und soll allen Arbeitnehmern unter 18 Jahren und den zur Berufsausbildung Beschäftigten die Möglichkeit einer aktiven Beteiligung am Betriebsgeschehen geben.

Die JAV ist kein selbstständiges Organ der Betriebsverfassung, sondern bleibt dem Betriebsrat nachgeordnet und kann nur durch dessen Vermittlung auf den Arbeitgeber einwirken. Die Wahlen zur JAV finden in der Zeit zwischen dem 1. Oktober und dem 30. November statt.

4 Sozialer Arbeitsschutz

Das Leben, die Gesundheit und die Arbeitskraft der Arbeitnehmer sollen durch die Arbeit nicht gefährdet werden. Daher gibt es eine Vielzahl von Gesetzen und Rechtsverordnungen zum Arbeitsschutz, die beachtet werden müssen.

Zudem sind der betriebliche Arbeitsschutz und die Unfallverhütung zu beachten. Informationen finden Sie z. B. bei der Deutschen Gesetzlichen Unfallversicherung (www.dguv.de).

Der soziale Arbeitsschutz legt die allgemeinen Arbeitsbedingungen der Arbeitnehmer bzw. einzelner, besonders schutzbedürftiger Gruppen, wie z. B. Jugendlicher oder Schwangerer, fest.

Auch der gesetzliche Kündigungsschutz fällt unter die Arbeitnehmerschutzgesetze.

4.1 Arbeitszeitgesetz

Das Arbeitszeitgesetz (ArbZG) begrenzt die tägliche Arbeitszeit der Arbeitnehmer und schützt außerdem den Sonntag und die staatlichen Feiertage als Tage der Arbeitsruhe. Es enthält folgende wesentliche Regelungen:

Die **werktägliche Arbeitszeit** darf acht Stunden nicht überschreiten; daraus resultiert eine wöchentliche Höchstarbeitszeit von 6 x 8 = 48 Stunden. Die werktägliche Arbeitszeit kann auf zehn Stunden pro Tag ausgedehnt werden, wenn innerhalb von sechs Kalendermonaten oder innerhalb von 24 Wochen im Durchschnitt acht Stunden werktäglich nicht überschritten werden.

Werktage
alle Kalendertage, die nicht Sonn- oder gesetzliche Feiertage sind

Beispiel

In einem Unternehmen, das Osterartikel vertreibt, ergeben sich folgende tägliche Arbeitszeiten, die jedoch im Durchschnitt, über 6 Monate betrachtet, nur 8 Arbeitsstunden täglich ergeben:

Monat	Januar	Februar	März	April	Mai	Juni	Ø über 6 Monate
durchschnittliche tägliche Arbeitszeit	8 Std.	10 Std.	9 Std.	8 Std.	7 Std.	6 Std.	8 Std.

Bei einer Arbeitszeit von mehr als sechs bis zu neun Stunden ist die Arbeit durch eine **Ruhepause** von mindestens 30 Minuten zu unterbrechen; bei einer Arbeitszeit von mehr als neun Stunden muss die Pause mindestens 45 Minuten dauern. Länger als sechs Stunden dürfen Arbeitnehmer nicht ohne Pause beschäftigt werden.

Arbeitnehmer dürfen an **Sonn- und gesetzlichen Feiertagen** nicht beschäftigt werden. In bestimmten, vom Gesetz festgelegten Arbeitsbereichen gelten jedoch Ausnahmen. Die **Ruhezeit** zwischen Feierabend und Arbeitsbeginn am nächsten Tag muss mindestens 11 Stunden betragen.

4.2 Bundesurlaubsgesetz

Das Bundesurlaubsgesetz (BUrlG) sieht vor, dass jeder Arbeitnehmer einen Urlaubsanspruch von **mindestens 24 Werktagen** pro Kalenderjahr unter Weiterzahlung des Arbeitsentgelts hat. Tarifvertraglich wird in der Regel jedoch ein wesentlich höherer Urlaubsanspruch vorgegeben.

Der volle Urlaubsanspruch wird erstmalig nach sechsmonatigem Bestehen des Arbeitsverhältnisses fällig.

Urlaub ist zum Erholen da!

Der Urlaub soll zusammenhängend (mindestens 10 Tage) im laufenden Kalenderjahr genommen und auch gewährt werden. Erkrankt der Arbeitnehmer während des Urlaubs, so werden die durch ärztliches Zeugnis nachgewiesenen Tage der Arbeitsunfähigkeit auf den Jahresurlaub nicht angerechnet. Während des Urlaubs soll sich der Arbeitnehmer erholen, er darf keine dem Urlaubszweck widersprechende Erwerbstätigkeit leisten.

4.3 Schwerbehinderte

Das Sozialgesetzbuch (SGB) IX, §§ 68 ff. beinhaltet besondere Schutzvorschriften für schwerbehinderte Menschen. Als solche gelten Personen mit einem Grad der Behinderung von wenigstens 50 %. Behinderte haben es schwer, einen Ausbildungs- oder Arbeitsplatz zu finden. Deshalb hat der Gesetzgeber eine **Beschäftigungspflicht** festgeschrieben: Jeder Betrieb mit mindestens 20 Arbeitsplätzen muss auf 5 % seiner Arbeitsplätze Schwerbehinderte beschäftigen oder eine Ausgleichsabgabe für jeden unbesetzten Pflichtplatz bezahlen. Das Geld wird für die berufliche Förderung und Unterstützung von behinderten Personen verwendet.

Schwerbehinderte haben außerdem Anspruch auf zusätzlichen bezahlten Urlaub von fünf Arbeitstagen im Jahr.

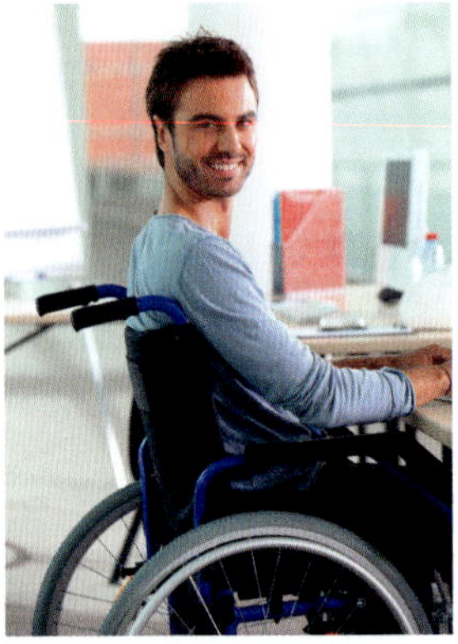

Behinderte haben es besonders schwer, einen Arbeits- oder Ausbildungsplatz zu finden.

4.4 Mutterschutzgesetz

Werdende und stillende Mütter genießen den besonderen Schutz des Staates. In der Phase der Schwangerschaft und der Stillzeit danach sollen berufstätige Frauen keinen Belastungen ausgesetzt werden, die schädlich für Mutter oder Kind sein könnten. Auch sollen Schwangere und Mütter keine Einkommensverluste hinnehmen müssen. Der Arbeitgeber muss deshalb besondere Vorkehrungen zum Schutz von Schwangeren am Arbeitsplatz treffen. Aus diesem Grund muss die Arbeitnehmerin ihren Arbeitgeber über die Schwangerschaft und den voraussichtlichen Entbindungstermin informieren.

Bei einem Einstellungsgespräch ist die Frage nach einer Schwangerschaft unzulässig. Sie muss nicht wahrheitsgemäß beantwortet werden.

Sechs Wochen vor und acht Wochen nach der Entbindung dürfen Schwangere nicht beschäftigt werden. In dieser Zeit zahlt die Krankenversicherung **Mutterschaftsgeld**. Die Differenz zwischen dem Mutterschaftsgeld und dem letzten Nettoarbeitsentgelt trägt der Arbeitgeber.

Schwangeren dürfen **keine schweren körperlichen Arbeiten** zugemutet werden. Gleiches gilt für gefährliche Arbeiten (z. B. bei erhöhter Unfallgefahr), Akkord- und Fließbandarbeit sowie für Arbeiten, bei denen sie schädlichen Einwirkungen (z. B. Staub, Dämpfen oder Gasen, Hitze, Kälte oder Nässe) ausgesetzt sind. Das Tragen oder Heben schwerer Lasten (regelmäßig über 5 kg oder gelegentlich mehr als 10 kg) ist verboten. Nach dem fünften Monat ist langes Stehen (mehr als 4 Stunden) nicht mehr zulässig. Außerdem dürfen werdende und stillende Mütter keine Überstunden, Nachtarbeit (zwischen 20 und 6 Uhr) oder Sonntagsarbeit leisten.

5 Beendigung des Arbeitsverhältnisses

SB ▶ SITUATION 8
Beendigung des Arbeitsverhältnisses

Ein Arbeitsverhältnis kann aus verschiedenen Gründen beendet werden:

- wenn ein **befristeter Arbeitsvertrag** vorliegt, endet das Arbeitsverhältnis nach Vertragsablauf,
- wenn zwischen dem Arbeitgeber und Arbeitnehmer der Arbeitsvertrag im gegenseitigen Einvernehmen – durch einen sogenannten **Auflösungsvertrag** – gelöst wird,
- wenn eine **Kündigung** durch den Arbeitgeber oder den Arbeitnehmer ausgesprochen wird.

Der unternehmerischen Entscheidungsfreiheit des Arbeitgebers, die auch die Entscheidung für oder gegen einen bestimmten Mitarbeiter beinhaltet, steht das dringende Interesse des Arbeitnehmers am Erhalt seines Arbeitsplatzes gegenüber. Das **Kündigungsschutzgesetz** versucht hier einen Ausgleich zwischen den Beteiligten zu schaffen. Es gelten besondere Anforderungen an die ordentliche und außerordentliche Kündigung.

Besonders wenn der Arbeitgeber kündigt, kommt es häufig zu Interessenkonflikten.

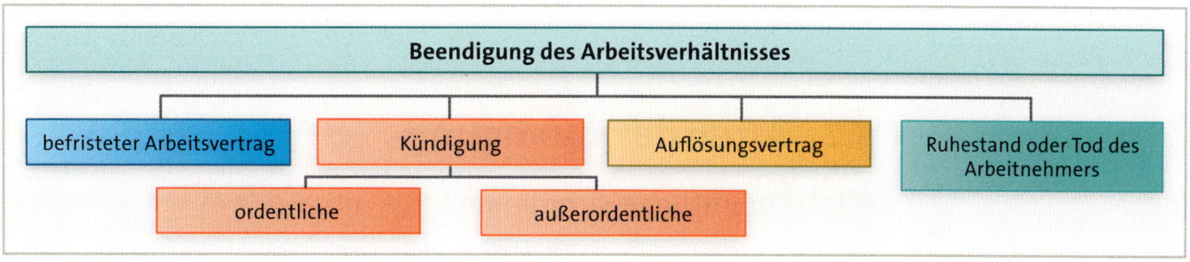

5.1 Allgemeine Anforderungen an eine Kündigung

Je nach Art der Kündigung müssen sich beide Parteien an gesetzliche Vorgaben halten. Unabhängig davon, wer das Arbeitsverhältnis gekündigt hat, ist für die Kündigung grundsätzlich die **Schriftform** vorgeschrieben (§ 623 BGB). Ein Verstoß gegen diese Vorschrift lässt die Kündigung unwirksam werden. Außerdem muss für die Wirksamkeit der Kündigung die Anhörung des Betriebsrates erfolgen, sofern ein solcher in dem Unternehmen vorhanden ist.

Anhörung des Betriebsrates
▶ LF 1, Kap. 5.3

Rechtsgrundlage für den allgemeinen Kündigungsschutz ist das **Kündigungsschutzgesetz (KSchG)**. Es gilt seit dem 1. Januar 2004 für Unternehmen mit mehr als zehn Arbeitnehmern. In Unternehmen mit fünf bis zehn Mitarbeitern gilt der Kündigungsschutz nur für Arbeitsverhältnisse, die bereits vor diesem Datum bestanden. Für Kleinunternehmen mit weniger als fünf ständigen Mitarbeitern wurde die Wirksamkeit einiger Vorschriften aufgehoben. Außerdem gilt das Gesetz nur, wenn der betreffende Arbeitnehmer dem Unternehmen mehr als sechs Monate ohne Unterbrechung angehört hat.

Für folgende Arbeitnehmergruppen gilt ein **besonderer Kündigungsschutz**:

Mutterschutzgesetz
▶ LF 1, Kap. 4.4

Arbeitnehmerinnen während des Mutterschutzes: Die Kündigung einer Mitarbeiterin während ihrer Schwangerschaft und bis zum Ablauf von vier Monaten nach ihrer Entbindung ist unzulässig, sofern dieser Umstand dem Arbeitgeber zum Zeitpunkt der Schwangerschaft oder Entbindung bekannt war.

Elternzeit
Mütter und Väter haben jeweils einen Anspruch auf Elternzeit bis zur Vollendung des dritten Lebensjahres des Kindes.

Elternzeit: Ab dem Zeitpunkt, von dem an Elternzeit verlangt wird, darf der Arbeitgeber nicht mehr kündigen. Dies gilt somit während der Elternzeit und höchstens acht Wochen vor Beginn der Elternzeit.

Schwerbehinderte: Besteht das Arbeitsverhältnis eines Schwerbehinderten länger als sechs Monate, kann er nur gekündigt werden, wenn die Zustimmung des Integrationsamtes vorliegt. Das gilt sowohl für die ordentliche als auch für die außerordentliche Kündigung. Die Kündigungsfrist bei der ordentlichen Kündigung beträgt mindestens vier Wochen.

Mitglieder des Betriebsrates und der Jugend- und Auszubildendenvertretung: Bei den genannten Personen ist eine ordentliche Kündigung während ihrer Amtszeit und innerhalb eines Jahres nach Beendigung der Amtszeit generell unzulässig. Aus wichtigem Grund kann jedoch eine außerordentliche Kündigung ausgesprochen werden, wenn der Betriebsrat dieser zugestimmt hat.

5.2 Arten der Kündigung

5.2.1 Ordentliche Kündigung

einseitige empfangsbedürftige Willenserklärung
▶ LF 2, Kap. 1.6

Von einer ordentlichen oder auch **fristgerechten Kündigung** wird gesprochen, wenn der Kündigende das Arbeitsverhältnis unter Einhaltung einer Kündigungsfrist beenden will. Eine ordentliche Kündigung ist eine **einseitige empfangsbedürftige Willenserklärung**. Sie wird daher erst dann rechtswirksam, wenn sie dem Vertragspartner zugeht. Beendet der Arbeitgeber das Arbeitsverhältnis, muss im Kündungsschreiben darauf hingewiesen werden, dass sich der Arbeitnehmer unverzüglich bei der zuständigen Agentur für Arbeit als arbeitsuchend melden muss.

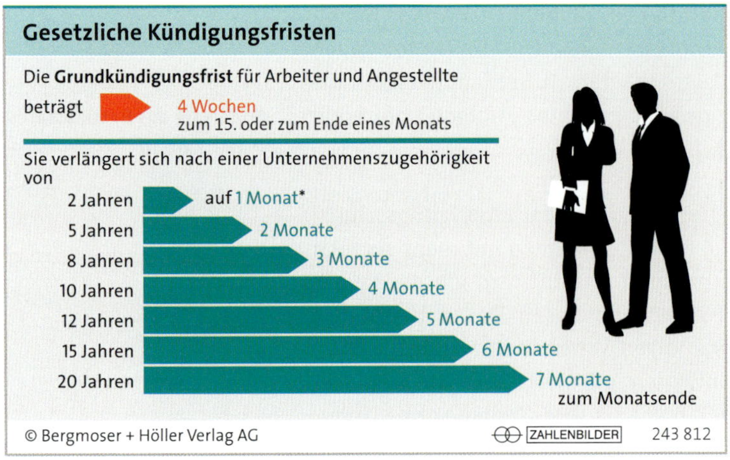

Der Arbeitgeber hat bei der ordentlichen Kündigung je nach Betriebszugehörigkeit des Mitarbeiters unterschiedlich lange **Kündigungsfristen** einzuhalten. So beträgt die **Grundkündigungsfrist** während der ersten zwei Beschäftigungsjahre vier Wochen zum 15. eines Monats oder zum Monatsende und verlängert sich auf bis zu sieben Monate. Während einer Probezeit beträgt die beidseitige Kündigungsfrist zwei Wochen. In Tarifverträgen können abweichende Kündigungsfristen vereinbart werden.

Ist das Kündigungsschutzgesetz anzuwenden, so darf der Arbeitgeber nur **sozial gerechtfertigte** Kündigungen aussprechen. Die Gründe für eine solche Kündigung können betriebsbedingt, verhaltensbedingt oder personenbedingt sein.

§ 1 KSchG

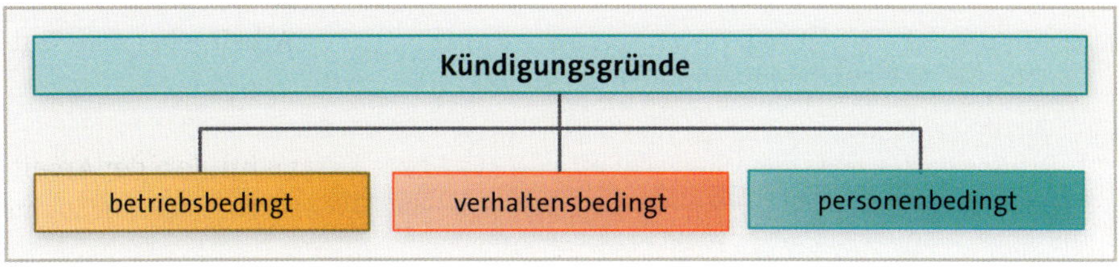

Betriebsbedingte Kündigung

Der Weiterbeschäftigung des Arbeitnehmers stehen betriebliche Notwendigkeiten entgegen, und die Kündigung muss unvermeidbar sein.

Gründe für eine betriebsbedingte Kündigung

- Rationalisierung, z. B. der Abbau von Arbeitsplätzen, da der Umfang der vorhandenen bzw. anfallenden Arbeit zu gering ist
- Verkleinerung des Unternehmens, z. B. Betriebsschließung
- Absatzschwierigkeiten bzw. Umsatzeinbußen

Für die Auswahl der zu kündigenden Mitarbeiter hat der Arbeitgeber folgende soziale Kriterien zu berücksichtigen (**Sozialauswahl**):

- Dauer der Betriebzugehörigkeit
- Lebensalter
- Unterhaltspflichten
- Schwerbehinderung

Unter mehreren vergleichbaren Arbeitnehmern ist denjenigen zu kündigen, die am wenigsten schutzbedürftig sind. Mitarbeiter, deren Weiterbeschäftigung aufgrund ihrer Qualifikationen und Eigenschaften im betrieblichen Interesse liegt, müssen nicht in die Sozialauswahl einbezogen werden.

Verhaltensbedingte Kündigung

Die Kündigungsgründe liegen in einem Fehlverhalten des Arbeitnehmers. Eine verhaltensbedingte Kündigung ist erst dann zulässig, wenn der Arbeitgeber das Fehlverhalten vorher abgemahnt hat. Eine **Abmahnung** erfolgt in der Regel schriftlich. Darin wird der Arbeitnehmer auf sein Fehlverhalten hingewiesen und gerügt. Er wird zu vertragsmäßigem Verhalten aufgefordert und erhält die Ankündigung, dass ihm bei weiterem Fehlverhalten Konsequenzen bis hin zur Kündigung drohen.

Funktionen der Abmahnung:
- Hinweisfunktion
- Ermahnungsfunktion
- Warnfunktion
- Dokumentationsfunktion

Gründe für eine verhaltensbedingte Kündigung

- Ein Mitarbeiter kommt der Arbeitspflicht nicht nach.
- Ein Mitarbeiter erbringt dauerhaft nur unterdurchschnittliche Arbeitsleistungen (um ca. 25 % bis 50 % schlechter als bei vergleichbaren Mitarbeitern).
- Ein Mitarbeiter kommt häufig zu spät.
- Tätlichkeiten, z. B. wird der Arbeitgeber durch einen Angestellten körperlich angegriffen.
- Diebstahl, z. B. von Ware aus dem Lager
- Ein Mitarbeiter verstößt gegen ein bestehendes Alkohol- oder Rauchverbot.

Personenbedingte Kündigung

Bei der personenbedingten Kündigung liegen die Kündigungsgründe in der Person des Arbeitnehmers. Diese Gründe beeinträchtigen seine Arbeitsfähigkeit oder behindern sie sogar vollständig.

Gründe für eine personenbedingte Kündigung

- Mitarbeiter ist alkoholabhängig. Alkoholabhängigkeit hat Krankheitswert.
  Der Arbeitgeber muss den Mitarbeiter vor einer Kündigung auffordern, eine Entziehungskur anzutreten und den Erfolg abwarten. Ist der Mitarbeiter nachweislich nicht therapierbar, kann von diesem Angebot abgesehen werden.
- Krankheit unter gleichzeitiger negativer Gesundheitsprognose für die Zukunft bzw. sehr häufige Kurzerkrankungen bzw. eine krankheitsbedingte Minderung der Leistungsfähigkeit, die dem Arbeitgeber nicht mehr zugemutet werden kann.

Bevor der Arbeitgeber die Kündigung ausspricht, muss er eine **Interessenabwägung** vornehmen, d. h., er muss das eigene Interesse an der Kündigung den Interessen des Arbeitnehmers an der Weiterbeschäftigung gegenüberstellen. Diese Abwägung erfolgt in der Praxis sehr häufig erst vor dem **Arbeitsgericht**, wenn der Arbeitnehmer Kündigungsschutzklage erhebt. Dort wird dann entschieden, welche Interessen überwiegen.

Das Arbeitsgerichtsverfahren

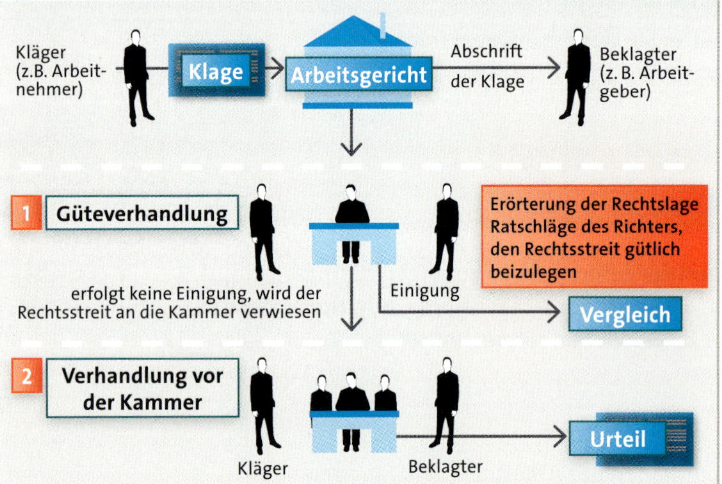

Verfahren bei einem Rechtsstreit aus einem Arbeitsverhältnis

 ZAHLENBILDER 129 162

Zugunsten des Arbeitgebers können folgende Überlegungen berücksichtigt werden:

- Wiederholungsgefahr, z. B. des unentschuldigten Fernbleibens vom Arbeitsplatz
- Schutz der übrigen Arbeitnehmer, z. B. bei tätlichen Übergriffen
- Vermeidung von Störungen des Betriebsablaufes

Für den Arbeitnehmer können diese Aspekte berücksichtigt werden:

- Dauer der Betriebszugehörigkeit
- Alter des Arbeitnehmers
- Unterhaltspflichten des Arbeitnehmers
- Lage auf dem Arbeitsmarkt

5.2.2 Außerordentliche Kündigung

Kündigung aus wichtigem Grund
→ § 626 BGB

Eine außerordentliche Kündigung beendet das Arbeitsverhältnis ohne Beachtung der sonst geltenden Kündigungsfristen. Sie wird daher auch als **fristlose Kündigung** bezeichnet. Eine fristlose Kündigung kann sowohl vom Arbeitgeber als auch vom Arbeitnehmer ausgesprochen werden. Nach § 626 BGB muss dazu allerdings ein **wichtiger Grund** vorliegen. Ein wichtiger Grund macht dem Kündigenden die Fortsetzung des Arbeitsverhältnisses bis zum nächsten ordentlichen Kündigungstermin unzumutbar.

Prinzipiell können alle Gründe, die zu einer verhaltensbedingten oder personenbedingten ordentlichen Kündigung führen, nach Rechtsprechung der Arbeitsgerichte auch zu einer außerordentlichen Kündigung führen. Die außerordentliche Kündigung muss innerhalb von zwei Wochen nach Bekanntwerden des Grundes, der zur Kündigung führen soll, ausgesprochen werden. Erfolgt sie später, ist sie unwirksam.

Gründe für eine fristlose Kündigung:

- Tätlichkeiten
- Betrug und Unterschlagung
- Diebstahl, wenn die Sache für das Unternehmen einen großen wirtschaftlichen Wert hat
- Androhung von Krankheit
- Vortäuschen von Arbeitsunfähigkeit
- grobe Beleidigung
- beharrliche Arbeitsverweigerung

Auch eine außerordentliche Kündigung kann nur verhindert werden, wenn der Arbeitnehmer innerhalb von drei Wochen nach Zugang der Kündigung eine Kündigungsschutzklage beim Arbeitsgericht erhebt.

Kündigung eines Arbeitsverhältnisses

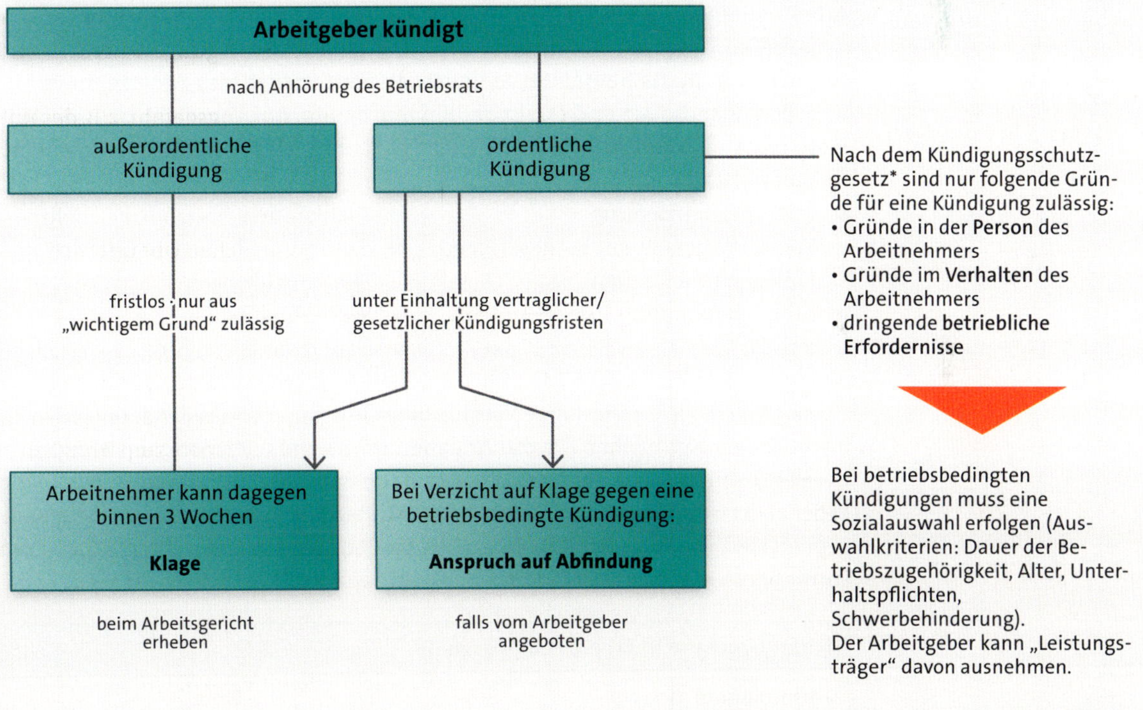

* Das KSchG gilt seit 2004 in Betrieben mit mehr als 10 Beschäftigten

5.3 Anhörung des Betriebsrates

§ 102 BetrVG

In allen Unternehmen, in denen ein Betriebsrat besteht, muss dieser vor jeder Kündigung vonseiten des Arbeitgebers informiert und angehört werden. Erfolgt die Anhörung nicht, so ist die vorgenommene Kündigung unwirksam. Der Betriebsrat kann der **ordentlichen Kündigung** bei Vorliegen gesetzlich festgelegter Gründe innerhalb einer Woche schriftlich widersprechen. So könnte z. B. die Weiterbeschäftigung des Arbeitnehmers unter geänderten Vertragsbedingungen mit dem Einverständnis des betroffenen Arbeitnehmers einen Widerspruch des Betriebsrates rechtfertigen. Bei einer **außerordentlichen Kündigung** kann der Betriebsrat nur seine Bedenken äußern, nicht jedoch widersprechen. Diese Bedenken muss er aber im Gegensatz zur ordentlichen Kündigung innerhalb von drei Tagen schriftlich mitteilen. Der Tag, an dem die Information dem Betriebsrat gegeben wurde, zählt bei der Fristberechnung für beide Kündigungsarten nicht mit.

5.4 Arbeitszeugnis

Der Arbeitnehmer hat nach Beendigung des Arbeitsverhältnisses das Recht auf ein Arbeitszeugnis. Dieses muss vom Arbeitgeber unverzüglich ausgestellt werden. Grundsätzlich werden zwei Arten von Arbeitszeugnissen unterschieden: Das **einfache Arbeitszeugnis** beinhaltet lediglich die Personalien des Arbeitnehmers und Angaben über die Art und Dauer der Beschäftigung. Auf Verlangen des Arbeitnehmers muss ein **qualifiziertes Arbeitszeugnis** ausgestellt werden, das zusätzliche Angaben enthält:

- Leistungsbeurteilung
- Verhalten gegenüber Vorgesetzten, Kollegen und Kunden
- Arbeitsbefähigung, -weise und -erfolg
- Fachkönnen
- Gesamtbild bezüglich Charakter und Persönlichkeit
- Weiterbildung
- Grund der Kündigung

Grundsätzlich sollen einmalige Vorfälle oder Umstände positiver oder negativer Art unberücksichtigt bleiben. Da die Angaben im Zeugnis der Wahrheit entsprechen müssen, können auch negative Aussagen darin enthalten sein. Dabei hat der Arbeitgeber aber zu berücksichtigen, dass die gewählten Formulierungen von Wohlwollen geprägt sind. Die Folge, die sich daraus für die Zeugnissprache ergibt, sind bestimmte Formulierungen, die mit Noten gleichgesetzt werden können.

Formulierungen in Arbeitszeugnissen

Formulierung	Note
„... stets zu unserer vollsten Zufriedenheit ...“	sehr gut
„... stets zu unserer vollen Zufriedenheit ...“	gut
„... zu unserer vollen Zufriedenheit ...“	befriedigend
„... zu unserer Zufriedenheit ...“	ausreichend
„... im Allgemeinen zu unserer Zufriedenheit ...“	mangelhaft
„... hat sich bemüht/war bestrebt, die ihm übertragenen Aufgaben zu unserer Zufriedenheit ...“	ungenügend

6 Grundsätzliches zum Thema „Lernen“

Sie leben in einer Zeit, in der Wissen so schnell wächst und veraltet, dass Sie Ihr ganzes Leben lang immer wieder neu lernen müssen. Es reicht nicht aus, sich einmal das nötige Wissen anzueignen, um dann das ganze Leben davon zehren zu können. Sie müssen in der Lage sein, sich selbstständig und effektiv Wissen zu beschaffen, es anzuwenden und immer wieder auf Aktualität zu überprüfen. Dazu ist es nützlich, zu verstehen, wie das Lernen überhaupt funktioniert und welche Hilfsmittel man einsetzen kann, um es so effektiv wie möglich zu gestalten.

6.1 Eine Einstellung zur Schule entwickeln

Jede Veränderung ist auch immer eine Chance, Dinge zu ändern, die man gerne ändern möchte. Oft wird diese Chance nicht genutzt; denn die Erfahrungen, die wir in der früheren Schule gemacht haben, beeinflussen unser Handeln auch an der neuen Schule. Machen Sie sich doch einmal bewusst, welche Erfahrungen Sie an früheren Schulen gemacht haben:

- Welche Gedanken verbinden Sie mit dem Wort Schule?
- Welche Situationen haben Sie an Ihrer früheren Schule gehasst/gemocht?
- Welche Lehrkräfte haben Sie in guter Erinnerug und warum?
- Gab es Lieblingsfächer?
- Wie war Ihre Beziehung zu Ihren Mitschülern? Welche Rolle haben Sie in der Klasse gespielt (z.B. Pausenclown, Anführer, Schlichter)?
- Wie sah Ihr Nachmittag aus, mussten Sie lernen? Haben Sie das gerne getan? Wie viel Zeit haben die Hausaufgaben beansprucht?
- In welcher Erinnerung haben Sie Klassenarbeiten und Prüfungen: als Zusatzstress oder als etwas, das man locker packen kann?

Wichtig ist, dass Sie sich nicht nur die negativen Dinge in Erinnerung rufen, sondern gerade auch die Momente, in denen sie sich wohlgefühlt haben.

Welche Bedeutung die richtige Einstellung hat, zeigt sich am Vergleich zwischen Erfolg und Misserfolg: Wenn Sie Erfolg haben, fühlen Sie sich gut, lernen gerne, ernten Lob. Bei Misserfolg ist es genau andersherum: Alles fällt einem schwer, Sie brauchen für die einfachsten Dinge viel Zeit und haben das Gefühl, trotzdem nicht weiterzukommen. Deshalb ist es wichtig, dass Sie negativen Gedanken Mut machende (positive) Gedanken entgegenhalten.

Panikmacher	Mutmacher
Ich darf keine Fehler machen.	Jeder Mensch macht Fehler.
Ich verstehe das sowieso nicht.	Ich muss einfach noch mal genau überlegen.
Mir gelingt überhaupt nichts.	Ich habe auch schon viel geschafft.
Ich kann das nicht.	Ich versuche das einfach mal.
Rechnen kann ich nicht.	Wenn ich übe, werde ich auch das hinbekommen.

6.2 Gedächtnisarten

Alles, was Sie lernen, muss Ihr Gedächtnis erst vom Ultrakurzzeitgedächtnis über das Kurzzeitgedächtnis ins Langzeitgedächtnis transportieren.

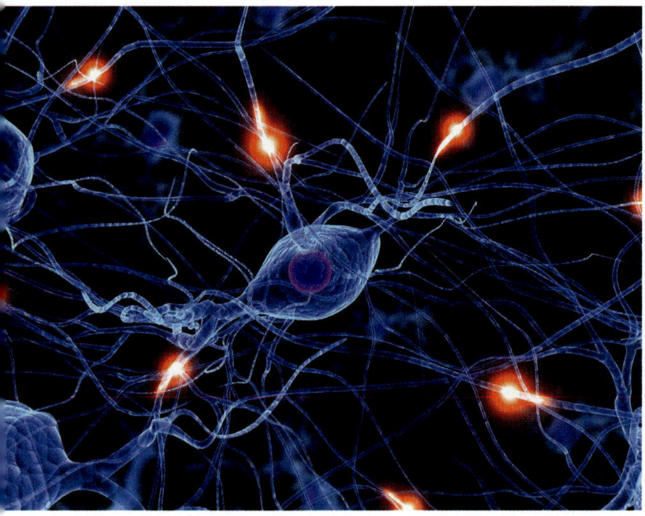

Beim Lernen entstehen neue Verbindungen (Synapsen) zwischen den Nervenzellen im Gehirn. Jede Nervenzelle kann mit tausenden anderen verbunden sein. Je öfer eine Verbindung aktiviert (d.h. das gespeicherte Wissen abgerufen) wird, desto stabiler wird sie.

Das **Ultrakurzzeitgedächtnis** nimmt die Informationen auf, seine Speicherdauer ist sehr kurz. Es verankert nur die Informationen, denen eine gezielte Aufmerksamkeit bzw. Emotion zugewandt wird.

Das **Kurzzeitgedächtnis** speichert einen Teil des bereits bearbeiteten Informationsmaterials für einige Minuten ab. Dabei nimmt es vor allem visuelle und akustische Informationen auf. Um das Wissen nicht wieder zu verlieren, muss es durch wiederholtes Abrufen und das aktive Bearbeiten und Einbinden in bestehende Zusammenhänge verankert werden. Werden zu schnell neue Informationen aufgenommen, werden ältere, nicht verankerte Informationen ersetzt.

Fest gespeichertes Wissen befindet sich im **Langzeitgedächtnis**. Informationen werden erst dann abrufbar, wenn sie durch ähnliche Inhalte „angestoßen" werden. Lernprozesse, die sich auf vorhandenes Wissen beziehen, erfolgen schneller als bei völlig neuen Kontexten und Inhalten.

6.3 Lerntypen

Wenn Sie bis heute schlechte Erfahrungen mit Schule und Lernen gemacht haben, kann das auch daran liegen, dass Sie falsch gelernt haben. Um erfolgreich zu lernen, sollten Sie wissen, welcher **Lerntyp** Sie sind:

- Der **Sehtyp** muss die Dinge mit den Augen erfassen. Er lernt am besten, wenn er den Stoff zu Bildern verarbeitet. Sind Sie ein Sehtyp, arbeiten Sie mit Schaubildern, Mindmaps, Diagrammen und Strukturbildern. Diese Arbeitstechnik nennt man **visualisieren**.
- Der **Hörtyp** muss etwas hören, damit er es sich merken kann. Er kann sich den Lernstoff z. B. laut vorlesen lassen oder, das ist vermutlich das einfachste, mit einem Mitschüler oder Mitbewohner darüber sprechen.
- Der **Handlungstyp** braucht viel Abwechslung. Alle Sinne müssen angesprochen werden. Er kann nicht stundenlang am Tisch sitzen, er bewegt sich beim Lernen, läuft im Zimmer hin und her und macht sich gelegentlich Notizen.

visualisieren (lat.)
optisch/bildlich darstellen, sichtbar machen

Überlegen Sie einmal, welcher Lerntyp Sie sein könnten und probieren Sie verschiedene Lernstrategien aus. Sie werden schnell merken, dass sich Ihre Freude am Lernen erhöht, wenn Sie die für Sie richtige Herangehensweise gefunden haben. Wahrscheinlich werden sich dann auch Ihre Ergebnisse verbessern.

6.4 Konzentration

Für die Informationsaufnahme ist die **Konzentrationsfähigkeit** entscheidend. Sie wird beeinflusst von Interesse, Bereitschaft und Notwendigkeit zu lernen, Stimmungslage und Gefühlen, gesundheitlichem Befinden und Lernumgebung mit ihren evtl. ablenkenden Reizen.

Konzentration
die willentliche Ausrichtung und Einengung der Aufmerksamkeit auf einen bestimmten Gegenstand oder eine eng umgrenzte Tätigkeit

Getrennte Orte zur Freizeitgestaltung auf der einen Seite und zum Arbeiten auf der anderen Seite fördern die Konzentrationsfähigkeit. Der **Arbeitsplatz** sollte übersichtlich organisiert sein und das Lernmaterial sollte sich in Zugriffsnähe befinden. **Lärm** wirkt eher ablenkend, ausreichender Schlaf und frische Luft sowie eine ausgewogene und regelmäßige Ernährung sind der Konzentrationsfähigkeit zuträglich.

Ein heller, aufgeräumter und möglichst lärmarmer Arbeitsplatz unterstützt die Konzentrationsfähigkeit.

Konzentrationsfähigkeit kann **geübt** werden. Nicht immer ist es leicht, alle Nebengedanken und Störfaktoren auszublenden und sich ganz und gar auf eine Sache zu konzentrieren. Da gilt es, für die Erarbeitung einer Lernaufgabe eine vergleichbare Spannung zu entwickeln wie bei der Lösung eines Falles in einem Krimi. Eine **positive Haltung** zum Lernprozess und zur eigenen Leistungsfähigkeit sowie die weitestmögliche Befreiung von Zeitdruck sind wichtige Helfer.

Ein **klares Lernziel** vor Augen hilft, die Aufgabenstellung und den Weg, es zu erreichen, zu erfassen. Dabei sollte das Lernziel nicht zu weit gesteckt sein, das wirkt eher frustrierend. Realistische Lernziele motivieren da schon eher. Daher hilft eine Einteilung der angestrebten Hauptziele in **Teilziele**. Gerade das Lernen von trockenem Stoff wird dadurch erleichtert. Die Aufteilung des Lernstoffes in **überschaubare Etappen** verringert den Druck und ist daher effektiver als massives Lernen. Dabei sollte man allerdings **zeitliche Lerngrenzen** beachten: Wenn über die eigene Lerngrenze (oft bei ca. 60 – 90 Minuten) hinaus gelernt wird, kann ein Teil des zuvor aufgenommenen Wissens wieder verloren gehen.

Auch die **Abwechslung der Lernkanäle** wirkt sich positiv auf unsere Konzentrationsfähigkeit aus. Lernkanäle sind dabei als Zuflüsse zu unserem Gehirn zu verstehen, durch die Informationen in unser Gedächtnis gelangen. Man geht davon aus, dass verschiedene Lernkanäle unterschiedlich stark geeignet sind, Wissen zu speichern:

- Über den Lernkanal „Hören“ behalten wir ca. 10 % des dargebotenen Lernstoffs,
- über den Lernkanal „Lesen“ ca. 20 %,
- über den Lernkanal „Sehen“ ca. 30 %,
- über die Kombination der Lernkanäle „Sehen und Hören“ ca. 50 %,
- über den Lernkanal „Selbersagen“ ca. 80 % und
- über den Lernkanal „Handeln“ (selber etwas tun) ca. 90 %.

Für die Aufrechterhaltung oder Steigerung der Konzentration ist es sinnvoll, unter mehreren Lernkanälen abzuwechseln.

6.5 Zeitplanung

Am leichtesten gelingt die Zeitplanung mithilfe eines Lernplans (siehe Abbildung unten). Dort werden zunächst die **Ausbildungszeiten** (Theorie und Praxis) sowie weitere fixe **Wochentermine** (z.B. Sporttraining) eingetragen. In den Freiräumen werden dann die geplanten **Lernzeiten** farbig notiert.

Beim **Planen der Lernzeiten** ist es sinnvoll, sie gleich nach Themen zu strukturieren. Dabei sollte bedacht werden, dass nicht zu große Lernmengen auf einmal aufgenommen werden und dass vom Einfachen zum Schwierigen übergegangen wird. Auch bietet es sich an, zwischen Themen abzuwechseln, um so Ermüdung bzw. „Themenüberdruss" zu vermeiden.

Wichtig bei der Lernzeitenplanung ist die Berücksichtigung von **Pausen**. 10 % bis 30 % der Lernzeit sollten für Pausen verwendet werden. Hierbei lassen sich unterscheiden:

- Minipausen: Wenn die Gedanken in die Ferne schweifen, erholt sich das Gehirn für einen Moment und speichert die neuen Informationen ab.
- kleine Pausen von 3–5 Minuten nach ca. 30 Minuten
- Entspannungspausen möglichst außerhalb des Arbeitszimmers von 15–20 Minuten nach 90 Minuten
- ausführliche Erholungspausen mit einer völlig anderen Tätigkeit im Zeitrahmen von 1–3 Stunden nach ca. 4 Stunden Lernarbeit

	Montag	Dienstag	Mittwoch	Donnerstag	Freitag	Samstag	Sonntag
8:00 – 10:00							
10:00 – 12:00							
12:00 – 14:00							
14:00 – 16:00							
16:00 – 18:00							
18:00 – 20:00							
20:00 – 22:00							
∑ möglicher Lernzeiten							

Zeitplan zur Erfassung möglicher Lernzeiten (bei genauerer Konzeption einstündig anzulegen); Inhalte: feste Termine (wie Unterricht, Arbeitszeit), bevorzugte Pausenzeiten, Freizeitbeschäftigung usw.

Um z.B. während der Prüfungszeit den anfallenden **Lernaufwand effektiv zu planen**, hat sich die **ALPEN**-Methode bewährt:

A – Aufgaben notieren
L – Länge des Zeitbedarfs für die einzelnen Schritte und die Gesamtvorbereitung abschätzen
P – Pausen und Pufferzeiten für Unvorhergesehenes einplanen
E – Entscheidungen über Prioritäten treffen
N – Nachkontrolle, ob alle geplanten Aufgaben erledigt wurden; ggf. neue Planung für Unerledigtes

6.6 Arbeits- und Organisationsmittel

Wenn Sie Ihre Arbeit gut planen und Informationen übersichtlich strukturieren, wird das Ihren Lernalltag enorm vereinfachen. Einfache, aber äußerst zeitsparende Hilfsmittel hierzu sind das Lerntagebuch und ein gut durchdachtes Ordnersystem.

Lerntagebuch
Das Lerntagebuch kann zu einem treuen Ausbildungsbegleiter werden. In ihm wird der Lernstand möglichst täglich, mindestens aber wöchentlich aufgezeichnet. In Kürze werden der gelernte Stoff sowie außerdem offenstehende Fragen und Unklarheiten festgehalten. Die Einträge können kurz sein und aufs Wesentliche beschränkt werden. Ein Zeitrahmen von fünf bis zehn Minuten reicht für die Eintragungen zumeist aus. Ein Heft oder ein fester Ordner garantieren, dass die Notizen wiedergefunden werden.

Das Lerntagebuch kann auch elektronisch auf dem Smartphone geführt werden.

Wie das Tagebuch formal angelegt wird, entscheidet sich nach den eigenen Bedürfnissen und Ideen. Fragen wie die folgenden werden als Mittel der Strukturierung genutzt:
- „Was habe ich heute getan und was habe ich dabei gelernt?“
- „Was werde ich wie weiterhin umsetzen?“
- „Welche Fragen sind noch offen, was muss ich nachschlagen?“

Ordner
Im Laufe Ihrer Zeit in der Berufsausbildung erstellen und sammeln Sie eine Vielzahl an Informationsmaterialien. Wichtig für das schnelle Auffinden der Informationen ist der Einsatz eines Ordnersystems.

Sie benötigen dazu:
- 1 Aktenordner, 8 cm breit
- 20 Trennblätter zum Selbstausschneiden von Registertasten, evtl. in verschiedenen Farben
- 10 Prospekthüllen/Klarsichthüllen
- 1 A–Z-Register.

Die Prospekthüllen sind für Unterlagen vorgesehen, die nicht gelocht werden dürfen.

Und so wird's gemacht
- **Register schneiden:** Hängen Sie alle 20 Blätter in den Ordner ein. Es wird vom letzten Blatt nach vorn gearbeitet. Blatt 20 bleibt unberührt. Von Blatt 19 wird das unterste Zwanzigstel abgeschnitten, von Blatt 18 zwei Zwanzigstel und immer so weiter. Am Deckblatt muss oben ein Zwanzigstel bleiben.
- **Struktur überlegen und Register beschriften:** Machen Sie sich klar, wie Sie Ihren Ordner gerne strukturieren möchten. Im ersten Jahr bietet es sich z. B. an, den Lernfeldern 1–5 jeweils ein eigenes Trennblatt zuzuordnen. Danach folgt das A–Z-Register, dort hängen Sie zusätzliche Informationen, wie z. B. allgemeine Informationen zu Ausbildungsbetrieb und Berufsschule, ein.
- **Inhaltsverzeichnis anlegen:** Kleben Sie ein Inhaltsverzeichnis auf die vordere Innenseite des Ordners.

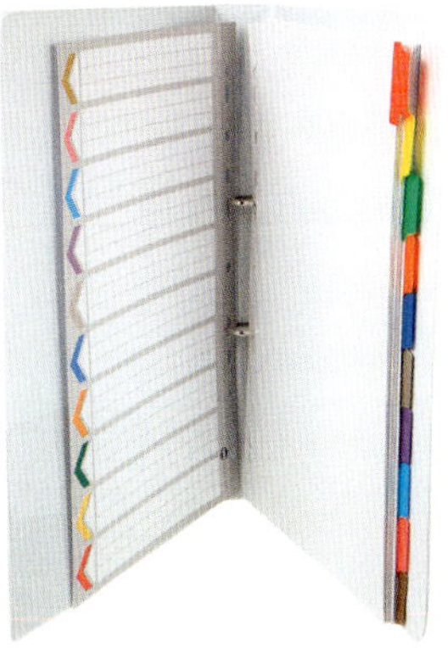

7 Lese- und Schreibtechniken

Lesen und Schreiben sind grundlegende Fertigkeiten, die zum Alltag dazu gehören. Doch darüber hinaus ist es möglich, durch den Einsatz der hier vorgestellten Techniken die Effizienz beim Lesen und Schreiben wesentlich zu steigern.

7.1 Fünf-Schritt-Lese- und Erarbeitungstechnik

Wenn Sie einen Text ohne Vorüberlegung lesen, ist es wahrscheinlich, dass Sie bis zu 90 % des Textes hinterher sofort aus dem Kurzzeitgedächtnis heraus vergessen. Wenn Sie die im Folgenden vorgestellte Fünf-Schritt-Lese- und Erarbeitungstechnik anwenden, können Sie die Behaltensquote erheblich steigern.

Vorgehensweise/Regeln	
	**1. Überblick verschaffen:** Der Text wird zur Orientierung mit Blick auf Kapitelüberschriften, Untertitel, Zusammenfassungen oder Hervorhebungen im Fließtext überflogen.
	**2. Fragen stellen:** Formulieren Sie Fragen, die Ihnen der Text beantworten kann. Schreiben Sie Ihre Fragen auf einen separaten Zettel.
	**3. Text mit Zielsetzung lesen:** Jetzt setzen Sie mit Stift und Markern Markierungen. Beantworten Sie auch die in Punkt 2 gestellten Fragen. Notieren Sie sich Kernaussagen und schlagen Sie unbekannte Wörter in einem Fachbuch nach.
	**4. Text zusammenfassen:** Fassen Sie den gelesenen Textabschnitt in eigenen Worten zusammen und reduzieren Sie die Informationen auf das Wesentlichste. Heben Sie wichtige Fachbegriffe gesondert hervor.
	**5. Text wiederholen:** Wiederholen Sie die wichtigsten Aussagen und Informationen des Textes. Hierbei berücksichtigen Sie die anfangs formulierten Fragen und Markierungen, die Sie während der Textbearbeitung vorgenommen haben. Stellen Sie sich z.B. die Frage: „Was habe ich Neues erarbeitet?"

7.2 Mitschriften und Protokolle

Mitschriften im Unterricht oder bei einer Gruppenarbeit halten wesentliche Inhalte der Veranstaltung fest. Sie sind ein erster Schritt der Informationsverarbeitung. Daher ist es sinnvoll, dass sie nach bestimmten Kriterien erfolgen. Ziel ist es nicht, jedes Wort sicherheitshalber zu Papier zu bringen, sondern aktiv zu entscheiden, welche Information relevant und von Dauer ist. So wird das Gedächtnis entlastet, die Konzentration erhöht und das Verständnis erleichtert. Je übersichtlicher und strukturierter eine Mitschrift ist, desto hilfreicher ist sie. Mitgeschrieben werden Informationen,

- die evtl. nur an dieser Stelle in dieser Form vermittelt werden,
- auf die die Vortragenden ihre Betonung legen und
- die für den eigenen Lernprozess oder Themengebiete, mit denen man sich auseinandersetzt, relevant sind.

Außerdem werden festgehalten:

- Grundaussagen, Schwerpunkte, Fachbegriffe und Definitionen
- wesentliche Argumente, die die Sprechenden zu ihrer Sicht auf die dargestellten Dinge veranlassten
- Daten, die das Dargestellte unterstreichen und untermauern

Es müssen keine vollständigen Sätze formuliert werden, **Stichworte** reichen oft aus. Häufig auftretende Begriffe können abgekürzt werden. Um sich nicht verwirren zu lassen, ist es sinnvoll, von Anfang an die in der Fachsprache gängigen Abkürzungen zu nutzen und keine eigenen zu entwickeln.

Zur besseren Übersicht, und damit man zur Prüfungsvorbereitung nicht vor einem Rätselberg steht, hilft die **Beschriftung** von Mitschriften und ausgeteilten Kopien mit Datum, Themenbereich und/oder Lerneinheit, Thema und Namen der Lehrkraft. Ein erster Schritt zum Lernerfolg ist die Aufarbeitung der Mitschrift zu Hause. Dabei werden die Inhalte abgeglichen und evtl. in eine lesbarere Form gebracht.

Protokolle fixieren Ergebnisse einer Sitzung oder einer Gruppenarbeit und stehen im Gegensatz zur Mitschrift der „Öffentlichkeit" (i. d. R. die Teilnehmenden) zur Verfügung. Schon aus diesem Grund müssen sie einer gewissen Form folgen. In Protokollen wird neben den Namen der Anwesenden und den wesentlichen Inhalten (Tagesordnungspunkte = TOPs) festgehalten, wer in der Sitzung/Gruppenarbeit welche Aufgaben übernommen hat und bis wann diese zu erledigen sind. Außerdem werden Beschlüsse notiert. Ein **Ergebnisprotokoll** enthält nicht jeden einzelnen Schritt der Sitzung, sondern die wesentlichen Beiträge, Erkenntnisse und Pläne in Stichpunkten oder Sätzen. Die Inhalte müssen im Gegensatz zum **Verlaufsprotokoll** nicht streng chronologisch angeordnet sein. Das Protokoll wird häufig als Einstieg in die nächste Sitzung gemeinsam besprochen. Dabei aufgedeckte Fehler oder Missverständnisse werden umgehend verbessert.

Notebooks und **Tablets** ermöglichen es, Mitschriften und Protokolle bereits während des Unterrichts zu erfassen. Dies sollte jedoch nur dann erfolgen, wenn der Nutzer sicher im Umgang mit der Technik und idealerweise sehr schnell im Tippen ist, um sich nicht von wesentlichen Inhalten ablenken zu lassen.

8 Lerntechniken

Lerntechniken können Ihnen dabei helfen, sich die vielen Informationen, die Sie in der Berufsschule und im Ausbildungsbetrieb aufnehmen, besser zu merken. Bewährt haben sich dabei die Lernkartei, die vor allem der Wissensspeicherung dient, und die Mindmap, mit deren Hilfe komplexe Zusammenhänge optisch dargestellt werden können.

8.1 Lernkartei

Dass Vokabelhefte beim Erlernen neuer Begriffe hilfreich sein können, dürfte den meisten noch aus ihrer Schulzeit bekannt sein. Vom Prinzip her ähnlich, aber in der Umsetzung differenzierter, ist das Lernen mit Karteikarten. Und das kann so funktionieren:

Vorgehensweise/Regeln

- Man kauft sich DIN-A6-Karten sowie einen Karteikasten (alternativ lassen sich auch Geschenk- oder Fotoboxen nutzen).
- Man nimmt die Karten wie ein Vokabelheft in den Unterricht mit.
- Taucht ein unbekannter/neuer Begriff auf, notiert man ihn, erfragt seine Bedeutung und schreibt sie auf die Karteikarte.
- Zu Hause vervollständigt man dann die Karteikarte, indem man eine Kopfzeile anlegt und Verweise zur Fachliteratur einträgt. Dies geschieht ähnlich wie bei Spielquizkarten: Die Vorderseite versieht man mit einem Stichwort, auf der Rückseite hält man die Übersetzung, Zusammenhänge und Zusatzinformationen fest.
- Möchte man nun gezielt mit den Karteikarten lernen, steckt man die Karten mit neuen Informationen jeweils in das hinterste von vier Fächern (Fach 0). Hat man den Inhalt einer Karte gut verinnerlicht, kommt die Karte in das davor liegende Fach (Fach 1). Diejenigen, die nicht gewusst wurden, gehen zurück in das hinterste Fach. Bei einer weiteren Wiederholung kommen die gewussten Karten wieder ein Fach nach vorn (Fach 2) und die noch zu lernenden ein Fach zurück. Der Prozess ist mit Erfolg abgeschlossen, wenn alle Karten im vordersten Fach sind.

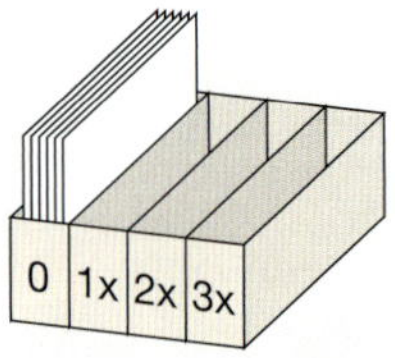

Alle Karten mit neuen Informationen werden in das hinterste Fach (Fach 0) gesteckt.

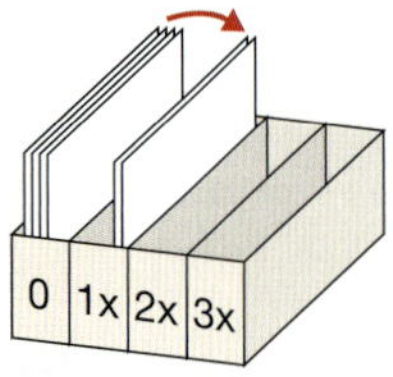

Sobald der Inhalt der Karteikarte gewusst wird, kommt sie in das 2. Fach.

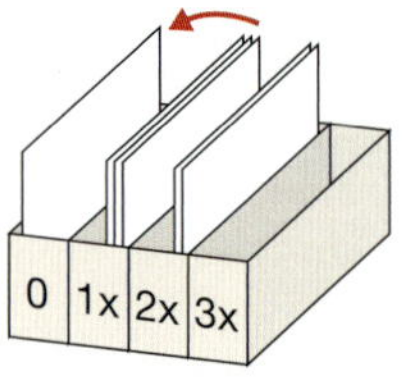

Wenn die Inhalte aus dem 2. Fach wiederholt werden, wandern die Karteikarten, deren Inhalt gewusst wurde, ein Fach weiter. Die Inhalte, die nicht gewusst wurden, kommen zurück in das Fach 0.

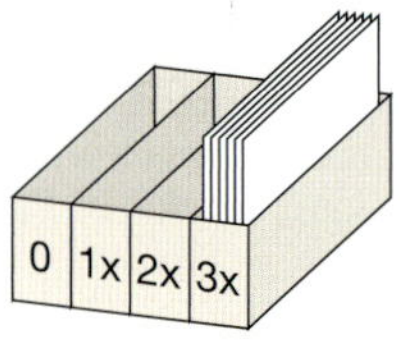

Dieser Vorgang wird so lange wiederholt, bis alle Karten im letzten Fach sind.

8.2 Mindmap

Eine **Mindmap** soll komplexe Zusammenhänge visualisieren. Sie kann ständig geändert und erweitert werden. Eine Mindmap verknüpft Gedanken, Gefühle und Ideen mithilfe von Zeichnungen und kurzen Sätzen. Diese Visualisierungsform verbindet sprachliches und bildhaftes Denken, wodurch die gesamte Kapazität der beiden **Gehirnhälften** genutzt wird.

Mindmap
gedankliche Landkarte

Linke Gehirnhälfte
(analytisches Denken): zuständig für Logik, Ordnung, Zahlen, Sprache

Rechte Gehirnhälfte
(bildliche Vorstellungskraft): zuständig für Farben, Fantasie, Musik, Bilder

Mindmaps können vielfältig eingesetzt werden:
- Informationen ordnen, gliedern und auswerten
- Zusammenfassung von Vorträgen
- Vorbereitung für Fachberichte
- Vorbereitung auf Klassenarbeiten, Prüfungen
- Planen von Projekten

Vorgehensweise/Regeln
- Verwenden Sie ein unliniertes Blatt Papier.
- Nutzen Sie das Blatt im Querformat.
- Breiten Sie die Mindmap von der Blattmitte über das gesamte Blatt aus.
- Schreiben Sie in den Mittelpunkt das Thema.
- Notieren Sie Ihre Ideen in knappen, schlagwortartigen Formulierungen.
- Schreiben Sie diese Ideen (= dem Hauptthema untergeordnete Schlüsselbegriffe) auf Linien (= Zweige).
- Diesen Linien können Sie weitere Verästelungen hinzufügen.
- Ideen, Schlüsselbegriffe schreiben Sie als Druckbuchstaben.
- Geben Sie Ihrer Mindmap Ausdruck durch Einfügen von Symbolen, kleinen Grafiken u. Ä.

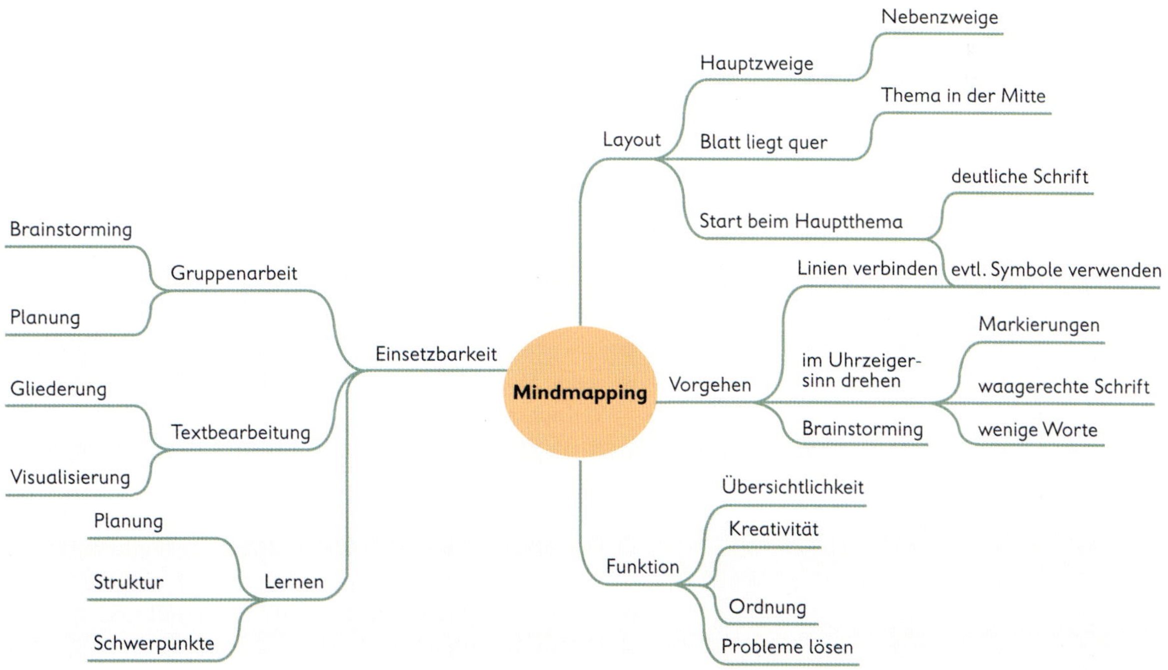

9 Kreativitätstechniken

9.1 Brainstorming

Mithilfe eines Brainstormings (= „Gedankensturm") sollen innerhalb kurzer Zeit möglichst viele Lösungsvorschläge, Ideen usw. zu einem vorgegebenen Thema gesammelt werden.

Vorgehensweise/Regeln
- Verwenden Sie ein Blatt Papier, die Tafel, ein Flipchart o. Ä.
- Schreiben Sie das Thema auf.
- Sammeln Sie alle Gedanken, die Sie haben, und halten Sie diese schriftlich fest.
- Jede Idee von anderen wird unkommentiert aufgenommen.
- Kommentare, kritische Äußerungen sind verboten (keine **Killerphrasen**).
- Nach Beendigung der Ideensammlung (ca. 5–10 Min.) machen Sie eine Auswertung.
- Auswertungsmethoden: z. B. Diskussion, Beurteilung von Ideen in Kleingruppen

Killerphrasen
„Bleiben Sie mal bei der Sache!"
„Das gibt es ja gar nicht!"

9.2 Brainwriting (Methode 635)

Brainwriting ist eine **schriftliche Variante des Brainstormings**. Jeder Teilnehmer kann in Ruhe seine Ideen aufschreiben. Das Brainwriting wird auch Methode 635 genannt:

Brainwriting-Formular

Name	Problemstellung		
1	Idee 1	Idee 2	Idee 3
2	Idee 4	Idee 5	Idee 6
3	Idee 7	Idee 8	Idee 9
4	Idee 10	Idee 11	Idee 12
5	Idee 13	Idee 14	Idee 15
6	Idee 16	Idee 17	Idee 18

- 6 Teilnehmer halten auf einem Notizblatt
- 3 Ideen/Lösungsvorschläge fest und reichen ihr Notizblatt nach
- 5 Minuten an den nächsten Teilnehmer weiter.

Die Teilnehmerzahl ist allerdings nicht auf 6 begrenzt, sondern kann variiert werden.

Vorgehensweise/Regeln
- Die Problemstellung wird auf einem Formular festgehalten.
- Jeder Teilnehmer trägt in die Ideenzeile drei Ideen ein.
- Jeder Teilnehmer reicht sein Formular an den nächsten Teilnehmer weiter.
- In die zweite Ideenzeile trägt jeder Teilnehmer drei Ideen ein. Die Idee kann z. B. an die Vorgängeridee anknüpfen oder eine völlig neue sein.
- Die Ideenfindung ist beendet, wenn jeder Teilnehmer sein Formular mit mindestens 18 Vorschlägen zurückerhält.
- Ein Vorschlag wird gemeinsam ausgewählt und in der Gruppe diskutiert.

10 Arbeitsmethoden

Sie benötigen bestimmte Arbeitsmethoden, um sachgerecht, situationsbezogen und zielgerichtet auf neue berufliche Situationen reagieren zu können. Im Folgenden werden Ihnen einige der wichtigsten vorgestellt.

10.1 Rollenspiel

Das Rollenspiel ist eine gute Methode, um z.B. den Umgang mit Mietern zu üben und ein Gespräch spielerisch zu simulieren. Dadurch erhalten Sie die Chance, benötigte Fähigkeiten zu entwickeln und zu trainieren.

Vorbereitung

- Formulieren Sie z. B. für einen Mieter/eine Mieterin und einen Mitarbeiter/eine Mitarbeiterin einer Wohnungsbaugesellschaft kurze, verständliche Rollenanweisungen.
- Die Rollen des Mieters/der Mieterin und des Mitarbeiters/der Mitarbeiterin der Wohnungsbaugesellschaft werden verteilt.
- Die Nichtspieler (Beobachter) beobachten das Gespielte mithilfe eines Beobachtungsbogens.
- Mieter/Mieterin und Mitarbeiter/Mitarbeiterin der Wohnungsbaugesellschaft befassen sich kurz mit ihrer Rolle (ca. fünf Minuten) und signalisieren den Nichtspielern den Beginn des Gesprächs.

Durchführung

- Beide Parteien nehmen eine solche Position ein, dass sie von den Nichtspielern gut beobachtet werden können.
- Jedes Rollenspiel sollte mithilfe einer Videokamera aufgenommen werden.

Reflexion/Auswertung

- Die Spielsituation wird analysiert und besprochen.
- Geben Sie ein Feedback.

Feedback
▶ LF 1, Kap. 11.6.2

Beispiel

Rollenspiel: Auskunft zur erhaltenen Betriebskostenabrechnung

Rollenkarte Mieter/in
Sie haben die Betriebskostenabrechnung für das letzte Jahr erhalten. Nach der Durchsicht sind Sie der Meinung, dass die aufgeführten Heizkosten fehlerhaft sind.

Rollenkarte Mitarbeiter/in
Sie arbeiten in der Mieterbetreuung einer Wohnungsbaugesellschaft und sind Ansprechpartner/in bei Fragen zu den Betriebskostenabrechnungen.

10.2 Pro- und-Kontra-Diskussion

Die Pro- und-Kontra-Diskussion verfolgt das Ziel, gegensätzliche Meinungen klarer herauszuarbeiten. Wenn man die gegensätzlichen Argumente besser versteht, gelingt die Einigung auf einen tragfähigen Kompromiss eher. Man lernt, die eigene Meinung klar zu vertreten, gegensätzliche Meinungen offen zur Kenntnis zu nehmen sowie anzuerkennen und die eigene Meinung ggf. zu verändern.

Vorbereitung
- Formulierung einer strittigen Aussage: Sie muss mit „Ja“ oder „Nein“ zu beantworten sein.
- Auswahl der Spieler: Die Zuordnung zur Pro-, Kontra- oder Beobachtergruppe sollte möglichst freiwillig sein.

Abstimmung über den formalen Ablauf
- Ort und Dauer der Gruppenarbeit festlegen
- Wahl von jeweils drei Spielern, die die Debatte durchführen (Pro- und Kontra-Gruppe)
- Die Pro- und Kontra-Gruppen erarbeiten ihre Standpunkte.
- Verteilung von Beobachtungsaufgaben (Beobachtergruppe) vornehmen
- Szenenaufbau für die Debatte und Zeitrahmen (ungefähr 15 Minuten) bestimmen

Beobachtungsaufgaben
- Sprechen die Gruppen alle wichtigen Argumente an?
- Welche fehlen?
- Welche der Gruppen erscheint stärker?
- Welche Argumente sind schwer zu widerlegen?
- Sind die Spieler innerhalb einer Gruppe kooperativ?
- Gibt es abwertende oder verletzende Argumente?

Durchführung
- Die Pro- und-Kontra-Gruppen setzen sich gegenüber.
- Die Beobachter setzen sich so hin, dass sie alle Spieler gut sehen können.
- Die Diskussion wird durchgeführt. Achten Sie darauf, dass die Argumente sachlich bleiben und kein Spieler beleidigt wird.
- Nach maximal 15 Minuten endet die Diskussion.

Beobachter bei einer Pro- und-Kontra-Diskussion

Auswertung
Zuerst äußern sich die Pro- und Kontra-Spieler darüber, wie sie sich gefühlt haben und ob sie mit sich zufrieden sind. Danach sprechen die Beobachter in der Ich-Form und ohne Bewertung über ihre Beobachtungen. Alle beteiligen sich daran, ein Ergebnis zu formulieren und die Streitfrage zu beantworten. Danach kann ein Kompromiss erarbeitet werden.

10.3 Kartenabfrage

Bei der Kartenabfrage schreiben alle Teilnehmer ihre Ideen und Problemlösungsvorschläge zu einem bestimmten Thema auf Karten. Danach werden die Ideen, z. B. an der Tafel, geordnet.

Vorgehensweise/Regeln

- An der Tafel oder auf einem Flipchart wird eine Frage oder ein Thema notiert.
- Jeder Teilnehmer erhält 3–5 Karten und einen Filzschreiber.
- Die Teilnehmer schreiben je eine Idee (Druckbuchstaben) auf eine einzelne Karte.
- Für weitere Antworten/Ideen werden weitere Karten verwendet.
- Die Karten werden unsortiert neben dem Thema befestigt.
- Danach werden die Karten von den Teilnehmern nach Schwerpunkten (Oberbegriffen) geordnet.
- Die Oberbegriffe werden auf farbige Karten geschrieben.
- Den Oberbegriffen werden Unterpunkte zugeordnet.
- Jeder Teilnehmer erhält 3–5 Klebepunkte.
- Die Teilnehmer bestimmen mit ihren Klebepunkten die Wertigkeit (Reihenfolge) der Problemfelder.
- Die daraus resultierende Reihenfolge der Themen wird in Kleingruppen diskutiert und erarbeitet.

10.4 Gruppenarbeit

Bei der Gruppenarbeit arbeiten mehrere Personen an der Lösung eines Problems oder einer Aufgabe zusammen. Der Arbeitsauftrag wird vom Moderator (z. B. Lehrer) schriftlich formuliert und jeder Gruppe zur Verfügung gestellt.

Planung

- Die ideale Gruppengröße besteht erfahrungsgemäß aus 3–6 Teilnehmern.
- Möglichkeit der Gruppenbildung:
  - Zufallsprinzip durch Abzählen, durch Losen (z. B. Farben, Zahlen) usw.
  - Themenzuordnung
  - Sympathie
- Die Teilnehmer in jeder Gruppe nehmen bestimmte Rollen ein:
  - Gruppensprecher: verantwortlich für den gesamten Arbeitsablauf und Arbeitsplan
  - Zeitmanager: verantwortlich für das Einhalten der vorgegebenen Zeit
  - Protokollant: verantwortlich für das Festhalten von Ergebnissen
  - Mitarbeiter
- Die Gruppe sorgt für eine angemessene Arbeitsatmosphäre (Raum, Sitzordnung, Arbeitsmaterialien usw.).

Für das Gesamtergebnis einer Gruppenarbeit ist die Arbeit aller Mitglieder entscheidend. Deshalb sind die abgesprochenen Arbeitsaufträge zuverlässig zu erledigen. Sie werden der Gruppe vorgestellt, um dann gemeinsam zu entscheiden, welche Aspekte in welcher Form in die Präsentation einbezogen werden.

Es ist sinnvoll, immer wieder Rücksprache mit den Lehrenden zu halten, um den eigenen Lernstandpunkt reflektieren zu können.

Eine Gruppenarbeit kann wie folgt geplant werden:

1. **Vorbereitung:** Was ist konkret zu tun?
   - Ankommen (z.B. Sitzordnung mit Blickkontakt)
   - Lesen der Arbeitsaufgabe, des Fallbeispiels o. Ä.
   - Klärung möglicher Fragen oder Verständnisschwierigkeiten
2. **Wie soll vorgegangen werden? Was ist das Ziel?**
   - Erarbeitung der Fragestellungen und Zielsetzungen
3. **Durchführung:** Wie werden die Aspekte bearbeitet?
   - Wissensinput (z.B. Sammlung von Texten, Informationen)
   - Systematisierung und Auswahl der gesammelten Beiträge
   - Sichtung der Beiträge bzgl. der Fragestellungen
   - Konkretisierung und eventuelle Neubewertung der Fragen und Ziele
   - Erarbeitung der Lernziele
   - Vorstellung und Diskussion der Arbeitsergebnisse
4. **Abschluss:** Wie soll das Ergebnis aussehen und präsentiert werden?
   - Zusammenstellung und Verdichtung des Arbeitsergebnisses
   - Vorbereitung und endgültige Absprache der Präsentation
5. **Evaluation/Feedback:** Reflexion des Gesamtablaufes und des Gruppenprozesses

Rollen- und Aufgabenverteilung

Zu Beginn der Gruppenarbeit sind folgende Rollen und Aufgaben zu verteilen:

- **Moderator:** Er gliedert den Sitzungsverlauf und achtet darauf, dass alle Gruppenmitglieder gleichberechtigt zu Wort kommen und beim Thema bleiben. Auch achtet er auf Pausen.
- **Protokollant:** Er sichert die Arbeitsergebnisse und gibt sie für die anderen frei.
- **Zeitwächter:** Er achtet darauf, dass die Arbeitsaufgaben in der zur Verfügung stehenden Zeit fertiggestellt werden.
- **Präsentierender:** Er stellt das Arbeitsergebnis vor.

Eine wichtige Basis für eine erfolgreiche Gruppenarbeit ist eine **klare Zielsetzung**, Gleichberechtigung in der Gruppe und eine Rotation in der Rollenverteilung (so kann jedes Gruppenmitglied alle Rollen einüben). Ziel ist nicht, eine Rolle am Ende der Ausbildung bis ins Kleinste erfahren zu haben und ausfüllen zu können, sondern die persönliche Flexibilität und Entwicklung der notwendigen Kompetenzen.

Rahmenbedingungen

Um ein gleichberechtigtes und zielgerichtetes soziales Lernen zu ermöglichen, sind bestimmte Rahmenbedingungen und Umgangsformen notwendig.

- Alle bringen ihr Wissen ein und akzeptieren Wissenslücken bzw. helfen, sie zu reduzieren.
- Gruppen stören einander nicht, sondern unterstützen sich.
- Abgesprochene Zeiten werden eingehalten, damit die Gruppen nicht aufeinander warten müssen.
- Abgesprochene Abläufe und Zeiten für Präsentationen werden eingehalten, damit alle die gleiche Chance haben.
- Probleme und Fragen werden offen und frühzeitig angesprochen, damit sie geklärt werden können und so die Arbeitsprozesse nicht stören.
- Sitzungen und Ergebnisse werden reflektiert und die Ergebnisse zur Weiterentwicklung genutzt.

11 Eine Präsentation erstellen

SB ▶ SITUATION 9
Das Ausbildungsunternehmen präsentieren

Beispiel

Isabell Ahrens hat schon kurz nach Beginn ihrer Ausbildung von ihrer Berufsschullehrerin den Auftrag erhalten, eine Präsentation zum Thema „Mein Ausbildungsbetrieb“ zu erstellen und vor der Klasse vorzutragen. „Nicht schon wieder!“, stöhnt sie, als sie abends nach Hause kommt. „Mir wird ja schon ganz schlecht, wenn ich nur daran denke! Und die viele Arbeit! Ich kenne meinen Ausbildungsbetrieb doch noch gar nicht, wie soll ich da eine gute Präsentation machen?“ Ihre Mutter will sie trösten: „Du wirst das schon schaffen – frag doch die Leute bei dir im Betrieb, die helfen dir bestimmt.“

Eine Präsentation ist ein mündlicher Vortrag zu einem bestimmten Thema oder Sachverhalt unter Verwendung visueller Hilfsmittel. Während Ihrer Ausbildung, aber auch später im Berufsleben werden Sie immer wieder in die Situation kommen, einen Vortrag oder eine Präsentation halten zu müssen. Die eigenen Ideen, das eigene Wissen und sich selbst überzeugend darstellen zu können, ist eine Grundvoraussetzung für den Erfolg in der Schule und im Beruf.

Eine Präsentation stellt Informationen, Erkenntnisse oder Projektergebnisse vor, die einen Bezug zum Zuhörerkreis haben. Den Vortragenden und sein Publikum verbinden zum Beispiel das Interesse an einem bestimmten Thema oder ein gemeinsames Projekt. Die Inhalte müssen so ausgewählt, strukturiert und zusammengefasst werden, dass sie die Zuhörer gut erreichen und die Ziele der Präsentation optimal umsetzen. Die Inhalte sollten visualisiert werden, sodass sich mündliche Ausführungen und bildhafte Darstellung gegenseitig unterstützen bzw. ergänzen. In der Regel gehört zu einer Präsentation auch eine anschließende Frage- oder Diskussionsrunde.

visualisieren (lat.)
optisch/bildlich darstellen, sichtbar machen

Sobald Inhalt und Zuordnung des Themas sowie der Termin und evtl. Mitreferenten feststehen, beginnt die **Planung der Präsentation**. Die folgende Tabelle kann die Planung unterstützen:

Thema, Zielsetzung	• Was sind Hauptaussage und Ziel der Präsentation (Information, Überzeugung, Anleitung, Selbstpräsentation usw.)? • Was ist mir/uns besonders wichtig? • Wie viel Zeit steht für die Präsentation zur Verfügung?
Zuhöreranalyse Zielgruppe	• Welches Vorwissen haben die Zuhörenden? • Welcher Schwierigkeitsgrad ist angemessen? • Welche Erwartungen haben sie an den Vortrag, welche Interessen? • Mit welchen Fragen und Meinungen ist zu rechnen? • Wie kann das Publikum einbezogen werden?
Untergliederung, Struktur	• Welche Struktur hat die Präsentation (Einleitung, Hauptteil, Schluss)? • Welche inhaltlichen Schwerpunkte und/oder Argumente sollen enthalten sein? • Bei Gruppenreferaten: Wie werden die Aufgaben geteilt? Wie wird zwischen den Vortragenden übergeleitet?
Medieneinsatz/ Handout	• Welche Hilfsmittel eignen sich am besten für die Darstellung der Inhalte? • Was sollen die Zuhörenden mitschreiben und was bekommen sie ausgehändigt? • Sind alle mit der eingesetzten Technik vertraut?

11.1 Ziele der Präsentation

Das Thema einer Präsentation wird in der Regel vom Lehrer oder Vorgesetzten vorgegeben. Doch damit ist noch nicht eindeutig festgelegt, welche Teilaspekte des Themas behandelt werden sollen. Die präsentierende Person muss entscheiden, welche Aspekte **für den Zuhörer** interessant und wichtig sind:

- Welche Ziele verfolgt die Präsentation?
- Was sollen die Zuhörer nach der Präsentation wissen?
- Was sollen die Zuhörer nach der Präsentation tun?

Beispiel

Sie sollen Ihren Ausbildungsbetrieb präsentieren. Mit diesem allgemein gehaltenen Thema steht aber noch nicht fest, welche konkreten Ziele Sie bei Ihren Zuhörern anstreben. Wollen Sie Ihren Zuhörern die Struktur Ihres Betriebes erläutern, das Leistungsspektrum vorstellen oder sie als neue Kunden gewinnen?

Die Trennung zwischen Informations- und Überzeugungspräsentation ist in der Praxis nur selten eindeutig. In der Regel werden Sie zuerst informieren, um anschließend zu überzeugen.

Grundsätzlich gibt es zwei unterschiedliche Arten von Präsentationen:

- **Die Informationspräsentation** soll das Publikum über ein Thema informieren. Typisches Beispiel ist das Fachreferat. Die Informationspräsentation stellt an den Vortragenden hohe fachliche Anforderungen. Er muss in der Lage sein, anspruchsvolle Fachinhalte zu vereinfachen und für die Zuhörer verständlich darzustellen.
- **Die Überzeugungspräsentation** soll Mitarbeiter, Vorgesetzte, Kunden, Klassenkameraden für eine Idee, ein Projekt oder ein Produkt begeistern. Dieses Ziel setzt beim Vortragenden neben Begeisterungsfähigkeit natürlich auch die notwendige Fachkompetenz voraus. Denn ohne fachlich fundierte Aussagen lässt sich eine anspruchsvolle Zielgruppe nicht überzeugen.

Arten der Präsentation

	Informationspräsentation	Überzeugungspräsentation
konkrete Ziele	Zuhörer sollen Informationen ▪ behalten ▪ verstehen ▪ erläutern und anwenden	Zuhörer sollen ▪ ein Produkt kaufen ▪ ein Projekt unterstützen ▪ sich für etwas einsetzen ▪ für etwas stimmen
Beispiele	▪ Fachreferat ▪ Projektbericht ▪ Informationsveranstaltung	▪ Genehmigung eines Projektes ▪ Werbeveranstaltung ▪ Wahlveranstaltung
Präsentationstil	▪ objektiv ▪ informativ ▪ wissenschaftlich und trotzdem: ▪ interessant ▪ unterhaltsam ▪ verständlich	▪ begeisternd ▪ auffordernd ▪ überzeugend und trotzdem: ▪ glaubwürdig ▪ fachlich fundiert
Anforderungen an den Vortragenden	▪ Fachkompetenz besitzen ▪ Fachinhalte auf das Wesentliche reduzieren ▪ anschaulich erklären	▪ Sympathie ausstrahlen ▪ Vertrauen aufbauen ▪ selbst vom Produkt, der Idee begeistert sein

11.2 Informationen beschaffen

Nachdem Thema und Zielsetzung der Präsentation durch Teilaspekte konkretisiert wurden, beginnt die gezielte Informationsbeschaffung. Im Allgemeinen stehen dafür verschiedene Quellen zur Verfügung:
- Fachbücher und Fachzeitschriften,
- Nachschlagewerke und Lexika,
- das Internet.

Geht es um **gesamtwirtschaftliche Betrachtungen** einer bestimmten Branche oder Region, finden Sie Informationen z. B. in
- Branchenbüchern und -verzeichnissen,
- Publikationen von Verbänden und Kammern,
- Statistiken (z. B. vom Statistischen Bundesamt),
- dem Handelsregister.

Sollen unternehmensspezifische Informationen beschafft werden, können folgende **betriebsinterne Quellen** hilfreich sein:
- betriebsinterne Datenbanken (z. B. Mieterdateien),
- Statistiken und Kostenrechnungen,
- das Intranet des Unternehmens.

Ergänzen können Sie diese Informationsquellen durch **eigene Materialerhebungen**, wie z. B. Befragungen (Interviews) von Kollegen oder Vorgesetzten, durch Erkundungen oder durch Besuche von Museen oder Ausstellungen. Im Folgenden stellen wir einige der genannten Informationsquellen exemplarisch vor.

11.2.1 Bibliotheksrecherche

In öffentlichen Bibliotheken steht eine Vielzahl von Publikationen zur Informationsbeschaffung zur Verfügung, z. B. Fach- und Sachbücher, Lexika, Enzyklopädien, Zeitschriften und DVDs. Möchte man die Dienste einer Bibliothek regelmäßig nutzen, empfiehlt sich die Teilnahme an einer Bibliotheksführung, um die Ressourcen auch wirklich ausschöpfen zu können.

Gesuchte Publikationen, die aktuell nicht vorhanden sind, kann jede öffentliche Bibliothek bestellen.

11.2.2 Internetrecherche

Die Recherche im Internet bietet folgende Vorteile:
- Das Internet präsentiert eine unermesslich große Menge an Informationen zu fast jedem beliebigen Thema, auf die rund um die Uhr leicht und bequem zugegriffen werden kann.
- Informationen aus dem Netz sind häufig schneller erreichbar als über andere Informationsquellen. Manche stehen auch nur im Internet zur Verfügung.
- Informationen können einfach gespeichert und weiterverarbeitet werden, da sie in digitaler Form vorliegen.

Mithilfe von Suchmaschinen kann im gesamten Internet nach Material gesucht werden. Nach der Eingabe eines Suchbegriffs werden alle Webseiten durchsucht. Ist der Suchbegriff zu allgemein formuliert, wird die Recherche schnell unübersichtlich.

Befragen Sie auch eine KI. Prüfen Sie die Antworten aber kritisch und wählen Sie eine KI, die ihre Quellen preisgibt, z. B. perplexity.ai oder auch duck.ai.

Häufig genutzte Suchmaschinen:
www.google.de
www.bing.de
www.de.ask.com
www.duckduckgo.com
www.startpage.com

Eine Suchmethode im Internet besteht darin, eine bereits bekannte Adresse in das Adressenfeld des Browsers einzugeben. Weil die Internetadressen immer die gleiche Struktur haben, können auch neue Adressen ausprobiert werden. Beispielsweise lassen sich geschützte Markennamen, Städte, Institutionen usw. häufig nach der bekannten Struktur bilden (z. B. www.bundesregierung.de). Ausgehend von einem geeigneten Anfangsdokument können außerdem Hyperlinks angeklickt werden, um auf andere Webseiten zu gelangen.

Hyperlinks
Querverweise zu anderen Webseiten

Vorgehen bei einer Internetrecherche

1. **Erste Recherche:** Vorauswahl gefundener Materialien, indem nicht jedem Link, sondern nur interessanten Adressen nachgegangen wird. Erste Selektierung der Dokumente.
2. **Auswertung:** Überprüfung der vorselektierten Dokumente. Wenn die gesichteten Materialien nicht ausreichen, den Rechercheauftrag zu erfüllen, muss eine zweite Recherche erfolgen.
3. **Weitere Recherche:** Vertiefung und Spezialisierung der vorangegangenen Suche.
4. **Aufbereitung:** Kritische Beurteilung aller gefundenen Informationen hinsichtlich des Rechercheauftrags. Trennen von wichtigen und unwichtigen Informationen.

Beurteilung von Internetartikeln

Teilweise erscheinen als erste Suchergebnisse „Anzeigen", die auch als solche gekennzeichnet sind.

Im Internet finden sich Milliarden von Medien. Diese sind von sehr unterschiedlicher Qualität. Es gibt keine Kontrollinstanz, die die Qualität oder Aktualität von Dokumenten überprüft. Experten gehen davon aus, dass ca. 90 % der Informationen im Internet als **Datenmüll** bezeichnet werden können. Durch die richtigen Suchbegriffe und deren Verknüpfung kann die Menge an Treffern bereits gesteuert und reduziert werden. Um jedoch zu verhindern, dass falsche oder veraltete Informationen verwendet werden, müssen sie kritisch beurteilt werden. Dieser Prozess kann deutlich länger dauern als die Suche selbst, ist jedoch in jedem Falle notwendig. Besuchen Sie deshalb nur die Webseiten seriöser Institutionen und Unternehmen, verlassen Sie sich nicht auf Einzelmeinungen. Bei der Verwendung von Texten, Bildern oder anderen Daten aus dem Internet sind außerdem die Nutzungsrechte zu beachten.

Nutzungsrechte
▶ LF 1, Kap. 11.3.3

11.2.3 Betriebsinterne Informationsquellen

Neben dem eigenen Wissen über das Ausbildungsunternehmen empfiehlt es sich, zunächst in persönlichen Gesprächen mit Vorgesetzten oder Kollegen grundlegende Informationen zu erlangen. Zur Präsentation des eigenen Ausbildungsunternehmens ist es häufig ratsam, auf **betriebsinterne Datenbanken** zurückzugreifen. In den betrieblichen Systemen sind z. B. Informationen zu Mietzahlungen und Instandhaltungskosten zu finden. Betriebsinterne Informationen sind außerdem häufig über das **Intranet** zugänglich. Das Intranet ist – wie das Internet – ein Rechnernetz. Allerdings ist es mittels Passwort nur für die Mitarbeiter eines Unternehmens zugänglich.

Natürlich sind sensible Daten nur mit der **Erlaubnis des Vorgesetzten** zu verwenden. Die Regeln zum Datenschutz und zur Wahrung von Geschäftsgeheimnissen müssen beachtet werden.

Datenschutz
▶ LF 2, Kap. 6.2.6

11.3 Informationen bewerten und auswählen

Die erste Hürde bei der inhaltlichen Vorbereitung einer Präsentation ist die strukturierte und kreative Erschließung des Themas. Oft enthält die Themenstellung Begriffe und Schlagwörter, unter denen Sie sich etwas vorstellen können, die aber bei näherer Betrachtung auch „alles oder nichts" beinhalten können. Wenn Sie zum Beispiel eine Präsentation mit dem Thema „Mein Ausbildungsbetrieb" vorzubereiten haben, wird Ihnen rasch klar, dass das Thema zunächst strukturiert, eingeschränkt und mit Schwerpunkten versehen werden muss, um gezielt mit der Erarbeitung der Präsentationsinhalte beginnen zu können. Hierbei kann das **5-Fragen-Konzept** nützlich sein.

5-Fragen-Konzept

1. Welche Begriffe und Aussagen fallen mir spontan zu meinem Thema ein?
2. Zu welchem dieser Sachverhalte weiß ich bereits etwas?
3. Wozu müsste ich mir noch konkrete Informationen beschaffen?
4. Welche inhaltlichen Schwerpunkte will ich setzen? Was könnte meine Zuhörer interessieren?
5. Welche meiner Einfälle will ich (vorerst) vernachlässigen?

11.3.1 Erarbeiten von Texten

Um die bei der Recherche anfallende Informationsmenge weiterzuverarbeiten, sollten Sie durchgängig eine bestimmte Arbeitstechnik anwenden, mit der möglichst zeitsparend Textinhalte erarbeitet und für die Präsentation aufbereitet werden können. Mit der **ÜFA-Technik** gelingt es, die wesentlichen Aussagen eines Textes zu erfassen und damit die Bedeutung der jeweiligen Quelle für das Präsentationsthema herauszufinden.

ÜFA-Technik	
Überblick verschaffen	• Den Text aufmerksam, aber zügig lesen und dabei Schlüsselbegriffe, unbekannte Wörter oder Eigennamen unterstreichen sowie gedankliche Abschnitte durch Querstriche markieren. • Unbekanntes im Lexikon bzw. Wörterbuch nachschlagen. • Die gedanklichen Abschnitte am Rand mit Schlagworten kennzeichnen, z. B. Argument gegen ... oder Beleg für ... usw.
Fragen stellen	• Welche Gesichtspunkte greift der Text auf, die zu meinem Präsentationsthema passen? • Welche Positionen/Meinungen vertritt der Autor? • Welche Textaussagen lassen sich mit den Teilaspekten meines Themas in Zusammenhang bringen? • Welche Bedeutung hat der Text für meine Präsentationsinhalte: trifft er die zentrale Thematik oder eventuell nur Randbereiche?
Antworten suchen und zusammenfassen	• Antworten auf die Fragen mit eigenen Worten knapp zusammenfassen. • Dabei die Übernahme von einzelnen Schlüsselwörtern oder ganzen Sätzen aus der Textvorlage mit Anführungszeichen als Zitate kenntlich machen und mit einer Zeilenangabe versehen. • Wo möglich, die Zusammenfassung als Randbemerkung notieren, wodurch die Textauswertung zusätzlich visualisiert wird.

11.3.2 Auswahl von Informationen

Sie haben sich in das Thema eingearbeitet, sorgfältig recherchiert. Das Ergebnis sind viele Informationen, wahrscheinlich zu viele. Es besteht die Gefahr, dass die Zuhörer mit allen Informationen regelrecht erschlagen werden. Weniger ist hier oft mehr. Die Informationen des Vortragenden und die Interessen des Publikums sind oftmals nicht deckungsgleich. Deshalb ist es ratsam, die **Schnittmenge zu bilden**, also nur diejenigen Informationen auszuwählen, die sowohl für Sie als auch für die Zuhörer wichtig sind. Diese Schnittmenge bildet die **Basis** Ihrer Präsentation.

In einem zweiten Auswahlverfahren sollten Sie überprüfen, ob die Informationen, die in der Schnittmenge liegen, auch wirklich alle nötig sind, um das Präsentationsziel zu erreichen. Beschränken Sie sich auf die wesentlichen **Kerninformationen**.

Zuhörer und Ziel berücksichtigen

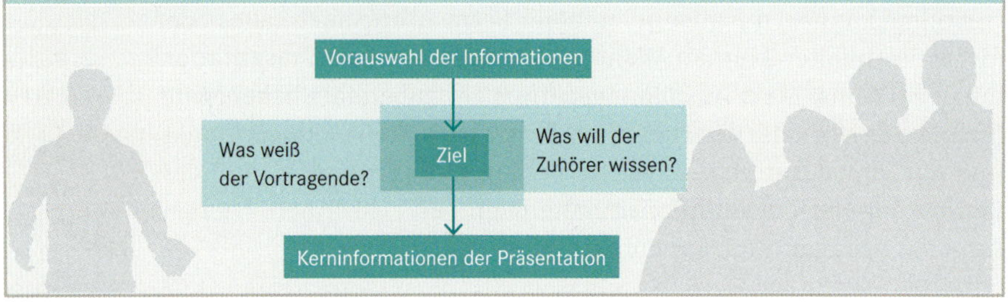

11.3.3 Nutzungsrechte im Zusammenhang mit Präsentationen

Beispiel

Die Auszubildende Isabell Ahrens hat die Aufgabe, in der Berufsschule ihren Ausbildungsbetrieb im Rahmen einer Präsentation vorzustellen. Hierbei nutzt sie verschiedene Fotos aus dem Betrieb und aus dem Internet, außerdem nutzt sie ein Unternehmens-Video auf Youtube. Isabell fragt sich nun, welche gesetzlichen Regelungen sie bei der Verwendung dieser Medien einhalten muss.

Ein **Werk** ist definiert als das Ergebnis eines kreativen Prozesses eines Menschen. Seine Nutzung durch Dritte unterliegt gesetzlichen Beschränkungen. Sobald in einer Veröffentlichung – also auch in einer Präsentation – fremde „Werke“ benutzt werden, stellt sich die Frage nach der **Zulässigkeit der Nutzung**. Der Rechteinhaber muss der Verwendung seines Werkes zustimmen, er wird gegebenenfalls eine Vergütung verlangen. Diese **„geistigen Rechte“** treten in verschiedenen Erscheinungsformen auf. Die wichtigsten werden im Folgenden vorgestellt.

Urheberrechtsgesetz und Leistungsschutzrechte

Durch das Urheberrechtsgesetz (UrhG) werden die Urheber von Werken der Literatur, Wissenschaft und Kunst geschützt. Zu den geschützten Werken gehören insbesondere:

§ 2 Abs. 1 UrhG

1. Sprachwerke, wie Schriftwerke, Reden und Computerprogramme;
2. Werke der Musik;
3. pantomimische Werke einschließlich der Werke der Tanzkunst;
4. Werke der bildenden Künste einschließlich der Werke der Baukunst und der angewandten Kunst und Entwürfe solcher Werke;
5. Lichtbildwerke einschließlich der Werke, die ähnlich wie Lichtbildwerke geschaffen werden;
6. Filmwerke einschließlich der Werke, die ähnlich wie Filmwerke geschaffen werden;
7. Darstellungen wissenschaftlicher oder technischer Art, wie Zeichnungen, Pläne, Karten, Skizzen, Tabellen und plastische Darstellungen.

Weiterhin werden in diesem Gesetz auch die **Rechte der ausübenden Künstler**, die sogenannten Leistungsschutzrechte (§§ 73 ff. UrhG), geschützt.

Ein Musikstück kann durch das Urheberrechtsgesetz geschützt sein. Die Aufführung des Stückes fällt außerdem unter das Leistungsschutzrecht.

Das Orchester oder die Band, die ein Musikstück aufführt, bietet eine individuelle künstlerische Leistung dar, die schützenswert ist **(Leistungsschutzrecht)**. Dies ist unabhängig davon, ob das Musikstück selbst auch geschützt ist.

Dem **Urheber** steht das Recht zu, darüber zu bestimmen, ob und in welcher Weise sein Werk verwendet wird. Außerdem hat er Anspruch auf eine angemessene **Vergütung**. In vielen Fällen wird der Urheber durch die **Verwertungsgesellschaften** (VG) vertreten, die diese Rechte für ihn wahrnehmen. Häufig hat der Urheber das Recht zur Nutzung seines Werkes auch an einen **Verlag** (Buchveröffentlichung) oder an ein Film- und Fernsehproduktionsunternehmen (Musikveröffentlichung) übertragen. Bei Texten, Bildern oder Videos aus internetbasierten Quellen kann das Auffinden des Rechteinhabers sehr viel schwieriger sein.

- Für die Nutzung von Musik, auch von Teilen von Musikstücken, ist die **GEMA** zuständig. Sie vertritt die Rechte der Komponisten und Textdichter weltweit.
- Die Rechte der aufführenden Künstler nimmt die **GVL** wahr. Dies betrifft z. B. Darbietungen und Aufzeichnungen von Orchestern, Bands und Solokünstlern. In der Regel vertritt aber die GEMA die Interessen der GVL-Mitglieder mit, sodass man sich nur an die GEMA zu wenden braucht.
- Die **VG Wort** und die **VG Bild-Kunst** sind zuständig für die sogenannten **Zweitverwertungsrechte**. Wenn z. B. aus einem veröffentlichten Buch ein Text übernommen werden soll, ist die VG Wort zuständig, sofern der Buchverlag oder der Urheber selbst die Wahrnehmung dieser Rechte an die Verwertungsgesellschaft übertragen hat.

GEMA
Gesellschaft für musikalische Aufführungs- und mechanische Vervielfältigungsrechte
www.gema.de

GVL
Gesellschaft zur Verwertung von Leistungsschutzrechten
www.gvl.de

VG Wort
www.vgwort.de

VG Bild-Kunst
www.bildkunst.de

Die vollständige Liste aller Verwertungsgesellschaften ist auf der Website des Deutschen Patent- und Markenamts DPMA veröffentlicht.
www.dpma.de

Wenn Sie also im Rahmen einer Präsentation ein Werk oder den Teil eines Werkes benutzen wollen – sei es ein Bild, ein Text oder ein Musikstück –, müssen Sie sich an den entsprechenden Rechteinhaber wenden. Zunächst ist es ratsam, sich bei der entsprechenden Verwertungsgesellschaft zu erkundigen, ob sie die Rechte für das entsprechende Werk wahrnimmt. Die Verwertungsgesellschaften sind verpflichtet, entsprechende Auskünfte zu erteilen, und verfügen teilweise auch über Suchmaschinen für eigene Recherchen (z. B. GEMA). Wird ein Urheber nicht durch eine Verwertungsgesellschaft vertreten, muss man sich bemühen, den Rechteinhaber ausfindig zu machen, und sich direkt an ihn wenden.

§§ 28, 64 UrhG

Das Urheberrecht **erlischt 70 Jahre nach dem Tod** des Urhebers, wobei es nach dessen Tod durch die Erben wahrgenommen wird. Nach Ablauf dieser Frist ist das Werk **gemeinfrei** und kann allgemein genutzt werden. Dies gilt entsprechend für alte Literatur oder Kompositionen. Die Rechte der ausübenden Künstler (Leistungsschutzrechte) erlöschen 70 Jahre nach dem Erscheinen des Tonträgers.

Gemeinfreie Werke unterliegen keinem Urheberrechtsschutz (mehr). Ähnlich ist der Begriff public domain in vielen angelsächsischen Ländern zu verstehen.

§ 22 KunstUrhG

Das Recht am eigenen Bild

Sobald Personen z. B. auf Fotos abgebildet werden, kann sich die abgebildete Person auf ihr **Recht am eigenen Bild** berufen. Das bedeutet, dass die abgebildete Person ihre Einwilligung zur Veröffentlichung des Bildes erteilen muss. Bei selbst gemachten Fotos sollte man also immer die Einwilligung der abgebildeten Person, gegebenenfalls schriftlich, einholen. Bei einem Bild von Personen, deren Rechte man vom Urheber (z. B. dem Fotografen) erhalten hat, ist davon auszugehen, dass der Urheber die Einwilligung der Abgebildeten besitzt. Man braucht sich in diesem Fall nicht selber darum zu kümmern.

Vom Grundsatz, dass der Abgebildete seine Zustimmung erteilen muss, gibt es einige Ausnahmen:

- **Personen der Zeitgeschichte** (prominente Schauspieler, Künstler, Politiker) müssen es sich gefallen lassen, dass sie in der Öffentlichkeit (nicht aber in ihrer Privatsphäre) gefilmt oder fotografiert werden.
- Bilder, auf denen Personen nur als **Beiwerk neben einer Landschaft** oder sonstigen Örtlichkeit abgebildet sind. Wird das Brandenburger Tor fotografiert, ist es unvermeidlich, dass sich auf dem Foto auch Personen als „Beiwerk" befinden. Die abgebildeten Personen sind aber nicht zentrales Element des Fotos.
- Bilder, die auf **öffentlichen Veranstaltungen** mit Publikum gemacht werden und auf denen „die Menge" abgebildet wird. Es darf keine Person besonders hervorgehoben sein.

§ 23 KunstUrhG

Das Recht am eigenen Bild erlischt **10 Jahre nach dem Tod** des Abgebildeten. Nach Ablauf dieser Frist ist eine Zustimmung nicht mehr erforderlich. Man muss jedoch beachten, dass etwaige Urheberrechte an dem Bild länger bestehen.

Für die Praxis bedeutet dies, dass Sie Folgendes berücksichtigen müssen:

- Handelt es sich um ein Bild, dessen Rechte einzuholen sind?
- Bei abgebildeten Personen: Besitzen Sie die Zustimmung der Person? Oder handelt es sich um Personen, bei denen die Frist abgelaufen ist bzw. um eine Ausnahme?
- Bei Bildern aus dem Internet ist allgemein Vorsicht angebracht, egal, aus welcher Quelle sie stammen. Die Tatsache, dass sich ein Bild frei zugänglich im Internet befindet, bedeutet nicht, dass man es auch uneingeschränkt für eigene Zwecke nutzen darf.

Prominente dürfen abgebildet werden, ohne dass sie ihre Zustimmung erteilt haben.

Hier sind die abgebildeten Personen nicht zentrales Element des Fotos.

Nutzung urheberrechtlich geschützter Werke zum schulinternen Gebrauch
Besondere Regelungen bestehen, wenn urheberrechtlich geschützte Werke in Schulen, Einrichtungen der beruflichen Bildung und Volkshochschulen **im Rahmen des Unterrichts** genutzt werden. Hier ist die Nutzung von kleinen Teilen eines Werks bzw. von kleinen Werken möglich, ohne dass eine Zustimmung des Rechteinhabers bzw. einer Verwertungsgesellschaft notwendig ist. In diesen Fällen ist eine Nutzung also unproblematisch und mit keinerlei bürokratischem Aufwand verbunden.

Trotzdem muss bei der Nutzung eines Werkes immer die **Quelle angegeben** werden, d. h., es müssen der Urheber und das Werk, gegebenenfalls auch der Verlag des Werkes genannt werden.

Für die Nutzung fremder Werke im Unterricht gelten gelockerte Bestimmungen.

Nutzung von betrieblichen Informationen, Daten und Texten
Betriebliche Informationen, Daten und Texte unterliegen grundsätzlich denselben Kriterien wie fremde, nicht-betriebliche Daten. Jedoch ist der Rechteinhaber präsent, man kann und muss die entsprechenden Einwilligungen also von der Unternehmensleitung einholen.

§ 63 UrhG

Hinzu kommt: Wenn Sie Auszubildender, Mitarbeiter oder Praktikant sind, stehen Sie in einem arbeitsrechtlichen Verhältnis und unterliegen dem **Weisungsrecht** Ihres Unternehmens. Die unautorisierte Nutzung betriebsinterner Quellen würde also zusätzlich einen schweren Verstoß gegen die Verschwiegenheitspflicht darstellen, die der Arbeitnehmer gegenüber dem Arbeitgeber hat. Als Konsequenz käme eine Kündigung des Arbeits- oder Ausbildungsverhältnisses „aus wichtigem Grund" infrage. Auch würde der Arbeitnehmer sich schadenersatzpflichtig machen.

Pflichten des Arbeitnehmers
▶ LF 1, Kap. 1.6

Verstoß gegen Schutzrechte
Die Konsequenzen, die sich aus einer missbräuchlichen Nutzung von Werken, Abbildungen von Personen und Leistungsschutzrechten ergeben, sind vielfältig:

- Der Rechteinhaber kann den missbräuchlichen Nutzer **abmahnen** und ihn auffordern, eine mit einer Vertragsstrafe belegte Unterlassungserklärung abzugeben.
- Wenn der Nutzer die Erklärung nicht abgibt, kann er gerichtlich auf **Unterlassung** der missbräuchlichen Nutzung verklagt werden.
- Etwaiger **Schadenersatz**, z. B. für entgangene Lizenz- oder Nutzungsgebühren, kann verlangt werden.
- Die Verwertungsgesellschaften verlangen die nicht gezahlten Gebühren nach und berechnen üblicherweise denselben Betrag als zusätzliche **„Strafe"** für die Nichtanmeldung.
- Die Verletzung der oben beschriebenen Rechte stellt überdies eine **Straftat** dar, d. h. der missbräuchliche Nutzer kann mit einer Geldstrafe bzw. Haft bestraft werden.

11.4 Struktur und Gestaltung einer Präsentation

Für den inhaltlichen Aufbau einer Präsentation gibt es kein generelles Schema, nach dem sich alle Themen gliedern lassen. Es gibt aber einige Regeln, die bei der Planung einer Präsentation beachtet werden sollten.

Zunächst sollten immer die **Rahmenbedingungen** der Präsentation geklärt werden:
- Wie viel Zeit steht für die Vorbereitung zur Verfügung?
- Wie viel Zeit ist für die Präsentation selbst vorgesehen?
- Welche Medien (Plakat, Tafel/Whiteboard, Flipchart, Overheadprojektor, PC mit Beamer) können bzw. sollen genutzt werden?
- Welche Erwartungen und Vorkenntnisse hat die Zielgruppe?

Sobald diese Fragen geklärt sind, kann mit der **Erstellung einer Gliederung** begonnen werden. Eine Präsentation besteht typischerweise aus einer Einleitung, einem Hauptteil und einem Schluss. Die Einleitung und der Schluss bilden den Rahmen, während der Hauptteil den Kern der Präsentation darstellt. Darin werden die ausgewählten Inhalte vorgetragen.

Typischer Ablauf einer Präsentation		
Einleitung	• Begrüßung der Zuhörer • Vorstellung • Nennung des Themas	• Nutzen für die Zuhörer herausstellen • Gliederung der Präsentation vorstellen
Hauptteil	• Informationen und Argumente präsentieren, z. B. Vergangenheit, Gegenwart, Zukunft	
Schlussteil	• Kernpunkte wiederholen	• Appell zum Handeln oder Ausblick

11.4.1 Allgemeine Regeln zur Präsentationsgestaltung

Unabhängig vom gewählten Medium ist es wichtig, das Dargebotene **übersichtlich** und **ansprechend** zu gestalten. Die vortragende Person sollte sich im Vorfeld Gedanken machen, ob das Medium lediglich den Vortrag gliedert oder als direktes Anschauungsobjekt dient. Direkte Anschauungsobjekte (Fotos, Diagramme oder Schaubilder) müssen für alle gut erkennbar sein. Manchmal ist eine eigene Zeichnung übersichtlicher als ein dreimal kopiertes und eingescanntes Bild. Ein an der Tafel während des Vortrags Stück für Stück entwickeltes Schema kann hilfreicher sein als ein aufwendig im Grafikprogramm erstelltes dreidimensionales Objekt.

Handschriftliche Gestaltung

Verwenden Sie zwei Schriftgrößen: Für Überschriften und Zahlen benutzen Sie eine Schriftgröße von ca. 5 cm, für den laufenden Text ca. 2,5 cm.
- Die Buchstaben schreiben Sie in Klein- und Großbuchstaben. Das entspricht der Lesegewohnheit.
- Druckbuchstaben sind empfehlenswert, weil sie von den meisten Menschen gut gelesen werden können.
- Schreiben Sie eng und blockartig.
- Sorgen Sie für ausreichende Zeilenabstände im Text.

Wie schreibt man?

Kompakte Groß- und Kleinbuchstaben
$a = 0{,}5 \cdot b$

Visualisierung

- Nutzen Sie Bildmaterial, Symbole und Piktogramme zur Auflockerung und zur Illustration.
- Durch verschiedene Farben, Unterstreichungen, Schraffuren können Sie Wichtiges zusätzlich hervorheben.
- Nutzen Sie farbige Karten für Ihren Text.
- Wenn Sie ohne Karten arbeiten, verwenden Sie verschiedene Filzstiftfarben.
- Setzen Sie einen Blickfang ein, so wird Ihr Plakat oder Tafelbild aufmerksam angeschaut.

Ein Piktogramm (lat.: pictum = gemalt) ist ein Symbol, das eine Information durch grafische Darstellung übermittelt.

Viele Hinweisschilder und Sicherheitszeichen verwenden Piktogramme.

11.4.2 Gestaltung von PowerPoint®-Folien

PowerPoint® ist ein häufig genutztes Präsentationsprogramm mit vielen Funktionen und Gestaltungsmöglichkeiten. Damit können Folien ohne großen Aufwand optisch ansprechend gestaltet und einzelne Inhalte hervorgehoben werden. Tabellen, Texte und Grafiken werden einfach und bequem auf der Folie integriert. Die Folien können Sie über einen Beamer präsentieren oder ausdrucken und einen Overhead-Projektor benutzen. Eine einheitliche Gestaltung erleichtert die Orientierung. Dabei sollten Sie folgende **Gestaltungsprinzipien** beachten:

- Jede Folie klar gliedern und mit einer Überschrift versehen.
- Stichworte statt vollständiger Sätze schreiben.
- Farben im Sinne der Konzentration und der Lesbarkeit zurückhaltend einsetzen: Helle Schriftfarben eignen sich für dunkle Hintergründe, dunkle Farben für helle Hintergründe.
- Gut lesbare Schriftgröße wählen.
- Nicht mehr als drei Schriftgrößen auf einer Folie verwenden.
- Nicht mehr als 10 Zeilen pro Folie.
- Zu viele technische Spielereien lenken vom Wesentlichen ab.
- Zu viele Folien überfordern – als Faustregel gilt: nicht mehr als maximal eine Folie pro Minute.
- Bei Zitaten und Bildern die Quellen benennen.
- Ergänzen Sie die PowerPoint®-Präsentation um „spontane" Elemente. Sie können z. B. die Gliederung als handgeschriebenes Plakat ergänzen oder während der Präsentation einen Gedankengang als Tafelbild entwickeln.

Blickfang
visuelles Element, das die Aufmerksamkeit des Betrachters auf einen bestimmten Punkt lenkt

Ein **Handout** unterstützt den Vortrag, indem es die wesentlichen Inhalte des Vortrags kurz und bündig zu Papier bringt. Als Faustregel gilt, dass es nicht länger als zwei Seiten sein sollte und ausreichend Platz für die Notizen der Zuhörer bietet. Es kann entweder in derselben Form wie der Vortrag gegliedert sein oder als „echtes" Thesenpapier nur die zentralen Aussagen festhalten. Zusätzlich wird im Handout i. d. R. die dem Vortrag zugrunde liegende Literatur genannt.

Handout (engl.)
Thesenpapier

11.4.3 Das Präsentationsmanuskript

Um den sprichwörtlichen „Blackout" während eines Vortrags zu verhindern und sich als Redner Sicherheit zu geben, ist es ratsam, ein schriftliches Präsentationsmanuskript vorzubereiten. Dafür bieten sich Karteikarten im Format DIN A5 oder DIN A6 an. Darauf können Sie die wichtigsten Inhalte in Form von Gliederungspunkten, Stichworten, Bildern oder Skizzen festhalten.

Tipps zur Anfertigung eines Präsentationsmanuskripts

- Beschriften Sie die Karteikarten nur einseitig, um lästiges Blättern und Suchen zu vermeiden.
- Nummerieren Sie die Karteikarten durch.
- Schreiben Sie groß und sauber, sodass der Text auch in einer Entfernung von etwa einem halben Meter noch gut lesbar ist.
- Verwenden Sie unterschiedliche Farben, denen eine bestimmte Bedeutung zugeordnet ist, z.B.:
  rot = Überschriften, wichtige Sachverhalte
  blau = rhetorische Hinweise (langsam sprechen, Pause einlegen)
  grün = Medieneinsatz (Folie auflegen, Flip-Chart beschriften)

Das Präsentationsmanuskript sollte in Form eines **Stichwortmanuskripts** aufgebaut sein. Dadurch sind Sie gezwungen, frei zu sprechen – nichts ist langweiliger für das Publikum als ein (schlecht) vor- bzw. abgelesener Text. Darüber hinaus erlaubt Ihnen die Stichworttechnik den häufigen **Blickkontakt** zum Publikum. Mitunter kann es jedoch sinnvoll sein, besonders wichtige Passagen der Präsentation schriftlich auszuformulieren. Dies gilt vor allem für die ersten Sätze der Einleitung, den Schluss sowie für wichtige Definitionen oder Zitate.

Die Karteikarten haben darüber hinaus einen wichtigen **psychologischen Vorteil:** Sie geben Ihnen als Redner das Gefühl einer „greifbaren" Sicherheit. Zudem bietet PowerPoint® die Möglichkeit, sogenannte „Handzettel" zu drucken, auf denen sämtliche Folien einer Präsentation kleinformatig abgebildet werden.

11.5 Eine Präsentation durchführen

Körpersprache und Sprechtechnik der vortragenden Person bestimmen maßgeblich die Wirkung einer Präsentation.

Körpersprache/Auftreten	Stimme und Sprechtechnik	Inhalt
• 55 % • Mimik • Gestik • Körperhaltung • Blickkontakt • Stand • Kleidung	• 38 % • Betonung • Stimm-Modulation • Sprechtempo • Pausen • Atmung	• 7 % • inhaltliche Sicherheit • klare Struktur • angemessene Wortwahl • klarer Ausdruck

11.5.1 Körpersprache und Auftreten

Lampenfieber
▶ LF 1, Kap. 11.5.4

Ein Lächeln sagt mehr als tausend Worte.

Die Körpersprache (Gestik, Mimik und Körperhaltung) wird unbewusst gesteuert und ist von der augenblicklichen Stimmung beeinflusst. Aber auch eine positive Körpersprache kann man trainieren. Machen Sie sich vor einem Vortrag bewusst, in welcher Stimmung Sie sind. Versuchen Sie, eine positive Grundhaltung einzunehmen, auch wenn Sie kurz vor Ihrer Präsentation einen Streit hatten oder sehr aufgeregt sind. Die Beachtung folgender Tipps kann Ihnen helfen, Ihre Körpersprache zu verbessern:

Mimik und Gestik
- Mit einem offenen Lächeln stellen Sie eine Bindung zum Publikum her.
- Eine positive Mimik signalisieren Sie auch durch aufmerksames Zuhören bei Rückfragen.
- Gekreuzte Arme und geschlossene Gesten symbolisieren Abwehr oder Überheblichkeit.

Körperhaltung

- Stellen Sie sich – mit Blick aufs Publikum – als Rechtshänder links neben die Präsentationsfläche, als Linkshänder auf die andere Seite.
- Wenden Sie Ihren Zuhörern nicht den Rücken zu – auch dann nicht, wenn Sie auf etwas hinweisen wollen.
- Achten Sie darauf, dass Sie nicht ständig kontrollieren, was auf der Präsentationsfläche steht. Sie wenden sich dadurch immer wieder vom Publikum ab und zeigen einem Großteil der Zuhörer im wahrsten Sinne des Wortes die „kalte Schulter".

Blickkontakt

Beschäftigen Sie sich nicht nur mit einer einzelnen Person. Sie verlieren so den Kontakt zu den restlichen Zuhörern. Behalten Sie vielmehr Ihr gesamtes Publikum im Auge, indem Sie versuchen, jede Person im Raum mit Ihren Blicken zu streifen. Auf diese Weise merken Sie, wenn das Publikum unaufmerksam wird, und können reagieren, indem Sie z. B. einen kleinen Witz zur Auflockerung einstreuen.

Stand

- Kreuzen Sie nicht die Beine oder belasten Sie nicht nur ein Bein. Ein unsicherer Stand wirkt sich auf Ihren Vortrag aus. Stellen Sie sich auf beide Beine, um Sicherheit beim Vortragen zu erhalten.
- Vermeiden Sie, zu starr zu stehen, und bewegen Sie sich auch ab und zu. Laufen Sie dabei aber nicht wie ein aufgezogenes Spielzeug hin und her.

Unpassende Kleidung vermittelt dem Publikum den Eindruck, dass es nicht ernst genommen wird.

Kleidung

- Zu lässige Kleidung lässt den Zuhörer vermuten, dass Sie mit Ihrem Vortrag genauso lässig umgegangen sind wie mit Ihrem Äußeren. Zeigen Sie Ihrem Publikum, dass Sie es wertschätzen, indem Sie sich dem Anlass entsprechend kleiden. Dabei ist es nicht unbedingt erforderlich, dass Sie ein Kostüm oder einen Anzug tragen. Ein helles Oberteil zu dunkler Hose oder dunklem Rock gibt in jedem Fall ein gutes Erscheinungsbild ab. Wichtig ist, dass Sie sich wohlfühlen und sich nicht „verkleidet" vorkommen.
- Verzichten Sie auf allzu viel Make-up und zu viel Schmuck. Er lenkt vom Vortrag ab und stört unter Umständen sogar, wenn er Geräusche macht.

Auch als **Zuhörer** signalisieren Sie durch Ihre Körperhaltung, was Sie vom Vortragenden und seiner Präsentation halten:

- Taschen auf dem Tisch signalisieren, dass Sie weglaufen wollen. Legen Sie deshalb Ihr Schreibzeug bereit und nehmen Sie Ihre Tasche vom Tisch.
- Schalten Sie Ihr Mobilfunkgerät aus, damit es nicht unvermutet während des Vortrags klingelt. Das ist peinlich! Zeigen Sie nicht Ihr Desinteresse dadurch, dass Sie ständig Ihre Nachrichten kontrollieren.
- Auch wenn der Vortrag nicht spannend ist: Bleiben Sie höflich. Der Redner wird es Ihnen danken, indem er konzentriert bleibt und die Präsentation kurz hält.
- Durch eine aufmerksame, dem Redner zugewandte, aufrechte Haltung stellen Sie Kontakt her und erlauben dem Redner, seinerseits Kontakt zu Ihnen aufzunehmen.

Eine ablehnende oder desinteressierte Haltung verunsichert den Vortragenden und zeugt von mangelndem Respekt.

11.5.2 Stimme und Sprechtechnik

Berücksichtigen Sie die folgenden Regeln, um den Zuhörern Ihre Inhalte so gut wie möglich zu vermitteln:

- Sprechen Sie deutlich und nuscheln Sie nicht.
- Achten Sie auf eine angemessene Lautstärke, damit Ihr gesamtes Publikum versteht, was Sie sagen.
- Setzen Sie mit Ihrer Stimme Akzente, um nicht monoton zu werden.
- Hetzen Sie nicht durchs Thema, sondern sprechen Sie in einem ruhigen Tempo.
- Bauen Sie an sinnvollen Stellen hin und wieder eine Sprechpause ein. Dies hält den Vortrag dynamisch und das Publikum wach.
- Drücken Sie sich einfach und in kurzen Sätzen aus. Das Publikum kann zu lange und verschachtelte Sätze nur schwer aufnehmen.
- Verwenden Sie Fremdwörter und Fachbegriffe nur, wenn Sie sicher sind, dass Ihr Publikum sie auch versteht. Wenn Sie nicht sicher sind, erklären Sie Fachbegriffe und verzichten Sie auf Fremdwörter.
- Informieren Sie das Publikum über den Umgang mit Fragen, d. h., ob diese am Ende oder auch während des Vortrags gestellt werden sollen.

11.5.3 Medieneinsatz

Beispiel für einen gelungenen Medieneinsatz

Für den Einsatz der Medien gelten folgende Prinzipien:

- Der Raum, die Materialien und ggf. die Sitzordnung werden frühzeitig vorbereitet. Machen Sie sich mit der vorhandenen Technik vertraut, schließen Sie probeweise PC und Beamer an bzw. stellen Sie Flipchart oder Whiteboard bereit.
- Allen Zuhörern ist eine freie Sicht auf das Medium zu ermöglichen, sodass die Inhalte gut lesbar sind.
- Die Zuhörer brauchen Zeit, um die Inhalte zu erfassen. Achten Sie deshalb bewusst darauf, „Gedankenpausen" einzubauen.
- Erst vorlesen – dann erläutern. In den ergänzenden Erklärungen stellen Sie immer wieder einen Bezug zu den visualisierten Inhalten her und weisen mit Zeigestock/Laserpointer/Hand darauf hin.
- Auch während des Medieneinsatzes halten Sie den Blickkontakt zum Publikum aufrecht.
- Medien werden sparsam und gezielt eingesetzt. Eine Medienschlacht wird so vermieden. Wird ein Medium nicht mehr genutzt, wird es abgeschaltet bzw. abgedeckt.

11.5.4 Umgang mit Lampenfieber

Lampenfieber kennt fast jeder. Es tritt auf, wenn man vor Publikum etwas vorstellen soll, egal ob als Musiker, Schauspieler oder als Redner. Allerdings sind die Symptome sowie das Ausmaß von Mensch zu Mensch verschieden. Es gibt Symptome, die auch für die Zuhörer wahrnehmbar sind, und Symptome, die nur der Vortragende spürt.

Beide Arten von Symptomen können die Qualität des Vortrags schmälern. Oft werden jedoch die für alle sicht- bzw. hörbaren Symptome als weitaus lästiger empfunden. Denn viele Vortragende schämen sich, Lampenfieber zu haben. Sie befürchten, es ist ein Zeichen von Schwäche.

Symptome von Lampenfieber	
Symptome, die nur für den Vortragenden spürbar sind	**Symptome, die auch für den Zuhörer sichtbar sind**
• Unwohlsein, Magendruck • Drang zur Toilette • feuchte Hände • trockener Mund • erhöhter Herzschlag • verstärktes Schwitzen	• hektisches Reden, stottern • Zittern in der Stimme • kein Blickkontakt • hektische Bewegungen • geduckte Haltung • erröten

Es kann nicht Ihr Ziel sein, das Lampenfieber gänzlich zu beseitigen. Die folgenden Strategien können Ihnen jedoch helfen, Ihr Lampenfieber soweit zu reduzieren, dass es Sie und Ihren Vortrag nicht allzusehr beeinträchtigt.

Vorbereitung

Die Grundvoraussetzung für den Erfolg Ihrer Präsentation ist die sorgfältige Vorbereitung. Fehlt Ihnen die fachliche Sicherheit, ist es nicht verwunderlich, dass Sie vor der Präsentation Angst haben. Empfehlenswert ist, eine Art **Generalprobe** vor vertrauten Personen (Eltern, Freunden, Geschwistern) durchzuführen. Sie erkennen dabei selbst noch kleine inhaltliche Unstimmigkeiten oder dass die Abstimmung mit den Medien noch nicht gut funktioniert. Sicher werden Sie viel positive Rückmeldung von Ihren Zuhörern bekommen, aber vielleicht auch den einen oder anderen Verbesserungsvorschlag.

Positive Grundeinstellung

Ängste werden oft dadurch verursacht, dass der Vortragende negativ über sich selbst denkt. Die Folge ist, dass man die Selbstsicherheit und den Mut verliert, vor einer Gruppe zu sprechen. Glücklicherweise kann diese negative Einstellung geändert werden. Versuchen Sie, die negativen Gedanken, die Sie belasten, in positive umzuformulieren.

negative Gedanken	positive Gedanken
Ich verliere sicher den roten Faden!	Mir kann nichts passieren. Den roten Faden hab ich im Kopf und auf meinen Präsentationskarten.
Bestimmt finden alle meinen Vortrag langweilig. Das Thema interessiert doch keinen!	Das Thema ist spannend. Das wird ein richtig guter Vortrag!
Ich sehe unmöglich aus.	Ich sehe gut aus. Das wurde mir schon oft gesagt.
Ich schaff' es nicht!	Ich traue es mir zu. Ich bin gut vorbereitet.

Entspannungsübungen

Mit Entspannungsübungen können Sie langfristig Ihr Lampenfieber senken. Lernen Sie eine Entspannungstechnik, wie z. B. Yoga, autogenes Training. Ein einfacher Trick, um von negativen Gedanken abzulenken: Betrachten Sie eine Minute lang den Sekundenzeiger Ihrer Uhr. Versuchen Sie, nicht mehr an die Umgebung zu denken, sondern verfolgen Sie nur den Weg des Zeigers. Atmen Sie dabei ruhig ein und aus. Durch diese Übungen wird die Konzentration auf Ihre Atmung gelenkt und die angstauslösenden Gedanken treten in den Hintergrund.

11.6 Eine Präsentation bewerten

Beobachtet, bewertet und beurteilt zu werden, ist bei den meisten Menschen mit unangenehmen Gefühlen verbunden. Die Angst, zu versagen, vor anderen bloßgestellt zu werden und sich zu blamieren, ist dabei zumeist der Hauptbeweggrund. Aber auch zu viel Lob vor der Gruppe kann durchaus unangenehm sein.

11.6.1 Bewertungsbögen

Die wichtigste Voraussetzung für die offene und faire Bewertung einer Präsentation ist die **Definition von Bewertungskriterien**. Ein solcher Kriterienkatalog sollte gemeinsam **mit allen Beteiligten** – insbesondere mit dem Vortragenden – festgelegt werden. Es sollten nur solche Kriterien zur Bewertung herangezogen werden, die zuvor ausdrücklich angesprochen wurden.

Haben Sie sich über die Bewertungskriterien geeinigt, empfiehlt es sich, die entsprechenden Gesichtspunkte in einer Checkliste festzuhalten. Zunächst kann es durchaus sinnvoll sein, einfache **Bewertungstabellen** zu verwenden, in denen die Beobachter ihre jeweiligen Eindrücke handschriftlich festhalten.

In einem weiteren Schritt können dann **Bewertungsbögen** mit vorgegebenen Kriterien eingesetzt werden. Diese Bewertungsbögen können unterschiedlich detailliert gestaltet werden. Mehr als zehn bis zwölf Bewertungskriterien und mehr als fünf bis sechs Abstufungen (von sehr gut bis sehr schlecht) sind in der Praxis jedoch nur noch sehr schwer zu überblicken.

11.6.2 Feedback

Ein Feedback bietet die Möglichkeit für eine konstruktive und sachliche Kritik. Dabei versteht sich Feedback jedoch immer nur als **Angebot**, auf Stärken und Schwächen hinzuweisen, ohne abwertend zu urteilen. Der Feedback-Empfänger erhält die Chance, Verhaltensweisen zu verändern und zu verbessern. Was er aus den Anregungen letztendlich macht, bleibt jedoch ihm selbst überlassen. Wenn sich alle Teilnehmer einer Feedback-Runde an die folgenden Regeln halten, kann sich dadurch eine positive Kritikkultur entwickeln.

Feedback-Regeln	
Wenn Sie jemandem ein Feedback geben, sollte es ... sein!	
fair	Geben Sie dem Feedback-Empfänger die Möglichkeit, sich als Erster kurz zu seiner Aussage/seinem Verhalten zu äußern.
ehrlich	Was Sie sagen, muss der Wahrheit entsprechen.
verantwortlich und persönlich	Sie sprechen in der „Ich-Form“ und vertreten nur Ihre persönliche Meinung („Ich-Botschaften“).
sachlich	Sie beschreiben genau, was Sie beobachtet haben.
positiv verstärkend	Sie nennen die Stärken des Feedback-Empfängers.
aufbauend	Sie formulieren Verbesserungsvorschläge.
Wenn Sie ein Feedback erhalten, können Sie ...	
bestimmen	Sie können entscheiden, ob Sie ein Feedback erhalten möchten!
aktiv zuhören	Sie überprüfen, ob Sie das Feedback richtig verstanden haben, und fragen eventuell noch einmal nach. Wiederholen Sie das Gehörte!
geduldig sein	Rechtfertigen Sie sich nicht. Nehmen Sie sich Zeit, die Informationen des Feedback-Gebers zu reflektieren.
Rückmeldung geben	Sagen Sie Ihrem Feedback-Geber, ob für Sie die Informationen hilfreich waren.

LERNFELD 1

Die Berufsausbildung selbstständig mitgestalten

SITUATIONEN

Situation 1

Ein Unternehmen kennenlernen

In der MEWOH Musterwohn GmbH beginnen die angehenden Immobilienkaufleute ihre Ausbildung. Herr Ferrara, der Ansprechpartner der neuen Auszubildenden, hat ihnen als Erstes einige Unterlagen (siehe S. 15 ff.) in die Hand gedrückt.
„Sie müssen möglichst schnell unsere Mitarbeiter und deren Aufgabenbereiche kennenlernen, damit Sie unser Unternehmen mit seinen vielfältigen innerbetrieblichen und außerbetrieblichen Beziehungen und Abläufen besser verstehen können“, sagt er.

MEWOH Musterwohn GmbH
Mieten. Einziehen. Wohlfühlen.

ARBEITSAUFTRÄGE

Die MEWOH Musterwohn GmbH dient Ihnen während Ihrer Ausbildung als Modellunternehmen, mit dessen Hilfe viele fachliche Vorgänge und typische Abläufe simuliert werden.

1. Mithilfe der folgenden Leitfragen lernen auch Sie die MEWOH Musterwohn GmbH Schritt für Schritt kennen. Lösen Sie die Fragen in Partnerarbeit. Vergleichen Sie Ihre Antworten mit den Antworten der Mitschüler.

1. Wie viele Mitarbeiter hat die MEWOH Musterwohn GmbH?
2. Wer hat die Geschäftsführung der MEWOH Musterwohn GmbH?
3. Wo ist der Sitz der Gesellschaft?
4. Wem gehört das Unternehmen?
5. Welche Leistungen bietet die MEWOH Musterwohn GmbH an?
6. Wie heißt die Leiterin des kaufmännischen Bestandsmanagements?
7. Welches Finanzamt ist für die MEWOH Musterwohn GmbH zuständig?
8. Wie lautet die Umsatzsteuer-Ident-Nummer der MEWOH Musterwohn GmbH?
9. Wann wurde die MEWOH Musterwohn GmbH gegründet?

2. Vergleichen Sie die MEWOH Musterwohn GmbH anhand der folgenden Punkte mit Ihrem Ausbildungsbetrieb: Anzahl der Mitarbeiter, Anzahl der Gesellschafter, Gründungsjahr, Geschäftsfelder und angebotene Leistungen. Wählen Sie zudem drei weitere Punkte selbstständig aus. Nutzen Sie dazu das Arbeitsblatt 1.1 „Vergleich MEWOH/Ausbildungsbetrieb“, das den Webcodematerialien beiliegt.

3. Stellen Sie Ihren Ausbildungsbetrieb in der Klasse mit einer kurzen Präsentation vor. Der Zeitrahmen richtet sich nach Absprache mit Ihrer Lehrkraft und den Mitschülern. Wählen Sie zur Präsentation angemessene Medien (z. B. Plakat, PowerPoint®) und Inhalte aus, auch unter Beachtung des Urheberrechts. Beachten Sie dazu auch die Tipps zur Erstellung einer Präsentation im Lernfeld 1, Kapitel 11.

Situation 2

Eine Berufsausbildung beginnen

Löschen | Antworten | An alle | Weiterleiten

Von: Michael Tiemeier, KARO-Wohn
An: Luigi Ferrara, Teamleiter Aus- und Weiterbildung bei der MEWOH Musterwohn GmbH
Datum: 20.07.20XX
Betreff: Problem beim Ausbildungsstart Sarah Gross

Sehr geehrter Herr Ferrara,

wir bilden in unserem Unternehmen zum ersten Mal aus und haben ein Problem. Sie kennen ja Sarah Gross, die bei Ihnen ein Ferien-Praktikum absolvieren durfte. Der Ausbildungsvertrag, den wir mit Sarah geschlossen haben, wurde von der IHK wegen Verstoßes gegen das Berufsbildungsgesetz und das Jugendarbeitsschutzgesetz nicht akzeptiert und an uns zurückgeschickt. Sarah Gross wird am 12.02. des kommenden Jahres 18 Jahre alt. Meines Wissens gelten die besagten Gesetze dann doch nicht mehr, oder?

Ich bin ein wenig ratlos und möchte gern die von Ihnen angebotene Hilfe in Ausbildungsfragen annehmen.

Mit freundlichen Grüßen

M. Tiemeier
KARO-Wohn Leipzig

ARBEITSAUFTRAG

Überprüfen Sie den Ausbildungsvertrag auf der nächsten Seite hinsichtlich der geltenden Bestimmungen des Berufsbildungsgesetzes (BBiG) und des Jugendarbeitsschutzgesetzes (JArbSchG). Gehen Sie dabei auf die folgenden Fragen ein:

- Welche Verstöße bzw. Fehler liegen vor?
- Gegen welche gesetzliche Bestimmung wird verstoßen?
- Welche Verbesserung schlagen Sie vor?

Erstellen Sie dazu eine Tabelle in der folgenden Form:

Verstoß/Fehler	Gesetz	Verbesserung
...	...	...
...	...	...

Berufsausbildungsvertrag
(§§ 10, 11 Berufsbildungsgesetz - BBiG)

Zwischen dem/der Ausbildenden (Ausbildungsbetrieb) **und** ☐ **dem Auszubildenden** ☒ **der Auszubildenden**

Firmen-Ident-Nr.

Telefon-Nr.
0341 556XX-1

email

Anschrift des/der Ausbildenden
KARO-Wohn Leipzig
Michael Tiemeier
Haberlandstr. 4
04207 Leipzig

UNGÜLTIG

Name, Vorname
Gross, Sarah

Straße, Haus-Nr.
Bahnhofstraße 8a

PLZ, Ort
04179 Leipzig

Geburtsdatum: 12. 02. 19XY
Geburtsort: Leipzig

Staatsangehörigkeit: deutsch
Gesetzl. Vertreter: Eltern

Namen, Vornamen der gesetzlichen Vertreter
Gross, Margot und Hans

Straße, Haus-Nr.
Bahnhofstraße 8a

PLZ: 04179 Ort: Leipzig

Erstuntersuchung/Nachuntersuchung ☒

wird nachstehender Vertrag zur Ausbildung im Ausbildungsberuf [2)]
Immobilienkauffrau

Einsatzgebiete/Sortimente oder weitere Spezialisierung
Wohnungseigentumsverwaltung und Bauprojektmanagement (Wahlqualifikationen)

Änderungen des wesentlichen Vertragsinhaltes sind vom Ausbildenden unverzüglich zur Eintragung in das Verzeichnis der Berufsausbildungsverhältnisse bei der Industrie- und Handelskammer anzuzeigen.

Die beigefügten Angaben zur sachlichen und zeitlichen Gliederung des Ausbildungsablaufs (Ausbildungsplan) sind Bestandteile dieses Vertrages.

A Die Ausbildungszeit beträgt nach der Ausbildungsordnung 48 Monate.
Die vorausgegangene Berufsbildung/Vorbildung:
Fachoberschulreife
wird mit ___ Monaten angerechnet, bzw. es wird eine entsprechende Verkürzung beantragt.
Das Berufsausbildungsverhältnis beginnt am 01. 08. X1 und endet am 31. 07. X5

B Die Probezeit (§ 1 Nr. 2) beträgt 6 Monate

C Die Ausbildung findet vorbehaltlich der Regelung nach **D** (§ 3 Nr. 12) in
Berlin
und den mit dem Betriebssitz für die Ausbildung üblicherweise zusammenhängenden Bau-, Montage- und sonstigen Arbeitsstellen statt.

D Ausbildungsmaßnahmen außerhalb der Ausbildungsstätte (§ 3 Nr.12) (mit Zeitraumangabe)
insgesamt 4 Wochen Seminar Grundlagen WEG-Verwaltung und Grundlagen Mietrecht

E Der/Die Ausbildende zahlt der/dem Auszubildenden eine angemessene Vergütung (§ 5); diese beträgt zur Zeit monatlich brutto:

in €

1. Ausbildungsjahr	2. Ausbildungsjahr	3. Ausbildungsjahr	4. Ausbildungsjahr
850,00	915,00	995,00	1.090,00

F Die tägliche Ausbildungszeit (§ 6 Nr. 1) beträgt 8,5 Stunden

G Der/Die Ausbildende gewährt dem/der Auszubildenden Urlaub nach den geltenden Bestimmungen. Es besteht ein Urlaubsanspruch auf

im Jahr	20X1	20X2	20X3	20X4	20X5
Werktage	10	24	24	24	14
Arbeitstage					

H Hinweise auf anzuwendende Tarifverträge und Betriebsvereinbarungen; sonstige Vereinbarungen
Wenn Frau Gross das Ausbildungsverhältnis vorzeitig kündigt, verpflichtet sie sich zur Zahlung eines Schadenersatzes in Höhe von 500,00 €.

J Die beigefügten Vertragsbedingungen werden anerkannt und sind Gegenstand dieses Vertrages.

Der/Die Ausbildende (Stempel, Unterschrift)
KARO-Wohn Leipzig
Haberlandstr. 4
04207 Leipzig
Michael Tiemeier

Der/Die Auszubildende (Unterschrift)
Sarah Gross

Die gesetzlichen Vertreter des/der Auszubildenden (Unterschrift)

Aufgaben

1 Welche Rechtsgrundlagen sind für das Berufsausbildungsverhältnis maßgebend? Welche weiteren Regelungen gelten in dem Bundesland, in dem Sie ausgebildet werden?

2 Nennen Sie Vorschriften des Jugendarbeitsschutzgesetzes, die für Sie persönlich von Bedeutung sind.

3 Entscheiden Sie, welche der drei nachfolgenden Angaben gemäß Berufsbildungsgesetz (BBiG) in den Berufsausbildungsvertrag aufgenommen werden müssen.
- a) Art des Berufsschulunterrichts (Blockunterricht – Teilzeitunterricht)
- b) Probezeit (mindestens ein, maximal vier Monate)
- c) Zeiten des Berufsschulunterrichts
- d) Dauer der regelmäßigen, täglichen Ausbildungszeit
- e) Höhe der Ausbildungsvergütung
- f) Termin der Abschlussprüfung

4 Was gehört nach dem Berufsbildungsgesetz zu jedem Berufsausbildungsvertrag?
- a) der Ausbildungsnachweis
- b) ein Ausbildungsplan der Berufsschule
- c) der Ausbildungsplan des Ausbildungsbetriebs
- d) die Prüfungsordnung für die Durchführung der Abschlussprüfung
- e) der gemeinsame Ausbildungsplan der Berufsschule und des Betriebes

5 Die Berliner Wohnungsbau GmbH stellt jedes Jahr Auszubildende ein. Welche Pflichten haben diese Auszubildenden?
- a) Ausbilder kontrollieren
- b) Ausbildungsrahmenplan aufstellen
- c) Steuer-Identifikationsnummer angeben
- d) Berichtsheft in Form eines Ausbildungsnachweises führen
- e) in der Jugend- und Auszubildendenvertretung mitarbeiten
- f) am Berufsschulunterricht teilnehmen

6 Nurcan ist 17 Jahre, Erika ist 18 Jahre und Tim ist 19 Jahre alt. Alle sind Auszubildende im 2. Ausbildungsjahr. Beurteilen Sie, ob die folgenden Aussagen hinsichtlich des Jugendarbeitsschutzgesetzes richtig sind.
- a) Nurcan muss 25 Arbeitstage Urlaub erhalten.
- b) Erika unterliegt nicht mehr den Bestimmungen des Jugendarbeitsschutzgesetzes.
- c) Tim hat dienstags 6 Stunden Berufsschulunterricht. Er ist an diesem Tag von der Arbeit freizustellen.
- d) Erika darf auch samstags beschäftigt werden, wenn der gültige Tarifvertrag dies zulässt.
- e) Nurcan soll heute bis 21 Uhr arbeiten.
- f) Für Erika beginnt die Berufsschule um 9.30 Uhr. Der Ausbildende kann verlangen, dass sie bis 9.10 Uhr im Betrieb arbeitet, da der Weg bis zur Berufsschule nur 15 Minuten beträgt.
- g) Die einzige Pause im Betrieb für alle drei Auszubildenden ist die Mittagspause von 45 Minuten Dauer.
- h) Die Auszubildenden haben an einem Montag ihre schriftliche Abschlussprüfung. Sie sind am vorausgehenden Freitag von der Arbeit freizustellen.

7 Sie absolvieren zurzeit eine Berufsausbildung im dualen System.
- a) Was bedeutet der Begriff „duales System“ konkret für Ihre Ausbildung?
- b) Welche Vorteile versprechen Sie sich davon, dass Sie im dualen System ausgebildet werden?

8 Bei der COIN Immobilien KG wurden neue Auszubildende zum/zur Immobilienkaufmann/Immobilienkauffrau eingestellt. Beurteilen Sie bei den folgenden Alltagssituationen, ob die beteiligten Personen im Rahmen des gültigen Rechts handeln. Begründen Sie Ihre Ansicht und versuchen Sie, wenn möglich, entsprechende Rechte und Pflichten aus dem Ausbildungsverhältnis zuzuordnen.

a) Petra, 17 Jahre, soll den Betrieb kennenlernen und wird dabei für 14 Tage am Empfang eingesetzt. Sie beschwert sich bei ihrem Ausbilder, dass diese Tätigkeit nichts mit ihrer Ausbildung zu tun habe.

b) Juliane, 20 Jahre, muss täglich helfen, die Büroräume zu putzen, da die Kosten für das bisher eingesetzte Reinigungsunternehmen eingespart werden sollen.

c) Stefan, 18 Jahre, und Hassan, 17 Jahre, besuchen beide die gleiche Berufsschulklasse und haben am Montag 5 Stunden und am Donnerstag 7 Stunden Unterricht. Der Ausbilder verlangt von seinen Auszubildenden, dass sie nach der Berufsschule in den Betrieb kommen.

d) Petra erzählt in der Berufsschule, wie hoch die durchschnittlichen Maklerprovisionen in ihrem Unternehmen sind. Die Klassenkameraden stellen die Höhe in Zweifel. Zum nächsten Berufsschultag beweist Petra die Behauptung, indem sie die Kopie einer Provisionsliste mitbringt.

e) Im zweiten Monat der Ausbildungszeit kündigt der Ausbildende dem Auszubildenden Wolfgang fristlos ohne Angabe von Gründen.

f) Irene ist mit ihrer Ausbildung zur Immobilienkauffrau aufgrund der langen Wege zum Betrieb nicht besonders glücklich. Nach der Probezeit wird ihr eine Ausbildungsstelle in einem Reisebüro angeboten. Kann sie die Ausbildung abbrechen?

g) Durch eigene Faulheit ist Bernd beim ersten Mal durch die Abschlussprüfung gefallen. Kann er bis zur nächsten Wiederholungsprüfung das Ausbildungsverhältnis fortsetzen?

9 Die Ausbildung von Jan Reimers dauert laut Ausbildungsvertrag vom 01.08.20X1 bis zum 31.07.20X4.

a) Nachdem Jan bereits die schriftliche Abschlussprüfung erfolgreich gemeistert hat, besteht er auch am 15. Juni 20X4 die praktische (mündliche) Abschlussprüfung. Wann endet für Jan die Ausbildung offiziell?

b) Jan Reimers arbeitet in den folgenden Tagen nach seiner mündlichen Abschlussprüfung in seinem Ausbildungsbetrieb weiter, ohne dass die Geschäftsleitung mit ihm gesprochen hat. Am 24. Juni teilt der Geschäftsführer Jan mit, dass er zum Monatsende ausscheiden soll, da eine Weiterbeschäftigung nach Abschluss seiner Ausbildung nicht möglich sei. Ist am 30. Juni sein letzter Arbeitstag? Beurteilen Sie die Rechtslage.

Situation 3

Arbeitszeitkonflikte in der Berufsausbildung erkennen und lösen

Die ehemaligen Schulfreunde Frank und Tatjana sehen sich kaum noch, stattdessen berichten sie sich bei Gelegenheit gegenseitig in einem Internetforum über ihre aktuelle Situation.

ARBEITSAUFTRÄGE

1. Informieren Sie sich anhand der folgenden Fachtexte zu den betrieblichen Hintergründen für Mehrarbeit, flexible Arbeitszeiten und über die Rechte von Arbeitnehmern und Auszubildenden. Nutzen Sie außerdem die Informationen aus LF 1, Kap. 1.5. Welche Gründe gibt es für ein erhöhtes Arbeitsaufkommen im Betrieb? Welche Gefahren gibt es für Mitarbeiter und Betrieb bei dauerhafter Mehrarbeit? Nennen Sie die Rechte der Mitarbeiter bei dauerhafter Mehrarbeit. Nutzen Sie auch das Arbeitsblatt 1.2 „Erhöhtes Arbeitsaufkommen und Mehrarbeit im Betrieb", das den Webcodematerialien beiliegt.
2. Entwickeln Sie eine Konfliktlösungsstrategie für Tatjana, um ihr ein Gespräch mit ihrem Ausbilder zu erleichtern.
3. Gestalten Sie ein Rollenspiel, in dem die Beteiligten konstruktiv mit dem Konflikt „Überstunden im Ausbildungsbetrieb" umgehen und eine gemeinsame Lösung oder einen Kompromiss finden. Nutzen Sie dazu die Rollenkarten auf S. 98.

Zur betrieblichen Notwendigkeit von **Flexibilisierung der Arbeitszeiten**

In jedem Unternehmen führen Einflüsse von außen und innerbetriebliche Veränderungen zu Schwankungen im Arbeitsaufkommen der einzelnen Mitarbeiter.

Der Unternehmer muss beispielsweise auf externe Einflüsse (Einflüsse von außen) flexibel reagieren und sich in diesen Fällen auf seine Mitarbeiter verlassen können. Ein typischer Fall ist die Abhängigkeit vieler Unternehmen vom Wetter. Bei einem Dachdeckerbetrieb ist das offensichtlich, aber auch z. B. Einzelhändler müssen auf Wetterveränderungen flexibel reagieren können. Sobald zum ersten Mal im Jahr die Sonne scheint, werden Grillgut und Grillzubehör gekauft, bei einer Hitzewelle im Hochsommer werden von den Kunden besonders viele Getränke nachgefragt. Das Gleiche gilt für einen Wintereinbruch mit Tiefsttemperaturen, der im Textileinzelhandel genauso spürbar ist wie im Baumarkt bei der Nachfrage nach Streusplitt sowie im Brennstofffachhandel bei der Nachfrage nach Brennholz und Briketts.

Einfacher vorherzusehen sind saisonale Einflüsse auf die Auftragslage: Karneval, Ostern und Weihnachten sind bekannte Termine, auf die man sich lange vorher einstellen kann, die jedoch grundsätzlich das Arbeitsaufkommen im Betrieb erhöhen. Das Gleiche gilt für wiederkehrende Großereignisse wie die Olympischen Spiele oder Fußballwelt- oder Europameisterschaften.

Insbesondere im Groß- und Außenhandel und der exportierenden Industrie sind Einflüsse der Weltwirtschaft spürbar, die die Auftragslage in den Betrieben drastisch verändern können. So kann ein internationaler Großauftrag im technischen Anlagenbau das Arbeitsaufkommen in einem Industriebetrieb vervielfachen.

Im eigenen Land beeinflussen konjunkturelle Rahmenbedingungen wie z. B. die Arbeitslosigkeit die Nachfrage und damit die Auftragslage in größeren Unternehmen. Außerdem ist die Geldpolitik der Zentralbank, die letztlich das Zinsniveau bestimmt, mit verantwortlich für Nachfrageschwankungen. Ist das Zinsniveau niedrig, so können Konsumenten Kredite zu attraktiven Konditionen erhalten und fragen möglicherweise mehr Gebrauchsgüter nach. Ein niedriges Zinsniveau führt aber auch bei Unternehmen zu mehr Investitionen, sodass über diesen Umweg wiederum die Nachfrage nach Anlagegütern wie Fahrzeugen oder Ladenausstattungen steigt.

Aber auch innerhalb eines Betriebes kann es zu starken Schwankungen des Arbeitsaufkommens kommen, ohne Einflüsse von außen. Wenn Unternehmen sich zusammenschließen oder bestimmte Bereiche rationalisieren, dauert es immer eine gewisse Zeit, bis die neuen Organisationsstrukturen funktionieren. Die angestrebten Synergieeffekte (z. B. sich ideal ergänzende neue Abteilungen) treten erst nach einer „Einspielzeit" auf.

Innerhalb der Abteilungen reicht schon eine Erkältungswelle unter den Mitarbeitern, um die Mehrarbeit der verbleibenden Kollegen zu erhöhen, Ähnliches gilt für eine nicht optimal organisierte Urlaubsplanung innerhalb der Abteilungen. Die vorgeschriebene regelmäßige Inventur sorgt ebenfalls für punktuell höhere Arbeitsbelastung im Betrieb. Letztlich reicht der Ausfall eines einzelnen Mitarbeiters durch Krankheit oder Arbeitsplatzwechsel, um für den direkten Mitarbeiter das Arbeitsaufkommen zu erhöhen.

Alle genannten Einflüsse auf den Arbeitsablauf im Unternehmen wirken sich als Schwankungen in der Auslastung eines Unternehmens aus. Arbeitnehmer spüren diese Schwankungen insbesondere in Form von notwendigen Überstunden, um den Betriebsablauf und damit den eigenen Arbeitsplatz nicht zu gefährden. Eine dauerhaft hohe Belastung der Arbeitnehmer durch Überstunden zeugt jedoch von einem starken Optimierungsbedarf des Betriebsablaufs.

(Quelle: Autorentext)

Überstundenabrechnung – Urteil stärkt Arbeitnehmer und Auszubildende

Pressemitteilung Nr. 12/2021

Bei nachweislich erbrachten und vom Arbeitgeber verfügten Überstunden muss der Arbeitnehmer einen Ausgleich erhalten, insbesondere wenn die Überstunden betrieblich notwendig waren.
In einem aktuellen Urteil wurden die Rechte der Arbeitnehmer und Auszubildenden beim Nachweis der Mehrarbeit gestärkt.

Lagerarbeiter musste Mehrarbeit nachweisen

Ein aktueller Fall mit einer Klage eines Lagerarbeiters gegen seinen Arbeitgeber auf Bezahlung der nachweisbaren Überstunden wurde in letzter Instanz für den Lagerarbeiter entschieden.
Der Arbeitsvertrag beinhaltete zwar eine grundsätzliche Vergütung von Mehrarbeit, jedoch unspezifisch formuliert hinsichtlich konkreter Abrechnung von Mehrarbeit.
Im vorliegenden Fall konnte der Arbeitnehmer nachweisen, dass die verfügte Mehrarbeit nicht während der regelmäßigen Arbeitszeit möglich war.
Der Arbeitgeber erklärte dem Gericht, dass Überstunden laut Arbeitsvertrag pauschal abgegolten werden und es keine betriebliche Notwendigkeit für die Mehrarbeit gab.
Im vorliegenden Fall reichte es allerdings aus, dass der Lagerarbeiter die Aufzeichnungen seiner Schichten mit entsprechenden Arbeitszeiten bereitstellte, um die Mehrarbeit nachzuweisen.
Somit hätte der Arbeitgeber einen Gegenbeweis vorlegen und die Überstunden entweder als nicht betriebsnotwendig oder als nicht geleistet dokumentieren müssen.

(Quelle: Autorentext)

EU-Gerichtshof: System zur Erfassung der Arbeitszeiten ist in jedem Unternehmen verpflichtend einzuführen

Wie der Europäische Gerichtshof in einer Pressemitteilung vom 14. Mai 2021 bekannt gab, wird jeder Arbeitgeber in der EU verpflichtet, ein System zur Erfassung der täglichen Arbeitszeit aller Arbeitnehmer einzuführen.
Nach Ansicht des Gerichtshofes hat der Arbeitnehmer gegenüber dem Arbeitgeber die schwächere Position und muss folglich besonders geschützt werden. Mithilfe einer regelmäßigen Arbeitszeiterfassung kann nicht nur die tägliche Arbeitszeit jedes einzelnen Arbeitnehmers, sondern auch die Verteilung der Arbeitszeit und die Anzahl der geleisteten Überstunden präzise und verlässlich erfasst werden. Dies ist unbedingte Voraussetzung, um die Einhaltung der gesetzlichen Bestimmungen zu Höchstarbeitszeiten sowie täglichen und wöchentlichen Ruhezeiten durchzusetzen.
Das Arbeitszeiterfassungssystem bietet den Arbeitnehmern ein besonders wirksames Mittel, einfach zu objektiven und nachvollziehbaren Daten über die tatsächlich geleistete Arbeitszeit zu gelangen. Dies hilft den Arbeitnehmern beim Nachweis von Rechtsverstößen und ermöglicht es den zuständigen Kontrollbehörden und den nationalen Gerichten, die Beachtung der Arbeitnehmerrechte auch tatsächlich durchzusetzen.

(Quelle: Autorentext)

Relevante Auszüge aus Gesetzestexten

§ 17 Abs. 7 BBiG:

Eine über die vereinbarte regelmäßige tägliche Ausbildungszeit hinausgehende Beschäftigung ist besonders zu vergüten oder durch entsprechende Freizeit auszugleichen.

§ 8 Abs. 1 JArbSchG:

Jugendliche dürfen nicht mehr als acht Stunden täglich und nicht mehr als 40 Stunden wöchentlich beschäftigt werden.

§ 3 Arbeitszeitgesetz (ArbZG):

Die werktägliche Arbeitszeit der Arbeitnehmer darf acht Stunden nicht überschreiten. Sie kann auf bis zu zehn Stunden nur verlängert werden, wenn innerhalb von sechs Kalendermonaten oder innerhalb von 24 Wochen im Durchschnitt acht Stunden werktäglich nicht überschritten werden.

Tatjana, 19 Jahre alt, Auszubildende bei der Logo-Wohn GmbH

- macht 10–15 Überstunden pro Woche
- ist im zweiten Ausbildungsjahr
- früher interessierte sie sich für Fußball und spielte selbst in ihrer Freizeit, das ist jetzt zeitlich nicht mehr möglich
- die Leistungen in der Berufsschule werden stetig schlechter, weil sie keine Zeit zur Vorbereitung von Klassenarbeiten hat
- fühlt sich dauernd müde
- macht immer öfter Fehler im Betrieb, die sie so von sich selbst nicht kennt
- hat sich letztens kurz vor Feierabend bei einem Außentermin an der Hand verletzt
- die Ausbildung macht keinen Spaß mehr wie zu Beginn und am liebsten würde sie kündigen, weiß aber keine Alternative

Herr Camillo, Geschäftsführer der Logo-Wohn GmbH mit 12 Mitarbeitern

- verlangt von den Mitarbeitern grundsätzlich flexiblen Arbeitseinsatz
- steht unter Druck, weil sich die Konkurrenzsituation spürbar verschärft hat
- die Konkurrenz bietet mehr Dienstleitungen an und der Umsatz ist rückläufig, wichtige Investitionen werden in den nächsten Wochen durchgeführt
- ein langjähriger Mitarbeiter ist vor einem halben Jahr ausgewandert, zwei weitere sind vor Kurzem in den vorzeitigen Ruhestand gegangen, seitdem sucht Herr Camillo passenden Ersatz, Vorstellungsgespräche stehen in den nächsten Tagen an
- ärgert sich darüber, dass die Mitarbeiter sich dauernd krank melden und hat dafür kein Verständnis, weil das die Lage im Betrieb noch verschärft
- arbeitet selbst bis zu 70 Stunden pro Woche
- kennt alle Mitarbeiter persönlich
- wundert sich über Tatjanas schlechte schulische Leistungen

Situation 4

Einen Arbeitsvertrag bewerten

In einem Ordner auf dem Dachboden ihrer Großeltern ist Isabell Ahrens auf einen alten Arbeitsvertrag ihres Großvaters gestoßen.

Herrn/~~Frau/Fräulein~~ Willy Gruber, Poststraße 37, Bonn
wird folgender Arbeitsvertrag geschlossen:

1.) Herr/~~Frau/Fräulein~~ Willy Gruber
geboren am: 29.3.1919 in: Bonn-Endenich
steht ab: 1.1.1954 als: Buchhalter
in einem Arbeitsverhältnis mit der VEREINIGUNG DER WOHNUNGS-UNTERNEHMEN E.V., Bonn/Rhein.

2.) Eine Kündigung ist nur zum Ende des Kalender-Monats möglich und muss spätestens am Schluss des vorangegangenen Monats erfolgen.

3.) Das Arbeitsverhältnis kann von beiden Seiten ohne Einhaltung einer Kündigungsfrist gekündigt werden, wenn ein wichtiger Grund hierfür vorliegt.

4.) Die Arbeitszeit beträgt wöchentlich 48 Stunden, montags - freitags von 8.15 - 12.45 Uhr, 14.00 - 18.00 Uhr sonnabends von 8.00 - 13.30 Uhr.
Ein Anspruch auf Vergütung von Ueberstunden besteht nicht.

5.) Die Bezüge richten sich nach freier Vereinbarung von beiden Seiten und sind Jahresbezüge, die in 12 gleichbleibenden monatlichen Zahlungen postnumerando per ultimo eines jeden Monats zahlbar sind. Ein Anspruch auf besondere Urlaubs- oder Weihnachtsgelder besteht nicht.
Sie haben ein Jahresgehalt von DM 4680.-- brutto
Monatsgehalt von DM 390.-- brutto

6.) Anspruch auf Urlaub besteht nach 6 monatiger Beschäftigung. Ihr Urlaub beträgt 12 Arbeitstage für 1 Jahr Arbeitsleistung.

7.) Sie verpflichten sich, auch nach Beendigung eines Arbeitsverhältnisses mit der VEREINIGUNG DER WOHNUNGSUNTERNEHMEN E.V. zum strengsten Stillschweigen gegenüber dritten Personen. Dieses Stillschweigen umfasst alle persönlichen und geschäftlichen Angelegenheiten, von denen Sie im Verlauf Ihrer Tätigkeit bei der VEREINIGUNG DER WOHNUNGSUNTERNEHMEN E.V. Kenntnis bekommen haben.

8.) Aenderung und Ergänzung dieses Vertrages bedürfen zu ihrer Gültigkeit der schriftlichen Bestätigung, die auch einseitig erfolgen kann und wirksam wird, sobald von der anderen Seite innerhalb einer Frist von 10 Tagen kein Einspruch erfolgt.

Arbeitgeber:
VEREINIGUNG WOHNUNGSUNTERNEHMEN E.V.

Arbeitnehmer:
Willy Gruber

Bonn / Rhein, den 1. Januar 1954

ARBEITSAUFTRÄGE

1. Sammeln Sie Gründe dafür, warum Isabell nach Lektüre des Vertrages einigermaßen erschüttert ist.
2. Ermitteln Sie mithilfe der entsprechenden Rechtsquellen (z. B. Tarifvertrag, Arbeitsschutzgesetze), wie ein Arbeitsvertrag mit einem 35-jährigen Buchhalter, der in einem Immobilienunternehmen mit 25 Mitarbeitern tätig ist, heute aussehen könnte.

Aufgaben

1 Begründen Sie, warum Arbeitsverträge grundsätzlich schriftlich abgefasst werden sollten.

2 Erklären Sie, warum bei Arbeitsverträgen eine Vielzahl von gesetzlichen Regelungen beachtet werden muss, obwohl damit der Grundsatz der Vertragsfreiheit deutlich eingeschränkt ist. Welche Risiken sind damit für den Arbeitsmarkt verbunden?

3 Überlegen Sie, wieso es für den Arbeitnehmer wichtig ist, dass er aus seinem Arbeitsvertrag das Recht auf Beschäftigung ableiten kann.

4 Beurteilen Sie folgenden Fall zur Urlaubsgewährung aus dem Arbeitsvertrag: Uwe Schneider möchte gern mit seinen Freunden, die allesamt an die Schulferien gebunden sind, einen gemeinsamen Urlaub machen. In seinem Betrieb sind jedoch die Arbeitskollegen und -kolleginnen mit schulpflichtigen Kindern bevorrechtigt, den Urlaub in den Schulferien zu reservieren.

5 In Lernfeld 1, Kapitel 1.6 finden Sie mögliche Inhalte eines Arbeitsvertrages. Welche Inhalte enthält im Vergleich dazu Ihr Ausbildungsvertrag?

6 Neben den Inhalten aus dem Arbeitsvertrag können für den Arbeitnehmer weitere Bestimmungen im Rahmen einer Betriebsvereinbarung Gültigkeit besitzen.
  a) Erläutern Sie, wie eine Betriebsvereinbarung zustande kommt.
  b) Welche Regelungen können durch eine Betriebsvereinbarung getroffen werden? Nennen Sie drei.

7 In der Geschenkartikelgroßhandlung Presents GmbH ist die Auftragslage während des Geschäftsjahres stark schwankend. Zu Ostern, Weihnachten und Muttertag gibt es in jedem Jahr Auftragsspitzen. Der Geschäftsführer der Presents GmbH möchte deswegen folgende Regelungen in die Betriebsvereinbarungen aufnehmen:
  a) Zu auftragsschwachen Zeiten erklären sich die kaufmännischen Mitarbeiter bereit, auch branchen- und fachfremde Tätigkeiten zu übernehmen, dazu können folgende Tätigkeiten gehören:
    1) Übernahme der Pflege der Grünanlage der Presents GmbH anstelle des normalerweise beauftragten Gärtners.
    2) Auslieferungsfahrten mit dem unternehmenseigenen Pkw-Kombi zu Stammkunden anstelle der normalerweise beauftragten Spedition.
    3) Teilnahme an Messen und Ausstellungen, um das Sortiment der Presents GmbH zu bewerben.
    4) Verlegung der Datenleitungen (unter Putz) für die neue EDV-Anlage, die im Laufe des Jahres geliefert wird.
    5) Mitarbeit in der Werkskantine bei anfallenden Arbeiten in der Küche.
  b) Zu auftragsschwachen Zeiten erklären sich die Mitarbeiter bereit, unbezahlten Urlaub zu akzeptieren, dessen Dauer individuell festgelegt werden kann.
  c) Zu besonders auftragsstarken Zeiten erklär-en sich die Mitarbeiter bereit, dem Betrieb auch sonntäglich dauerhaft zur Verfügung zu stehen.

  Welche der genannten Regelungen können in einer Betriebsvereinbarung geregelt werden? Bei welchen liegt ein Verstoß gegen das Arbeitsrecht vor?

Situation 5

Die Gehaltsabrechnung lesen und verstehen

Löschen Antworten An alle Weiterleiten

Von: Marius Schurns
An: Isabell Ahrens
Datum: 04.10.20XX
Betreff: Gehaltsabrechnung Frau Georgidou

Liebe Frau Ahrens,

unsere Kollegin Frau Georgidou hat mich heute beiläufig auf eine geringe Differenz in ihrer Gehaltsabrechnung hingewiesen. Das könnte auf die Umstellung auf unser neues EDV-System in der Personalbuchhaltung zurückzuführen sein. Prüfen Sie bitte auf der Grundlage unserer bereits aktualisierten und geprüften Personalstammdaten die Abrechnung von Frau Georgidou und finden Sie heraus, wie dort eine Differenz zur vorherigen Abrechnung zustande kommen konnte.

Viele Dank vorab!
M. Schurns

Auszug aus der Personalstammdatei:

Personal Nr. 302			
Name	Georgidou	**Konfession**	keine
Vorname	Dimitra	**Nationalität**	Griechenland
PLZ	04155	**Bruttogehalt**	2.430,00 €
Ort	Leipzig	**VL**	26,00 €
Straße	Zur Waldesruh 4	**VL-Sparbetrag**	40,00 €
Telefon	0341 21XX9	**Weihnachtsgeld**	62,5 % des Monatsgehalts
Bankverbindung	TopBank Leipzig	**Urlaubsgeld**	50,0 % des Monatsgehalts
IBAN	DE 24 1001 0700 0037 6648 98	**Steuerfreibetrag**	0,00
Krankenkasse	DKK (Zusatzbeitrag 2,5 %)	**Eintritt**	01.10.20XX
Geburtsdatum	12.01.1987	**Ausbildung**	Immobilienkauffrau
Familienstand	verheiratet	**Stelle**	Sachbearbeiterin Mieterbetreuung
Kinder	keine	**Gehaltsgruppe**	G5
Steuerklasse	III	**tägliche Arbeitszeit**	7,70 Stunden
		Urlaubstage	30 Werktage

ARBEITSAUFTRÄGE

1. Prüfen Sie die Gehaltsabrechnung von Dimitra Georgidou (siehe nächste Seite) Schritt für Schritt auf mögliche Berechnungs- oder Ablesefehler. Recherchieren Sie dazu auch die aktuellen Abzugsgrundlagen für die Gehaltsabrechnung. Nutzen Sie dafür das Arbeitsblatt 1.3 „Abzugsgrundlagen für eine Entgeltabrechnung“, das den Webcodematerialien beiliegt.
   a) Wie hoch ist die von Ihnen ermittelte Differenz?
   b) Wie hoch ist der korrekte Auszahlungsbetrag?
2. Wodurch ist die Differenz zustande gekommen?

Gehaltsabrechnung

MEWOH Musterwohn GmbH
Mieten. Einziehen. Wohlfühlen.

Personalnummer: 302	**Abrechnung:** September 20XX

Dimitra Georgidou
Zur Waldesruh 4
04179 Leipzig

Lohnsteuermerkmale

Steuerklasse	Kinderfreibetrag	Konf.
III	0	rk

Sozialversicherungsmerkmale

KV[1]	PV	RV	AV
14,6 %	3,6 %	18,6 %	2,6 %

[1] ohne Zusatzbeitrag; dieser beträgt bei der DKK 2,5 %

	EUR
Monatsentgelt	2.430,00
+ Sonderzahlungen	–
+ vermögenswirksame Leistungen (AG-Anteil)	26,00
= sozialversichungspflichtiges Bruttoentgelt	2.456,00
– Steuerfreibetrag	–
= steuerpflichtiges Bruttoentgelt	2.456,00
– Lohnsteuer	47,98
– Solidaritätszuschlag	–
– Kirchensteuer	4,30
Summe steuerliche Abzüge	52,28
– Krankenversicherung	209,99
– Pflegeversicherung	44,21
– Rentenversicherung	228,41
– Arbeitslosenversicherung	31,93
Summe Sozialversicherungen	514,54
= Nettoentgelt	1.889,18
– VL-Sparbetrag (AG- + AN-Anteil)	52,00
– Vorschuss	–
Summe privater Abzüge	52,00
= Nettoauszahlungsbetrag	1.837,18

Auszug Lohnsteuertabelle

bis 2.456,99 Euro		Steuerkl.	I	II	III	IV	V	VI
Kinderfreibetrag	0,0	LSt	265,81	222,56	47,98	265,81	539,14	571,64
		SolZ	0,00	0,00	0,00	0,00	0,00	0,00
		KiSt 8 %	21,24	17,78	3,82	21,24	43,10	45,71
		KiSt 9 %	23,90	20,01	4,30	23,90	48,50	51,42
Kinderfreibetrag	0,5	LSt	265,81	222,56	47,98	265,81	539,14	571,64
		SolZ	0,00	0,00	0,00	0,00	0,00	0,00
		KiSt 8 %	13,77	10,54	0,00	17,44	-	-
		KiSt 9 %	15,49	11,86	0,00	19,62	-	-
Kinderfreibetrag	1,0	LSt	265,81	222,56	47,98	265,81	539,14	571,64
		SolZ	0,00	0,00	0,00	0,00	0,00	0,00
		KiSt 8 %	6,79	3,91	0,00	13,77	-	-
		KiSt 9 %	7,64	4,40	0,00	15,49	-	-

Aufgaben

1 Man unterteilt Personalaufwendungen in gesetzliche und freiwillige Personalaufwendungen.
  a) Nennen Sie je vier Beispiele für
    - gesetzliche Personalaufwendungen und
    - freiwillige Personalaufwendungen.
  b) Welchen Zweck haben freiwillige Personalaufwendungen?

2 Stellen Sie bei den folgenden Abzügen vom Bruttogehalt die Leistungen fest, die
  1. vom Arbeitgeber allein,
  2. anteilig vom Arbeitgeber und vom Arbeitnehmer,
  3. vom Arbeitnehmer allein,
  4. weder vom Arbeitgeber noch vom Arbeitnehmer zu tragen sind.

  a) Lohnsteuer
  b) Beitrag zur gesetzlichen Pflegeversicherung
  c) Lebensversicherungsprämie
  d) Beitrag zur gesetzlichen Unfallversicherung
  e) Solidaritätszuschlag
  f) private Altersvorsorge

3 a) Ordnen Sie den folgenden Fällen die richtige Steuerklasse zu.
  b) Welche Alternativen bestehen für Ehegatten bei der Steuerklassenwahl?

Fall
1) allein verdienender, verheirateter Angestellter mit einem Kind
2) unverheiratete Frau, 34 Jahre alt, mit einem Kind (wohnt bei der Mutter)
3) berufstätiger Ehemann mit Ehefrau in Steuerklasse V
4) verheirateter Angestellter mit vier Kindern und nicht berufstätiger Ehefrau für seinen genehmigten Nebenjob

4 In einer einfachen Gehaltsabrechnung für Klaus Müller, einem unverheirateten, kirchensteuerpflichtigen und kinderlosen Arbeitnehmer, der 26 Jahre alt ist und in Nordrhein-Westfalen lebt und arbeitet, gelten im Februar 20XX folgende Berechnungen (Steuerklasse I, Zusatzbeitrag Krankenkasse 2,9 %):

	Bruttogehalt		**2.400,00 €**
+	vermögenswirksame Leistungen (VL) des Arbeitgebers		13,00 €
+	Sonderzahlungen (z. B. Prämien oder Überstundenvergütung)		200,00 €
=	**Bruttoentgelt**		**2.613,00 €**
–	Lohnsteuer (LSt) lt. Lohnsteuertabelle		216,66 €
–	Solidaritätszuschlag (SolZ) lt. Lohnsteuertabelle		0,00 €
–	Kirchensteuer (KiSt) lt. Lohnsteuertabelle		19,49 €
–	Rentenversicherung	9,3 % des Bruttoentgelts	243,01 €
–	Arbeitslosenversicherung	1,3 % des Bruttoentgelts	33,97 €
–	Krankenversicherung	8,75 % des Bruttoentgelts	228,64 €
–	Pflegeversicherung	2,4 % des Bruttoentgelts	62,71 €
=	**Nettoentgelt**		**1.808,52 €**
–	vermögenswirksame Sparrate des Arbeitnehmers		40,00 €
=	**Auszahlungsbetrag**		**1.768,52 €**

a) Nennen Sie drei mögliche Bestandteile des Bruttoentgelts eines Gehaltsempfängers.
b) Welche gesetzlichen Pflichtabgaben sind von Gehaltsempfängern zu leisten?
c) Wie wird der Auszahlungsbetrag für einen Gehaltsempfänger ermittelt?
d) Wie hoch ist das Nettoentgelt von Klaus Müller in Prozent seines Bruttoentgelts?
e) Wie hoch sind die gesetzlichen Pflichtabgaben in Euro und in Prozent des Bruttoentgelts?

5 Die Personalkosten für Klaus Müller auf Basis der Gehaltsabrechnung aus Aufgabe 4 setzen sich für den Arbeitgeber wie folgt zusammen:

	Bruttogehalt	**2.400,00 €**
+	vermögenswirksame Leistungen (VL) des Arbeitgebers	13,00 €
+	Sonderzahlungen (z. B. Prämien oder Überstundenvergütung)	200,00 €
+	Arbeitgeberanteil zur Rentenversicherung	243,01 €
+	Arbeitgeberanteil zur Arbeitslosenversicherung	33,97 €
+	Arbeitgeberanteil zur Krankenversicherung	228,64 €
+	Arbeitgeberanteil zur Pflegeversicherung	47,03 €
=	**gesamte Personalkosten (aus dieser Gehaltsabrechnung)**	**3.165,65 €**

Berechnen Sie das Nettoentgelt in Prozent der Personalkostensumme unter Beachtung der Gehaltsabrechnung aus Aufgabe 4.

6 *Hinweis:* Lösen Sie die Aufgaben mit den Beitragssätzen des aktuellen Kalenderjahres und unter Verwendung aktueller Steuerabzugstabellen oder mithilfe einer Internetrecherche (wie z. B. www.bmf-steuerrechner.de).

Frau Maria Merzig, verheiratet, evangelisch, geboren am 17.04.1990, Steuerklasse IV, 1 Kinderfreibetrag, kein Steuerfreibetrag, wohnt und arbeitet in Berlin und verdient im Monat 2.200,00 €. Der Arbeitgeber zahlt zusätzlich 26,00 € vermögenswirksame Leistungen. Frau Merzig hat einen Bausparvertrag abgeschlossen, die monatliche Sparrate beträgt 40,00 €. Der Zusatzbeitrag der Krankenkasse beträgt 2,9 %.

a) Erstellen Sie eine Gehaltsabrechnung für den Monat Februar 20XX für Frau Merzig.
b) Wie hoch ist das Nettoentgelt von Maria Merzig in Prozent ihres Bruttoentgelts?
c) Begründen Sie die unterschiedliche Höhe des Nettoentgelts in Prozent bei Klaus Müller (Aufgabe 4) und Maria Merzig.
d) Ermitteln Sie die Summe der Personalkosten für den Arbeitgeber aufgrund dieser Gehaltsabrechnung.
e) Geben Sie das Nettoentgelt von Frau Merzig in Prozent der Personalkosten des Arbeitgebers an.

Situation 6

Tarifkonflikte verstehen

Schon seit einigen Tagen beherrscht ein Thema die Pausengespräche bei der MEWOH Musterwohn GmbH: der laufende Tarifkonflikt zwischen Gewerkschaft und Arbeitgeberverband.
„Sag mal", fragt Isabell Ahrens ihren Azubi-Kollegen Arif Khatib, „davon habe ich noch nicht so viel mitbekommen. Worum geht es da genau? Und wenn gestreikt werden sollte, können wir Azubis dann auch streiken? Ich bin ja nicht in der Gewerkschaft. Bekomme ich trotzdem mehr Geld, wenn höhere Löhne ausgehandelt werden?" „Na", antwortet Arif, „wozu gibt es denn das Internet? Schauen wir doch mal nach, was wir da finden."
Schon nach kurzer Suche stoßen Isabell und Arif auf passende Meldungen (siehe unten und auf der nächsten Seite). „Hm", meint Arif stirnrunzelnd, „dann bin ich ja mal gespannt, wie das noch weitergeht!"

ARBEITSAUFTRÄGE

1. Lesen Sie zunächst die nachstehenden Meldungen und notieren Sie sich die wichtigsten Textpassagen.
2. Beschreiben Sie den bisherigen Ablauf des Tarifkonfliktes zwischen der Gewerkschaft und dem Arbeitgeberverband.
3. Welche Forderungen hat die Gewerkschaft gestellt? Wie haben die Arbeitgeber darauf reagiert?
4. Wie könnte der weitere Verlauf des Tarifkonfliktes aussehen? Beschreiben Sie mögliche Alternativen.
5. Wie beantworten Sie Isabells Frage, ob ein neuer Tarifvertrag auch für sie Gültigkeit hätte, obwohl sie selbst nicht Mitglied in der Gewerkschaft ist?

Gewerkschaft kündigt laufenden Tarifvertrag

Auf ihrer gestrigen Sitzung hat die Tarifkommission der Gewerkschaft die Kündigung des laufenden Entgelt-Tarifvertrages beschlossen.
Über konkrete Forderungen will die Tarifkommission in den nächsten Tagen beraten und diese Anfang Juni dem Arbeitgeberverband übermitteln. Die zweimonatige Friedenspflicht, während der Streiks verboten sind, endet am 01.08.20XX.
Ein Sprecher des Arbeitgeberverbandes appellierte an die Tarifkommission, die zum Teil sehr schwierige Situation in der Immobilienbranche im Tarifbezirk zu beachten und „Augenmaß bei der Formulierung von Forderungen" zu bewahren. Vor allem möchten die Arbeitgeber Abweichungen für einzelne Betriebe ermöglichen. „Mit einer Flexibilisierung wollen wir den Tarifabschluss an die unterschiedliche Lage jedes Betriebes anpassen", sagte ein Sprecher des Verbandes.
Es wird mit langwierigen Verhandlungen und Warnstreiks, möglicherweise sogar mit flächendeckenden und länger andauernden Arbeitsniederlegungen zu rechnen sein. Ob die Arbeitgeberseite daraufhin mit Aussperrungen ihrer Mitarbeiter reagieren wird, bleibt abzuwarten.

(Quelle: Autorentext)

Noch immer kein Ergebnis in den laufenden Tarifverhandlungen

Die Fronten im laufenden Tarifkonflikt erscheinen verhärtet. Auch in der zweiten Verhandlungsrunde konnten die Vertreter des Arbeitgeberverbandes und der Gewerkschaft keine Annäherung ihrer Positionen erzielen. Der Forderung der Gewerkschaft nach einer Anhebung der Entgelte um 5,0 % steht bislang ein Angebot der Gegenseite in Höhe von 2,0 % gegenüber.

„Das bisherige Angebot der Arbeitgeberseite ist vollkommen unzureichend. Hier müssen sich die Arbeitgeber noch ein ganz gewaltiges Stück bewegen“, erklärte ein Sprecher der Gewerkschaft. Begleitet wurden die Verhandlungen von Warnstreiks in einzelnen Betrieben. Für jeweils vier Stunden legten die gewerkschaftlich organisierten Beschäftigten in etwa 80 Unternehmen des Tarifbezirkes die Arbeit nieder, um ihren Forderungen Nachdruck zu verleihen. Da auch Auszubildende von verbesserten Arbeitsbedingungen profitieren würden, dürfen sie sich an Warnstreiks ebenfalls beteiligen.

Neben einem deutlichen Plus bei den Einkommen fordert die Gewerkschaft ein tarifvertraglich gesichertes Recht auf zwei zusätzliche Tage Bildungsurlaub pro Jahr. Außerdem soll über eine

Verpflichtung der Arbeitgeber, Auszubildende nach der Ausbildung für mindestens ein Jahr zu übernehmen, verhandelt werden. Während die Arbeitgeber bei den Entgelten bereits Verhandlungsbereitschaft signalisiert haben, lehnen sie die weiteren Forderungen der Gewerkschaft bislang kategorisch ab. Nach einer einwöchigen Verhandlungspause sollen die Gespräche Anfang September fortgeführt werden.

(Quelle: Autorentext)

Arbeitskampf – Kommt jetzt der Schlichter?

Nachdem auch das dritte Treffen der Verhandlungsführer der Arbeitgeber und der Gewerkschaft im Tarifkonflikt ergebnislos verlief, stehen die Zeichen nun auf Streik. Die Gewerkschaft bereitet bereits eine Urabstimmung ihrer Mitglieder vor. Nur wenn sich die Mehrheit der befragten Gewerkschaftsmitglieder für einen Streik ausgesprochen hat, darf die Gewerkschaft zu einem unbefristeten Flächenstreik aufrufen.

Oder sollte es einem unabhängigen Schlichter doch noch gelingen, beide Seiten zu einer Annäherung zu bewegen? Gut informierte Kreise wollen erfahren haben, dass der Arbeitgeberverband bereits Kontakt zu einem ehemaligen Spitzenpolitiker aufgenommen hat.

(Quelle: Autorentext)

Aufgaben

1 Begründen Sie, ob folgende Aussagen wahr oder falsch sind.

a) Der Tarifvertrag kommt auf Vermittlung staatlicher Stellen zustande.

b) Ein Manteltarifvertrag ist ein auf längere Sicht angelegter Tarifvertrag.

c) Gewerkschaften schließen ausschließlich mit Arbeitgeberverbänden Tarifverträge ab.

d) Rahmentarifverträge regeln u. a. Bewertungsgrundsätze für die Entlohnung.

2 Erkundigen Sie sich in Ihrem Unternehmen, ob die Arbeitsverträge an einen Tarifvertrag gebunden sind. An welchen?

3 Die Tarifparteien haben einen neuen Gehaltstarifvertrag ausgehandelt. Die Gehälter sollen um 2 % steigen. Überprüfen Sie, unter welchen Voraussetzungen die MEWOH Musterwohn GmbH nun ihren Mitarbeitern 2 % mehr Gehalt zahlen muss bzw. unter welchen Voraussetzungen die Mitarbeiter Anspruch auf eine 2%ige Gehaltssteigerung haben.

4 Ordnen Sie den folgenden Vereinbarungen je eine Aussage zum Arbeitsrecht zu.

a) Einzelarbeitsvertrag

b) Betriebsvereinbarung

c) Tarifvertrag

Aussagen zum Arbeitsrecht:

1. entsteht durch Vereinbarung zwischen Arbeitgeberverbänden und Gewerkschaften

2. entsteht durch eine Ministerverordnung basierend auf einem bereits bestehenden Gesetz

3. entsteht nach Antrag einer Tarifpartei durch die Erklärung des Bundesministers für Ar-beit und Soziales

4. entsteht durch Vereinbarung zwischen Betriebsrat und Arbeitgeber, gilt für die Arbeitnehmer

5. entsteht durch einen Antrag des Arbeitgebers und durch die Annahme des Arbeitnehmers

Situation 7

Betriebliche Mitbestimmung organisieren

MEWOH Musterwohn GmbH
Mieten. Einziehen. Wohlfühlen.

Einladung

zur Wahlversammlung zur Wahl des Betriebsrats
im Personalraum im Obergeschoss
am 14. März 20XX, 14:00 Uhr

Liebe Kolleginnen und Kollegen!

In diesem Jahr wird ein neuer Betriebsrat gewählt. Wir danken unseren langjährigen Betriebsratsmitgliedern für ihre Tätigkeit in den vergangenen vier Jahren. Sie haben sich entschlossen, für eine weitere Kandidatur nicht mehr zur Verfügung zu stehen. Wir freuen uns aber, dass sie andere Kolleginnen und Kollegen von einer Kandidatur überzeugen konnten.

Die Kandidatenliste für den nächsten Betriebsrat steht jetzt fest – Sie finden die Wahlvorschläge im Foyer der Kantine im EG. Am 14. März möchten sich diese Kandidaten in zwei Teams persönlich bei Ihnen vorstellen. Anschließend entscheiden Sie dann in geheimer Wahl, welchen Kollegen Sie Ihre Stimme geben wollen und wer somit Ihre Interessen in der MEWOH Musterwohn GmbH vertreten soll.

Tagesordnung:

1. Begrüßung und Feststellung der Tagesordnung
2. Genehmigung des letzten Protokolls
3. Vorstellung der Wahlkandidaten
4. Wahl des Betriebsrats

Es lädt ein:

Der Wahlvorstand

Zwei Teams stehen für den nächsten Betriebsrat der MEWOH Musterwohn GmbH zur Wahl. Auf der folgenden Seite stellen sie sich den Kolleginnen und Kollegen vor.

Wählt das 5er-Team
– denn 10 Augen sehen mehr –

Franz Seydlitz
Inge Schneider
Fritz Stoll
Elisabeth Albrecht
Jürgen Konrad

Mit uns wird alles besser, wir kümmern uns um Ihre Sorgen!

Wir stehen für:
- Gleitzeit
- Urlaub, wann immer Sie möchten
- sichere Arbeitsplätze
- Freitags ist grundsätzlich um 13 Uhr Feierabend!

Macht uns stark im Kampf gegen die Geschäftsführung – dann seid auch ihr stark!

Die 3
– jung, dynamisch, belastbar –

Angelika Wild
Manfred Deneke
Irene Schmitt

- Wir verstehen uns als Vermittler zwischen Ihren Interessen und den Zielen der Geschäftsführung.
- Wir kämpfen für Sie und damit für die MEWOH GmbH, denn wir alle sind die MEWOH GmbH!
- Wir führen die bewährte Arbeit des bisherigen Betriebsrates weiter!

Für eine starke MEWOH!

ARBEITSAUFTRÄGE

1. Informieren Sie sich über die Wahl und die Aufgaben des Betriebsrats, indem Sie folgende Fragen schriftlich beantworten:
   a) Aus wie vielen Personen besteht der Betriebsrat in der MEWOH Musterwohn GmbH?
   b) Wer kann den Betriebsrat wählen?
   c) Wer kann in den Betriebsrat gewählt werden?
   d) Wann und wie oft wird der Betriebsrat in einem Unternehmen gewählt?
   e) Welche Aufgaben hat der Betriebsrat?
   f) Welche Rechte hat der Betriebsrat im Betrieb?
2. Nachdem Sie sich nun allgemein über den Betriebsrat informiert haben, sind Sie in der Lage, die einzelnen Wahlversprechen der Kandidaten zu beurteilen. Welche Bewerber würden Sie als Mitarbeiter der MEWOH Musterwohn GmbH wählen? Begründen Sie Ihre Wahl.
3. Informieren Sie sich über die Wahl und die Aufgaben der Jugend- und Auszubildendenvertretung, indem Sie folgende Fragen schriftlich beantworten:
   a) Kann in der MEWOH GmbH eine Jugend- und Auszubildendenvertretung (JAV) gebildet werden?
   b) Wer wählt die JAV?
   c) Wer kann zur JAV gewählt werden?
   d) Wann und wie oft wird die JAV gewählt?
   e) Welche allgemeinen Aufgaben hat die JAV?

Hinweis: Nutzen Sie für die Beantwortung der Fragen auch das Arbeitsblatt 1.4 „Der Betriebsrat“, das den Webcodematerialien beiliegt.

Situation 8

Beendigung des Arbeitsverhältnisses

Löschen | Antworten | An alle | Weiterleiten

Von: Dr. Kerstin Pohl
An: Edith Bernle
Datum: 13.10.20XX
Betreff: Kündigung Herr Stoll

Liebe Frau Bernle,

ich bin bereits auf dem Weg nach Köln, daher das Wichtigste auf diesem Wege. Habe heute den Widerspruch des Betriebsrates zur ausgesprochenen fristlosen Kündigung gegen Herrn Stoll auf meinem Tisch vorgefunden, das kann doch nicht wahr sein! Wie Sie wissen, haben wir Herrn Stoll nun wirklich genug Chancen gegeben und ihn auch durch eine Abmahnung auf sein Fehlverhalten hingewiesen, und jetzt so etwas. Dabei habe ich doch noch am 2. Oktober mit dem Betriebsrat über das Verhalten von Herrn Stoll und die bevorstehende Kündigung gesprochen.

Lassen Sie sich doch bitte nochmals die Personalunterlagen von Herrn Stoll kommen. Mit dem Betriebsrat werde ich nach meiner Rückkehr reden, das kann so nicht weitergehen!

K. Pohl

Abmahnung

MEWOH Musterwohn GmbH
Mieten. Einziehen. Wohlfühlen.

Name, Vorname *Stoll, Fritz* Geb.-Datum *25. 02. 19XX* Personal-Nr. *824*
Beruf/Tätigkeit *IT-Service Manager* Abteilung *IT* Datum *24. 09. 20XX*

Sehr geehrte(r) ~~Frau~~/Herr *Stoll*
am *21. 09. 20XX* haben Sie um *09:20 Uhr* in der Abteilung *IT*
folgende Pflicht(en) aus dem Arbeitsvertrag verletzt:

Wiederholtes verspätetes Erscheinen zum Arbeitsbeginn um 08:00 Uhr

Wir erwarten, dass die Pflichten nicht mehr verletzt werden.
Im Wiederholungsfalle muss mit der Kündigung des Arbeitsverhältnisses gerechnet werden.

Ich habe die Abmahnung erhalten.

Dr. Kerstin Pohl *F. Stoll*

Unterschrift des Arbeitgebers Unterschrift des Arbeitnehmers

Außerordentliche Kündigung

MEWOH Musterwohn GmbH
Mieten. Einziehen. Wohlfühlen.

Leipzig, 5. Oktober 20XX

Sehr geehrter Herr Stoll,

hiermit kündigen wir das mit Ihnen bestehende Arbeitsverhältnis mit fristloser Wirkung außerordentlich.

Unsere Kündigungsentscheidung basiert auf dem Umstand, dass Sie trotz einer Abmahnung vom 24.09.20XX gestern zum wiederholten Male verspätet zum Arbeitsbeginn erschienen sind. Diese Pflichtverletzung aus dem Leistungsbereich Ihres Arbeitsvertrages ist für unser Unternehmen nicht länger tragbar.

Entsprechend § 2 Sozialgesetzbuch II weisen wir Sie auf Folgendes hin: Gemäß § 141 Sozialgesetzbuch III sind Sie verpflichtet, sich unverzüglich persönlich bei der Agentur für Arbeit als arbeitssuchend zu melden. Andernfalls drohen Ihnen Einbußen bei Leistungen der Bundesagentur für Arbeit.

Ich habe die Kündigung erhalten:

Dr. Kerstin Pohl

F. Stoll

Unterschrift des Arbeitgebers

Betriebsrat der MEWOH Musterwohn GmbH

MEWOH Musterwohn GmbH
Mieten. Einziehen. Wohlfühlen.

Leipzig, 12. Oktober 20XX

Widerspruch zur ausgesprochenen Kündigung Stoll

Sehr geehrter Frau Dr. Pohl,

der von Ihnen ausgesprochenen Kündigung des Arbeitsverhältnisses von Herrn Stoll können wir

nicht zustimmen.

Wie Herr Stoll uns deutlich darlegte, handelt es sich bei seinem verspäteten Erscheinen zur Arbeit lediglich um Vorgänge, die aufgrund seiner angespannten privaten Lebenssituation entstanden sind. Dies rechtfertigt in unseren Augen auch nicht die Abmahnung, die Sie Herrn Stoll am 24. September 20XX erteilt haben.

Mit freundlichen Grüßen

Thea Trautmann

Betriebsratsvorsitzende

Aufgaben

1 Erklären Sie den Unterschied zwischen einer ordentlichen und einer außerordentlichen Kündigung.

2 Erläutern Sie die Bedeutung und Funktionen einer Abmahnung im Rahmen einer verhaltensbedingten Kündigung.

3 Bevor der Arbeitgeber eine Kündigung ausspricht, muss er eine Interessenabwägung vornehmen.

a) Erklären Sie die Bedeutung einer Interessenabwägung.

b) Nennen Sie jeweils drei Überlegungen, die im Rahmen der Interessenabwägung zugunsten des Arbeitgebers und zugunsten des Arbeitnehmers berücksichtigt werden können.

4 Beurteilen Sie die Rechtmäßigkeit der ausgesprochenen Kündigung im Immobilienunternehmen Wohngut. Das Unternehmen beschäftigt 74 Mitarbeiter und hat einen Betriebsrat.

a) Peter Naumann arbeitet als Buchhalter in der Finanzbuchhaltung. Dem Abteilungsleiter Herrn Mielke fällt auf, dass Herr Naumann in der letzten Zeit des Öfteren unpünktlich war. Wie sich zusätzlich herausstellt, hat Herr Naumann sein gesamtes Geld und seine gesamten Ersparnisse in Wettbüros ausgegeben. Der Geschäftsführer des Unternehmens kündigt Herrn Naumann sofort fristlos wegen der Gefahr der Veruntreuung von Geldern.

b) Durch einen Zufall erfährt die Abteilungsleiterin Karin Klung, dass Herr Lülsdorf in seinem Schreibtisch stets eine Flasche hochprozentigen Alkohol versteckt hält. Frau Klung mahnt ihn daher ab. Kurze Zeit später erscheint Herr Lülsdorf angetrunken zur Arbeit und verursacht einen Streit mit seinen Kollegen. Daraufhin informiert Frau Klung den Betriebsrat und kündigt Herrn Lülsdorf fristlos.

c) Der Geschäftsführer Herr Breuer mahnt den kaufmännischen Angestellten Karl Kappe wegen häufiger Bummelei, unbegründeten Zuspätkommens und Schlechtleistung ab. Nachdem Herr Kappe sein Fehlverhalten nicht abstellt, wird er vom Geschäftsführer fristgerecht zum Monatsende gekündigt. Der Betriebsrat wird nicht informiert.

d) Die unverheiratete Sabine Kühne wird vom Geschäftsführer Herrn Breuer mit Zustimmung des Betriebsrats per Einschreiben betriebsbedingt gekündigt. Frau Kühne erklärt aber am nächsten Tag, dass sie im 4. Monat schwanger sei, alleinstehend bliebe und das Geld aus ihrer Arbeit für sich und das Kind benötige. Herr Breuer allerdings besteht weiterhin auf die Kündigung, da Frau Kühne ja nun weniger belastbar sei und dadurch der Betriebsablauf empfindlich gestört werden könnte.

5 Unter welchen Voraussetzungen hat ein Arbeitgeber das Kündigungsschutzgesetz zu beachten? Für welche Arbeitnehmer besteht ein besonderer Kündigungsschutz?

6 In der Personalabteilung wird ein Zeugnis für einen Arbeitnehmer geschrieben, der seine Stelle gekündigt hat. Was muss beachtet werden?

a) Im Arbeitszeugnis wird nur über Art und Dauer der Tätigkeit berichtet.

b) Die Leistungen werden nur beurteilt, wenn sie nicht negativ waren.

c) Alle Beurteilungen müssen positiv formuliert werden.

d) Ein Zeugnis kann abgelehnt werden, wenn die Beurteilung des Arbeitnehmers negativ ausfallen würde.

Situation 9

Das Ausbildungsunternehmen präsentieren

Löschen | Antworten | An alle | Weiterleiten

Von: Ihrem Ausbildungsunternehmen
An: alle Auszubildenden
Datum:
Betreff: Erstellen einer Präsentation

Liebe Auszubildende,

Sie haben nun die ersten Wochen in Ihrer Ausbildung hinter sich. Um Ihren Ausbildungsbetrieb besser kennenzulernen und Erfahrungen mit anderen Auszubildenden auszutauschen, bitten wir Sie, eine Präsentation mit dem Thema „Mein Ausbildungsbetrieb“ zu erstellen. Es kann sich dabei um eine PowerPoint-Präsentation oder um eine andere geeignete Präsentationsform handeln.

Die Präsentation soll als Diskussionsgrundlage dienen und es anderen Auszubildenden (Ihren Zuhörern) ermöglichen, Ihr Ausbildungsunternehmen und Ihre Rolle im Betrieb mit der eigenen Ausbildungssituation zu vergleichen, um Unterschiede und Gemeinsamkeiten herausarbeiten zu können.

Die inhaltlichen Schwerpunkte Ihrer Präsentation bestimmen Sie selbst. Die Vortragszeit sollte 15 Minuten nicht überschreiten.

Wir freuen uns auf Ihren Vortrag!

ARBEITSAUFTRÄGE

Erstellen Sie eine Unternehmenspräsentation Ihres Ausbildungsbetriebs.

a) Nutzen Sie die Strukturhilfen, die dem Webcodematerial beiliegen, zur Auswahl Ihrer inhaltlichen Schwerpunkte und ergänzen Sie jeweils Ihre eigenen Ideen. Beschaffen Sie sich die notwendigen Informationen.

b) Formulieren Sie allgemeine Regeln zur Erstellung einer Präsentation. Berücksichtigen Sie dabei auch den Informationstext zu PowerPoint-Präsentationen auf der folgenden Seite.

c) Bereiten Sie den freien Vortrag Ihrer Präsentation vor. Notieren Sie sich dazu zunächst fünf Regeln, auf die Sie bei der Vorbereitung achten wollen.

d) Im Anschluss an den Vortrag soll die Präsentation von den Zuhörern bewertet werden. Erstellen Sie dazu gemeinsam einen Bewertungsbogen und geben Sie dem Vortragenden ein Feedback.

Hinweis: Nutzen Sie für die Beantwortung der Fragen auch das Arbeitsblatt 1.5 zum Thema „Präsentation“, das den Webcodematerialien beiliegt.

Studie beweist: PowerPoint kann peinlich sein

Die meisten Vorträge verärgern das Publikum – auch durch schlechte Folien

***Washington/Berlin.* Gibt es ein größeres Folterinstrument als PowerPoint-Folien? Glaubt man einer neuen amerikanischen Studie, dann nicht. Die Präsentationssoftware aus dem Hause Microsoft hält einige Gemeinheiten für Zuhörer bereit.**

Welche Botschaft soll der Vortrag versenden? An welche Zielgruppe? Welche Inhalte werden transportiert? Diese Frage stellen sich offenbar zu wenige, bevor sie auf das Publikum losgelassen werden. Eine Studie fand heraus: Power-Point-Präsentationen mangelt es an Struktur, der „rote Faden" fehlt. „Es werden Folien erstellt, aber niemand weiß, wo der Vortragende gerade steht und was er sagen will. So wirr wie die Folien ist häufig der Vortrag. Die Zuhörer schalten ab", so Michael Fort, Leiter der Studie.

Demnach stören sich 45 Prozent der befragten Zuhörer an zu langen Sätzen, 33 Prozent an zu kleiner Schrift, 17 Prozent an völlig überfrachteten Diagrammen und gar 58 Prozent an fatalen Griffen in die Trickkiste von PowerPoint. „Nichtssagende Animationen, fliegende Texte und Grafiken. Das ist kindisch. Eine Grafik darf höchstens fliegen und flimmern, wenn ich damit eine klare Botschaft versende. Ansonsten ist das eher peinlich", so Studienleiter Fort.

„Viele Folien sind mit Bildern und bunten Animationen voll. Nur eines, dafür aber ein gutes Bild ist manchmal mehr. Dass bei Bildern die Quelle anzugeben ist, versteht sich von selbst", betont Fort. Außerdem kritisieren die Befragten, dass zu viele unterschiedliche Farben verwendet werden und Texte daher häufig schlecht lesbar sind. Die Kombination aus blauer und roter Farbe ist besonders schlimm.

Der Forscher empfiehlt: Weniger ist manchmal mehr

„Was außerdem absolut unprofessionell ist, sind seitenweise Fließtexte auf Folien. Der Zuhörer liest die Texte und hört nicht mehr zu. Daher sollten auf Folien nur Schlagworte und auf keinen Fall ganze Texte stehen. Als Regel kann man sich merken: Maximal sieben Gliederungspunkte und maximal neun Zeilen pro Folie", erklärt Fort. „Auch die Schriftgröße spielt eine Rolle. Überschriften sollten mindestens 24 pt und Inhaltstexte mindestens 20 pt groß sein, damit diese vom Zuschauer gut gelesen werden können", so Experte Fort. Zudem sei ein einheitliches Foliendesign Pflicht. „Gerade Unternehmen sollten ein eigenes Layout als Vorlage für Folien haben. Dazu gehört auch, dass das Logo des Unternehmens in der Präsentation verwendet wird und die gewählten Farben zum Logo passen. Alles andere wirkt unprofessionell", rät der Forscher.

PowerPoint selbst sei nur ein Hilfsmittel. Es kommt auf den Inhalt an. Der muss logisch und verständlich sein. „Daher macht sich der gute Vortragende vorher einen Plan und bastelt erst dann Folien", empfiehlt Fort.

Quelle: Autorentext

LERNFELD 2

Das Immobilienunternehmen repräsentieren

1 Rechtliche Grundlagen

1.1 Rechtsordnung

Beispiel

Weil Herr Ast die Vorfahrtsregeln nicht beachtet hat, kommt es zu einem Zusammenstoß mit dem Wagen von Herrn Brandt. Herr Brandt wird dabei schwer verletzt, sein Auto erleidet einen Totalschaden. Bei Herrn Ast wird von der Polizei eine Alkoholprobe vorgenommen. Beide Autos werden abgeschleppt; dies wird den Besitzern zunächst getrennt in Rechnung gestellt. Gegen Herrn Ast wird nach einer Woche ein erstes Ermittlungsverfahren wegen Trunkenheit am Steuer eingeleitet; außerdem erstattet Herr Brandt sechs Wochen später, nach Beendigung seines Krankenhausaufenthaltes, Strafanzeige wegen schwerer Körperverletzung. Er fordert neben Schadenersatz und Schmerzensgeld auch die Erstattung der Abschleppgebühren.

Herr Brandt, der sich bei dem Unfall auf dem Weg zur Arbeit befand, reicht bei seinem Arbeitgeber den Antrag auf Lohnfortzahlung ein. Der Arbeitgeber braucht nach dem Gesetz jedoch nur sechs Wochen zu zahlen. Danach wendet sich Herr Brandt an seine Krankenkasse und an die Rentenversicherung wegen weiterer Lohnfortzahlung. Da Herr Brandt nach seinem sechswöchigen Krankenhausaufenthalt zunächst noch weitere zwölf Wochen arbeitsunfähig geschrieben wird und danach eine achtwöchige Rehabilitationsmaßnahme antreten will, kündigt sein Arbeitgeber ihm das Arbeitsverhältnis. Herr Brandt hält diese Kündigung für nicht gerechtfertigt und will vor Gericht seine Weiterbeschäftigung einklagen. Welche rechtlichen Regelungen gelten in den einzelnen Situationen?

Rechtsordnung
Gesamtheit aller in einem Rechtsstaat gültigen Rechtsregeln

Die **Rechtsordnung** stellt die Basis für das menschliche Zusammenleben dar. Über die Rechtsordnung können die vielfältigen Konflikte gelöst werden, die im Privat- und auch im öffentlichen bzw. im Wirtschaftsleben manchmal unvermeidlich sind. Die Rechtsordnung stellt allgemeinverbindliche Regeln und Bindungen auf und umfasst alle geltenden Rechtsnormen wie Gesetze, Verordnungen, Verwaltungsakte sowie Entscheidungen der obersten Gerichte.

Die Rechtsordnung der Bundesrepublik Deutschland umfasst zwei große Bereiche: das öffentliche Recht und das Privatrecht. Das **öffentliche Recht** regelt die Rechtsbeziehungen zwischen Hoheitsträgern oder einem Hoheitsträger, wie z. B. dem Staat, und den Bürgern. Es wird größtenteils durch die Auferlegung von Ge- und Verboten und durch die gerichtliche Verfolgung von Verstößen beherrscht. Öffentliches Recht ist größtenteils zwingendes Recht, d. h., es kann nicht abgeändert werden (z. B. durch Verträge). Man kann sich nicht darüber hinwegsetzen. Öffentliches Recht wird über Verwaltungsakte umgesetzt.

Das öffentliche Recht umfasst u. a.:
- Teile des Arbeitsrechts (Arbeitsschutz, Unfallschutz, Kündigungsschutz)
- Finanzrecht (Haushaltsordnungen der Länder)
- Gewerberecht (Gewerbeordnung, Handwerksordnung)
- Kirchenrecht
- Prozessrecht (Straf- und Zivilprozessordnung)
- Sozialrecht (Sozialgesetzbuch, BAföG, RVO)
- Staats- und Verfassungsrecht (Grundgesetz, Länderverfassungen)
- Steuerrecht (Abgabenordnung, Einkommensteuergesetz, Körperschaftsteuergesetz, Umsatzsteuergesetz usw.)
- Strafrecht (Strafgesetzbuch)
- Verwaltungsrecht (Beamtenrecht, Schulrecht, Kommunalrecht)

Das **Privatrecht (Zivilrecht)** dagegen regelt die Rechtsbeziehungen der Bürger (Privatrechtssubjekte) untereinander und wird vom Grundsatz der Gleichordnung der Beteiligten bestimmt. Das Privatrecht enthält grundsätzliche Regeln, die abgeändert werden können (z. B. durch Verträge). Somit eröffnet das Privatrecht Handlungsspielräume. Im Mittelpunkt des Privatrechts stehen der Abschluss und die Erfüllung von Verträgen sowie die Schadenersatzansprüche, die durch unrechtmäßiges Handeln entstanden sind. Das Privatrecht umfasst das **bürgerliche Recht** (Vorschriften des Bürgerlichen Gesetzbuches BGB) und das **Handelsrecht** (Vorschriften des Handelsgesetzbuches HGB).

Öffentliches Recht/Privatrecht

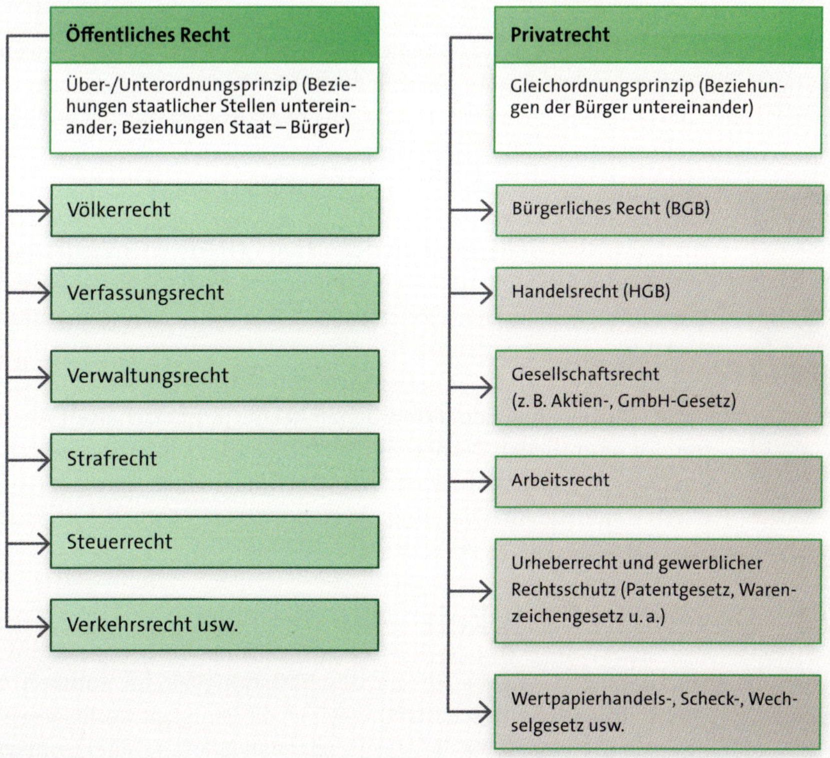

SB ▶ SITUATION 10
Rechts- und Geschäftsfähigkeit bewerten

1.2 Rechtsfähigkeit

Beispiel

Silke ist 17 Jahre alt und Auszubildende im zweiten Ausbildungsjahr zur Einzelhandelskauffrau in einem Süßwarengeschäft. Sie hat an zwei sechsjährige Kinder, die ihr sagten, sie wollten ihren Geburtstag feiern und dies mit ihrem eigenen Taschengeld bezahlen, Süßwaren im Wert von 35,00 € verkauft. Am Spätnachmittag kommen die Mütter der beiden Kinder mit den Süßigkeiten in das Geschäft und verlangen das gesamte Geld zurück, obwohl die Kinder bereits Süßigkeiten im Wert von 12,00 € verzehrt haben. Der Chef von Silke gibt widerwillig das Geld an die Mütter heraus, fordert aber die 12,00 € von Silke zurück. Gleichzeitig sagt er zu Silke, dass sie unverantwortlich gehandelt habe und das erste Lehrjahr wohl bei ihr keinen Erfolg gebracht hätte. Silke ist über diese Äußerung ihres Chefs so empört, dass sie gegen den Willen ihrer Eltern die Ausbildung bei ihrem jetzigen Ausbildungsbetrieb nicht mehr fortsetzen möchte.
Hat Silke einen Fehler gemacht? Darf sie gegen den Willen ihrer Eltern das Ausbildungsverhältnis beenden?

Nichtigkeit von Rechtsgeschäften
▶ LF 2, Kap. 1.8.1

Die in der bestehenden Rechtsordnung verankerten Rechte und Pflichten setzen immer ein **Rechtssubjekt** als Träger von Rechten und Pflichten voraus. Rechte und Pflichten bestehen dabei immer gegenüber anderen Rechtssubjekten.

Rechtsfähigkeit
Fähigkeit, Träger von Rechten und Pflichten zu sein

Rechtssubjekte können natürliche oder juristische Personen sein. **Natürliche Personen** sind alle Menschen, unabhängig von Alter und geistiger oder körperlicher Leistungsfähigkeit. Die **Rechtsfähigkeit** eines Menschen beginnt nach § 1 BGB mit der Vollendung der Geburt und endet mit dem Tod.

Kapitalgesellschaften
▶ LF 2, Kap. 5.3

Juristische Personen dagegen sind in besonderer Form organisierte Personenvereinigungen (z. B. Kapitalgesellschaften, Vereine, Anstalten, Körperschaften) oder Stiftungen, denen bei Erfüllung bestimmter Auflagen ebenfalls die Fähigkeit verliehen wird, Träger von Rechten und Pflichten zu sein.

Natürliche Personen sind Rechtssubjekte.

Juristische Personen des Privatrechts erlangen die Rechtsfähigkeit durch ihre Gründung oder durch den Eintrag in ein öffentliches Register (Vereins-, Handels- oder Genossenschaftsregister). Sie verlieren die Rechtsfähigkeit durch Auflösung oder durch die Löschung aus diesem Register.

Juristische Personen des öffentlichen Rechts (Körperschaften, Anstalten des öffentlichen Rechts und Stiftungen des öffentlichen Rechts) erlangen ihre Rechtsfähigkeit durch einen staatlichen Hoheitsakt bzw. durch staatliche Anerkennung. Sie stehen unter staatlicher Aufsicht.

1.3 Geschäftsfähigkeit

Willenserklärung
Äußerung des Geschäftswillens
▶ LF 2, Kap. 1.6

Neben der Rechtsfähigkeit spielt auch die Geschäftsfähigkeit im Rahmen des Privatrechts eine wichtige Rolle. Geschäftsfähigkeit ist die Fähigkeit, Rechtsgeschäfte selbstständig abzuschließen durch die Abgabe oder den Empfang einer rechtsgültigen **Willenserklärung**.

Kinder, Jugendliche und auch bestimmte andere Personengruppen sollen vor den Rechtsfolgen unüberlegt abgeschlossener Geschäfte geschützt werden. Deshalb ist die Geschäftsfähigkeit u. a. von Altersstufen abhängig. Die verschiedenen Stufen der Geschäftsfähigkeit werden in den §§ 104 bis 113 BGB geregelt.

Die Willenserklärungen Geschäftsunfähiger sind nichtig.

1.3.1 Geschäftsunfähigkeit

§ 104 BGB Geschäftsunfähigkeit

Geschäftsunfähig ist:
1. wer nicht das siebente Lebensjahr vollendet hat,
2. wer sich in einem die freie Willensbestimmung ausschließenden Zustand krankhafter Störung der Geistestätigkeit befindet, sofern nicht der Zustand seiner Natur nach ein vorübergehender ist.

Die Willenserklärungen Geschäftsunfähiger sind nach § 105 BGB nichtig, d.h. von vornherein ungültig. Ebenfalls nichtig sind Willenserklärungen, die im Zustand der Bewusstlosigkeit o.Ä. abgegeben werden. Für Geschäftsunfähige handelt ausschließlich der gesetzliche Vertreter.

Beispiel

Ein fünfjähriger Junge kauft sich ein Spielzeugauto. Auf Verlangen der Mutter muss der Spielwarenhändler das Auto zurücknehmen und das Geld zurückgeben.

Nichtigkeit von Rechtsgeschäften
▶ LF 2, Kap. 1.8.1

Ein Rechtsgeschäft mit einem Geschäftsunfähigen kommt jedoch zustande, wenn der Geschäftsunfähige **als Bote** auftritt und nicht seine eigene, sondern die Willenserklärung eines Geschäftsfähigen überbringt.

1.3.2 Beschränkte Geschäftsfähigkeit

§ 106 BGB Beschränkte Geschäftsfähigkeit Minderjähriger

Ein Minderjähriger, der das siebente Lebensjahr vollendet hat, ist nach Maßgabe der §§ 107 bis 113 in der Geschäftsfähigkeit beschränkt.

Minderjährige zwischen dem 7. und dem 18. Lebensjahr sind beschränkt geschäftsfähig. Von beschränkt Geschäftsfähigen abgeschlossene Rechtsgeschäfte erhalten nur dann Gültigkeit, wenn die gesetzlichen Vertreter (das sind in der Regel die Eltern) vorher ihre **Einwilligung** oder nachträglich ihre **Genehmigung** erteilen. Erfolgt dies nicht, kommt das Rechtsgeschäft nicht zustande.

Geschäftsfähigkeit Minderjähriger:
§§ 107 bis 109, 111 BGB

Einwilligung
= vor dem Rechtsgeschäft

Genehmigung
= nach dem Rechtsgeschäft

Bis zur Genehmigung oder Ablehnung ist das Rechtsgeschäft **„schwebend unwirksam"**. Schweigt der gesetzliche Vertreter, gilt die Genehmigung als nicht erteilt und das Rechtsgeschäft ist von Anfang an nichtig.

Bis zur Genehmigung ist das Rechtsgeschäft „schwebend unwirksam".

Ein 14-Jähriger kauft sich ein Smartphone. Wenn die Eltern damit einverstanden sind, kommt der Kaufvertrag damit zustande. Der gute Glaube an die Geschäftsfähigkeit wird jedoch nicht geschützt. Eine 16-jährige Schülerin, die älter aussieht, kauft ein teures Armband. Die Eltern sind damit nicht einverstanden, sodass der Juwelier das Armband zurücknehmen muss. In bestimmten **Ausnahmefällen**, die im Gesetz genau festgelegt sind, kann ein beschränkt Geschäftsfähiger wie ein voll Geschäftsfähiger handeln:

Erlangung eines rechtlichen Vorteils

§ 107 BGB Einwilligung des gesetzlichen Vertreters

Der Minderjährige bedarf zu einer Willenserklärung, durch die er nicht lediglich einen rechtlichen Vorteil erlangt, der Einwilligung seines gesetzlichen Vertreters.

Ein Kind bekommt einen Hund geschenkt – rechtlicher Vorteil?

Erhält z. B. ein achtjähriges Kind zu seinem Geburtstag 50 €, bringt ihm das lediglich einen rechtlichen Vorteil. Das Kind darf das Geld daher auch ohne Zustimmung der Eltern behalten. Dagegen beinhaltet das Geschenk eines Haustieres später Verpflichtungen, wie z. B. die Kosten für das Futter. Hier ist die Einwilligung des gesetzlichen Vertreters notwendig.

Taschengeldparagraf

§ 110 BGB Bewirken der Leistung mit eigenen Mitteln

Ein von dem Minderjährigen ohne Zustimmung des gesetzlichen Vertreters geschlossener Vertrag gilt als von Anfang an wirksam, wenn der Minderjährige die vertragsmäßige Leistung mit Mitteln bewirkt, die ihm zu diesem Zweck oder zu freier Verfügung von dem Vertreter oder mit dessen Zustimmung von einem Dritten überlassen worden sind.

Geschäfte, die ein beschränkt Geschäftsfähiger mit seinem Taschengeld begleicht, sind rechtsgültig. Das gilt allerdings nur für Geschäfte, die sofort beglichen werden, nicht für Ratenkäufe. Über zukünftiges Taschengeld kann nicht verfügt werden.

Selbstständiger Betrieb eines Erwerbsgeschäfts

§ 112 BGB Selbstständiger Betrieb eines Erwerbsgeschäfts

(1) Ermächtigt der gesetzliche Vertreter mit Genehmigung des Familiengerichts den Minderjährigen zum selbstständigen Betrieb eines Erwerbsgeschäfts, so ist der Minderjährige für solche Rechtsgeschäfte unbeschränkt geschäftsfähig, welche der Geschäftsbetrieb mit sich bringt. Ausgenommen sind Rechtsgeschäfte, zu denen der Vertreter der Genehmigung des Familiengerichts bedarf.
(2) Die Ermächtigung kann von dem Vertreter nur mit Genehmigung des Familiengerichts zurückgenommen werden.

Ein Minderjähriger betreibt mit Erlaubnis seiner Eltern und mit der Zustimmung des Vormundschaftsgerichts einen Online-Bestellshop für Computerzubehör. Er kann die im Rahmen dieses Betriebes anfallenden Geschäfte (z. B. Warenein- und -verkauf, Anmieten von Lagerräumen) selbst tätigen.

Dienst- oder Arbeitsverhältnis

> **§ 113 BGB Dienst- oder Arbeitsverhältnis**
>
> (1) Ermächtigt der gesetzliche Vertreter den Minderjährigen, in Dienst oder in Arbeit zu treten, so ist der Minderjährige für solche Rechtsgeschäfte unbeschränkt geschäftsfähig, welche die Eingehung oder Aufhebung eines Dienst- oder Arbeitsverhältnisses der gestatteten Art oder die Erfüllung der sich aus einem solchen Verhältnis ergebenden Verpflichtungen betreffen. Ausgenommen sind Verträge, zu denen der Vertreter der Genehmigung des Vormundschaftsgerichts bedarf. [...]

Minderjährige Angestellte können gültige Kaufverträge abschließen.

> **§ 56 HGB Angestellte in Laden oder Warenlager**
>
> Wer in einem Laden oder in einem öffentlichen Warenlager angestellt ist, gilt als ermächtigt zu Verkäufen oder Empfangnahmen, die in einem derartigen Laden oder Warenlager gewöhnlich geschehen.

Ein Jugendlicher darf im Rahmen eines vom gesetzlichen Vertreter genehmigten **Dienst- oder Arbeitsverhältnisses** alle Rechtsgeschäfte abschließen, die sich daraus ergeben. Dazu gehört z. B. auch der Kauf eines Fahrrades, um zur Arbeit zu kommen.

Vom Dienst- bzw. Arbeitsverhältnis ist das **Ausbildungsverhältnis zu unterscheiden**. Alle Rechtsgeschäfte eines minderjährigen Auszubildenden, die mit dem Ausbildungsverhältnis im Zusammenhang stehen, müssen von den gesetzlichen Vertretern genehmigt werden, z. B. die Kündigung des Ausbildungsverhältnisses. Rechtsgeschäfte, die der minderjährige Auszubildende im Namen des Ausbildungsbetriebes abschließt, wie z. B. der Verkauf von Waren, werden vom Ausbilder durch eine Vollmacht legitimiert.

Vollmacht
▶ LF 2, Kap. 4.5

1.3.3 Volle Geschäftsfähigkeit

Unbeschränkte (volle) Geschäftsfähigkeit besitzen alle juristischen Personen und alle natürlichen Personen über 18 Jahre, sofern sie nicht dauerhaft geisteskrank sind. Mit der vollen Geschäftsfähigkeit erwerben Rechtssubjekte die Fähigkeit, sich rechtsgeschäftlich zu verpflichten oder Rechte zu erwerben.

Geschäftsfähigkeit

Lebensalter	0–7	7–18	ab 18 (18, 19, 20, 21 …)
	geschäftsunfähig	beschränkt geschäftsfähig	voll geschäftsfähig
	gesetzlicher Vertreter handelt für das Kind	Zustimmung des gesetzlichen Vertreters erforderlich	eigenverantwortlicher Abschluss von Rechtsgeschäften

1.4 Rechtsobjekte

Gegenstand von Rechtshandlungen sind **Rechtsobjekte**. Im Rahmen der bestehenden Rechtsordnung können Rechtssubjekte (natürliche oder juristische Personen) über Rechtsobjekte (Sachen oder Rechte) verfügen.

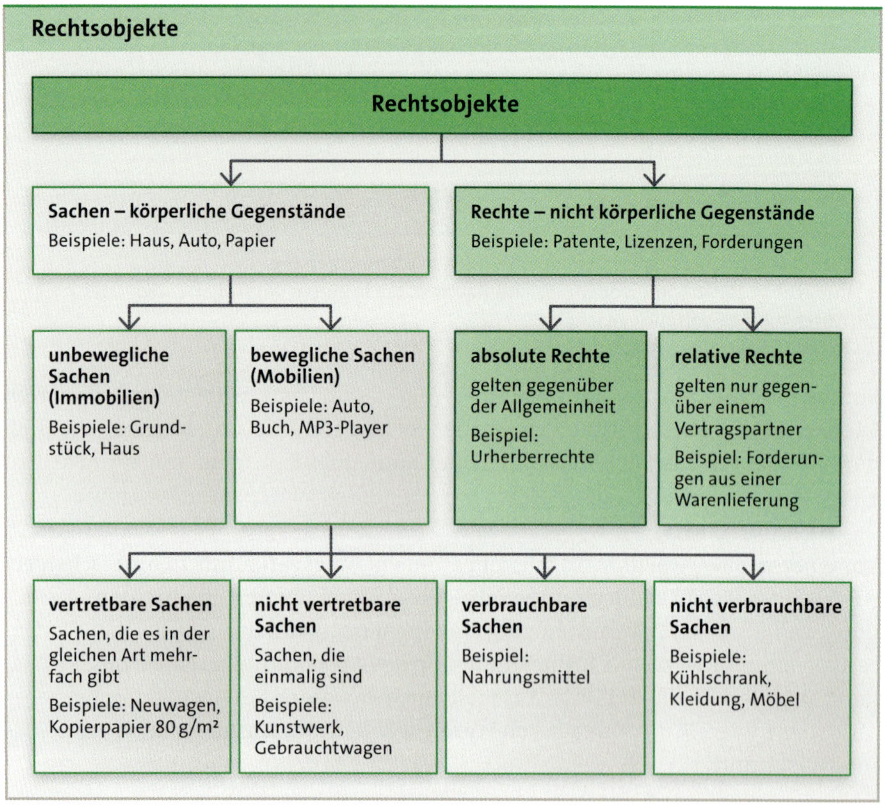

Sachen:
§ 90 BGB
bewegliche Sachen:
§ 91 BGB
Diese Begriffe werden in den §§ 93–103 BGB erklärt.

Sachen lassen sich nach verschiedenen Kriterien in **bewegliche Sachen** (Mobilien, die nicht Grundstücke oder Bestandteile von Grundstücken sind) und **unbewegliche Sachen** (Immobilien) unterteilen. Weiter kann man die beweglichen Sachen in vertretbare und nicht vertretbare Sachen einteilen. **Vertretbare Sachen** sind bewegliche Sachen, die nach Zahl, Maß oder Gewicht bestimmt werden können. Alle Gegenstände, die aufgrund ihrer Einmaligkeit nicht wieder beschafft und deshalb nur ihrem Wert nach ersetzt werden können, zählen zu den **nicht vertretbaren Sachen**.

Bewegliche Sachen lassen sich weiter in verbrauchbare und nicht verbrauchbare Sachen einteilen. **Verbrauchbare Sachen** werden durch die Nutzung zerstört oder verschwinden, wogegen **nicht verbrauchbare Sachen** immer wieder genutzt werden können.

Auch verschiedene **Rechte**, wie z. B. Forderungen, Hypotheken, Urheber- oder Eigentumsrechte, können Gegenstand von Rechtsgeschäften sein. Schuldrechtliche Ansprüche **(relative Rechte)** beinhalten die Rechte auf etwas, was durch Verträge gesichert wird, und haben nur Gültigkeit zwischen bestimmten Rechtssubjekten. Sachenrechtliche Ansprüche **(absolute Rechte)** beinhalten die Rechte an einer Sache, z. B. Eigentumsrechte, und wirken gegen alle anderen Rechtssubjekte.

1.5 Eigentum und Besitz

SB ▶ SITUATION 11 Eigentum und Besitz unterscheiden

Im Sachenrecht des BGB wird unterschieden, ob jemand die rechtliche Herrschaft (Eigentum) oder nur die tatsächliche Herrschaft (Besitz) über eine Sache ausübt.

Eigentümer ist, wem eine Sache rechtlich gehört, Besitzer ist, wer eine Sache tatsächlich hat.

§ 854 BGB Erwerb des Besitzes

(1) Der Besitz einer Sache wird durch die Erlangung der tatsächlichen Gewalt über die Sache erworben. [...]

§ 903 BGB Befugnisse des Eigentümers

Der Eigentümer einer Sache kann, soweit nicht das Gesetz oder Rechte Dritter entgegenstehen, mit der Sache nach Belieben verfahren und andere von jeder Einwirkung ausschließen. [...]

§ 929 BGB Einigung und Übergabe

Zur Übertragung des Eigentums an einer beweglichen Sache ist erforderlich, dass der Eigentümer die Sache dem Erwerber übergibt und beide darüber einig sind, dass das Eigentum übergehen soll. Ist der Erwerber im Besitz der Sache, so genügt die Einigung über den Übergang des Eigentums.

Das **Eigentum an unbeweglichen Sachen** wird durch Einigung und den anschließenden Eintrag in das Grundbuch übertragen. Ein solcher Vertrag bedarf der notariellen Beurkundung. Das **Eigentum an beweglichen Sachen** wird durch Übertragung verschafft, d.h. durch Einigung und Übergabe der Sache.

Eigentum an unbeweglichen Sachen: §§ 873, 925 BGB

Beispiel

Susanne erhält von ihren Eltern zum Geburtstag eine Digitalkamera geschenkt. Sie ist damit Eigentümerin und Besitzerin der Kamera. Leiht Susanne ihrer Freundin Andrea die Kamera für deren Skiurlaub aus, ist nun Andrea Besitzerin, während Susanne Eigentümerin bleibt.

In bestimmten Fällen kann der Erwerber das Eigentum an einer Sache auch von einem Nichteigentümer erhalten, jedoch nur dann, wenn er **gutgläubig** war. Der gute Glaube schützt ihn jedoch nicht, wenn die Sache dem Eigentümer gestohlen wurde, verloren gegangen oder sonst abhandengekommen ist.

§§ 932, 935 BGB

Gutgläubiger Erwerb vom Nichtberechtigten: Andrea geht im Urlaub das Taschengeld aus. Deshalb verkauft sie Susannes Kamera an ihren ahnungslosen Skilehrer. Da der Skilehrer nicht weiß, dass die Kamera Andrea gar nicht gehört, ist er gutgläubig und erwirbt das Eigentum an der Kamera. Hätte er allerdings gewusst, dass die Kamera nur geliehen ist, wäre er nicht mehr gutgläubig gewesen und hätte das Eigentum an der Kamera nicht erwerben können.

Kein gutgläubiger Erwerb von abhandengekommenen Sachen: Susannes nagelneue Digitalkamera ist gestohlen worden. Kurz darauf wird die Kamera auf dem Flohmarkt zum Verkauf angeboten. Andrea will sie kaufen, nachdem der Händler ihr versichert hat, dass sie aus einer Geschäftsauflösung stammt. Obwohl Andrea hier also gutgläubig ist, kann sie kein Eigentum an der Kamera erwerben, da es sich um eine gestohlene Sache handelt. Eigentümerin bleibt Susanne.

An gestohlenen Sachen kann man kein Eigentum erwerben.

SB ▶ SITUATION 12
Rechtsgeschäfte unterscheiden

1.6 Rechtsgeschäfte

Die Rechtsbeziehungen zwischen Rechtssubjekten untereinander werden als Rechtsgeschäfte bezeichnet. Rechtsgeschäfte enthalten eine oder mehrere rechtsgültige **Willenserklärungen** und zielen auf die bewusste Herbeiführung von Rechtswirkungen ab.

Mündliche Willenserklärung

Das Gesetz bezeichnet eine Willenserklärung als **Äußerung des Geschäftswillens**. Der Geschäftswillen stellt die innere, subjektive Seite dar, die eigentliche Erklärung die äußere, objektive Seite. Eine Willenserklärung kann mündlich, schriftlich, durch schlüssiges Handeln (z.B. Einsteigen in den Bus) oder stillschweigend (z.B. Verzicht auf die termingerechte Kündigung eines Zeitschriftenabonnements) erfolgen.

Neben ausdrücklichen und stillschweigenden Willenserklärungen kann man noch empfangsbedürftige und nicht empfangsbedürftige Willenserklärungen unterscheiden. **Nicht empfangsbedürftige Willenserklärungen** werden schon mit Abgabe der Erklärung wirksam (z.B. Testamente).

Willenserklärung durch schlüssiges Handeln

Empfangsbedürftige Willenserklärungen werden mit ihrem Zugang wirksam, unter Anwesenden sofort und unter Abwesenden nach § 130 BGB, sobald die Willenserklärung in den gewöhnlichen Empfangsbereich des Erklärungsgegners mit der Möglichkeit der Kenntnisnahme gelangt, wenn nicht vorher oder gleichzeitig ein Widerruf zugeht. So ist z.B. eine per Brief abgeschickte Kündigung gültig, sobald sie der Postbote dem Arbeitgeber in den Briefkasten legt. Dies gilt jedoch nicht, wenn die Kündigung per Fax widerrufen wurde und das Fax vor oder spätestens gleichzeitig mit dem Kündigungsbrief beim Arbeitgeber eingetroffen ist.

Der **Zugang der Willenserklärung** ist die Voraussetzung für ihre Wirksamkeit. Die Beweislast für den Zugang einer Willenserklärung liegt beim Absender. Eine Willenserklärung sollte deshalb im Zweifel unter Zeugen oder per Einschreiben mit Rückschein abgegeben werden, um den Zugang später beweisen zu können.

Empfangsbedürftige Willenserklärungen werden mit ihrem Zugang wirksam.

Einseitige und mehrseitige Rechtsgeschäfte

Nach der Anzahl der notwendigen Willenserklärungen unterscheidet man ein-, zwei- und mehrseitige Rechtsgeschäfte. Einseitige Rechtsgeschäfte liegen vor, wenn bereits die Willenserklärung **eines** Rechtssubjekts genügt, um eine bestimmte Rechtswirkung herbeizuführen (z.B. Kündigung). Zwei- oder mehrseitige Rechtsgeschäfte (z.B. Verträge) kommen durch **zwei oder mehr miteinander übereinstimmende** Willenserklärungen zustande.

Bürgerliche Rechtsgeschäfte und Handelsgeschäfte

Nach den anzuwendenden Rechtsvorschriften unterscheidet man bürgerliche Rechtsgeschäfte und Handelsgeschäfte. Für **bürgerliche Rechtsgeschäfte** zwischen Nichtkaufleuten gelten die Vorschriften des BGB. Für **Handelsgeschäfte** zwischen zwei Kaufleuten **(zweiseitige Handelsgeschäfte)** oder zwischen einem Kaufmann und einem Nichtkaufmann **(einseitige Handelsgeschäfte)** finden in erster Linie die Regelungen des HGB Anwendung, ergänzend aber auch die des BGB.

Kaufmannsbegriff nach HGB
▶ LF 2, Kap. 4.1

§ 343 HGB

(1) Handelsgeschäfte sind alle Geschäfte eines Kaufmanns, die zum Betriebe seines Handelsgewerbes gehören.

§ 344 HGB

(1) Die von einem Kaufmanne vorgenommenen Rechtsgeschäfte gelten im Zweifel als zum Betriebe seines Handelsgewerbes gehörig. [...]

Das Bewirken der geschuldeten Leistung in der richtigen Art und Weise, am richtigen Ort und zur rechten Zeit nennt man Erfüllung.

Verpflichtungs- und Erfüllungsgeschäfte

Bei Rechtsgeschäften lassen sich außerdem Verpflichtungs- und Erfüllungsgeschäfte unterscheiden. **Verpflichtungsgeschäfte** sind Rechtsgeschäfte, bei denen eine Person gegenüber einer anderen eine Leistungspflicht übernimmt. Durch das Verpflichtungsgeschäft (in der Regel ein Vertrag) entsteht ein **Schuldverhältnis** zwischen den Vertragspartnern. Eine unmittelbare Änderung bestehender Rechtsverhältnisse tritt durch das „bloße" Verpflichtungsgeschäft jedoch nicht ein.

Haben beide Vertragspartner ihre Verpflichtungen erfüllt (beim Kaufvertrag z. B. die Übergabe der Sache und die Zahlung des Kaufpreises), so spricht man vom Erfüllungsgeschäft. Das **Erfüllungsgeschäft** ist unmittelbar darauf gerichtet, auf ein bestehendes Recht einzuwirken, es zu verändern, zu übertragen oder aufzuheben. Es ist rechtlich unabhängig vom Verpflichtungsgeschäft. Dies wird auch dadurch deutlich, dass zwischen dem Verpflichtungsgeschäft (Abschluss eines Kaufvertrages) und dem Erfüllungsgeschäft (Lieferung der Ware, Zahlung des Kaufpreises) eine beliebig große Zeitspanne liegen kann.

Verpflichtungs- und Erfüllungsgeschäft am Beispiel Kaufvertrag

1.7 Vertragsfreiheit

nachgiebiges Recht
von den Beteiligten abänderbares Recht

Vertragsfreiheit besteht hinsichtlich
- Abschluss
- Inhalt
- Form

Kontrahierungszwang
Zwang, einen Vertrag abzuschließen

Da die Vorschriften des BGB und des HGB weitgehend **nachgiebiges Recht** sind, herrscht im Rechtsverkehr in hohem Maße Vertragsfreiheit, d.h., die Vertragspartner können grundsätzlich ihre Verträge nach ihrem Willen gestalten. Der Grundsatz der Vertragsfreiheit beinhaltet die Abschluss-, die Inhalts- und die Formfreiheit.

Die **Abschlussfreiheit** stellt es jedem frei, zu entscheiden, ob und mit wem er einen Vertrag abschließen will. Eine Ausnahme bildet der sogenannte **Kontrahierungszwang**, durch den z.B. das örtliche Wasserversorgungsunternehmen verpflichtet wird, alle Kunden zu beliefern, die dies wünschen.

Die **Inhaltsfreiheit** besagt, dass die Parteien den Inhalt der Verträge und die damit verbundenen Verpflichtungen frei aushandeln können, solange sie nicht die Rechtsordnung verletzen.

Nach dem Grundsatz der **Formfreiheit** sind Willenserklärungen zur Herbeiführung von Rechtsgeschäften im Allgemeinen an keine besondere Form gebunden.

Formvorschriften
- *Schriftform:* § 126 BGB
- *elektronische Form:* § 126a BGB
- *Textform:* § 126b BGB
- *öffentliche Beglaubigung:* § 129 BGB
- *notarielle Beurkundung:* § 128 BGB

Nichtigkeit von Rechtsgeschäften
▶ LF 2, Kap. 1.8.1

Formvorschriften für Rechtsgeschäfte

Abweichend vom Grundsatz der Formfreiheit wird jedoch für einige Rechtsgeschäfte die Einhaltung einer bestimmten Form gesetzlich vorgeschrieben (Formzwang). Wird die Form – obwohl vom Gesetz verlangt – nicht eingehalten, so ist das Rechtsgeschäft nichtig. Die Formvorschriften haben verschiedene Funktionen zu erfüllen. Sie dienen dem Schutz der Beteiligten vor übereilten Vertragsabschlüssen; die schriftliche Niederlegung erleichtert im Streitfall die Beweisführung.

Gesetzliche Formvorschriften sind:

- **die gesetzliche Schriftform**, wobei die Erklärung schriftlich abgefasst und vom Aussteller eigenhändig unterschrieben werden muss. So müssen z.B. Ausbildungsverträge und Abzahlungsgeschäfte (Darlehensverträge) schriftlich festgehalten werden. Privattestamente müssen sogar handschriftlich abgefasst werden. Nach § 766 BGB muss die Bürgschaftserklärung eines Nichtkaufmannes schriftlich sein, die eines Vollkaufmannes kann dagegen auch mündlich abgegeben werden. Die Schriftform kann durch eine elektronische Form, z.B. E-Mail, ersetzt werden, wenn diese mit einer qualifizierten Signatur des Absenders versehen ist.
- **die öffentliche Beglaubigung**, bei der die Erklärung ebenfalls schriftlich abgefasst und die eigenhändige Unterschrift von einem Notar oder einer zuständigen Behörde beglaubigt wird. Öffentlich beglaubigt werden müssen z.B. Anmeldungen zum Handelsregister und zum Grundbuch.
- **die notarielle Beurkundung**, die eine vom Notar abgefasste öffentliche Urkunde darstellt. Die notarielle Beurkundung ist die strengste Form der Festlegung vertraglicher Abmachungen. Durch die Mitwirkung des Notars haben die Beteiligten vor dem Abschluss von besonders bedeutsamen Verträgen die Möglichkeit, juristischen Rat einzuholen. Notariell beurkundet werden müssen Grundstückskaufverträge, Erbverträge, Schenkungsversprechen und Eheverträge sowie Beschlüsse der Hauptversammlung einer AG.

Aktiengesellschaft
▶ LF 2, Kap. 5.3.2

1.8 Nichtige und anfechtbare Rechtsgeschäfte

SB ▶ **SITUATION 13**
Nichtigkeit und Anfechtbarkeit von **Rechtsgeschäften erkennen**

Trotz weitestgehender Vertragsfreiheit kann nicht jedes beliebige Rechtsgeschäft abgeschlossen werden. Aufgrund gesetzlicher Vorschriften sind bestimmte Geschäfte von vornherein ungültig, d.h. **nichtig**, oder es besteht die Möglichkeit, Rechtsgeschäfte bei Vorliegen bestimmter Tatbestände **anzufechten**, d.h. deren Gültigkeit rückwirkend zu vernichten.

Vertragsfreiheit gilt nicht unbeschränkt!

Nichtige Geschäfte sind von vornherein ungültig. Anfechtbare Geschäfte können rückwirkend für unwirksam erklärt werden.

1.8.1 Nichtigkeit

Nichtige Geschäfte verstoßen gegen die Interessen der Allgemeinheit. Nach § 139 BGB macht im Zweifel die Nichtigkeit eines Teils eines Rechtsgeschäfts das ganze Rechtsgeschäft nichtig. Im Einzelnen können folgende **Nichtigkeitsgründe** unterschieden werden:

Verstöße gegen Formvorschriften: Wird ein Kaufvertrag über ein Grundstück oder eine Eigentumswohnung ohne notarielle Beurkundung geschlossen, liegt ein Verstoß gegen die gesetzlichen Formvorschriften vor. Der Kaufvertrag ist nichtig.

Formvorschriften für Rechtsgeschäfte
▶ LF 2, Kap. 1.7

§ 125 BGB Nichtigkeit wegen Formmangels

Ein Rechtsgeschäft, welches der durch Gesetz vorgeschriebenen Form ermangelt, ist nichtig. Der Mangel der durch Rechtsgeschäft bestimmten Form hat im Zweifel gleichfalls Nichtigkeit zur Folge.

Verstöße gegen die guten Sitten: Ein Kreditinstitut verlangt Wucherzinsen, d.h., Leistung und Gegenleistung stehen in einem erheblichen Missverhältnis. Ob Sittenwidrigkeit vorliegt, muss im Einzelfall entschieden werden.

§ 138 BGB Sittenwidriges Rechtsgeschäft; Wucher

(1) Ein Rechtsgeschäft, das gegen die guten Sitten verstößt, ist nichtig.
(2) Nichtig ist insbesondere ein Rechtsgeschäft, durch das jemand unter Ausbeutung der Zwangslage, der Unerfahrenheit, des Mangels an Urteilsvermögen oder der erheblichen Willensschwäche eines anderen sich oder einem Dritten für eine Leistung Vermögensvorteile versprechen oder gewähren lässt, die in einem auffälligen Missverhältnis zu der Leistung stehen.

Kenntnis des geheimen Vorbehalts: Anke möchte, dass ein Kollege ihren Pkw repariert. Deshalb verspricht sie ihm, seine alten Schallplatten zu kaufen, denkt aber insgeheim nicht daran. In dieser Situation gilt: Der Kaufvertrag über die Schallplatten ist gültig, wenn der Kollege den geheimen Vorbehalt nicht kennt, der Vertrag ist nichtig, wenn er ihn kennt.

§ 116 BGB Geheimer Vorbehalt

Eine Willenserklärung ist nicht deshalb nichtig, weil sich der Erklärende insgeheim vorbehält, das Erklärte nicht zu wollen. Die Erklärung ist nichtig, wenn sie einem anderen gegenüber abzugeben ist und dieser den Vorbehalt kennt.

Gesetzesverstöße: Ein gesetzliches Verbot besteht z. B. gegen Drogenhandel oder Schmuggel.

§ 134 BGB Gesetzliches Verbot

Ein Rechtsgeschäft, das gegen ein gesetzliches Verbot verstößt, ist nichtig, wenn sich nicht aus dem Gesetz ein anderes ergibt.

Scheingeschäft: A verkauft aufgrund eines schriftlichen Kaufvertrages an B sein Grundstück mit Haus zum Preis von 500.000,00 €. Um Steuern und Gebühren zu sparen, nennen sie beim Notar übereinstimmend die Kaufsumme von 200.000,00 €. B überweist A daraufhin nur 200.000,00 € und bedankt sich für das gute Geschäft.

§ 117 BGB Scheingeschäft

(1) Wird eine Willenserklärung, die einem anderen gegenüber abzugeben ist, mit dessen Einverständnis nur zum Schein abgegeben, so ist sie nichtig.
(2) Wird durch ein Scheingeschäft ein anderes Rechtsgeschäft verdeckt, so finden die für das verdeckte Rechtsgeschäft geltenden Vorschriften Anwendung.

beschränkte Geschäftsfähigkeit
▶ LF 2, Kap. 1.3.2

Geschäfte mit beschränkt Geschäftsfähigen, die nicht nach § 108 BGB innerhalb von zwei Wochen genehmigt werden: Die 16-jährige Marion kauft ohne Wissen der Eltern ein gebrauchtes Mofa. Aufgrund der fehlenden Einwilligung ist der Vertrag zunächst schwebend unwirksam. Als die Eltern von dem Kauf erfahren, fordern sie den Händler auf, das Mofa zurückzunehmen. Indem sie die nachträgliche Genehmigung verweigern, wird das Rechtsgeschäft endgültig nichtig.

§ 108 BGB Vertragsschluss ohne Einwilligung

(1) Schließt der Minderjährige einen Vertrag ohne die erforderliche Einwilligung des gesetzlichen Vertreters, so hängt die Wirksamkeit des Vertrags von der Genehmigung des Vertreters ab.
(2) Fordert der andere Teil den Vertreter zur Erklärung über die Genehmigung auf, so kann die Erklärung nur ihm gegenüber erfolgen; eine vor der Aufforderung dem Minderjährigen gegenüber erklärte Genehmigung oder Verweigerung der Genehmigung wird unwirksam. Die Genehmigung kann nur bis zum Ablauf von zwei Wochen nach dem Empfang der Aufforderung erklärt werden; wird sie nicht erklärt, so gilt sie als verweigert.
(3) Ist der Minderjährige unbeschränkt geschäftsfähig geworden, so tritt seine Genehmigung an die Stelle der Genehmigung des Vertreters.

Geschäftsunfähigkeit
▶ LF 2, Kap. 1.3.1

Geschäfte mit Geschäftsunfähigen: Ein Betrunkener verschenkt seine Uhr an einen vorbeikommenden Passanten.

§ 105 BGB Nichtigkeit der Willenserklärung

(1) Die Willenserklärung eines Geschäftsunfähigen ist nichtig.
(2) Nichtig ist auch eine Willenserklärung, die im Zustand der Bewusstlosigkeit oder vorübergehenden Störung der Geistestätigkeit abgegeben wird.

Scherzerklärung: Auf einer Party sagt ein Gast über sein störungsanfälliges Auto: „Diesen alten Schrotthaufen kannst du von mir aus geschenkt haben! Gestern ist er schon wieder nicht angesprungen."

§ 118 BGB Mangel der Ernstlichkeit

Eine nicht ernstlich gemeinte Willenserklärung, die in der Erwartung abgegeben wird, der Mangel der Ernstlichkeit werde nicht verkannt werden, ist nichtig.

1.8.2 Anfechtbarkeit

Anfechtbare Rechtsgeschäfte haben so lange Gültigkeit, bis sie angefochten werden. Die Anfechtung ist gegenüber dem Anfechtungsgegner zu erklären und hat die Wirkung, dass das angefochtene Rechtsgeschäft als von Anfang an nichtig anzusehen ist. Der Erklärende ist jedoch nach § 122 BGB schadenersatzpflichtig, wenn der andere auf die Gültigkeit der Erklärung vertraut. Der Anfechtung geht dabei die Auslegung der Willenserklärung voraus. **Anfechtungsgründe** sind Irrtum, arglistige Täuschung und widerrechtliche Drohung.

Irrtum: Bei einem Irrtum fallen der eigentliche Wille und die Erklärung unbewusst auseinander. Das Gesetz kommt in diesem Falle dem Irrenden durch die Möglichkeit der Anfechtung entgegen. Gleichzeitig soll aber auch der Vertragspartner geschützt werden, der auf die Gültigkeit der abgegebenen Erklärung vertraut hat. Deshalb muss in diesen Fällen die Anfechtung unmittelbar nach Erkennen des Anfechtungsgrundes erklärt werden. Man unterscheidet dabei:

- **Erklärungsirrtum:** Die irrende Person gibt versehentlich eine Erklärung ab, die sie so nicht abgeben wollte. Beispiel: Der Verkaufsmitarbeiter vertippt sich und schreibt im Angebot versehentlich statt 121,00 € einen Preis von 12,00 €.
- **Eigenschaftsirrtum:** Die irrende Person täuscht sich über eine wesentliche Eigenschaft der Person oder der Sache, die Vertragsobjekt ist. Beispiel: Ein Kunsthändler verkauft ein Originalgemälde in der Annahme, es sei eine Kopie.
- **Inhaltsirrtum:** Die irrende Person glaubt, eine andere Erklärung abgegeben zu haben, als sie tatsächlich abgegeben hat. Beispiel: Ein Kunde kauft einen Ring aus achtkarätigem Gold, was er für besonders wertvoll hält.
- **Übermittlungsirrtum:** Ein Bote richtet etwas falsch aus oder es trifft ein verstümmeltes Telegramm, Fax o. Ä. ein.

§ 119 BGB Anfechtbarkeit wegen Irrtums

(1) Wer bei der Abgabe einer Willenserklärung über deren Inhalt im Irrtum war oder eine Erklärung dieses Inhalts überhaupt nicht abgeben wollte, kann die Erklärung anfechten, wenn anzunehmen ist, dass er sie bei Kenntnis der Sachlage und bei verständiger Würdigung des Falles nicht abgegeben haben würde.
(2) Als Irrtum über den Inhalt der Erklärung gilt auch der Irrtum über solche Eigenschaften der Person oder der Sache, die im Verkehr als wesentlich angesehen werden.

§ 120 BGB Anfechtbarkeit wegen falscher Übermittlung

Eine Willenserklärung, welche durch die zur Übermittlung verwendete Person oder Einrichtung unrichtig übermittelt worden ist, kann unter der gleichen Voraussetzung angefochten werden wie nach § 119 eine irrtümlich abgegebene Willenserklärung.

§ 123 BGB Anfechtbarkeit wegen Täuschung oder Drohung

(1) Wer zur Abgabe einer Willenserklärung durch arglistige Täuschung oder widerrechtlich durch Drohung bestimmt worden ist, kann die Erklärung anfechten.
(2) Hat ein Dritter die Täuschung verübt, so ist eine Erklärung, die einem anderen gegenüber abzugeben war, nur dann anfechtbar, wenn dieser die Täuschung kannte oder kennen musste. [...]

Arglistige Täuschung: Hier wird ein Vertragspartner vom anderen Vertragspartner bewusst getäuscht, z. B. wird ein Auto, das bekanntermaßen einen Unfall hatte, als unfallfrei verkauft.

Widerrechtliche Drohung: In diesem Fall wird ein Vertragspartner durch eine Drohung, die gegen geltendes Recht verstößt, zu einem Vertragsabschluss genötigt, z. B. dass anderenfalls „Prügel drohen".

In beiden Fällen hat der Geschädigte eine längere **Anfechtungsfrist**, da der andere Vertragspartner als weniger schützenswert gilt. Bei der arglistigen Täuschung gilt eine Frist von einem Jahr ab Entdeckung der Täuschung. Bei der widerrechtlichen Drohung gilt eine Frist von einem Jahr ab Wegfall der Zwangslage. Die Verjährungsfrist bei der Anfechtung beträgt zehn Jahre.

Motiv
hier: Beweggrund, eine Willenserklärung abzugeben

Rechtlich unerheblich dagegen ist der **Motivirrtum**. Stellt z. B. eine Kundin nach dem Kauf eines teuren Ölgemäldes zu Hause fest, dass es doch nicht wie angenommen zur Wohnzimmereinrichtung passt, kann sie ihre Willenserklärung nicht deshalb anfechten, weil sie sich geirrt und nun für das Gemälde keine Verwendung hat.

Nichtigkeitsgründe

- Geschäftsunfähigkeit
- Verstoß gegen Formvorschriften
- Verstoß gegen Gesetze oder gute Sitten
- Schein- oder Scherzgeschäft
- beschränkte Geschäftsfähigkeit ohne Genehmigung
- Kenntnis des geheimen Vorbehalts

Anfechtungsgründe

- Irrtum
  - Erklärungsirrtum
  - Übermittlungsirrtum
  - Eigenschaftsirrtum
  - Inhaltsirrtum
- Täuschung
- Drohung

1.9 Vertragsarten

Bei der Vielfalt der Verträge des Privat- und Wirtschaftslebens ist allen gemeinsam, dass sie durch übereinstimmende Willenserklärungen (Antrag und Annahme) zustande kommen. Die Rechte des einen Vertragspartners sind dabei jedes Mal die Pflichten des anderen und umgekehrt. Die folgende Tabelle gibt einen Überblick über die wichtigsten Vertragsarten.

Art des Vertrages	Vertragsinhalt	Vertragspartner	gesetzliche Grundlagen
Kaufvertrag	Veräußerung von Sachen oder Rechten gegen Entgelt	Verkäufer – Käufer	§§ 433–480 BGB, §§ 373–382 HGB
Schenkungsvertrag	unentgeltliche Veräußerung von Sachen oder Rechten	Schenker – Beschenkter	§§ 516–534 BGB
Mietvertrag	entgeltliche Überlassung einer Sache oder eines Rechtes	Mieter – Vermieter	§§ 535–580 BGB
Leasingvertrag	Gebrauchsüberlassung eines Investitionsgutes auf Zeit gegen Entgelt	Leasinggeber – Leasingnehmer	§§ 535 BGB ff. u. a. (keine einheitliche gesetzliche Regelung)
Pachtvertrag	entgeltliche Überlassung von Sachen oder Rechten zum Gebrauch und Genuss der Früchte gegen einen vereinbarten Pachtzins	Verpächter – Pächter	§§ 581–597 BGB
Leihvertrag	unentgeltliche Überlassung von Sachen zum Gebrauch	Verleiher – Leiher	§§ 598–606 BGB
Darlehensvertrag	entgeltliche oder unentgeltliche Überlassung vertretbarer Sachen	Darlehensgeber – Darlehensnehmer	§ 607 BGB
Berufsausbildungsvertrag	vergütete Ausbildung für eine Berufstätigkeit	Auszubildender – Ausbildender	Berufsbildungsgesetz; §§ 3 ff. BBiG
Dienstvertrag	Leistung von Diensten gegen Entgelt	Dienstberechtigter – Dienstverpflichteter	§§ 611–630 BGB, Arbeitsgesetze
Arbeitsvertrag	Leistung von Diensten als Arbeitnehmer	Arbeitgeber – Arbeitnehmer	§§ 611–630 BGB, §§ 59 ff. HGB, Arbeitsgesetze
Werkvertrag	Herstellen eines Werkes, Veränderung einer Sache, Herbeiführen eines bestätigten Erfolges gegen vereinbarte Vergütung	Unternehmer – Besteller	§§ 631–651 BGB
Reisevertrag	Organisation einer Reiseleistung	Reisender und Reiseveranstalter	§ 651a BGB
Gesellschaftsvertrag	Regelung der Zusammenarbeit von Personen zur gemeinsamen Erfüllung eines gemeinsamen Zwecks	Gesellschafter	§§ 705–740 BGB, § 16 AktG, § 2 GmbHG, § 109 HGB, § 6 GenG
Auftragsvertrag	unentgeltliche Besorgung eines Geschäftes für einen anderen	Auftraggeber – Beauftragter	§§ 662–674 BGB
Geschäftsbesorgungsvertrag	Dienst- oder Werkvertrag, der Geschäftsbesorgung zum Gegenstand hat	Auftraggeber – Beauftragter	§§ 675 ff. BGB
Versicherungsvertrag	Ersatz eines Vermögensschadens (Schadensversicherung) bzw. Zahlung eines vereinbarten Kapitals oder einer Rente nach Eintritt des Versicherungsfalls bei vorheriger Prämienzahlung	Versicherer – Versicherungsnehmer	§ 1 Gesetz über den Versicherungsvertrag (VVG)
Verwahrungsvertrag	Aufbewahrung einer Sache gegen Vergütung	Verwahrer – Hinterleger	§§ 688 ff. BGB
Bürgschaftsvertrag	Verpflichtung des Bürgen gegenüber dem Gläubiger zur Erfüllung der Verbindlichkeiten des Dritten	Bürge – Gläubiger eines Dritten	§§ 765 ff. BGB
Erbvertrag	Regelung über die Aufteilung des Nachlasses	Erblasser – Erben	§§ 2274 ff. BGB

2 Zustandekommen von Kaufverträgen

2.1 Die Anfrage

Bei der Anbahnung eines Kaufvertrages hat die Anfrage das Ziel, festzustellen, ob und zu welchen Bedingungen mögliche Lieferer die Waren, die beschafft werden sollen, in ihrem Programm führen. Durch Anfragen bei verschiedenen möglichen Lieferern soll eine geeignete Bezugsquelle ermittelt werden. Anfragen sind **rechtlich unverbindlich**.

Anfragen sind rechtlich unverbindlich.

Durch Anfragen werden neue Geschäftsverbindungen geknüpft sowie bereits in der Liefererstammdatei vorhandene Unternehmen zur Abgabe eines Angebotes aufgefordert. Anfragen sind **an keine Form gebunden**, d. h., sie können schriftlich, mündlich, telefonisch oder auch per E-Mail abgegeben werden.

Anfragen sind an keine Form gebunden.

Man unterscheidet unbestimmte Anfragen, mit denen man sich über allgemeine Liefermöglichkeiten informieren will, und bestimmte, spezielle Anfragen. Bei **unbestimmten Anfragen** fordert man ohne feste Kaufabsicht Kataloge, Muster, Prospekte, Preislisten oder einen Vertreterbesuch an. **Bestimmte Anfragen** dagegen sind konkreter gehalten und beziehen sich auf bestimmte Waren.

Ein Anfrageschreiben sollte den Grund der Anfrage sowie die Angabe der benötigten Ware mit der gewünschten Qualität und Menge enthalten. Weiterhin sollten die Preise sowie die Zahlungs- und Lieferungsbedingungen angefragt und auf den gewünschten Liefertermin hingewiesen werden.

Die Anfrage
• dient der Ermittlung von Bezugsquellen • ist eine Aufforderung, ein Angebot abzugeben • hat keine rechtliche Bindung • bedarf keiner bestimmten Form
unbestimmte Anfrage: fordert allgemeine Informationen über das Sortiment des Adressaten
bestimmte Anfrage: enthält konkrete Angaben für die Erstellung eines Angebots

2.2 Das Angebot

Willenserklärung
▶ LF 2, Kap. 1.6

Ein Angebot ist eine an eine bestimmte Person gerichtete **Willenserklärung (Antrag)** des Verkäufers, unter bestimmten Bedingungen einen Kaufvertrag abzuschließen. Nimmt der Empfänger das Angebot unverändert und fristgerecht an (**Annahme** z. B. durch eine Bestellung), so kommt ein Kaufvertrag zustande. Als Grundlage für den späteren Kaufvertrag sollte das Angebot daher so vollständig und eindeutig wie möglich formuliert sein.

Das Angebot ist an **keine bestimmte Form** gebunden, jedoch ist eine schriftliche Form zu empfehlen, um späteren Streitigkeiten vorzubeugen. Ausführliche Angebote beinhalten die folgenden Punkte:

- Art, Güte und Beschaffenheit der Ware
- Liefermenge
- Preis
- Verpackungs- und Transportkosten
- Lieferzeit
- Erfüllungs- und Erfolgsort, Gefahrübergang
- Zahlungsbedingungen
- Eigentumsübertragung
- Gerichtsstand

Formvorschriften
▶ LF 2, Kap. 1.7

Die **Inhalte des Angebots** sind die Inhalte des späteren Kaufvertrags.
▶ LF 2, Kap. 3.1

Ein **unverlangtes Angebot** ist ein Angebot, das der Verkäufer einem Kunden ohne dessen vorherige Anfrage zuschickt. Häufig werden unverlangte Angebote genutzt, um bestehende, aber ruhende Kundenbeziehungen wieder zu aktivieren. Sie dienen aber auch dazu, einen Kunden auf ein neues Produkt oder ein besonderes Angebot des Unternehmens aufmerksam zu machen.

Keine Angebote im rechtlichen Sinne sind unverlangte Preislisten, Werbeanzeigen, Proben sowie Schaufensterauslagen und Produktdarstellungen in Webshops. Sie richten sich an die Allgemeinheit und gelten nur als Aufforderung zum Kauf. Sie werden auch **Anpreisungen** genannt. Hierbei fordert der Anbietende den potenziellen Kunden auf, seinerseits einen Antrag zu unterbreiten.

Bindung an das Angebot

Unter rechtlichen Gesichtspunkten gilt ein Angebot als **Antrag**, an den der Antragende gebunden ist. Der Kunde kann also darauf bestehen, dass der Anbieter ihm die Ware oder Dienstleistung so zur Verfügung stellt, wie er diese angeboten hat.

Bindung an den Antrag:
§ 145 BGB

Die Bindung an ein Angebot kann jedoch durch sogenannte **Freizeichnungsklauseln** ganz oder teilweise ausgeschlossen werden. Gänzlich unverbindlich wird ein Angebot z. B. durch den Zusatz „Angebot freibleibend" oder „ohne Gewähr". Mit Zusatz der Klausel „nur solange der Vorrat reicht" ist nur der Preis, nicht aber die Menge verbindlich. Der Hinweis „Preis freibleibend" bindet den Anbieter umgekehrt an die Menge, nicht aber an den Preis seines Angebotes.

Der Anbieter kann für die Gültigkeit seines Angebotes **eine Frist setzen**. Nach Ablauf dieser Frist ist er an das Angebot nicht mehr gebunden. Wird einem Kaufinteressenten in dessen **Anwesenheit** ein Angebot unterbreitet, ist es nur für die Dauer des Gesprächs bindend. Anwesenheit bedeutet dabei, dass Kunde und Verkäufer persönlich oder telefonisch miteinander sprechen. Wird einem Kunden dagegen in dessen Abwesenheit ein Angebot unterbreitet, gilt es nur so lange, wie der Empfänger unter gewöhnlichen Umständen braucht, um es auf gleichem Wege zu beantworten. Übliche Fristen sind z. B. für Briefe sieben Tage und für Faxe oder E-Mails zwei Tage.

Bestimmung einer Annahmefrist:
§ 148 BGB

Es besteht **keine Bindung** mehr an ein Angebot, wenn

- das Angebot nach Ablauf der gesetzten Frist angenommen wurde, da die verspätete Annahme als neuer Antrag gilt,
- das Angebot abgeändert oder erweitert wurde, da dies ebenfalls als neuer Antrag gilt,
- das Angebot rechtzeitig widerrufen wurde. Dazu muss der Widerruf vor oder spätestens gleichzeitig mit dem Angebot beim Käufer eintreffen.

verspätete und abändernde Annahme:
§ 150 BGB

§ 130 BGB

Das Angebot
• an eine bestimmte Person gerichtete Willenserklärung (Antrag) • bedarf keiner bestimmten Form • rechtlich bindend (Ausnahmen: Freizeichnungsklausel, Fristsetzung, gesetzliche Annahmefristen)
unverbindliches Angebot • kein Antrag, keine rechtliche Bindung • Aufforderung an den Empfänger, seinerseits einen Antrag abzugeben
verlangtes Angebot an einen Kunden auf dessen Anfrage
unverlangtes Angebot Angebot ohne vorherige Kundenanfrage (z. B. zur Aktivierung „ruhender" Kundenbeziehungen)

Zusendung unbestellter Ware

Die Zusendung unbestellter Ware ist als Angebot zu verstehen. Hierbei muss man unterscheiden, ob der Empfänger der Ware ein Kaufmann oder ein Nichtkaufmann ist, da so entweder das BGB oder das HGB Anwendung findet.

Schweigen auf ein Angebot:
§ 241a BGB
§ 362 HGB

Für den Adressaten der unbestellten Leistung besteht weder eine Annahme noch eine Rücksendungspflicht für die Ware. Ist der Empfänger der Ware ein **Nichtkaufmann**, ist sein **Schweigen als Ablehnung** des Angebotes zu interpretieren.

Bei einem **Kaufmann** mit bereits vorhandenen geschäftlichen Kontakten zum Absender gilt **Schweigen als Annahme** des Angebotes. Der Kaufmann muss das Angebot unverzüglich ablehnen und die Ware auf Kosten des Absenders aufbewahren. Die Pflicht, die Ware zurückzusenden, entfällt.

Der Kaufvertrag

Ein Kaufvertrag kommt durch zwei übereinstimmende Willenserklärungen zustande. Eine Vertragspartei macht einen **Antrag**, den die andere Vertragspartei unverändert und fristgemäß annimmt (**Annahme**).

Merke!

Nimmt ein Käufer ein verbindliches Angebot an, kommt ein Kaufvertrag zustande.

Ein unverbindliches Angebot ist kein Antrag.

Ein unverbindliches Angebot ist hingegen kein Antrag. Bestellt der Käufer aufgrund eines unverbindlichen Angebots, gilt die Bestellung als Antrag, den der Verkäufer erst annehmen muss, bevor ein Kaufvertrag zustande kommt. Gleiches gilt für Bestellungen, die das Angebot abändern oder nicht fristgemäß erfolgen.

Die folgende Übersicht zeigt verschiedene Möglichkeiten, wie ein Kaufvertrag zustande kommen kann.

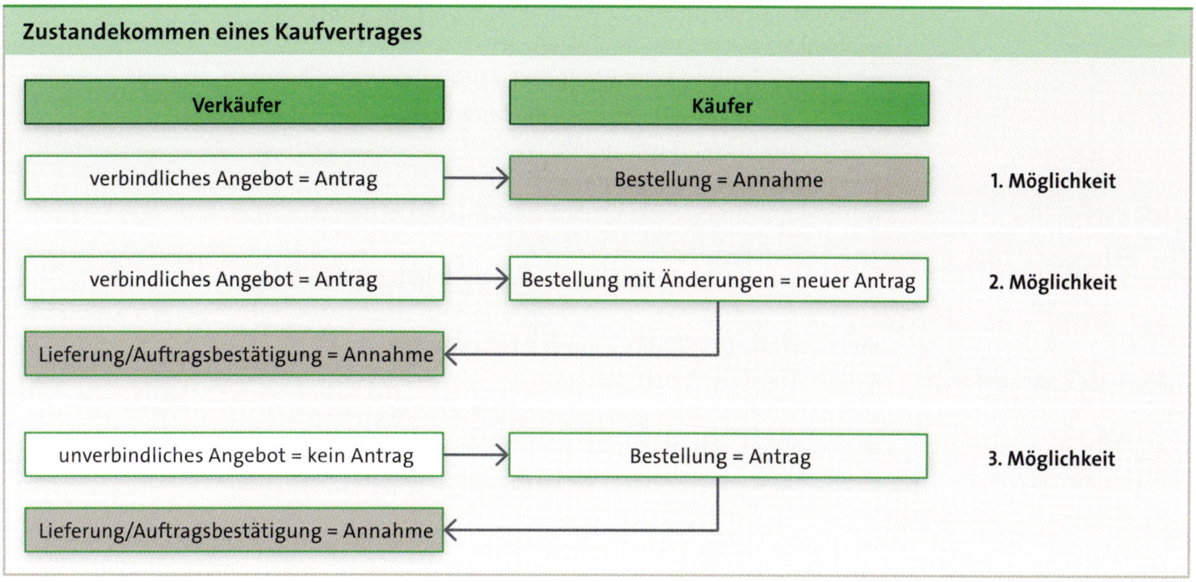

2.3 Bestellung und Bestellungsannahme

Mit Abgabe der Bestellung erklärt sich der Käufer bereit, die Waren zu den im Angebot vereinbarten Bedingungen abzunehmen. **Die Bestellung ist rechtlich verbindlich.**

Bestellungen sind rechtlich bindend.

Die Bestellung ist an keine Formvorschrift gebunden, wird jedoch zur Vermeidung späterer Schwierigkeiten meistens in schriftlicher Form aufgegeben. Bei eventuell auftretenden Rechtsproblemen dient sie dann als Nachweis bzw. als Beleg.

Die Bestellung wird in dem Augenblick wirksam, in dem sie beim Verkäufer eintrifft. Soll eine aufgegebene Bestellung noch widerrufen werden, so muss dieser Widerruf vor bzw. spätestens gleichzeitig mit der Bestellung beim Verkäufer eintreffen.

Wirksamwerden der Willenserklärung:
§ 130 BGB

Hinsichtlich der rechtlichen Wirkung unterscheidet man zwischen

- **Bestellungen als Annahme eines Antrages:** Die Bestellung folgt in allen Punkten einem vorausgegangenen verbindlichen Angebot. Sie sollte sich auf alle dort vereinbarten Einzelheiten beziehen. In diesem Fall kommt durch die Bestellung ein Kaufvertrag zustande.
- **Bestellungen als Antrag:** Die Bestellung erfolgt mit abgeänderten Angebotsbedingungen, nach Ablauf der Angebotsfrist, ohne vorheriges Angebot oder auf ein unverbindliches Angebot hin. In diesen Fällen sollte die Bestellung alle üblichen Bestandteile eines Angebotes enthalten. Sie gilt als Antrag seitens des Käufers, der Verkäufer kann sie durch eine Auftragsbestätigung oder die Lieferung der bestellten Ware annehmen.

Angebot
▶ LF 2, Kap. 2.2

vgl. Grafik „Zustandekommen eines Kaufvertrages“

Auftragsbestätigung (Bestellungsannahme)

Eine Auftragsbestätigung braucht nicht erteilt zu werden, wenn durch die Bestellung ein Angebot unverändert angenommen wurde.

Eine Auftragsbestätigung **sollte erteilt werden**, wenn
- sich der Lieferzeitpunkt verzögert,
- eine mündliche oder telefonische Bestellung wiederholt werden soll, um Missverständnissen vorzubeugen,
- ein Kunde erstmals bestellt,
- die Bestellung sehr umfangreich ist,
- der Kunde ausdrücklich eine Bestätigung wünscht.

In diesen Fällen werden Irrtümer im Vorfeld vermieden.

verspätete und abändernde Annahme (eines Antrags):
§ 150 BGB

Bindung an den Antrag:
§ 145 BGB

Eine Auftragsbestätigung **muss erteilt werden**, wenn
- das Angebot abgeändert wurde,
- das Angebot verspätet angenommen wurde,
- das Angebot freibleibend war,
- der Käufer nach einem Widerruf des Angebotes bestellte.

In diesen Fällen waren die Bestellungen nur Anträge.

Die Bestellungen werden in der Verkaufsabteilung mit laufenden Nummern versehen und im Warenwirtschaftssystem als offene Bestellung gespeichert. Dies dient der späteren Terminüberwachung.

Bestellung und Bestellungsannahme	
Bestellung	• Willenserklärung des Käufers • rechtlich bindend (Antrag oder Annahme) • bedarf keiner bestimmten Form
Bestellungsannahme (Auftragsbestätigung)	• Willenserklärung des Verkäufers • bedarf keiner bestimmten Form • unter der Voraussetzung zwingend, dass ein Antrag des Käufers angenommen werden soll
Kaufvertrag	• kommt durch zwei übereinstimmende Willenserklärungen (Antrag und Annahme) zustande

3 Der Kaufvertrag

Beispiel

Die MEWOH Musterwohn GmbH bestellt bei der BPK GmbH einen größeren Posten Kopierpapier. Die MEWOH wünscht weißes DIN-A4-Papier, 80 g/m², holzfrei, weiß, matt, das für Laserdrucker geeignet ist. Aufgrund dieser genauen Angaben kann das korrekte Papier geliefert werden.

Zustandekommen eines Kaufvertrages
vgl. Grafik S. 135

Durch die Lieferung des bestellten Kopierpapiers ist ein Kaufvertrag zustande gekommen. Die MEWOH Musterwohn GmbH hat durch ihre Bestellung einen Antrag gestellt, den die BPK GmbH durch die Lieferung der bestellten Ware angenommen hat. Aus dem Kaufvertrag ergeben sich für den Verkäufer und für den Käufer bestimmte Verpflichtungen. Dabei stellen die Pflichten der einen Vertragspartei gleichzeitig die Rechte der anderen dar.

Pflichten aus dem Kaufvertrag (§ 433 BGB)

Der Verkäufer verpflichtet sich	Der Käufer verpflichtet sich
• zur Übergabe einer Ware frei von Sach- und Rechtsmängeln, • zur Übertragung des Eigentums, • den vereinbarten Kaufpreis anzunehmen (also beizubehalten).	• zur rechtzeitigen Zahlung des vereinbarten Kaufpreises, • zur Abnahme der Ware.

3.1 Inhalte des Kaufvertrages

Um (Rechts-)Probleme oder Missverständnisse zu vermeiden, empfiehlt es sich, zu folgenden Inhalten des Kaufvertrages schriftliche Vereinbarungen zu treffen. Wird hierzu nichts vereinbart, gelten die entsprechenden gesetzlichen Bestimmungen.

- Spezifikation der Ware
- Erfüllungsort
- Lieferzeit und Zahlungsbedingungen
- Preis, Menge und sonstige Kosten
- ggf. Gerichtsstand

3.1.1 Spezifikation der Ware

Was genau will die MEWOH Musterwohn GmbH kaufen? Die Frage klingt einfach, ist rechtlich aber nicht ganz unproblematisch. Denn hier sind insbesondere Speziesschulden von Gattungsschulden zu unterscheiden. Wird der Leistungsgegenstand von vornherein individuell von den Vertragspartnern bestimmt (z.B. ein ganz bestimmtes Bild aus dem Büro des Chefs, das er nicht mehr haben will), so spricht man von **Stück- oder Speziesschulden.** Stückschulden sind nicht austauschbar; das Bild ist für immer verloren, wenn es beschädigt wird oder abhandenkommt.

Gattungsschuld:
§ 243 BGB
§ 360 HGB

Beim Verkauf von Massenware wie Kopierpapier spricht man von **Gattungsschulden**, die in mittlerer Güte zu liefern sind, wenn im Kaufvertrag nichts anderes vereinbart wurde. Eine Gattung bilden alle Gegenstände, die durch gemeinsame Merkmale (natürliche, wirtschaftliche oder technische Eigenschaften) gekennzeichnet sind (z. B. Format DIN A4, 80 g/m², holzfrei, weiß, matt). Hier will der Käufer nicht ein ganz bestimmtes (Paket) Kopierpapier kaufen, sondern eben Kopierpapier **der Gattung** DIN A 4,80 g/m². Geht die Lieferung Kopierpapier verloren, so kann der Verkäufer sie in der Regel problemlos durch eine neue Lieferung der gleichen Art ersetzen. Etwas anderes gilt nur, wenn man eine Massenware ganz genau auswählt, denn dann wird sie zur Stückschuld.

Unter der **Art** einer Sache versteht man die genaue Bezeichnung bzw. den handelsüblichen Namen. Die **Güte** bezeichnet die Qualität der Ware. Die **Beschaffenheit** beschreibt den Qualitätszustand der Ware. Um die genaue Art, Güte und Beschaffenheit einer Ware zu bestimmen, können z. B. Gütezeichen, Handelsklassen, Marken, Normen, Typen oder Jahrgänge festgelegt werden. Auch Muster und Proben können verwendet werden, um die Ware für beide Vertragspartner eindeutig zu bestimmen.

Festlegung der Art und Güte der Ware durch	Beispiel
Abbildungen und genaue Beschreibungen	Kataloge, Prospekte
Muster	Textilien, Papier, Tapeten, Farben
Proben	Lebensmittel, Kosmetika, Parfüm
Normen	DIN, EN, ISO
Artikelnummern und Chargen	Lebensmittel
Güteklassen (Handelsklassen)	Obst, Gemüse und Eier
Markenzeichen	Coca Cola
Waren- und Gütezeichen	Öko-Siegel auf Recyclingpapier
Herkunft der Ware	Alkohol, Kaffee, Tee
Jahrgang der Ware	Wein
Zusammensetzung der Ware	Wurstwaren und Käse

3.1.2 Erfüllungsort

Leistungsort:
§ 269 BGB

Der Schuldner muss dem Gläubiger die vertraglich vereinbarte Leistung am richtigen Ort und zur richtigen Zeit erbringen. Der **Erfüllungsort (Leistungsort)** ist der Ort, an dem der Schuldner die Leistungshandlung vorzunehmen hat (z. B. die Übergabe der Kaufsache). Bei Gattungsschulden gehört zur gesetzlich vorgeschriebenen Leistungshandlung nach § 243 (2) BGB, dass der Warenschuldner die Ware auswählen und aussondern muss (Konkretisierung).

Beispiel: Konkretisierung der Ware

Ein Mitarbeiter der BPK GmbH (der Warenschuldner) wählt im Lager die bestellte Menge und Art des Kopierpapiers aus, verpackt sie und beschriftet sie mit der Anschrift des Kunden.

Der Erfüllungsort entscheidet darüber, ob dem Vertragsverhältnis eine **Hol-, Bring- oder Schickschuld** zugrunde liegt.

Bei Warenschulden gilt der Sitz des Verkäufers (Schuldners) als gesetzlicher Erfüllungsort, wenn vertraglich nichts anderes vereinbart wurde. Hier muss der Verkäufer die Ware vertragsgemäß anbieten, der Käufer muss sie beim Verkäufer abholen. Warenschulden sind also in der Regel **Holschulden**. Der Käufer trägt die anfallenden Kosten.

Eine **Bringschuld** liegt vor, wenn der Erfüllungsort beim Gläubiger liegt. Der Schuldner muss die Ware zum Gläubiger bringen, damit er den Kaufvertrag ordnungsgemäß erfüllt. Übernimmt der Verkäufer bei Geschäften des Alltagsverkehrs (z. B. beim Möbelkauf) die Anlieferung der Ware, ist in der Regel eine Bringschuld anzunehmen.

Von einer **Schickschuld** spricht man, wenn die Leistungshandlung am Wohnsitz des Schuldners vorzunehmen ist, der Leistungserfolg aber erst am Wohnsitz des Gläubigers eintritt. Hauptanwendungsfall hierfür ist der **Versendungskauf**.

Versendungskauf
Käufer und Verkäufer haben an verschiedenen Orten ihren Sitz. Der Verkäufer verschickt die Ware an den Käufer.

Gesetzlicher Erfüllungsort bei **Geldschulden** (Zahlungsort) ist ebenfalls der Sitz des Schuldners (Käufers). Erfolgt die Zahlung bargeldlos, muss der Käufer nach aktueller Rechtsprechung das Geld so überweisen, dass es am Fälligkeitstag beim Gläubiger eintrifft. Geldschulden sind daher im Prinzip Schickschulden. Der Käufer trägt jedoch die Kosten der Übermittlung und – anders als bei der „normalen" Schickschuld – auch die Verlustgefahr während der Übermittlung. Daher nennt man Geldschulden auch **qualifizierte Schickschulden**. Wird jedoch als Erfüllungsort der Sitz des Verkäufers vertraglich vereinbart, so wird die Geldschuld zur Bringschuld. Das Geld muss dann zum vereinbarten Zeitpunkt auf dem Konto des Gläubigers eingehen.

Zahlungsort:
§ 270 BGB

Gefahrenübergang

Wer hat dafür einzustehen, wenn die Ware ohne Verschulden des Gläubigers oder des Schuldners „untergeht", d.h. abhandenkommt oder beschädigt wird? Hier gilt: Mit der Übergabe der Ware am **Erfüllungsort geht die Gefahr auf den Käufer über**, bei der Holschuld also am Wohnsitz des Verkäufers, bei der Bringschuld am Wohnsitz des Käufers.

Gefahr- und Lastenübergang:
§ 446 BGB

Beim **Versendungskauf (Schickschuld)** geht die Gefahr des zufälligen Untergangs der Ware auf den Käufer über, sobald der Verkäufer die Ware an die Transportperson (z. B. einen Spediteur) übergeben hat. Bei einem Transportschaden trägt also der Käufer das Risiko. Er kann aber bei Verschulden der Transportperson natürlich Schadenersatzansprüche geltend machen. Dies gilt allerdings nicht, wenn der Verkäufer die Ware mit dem eigenen Fuhrpark liefert. In diesem Fall geht das Risiko erst dann auf den Käufer über, wenn ihm die Ware übergeben worden ist.

Gefahrübergang beim Versendungskauf:
§ 447 BGB

	Erklärung	Kosten des Transports	Gefahrenübergang	Leistungszeitpunkt
Holschulden	geschuldete Sache muss am Ort des Schuldners bereitgestellt werden	trägt der Gläubiger	bei Abholung durch den Gläubiger	mit Bereitstellen am Ort des Schuldners
Bringschulden	geschuldete Sache muss zum Ort des Gläubigers gebracht werden	trägt der Schuldner	bei Ablieferung an den Gläubiger	mit Eintreffen am Ort des Gläubigers
Schickschulden	geschuldete Sache muss auf den Weg zum Gläubiger gebracht werden	trägt der Gläubiger	bei Übergabe an die Transportperson	sobald geschuldete Sache auf den Weg gebracht wurde
qualifizierte Schickschulden (z. B. Geldschulden)	geschuldete Sache muss auf den Weg zum Gläubiger gebracht werden	trägt der Schuldner	bei Eintreffen beim Gläubiger	mit Eintreffen am Ort des Gläubigers

3.1.3 Lieferzeit und Zahlungsbedingungen

Leistungszeit:
§ 271 BGB

Lieferzeit

Sofern vertraglich nichts anderes vereinbart wurde, ist der **Zeitpunkt der Lieferung** nach § 271 BGB geregelt. Danach kann der Gläubiger die Leistung sofort verlangen, der Schuldner sie sofort bewirken. Folgende vertraglichen Vereinbarungen zur Lieferzeit sind üblich:

Vertragliche Vereinbarungen zur Lieferzeit	
Termingeschäfte	Lieferung bis zu einem bestimmten Zeitpunkt, z. B. „innerhalb von 4 Wochen"
Fixhandelskäufe, Fixgeschäfte	Lieferung zu einem genau bestimmten Termin, z. B. „Lieferung am 20. Dezember fix"; im Vertrag muss der Zusatz „fix" ausdrücklich vereinbart werden
Kauf auf Abruf	Lieferung kann vom Käufer innerhalb einer vereinbarten Frist in Teilmengen abgerufen werden, z. B. „Anforderung der vereinbarten Gesamtliefermenge innerhalb von sechs Monaten in fünf Teilmengen"

Zahlungsbedingungen

Auch die Zahlungsbedingungen sind in der Regel genau im Vertrag festgelegt, ansonsten gelten die gesetzlichen Vorschriften. Danach kann der Verkäufer sofortige Zahlung bei Lieferung der Ware verlangen (Ware gegen Geld, Zug um Zug, Zahlung gegen Nachnahme).

Vertraglich vereinbarte Zahlungsbedingungen	
Vorauszahlung	üblich bei zahlungsschwachen Kunden, Sonderanfertigungen oder auch bei Auslandsgeschäften
Anzahlung	ein Teilbetrag wird bei Auftragserteilung, ein Teil bei Empfang der Rechnung und der Rest innerhalb einer bestimmten Frist nach der Lieferung fällig
Zielkauf, Kreditkauf	Zahlung innerhalb einer bestimmten Frist (Zahlungsziel) nach der Lieferung; häufig verbunden mit Gewährung eines Skontoabzugs bei vorzeitiger Zahlung
Skonto	Preisnachlass für kurzfristige Zahlung innerhalb einer vereinbarten Skontofrist

Eine Form des Zielkaufs ist der **Ratenkauf**. Hierbei handelt es sich um einen schriftlichen Kaufvertrag mit Barzahlungspreis, Teilzahlungspreis, effektivem Jahreszins sowie Anzahl, Höhe und Fälligkeit der Raten. Bei solchen Ratenzahlungsvereinbarungen behält sich der Lieferer in der Regel bis zur vollständigen Bezahlung der Rechnung das Eigentum am Kaufgegenstand vor.

Skonto ist ein vertraglich vereinbarter Preisnachlass für die Zahlung innerhalb einer Skontofrist. Vom Verkäufer wird Skonto gewährt, damit der Käufer zügig zahlt und so das Geld in die Kasse des Verkäufers gelangt. Die dem Käufer eingeräumte Skontofrist (z. B. 10 Tage) endet vor dem Ablauf des vertraglich vereinbarten Zahlungszieles (Liefererkredit).

3.1.4 Preis, Menge und sonstige Kosten

Preis

Der zu zahlende Kaufpreis wird als wesentlicher Vertragsbestandteil nahezu immer vertraglich geregelt sein. Sind keine anderen Zahlungsvereinbarungen getroffen worden, so muss der volle Rechnungsbetrag gezahlt werden.

Die Zahlung erfolgt bei Inlandsgeschäften üblicherweise in Euro. Es kann aber auch eine andere Währung vereinbart werden. Bei Zahlung in Fremdwährung entscheidet der Umrechnungskurs, der zur Zeit der Zahlung für den Zahlungsort maßgebend ist. Der Rechnungsbetrag kann durch vereinbarte **Preisnachlässe** reduziert werden.

Fremdwährungsschuld:
§ 244 BGB

Preisnachlässe (Beispiele)	
Mengenrabatt	bei größerer Abnahmemenge
Treuerabatt	für langjährige Kunden bei regelmäßigem Bezug
Wiederverkäuferrabatt	für Groß- und Einzelhändler bei Ausweis von Preisempfehlungen
Personalrabatt	für Angestellte und deren Angehörige
Sonderrabatt	bei Räumungsverkäufen oder Jubiläen
Bonus	nachträglich gewährter Preisnachlass, der in der Regel am Jahresende nach einem vereinbarten Mindestumsatz gewährt wird

Rabatt
sofortiger Preisnachlass in Prozent vom Kaufpreis

Menge

Die Menge der Ware wird in **gesetzlichen oder handelsüblichen Maßeinheiten** (z. B. Stück, Meter, Kilogramm, Liter) angegeben. Oft wird eine Mindestbestellmenge oder eine Höchstmenge angegeben, über die hinaus nicht bestellt werden kann. Bei kleinen Bestellmengen wird oftmals ein **Mindermengenzuschlag** erhoben.

Mindermengenzuschlag
Preiszuschlag, der bezahlt werden muss, wenn weniger als die vom Verkäufer festgelegte Mindestmenge bestellt werden soll

Beförderungskosten

Neben dem eigentlichen Kaufpreis muss zwischen den Vertragsparteien außerdem geregelt werden, wer die Kosten der Beförderung zu tragen hat. Als Beförderungskosten fallen im Wesentlichen das Rollgeld, Lade- und Entladegebühren sowie die Fracht an.

Fracht ist das Entgelt für eine gewerbliche Beförderung von Gütern. **Rollgeld** sind die Beförderungskosten vom Lieferer bis zur Versandstation (z. B. Hafen) sowie von der Empfangsstation zum Käufer. Im internationalen Handelsverkehr ist unter Umständen außerdem noch **Zoll** zu zahlen.

Übernahme der Beförderungskosten – gesetzliche Regelung	
Verkäufer trägt Kosten der Übergabe	Käufer trägt Kosten der Abnahme
Kosten der Lagerung, des Messens, Wiegens, Abpackens sowie Transportkosten bis zum Erfüllungsort	Transportkosten ab dem Erfüllungsort

Erfüllungsort
▶ LF 2, Kap. 3.1.2

§ 380 HGB

Verpackungskosten

Die Transportverpackungskosten trägt der Käufer ab dem Erfüllungsort. Ist der Preis für die Ware nach dem Gewicht bestimmt, ist mangels abweichender vertraglicher Regeln oder Handelsbrauch das Gewicht der Verpackung nicht mitzurechnen („Preis netto“ = Verkäufer übernimmt die Verpackungskosten).

Nettogewicht
= Bruttogewicht – Tara

Reingewicht
= Rohgewicht – Verpackung

Das **Verpackungsgewicht (Tara)** kann folgendermaßen ermittelt werden:
- **Effektivtara:** tatsächliches Verpackungsgewicht
- **Stück- oder Prozenttara:** handelsübliches Verpackungsgewicht
- **Zolltara:** nach Zollvorschriften festgelegtes Verpackungsgewicht

Zur Berechnung der Verpackungskosten gibt es folgende Möglichkeiten, die vertraglich vereinbart werden können:

Übernahme der Verpackungskosten – vertragliche Vereinbarungen

Vereinbarung	Erläuterung
• Reingewicht einschließlich Verpackung, • Preis netto einschließlich Verpackung	Verkäufer zahlt Verpackungskosten
• Reingewicht ausschließlich Verpackung, • Preis netto ausschließlich Verpackung	Käufer zahlt Verpackungskosten
• Rohgewicht einschließlich Verpackung, • Preis brutto einschließlich Verpackung, • brutto für netto, bfn oder b/n	Verpackungsgewicht wird wie Warengewicht behandelt und vom Käufer bezahlt
• Preis brutto ausschließlich Verpackung	Verpackungskosten sind im Preis enthalten, sie setzen sich aus dem Verpackungsgewicht und den Verpackungskosten zusammen und werden vom Käufer gezahlt

Mehrwegverpackungen werden vom Verkäufer häufig gegen Gebühr geliehen. Sie bleiben Eigentum des Verkäufers. Bei unterlassener Rücksendung werden sie dem Käufer in Rechnung gestellt, bei Rücksendung voll oder zu bestimmten Anteilen gutgeschrieben.

3.1.5 Gerichtsstand

Der Gerichtsstand bestimmt, bei welchem Gericht der Schuldner verklagt werden kann. Dies ist wichtig zu wissen, denn eine Klage bei einem falschen Gericht wird wegen Unzulässigkeit zurückgewiesen. Grundsätzlich ist jede Person an ihrem **allgemeinen Gerichtsstand** zu verklagen. Das ist der Wohnort des Schuldners bzw. der Sitz eines Unternehmens.

Gerichtsstand:
§ 29 ZPO
§ 38 ZPO

Darüber hinaus gibt es zahlreiche **besondere Gerichtsstände**, z. B. den Gerichtsstand des Erfüllungsortes. Nur Kaufleute können den Gerichtsstand am Erfüllungsort oder an einem beliebigen anderen Ort vereinbaren. Die Vereinbarung eines vertraglichen Gerichtsstandes zwischen einem Kaufmann und einem Verbraucher ist unzulässig. Dadurch wird der Verbraucher geschützt.

Zusammenfassung: Inhalte von Kaufverträgen

Vertragsinhalte	gesetzliche Regelungen	vertragliche Regelungen
Art, Güte und Beschaffenheit des Kaufgegenstandes	§ 243 BGB und § 360 HGB: Es ist eine der Gattung nach bestimmte Ware mittlerer Art und Güte zu liefern.	Benennung durch Artikelnummer und handelsübliche Bezeichnung, Festlegung durch Muster, Proben, Normen, Typen, Waren- und Gütezeichen, Abbildungen etc.
Mengenangabe	Handelsbräuche oder das Reingewicht nach § 380 HGB	Angabe in gesetzlichen Maßeinheiten und handelsüblichen Bezeichnungen
Preisangabe	Preis bezogen auf das Nettogewicht	im Normalfall Angabe des Preises pro Einheit einschließlich der Verkaufsverpackung
Preisnachlässe	keine	z. B. Rabatte, Skonti, Boni, Gewichtsabzüge
Kosten der Versandverpackung	§ 448 BGB: Der Käufer trägt die Kosten der Versandverpackung, der Verkäufer die Verkaufsverpackung. § 380 HGB: Das Nettogewicht ist in Rechnung zu stellen.	mögliche Vereinbarungen können sein: „Verpackung frei", „Verpackung leihweise", „brutto für netto" etc.
Kosten des Transports	§ 448 BGB: Der Verkäufer trägt die Kosten der Übergabe, der Käufer die Kosten der Versendung und der Abnahme.	mögliche Vereinbarungen können sein: „ab Werk", „unfrei", „frachtfrei", „frei Haus", „Frachtbasis", „Frachtparität"
Lieferzeit	§ 271 BGB: Der Käufer kann sofortige Lieferung verlangen, der Verkäufer kann sofort liefern.	Es können Sofortlieferung, Lieferung innerhalb einer bestimmten Frist, Lieferung zu einem fixen Termin oder Lieferung auf Abruf ausgehandelt werden.
Zahlungszeit	§ 271 BGB: Der Verkäufer kann sofortige Zahlung verlangen.	Es können Vorauszahlungen, Anzahlungen, Zahlung Zug um Zug, Zahlung nach Kauf oder Ratenkauf vereinbart werden.
Eigentumsvorbehalt	§ 449 BGB: Der Verkäufer bleibt bei ausdrücklicher Vereinbarung bis zur vollständigen Begleichung des Kaufpreises Eigentümer der Ware.	• einfacher Eigentumsvorbehalt • erweiterter Eigentumsvorbehalt • verlängerter Eigentumsvorbehalt • nachgeschalteter Eigentumsvorbehalt
Erfüllungsort	§ 269 BGB: Der Erfüllungsort für Warenschulden ist der Wohn- oder Geschäftssitz des Verkäufers, für Geldschulden der des Käufers.	Für die Lieferung und Zahlung kann der Sitz des Verkäufers, des Käufers oder ein anderer Ort vereinbart werden.
Gerichtsstand	Der Gerichtsstand ist der Wohnsitz des jeweils Beklagten.	Abweichungen von den gesetzlichen Regelungen sind nur bei Kaufleuten möglich, die einen Gerichtsstand vereinbaren können.

SB ▶ SITUATION 14
Allgemeine Geschäftsbedingungen (AGB) anwenden

3.2 Allgemeine Geschäftsbedingungen

Sehr wichtig für die Vertragsgestaltung im heutigen Geschäftsleben sind die allgemeinen Geschäftsbedingungen (AGB). Es handelt sich hierbei um vorformulierte Vertragsbedingungen, die für eine Vielzahl von Verträgen gelten sollen. Mit den AGB will **der Verwender** Vereinbarungen treffen, die von den gesetzlichen Vorschriften abweichen (z. B. zu den Lieferungs- und Zahlungsbedingungen, zur Gewährleistungspflicht, zu Garantien oder zum Eigentumsvorbehalt).

In den AGB darf der Verwender aber nicht nach Gutdünken vereinbaren, was er will. Es gibt **rechtliche Grenzen**, um die Käufer vor unlauteren AGB zu schützen. Insbesondere darf der „Kerngehalt einer gesetzlichen Regel" nicht zum Nachteil des Vertragspartners abgeändert werden. Beispielweise wäre eine AGB-Klausel, die jegliche Haftung für Mängel ausschließt, unwirksam.

Einige Rechtsvorschriften zu den AGB gelten für zweiseitige, die Mehrzahl jedoch nur für einseitige Handelsgeschäfte, da sie vorrangig den Endverbraucher schützen sollen.

Durch die gesetzlichen Regelungen soll der wirtschaftlich schwächere Vertragspartner (Verbraucher) geschützt werden. Die AGB müssen wirksam in den Vertrag einbezogen werden, d. h., der jeweilige Kunde muss ihnen zustimmen. Theoretisch können sie zwar vom Kunden abgelehnt oder abgeändert werden, in der Praxis ist dies jedoch selten der Fall, in der Regel wird sich der Verwender nicht darauf einlassen. Durch die AGB kann eine Vielzahl von Verträgen schneller und rationeller abgewickelt werden. Auch werden einzelne Geschäftsrisiken besser kalkulierbar.

Hinsichtlich der Wirksamkeit von AGB gelten u. a. folgende Regelungen:

§ 305b BGB

- **Individuelle Absprachen** haben stets Vorrang vor den AGB. Auch wenn eine Klausel aus den AGB ausgeschlossen wird, geschieht dies durch eine individuelle Vereinbarung.

§ 305c BGB

- **Überraschende und mehrdeutige Klauseln** werden nicht Vertragsbestandteil. Es muss sich um eine objektiv ungewöhnliche Klausel handeln (z. B. eine Gerichtsstandsvereinbarung im Ausland, obwohl deutsches Recht anzuwenden ist) und der Klausel muss ein Überrumpelungseffekt innewohnen (das wäre z. B. nicht der Fall, wenn eine solche Klausel fett gedruckt in großer Schrift verfasst ist).

§ 306 BGB

- Wenn eine **Klausel unwirksam** ist, so bleibt der Vertrag im Übrigen gültig, an die Stelle der AGB treten die gesetzlichen Regelungen.

Klauselverbote: §§ 308, 309 BGB
Generalklausel: § 307 BGB

- AGB sind **gegenüber einem Verbraucher unwirksam**, wenn ein Fall der in den §§ 308 und 309 BGB festgeschriebenen Klauselverbote vorliegt. Bei zweiseitigen Handelsgeschäften werden die Grundgedanken der Klauselverbote über die Generalklausel zur Prüfung der AGB herangezogen.

allgemeine Geschäftsbedingungen §§ 305 bis 310 BGB	vorformulierte Vertragsbedingungen für eine Vielzahl von Verträgen, die eine Vertragspartei (Verwender) der anderen Vertragspartei bei Abschluss eines Vertrages stellt
Inhaltskontrolle § 307 BGB (Oberster Grundsatz)	Bestimmungen der AGB sind unwirksam, wenn sie den Käufer entgegen den Geboten von Treu und Glauben unangemessen benachteiligen.

4 Das Handelsrecht

SB ▶ SITUATION 15
Rechtliche Grundlagen des HGB kennen und anwenden

§ 1 HGB

(1) Kaufmann im Sinne dieses Gesetzbuchs ist, wer ein Handelsgewerbe betreibt.
(2) Handelsgewerbe ist jeder Gewerbebetrieb, es sei denn, dass das Unternehmen nach Art oder Umfang einen in kaufmännischer Weise eingerichteten Geschäftsbetrieb nicht erfordert.

Unter der Bezeichnung „Kaufmann" versteht man im täglichen Sprachgebrauch Menschen, die eine kaufmännische Ausbildung absolviert haben oder im Handel tätig sind. Im juristischen Sinne ist dieser Begriff jedoch anders definiert. Wer Kaufmann ist, legt das **Handelsgesetzbuch (HGB)** in seinem ersten Paragrafen fest.

Die Vorschriften des HGB sind nur für Kaufleute voll anwendbar. Die Anwendung des HGB hat u. a. Auswirkungen auf die Namensgebung (Firma) des Unternehmens, die Buchführungspflicht und die Abwicklung von Kaufverträgen. Kaufleute sind grundsätzlich verpflichtet, sich ins Handelsregister eintragen zu lassen. Außerdem gelten für sie bestimmte anerkannte Handelsbräuche, z. B. müssen sie dafür sorgen, dass ihnen schriftliche Mitteilungen auch bei Abwesenheit vom Geschäft (durch Urlaub, Krankheit usw.) zugestellt werden.

Firma, Handelsregister
▶ LF 2, Kap. 4.2, 4.3

Kaufverträge
▶ LF 2, Kap. 3

4.1 Kaufmannseigenschaften

Das HGB geht vom Begriff des **Handelsgewerbes** aus. Als Gewerbe bezeichnet man jede erlaubte und fortgesetzte selbstständige Tätigkeit, die auf die Erzielung von Gewinn ausgerichtet ist. Führt der Gewerbetreibende außerdem einen „in kaufmännischer Weise eingerichteten Geschäftsbetrieb", ist er **Istkaufmann** im Sinne des § 1 HGB. Ob ein solcher Geschäftsbetrieb vorliegt, muss im Einzelfall entschieden werden. Beurteilungskriterien sind u.a. die Höhe von Umsatz, Forderungen und Vermögen, die Mitarbeiterzahl sowie die Anzahl/Größe der Geschäftsräume. Für ein kleines Unternehmen mit geringer Umsatzhöhe und nur einem Mitarbeiter ist z.B. kein kaufmännischer Geschäftsbetrieb erforderlich. Ein solches Unternehmen fällt unter den Begriff **Kleingewerbe**. Aber auch der Betreiber eines Kleingewerbes oder eines landwirtschaftlichen Betriebes kann den Status eines Kaufmannes erwerben, indem er sich freiwillig ins Handelsregister eintragen lässt. Er ist nach § 2 HGB ein sogenannter **Kannkaufmann**.

Der Begriff des Handelsgewerbes ist unabhängig von der Branche des Unternehmens. Auch ein Handwerker oder der Inhaber eines Hotels kann also Kaufmann sein.

Handelsgesellschaften mit eigener Rechtspersönlichkeit (z.B. OHG, GmbH) sind gemäß § 6 HGB sogenannte **Formkaufleute**.

OHG, GmbH
▶ LF 2, Kap. 5.2.3, 5.3.1

Kaufmannsbegriff nach HGB

Istkaufmann	Kannkaufmann	Formkaufmann
Kaufmann kraft kaufmännisch eingerichteten Geschäftsbetriebes HGB § 1	**Kaufmann kraft** Eintragung ins Handelsregister Eintragung ist freiwillig HGB § § 2, 3	**Kaufmann kraft** Rechtsform Handelsgesellschaften, z. B. OHG, GmbH HGB § 6

4.2 Firma

§ 17 HGB

(1) Die Firma eines Kaufmannes ist der Name, unter dem er seine Geschäfte betreibt und die Unterschrift abgibt.
(2) Ein Kaufmann kann unter seiner Firma klagen und verklagt werden.

Rechtsformen von Unternehmen
▶ LF 2, Kap. 5

Kaufleute müssen eine Firma führen. Die Firmenführung ist jedoch auf den Geschäftsbetrieb beschränkt, sie wird nicht in den Pass oder Personalausweis eingetragen. Dagegen kann der Kaufmann, der für sein Unternehmen einen Dienstwagen unterhält, einen Kraftfahrzeugschein auf seine Firma ausstellen lassen. Es werden folgende **Firmenarten** unterschieden:

- Personenfirma, bestehend aus einem oder mehreren Personennamen
- Sachfirma, abgeleitet vom Unternehmensgegenstand
- Fantasiefirma, häufig eine von Markennamen abgeleitete werbewirksame Bezeichnung
- gemischte Firma, die sowohl Personennamen als auch den Unternehmensgegenstand enthält

Die Wahl der Firma hängt von der Rechtsform des Unternehmens ab. Bei Einzelkaufleuten muss z. B. die Bezeichnung „eingetragener Kaufmann" bzw. „eingetragene Kauffrau" (e. K. oder e. Kfm. bzw. e. Kfr.) in der Firma enthalten sein. Dieser Zusatz ist auch auf Geschäftsbriefen, Visitenkarten, Katalogen usw. zu vermerken. Die Firma ist außerdem an bestimmte rechtliche Grundsätze gebunden:

Firmenwahrheit: Die Firma darf nicht irreführend sein. Sie muss den tatsächlichen Rechtsverhältnissen entsprechen. Dieser Grundsatz schützt die Geschäftspartner, denn die Rechtsform gibt Auskunft über die Größe und die Finanzkraft des Unternehmens.

Firmenausschließlichkeit: Die Firma darf nicht die gleiche Bezeichnung tragen wie eine andere Firma am gleichen Ort. Bei der Eintragung ins Handelsregister wird dies geprüft. Auch dieser Grundsatz bedeutet eine Sicherheit für die Geschäftspartner, da er hilft, Verwechslungen zwischen den Firmen zu vermeiden.

Firmenbeständigkeit: Beim Wechsel des Inhabers darf die Firma weitergeführt werden. Hierbei muss jedoch im Zweifel die Firmenwahrheit beachtet werden, da sich durch einen Inhaberwechsel auch die Rechtsform ändern kann. Wenn z. B. ein Vater seine Tochter als Teilhaberin in die Firma aufnehmen möchte und sich dadurch die Rechtsform von einer Einzelunternehmung in eine OHG ändert, muss der Zusatz OHG aufgenommen werden. Beispiel: Aus der Firma Elektro Erich Karl e. K. könnte dann Elektro Karl OHG werden.

Firmenklarheit: Die Firma muss so formuliert sein, dass sie Außenstehende nicht über wichtige geschäftliche Verhältnisse irreführt.

Firmenöffentlichkeit: Die Eintragung ins Handelsregister muss erfolgen, damit die Öffentlichkeit über die Gründung der Firma informiert wird.

4.3 Handelsregister

§ 29 HGB

Jeder Kaufmann ist verpflichtet, seine Firma und den Ort seiner Handelsniederlassung bei dem Gericht, in dessen Bezirk sich die Niederlassung befindet, zur Eintragung in das Handelsregister anzumelden; er hat seine Namensunterschrift unter Angabe der Firma zur Aufbewahrung bei dem Gericht zu zeichnen.

Kaufleute unterliegen in ihren Geschäften z. T. anderen (strengeren) Vorschriften als Nichtkaufleute. Deshalb muss allen, die mit ihnen Geschäfte abschließen, bekannt sein, dass sie es mit Kaufleuten zu tun haben. Alle Tatsachen, die für die Geschäftspartner eines Kaufmannes rechtlich bedeutsam sein können, werden deshalb durch die **Eintragung ins Handelsregister** öffentlich registriert.

www.handelsregister.de

Das Handelsregister ist ein beim Amtsgericht geführtes Verzeichnis aller Unternehmen. Es dient dem Zweck, die Öffentlichkeit zu informieren und zu schützen. Jedermann hat das Recht, in das Register einzusehen. Die Eintragungen erfolgen auf Anmeldung des Kaufmannes mit notarieller Beglaubigung oder von Amts wegen (z. B. bei Eröffnung eines Insolvenzverfahrens). Das Gericht muss die Eintragungen im Internet veröffentlichen (§ 10 HGB).

Die Eintragung hat häufig nur eine **rechtsbezeugende (deklaratorische) Wirkung**, d. h., die ins Register aufgenommenen Tatsachen waren bereits vor dem Eintrag rechtsgültig und werden nun öffentlich bekannt gemacht. Dies ist z. B. beim Eintrag eines Istkaufmannes der Fall. Entsteht die Kaufmannseigenschaft jedoch – wie beim Kannkaufmann – erst durch den Registereintrag, hat dieser **rechtsbegründende (konstitutive) Wirkung**. Das Handelsregister genießt **öffentlichen Glauben**. Das Vertrauen auf seinen Inhalt ist geschützt. Solange eine Tatsache, die ins Register eingetragen werden müsste, noch nicht eingetragen ist, kann sie einem Dritten gegenüber nicht geltend gemacht werden.

Istkaufmann, Kannkaufmann

▶ LF 2, Kap. 4.1

Das Handelsregister

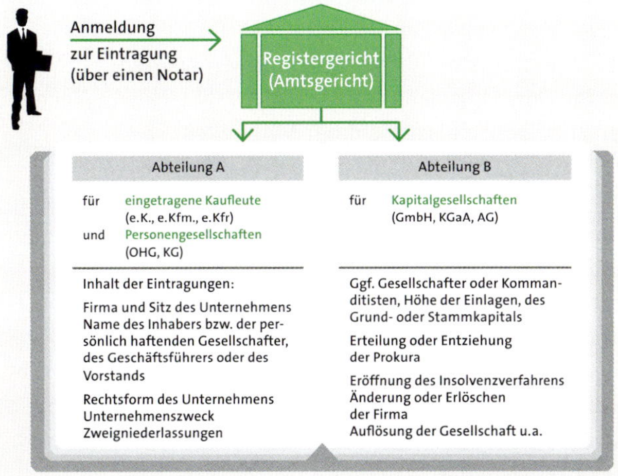

4.4 Genossenschaftsregister

Genossenschaft
▶ LF 2, Kap. 5.4

Neben dem Handelsregister wird bei den Amtsgerichten auch ein Genossenschaftsregister geführt, das Auskunft über die Rechtsverhältnisse der eingetragenen **Genossenschaften** gibt. Auch das Genossenschaftsregister ist öffentlich einsehbar und somit für jedermann zugänglich.

Durch die Eintragung in das Genossenschaftsregister sollen die rechtlichen Verhältnisse festgehalten werden. Wie auch beim Handelsregister, soll die Eintragung den Geschäftsverkehr mit der Genossenschaft absichern und dient somit dem Zweck, die Öffentlichkeit zu informieren und zu schützen.

Die Eintragung der Genossenschaft in das Genossenschaftsregister erfolgt per Antrag auf elektronischem Weg durch einen Notar. Ein Notar ist erforderlich, da alle einzureichenden Unterlagen notariell beglaubigt werden müssen.

Anmeldung der Genossenschaft:
§ 11 GenG

Nach § 11 Genossenschaftsgesetz (GenG) sind bei Anmeldung einer Genossenschaft verschiedene Unterlagen vorzulegen.

§ 11 GenG Anmeldung der Genossenschaft

(1) Der Vorstand hat die Genossenschaft bei dem Gericht zur Eintragung in das Genossenschaftsregister anzumelden.
(2) Der Anmeldung sind beizufügen:
1. die Satzung, die von mindestens drei Mitgliedern unterzeichnet sein muss;
2. eine Abschrift der Urkunden über die Bestellung des Vorstands und des Aufsichtsrats;
3. die Bescheinigung eines Prüfungsverbandes, dass die Genossenschaft zum Beitritt zugelassen ist, sowie eine gutachtliche Äußerung des Prüfungsverbandes, ob nach den persönlichen oder wirtschaftlichen Verhältnissen, insbesondere der Vermögenslage der Genossenschaft, eine Gefährdung der Belange der Mitglieder oder der Gläubiger der Genossenschaft zu besorgen ist.
(3) In der Anmeldung ist ferner anzugeben, welche Vertretungsbefugnis die Vorstandsmitglieder haben.
[...]

Dem Genossenschaftsregister können entnommen werden:
- der Gegenstand der Genossenschaft sowie der Sitz und die Rechtsform
- die Angaben zur Nachschusspflicht der Mitglieder
- der Vorstand nebst Vertretungsbefugnis
- die bestellten sowie abberufenen Prokuristen und Prokuristinnen
- bei einem Insolvenzverfahren alle Angaben zur Eröffnung, Einstellung sowie Aufhebung
- die Auflösung der Genossenschaft
- das Erlöschen der Genossenschaft

Genossenschaftsgesetz (GenG)
Gesetz betreffend die Erwerbs- und Wirtschaftsgenossenschaften

Gesetzliche Grundlage ist das Genossenschaftsgesetz (GenG). Ferner gilt für ins Genossenschaftsregister eingetragene Genossenschaften (eG) das Handelsgesetzbuch (HGB).

4.5 Stellvertretung und Vollmachten im Handelsrecht

Bei der Stellvertretung werden **Willenserklärungen in fremdem Namen** abgegeben. Abgesehen von einigen höchstpersönlichen Rechtsgeschäften wie z. B. die Eheschließung oder die Errichtung eines Testaments können nahezu alle Rechtsgeschäfte durch einen Stellvertreter abgewickelt werden. Wird die Stellvertretung selbst durch ein Rechtsgeschäft begründet, handelt es sich um eine **Vollmacht**. Rechtsgeschäfte, die von einem Stellvertreter im Rahmen seiner Vertretungsmacht vorgenommen werden, wirken unmittelbar für und gegen den Vertretenen.

Willenserklärung, Rechtsgeschäfte
▶ LF 2, Kap. 1.6

Beispiel

Ein Auszubildender wird gebeten, ausnahmsweise Paketscheinformulare bei der nächstgelegenen Postfiliale zu besorgen, die dringend für den Versand im Unternehmen benötigt werden. Er handelt hier als Stellvertreter seines Ausbildungsunternehmens. Der Auszubildende erhält dazu eine Einzelvollmacht.

Die wichtigsten Vollmachten im Handelsrecht sind die **Handlungsvollmacht** und die **Prokura**. Prokuristen und Handlungsbevollmächtigte sind Stellvertreter eines Kaufmannes.

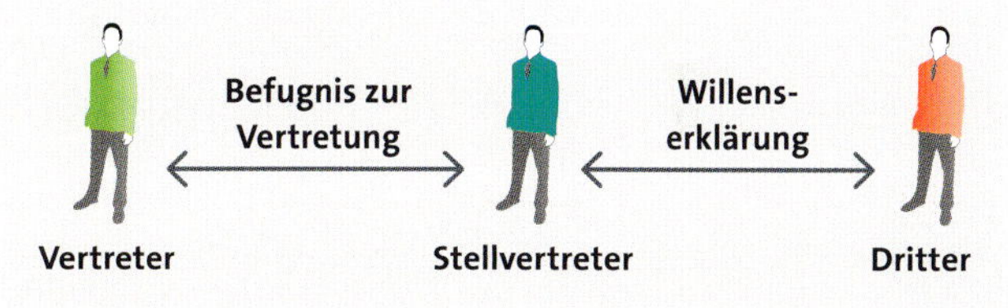

4.5.1 Prokura

Die Prokura ist die umfassendste Vollmacht, die ein Unternehmer einem Mitarbeiter erteilen kann. Durch die Erteilung der Prokura erhält der Prokurist nahezu die gleichen Befugnisse wie der Unternehmer selbst. Deshalb kann die Prokura auch nur vom Inhaber des Handelsgeschäfts oder seinem gesetzlichen Vertreter und nur mittels ausdrücklicher Erklärung erteilt werden. Die Prokura ist im Handelsregister einzutragen. Der Prokurist ist zu allen Arten von gerichtlichen und außergerichtlichen Geschäften und Rechtshandlungen ermächtigt, die der Betrieb eines Handelsgewerbes mit sich bringt. Nicht ermächtigt ist er zu sogenannten Grundlagengeschäften, also Geschäften, die das Handelsgewerbe selbst betreffen.

Stellvertretung:
§§ 164 ff. BGB
Erteilung der Prokura:
§ 48 Abs. 1 HGB
Umfang der Prokura:
§§ 49, 50 HGB

Umfang der Prokura

Der Prokurist ist ermächtigt	Der Prokurist ist nicht ermächtigt
Personal einzustellen	das Handelsgeschäft einzustellen oder zu veräußern
Handlungsvollmachten zu erteilen	die Firma zu ändern
Kredite aufzunehmen und einzuräumen	neue Gesellschafter aufzunehmen
Schenkungen zu machen und fremde Verbindlichkeiten zu übernehmen	Insolvenz anzumelden
Zweigniederlassungen zu eröffnen und zu schließen	Anmeldungen zum Handelsregister vorzunehmen
Unternehmen und Beteiligungen zu erwerben	das Inventar und die Bilanz zu unterzeichnen
Grundstücke zu kaufen	Grundstücke zu belasten oder zu veräußern (außer mit Sondervollmacht)

Die Prokura kann vertraglich eingeschränkt werden. Zum Schutz von Dritten ist eine Beschränkung des Umfanges der Prokura dem Dritten gegenüber jedoch unwirksam.

Arten der Prokura	
Einzelprokura	Berechtigung, die Vertretung alleine auszuüben
Filialprokura	der Kaufmann kann die Prokura auf einen Filialbetrieb beschränken
Gesamtprokura	Prokura, die mehreren Personen gemeinschaftlich erteilt wird; kann nur von den Prokuristen gemeinsam ausgeübt werden

Zeichnung:
§ 51 HGB

Geschäftsbriefe oder andere geschäftliche Unterlagen unterzeichnet der Prokurist üblicherweise mit der Abkürzung „ppa." (per procura) vor seinem handgeschriebenen Namen und unter Angabe der Firma des Handelsgeschäfts.

Die erteilte Prokura kann jederzeit widerrufen werden (§ 52 Abs. 1 HGB). Weitere Gründe für das Erlöschen können die Beendigung des Arbeitsvertrags bzw. Dienstverhältnisses, das Einstellen des Gewerbebetriebs, der Tod bzw. die Geschäftsunfähigkeit des Prokuristen/der Prokuristin oder die Insolvenzeröffnung sein. Auch das Erlöschen muss in das Handelsregister eingetragen werden (§ 53 Abs. 2 HGB).

4.5.2 Handlungsvollmacht

Handlungsvollmacht kann von jedem Kaufmann erteilt werden. Die Erteilung bedarf keiner besonderen Form und kann auch durch schlüssiges Verhalten (z.B. durch die Duldung von Handlungen) gegenüber dem Bevollmächtigten erfolgen. Die Handlungsvollmacht wird nicht ins Handelsregister eingetragen.

§ 54 HGB

Der Umfang ist u. a. abhängig von der Art der Handlungsvollmacht und von der Festlegung durch den Kaufmann. Bei der allgemeinen Handlungsvollmacht ergeben sich gegenüber der Prokura folgende Unterschiede: Die Handlungsvollmacht erstreckt sich auf alle Rechtsgeschäfte und Rechtshandlungen, die der Betrieb eines derartigen Handelsgewerbes **gewöhnlich** mit sich bringt. Der Handlungsbevollmächtigte ist somit nur zu gewöhnlichen (alltäglichen), branchenüblichen Geschäften ermächtigt, nicht wie der Prokurist zu Geschäften, die in irgendeinem Handelsgewerbe vorkommen können. Der Handlungsbevollmächtigte einer Wohnungsbaugesellschaft darf z.B. keine Aktien kaufen, auch wenn ein großer Gewinn zu erwarten ist.

§ 54 Abs. 2 HGB

Bestimmte Rechtsgeschäfte bzw. Rechtshandlungen dürfen von einem Handlungsbevollmächtigten nur **mit besonderer Ermächtigung** des Kaufmanns durchgeführt werden. Dazu gehören die Veräußerung und Belastung von Grundstücken, die Aufnahme von Darlehen und die Prozessführung.

Arten der Handlungsvollmacht	
Einzel- oder Spezialvollmacht	Der Spezialbevollmächtigte ist zu einzelnen, konkret bestimmten Geschäften bevollmächtigt, z. B. zum Kauf eines neuen Lkws.
Artvollmacht	Sie ermächtigt zur Vornahme von Geschäften einer bestimmten Art, z. B. Bankkassierer, Abteilungsleiter, Einkäufer.
allgemeine oder Generalvollmacht	Sie erstreckt sich auf alle gewöhnlichen Geschäfte und den gesamten Betrieb dieses Handelsgewerbes.

Der Handlungsbevollmächtigte unterschreibt üblicherweise mit „i. A." (im Auftrag) als Einzel- oder Artbevollmächtigter bzw. mit „i. V." (in Vollmacht) oder „per" bei allgemeiner Handlungsvollmacht.

Es gibt noch eine weitere Regelung im Handelsrecht für Angestellte im Laden oder Warenlager. Für Ladenangestellte gilt auch **ohne entsprechende Vollmachterteilung**, dass sie zu Verkäufen und zur Empfangnahme (z. B. von Waren oder Geld) ermächtigt sind, die in einem derartigen Laden gewöhnlich vorkommen. Wenn jemand einen Verkaufsraum betritt und mit einer dort beschäftigten Person Geschäfte abschließt, wird im Namen des Unternehmens gehandelt. Bei unternehmensbezogenen Geschäften besteht grundsätzlich die Vermutung, dass der Handelnde für das Unternehmen aufgetreten ist.

§ 56 HGB

Anders als ein Stellvertreter gibt ein **Bote** keine eigene Willenserklärung ab, sondern übermittelt die Willenserklärung eines anderen. Da das Handeln des Boten nicht rechtsgeschäftlicher Natur ist, braucht er auch nicht geschäftsfähig zu sein.

Geschäftsfähigkeit
▶ LF 2, Kap. 1.3

Beispiel

Eine Angestellte ruft bei der BPK GmbH an: „Mein Chef Herr Arndt lässt Ihnen ausrichten, dass er gemäß Ihrem Angebot vom 14. Mai 25 Kartons Kopierpapier Printomax zu je 4,70 € bestellt."

Vollmachten im Handelsrecht

	Prokura **§§ 48 ff. HGB**	**Handlungsvollmacht** **§§ 54 f. HGB**
Erteilung	• § 48 (1) HGB: persönliche, ausdrückliche Erklärung des Inhabers des Handelsgeschäfts oder dessen gesetzlichen Vertreters • Eintragung ins HR	• von jedem Kaufmann, • bedarf keiner besonderen Form, auch durch schlüssiges Handeln • keine Eintragung ins HR
Umfang	§§ 49, 50 HGB: alle gerichtlichen und außergerichtlichen Geschäfte und Rechtshandlungen ausgenommen: Grundlagengeschäfte (die das Handelsgeschäft als solches betreffen) Vertragliche Einschränkungen sind gegenüber Dritten unwirkam!	alle gewöhnlichen (= alltäglichen, branchenüblichen) Geschäfte ausgenommen: • Grundstücke belasten oder veräußern • Darlehen aufnehmen • Prozessführung
Arten	• Einzelprokura • Filalprokura • Gesamtprokura	• allgemeine Handlungsvollmacht • Einzel-/ Spezialhandlungsvollmacht • Arthandlungsvollmacht
Zeichnung	§ 51 HGB: „ppa." + Unterschrift	„i. A.", „i. V."+ Unterschrift

SB ▶ SITUATION 16
Rechtsformen von Unternehmen

5 Rechtsformen von Unternehmen

Rechtsform
die gesetzlichen Bedingungen, unter denen im Unternehmen gehandelt wird

Für jeden Unternehmensgründer stellt sich die Frage, welche Rechtsform den Zielsetzungen seines Unternehmens am besten entspricht. Grundsätzlich hat er die Wahl zwischen verschiedenen gesetzlich festgeschriebenen Rechtsformen, neben denen in der Praxis weitere, vom Gesetzgeber zunächst gar nicht vorgesehene Mischformen entstanden sind.

Für die Wahl der Rechtsform gibt es keine Patentlösung. Jede Form hat Vor- und Nachteile und wirkt sich auf wichtige betriebswirtschaftliche Grundfragen aus, wie z. B. auf die

- Möglichkeiten der Kapitalbeschaffung,
- Geschäftsführung,
- Gewinn- und Verlustverteilung,
- Haftung,
- Besteuerung.

Rechtsformen von Unternehmen

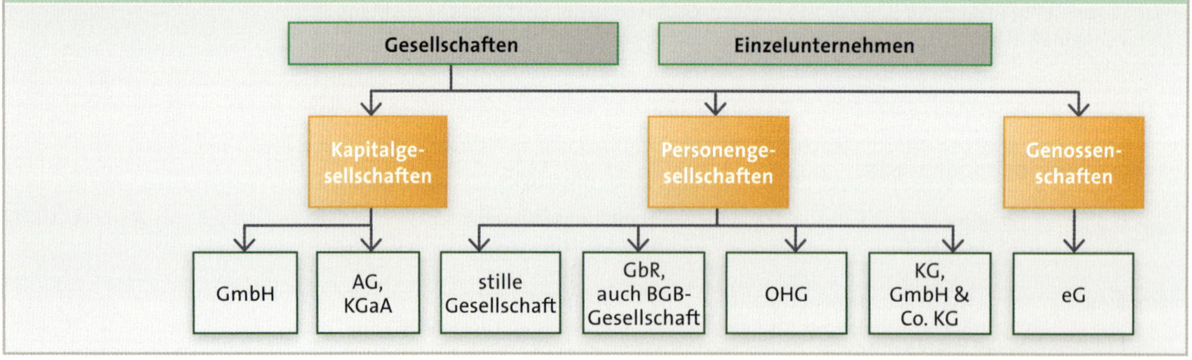

5.1 Einzelunternehmen

Das Einzelunternehmen ist eine besonders häufige Rechtsform. Dies hängt insbesondere damit zusammen, dass für die Gründung keine bestimmte Form gewählt werden muss. Ist für das Unternehmen jedoch ein kaufmännischer Geschäftsbetrieb erforderlich, muss eine Eintragung ins Handelsregister vorgenommen werden.

Handelsregister
▶ LF 2, Kap. 4.3

> **Beispiel**
>
> Erich Karl ist in einer Wohnungsgesellschaft beschäftigt und möchte sich mit einem Hauswart-Service selbstständig machen. Ein wesentlicher Grund dafür ist, dass er endlich sein „eigener Herr" sein will. Er rechnet zunächst mit Aufträgen von Privatkunden, denen er bereits bekannt ist. Die Verwaltungsarbeit wird seine Frau übernehmen; ein kleines Büro kann er im Haus einrichten, die Garage ist für den Anfang groß genug, um alle notwendigen Arbeitsmittel lagern zu können. Der Kapitalbedarf zur Gründung des Unternehmens ist nicht sehr hoch. Ein gebrauchter Transporter als Fahrzeug ist schon vorhanden. Einen Namen für sein Unternehmen hat er auch schon: „Hauswart-Service Erich Karl e. K.".

Einzelunternehmen

Bei einem Einzelunternehmen sind verschiedene Vor- und Nachteile zu berücksichtigen. So muss sich ein Einzelunternehmer z. B. eigenständig um das Kapital kümmern, mit dem das Unternehmen finanziert wird. Zudem liegt die Verantwortung für die Belegschaft oder auch die Kunden bei ihm. Demgegenüber steht der Vorteil, dass er den Gewinn erhält, den das Unternehmen erwirtschaftet und eigenständig über die Führung des Unternehmens entscheiden kann. Für Schulden haftet er unbeschränkt mit seinem Betriebs- und Privatvermögen.

Vor- und Nachteile des Einzelhandelsunternehmens

Vorteile	Nachteile
• Kapitalaufwand ist überschaubar • Entscheidungsbefugnis beim Unternehmer • Unternehmer erhält den erwirtschafteten Gewinn • Gründung ist einfach und kostengünstig	• unbeschränkte Haftung mit Betriebs- und Privatvermögen • Geldmittel stehen nur eingeschränkt zur Verfügung • krisenanfällig, wenn der Unternehmer z. B. durch eine Erkrankung ausfällt

5.2 Personengesellschaften

natürliche und juristische Personen
▶ LF 2, Kap. 1.2

Verfolgt ein Zusammenschluss von **natürlichen und/oder juristischen Personen** gemeinsam ein privatrechtsgeschäftliches Ziel, so spricht man von einer **Gesellschaft**. Dabei kann es sich auch um einzelne Personen handeln, wie z.B. manchmal bei GmbH oder AG. Es gibt auch Personenvereinigungen, die dem öffentlichen Recht unterliegen. Dies sind z.B. Bund, Länder und Gemeinden, aber auch Anstalten des öffentlichen Rechts oder Stiftungen. Sie fallen nicht unter den Gesellschaftsbegriff.

Charakteristisch für **Personengesellschaften** ist es, dass die handelnden Personen natürliche Personen sind und auch mit ihrem Privatvermögen haften. Einige ausgewählte Personengesellschaften werden im Folgenden näher betrachtet.

5.2.1 Stille Gesellschaft

Beispiel

Als Erich Karl seinem Cousin Wilfried von dem Vorhaben erzählt, einen eigenen Betrieb zu gründen, zeigt dieser sich sehr interessiert und überzeugt von Erichs Geschäftsidee. Wilfried möchte Erich gern unterstützen, indem er sich ohne großes Aufsehen mit einer Kapitaleinlage von 20.000 Euro am neuen Unternehmen beteiligt.

Eine **stille Gesellschaft** ist dadurch gekennzeichnet, dass sich eine natürliche oder juristische Person an dem Unternehmen eines anderen finanziell beteiligt. Nach außen in Erscheinung tritt diese Person allerdings nicht. Als Gegenleistung für das zur Verfügung gestellte Kapital erfolgt die Beteiligung am Gewinn. Ob und in welcher Höhe ein stiller Gesellschafter an einem Verlust beteiligt sein soll, bedarf einer Regelung im Gesellschaftsvertrag.

Ein stiller Gesellschafter wird nicht ins Handelsregister eingetragen, die Firma des Unternehmens ändert sich durch seinen Beitritt nicht. Sind beispielsweise über Banken bzw. Kreditinstitute keine finanziellen Mittel für ein Einzelunternehmen zu erhalten, so kann eine stille Gesellschaft durchaus vorteilhaft sein.

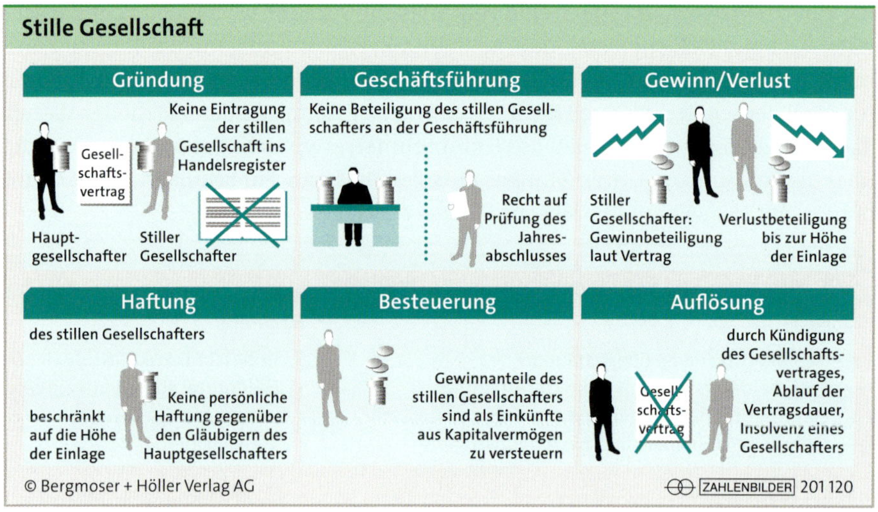

5.2.2 Gesellschaft bürgerlichen Rechts (GbR)

Für die Gründung einer GbR müssen sich mindestens zwei Gesellschafter zusammenschließen, die gemeinsam einen Geschäftszweck verfolgen. Dabei darf es allerdings kein Handelsgewerbe sein, d. h., die Gesellschafter einer GbR (z. B. einer Anwaltskanzlei) dürfen keine Kaufleute im Sinne des HGB sein. Daher erklärt sich auch der Name der Gesellschaft: Für sie gelten nur die Vorschriften des Bürgerlichen Gesetzbuches (BGB). Auch wenn der Gesellschaftsvertrag an keine Form gebunden ist, empfiehlt es sich, einen schriftlichen Vertrag aufzusetzen.

Die GbR ist ein Zusammenschluss von Kleingewerbetreibenden oder auch Freiberuflern (Ärzte, Anwälte, Künstler).

Kaufleute nach HGB
▶ LF 2, Kap. 4.1

Für die Gesellschafter gilt, dass sie einen Beitrag mit in das Unternehmen einbringen müssen. Dabei ist die Bandbreite groß, wie z. B. das Mitbringen von Geschäftskunden oder das Einbringen von speziellem Know-how. Ist nichts anderes geregelt, gehen Gewinn und Verlust zu gleichen Teilen an die Gesellschafter.

Alles was in die Gesellschaft einfließt, dazu gehören z. B. auch gekaufte Gegenstände, wird zum gemeinschaftlichen Vermögen, dem **Gesellschaftsvermögen**. Soll ein Gesellschafter die Geschäftsführung übernehmen, so ist dies (vertraglich) zu regeln. Andernfalls erfolgt die Geschäftsführung gemeinschaftlich nach dem **Grundsatz der Einstimmigkeit**. Auch das Privatvermögen unterliegt der Haftung.

5.2.3 Offene Handelsgesellschaft (OHG)

Bei der offenen Handelsgesellschaft handelt es sich um eine Personengesellschaft. Auch bei ihr schließen sich mindestens zwei Gesellschafter zusammen, um einen Geschäftszweck (Handelsgewerbe) unter gemeinschaftlicher Firma zu verfolgen. Dabei unterliegen die Gesellschafter keiner Haftungsbeschränkung.

Die Gläubiger können sowohl auf das Geschäfts- als auch auf das Privatvermögen zurückgreifen (unbeschränkt). Die Gläubiger können zur Befriedung ihrer Forderungen an einen beliebigen Gesellschafter herantreten (unmittelbar). Bei dieser Rechtsform ergibt sich ein „offener" Zugriff auf die Vermögenswerte aller Gesellschafter. Für die Gesellschafter sollte daher ein gemeinschaftliches und solidarisches Handeln im Vordergrund stehen, da für den Fehler einer Person auch alle anderen haftbar sind.

Beispiel

Erich Karl hat mit seinen Erwartungen recht behalten. Sein Geschäft läuft glänzend – für ihn und seine Frau alleine bald schon zu gut. Nun erhält er das Angebot, den Hauswart-Service für ein Geschäftszentrum zu übernehmen. Für diesen Großauftrag ist eine Aufstockung des Personals notwendig; außerdem reicht jetzt sein Wohnhaus nicht mehr für die Büro- und Lagerräume aus. Er benötigt einen größeren Fuhrpark und erheblich mehr Geräte und Werkzeuge. Dies kann Herr Karl mit seinen bisherigen Möglichkeiten nicht realisieren – vor allem deshalb, weil keine Bank bereit ist, den dafür notwendigen Kredit zur Verfügung zu stellen. Anna Moser, eine ehemalige Kollegin, wäre bereit, als Teilhaberin in das Unternehmen einzusteigen. Herrn Karl ist das recht, zumal Frau Moser über einiges Kapital verfügt, das sie in das Unternehmen einbringen könnte.

Registergerichte sind Amtsgerichte, die z. B. Handels- und Genossenschaftsregister führen.

Für die **Gründung einer OHG** ist ein Gesellschaftsvertrag Voraussetzung. Er ist aber an keine bestimmte Form gebunden. Eine Schriftform ist also nicht erforderlich, sie ist aber zu empfehlen. Zudem muss eine Anmeldung im Handelsregister erfolgen. Geführt wird das Handelsregister von den Amtsgerichten (Registergerichten). Die örtliche Zuständigkeit richtet sich nach dem Sitz der Gesellschaft.

Steht die Geschäftsführung allen oder mehreren Gesellschaftern zu, so ist nach dem Gesetz jeder einzelne berechtigt, allein zu handeln. Diese **Einzelgeschäftsführungsbefugnis** bezieht sich auf Handlungen, die der gewöhnliche Betrieb eines Handelsgewerbes mit sich bringt, wie z. B. den Einkauf von Ware. Durch den Gesellschaftsvertrag kann aber auch geregelt sein, dass nur gemeinschaftlich gehandelt werden soll und alle zustimmen müssen (**Gesamtgeschäftsführungsbefugnis**).

Die Gesellschafter einer OHG haften im vollen Umfang mit ihrem Gesellschaftsvermögen und auch ihrem persönlichen Vermögen. Durch diese volle Haftung besteht bei Banken und Kreditinstituten eine hohe Kreditwürdigkeit. Die Haftung besteht für einen Gesellschafter auch nach einem möglichen ausscheiden. Man spricht in diesem Fall von **Nachhaftung**.

Häufig ist ein erhöhter Kapitalbedarf der Grund für die Bildung einer OHG. Aber auch bei der Fortsetzung eines Einzelunternehmens durch eine Erbengemeinschaft wird diese Rechtsform oft gewählt, wenn z. B. ein Einzelunternehmer aus Altersgründen die Geschäftsführung seinen Kindern übertragen will.

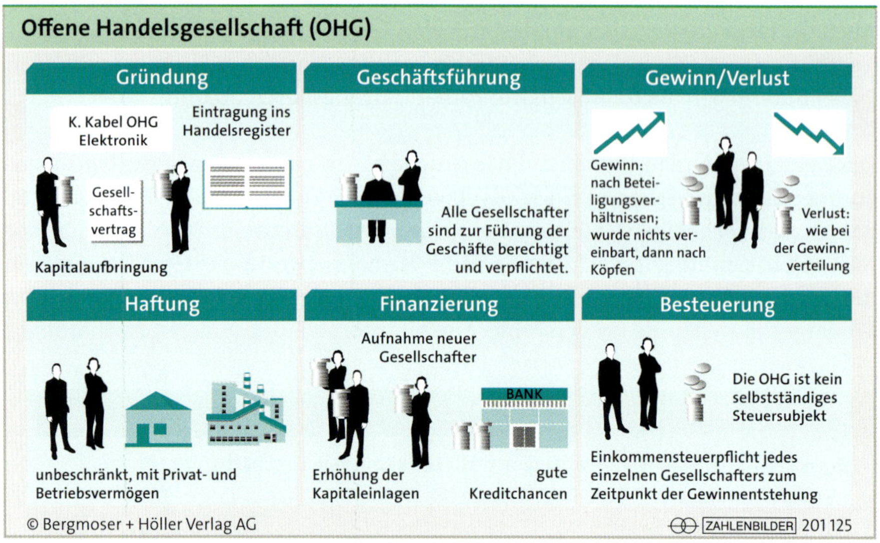

5.2.4 Kommanditgesellschaft (KG)

Die KG ist eine Personengesellschaft, deren Kapital aus den Einlagen der Gesellschafter besteht. Es gibt mindestens einen mit seinem Privatvermögen unbeschränkt haftenden Gesellschafter (**Komplementär**) und mindestens einen beschränkt haftenden Gesellschafter (**Kommanditist**), dessen Haftungssumme im Handelsregister eingetragen sein muss. Sofern die Vermögenseinlage eines Kommanditisten noch nicht vollständig eingezahlt ist, haftet auch er persönlich in voller Höhe.

Voraussetzung für die **Gründung einer KG** ist ein Gesellschaftsvertrag, der zwischen mindestens einem Komplementär und einem Kommanditisten geschlossen wird. Auch wenn es keine gesetzliche Form gibt, sollte der Gesellschaftsvertrag schriftlich geschlossen werden. Die Geschäftsführung liegt ausschließlich beim Komplementär. Soll auch der Kommanditist Geschäftsführungsrechte erhalten oder ihm Prokura erteilt werden, um die Gesellschaft auch nach außen vertreten zu dürfen, ist dies über den Gesellschaftsvertrag zu regeln.

Prokura
▶ LF 2, Kap. 4.5.1

Kommanditisten haben ein Widerspruchsrecht bei außergewöhnlichen Geschäften, ein Recht auf Einsicht in die Geschäftsbücher und ein Recht auf den vertraglich vereinbarten Gewinnanteil. Neben einer natürlichen Person kann auch eine juristische Person Komplementär einer KG sein. Handelt es sich z. B. um eine GmbH, dann entsteht die Rechtsform einer **GmbH & Co. KG**. Bei dieser Mischform handelt es sich weiterhin um eine Personengesellschaft. Es entsteht dadurch also keine Kapitalgesellschaft. Damit beschränkt sich die Haftung auf das Vermögen der GmbH als juristische Person.

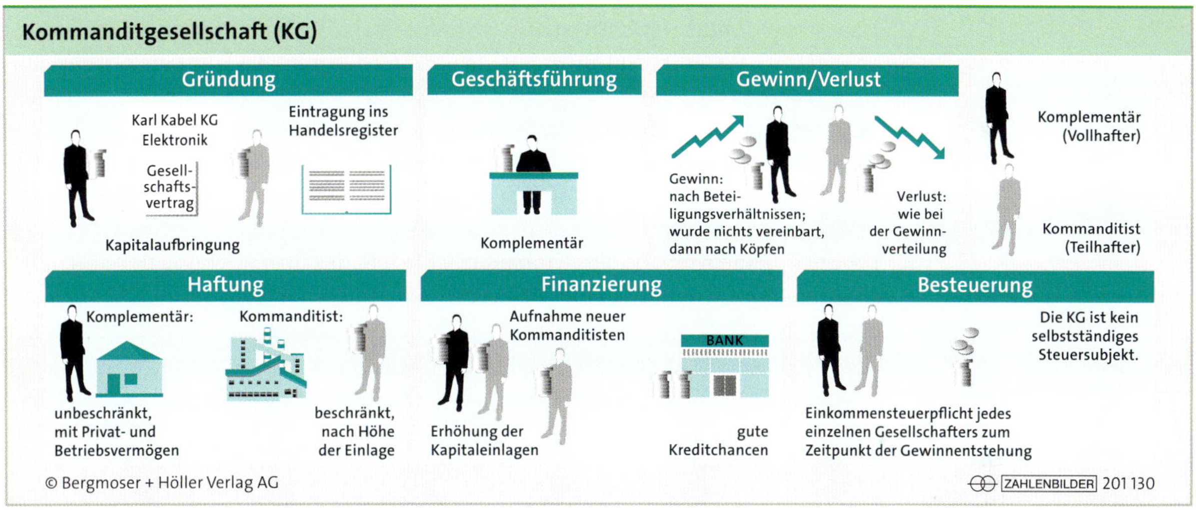

5.3 Kapitalgesellschaften

Kapitalgesellschaften sind juristische Personen und damit selbst rechtsfähig. Im Gegensatz zu den Personengesellschaften, wo Eigenkapitalgeber (Gesellschafter) und Geschäftsführer normalerweise identisch sind, liegen Eigentum und Unternehmensführung bei Kapitalgesellschaften in der Regel nicht beieinander. Normalerweise beschränkt sich der Einfluss der Gesellschafter auf ihr Stimmrecht in der Gesellschafterversammlung, ihr Risiko ist beschränkt auf die geleistete Kapitaleinlage.

juristische Personen
▶ LF 2, Kap. 1.2
Rechtsfähigkeit
▶ LF 2, Kap. 1.2

5.3.1 Gesellschaft mit beschränkter Haftung (GmbH)

Die GmbH ist eine Kapitalgesellschaft, deren Gesellschafter sich an dem in Stammeinlagen zerlegten Stammkapital beteiligt haben, ohne persönlich für die Verbindlichkeiten der Gesellschaft zu haften. Die Gläubiger können sich mit ihren Forderungen nur an das Gesellschaftsvermögen, nicht aber an die Gesellschafter halten.

Im Gesellschaftsvertrag kann jedoch eine beschränkte oder unbeschränkte **Nachschusspflicht** vereinbart werden. Damit verpflichtet sich der Gesellschafter, unter bestimmten Voraussetzungen weitere Geldleistungen an die Gesellschaft zu erbringen.

Die Höhe einer Stammeinlage muss mindestens ein Euro betragen.

Bei Sachleistungen kann es sich z. B. um ein Fahrzeug, ein Grundstück oder Lizenzen handeln.

Anders als bei einer Personengesellschaft, wie z. B. der KG, muss bei Gründung einer GmbH der Gesellschaftsvertrag notariell beurkundet werden. Da die Zahl der Gesellschafter nicht vorgeschrieben ist, kann die GmbH auch von nur einer Person errichtet werden **(Einmann-GmbH)**. Für die Gründung einer GmbH ist ein **Stammkapital** von mindestens 25.000,00 Euro erforderlich. Dieses setzt sich aus den **Stammeinlagen** der Gesellschafter zusammen. Die Stammeinlagen können als Geld- oder Sachleistungen einfließen. Bei Sachleistungen muss der Wert im Gesellschaftsvertrag vermerkt sein. Bei einer Bargründung (Stammeinlagen erfolgen nur in bar) ist bei Anmeldung in das Handelsregister darauf zu achten, dass jeder Gesellschafter seine Einlage bereits zu einem Viertel eingezahlt hat und so mindestens 12.500,00 Euro vorhanden sind, also die Hälfte des Stammkapitals. Fließen auch Sachleistungen ein, müssen diese bei Anmeldung zur Verfügung stehen.

Damit eine GmbH Handlungsfähig ist, hat sie verschiedene Organe. Dabei handelt es sich um die **Geschäftsführung** (eine Person oder mehrere) und die **Gesellschafterversammlung**. Letztere wird von der Geschäftsführung einberufen und entscheidet unter anderem über die Verwendung des Gewinnes sowie die Bestellung und Abberufung von Geschäftsführern und Prokuristen. Hat die GmbH mehr als 500 Beschäftigte, ist die Einrichtung eines **Aufsichtsrates** gesetzlich vorgeschrieben. Der Aufsichtsrat setzt sich aus Vertretern der Gesellschafter und der Arbeitnehmer zusammen. Seine Aufgabe besteht hauptsächlich in der Überwachung der Geschäftsführung und der Prüfung von Jahresabschluss und Lagebericht.

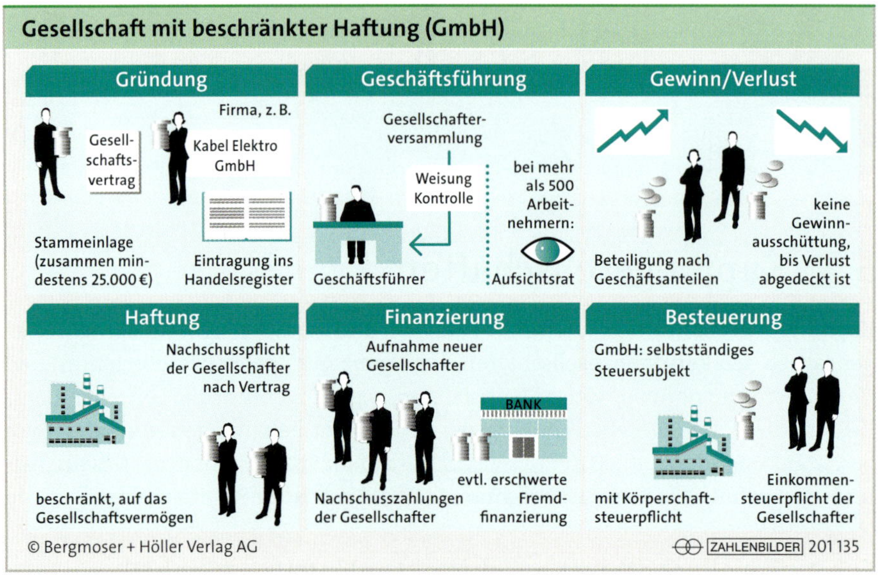

Eine Sonderform der GmbH ist die **haftungsbeschränkte Unternehmergesellschaft (UG)**. Sie ist eine Einstiegsvariante der GmbH ohne bestimmtes Mindeststammkapital. Zur Gründung reicht 1 Euro. Man spricht daher auch manchmal von einer 1-Euro-GmbH oder Mini-GmbH. Allerdings darf die UG ihre Gewinne nicht voll ausschütten, sondern muss einen Teil zur Ansparung des Stammkapitals der normalen GmbH nutzen.

In der GmbH-Reform Ende 2008 ging es auch um die Erleichterung von Unternehmensgründungen im Wettbewerb mit den Mitgliedstaaten der Europäischen Union, denn in vielen Mitgliedstaaten der Europäischen Union werden geringere Anforderungen an die Gründungsformalitäten und die Aufbringung des Mindeststammkapitals gestellt.

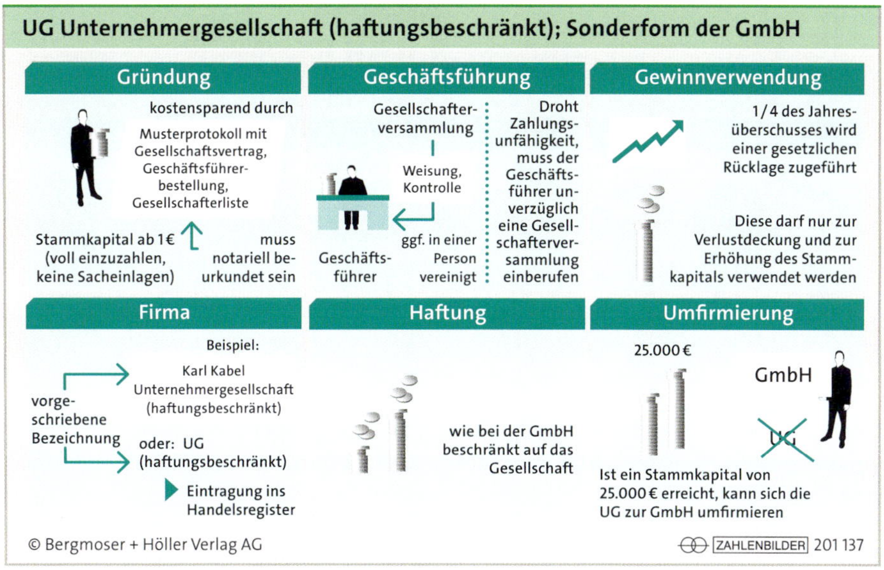

5.3.2 Aktiengesellschaft (AG)

Auch bei einer Aktiengesellschaft handelt es sich um eine juristische Person und somit um eine Kapitalgesellschaft. Das Grundkapital einer AG muss mindestens 50.000,00 Euro betragen und in Aktien zerlegt sein. Über die Aktien sind die Unternehmensanteile somit wertpapiermäßig verbrieft. Die Aktien von börsennotierten AGs werden an der Börse gehandelt.

Die **Gründung** der AG erfolgt durch eine oder mehrere Personen. Bei der Feststellung des Gesellschaftsvertrages ist notarielle Beurkundung erforderlich. Die Gesellschafter (Aktionäre) übernehmen die Aktien gegen Zahlung einer Einlage. In Form einer Dividende erfolgt die Beteiligung am Gewinn. Die Dividende ist ein Betrag, der sich aus der Höhe eines bestimmten Prozentsatzes vom Bilanzgewinn pro Aktie ergibt. Bei einer AG unterliegt nur das Gesellschaftsvermögen der Haftung.

Der Vorstand, der Aufsichtsrat und die Hauptversammlung bilden die **Organe** der AG. Die AG wird gerichtlich und außergerichtlich durch den **Vorstand** vertreten, der auch zur Geschäftsführung befugt ist. Dabei ist er an keinerlei Weisungen des Aufsichtsrates oder der Hauptversammlung gebunden. Der Vorstand wird vom Aufsichtsrat bestimmt. Gibt es mehrere Vorstandsmitglieder, handeln diese in der Regel gemeinschaftlich (Gesamtgeschäftsführungsbefugnis).

Der **Aufsichtsrat** besteht aus mindestens drei Mitgliedern und wird von der Hauptversammlung alle vier Jahre zu zwei Dritteln gewählt. Wählbar sind nur natürliche Personen, die nicht im Vorstand und nicht leitende Angestellte der AG sind.

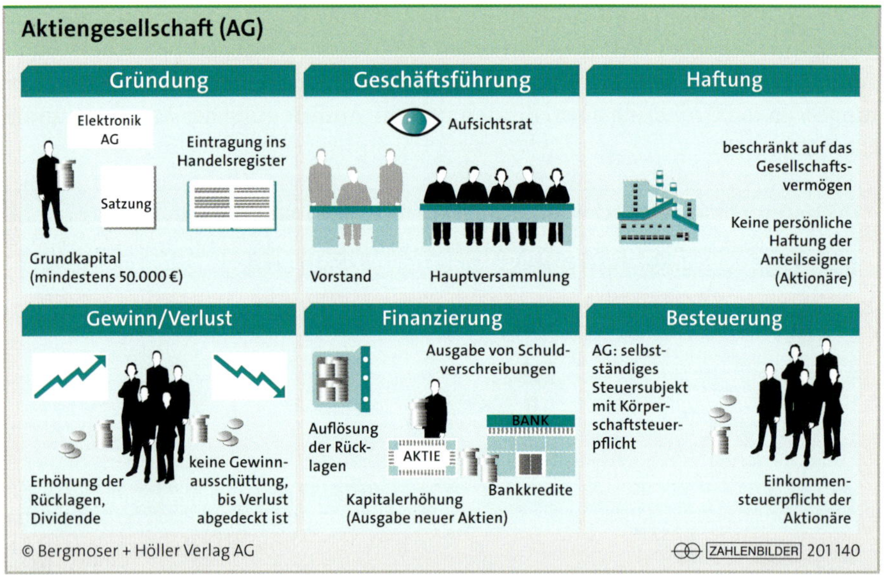

Mindestens ein Drittel des Aufsichtsrates wird gemäß Betriebsverfassungsgesetz von Arbeitnehmern gebildet. Seine Hauptaufgabe besteht in der Bestellung, Abberufung und Überwachung des Vorstandes sowie der Festlegung der Unternehmenspolitik.

Die **Hauptversammlung** wird einmal im Jahr vom Vorstand einberufen. Die Aktionäre beschließen unter anderem über Bestellung und Entlastung des Vorstandes und des Aufsichtsrates. Bei der Beschlussfassung hat jeder Aktionär ein Stimmrecht pro Aktie. In der Regel gilt für Beschlüsse der Hauptversammlung die einfache Stimmenmehrheit, für Entscheidungen von besonderer Tragweite (z. B. Satzungsänderungen oder Kapitalbeschaffung) bedarf es jedoch einer qualifizierten Mehrheit von 75 % des bei der Beschlussfassung vertretenen Grundkapitals.

5.3.3 Europäische Unternehmensformen

z. B. EuGH, Urteil vom 30.09.2003, Rs. C-167/01, Slg. 2003, I-10155

Aufgrund mehrerer Urteile des Europäischen Gerichtshofes (EuGH) werden alle Unternehmensformen, die in den einzelnen Mitgliedsländern existieren, auch in allen anderen Mitgliedsländern anerkannt. Es steht einem Unternehmen in Deutschland damit frei, z. B. auch als britische „Private Company Limited by Shares“ (Ltd) oder als spanische „Sociedad de Responsabilidad Limitada Nueva Empresa“ (SLNE) zu firmieren. Die Wahl einer europäischen Unternehmensform birgt für inländische Unternehmen Chancen und Risiken. Eine wesentliche Chance besteht in einem geringeren Haftungskapital bei einigen europäischen Gesellschaftsformen, ein Risiko kann im höheren Organisationsaufwand liegen und in der Schwierigkeit, im Heimatland kompetente juristische Beratung zur entsprechenden Gesellschaftsform zu finden.

Eine Übersicht über die in der Europäischen Union möglichen Rechtsformen finden Sie z. B. unter www.stuttgart.ihk24.de.

Von den Unternehmensformen der anderen EU-Mitgliedsstaaten sind die **europäischen Unternehmensformen** wie z. B. die SE (Societas Europaea, auch „Europa-AG“) und die SCE (Societas Cooperativa Europaea, auch „europäische Genossenschaft“) abzugrenzen. Diese wurden für Unternehmen geschaffen, die Tochtergesellschaften in verschiedenen EU-Ländern unterhalten. Die Konzernstruktur wird mithilfe dieser Unternehmensformen vereinfacht und die Mobilität in Europa erleichtert.

5.4 Genossenschaft

Die Genossenschaft ist eine Gesellschaft von nicht geschlossener Mitgliederzahl, deren Zweck drauf gerichtet ist, den Erwerb oder die Wirtschaft ihrer Mitglieder oder deren soziale oder kulturelle Belange durch einen gemeinschaftlichen Geschäftsbetrieb zu fördern. Gesetzliche Grundlage ist das Genossenschaftsgesetz (GenG). Ferner gilt für ins Genossenschaftsregister eingetragene Genossenschaften (eG) das Handelsgesetzbuch (HGB). Die **Grundzüge des Firmenrechts** gelten ebenfalls für eine Genossenschaft.

Wesen der Genossenschaft:
§ 1 GenG

Grundzüge des Firmenrechts
Die Wahl und Nutzung eines Firmennamens sind für einen Kaufmann mit verschiedenen gesetzlichen und gewohnheitsrechtlichen Grundsätzen verbunden, wie z. B. der Firmenwahrheit und -unterscheidbarkeit.

Die Mitglieder der Genossenschaft (Genossen) sind untereinander gleichberechtigt ohne Rücksicht auf die Höhe ihrer Kapitalbeteiligung an der Genossenschaft. Die Genossenschaft verwaltet sich selbst durch die Genossenschaftsorgane (Vorstand, Aufsichtsrat sowie General- und ggf. Vertreterversammlung). Der gemeinschaftliche Geschäftsbetrieb soll im Sinne der Förderungsaufgabe nicht gewinnorientiert sein.

Eine eingetragene Genossenschaft (eG) gehört weder zu den Personen- noch zu den Kapitalgesellschaften. Für die Gründung sind mindestens drei Mitglieder erforderlich. Dabei kann es sich um natürliche und juristische Personen als auch um Unternehmen handeln. Zudem ist ein schriftlicher Gesellschaftsvertrag nötig, man spricht hier auch vom Statut.

Anders als bei einer GmbH oder AG muss bei Gründung einer Genossenschaft kein Mindestkapital eingebracht werden. Allerdings ist es möglich, ein entsprechendes Mindestkapital per Satzung festzuschreiben.

Die Haftung der Genossenschaft beschränkt sich auf das Genossenschaftsvermögen, welches sich aus den Einlagen der Mitglieder zusammensetzt (den Genossenschaftsanteilen). Darüber hinaus ist es aber auch möglich, dass per Statut eine Nachschusspflicht der Mitglieder festgeschrieben wird. Bei einer Nachschusspflicht handelt es sich um die Verpflichtung jedes Mitglieds, eine Nachzahlung zu leisten, falls es erforderlich ist. Das kann z.B. im Fall einer Insolvenz nötig sein, um so Gläubiger zufriedenstellen zu können.

Beispiel

Wohnungsbaugenossenschaften werben damit, dass man kein Mieter ist, sondern ein Mitglied, Gemeinschaftseigentümer der Genossenschaft. Und wer Eigentümer ist, hat es besser als jeder Mieter. Was einem gehört, kann einem keiner mehr nehmen. Deshalb haben Mitglieder in einer Genossenschaft ein Wohnrecht auf Lebenszeit. Außerdem entscheidet man selbst, was im Haus und in der Siedlung passiert. Dafür gibt es die Selbstverwaltung.

Statt einem Mietvertrag wird ein Nutzungsvertrag abgeschlossen. Allerdings gelten für diesen Nutzungsvertrag dieselben rechtlichen Bestimmungen wie für einen Mietvertrag. Hinzu kommt das Genossenschaftsverhältnis, das sich nach dem Genossenschaftsgesetz und dem Statut der Genossenschaft richtet. Statt einer Kaution zahlt man Genossenschaftsanteile ein und wird Mitglied. Aus dem Genossenschaftsverhältnis kann sich je nach Statut ein Anteil am Gewinn oder gar eine Verzinsung des Geschäftsguthabens (der Genossenschaftsanteile) ergeben.

5.5 Kapitalbeschaffung

Finanzierung lässt sich definieren als die **Beschaffung finanzieller Mittel** für Unternehmenszwecke. Dazu wird anhand einer **Finanzplanung** der Finanzierungsbedarf ermittelt. Höhe und Dauer des Bedarfs bestimmen dann die Herkunft der Finanzierungsmittel und damit auch die Kosten der Kapitalbeschaffung.

Unterschieden wird in einen kurzfristigen und langfristigen Finanzierungsbedarf und die Rechtsstellung der Kapitalgeber. Bei der **Eigenfinanzierung** haben die Kapitalgeber eine Eigentümerposition, bei der **Fremdfinanzierung** eine Gläubigerposition. Aus der Gläubigerposition ergibt sich der Anspruch auf Verzinsung und Rückzahlung.

Im **Liquiditätsplan** werden die zu erwartenden Zahlungsströme erfasst, und wenn die Auszahlungen größer sind als die Einzahlungen, entsteht ein Finanzierungsbedarf. Die Liquiditätsplanung und die Finanzplanung sind in die Gesamtplanung des Unternehmens eingebunden, zu der z. B. auch die Investitionsplanung gehört.

Die kostengünstigste Finanzierungsform ist die **Innenfinanzierung**: Aus den Umsatzerlösen werden überschüssige Mittel gewonnen und können für Unternehmenszwecke eingesetzt werden. Die folgende Übersicht fasst alle möglichen Finanzierungsformen zusammen:

Finanzierungsformen		
	Innenfinanzierung	**Außenfinanzierung**
Eigenfinanzierung	Einbehaltung von Gewinnen, Abschreibungen	Beteiligungsfinanzierung, z. B. Ausgabe von Aktien
Fremdfinanzierung	Bildung von Rückstellungen	Kreditaufnahme (Darlehen)

Beispiel

In der MEWOH Musterwohn GmbH soll Kapital in Form einer Innenfinanzierung aufgebracht werden. Die Gesellschafterversammlung beschließt, den Gewinn des abgelaufenen Geschäftsjahres in der GmbH zu belassen und nicht an die Gesellschafter auszuschütten.

Abschreibungen und Rückstellungen
▶ Band 3, LF 13

Die Einbehaltung von Gewinnen stellt eine **Innenfinanzierung in Form einer Eigenfinanzierung** (Selbstfinanzierung) dar. Die Buchung von Abschreibungen und Rückstellungen bedeutet, dass der ausschüttbare Gewinn reduziert wird und so die aus dem Umsatzprozess gewonnenen finanziellen Mittel für andere Zwecke verwendet werden können.

6 Organisationsformen und Personalbeschaffung

SB ▶ SITUATION 17 Organisationsformen von Unternehmen

Zunehmender Wettbewerb und ein steigender Digitalisierungsgrad ziehen für viele Unternehmen neue Herausforderungen nach sich. Sie müssen schneller und flexibler auf Marktänderungen reagieren und dabei gezielter auf Kundenbedürfnisse und -erwartungen eingehen. Folgerichtig wurde bereits vor Jahren eine verstärkte **Kundenorientierung** von der Mehrheit der deutschen Unternehmen als zentrale Unternehmensstrategie erkannt, jedoch sind in der Praxis Probleme bei der Umsetzung offensichtlich. Die Zahl der Kunden, die pro Mitarbeiter zu betreuen sind, steigt ständig, hohe Anforderungen und meist auch eine hohe Arbeitsbelastung der betreuenden Mitarbeiter sind die Folgen. Nicht selten treten Schwierigkeiten bei der Einarbeitung neuer Mitarbeiter auf, die über wenig spezifische Erfahrung im Umgang mit den Kunden verfügen, und tragen zusätzlich zur Verschärfung der Probleme bei.

Für die Unternehmen reicht die alleinige Festschreibung von Kundenorientierung in den Unternehmenszielen nicht aus, sondern es müssen begleitend **organisatorische** und personelle Maßnahmen durchgeführt werden. Kundenorientierung kann letztlich nur in einer reibungslos funktionierenden Organisationsstruktur und von fachlich, methodisch und sozial kompetenten Mitarbeitern umgesetzt werden.

Unternehmensziele
▶ LF 2, Kap. 4.2

6.1 Leitungs- und Weisungssysteme

Beispiel

Isabell Ahrens wird am vierten Tag ihrer Ausbildung mit folgenden Worten von ihrem Ausbilder Herrn Ferrara begrüßt: „Sie sollten möglichst bald die Kollegen in unserem Betrieb kennenlernen. Anhand dieses Organigramms können Sie sich erst einmal einen Überblick über die Mitarbeiter und die Organisationsstrukturen der MEWOH verschaffen." Isabell erhält ein Blatt Papier, auf dem eine Art Tabelle abgebildet ist. Leider kommt sie nicht mehr dazu, zu fragen, was ein Organigramm ist.

Isabell widmet sich dem **Organigramm** und stellt fest, dass sie gar nicht zu fragen braucht, wenn sie es sich nur genau anschaut. Es handelt sich nämlich um die genaue Aufstellung der in der MEWOH Musterwohn GmbH vorhandenen Abteilungen inklusive deren Mitarbeiter. „Hier unten stehe ja sogar ich drauf", stellt sie überrascht fest. Aber noch etwas ist interessant: Anhand der Linien und der Positionierung auf der Seite kann man auch genau den hierarchischen Aufbau erkennen. Frau Dr. Pohl und Herr Riedel sind die „Chefs vom Ganzen", denn sie stehen ganz oben auf dem Papier und haben zu jeder Abteilung eine Verbindung (von oben nach unten).

Organigramm
Darstellung des hierarchischen und strukturellen Aufbaus eines Unternehmens (siehe Modellunternehmen Seite 18)

Alle Abteilungen sind gleichberechtigt, da sie nebeneinander auf gleicher Ebene stehen. Die Abteilungsleitungen sind gesondert in einem Kästchen erkennbar und mit den Teamleitungen durch eine vertikale Linie verbunden. Sie sind den Teamleitungen und deren Mitarbeitern gegenüber weisungsbefugt. Anhand der Linien kann man also auch die **Führungs- und Weisungsbefugnisse** und die einzuhaltenden Dienstwege ablesen.

Anhand des Organigramms der MEWOH Musterwohn GmbH ist die **funktionale Einteilung** des Unternehmens in Abteilungen zu erkennen: Alle Personen, die Kunden akquirieren, sind der Abteilung Vertrieb zugeordnet. Ebenso sind die Mitarbeiter, deren Aufgabengebiet beispielsweise im Personalmanagement oder der Aus- und Weiterbildung liegt, der „Allgemeinen Verwaltung" zugeordnet. Diese Einteilung bei der MEWOH Musterwohn GmbH resultiert aus der Zusammenfassung aller **Stellen**, die dieselben oder ähnliche Aufgabengebiete umfassen.

Stelle
Kleinste Einheit in der Organisation eines Unternehmens. Jede Stelle wird von einem Mitarbeiter besetzt.

▶ LF 2, Kap. 6.2.1

Anhand des Organigramms kann Isabell
- die Stelleneinteilung,
- den hierarchischen Aufbau (z. B. den einzuhaltenden Dienstweg),
- die Bildung der Abteilungen durch Stellenzusammenlegung,
- die bei der Stellen- und Abteilungseinführung zugrunde gelegte Strukturierung (z. B. funktionale Struktur)

erkennen. Gleichzeitig bekommt sie einen Eindruck von der Größe des Unternehmens. Es gibt aber auch Unternehmen, die nicht nach ihren Aufgabengebieten (Funktionsbereichen) strukturiert sind.

In der Regel werden folgende Typen von Weisungssystemen unterschieden:

6.1.1 Einliniensystem

Das Organigramm der MEWOH Musterwohn GmbH zeigt, dass dieses Unternehmen sehr übersichtlich strukturiert ist. Jeder Mitarbeiter ist nur durch eine Linie (Weisungslinie) mit seinem Vorgesetzten verbunden. Keiner hat noch andere Verbindungen zu anderen Abteilungen oder ist anderen Vorgesetzten unterstellt. Das heißt, für jeden Mitarbeiter ist der Dienstweg festgelegt, den er einhalten muss: Er kann nur über seinen Vorgesetzten mit einer anderen Abteilung in Verbindung treten. Auch die Geschäftsführung gibt Anweisungen, jedoch im Regelfall nicht an einzelne Mitarbeiter, sondern sie informiert die Abteilungsleitungen über Neuerungen, Änderungen etc. Diese Organisationsform nennt man Einliniensystem.

Einliniensystem (Strukturierung nach Regionen)

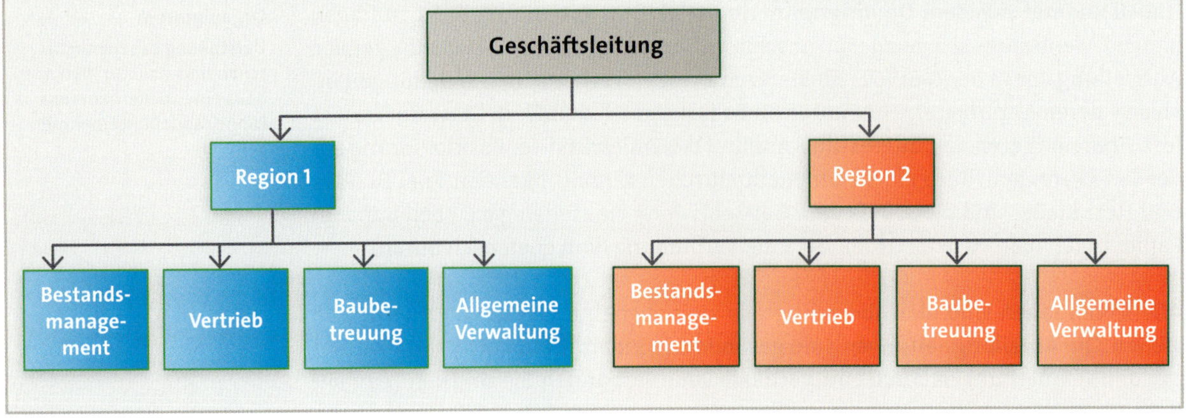

6.1.2 Mehrliniensystem

Beim Mehrliniensystem dagegen hat jeder Mitarbeiter einer Abteilung nicht nur einen direkten Vorgesetzten, sondern ist auch anderen höherrangigen Mitarbeitern gegenüber weisungsgebunden. Man nennt das Mehrliniensystem auch **Funktionalsystem**, weil die Mitarbeiter in Abhängigkeit von ihrer jeweiligen Aufgabe (Funktion) immer von demjenigen Vorgesetzten Anweisungen erhalten, der für diesen Bereich über das entsprechende Fachwissen verfügt.

Mehrliniensystem eines Elektrogroßhandels

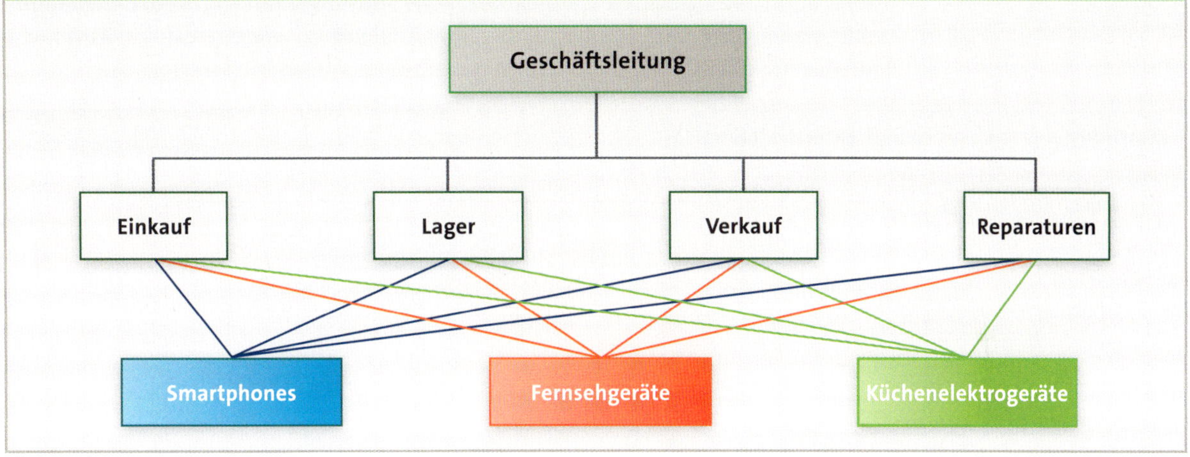

6.1.3 Stabliniensystem

Das Stabliniensystem ergänzt das Liniensystem durch Stäbe. Stäbe sind Abteilungen oder Stellen ohne Weisungsbefugnis. Dabei könnte es sich zum einen um Spezialisten handeln, die den anderen Abteilungen beratend zur Seite stehen, z. B. EDV-Fachleute. Zum anderen handelt es sich um Abteilungen oder Mitarbeiter, die direkt der Geschäftsleitung zuarbeiten, z. B. Qualitätsmanagement oder Sekretariat. Allen Stäben ist aber gemein, dass sie nicht direkt der Erfüllung der primären betrieblichen Aufgabe dienen.

Stabliniensystem

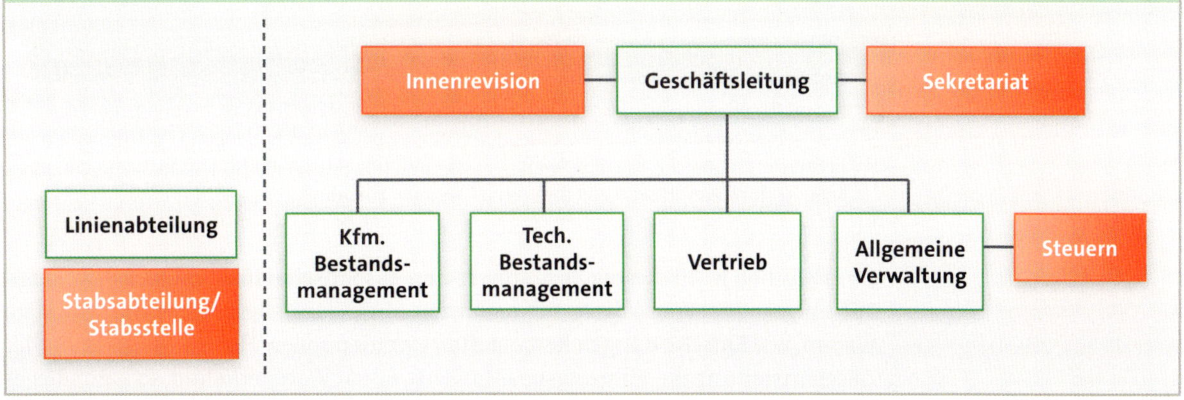

6.1.4 Matrixorganisation

Innerhalb der Matrixorganisation existieren zwei Führungsebenen, die mit projekt- und funktionsbezogenen Führungskräften besetzt werden. Das bedeutet, dass sich ein Mitarbeiter z. B. in Urlaubsfragen an den spezialisierten Vorgesetzten „Personal" wendet, während er sich in projektbezogenen Angelegenheiten, z. B. Schwierigkeiten bei der Entwicklung einer neuen Lernsoftware, an den entsprechenden projektbezogenen Vorgesetzten wendet.

Die Unternehmensleitung spielt bei der Matrixorganisation eine untergeordnete Rolle. Somit wendet sich die projektbezogene Führungskraft z. B. bei der Einstellung eines neuen Mitarbeiters nicht an die Geschäftsleitung, sondern wählt in Absprache mit der funktionsbezogenen Führungskraft einen neuen Mitarbeiter aus.

Matrixorganisation eines Softwareherstellers

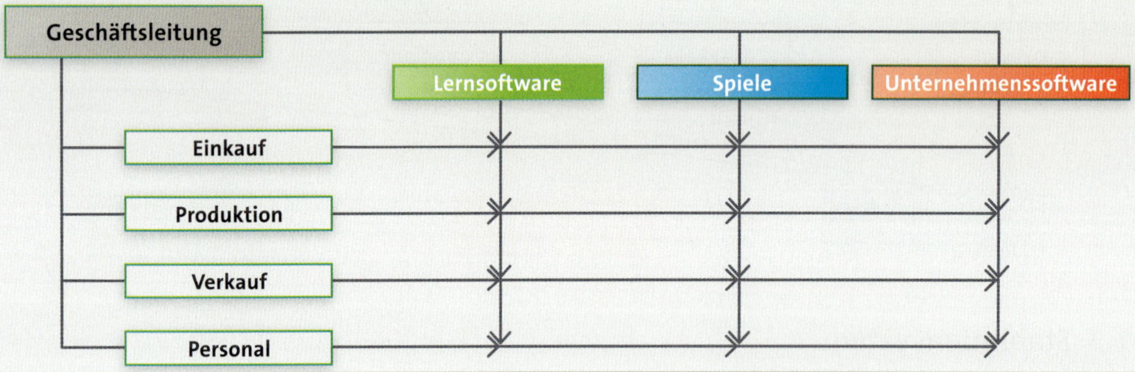

6.1.5 Spartenorganisation (divisionalisierte Organisation)

Profitcenter
Aufteilung eines Unternehmens nach Warengruppen mit jeweils separater Erfolgsermittlung

Die Spartenorganisation ist durch einen Warenbezug des Unternehmensaufbaus gekennzeichnet **(Objektprinzip)**. Das Gesamtunternehmen wird nach Waren oder Warengruppen aufgeteilt. Die Leiter dieser **Profitcenter** tragen die Erfolgsverantwortung für ihren Bereich. Unübersichtliche Unternehmen werden so in mehrere kleine übersichtliche „Teilunternehmen" aufgespalten, sodass die einzelnen Spartenleiter aufgrund ihres Entscheidungsspielraums mehr Verantwortung erhalten.

Beispiel

Isabell Ahrens fällt auf, dass für Entscheidungen in der MEWOH Musterwohn GmbH immer genau geregelt ist, wer sie zu treffen hat, weil das Unternehmen im Einliniensystem organisiert ist. Sie fragt sich jedoch, wie Entscheidungen zustande kommen, wenn die Entscheidungsverantwortung mehreren Personen zukommt.

Zu erwähnen ist in diesem Zusammenhang das **Entscheidungssystem** der oberen Führungsebene. Wenn diese aus mehreren Mitgliedern besteht, ist es wichtig zu wissen, wie Entscheidungen herbeigeführt werden sollen. Hat ein Mitglied aus der Geschäftsleitung die Führungsposition (z. B. durch Wahl) erhalten, so kann dieses Mitglied die endgültige und alleinige Entscheidung treffen **(Direktorialsystem)**.

Spartenorganisation eines Automobilhändlers

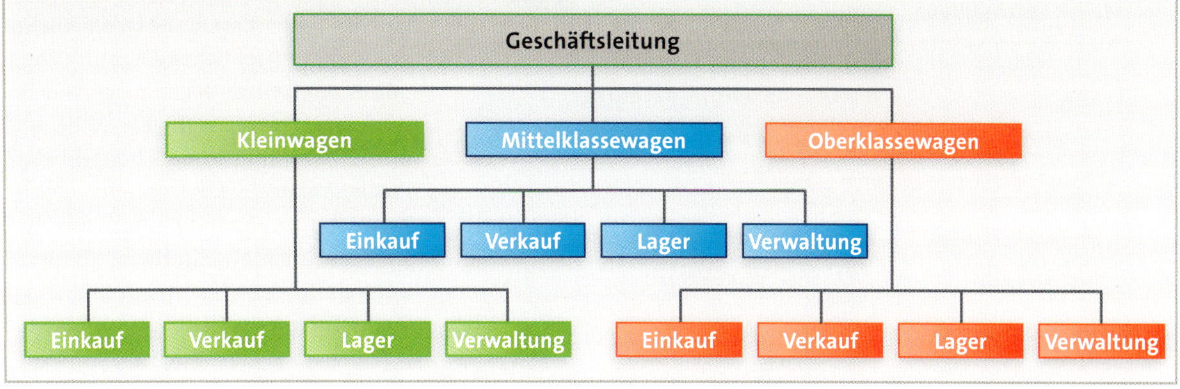

Beim **Kollegialsystem** werden die Entscheidungen von allen Mitgliedern der Geschäftsleitung gemeinsam getroffen. Nur für den Fall einer Stimmengleichheit können die Mitglieder einen „Primus inter Pares" (Erster unter Ranggleichen) bestimmen, der dann die endgültige Entscheidung trifft.

Leitungs- oder Weisungssysteme

Einliniensystem	eindeutige Zuordnung der Mitarbeiter zu ihrem Vorgesetzten
Mehrliniensystem	je nach Funktion bzw. Aufgabe kann der Mitarbeiter verschiedene Vorgesetzte haben (Funkionalsystem)
Stabliniensystem	Erweiterung des Liniensystems durch Stäbe
Matrixorganisation	unterschiedliche Vorgesetzte für projektbezogene und für funktionsbezogene Angelegenheiten
Spartenorganisation	Unternehmen ist warenbezogen in verschiedene Bereiche (Profitcenter) unterteilt

6.2 Abhängigkeit der Aufbauorganisation von der Gesamtaufgabe des Unternehmens

Die Organisationsform eines Unternehmens entsteht natürlich nicht zufällig. Auch die Aufgabenteilung und die Entstehung von (neuen) Stellen, die Bildung von Abteilungen oder **Instanzen** ergeben sich nicht von ungefähr. Die Aufbauorganisation ist das Ergebnis betrieblicher Überlegungen. Der Betrieb soll so organisiert sein, dass ein möglichst reibungsloser Ablauf des Betriebsgeschehens gewährleistet ist. Dabei müssen Einflussfaktoren wie die Größe des Unternehmens, Haupttätigkeitsfelder, Absatzmärkte usw. berücksichtigt werden.

Instanz
Stelle mit Weisungsbefugnis

Darüber hinaus sind auch immer die persönlichen Führungsvorstellungen der Führungskräfte zu berücksichtigen. Diese entscheiden, nach welchen Prinzipien die Stellen gebildet werden, welche Weisungsbefugnisse den Mitarbeitern innerhalb ihrer Stelle eingeräumt werden, welcher Führungsstil bevorzugt wird und welche Führungstechniken angewendet werden.

Das Bilden von Stellen und Abteilungen kann nach dem **Funktionsprinzip** (Bildung von Stellen mit unterschiedlichen Tätigkeiten) und dem **Objektprinzip** (Bildung von Stellen für unterschiedliche Objekte, wie z. B. Kundengruppen oder Regionen) erfolgen.

Stellenbeschreibung

Stellenbezeichnung:	**Sachbearbeiter(in) Vertrieb Vermietung und Verpachtung**
Übergeordnete Stelle	Abteilungsleitung Vertrieb
Untergeordnete Stellen	Keine
Aufgaben der Stelleninhaberin/ des Stelleninhabers	• Pflege der direkten Kundenbeziehungen • Neugewinnung von Kunden • Verkaufsgespräche inkl. fachliche Beratung der Kunden • Abschluss von Miet- und Pachtverträgen • Ansprechpartner(in) für Behörden und sonstige Institutionen • Erstellen von Miet- und Pachtangeboten • Durchführung von Besichtigungsterminen
Schulbildung	Mittlerer Abschluss, Fachhochschulreife oder Allgemeine Hochschulreife
Berufsbildung	Immobilienkaufmann/-frau
Weitere Anforderungen	• Gute Deutsch- und Englischkenntnisse in Wort und Schrift • Gute Kenntnisse gängiger PC-Programme • Kommunikative Fähigkeiten • Freundliches Auftreten

Beispiel für eine Stellenbeschreibung

6.2.1 Stellenbeschreibung

Eine Stellenbeschreibung ist ein wichtiges innerbetriebliches Organisationsmittel, denn sie enthält eine genaue Beschreibung der jeweiligen Stelle und ihre Einordnung in den betrieblichen Prozessablauf. Sie beschreibt, welche Kompetenzen der Stelleninhaber hat, welchem anderen Mitarbeiter die Stelle unterstellt ist und wem gegenüber der Stelleninhaber weisungsbefugt ist. Sie legt aber auch fest, welche Anforderungen an den Stelleninhaber gestellt werden, z.B.:

- Schulbildung
- Berufsausbildung
- Praxiserfahrung
- Sprachkenntnisse
- EDV-Kenntnisse
- Kommunikationsfähigkeit
- Problemlösekompetenzen

Neben diesem eher tabellarischen Teil enthält die Stellenbeschreibung auch eine ausführliche Beschreibung der anfallenden Tätigkeiten. Die Stellenbeschreibung dient als Grundlage z.B. für Stellenausschreibungen im Rahmen der Personalbeschaffung, ist aber auch eine wichtige Hilfe bei der Einarbeitung neuer Mitarbeiter.

6.2.2 Besetzung einer Stelle

Will ein Unternehmen eine Stelle neu besetzen, versucht es auf jeden Fall **die geeignete Person** für diese Position zu finden, da eine Fehlbesetzung – z.B. aufgrund von Leistungsmängeln des neuen Mitarbeiters, notwendigen Qualifizierungsmaßnahmen oder sogar einer notwendigen Neubesetzung der Stelle – hohe Kosten verursachen kann.

Voraussetzung dafür ist die Erstellung eines **Anforderungsprofils** der zu besetzenden Stelle (Soll-Profil) auf Grundlage der dort anfallenden Aufgaben. Zum anderen muss im Rahmen der Bewerberauswahl für jeden Bewerber ein **Fähigkeitsprofil** (Ist-Profil) erstellt werden, das seine Qualifikationen und Neigungen wiedergibt. Das **Eignungsprofil** ergibt sich dann aus der Schnittmenge von Anforderungs- und Fähigkeitsprofil.

Eignungsprofil

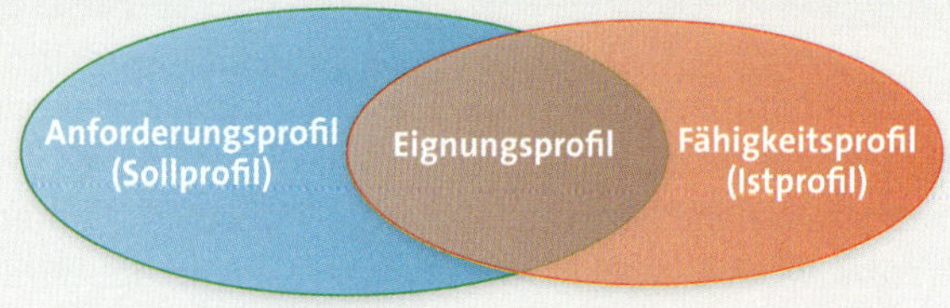

Eine freie Stelle kann sowohl innerbetrieblich als auch extern, also auf dem Arbeitsmarkt, angeboten werden. Aus der bereits erläuterten Stellenbeschreibung ergibt sich dann auch die Stellenausschreibung, die notwendig ist, wenn neues Personal angeworben werden soll.

Der zukünftige Bewerber muss der Stellenausschreibung Folgendes entnehmen können:

- Aufgabengebiet, für das der Mitarbeiter gesucht wird
- Einsatzort
- Anforderungen und Erwartungen der Unternehmung
- ggf. Alterseinschränkungen, Schul- und Ausbildung
- Berufserfahrung
- Dauer der Beschäftigung
- mögliche Aufstiegschancen
- Hinweis auf tarifliche oder übertarifliche Bezahlung
- Ansprechpartner für die Bewerbung

6.2.3 Interne Personalbeschaffung

Die **innerbetriebliche (interne) Stellenausschreibung**, z. B. am schwarzen Brett, in der Unternehmenszeitung oder im Intranet des Unternehmens, hat den Vorteil, dass der zukünftige Mitarbeiter das Unternehmen schon kennt und nicht erst eingearbeitet werden muss. Die Fähigkeiten und Fertigkeiten des Mitarbeiters sind dem Unternehmen bekannt, sodass eine Fehlbesetzung weitgehend vermieden werden kann. Wenn es um einen Aufstieg geht, fördert das die Motivation anderer Mitarbeiter, sich innerbetrieblich einzusetzen. Teure Stellenanzeigen und aufwendige Auswahlverfahren können so vermieden werden.

Nachteile der internen Personalbeschaffung können eine zu geringe Bewerberauswahl und hohe Fortbildungskosten sein. Abgelehnte Bewerber können sich zurückgesetzt fühlen, was negative Auswirkungen auf die Mitarbeitermotivation und das Betriebsklima haben kann.

6.2.4 Externe Personalbeschaffung

Bei der externen Suche nach geeigneten neuen Mitarbeitern stehen folgende Möglichkeiten zur Verfügung, die möglichst zeitgleich genutzt werden sollten.

Stellenanzeigen

Der Stellenmarkt in Tageszeitungen, Fachzeitschriften und im Internet bietet eine gute Chance, möglichst viele Interessenten anzusprechen. Um die spätere Bewerberauswahl zu vereinfachen, sollte die Stellenanzeige ein genaues Profil der geforderten Qualifikationen aufweisen. Eine Bewerbung ist nur dann lohnenswert, wenn der Bewerber die in der Anzeige benannten Anforderungen erfüllen kann.

Als Informationen für die möglichen Bewerber gehören folgende Bestandteile zu einer Stellenausschreibung als Annonce:

Akquisetalent gesucht!

Sie sind kontaktfreudig und aufgeschlossen,
... haben eine abgeschlossene Ausbildung in der Immobilienwirtschaft
... Erfahrung im Bereich der Kundengewinnung
... gute Englischkenntnisse

Wir suchen flexible, teamfähige
Mitarbeiter/-innen für unseren Vertrieb
Wir bieten leistungsgerechte Bezahlung und ein Firmenticket.

Ihre Bewerbung richten Sie bitte an:
MEWOH Musterwohn GmbH
Herrn Marius Schurns
Fangerstraße 15-20, 04104 Leipzig
Tel: 0341 9321XX-40
oder marius.schurns@mewoh-musterwohn.dex

- Name und Adresse des ausschreibenden Unternehmens
- Bezeichnung der Stelle
- Gründe für die Stellenanzeige
- Informationen zum suchenden Unternehmen
- Anforderungen an den möglichen Bewerber
- evtl. Hinweise auf das Gehalt oder Sozialleistungen des Unternehmens
- Hinweise zur Vorgehensweise bei Bewerbungen

Aushänge
Ein Stellengesuch auf einem Plakat, z. B. in der eigenen Filiale, hat den Vorteil, dass sich interessierte Bewerber gleich ein Bild von ihrem möglichen Arbeitsplatz machen können. Außerdem besteht die Chance, eine offene Stelle relativ schnell und unkompliziert zu besetzen.

Arbeitsagentur
Die Bundesarbeitsagentur unterstützt bei der Suche nach neuen Mitarbeitern. Sie ist der größte Arbeitsvermittler. Daneben gibt es aber noch viele weitere private Arbeitsvermittler. Die Agentur für Arbeit nutzt immer stärker die Möglichkeiten des Internets. Über die Jobbörse der Arbeitsagentur können sich Stellensuchende online oder bei den Infoterminals der Arbeitsagentur über offene Stellen informieren. Dazu ist es notwendig, dass sich Unternehmen, die einstellen möchten, bei der Arbeitsagentur registrieren lassen. Auch Arbeitssuchende können sich bei der Arbeitsagentur registrieren lassen und entsprechende Bewerberprofile erstellen. Passende Arbeitsplatzangebote werden dann den Arbeitssuchenden per E-Mail zugesandt oder im persönlichen Gespräch bekannt gegeben.

Wesentliche Aufgaben der Bundesagentur für Arbeit sind Vermittlung in Ausbildungs- und Arbeitsstellen, Berufsberatung, Arbeitgeberberatung, Förderung der Berufsausbildung, Förderung der beruflichen Weiterbildung, Förderung der beruflichen Eingliederung, von Menschen mit Behinderung, Leistungen zur Erhaltung und Schaffung von Arbeitsplätzen, Entgeltersatzleistungen, wie zum Beispiel Arbeitslosengeld oder Insolvenzgeld.

6.2.5 Gründe für die Besetzung einer Stelle

Als Teilgebiet der Personalwirtschaft ist es die Aufgabe der **Personalbedarfsplanung**, abzuschätzen, wie groß der Personalbedarf eines Unternehmens in der Zukunft sein wird. Dabei geht es im Rahmen der **Personalbedarfsermittlung** nicht nur um absolute Mitarbeiterzahlen (Quantität), sondern auch um die notwendigen Qualifikationen (Qualität), die die Mitarbeiter haben müssen.

Grundlage der quantitativen Bedarfsplanung können z. B. festgesetzte Arbeitszeiten oder vorgegebene Stellenpläne sein. Eine Stelle kann auch mit zwei Teilzeitmitarbeitern besetzt sein.

Quantitative Personalbedarfsplanung
Bei der quantitativen Personalplanung wird vom aktuellen Personalbestand ausgegangen. Der gegenwärtige Personalbestand (Ist-Bestand) kann sich durch vorhersehbare Ereignisse verändern:

Beispiel

- Ein Mitarbeiter erreicht die Altersgrenze und scheidet aus dem aktiven Erwerbsleben aus.
- Ein befristetes Arbeitsverhältnis läuft aus.

Diese Personalveränderungen sind vorhersehbar und daher gut planbar. Nicht planbar, sondern allenfalls schätzbar sind dagegen unvorhersehbare Personalveränderungen wie langfristige Krankheit, Kündigung oder gar Tod. Alle genannten Personalveränderungen führen dazu, dass bei gleichbleibender Geschäftslage ein **Ersatzbedarf** besteht, der rechtzeitig gedeckt werden muss. Das kann entweder durch Neueinstellungen geschehen oder auch durch geplante Zugänge wie z. B. die Übernahme von eigenen Auszubildenden oder die Rückkehr einer Mitarbeiterin aus der Elternzeit.

Ersatzbedarf
ergibt sich, wenn bei gleichbleibender Beschäftigungslage Personal ausscheidet.

Darüber hinaus kann es auch einen **Neubedarf** geben, der sich aus der gesamtunternehmerischen Zielsetzung ergibt.

Neubedarf
ergibt sich bei Betriebserweiterungen oder höherer Beschäftigung.

Beispiel

- Es werden weitere Geschäftsstellen eröffnet.
- Es werden neue Sortimentsbereiche angeboten.
- Das Kundenbindungskonzept hat Erfolg und die Kundenfrequenzen steigen.

Es kann aber auch gute Gründe für Personaleinschränkungen geben. Dieser **Minderbedarf** muss natürlich auch geplant werden.

Beispiel

- Rationalisierungsmaßnahmen
- Kundenfrequenzrückgang durch Neueröffnung eines Wettbewerbers
- Auslagerung, z. B. einer Abteilung, an ein externes Unternehmen (Outsourcing)

Rationalisierung
zweckmäßige Anordnung von Arbeitsabläufen zur Steigerung der Effizienz

Nicht immer ist es möglich, diesen Minderbedarf durch natürliche **Fluktuation** aufzufangen. Ordentliche Kündigungen für bestimmte Mitarbeiter können die Folge sein. Der **Einsatzbedarf** als Ergebnis der Personalbedarfsplanung ist genau jener Bedarf, der zur Verwirklichung geplanter Aufgaben notwendig ist. Darüber hinaus berücksichtigt der **Reservebedarf** alle Situationen, die durch Fehlzeiten, Arbeitsausfälle oder die Einarbeitung neuer Mitarbeiter entstehen können und ergänzt den Einsatzbedarf so, dass alle betrieblichen Arbeitsabläufe aufrechterhalten werden.

Fluktuation (lat.)
Wechsel, Schwankung; hier: die freiwillige Aufgabe eines Arbeitsplatzes

Mithilfe des folgenden Schemas lässt sich der quantitative Personalbedarf für einen bestimmten Planungszeitpunkt ermitteln.

	Ist-Personalbestand am Anfang der Planperiode
–	voraussichtliche Personalabgänge
+	erwartete Personalzugänge
=	**prognostizierter Personalbestand zum Planungszeitpunkt**
	(Vergleich zum Soll-Personalbestand entsprechend der Unternehmensplanung)
=	**erforderlicher Personalbedarf (ggf. Personalabbau oder Neueinstellung)**

Qualitative Personalbedarfsplanung
Die qualitative Personalplanung geht nicht nur von absoluten Zahlen aus, sondern auch von den Qualifikationen der Mitarbeiter. Der Abteilungsleiter braucht beispielsweise ein anderes Qualifikationsprofil als die Teilzeitkraft in der Telefonzentrale. Die jeweilige Stellenbeschreibung im Unternehmen gibt über die vom entsprechenden Mitarbeiter erwarteten Qualifikationen Auskunft.

SB ▶ SITUATION 18
Datenschutz und Datensicherheit gewährleisten

6.2.6 Schutz personenbezogener Daten

Quantitative und qualitative Personalplanung zeigen den konkreten Personalbedarf eines Unternehmens auf. Für Mitarbeiter, bei Versetzungen innerhalb des Unternehmens, bei der Einstellung neuer Mitarbeiter und ebenso bei Bewerbern um eine Stelle sind jeweils sensible Personaldaten zu bearbeiten und zu verwalten. Dazu gehören nicht nur Name, Anschrift und Geburtsdatum, sondern auch Angaben über persönliche Verhältnisse, wie z. B. Krankheiten, die in besonderer Art und Weise geschützt werden müssen.

Der Gesetzgeber hat strenge Rahmenbedingungen für den Schutz von personenbezogenen Daten formuliert, die von Zeit zu Zeit den neuen Datenbearbeitungs- und Speicherungstechnologien angepasst werden müssen.

Notwendige technische und organisatorische **Datenschutzmaßnahmen** sind z. B.
- Zugangsbeschränkungen, etwa durch Passwortschutz oder Fingerabdruck-Scanner,
- Schutz vor missbräuchlicher Versendung, Kopie, Löschung oder Veränderung, etwa durch Hardwarebeschränkungen (keine Brenner, USB-Ports usw.) oder durch gestaffelte Zugangsrechte mit Administratoren, die Schreib- und Leserechte verwalten,
- ständig zu aktualisierende Anti-Viren-Programme und Firewalls,
- moderne Verschlüsselungstechniken bei Datenübertragungen,
- Nutzung von modernen Backup-Systemen, um Sicherungskopien zu erstellen,
- evtl. Verbot von privater Smartphone-Benutzung im Unternehmen.

vgl. § 64 BDSG Anforderungen an die Sicherheit der Datenverarbeitung

Darüber hinaus müssen grundsätzliche Maßnahmen der Datensicherung ergriffen werden. Dazu zählt beispielsweise, dass Unbefugten kein Zugang zu den EDV-Systemen gewährt wird (**Zugangskontrolle**), der Arbeitsplatzrechner nur durch eine personalisierte Benutzerkennung genutzt werden kann (**Benutzerkontrolle**), eine softwaregestützte Nutzerverwaltung erfolgt (**Zugriffskontrolle**) und Unbefugte keine Möglichkeit haben, Datenträger auszulesen, zu kopieren bzw. die gespeicherten Daten zu verändern oder zu löschen (**Datenträger-** und **Speicherkontrolle**). Außerdem sollen Daten einer **Übermittlungs-**, **Eingabe-**, **Transport-** und **Organisationskontrolle** unterliegen.

Unternehmen, die personenbezogene Daten automatisiert verarbeiten, müssen, wenn sie damit mindestens 20 Mitarbeiter beschäftigen, einen betrieblichen **Datenschutzbeauftragten** benennen. Der Datenschutzbeauftragte muss zur Erfüllung seiner Aufgaben (Überwachung der Datenverarbeitung, Mitarbeiterschulung usw.) die erforderliche Fachkompetenz und Zuverlässigkeit mitbringen. Bei größeren Unternehmen kann auch eine entsprechende Abteilung existieren.

Er muss insbesondere die ordnungsgemäße Anwendung der Datenverarbeitungsprogramme, mit deren Hilfe personenbezogene Daten verarbeitet werden sollen, überwachen und den bei der Verarbeitung personenbezogener Daten tätigen Mitarbeitern durch geeignete Maßnahmen Vorschriften und Erfordernisse vermitteln.

Datenschutz-Grundverordnung (DSGVO)

Artikel 1 DSGVO
Gegenstand und Ziele

(1) Diese Verordnung enthält Vorschriften zum Schutz natürlicher Personen bei der Verarbeitung personenbezogener Daten und zum freien Verkehr solcher Daten.

(2) Diese Verordnung schützt die Grundrechte und Grundfreiheiten natürlicher Personen und insbesondere deren Recht auf Schutz personenbezogener Daten.

(3) Der freie Verkehr personenbezogener Daten in der Union darf aus Gründen des Schutzes natürlicher Personen bei der Verarbeitung personenbezogener Daten weder eingeschränkt noch verboten werden.

Artikel 5 DSGVO
Grundsätze für die Verarbeitung personenbezogener Daten

(1) Personenbezogene Daten müssen

a) auf rechtmäßige Weise, nach Treu und Glauben und in einer für die betroffene Person nachvollziehbaren Weise verarbeitet werden („Rechtmäßigkeit, Verarbeitung nach Treu und Glauben, Transparenz“);

b) für festgelegte, eindeutige und legitime Zwecke erhoben werden und dürfen nicht in einer mit diesen Zwecken nicht zu vereinbarenden Weise weiterverarbeitet werden; eine Weiterverarbeitung für im öffentlichen Interesse liegende Archivzwecke, für wissenschaftliche oder historische Forschungszwecke oder für statistische Zwecke gilt gemäß Artikel 89 Absatz 1 nicht als unvereinbar mit den ursprünglichen Zwecken („Zweckbindung“);

c) dem Zweck angemessen und erheblich sowie auf das für die Zwecke der Verarbeitung notwendige Maß beschränkt sein („Datenminimierung“);

d) sachlich richtig und erforderlichenfalls auf dem neuesten Stand sein; es sind alle angemessenen Maßnahmen zu treffen, damit personenbezogene Daten, die im Hinblick auf die Zwecke ihrer Verarbeitung unrichtig sind, unverzüglich gelöscht oder berichtigt werden („Richtigkeit“);

e) in einer Form gespeichert werden, die die Identifizierung der betroffenen Personen nur so lange ermöglicht, wie es für die Zwecke, für die sie verarbeitet werden, erforderlich ist; personenbezogene Daten dürfen länger gespeichert werden, soweit die personenbezogenen Daten vorbehaltlich der Durchführung geeigneter technischer und organisatorischer Maßnahmen, die von dieser Verordnung zum Schutz der Rechte und Freiheiten der betroffenen Person gefordert werden, ausschließlich für im öffentlichen Interesse liegende Archivzwecke oder für wissenschaftliche und historische Forschungszwecke oder für statistische Zwecke gemäß Artikel 89 Absatz 1 verarbeitet werden („Speicherbegrenzung“);

f) in einer Weise verarbeitet werden, die eine angemessene Sicherheit der personenbezogenen Daten gewährleistet, einschließlich Schutz vor unbefugter oder unrechtmäßiger Verarbeitung und vor unbeabsichtigtem Verlust, unbeabsichtigter Zerstörung oder unbeabsichtigter Schädigung durch geeignete technische und organisatorische Maßnahmen („Integrität und Vertraulichkeit“);

(2) Der Verantwortliche ist für die Einhaltung des Absatzes 1 verantwortlich und muss dessen Einhaltung nachweisen können („Rechenschaftspflicht“).

SB ▶ SITUATION 19
Unternehmensziele analysieren

7 Unternehmensleitbild und Unternehmensziele

Jedes Unternehmen entwickelt im Laufe der Zeit eine **Unternehmensphilosophie**. Dies ist ein übergeordneter Begriff für die Führung eines Unternehmens bzw. für seine Marktorientierung und dient als Grundlage für das unternehmerische Handeln. Aus ihr werden die Unternehmenskultur, das Unternehmensleitbild und die Unternehmensstrategie abgeleitet.

7.1 Unternehmenskultur und Corporate Identity

Unternehmenskultur
Werte, Normen und Gesetzmäßigkeiten, die sich aus politischen, rechtlichen, wirtschaftlichen und sozialen Rahmenbedingungen ableiten

Die **Unternehmenskultur** spiegelt sich im Unternehmensalltag wider. Diese Rahmenbedingungen, Verhaltensvorgaben und Richtlinien prägen das Verhalten der Mitarbeiter und Führungskräfte untereinander sowie gegenüber Geschäftspartnern, Kunden und der Öffentlichkeit. Ob ein Unternehmen auf dem Markt erfolgreich ist, hängt also stark von seiner Unternehmensphilosophie und seiner Unternehmenskultur ab.

Grundorientierungen einer Unternehmenskultur können sein:

- Technikorientierung
- Kreativitätsorientierung
- Kundenorientierung
- Umweltorientierung
- Mitarbeiterorientierung
- Gewinnorientierung
- Kostenorientierung

Unternehmensleitbild
schriftliche Formulierung der Unternehmenskultur

Aus der Unternehmenskultur leiten sich Unternehmensziele und Strategien ab. Die festgelegte Unternehmenskultur wird in einem **Unternehmensleitbild** festgehalten. In den meisten Fällen wird das Unternehmensleitbild von der Unternehmensleitung gemeinsam mit den Mitarbeitern entwickelt, um eine größere Akzeptanz zu schaffen.

Das Unternehmensleitbild soll die Unternehmenskultur und die Visionen eines Unternehmens nach außen und innen hin kommunizieren. Mitarbeitern und Außenstehenden (Kunden, Lieferanten, Banken usw.) soll ein bestimmtes Bild vom Unternehmen vermittelt werden.

Das Unternehmensleitbild stellt die grundsätzlichen Vorstellungen und Ziele eines Unternehmens **übersichtlich** und **schriftlich** dar. Ein Leitbild könnte folgendermaßen aussehen:

Beispiel

Die MEWOH Musterwohn GmbH hat ein Unternehmensleitbild mit den Schwerpunkten Mitarbeiter- und Umweltorientierung:

- Mitarbeiterzufriedenheit herstellen
- respektvoll miteinander umgehen
- Motivation und Begeisterung vorleben
- Gleichberechtigung fördern
- neue Bauprojekte umweltgerecht planen und umsetzen
- natürliche Ressourcen schonen
- umweltrelevante Gesetze beachten

Vorteile:

- gute Orientierungshilfe für Mitarbeiter, Kunden, Mieter und die Öffentlichkeit
- Klare Richtlinien vereinfachen die Führung des Unternehmens.
- Koordinierung der Entscheidungen und Aktivitäten wird vereinfacht.
- Selbstverpflichtung sorgt für eine bessere Außenwirkung.
- Durch Mitarbeiterbeteiligung und Identifizierung mit dem Unternehmen entsteht ein besseres Betriebsklima.
- klare Abgrenzung zu anderen Unternehmen

Nachteile:

- Gefahr einer zu allgemeinen Formulierung
- bei Nichteinhaltung großer Unmut der Beschäftigten oder Außenstehenden
- Normen und Werte einzelner Mitarbeiter können mit dem Leitbild nicht übereinstimmen.
- Das Leitbild könnte Entscheidungen einschränken.

Wichtig ist, dass das Unternehmensleitbild auch in schwierigen Zeiten Gültigkeit hat, damit Mitarbeiter und Kunden nicht das Vertrauen in das Unternehmen verlieren. Häufige Änderungen des Leitbildes (der Unternehmenswerte) müssen vermieden werden, damit interne und externe Zielgruppen nicht irritiert werden.

Beispiel

Das Unternehmen Henkel veröffentlicht z. B. seine Leitlinien (Unternehmenswerte) im Internet.

Hier ist unter anderem zu lesen:

- Wir stellen unsere Kunden und Konsumenten in den Mittelpunkt unseres Handelns.
- Wir schätzen, fordern und fördern unsere Mitarbeiter.
- Wir streben exzellenten, nachhaltigen wirtschaftlichen Erfolg an.
- Wir streben an, unsere führende Rolle im Bereich Nachhaltigkeit stetig auszubauen.
- Wir gestalten unsere Zukunft mit ausgeprägtem Unternehmergeist auf der Grundlage unserer Tradition als Familienunternehmen.

Quelle: https://www.henkel.de/unternehmen/unternehmenskultur, letzter Zugriff: 15.03.2022

Zu den bekannten Marken von Henkel zählen Persil, Weißer Riese, Pril, Schauma, Fa, Pritt u. v. a.

Corporate Identity als Erscheinungsbild nach innen und außen

Insbesondere dem Aspekt eines einheitlichen und unverwechselbaren Erscheinungsbildes in der Öffentlichkeit widmet sich das Konzept der **Corporate Identity**. Es dient als verbindendes Element, das den Mitarbeitern ein besseres Zugehörigkeitsgefühl zum Unternehmen vermittelt und dem Unternehmen ein bestimmtes und einzigartiges Erscheinungsbild nach außen verleiht.

Die Corporate Identity setzt sich aus drei wesentlichen Elementen zusammen: Corporate Design, Corporate Behaviour und Corporate Communication.

visuelles/optisches oder akustisches Erscheinungsbild

Corporate Design: Beschreibt das visuelle/optische Erscheinungsbild eines Unternehmens. Zum Beispiel ein einheitliches Firmenlogo oder eine einheitliche Unternehmensfarbe, ggf. einheitliche Musik bzw. einheitlicher Ton.

Verhalten/Benehmen/ Auftreten

Corporate Behaviour: Beschreibt das Verhalten bzw. Auftreten der Mitarbeiter eines Unternehmens untereinander und Außenstehenden gegenüber. Zum Beispiel, ob die Geschlechter im Unternehmen tatsächlich gleich behandelt werden, wie der Teamgeist ist, ob es einen Dresscode gibt, wie der Umgangston untereinander oder dem Kunden gegenüber ist.

kommunikatives Erscheinungsbild

Corporate Communication: Umfasst alle kommunikativen Maßnahmen und Marketinginstrumente eines Unternehmens. Wie ein Unternehmen sich und seine Leistungen nach innen und nach außen (Werbung, Public Relations, Verkaufsförderung, Sponsoring) präsentiert. Zum Beispiel muss die Sprache einfach und verständlich sein, die Werbebotschaft muss verständlich sein, eine bestimmte Werbung lässt sich direkt dem Unternehmen zuordnen.

Unternehmenskultur und Corporate Identity	
Unternehmensphilosophie, Unternehmenskultur, Unternehmensleitbild	• Unternehmensphilosophie: übergeordneter Begriff für die Führung eines Unternehmens bzw. für seine Marktorientierung; sie dient als Grundlage für das unternehmerische Handeln. • Unternehmenskultur: Grundlage für unternehmerische Entscheidungen und für das Unternehmensleitbild • Unternehmensleitbild: Darstellung der Unternehmenskultur und Unternehmensvisionen nach außen und innen
Corporate Identity	• Allgemeines Erscheinungsbild des Unternehmens nach innen und außen • Wesentliche Elemente: – Corporate Design – Corporate Behaviour – Corporate Communication

7.2 Unternehmensziele

Ziele werden als zukünftig anzustrebende Zustände oder Prozesse bezeichnet, die durch Zielinhalte, Zielausmaß und zeitlichen Bezug beschrieben werden. Sie dienen dazu, die angestrebten Unternehmensentwicklungen festzulegen. Im Hinblick auf den zeitlichen Bezug können sie kurz-, mittel- oder langfristig ausgelegt sein.

7.2.1 Zieldimensionen

Hinsichtlich des **Zielinhalts** wird allgemein zwischen Sach- und Formalzielen unterschieden. **Sachziele** ergeben sich aus dem Sachauftrag des Unternehmens. Das bei Weitem wichtigste Sachziel ist die **Kundenorientierung** als Strategie für Wettbewerbsvorteile. Aber auch Ziele wie z. B. der Erhalt der Wettbewerbsfähigkeit oder der Ausbau des Marktanteils durch das Erschließen neuer Tätigkeitsfelder gehören dazu.

Formalziele sind wirtschaftliche Ziele und beziehen sich auf den zu erreichenden Erfolg eines Unternehmens. Sie sind wesentlich für sein Bestehen. Mithilfe verschiedener Kennzahlen wie z. B. Gesamtgewinn und Wirtschaftlichkeit wird gemessen, wie erfolgreich ein Unternehmen war. Dabei stellt sich auch immer die Frage nach einer möglichen Gewinnmaximierung.

Berechnung ökonomischer Kennzahlen

Ökonomische Kennzahlen zur Analyse von Formalzielen

Kennzahl	Aussage	Berechnung
Gesamtgewinn	Erfolg (Gewinn oder Verlust) des Unternehmens; das Ergebnis sollte positiv sein.	Erträge – Aufwendungen
Wirtschaftlichkeit	Verhältnis von Mitteleinsatz und dem erzielten Ergebnis; das Ergebnis sollte ≥ 1 sein.	$\frac{\text{Leistung}}{\text{Kosten}}$
Umsatzrentabilität	zeigt, wie viel Euro Gewinn pro 100 € Umsatz gemacht wird	$\frac{\text{Gewinn x 100}}{\text{Umsatz}}$
Gesamtkapitalrentabilität	zeigt, wie viel Euro Gewinn pro 100 € Gesamtkapital gemacht wird; das Gesamtkapital besteht aus den eigenen Mitteln des Unternehmens (Eigenkapital) und den Mitteln, die Unternehmensfremde (z. B. Kreditgeber) zur Verfügung stellen (Fremdkapital)	$\frac{\text{(Gewinn + Zinsaufwendungen) x 100}}{\text{Gesamtkapital}}$ Gesamtkapital = Eigenkapital + Fremdkapital
Eigenkapitalrentabilität	zeigt, wie viel Euro Gewinn pro 100 € Eigenkapital gemacht wird	$\frac{\text{Gewinn x 100}}{\text{Eigenkapital}}$
Eigenkapitalquote	zeigt den prozentualen Anteil des Eigenkapitals am Gesamtkapital	$\frac{\text{Eigenkapital}}{\text{Gesamtkapital}}$
Liquidität	zeigt die Zahlungsfähigkeit des Unternehmens	$\frac{\text{liquide Mittel}}{\text{kurzfristige Verbindlichkeiten}}$

Neben den Formal- und Sachzielen gibt es noch **soziale Ziele**. Sie sind ein wesentlicher Bestandteil unserer Sozialordnung. Gute Leistungen werden nur von motivierten Mitarbeitern erbracht. Diese Motivation kommt aus der Mitverantwortung am Arbeitsplatz, aus einer angemessenen und gerechten Bezahlung und der Möglichkeit, persönliche Berufsziele zu erreichen. Auch die mitarbeitergerechte Gestaltung von Arbeitsräumen und Arbeitsplätzen gehört dazu.

Arbeitsschutzgesetz, Arbeitsstättenverordnung, Richtlinien

Bei der Gestaltung der Arbeitsräume ist u. a. darauf zu achten, dass Maßnahmen zum Gesundheitsschutz, der Unfallverhütung und des Umweltschutzes berücksichtigt werden (z. B. die Arbeitsstättenverordnung). So sind zur Vermeidung der Gesundheitsgefährdung rutschfeste Fußböden, ausgeschilderte Fluchtwege, Sicherheitszeichen und Brandschutzmaßnahmen zu beachten. Außerdem sollte es geschulte „Erste-Hilfe"-Beauftragte geben, die bei einem Unfall helfen können.

Vertiefende Informationen mit Beispielen zur Bürogestaltung finden Sie auf den Seiten des Industrieverbands Büro und Arbeitswelt unter www.iba.online/raeume-planen/bueroformen/.

Über den Arbeitsschutz im Betrieb und die Sicherheits- und Gesundheitsschutzkennzeichnungen können Sie sich z. B. bei der Bundesanstalt für Arbeitsschutz und Arbeitsmedizin (www.baua.de) sowie der Deutschen Gesetzlichen Unfallversicherung (www.dguv.de) informieren.

Zur Einhaltung von Brandschutzmaßnahmen zählen z. B. die Verfügbarkeit von funktionsfähigen Feuerlöschern, das Vorhandensein einer Sprinkleranlage, keine Nutzung der Fahrstühle bei einem Brand und das Freihalten von Fluchtwegen.

Bei den Arbeitsplätzen sind z. B. die entsprechenden Richtlinien, Gesetze und Verordnungen für die Gestaltung von Bildschirmarbeitsplätzen einzuhalten. Dazu zählen u. a. die Arbeitsschutzrahmenrichtlinie, die Bildschirmrichtlinie, das Geräte- und Produktsicherheitsgesetz und das Arbeitssicherheitsgesetz.

Ökologie und Nachhaltigkeit
▶ LF 2, Kap. 8

Umweltziele (ökologische Ziele) beinhalten Vorgaben, die auf die Schonung der natürlichen Umwelt und ihrer Ressourcen abzielen.

Der **zeitliche Bezug** kann kurzfristig (bis zu einem Jahr), mittelfristig (ein bis fünf Jahre) oder langfristig (über fünf Jahre) sein.

Die Zielvorgabe kann hinsichtlich des **Zielausmaßes** begrenzt bzw. unbegrenzt sein. So kann z. B. im Sinne des ökonomischen Prinzips versucht werden, den Gewinn mit möglichst geringem Aufwand innerhalb eines Jahres um 10 % zu steigern oder mit einem vorgegebenen Einsatz an Mitteln den höchstmöglichen Gewinn zu erzielen (**Minimal**- und **Maximalprinzip**).

Zieldimensionen

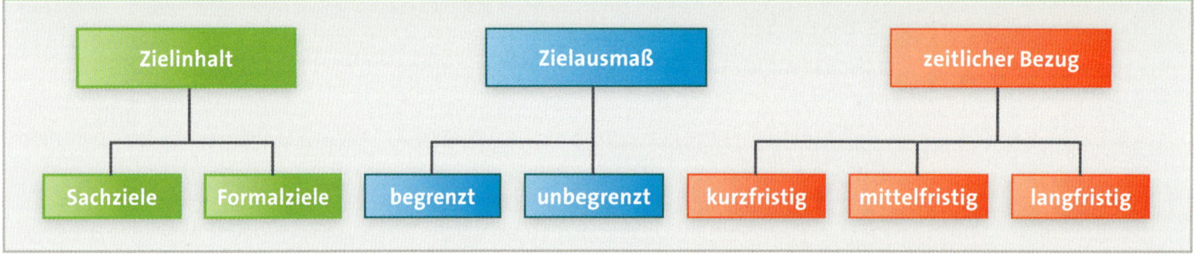

7.2.2 Zielbeziehungen

Zwischen verschiedenen anzustrebenden Zielen können unterschiedliche Zielbeziehungen bestehen: Man unterscheidet zwischen komplementären, konkurrierenden und indifferenten Zielbeziehungen.

Konkurrierende Zielbeziehungen (Zielkonflikte) bestehen dann, wenn innerhalb eines Zielsystems ein Ziel nur dann erreicht werden kann, wenn es zulasten eines anderen Zieles geht. So kann z. B. das Ziel der Kostenminimierung mit dem Ziel der Schonung der Umwelt in Konflikt geraten. Hinsichtlich der Frage, ob zwischen wirtschaftlichen und ökologischen Zielen ein grundsätzlicher Konflikt besteht, gehen die Meinungen in Theorie und Praxis jedoch auseinander.

Komplementäre Ziele sind einander ergänzende Ziele. So kann z. B. die Erhöhung der Produktivität auch zu einer gleichzeitigen Erhöhung der Rentabilität führen.

Es gibt aber auch Fälle, in denen kein sinnvoller Zusammenhang zwischen zwei Zielen hergestellt werden kann, es handelt sich dann um eine **indifferente Zielbeziehung**. So hat z. B. die Aufnahme von Fremdkapital zur Finanzierung eines Investitionsvorhabens keinen Einfluss auf das Betriebsklima.

8 Umweltschutz und Nachhaltigkeit

SB ▶ SITUATION 20
Nachhaltigkeit und Energieeffizienz

Der Umweltschutz umfasst alle Maßnahmen zum Schutz der Umwelt und zur Vermeidung der Umweltbelastung und -verschmutzung. Themen wie globale Erwärmung und Verschmutzung der Weltmeere demonstrieren, wie dringend es ist, mit Rohstoffen und Energie wirtschaftlich umzugehen und Umweltbelastungen nachhaltig zu vermeiden. Die meisten Menschen sind sich bewusst, dass die Umwelt tagtäglich belastet wird. Grundsätzlich ist wohl auch fast jeder für den Schutz der Umwelt. Nur das konkrete Handeln sieht meist anders aus: Auf alte Gewohnheiten will man nicht verzichten und finanzielle Opfer will man auch nicht auf sich nehmen.

Der **Umweltbegriff** umfasst die Gesamtheit aller Faktoren, die die Existenz des Menschen bestimmen, wobei Mensch und Umwelt in einem Wechselverhältnis zueinander stehen. In ökologischer Hinsicht soll der Zustand der Umweltmedien Luft, Wasser, Boden und Klima ein Überleben von Mensch, Tier und Pflanzen sichern. In ökonomischer Hinsicht sind die wirtschaftlichen Rahmenbedingungen so zu gestalten, dass Ressourcenverbrauch (z. B. Rohstoffe, Energie) und Folgen des Wirtschaftens (z. B. Schadstoffe und Abfälle) die ökologische Funktion der Umwelt nicht gefährden.

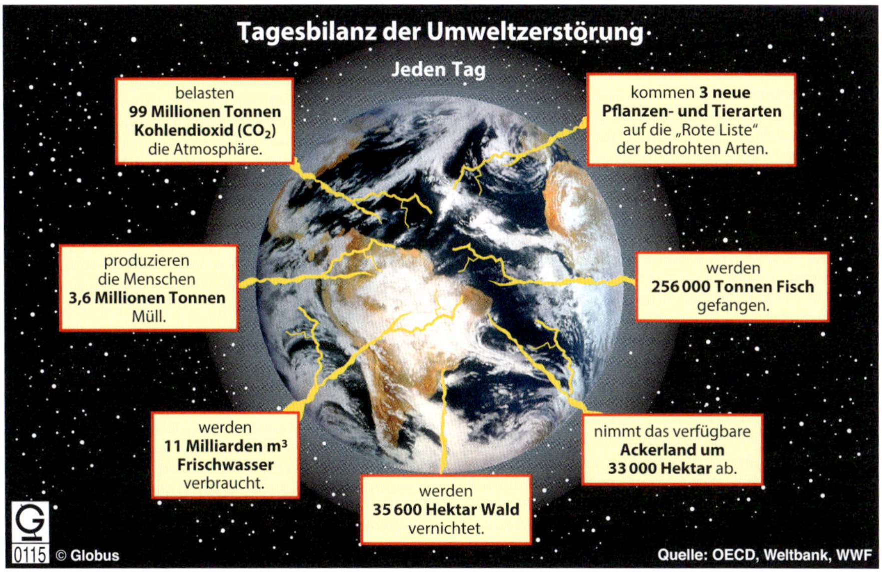

8.1 Ursachen von Umweltproblemen

Zurzeit leben auf unserer Erde ca. 7,8 Milliarden Menschen, im Jahre 2050 werden es schätzungsweise 9,7 Milliarden Menschen sein, und die Weltbevölkerung wird wahrscheinlich weiter wachsen. Das starke **Wachstum der Weltbevölkerung** führt in vielen Bereichen zu großen Umweltproblemen, die letztendlich die natürliche Lebensgrundlage bedrohen oder zerstören. Beispielsweise werden Regenwälder gerodet, um Ackerflächen für die Lebensmittelproduktion zu schaffen, oder chemische Düngemittel werden verstärkt eingesetzt, um die Ernteerträge zu erhöhen.

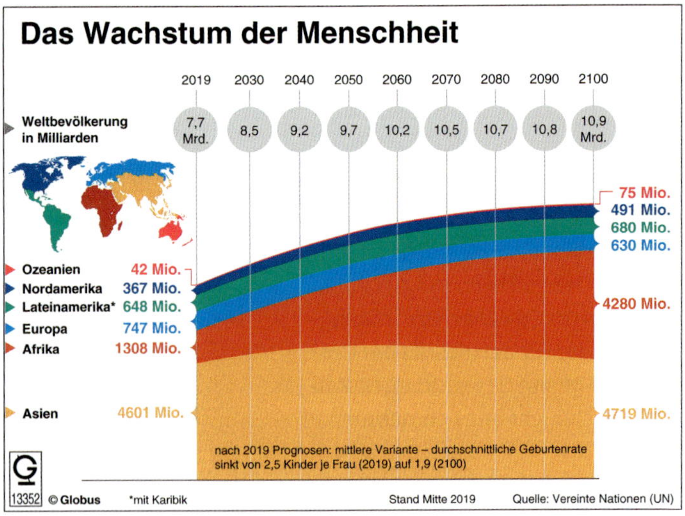

Gleichzeitig führen die vielfältigen internationalen Handelsbeziehungen dazu, dass die von den Menschen benötigten Waren teilweise mehrere tausend Kilometer zurückgelegt haben, bis sie bei ihnen sind. Die durch den Transport per Flugzeug oder per Lkw entstehenden Abgase und der damit verbundene hohe Verbrauch von Energie in Form von Treibstoffen stellen weitere schwerwiegende Belastungen der Umwelt dar. Diese Umweltprobleme können nicht durch einen einzelnen Staat und schon gar nicht durch einen einzelnen Menschen gelöst werden. Aber jeder kann für sich persönlich im privaten und beruflichen Bereich Möglichkeiten finden, die Umwelt zu schützen und zu erhalten.

8.2 Nachhaltigkeit

Der heute gängige Begriff der nachhaltigen Entwicklung („sustainable development") wurde 1987 von der Weltkommission für Umwelt und Entwicklung geprägt. Nachhaltigkeit charakterisiert eine Entwicklung, die die momentanen Forderungen nach unversehrter Umwelt, sozialer Gerechtigkeit und wirtschaftlichem Wohlstand erfüllen kann, ohne die Möglichkeiten folgender Generationen einzugrenzen. Bei einer stark wachsenden Weltbevölkerung kann die Lebensqualität aller Erdenbewohner nur geschützt werden, wenn Ressourcenverschwendung, Umweltverschmutzung und Armut konsequent bekämpft werden. Demnach müssen die Prinzipien der Nachhaltigkeit – Ökologie, Ökonomie, soziale Gerechtigkeit – in allen Lebensbereichen global in Übereinstimmung gebracht werden.

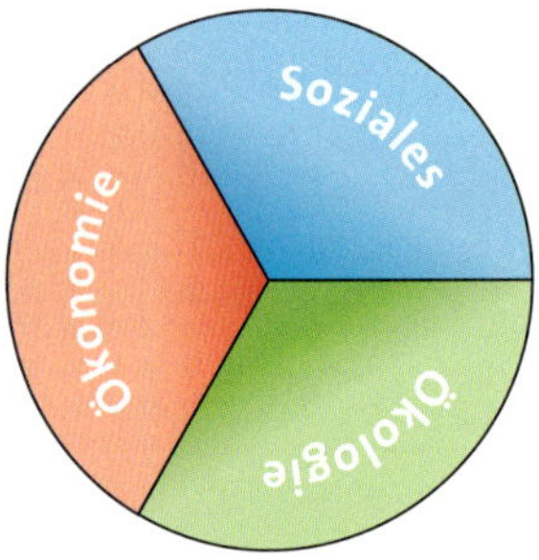

Prinzip der Nachhaltigkeit

8.3 Umweltschutz im Unternehmen

Auch im betrieblichen Umfeld sind Maßnahmen des Umweltschutzes mittlerweile ein fester Bestandteil. Wirft man einen Blick auf den Arbeitsplatz, so sollte die Kaufentscheidung für bestimmte Büromöbel sowohl von ergonomischen Überlegungen als auch beispielsweise von einer Ressourcen schonenden Herstellung oder der Langlebigkeit der Möbel abhängen. Außerdem sollte bei Anschaffung auf eine spätere Recyclingfähigkeit geachtet werden. Ähnliche Überlegungen können auf alle genutzten Bürogeräte wie z. B. Drucker, Kopierer übertragen werden.

Drucker und Kopierer belasten die Umgebung durch Ausstoß von giftigen Feinstaubpartikeln. Dies trifft insbesondere auf Laserdrucker wegen des verwendeten Toners zu. Eine Kaufentscheidung für einen Tintenstrahldrucker reduziert die Belastung. Wenn Laserdrucker genutzt werden, sollte ein möglichst großer Abstand zum Drucker eingehalten werden. Eine ausreichende Belüftung des Büros ist zu empfehlen.

Umweltschutz und Schonung der Ressourcen spielen auch bei den großen Mengen an Verbrauchsmaterial wie z. B. Papier, Toner usw. eine besondere Rolle. Hier können der sparsame Umgang mit dem Material, die Verwendung von Recycling-Material und die konsequente Vermeidung von Abfällen bzw. deren Recycling einen nachhaltigen Beitrag zur Erhaltung der Umwelt leisten. Fallen Abfälle an, so ist natürlich auch auf eine konsequente Mülltrennung zu achten.

Ein weiterer wichtiger Aspekt ist die Reduzierung des Energieverbrauchs. So sollte beispielsweise bei der Anschaffung neuer Elektrogeräte oder Leuchtmittel immer auch ein genauer Blick auf deren Energieverbrauch geworfen werden. Als Entscheidungshilfe kann sich dabei an entsprechenden Energieeffizienzlabels oder Umweltschutzzeichen orientiert werden. So bietet das EU-Effizienzlabel z. B. Angaben zu Monitoren und Leuchtmitteln. Auch der Blaue Engel gibt Auskunft über elektrische und elektronische Geräte. Auf diesem Weg werden Produkte gekennzeichnet, die einerseits besonders umweltfreundlich und effizient sind, andererseits aber auch die hohen Ansprüche hinsichtlich des Gesundheits- und Arbeitsschutzes erfüllen. Außerdem handelt es sich um besonders energiesparende und klimafreundliche Produkte.

Das Thema Umweltschutz bezieht sich allerdings nicht nur auf innerbetriebliche Maßnahmen, die den Arbeitsplatz betreffen. So muss sich z. B. auch eine Wohnungsbaugesellschaft mit der Frage der Nachhaltigkeit bei der Bauplanung beschäftigen. Das bedeutet u. a., die richtige Materialwahl zu treffen (ökologische Materialien, recycelbar) aber auch wirtschaftliche Aspekte zu berücksichtigen, wie z. B. langfristig günstige Betriebskosten.

Auch die Reduzierung des Energie- und Wasserverbrauchs von Wohnhäusern ist ein wichtiger Umweltaspekt. So kann die Umstellung der Lichtanlagen auf Energiesparlampen erfolgen oder die Energieeffizienz der Heizungsanlage durch eine Modernisierung verbessert werden. Zudem bieten Stopp-Tasten an WCs die Möglichkeit, Wasser zu sparen.

Auch das Informieren von Mietern hinsichtlich der Umweltschutzmaßnahmen sollte berücksichtigt werden. Dazu zählt beispielsweise das Thema Mülltrennung und die Einweisung der Mieter.

Es sollte regelmäßig ein genauer Blick auf das Einhalten der gesetzlichen Vorschriften zum Umweltschutz geworfen werden. Allerdings gibt es in Deutschland nicht das „eine Umweltgesetz“. Vielmehr ist es erforderlich, verschiedene Gesetze, Verordnungen und Richtlinien zu beachten. Dazu gehören z. B.

- das Bundesimmissionsschutzgesetz,
- das Kreislaufwirtschaftsgesetz und
- die Abfallverzeichnis-Verordnung.

9 Teilmärkte der Immobilienwirtschaft

Die Immobilienwirtschaft ist ein Wirtschaftszweig, der sich mit der Entwicklung, Produktion, Bewirtschaftung und Vermarktung von Immobilien beschäftigt. Ein ökonomisch bedeutsamer Teilmarkt der Immobilienwirtschaft ist der Wohnungsmarkt.

<table>
<tr><th colspan="4">Zweige der Immobilienwirtschaft</th></tr>
<tr><th>Grundstückswirtschaft</th><th colspan="2">Wohnungswirtschaft</th><th>Gewerbliche Immobilienwirtschaft</th></tr>
<tr><td rowspan="2">Erschließung und Vermarktung von Grundstücken</td><td colspan="2">Bau, Finanzierung, Bewirtschaftung und Vermarktung von Wohnimmobilien</td><td rowspan="2">Bau, Finanzierung, Bewirtschaftung und Vermarktung von Gewerbeimmobilien</td></tr>
<tr><td>sozialer Wohnungsbau</td><td>frei finanzierter Wohnungsbau</td></tr>
</table>

Die Immobilienwirtschaft lässt sich in verschiedene Tätigkeitsbereiche gliedern, die teilweise in den **staatlichen** Aufgabenbereich, teilweise in die **private** Wirtschaftstätigkeit einzuordnen sind. Es ergibt sich eine sehr vielschichtige Unternehmenslandschaft, von Kleinstgewerbetreibenden bis hin zu Großunternehmen, die entweder spezialisiert auf bestimmte Tätigkeitsbereiche sind oder als Universalanbieter ein sehr breites Spektrum an Leistungen der Immobilienwirtschaft erbringen.

Aufgaben und Akteure in der Immobilienwirtschaft	
Planung und Genehmigung	Stadtplaner, Kommunen, Bauaufsicht, Architekten, Bauingenieure, Haustechniker, Projektmanager, Facility-Manager
Erstellung	Bauträger, Bauindustrie, Bauhandwerk, Bauproduktehersteller
Bewirtschaftung	Vermittlung (Makler), Vermietung und Verwaltung, Instandhaltung/ Modernisierung, Versorgung/ Entsorgung, Reinigung/Sicherung, Facility-Manager
Entsorgung	Abrissunternehmen, Baustoffrecycler, Deponiebetreiber, Entsorgungsunternehmen
Finanzierung	Geschäftsbanken, Pfandbriefbanken, Versicherungen, Bausparkassen, Immobilienfonds, Öffentliche Hand

Aufgabenschwerpunkte für Immobilienunternehmen ergeben sich dabei in den Bereichen der **Bewirtschaftung und Finanzierung** von Immobilien. Andere Aufgaben, wie z. B. die Bauausführung oder der Abriss von Immobilien, werden meist von spezialisierten Dienstleistern durchgeführt, die nicht zu den Immobilienunternehmen im engeren Sinne gezählt werden.

Der Begriff Immobilienwirtschaft geht über den Begriff **Grundstücks- und Wohnungswirtschaft** hinaus, da Letzterer nur auf die Produktion, Bewirtschaftung, Finanzierung und Vermarktung von Wohnimmobilien einschließlich Grundstücken ausgerichtet ist. Die einzelnen Tätigkeitsbereiche der Immobilienwirtschaft werden im Folgenden in ihren Grundzügen eingehender erläutert.

9.1 Tätigkeitsbereiche der Immobilienwirtschaft

Immobilienmakler
Ein Immobilienmakler (Gewerbeanmeldung nach § 34c Gewerbeordnung) vermittelt Wohnimmobilien, gemischt genutzte oder gewerbliche Objekte an Interessenten. Er erhält für seine erfolgreichen Bemühungen eine Courtage (Maklerprovision). Das Prinzip der „Bezahlung nur im Erfolgsfall" trägt unter marktwirtschaftlichen Gesichtspunkten dafür Sorge, dass es tatsächlich zu einem Vermittlungsbemühen kommt.

Wohnungsunternehmen
Wohnungsunternehmen, sie werden auch als Wohnungsgesellschaften oder Wohnungsbaugesellschaften bezeichnet, sind Unternehmen, die sich den Bau, die Bewirtschaftung, Verwaltung und Vermarktung von eigenen Wohnimmobilien zur Aufgabe gemacht haben.

Hausverwaltungen
Hausverwaltungen befassen sich hauptsächlich mit der kaufmännischen und technischen Verwaltung von Mieteinheiten, wie beispielsweise den Mietabrechnungen, der Mietenbuchhaltung, den Heizkosten- und Betriebskostenabrechnungen, Wohnungsabnahmen, Neuvermietungen, Mieterbetreuung, Betreuung und Vergabe von Reparaturleistungen, Sanierungsarbeiten, Handwerksarbeiten und Renovierungsarbeiten sowie der Kontoführung für die Verwaltung.

Eine Erweiterung des Tätigkeitsfeldes umfasst das Angebot eines Hausmeister-Services und die Organisation von Haushaltsauflösungen und Entrümpelungen bis hin zum umfassenden Gebäudemanagement oder auch Facility Management.

facility (engl.)
Einrichtung

Das Facility Management umfasst den gesamten Lebenszyklus einer Immobile (von der Bauplanung bis zum Nutzungsende). Das Gebäudemanagement ist ein Bestandteil des Facility Managements.

Davon abzugrenzen ist der Hausverwalter nach Wohnungseigentumsgesetz, der nach den Vorschriften dieses Gesetzes bestellt wird und dessen Aufgabe ausschließlich die Verwaltung des gemeinschaftlichen Eigentums bei Wohnungseigentumsanlagen inklusive der Durchführung von Wohnungseigentümerversammlungen ist.

Immobilienverwaltungen
Unternehmen, die hauptsächlich oder ausschließlich Gewerbeimmobilien verwalten, lassen sich auch als Immobilienverwaltungen bezeichnen. Die Tätigkeiten entsprechen weitgehend den der Hausverwaltungen, wobei statt von Wohnungen von Gewerbeobjekten gesprochen wird.

Geschäfts- und Pfandbriefbanken
Im Bankwesen lassen sich die Tätigkeiten der Geschäftsbanken im Immobilienbereich von Spezialbanken mit besonderer Beziehung zur Immobilienwirtschaft unterscheiden. **Geschäftsbanken** übernehmen von der Baufinanzierung bis hin zur Beratung bei Vermögensanlagen in Immobilien viele Dienstleistungen, die jedoch nur einen Teil ihrer allgemeinen Tätigkeiten wie Kreditvergabe, Verwaltung von Spareinlagen oder Handel mit Wertpapieren darstellen.

Pfandbriefbanken sind Kreditinstitute, deren Geschäftsbetrieb darauf gerichtet ist, inländische Grundstücke zu beleihen und aufgrund der erworbenen Hypotheken Schuldverschreibungen (sog. Hypothekenpfandbriefe) auszugeben, aus deren Mittelaufkommen Realkredite an Bauherren vergeben werden können.

Sie benötigen dazu die Erlaubnis der BaFin (Bundesanstalt für Finanzdienstleistungsaufsicht). Man spricht auch von **Immobilienbanken**.

Immobilienfondsverwaltungen
Immobilienfonds sind Kapitalanlagen, die es Anlegern ermöglichen, sich mit verhältnismäßig kleinen Beträgen an Immobilien zu beteiligen. Man unterscheidet offene und geschlossene Immobilienfonds.

Offene Immobilienfonds sind Grundstückssondervermögen, die von Investmentgesellschaften betreut werden, hauptsächlich Gewerbeimmobilien (meist Bürohäuser oder Einzelhandelsimmobilien). Ziel ist es, durch Mieterträge und Wertsteigerungen der Objekte Erträge zu erwirtschaften.

Anleger können Fondsanteile jederzeit kaufen und verkaufen und so bei Wertsteigerungen Gewinnmitnahmen erzielen. Die Fonds enthalten daher nicht nur Gebäude und Grundstücke, sondern auch festverzinsliche Wertpapiere und andere Anlagen.

Bei geschlossenen Immobilienfonds investiert der Anleger in Immobilien (meist Gewerbeimmobilien, aber auch Wohnobjekte) und wird dadurch Mitinhaber (Mitunternehmer) mit allen damit verbundenen Risiken. Die Immobilien werden in einem Emissionsprospekt ausführlich dargestellt, um dem Anleger – im Gegensatz zum offenen Immobilienfonds – eine transparente Investitionsentscheidung zu ermöglichen.

Ist die angestrebte Investitionshöhe (z. B. Kaufpreis oder Baukosten) durch Verkauf von Fondsanteilen erreicht, wird der Fonds geschlossen und der Anlegerkreis ist festgelegt. Der Gesetzgeber hat mit dem Anlegerschutzverbesserungsgesetz eine Prüfung der Emissionsprospekte vorgeschrieben und die Prospekthaftung verschärft, um den Privatanleger vor Risiken zu schützen.

REITs (Real Estate Investment Trust) sind börsennotierte Immobilienunternehmen, deren Gewinnausschüttungen auf Gesellschaftsebene steuerfrei sind und die daher höhere Renditen erwirtschaften können. Sie sind meist auf bestimmte Immobilienarten (z. B. Gefängnisse) spezialisiert. Aufgrund der strengen Anlegerinformationsvorschriften für börsennotierte Unternehmen und des täglich notierten Aktienkurses ist der Anlegerschutz besonders hoch.

REITs müssen allerdings 90 Prozent ihres Gewinnes an die Anleger ausschütten; so bleibt wenig Raum für die Innenfinanzierung. Man unterscheidet Equity-REITs (nur Immobilien), Mortgage-REITs (nur Immobilienkredite) sowie Hybrid-REITs (beides). Weiteres ist im REIT-Gesetz geregelt.

9.2 Die Zusammenarbeit mit Verbänden, Organisationen und Behörden

Für ein Unternehmen der Immobilienwirtschaft ist es wichtig, auch den Kontakt zu anderen Marktteilnehmern zu pflegen. Dabei ergibt sich ein sehr vielschichtiges Bild der Zusammenarbeit.

Verbände und Organisationen

Der Bundesverband deutscher Wohnungs- und Immobilienunternehmen e. V. repräsentiert zusammen mit seinen 14 Regionalverbänden die Immobilienwirtschaft. Sein Ziel ist es, die Leistungen der angeschlossenen Unternehmen in Bezug auf Qualität, Verlässlichkeit und Kontinuität herauszustellen und die Interessen der Immobilienwirtschaft in der Öffentlichkeit darzustellen und zu vertreten.

www.gdw.de

Die etwa 3.000 in den Mitgliedsverbänden des GdW vertretenen Unternehmen (Wohnungsgesellschaften und Genossenschaften) bauen und verwalten Miet- und Eigentumswohnungen in allen Marktsegmenten, übernehmen Erschließungs-, Sanierungs- und Bauträgerfunktionen und optimieren für private und öffentliche Auftraggeber Grundstücks- und Immobilienbestände. Sie bieten alle Dienstleistungen rund um die Immobilie, von der Finanzierung über die verschiedensten Wohndienstleistungen bis zum technischen Gebäudemanagement sowie Lösungen im Bereich von Sicherheits- und Komfortsystemen, wie z. B. smarten Feuermeldern.

Weitere wichtige Verbände sind z. B. die zahlreichen **Immobilien- und Maklerverbände**, die in Deutschland und auch international tätig sind. Sie repräsentieren die Berufsgruppe der Immobilienmakler. Die Zugehörigkeit zu einem entsprechenden Verband ist in der Regel mit einer Aufnahmeprüfung oder anderen Aufnahmevoraussetzungen verbunden. Die Zugehörigkeit stellt ein Qualitätsmerkmal dar, auf das z. B. Immobilienverkäufer häufig ihren Blick richten.

Auch andere Interessengruppen organisieren sich und treten in einen Dialog mit den Immobilienunternehmen bzw. deren Verbände. So schließen sich Mieter sowie Wohnungs-, Haus- und Grundstücksbesitzer in **Interessenverbänden** zusammen. Ziel dieser Verbände ist es, die eigenen Rechte zu schützen, Missstände publik zu machen und politische Entwicklungen bzw. Entscheidungen zu hinterfragen.

Eine übergeordnete Funktion übernehmen die **Industrie- und Handelskammern**. Sie sind regional organisiert und vertreten die Interessen ihrer Mitglieder. Darüber hinaus bieten sie ein breites Beratungsspektrum an. Sie helfen Unternehmen z. B. bei der Suche nach qualifizierten Fachkräften und beraten zu Energie- sowie Umweltschutzthemen. Darüber hinaus sind die IHKs zuständig für alle Maßnahmen, die die Förderung und Durchführung der Berufsausbildung betreffen.

Behörden

Auch die Zusammenarbeit mit Behörden stellt für Immobilienunternehmen eine wichtige Aufgabe dar. So sind z. B. im Rahmen eines Wohnungsverkaufs Fragen zu klären, die das Grundbuch betreffen, das beim Grundbuchamt liegt, oder bei einem Bauvorhaben Baugenehmigungen beim zuständigen Bauamt einzuholen.

Bei Behörden kann es sich z. B. handeln um
- Kommunalverwaltungen,
- Landesverwaltungen und
- Katasterämter.

Bei Bauvorhaben können zudem die **Gewerbeaufsichtsbehörden** tätig werden. Sie überwachen die Einhaltung von gesetzlichen Vorgaben im Hinblick auf den Arbeits-, Umwelt- und Verbraucherschutz.

9.3 Berufliche Tätigkeiten und Perspektiven

Immobilienkaufleute sind in allen Geschäftsbereichen der Immobilienwirtschaft tätig. Sie arbeiten in Wohnungsunternehmen, bei Bauträgern, Immobilien- und Projektentwicklern, bei Grundstücks-, Vermögens- und Wohnungseigentumsverwaltungen, bei Immobilienmaklern oder in Immobilienabteilungen von Banken, Bausparkassen, Versicherungen, Industrie- und Handelsunternehmen.

Tätigkeitsprofil von Immobilienkaufleuten		
Vermietung und Bewirtschaftung von Immobilien	Erwerb, Veräußerung und Vermittlung von Immobilien	Begründung und Verwaltung von Wohnungs- und Teileigentum
Entwicklung von immobilienbezogenen Dienstleistungen	Aufgaben der Betreuung bei Neubau, Modernisierung und Sanierung von Immobilien	Entwicklung von unternehmens- und kundenbezogenen Finanzierungskonzepten
Beratung von Kunden	Analyse des Immobilienmarkts und Umsetzung von Marketingkonzepten	Organisation und Steuerung des technischen Gebäudemanagements

Nach Abschluss der Ausbildung stehen Immobilienkaufleuten auch viele andere berufliche Perspektiven in Form von Weiterbildungs- und Studienmöglichkeiten offen, z. B. als Immobilienfachwirte, Rechtsanwälte mit Schwerpunkt Immobilienrecht, Sachverständige, Architekten, Bau-Ingenieure, Projektentwickler, Centermanager, journalistische Tätigkeiten für Immobilien-Fachmagazine oder Tätigkeiten in der Immobilien-Finanzierung oder im Immobilien-Leasing.

LERNFELD 2

Das Immobilienunternehmen repräsentieren

SITUATIONEN

Situation 10

Rechts- und Geschäftsfähigkeit bewerten

Nach einem langen Arbeitstag kommt Isabell Ahrens völlig geschafft nach Hause. Sie freut sich auf ein leckeres Abendessen im Kreis der Familie. Außerdem hat sie auf der Arbeit wieder jede Menge Neues erlebt und brennt darauf, ihrer Familie alles zu erzählen. Aber leider ist die Stimmung getrübt, und zu Wort kommt Isabell auch nicht. Ihr 16-jähriger Bruder Julian hat sich von dem Geld, das er mit Zeitungsaustragen verdient hat, heimlich einen Motorroller gekauft und seinen Eltern heute vorgeführt. Vorher hat er noch die Drosseln, die die Geschwindigkeit begrenzen, entfernt und entsorgt, sodass er auch richtig Gas geben kann.

Während Herr Ahrens eher verärgert darüber ist, dass Julian so viel Geld für einen Motorroller ausgegeben hat, sieht Frau Ahrens ihren Sohn bereits verunglückt im Krankenhaus. Die Eltern sind sich aber einig, dass Julian den Motorroller auf gar keinen Fall behalten darf. Julian ist damit nicht einverstanden. Er will seinen neuen Motorroller nicht mehr hergeben und hat sich wütend in seinem Zimmer eingeschlossen.

ARBEITSAUFTRAG

Klären Sie die Rechtslage und verfassen Sie für Isabells Eltern ein Schreiben an den Händler, in dem Sie ihm ihre Forderungen verdeutlichen. Nutzen Sie auch die Arbeitsblätter 2.1 „Rechtsfähigkeit" und 2.2 „Geschäftsfähigkeit", die den Webcodematerialien beiliegen.

Aufgaben

1 In welchem Maße sind die folgenden Rechtssubjekte rechts- bzw. geschäftsfähig?
- **a)** eine Gesellschaft mit beschränkter Haftung
- **b)** ein eingetragener Verein
- **c)** ein sechs Jahre altes Kind
- **d)** ein 17-jähriger Auszubildender
- **e)** ein ungeborenes Kind
- **f)** ein unter Drogen stehender Erwachsener
- **g)** ein Hund

2 Geben Sie an, ob es sich um natürliche oder juristische Personen des öffentlichen oder des privaten Rechts handelt:
- **a)** Kegelklub „Alle Neune e. V."
- **b)** Siemens AG
- **c)** Ärztekammer Westfalen-Lippe
- **d)** Deutsche Rentenversicherung Bund
- **e)** Mitteldeutscher Rundfunk
- **f)** Evangelische Kirche Hessen/Nassau
- **g)** AOK
- **h)** Bergbauberufsgenossenschaft

3 Drei Monate nach der Geburt von Jan stirbt die vermögende Tante Helena und vermacht Jan ihr ganzes Vermögen (zwei große Wohnhäuser und 650.000,00 €). Kann Jan Erbe werden? Begründen Sie Ihre Meinung.

4 Der 17-jährige Christoph kauft ohne das Wissen seiner Eltern einen neuen Fernseher. Der Gesamtpreis beträgt 1.300,00 €. Ist der Kaufabschluss rechtsgültig?

5 Kann Heiko, 17 Jahre, das Geschäft seiner Mutter, die vor Kurzem einen Herzinfarkt erlitten hat, in voller Alleinverantwortung übernehmen? Begründen Sie.

6 Heiko entschließt sich nach einiger Zeit, mit dem verdienten Geld aus dem Geschäft ein Ferienhaus auf Mallorca zu kaufen, und schließt einen entsprechenden Kaufvertrag ab. Überprüfen Sie die Gültigkeit dieses Kaufvertrages und begründen Sie Ihre Entscheidung.

7 Dürfen minderjährige Auszubildende selbstständig verkaufen? Begründen Sie dies anhand des Gesetzes.

8 Kann der beschränkt Geschäftsfähige in folgenden Fällen nur mit einer Zustimmung des gesetzlichen Vertreters Geschäfte abschließen? Begründen Sie anhand des Gesetzes.
- **a)** Ein Jugendlicher erwirbt von seinem Taschengeld eine DVD.
- **b)** Ein Jugendlicher nimmt eine Schenkung an, die ihn zu nichts verpflichtet.
- **c)** In einem Kreditinstitut fragt ein Jugendlicher nach einem Darlehen für ein Schlagzeug.
- **d)** Ein Jugendlicher möchte von seinem Taschengeld an einem Tauchkurs teilnehmen.
- **e)** In seinem Ausbildungsbetrieb verkauft ein Jugendlicher einer Kundin Waren im Wert von 1.500,00 €.

9 Lösen Sie folgende Fälle zur Geschäftsfähigkeit, indem Sie Umfang der Geschäftsfähigkeit, Personenkreis, Rechtswirkung und mögliche Ausnahmen prüfen:
- **a)** Die dauerhaft psychisch kranke Fr. Magert lässt sich in einem Fahrradgeschäft beraten und will anschließend ein Fahrrad kaufen. Ist das Rechtsgeschäft wirksam?
- **b)** Der 17-jährige Tommy will im Reisebüro eine Flugreise nach Las Vegas für 2.000,00 € buchen. Ist die Flugbuchung rechtswirksam?
- **c)** Frau Müller schickt ihren dreijährigen Sohn Björn mit abgezähltem Geld und einem Einkaufszettel in ein Lebensmittelgeschäft. Auf dem Zettel steht, dass der Junge einen Liter Milch kaufen soll. Darf der Verkäufer Björn die Milch verkaufen?
- **d)** Der 16-jährige Sirco will zwei Geschenke annehmen: 800,00 € Bargeld und einen nicht mehr fahrtüchtigen Pkw. Seine Eltern sind davon nicht begeistert und verbieten ihm die Annahme der Geschenke. Dürfen die Eltern ihrem Sohn die Geschenke verweigern?

10 Die sechsjährige Madeleine kauft ohne Wissen der Eltern im benachbarten Schreibwarengeschäft von ihrem Taschengeld ein Malbuch und benutzt dieses. Die Eltern sind mit dem Kauf des Malbuches nicht einverstanden und verlangen vom Einzelhändler die Herausgabe des Kaufpreises. Muss der Einzelhändler unter Beachtung der gesetzlichen Bestimmungen das Buch zurücknehmen und den Kaufpreis erstatten?

Nehmen Sie zu den folgenden Aussagen Stellung:

a) Nein, denn das Buch ist bereits bemalt worden und daher nicht mehr verkäuflich.

b) Nein, mit sechs Jahren ist das Mädchen beschränkt geschäftsfähig. Sie kann im Rahmen des Taschengeldes ohne Einwilligung der Erziehungsberechtigten rechtswirksam Rechtsgeschäfte abschließen.

c) Nein, denn die Eltern hätten im Rahmen ihrer Sorgfaltspflicht verhindern müssen, dass das Kind allein das Schreibwarengeschäft aufsucht.

d) Ja, denn es ist kein Kaufvertrag abgeschlossen worden.

e) Ja, denn erst ab sieben Jahren ist man geschäftsfähig.

f) Ja, denn Kinder unter sieben Jahren sind noch nicht rechtsfähig.

11 Ordnen Sie den folgenden Aussagen zur Geschäftsfähigkeit die entsprechenden Paragrafen im BGB zu.

a) Die 16-jährige Tanja Schick kauft ohne Wissen ihrer Mutter von ihren Ersparnissen ein Mofa für 700,00 €.

b) Der 62-jährige Max Fröhlich schenkt seinem zwölfjährigen Enkel Peer ohne Einwilligung der Eltern einen CD-Player.

c) Die sechsjährige Pauline kauft ein Spielzeugauto. Sie zahlt mit dem Geld, das ihr ihre Eltern als Taschengeld überlassen haben.

d) Der sechsjährige Marcus kauft am Kiosk mit abgezähltem Geld eine Zeitschrift. Der Verkäufer weiß, dass Marcus im Auftrag des Vaters handelt.

12 Entscheiden Sie, ob folgende Aussagen richtig oder falsch sind:

a) Bei einem beschränkt Geschäftsfähigen sind die eigenen Willenserklärungen schwebend unwirksam.

b) Schwebend unwirksam bedeutet, dass ein Vertrag nicht zustande gekommen ist.

c) Bei einem Sechsjährigen sind die eigenen Willenserklärungen nichtig.

d) Die Nichtigkeit einer Willenserklärung bedeutet, dass kein Rechtsgeschäft zustande kommt.

13 Patrick Adler lebt in einer großen Familie. Dazu gehören seine Eltern Hans und Marina Adler, seine beiden jüngeren Geschwister Maja (14 Jahre) und Robert (6 Jahre) sowie Opa Walter Adler. In der vorigen Woche gab es viele Diskussionen in der Familie. Patrick geht in Gedanken die Ereignisse nochmals durch:

a) Opa Walter verkündete, dass er in seinem Testament sein ganzes Vermögen seinem Golden Retriever vermachen will.

b) Maja bekam von den Eltern 120,00 €, um Schulbücher zu kaufen. Sie hat dies getan, behielt aber, da zwei Bücher nicht vorrätig waren, 59,00 € übrig. Von diesem Geld kaufte sie zwei DVDs für die Eltern, die sie ihnen zum Hochzeitstag schenken will.

c) Robert kaufte im Auftrag der Mutter eine Packung Eier bei der Good Buy GmbH. Auf dem Heimweg stürzte er mit seinem Rad, die Eier gingen dabei alle zu Bruch.

d) Maja bekam von Opa Walter zum Geburtstag 50,00 € geschenkt.

e) Robert tauschte seine vier nagelneuen Matchbox-Autos gegen eine angebissene Milchschnitte mit seinem Freund Igor (5 Jahre).

1. Untersuchen Sie die Ereignisse in der Familie Adler auf ihre rechtliche Wirksamkeit, arbeiten Sie dazu mit dem BGB. Begründen Sie Ihre Antwort mit den Rechtsnormen des BGB.
2. Finden Sie Beispiele aus Ihrem familiären Umfeld, in denen deutlich wird, dass bestimmte Willenserklärungen und Rechtshandlungen vom Alter abhängig sind.

Situation 11

Eigentum und Besitz unterscheiden

In der MEWOH Musterwohn GmbH hat man schon seit Längerem über eine Erweiterung des Fuhrparks nachgedacht. In der letzten Diskussionsrunde entschloss sich die Geschäftsleitung, einen Kleintransporter käuflich zu erwerben. Nach langer Suche hat die MEWOH Musterwohn GmbH ein echtes „Schnäppchen“ gemacht. Der Transporter ist in einem ausgezeichneten Zustand und wirkt bis auf den Tachostand wie neu. Der abgebildete Kaufvertrag für den Fahrzeugverkauf zeigt die Vertragspartner, Konditionen und Zahlungsvereinbarungen. Der Kleintransporter wurde bereits abgeholt und steht auf dem Hof der MEWOH Musterwohn GmbH. Die Bezahlung des Kleintransporters erfolgt vereinbarungsgemäß erst in 30 Tagen.

Kaufvertrag für den Fahrzeugverkauf

Der Verkäufer

Auto-Center Hildebrand GmbH

Anrede | Vor- & Nachname / Firmenname inkl. Gesellschaftsform

04178 Leipzig, Alleenstr. 54

vollständige Anschrift (PLZ, Ort - Straße, Hausnummer - ggf. Land)

Telefon | Mobiltelefon | eMail-Adresse

0341 8976XX5

Geburtsdatum | Geburtsort | Beruf/Gewerbe

veräußert an den Käufer

MEWOH Musterwohn

Anrede | Vor- & Nachname / Firmenname inkl. Gesellschaftsform

Fangerstraße 15-20, 04104 Leipzig

vollständige Anschrift (PLZ, Ort - Straße, Hausnummer - ggf. Land)

Telefon | Mobiltelefon | eMail-Adresse

0341 9321XX-0 | | Wohnungsbaugesellschaft

Geburtsdatum | Geburtsort | Beruf/Gewerbe

zu den nachfolgenden Konditionen folgendes Kraftfahrzeug:

Fahrzeug - Hersteller, Modell, Ausführung usw. Mercedes 316 CDI Sprinter		Leistung (kw / PS) lt. Fahrzeugbrief 115	Farbe silbergrau
Fahrgestellnummer 0987654	(letztes) amtl. Kennzeichen OL-K-345	Hubraum lt. Fahrzeugbrief 2.685	Anzahl der Türen (o. siehe Feld Fzg.)
Fahrzeugart Kastenwagen Hochdach	Gesamtfahrleistung	Anzahl der Vorbesitzer 1	nächste Hauptuntersuchung (HU) 20XX
Datum der Erstzulassung 2020	Fahrleistung lt. Tacho 21345	zul. Gesamtgewicht 5.500	nächste Abgasuntersuchung (AU) 20XX

Sonderausstattung und Zubehör:

Zahlungsvereinbarungen	alle Beträge in € (EUR)
kein Umsatzsteuerausweis möglich, § 25a UStG (Differenzbesteuerung) - **Kaufpreis:**	
Umsatzsteuer ausweisbar (Regelbesteuerung) - **(netto) Kaufpreis:**	**10.000,00**
19% **Ust.:**	**1.900,00**
Gesamtbetrag:	**11.900,00**
Gesamtbetrag in Worten:	

Art und Umfang von bekannten Unfallschäden:

Das Fahrzeug wurde als Taxi/Miet-/Fahrschulwagen genutzt:	Ja ☐	/ Nein ☒
Es handelt sich um ein EU-Import/Reimport Fahrzeug:	Ja ☐	/ Nein ☒
Das Fahrzeug wird finanziert bzw. geleast (siehe Unterlagen):	Ja ☐	/ Nein ☒

Besondere Vereinbarungen:

Beide Vertragsparteien bestätigen, eine schriftliche Ausfertigung des Vertrags erhalten zu haben. - Sofern es sich beim Verkäufer nicht um eine juristische Person des öffentlichen Rechts oder einen Unternehmer in Ausübung seiner gewerblichen oder selbstständigen Tätigkeit handelt, wird der Vertragsgegenstand unter Ausschluss jeglicher Sachmängelhaftung verkauft.

Leipzig, 20.04.20XX Wildfeld | Karsten Riedel

Ort, Datum | **Unterschrift Verkäufer** | **Unterschrift Käufer**

Eine Woche nach Kauf flattert der MEWOH ein Schreiben aus dem Sekretariat der Insolvenzverwalterin Frau Schüller ins Haus:

Frau Dr. Pohl und Herr Riedel sind wenig begeistert über das Schreiben. Diesen günstigen Wagen möchten sie gerne behalten, zumal die Suche nach einem passenden Transporter aufwendig genug war. Natürlich kann sich ein Autohändler kaum halten, wenn er Autos zu solchen Preisen verkauft, aber das kann doch nicht das Problem der MEWOH Musterwohn GmbH sein!

Ihr Zeichen:
Ihre Nachricht vom:
Unser Zeichen:
Unsere Nachricht vom:

Name: Koray Sadik
Telefon: 0341 26142XX
Telefax: 0341 26142XX-1
E-Mail: k.sadik@schüller.dex

Datum: 28.04.20XX

Insolvenzverwaltung Birgitte Schüller, Postfach 2274.., 04159 Leipzig

MEWOH Musterwohn GmbH
Fangerstraße 15–20
04104 Leipzig

Insolvenz: Auto-Center Hildebrand GmbH

Sehr geehrte Damen und Herren,

die Auto-Center Hildebrand GmbH ist zahlungsunfähig.

Als zuständige Insolvenzverwalterin möchten wir Sie darum bitten, den noch nicht bezahlten Kleintransporter Mercedes 316 CDI Sprinter, Fahrgestellnummer 0987654, herauszugeben, um ihn in die Insolvenzmasse zu überführen.

Für eine Terminabsprache stehen wir gerne zur Verfügung.

Mit freundlichen Grüßen

Koray Sadik

i. A. Koray Sadik

ARBEITSAUFTRAG

Klären Sie mithilfe der Rechtsnormen des BGB die Eigentumsverhältnisse an dem Kleintransporter. Bestimmen Sie dabei die Rechte und Pflichten, welche die MEWOH Musterwohn GmbH aus dem vorliegenden Vertrag bezüglich des Kleintransporters hat. Verfassen Sie ein Schreiben an das Büro der Insolvenzverwalterin Frau Schüller, in dem Sie über die rechtliche Situation aufklären.

Aufgaben

1 Klären Sie mithilfe der Rechtsnormen des BGB, wer Eigentümer und wer Besitzer ist:
- **a)** Im Ladengeschäft der Südwest AG nimmt Angelina Schick einen für ihre Tochter Tanja gedachten MP3-Player aus dem Regal.
- **b)** Frau Schick geht zur Kasse, zahlt den Kaufpreis, nimmt den MP3-Player und geht.
- **c)** Herr Walter findet im Stadtpark die Uhr von Frau Pflaume und hebt sie auf.
- **d)** Herr Wendelin – Geschäftsführer der Hopfen und Malz Brauerei – sitzt in seinem Stammlokal und trinkt Bier aus seiner Brauerei, das ihm in einem verzierten Maßkrug vom Wirt gereicht wird.

2 Bestimmen Sie, wer in den folgenden Fällen Eigentümer und wer Besitzer ist:
- **a)** Karin wohnt in einer Wohngemeinschaft zur Untermiete.
- **b)** Der Sachbearbeiter der Hausbewirtschaftung darf mit dem Firmenwagen der Prokuristin fahren.
- **c)** Zwei zehnjährige Jungen finden eine Geldbörse, ohne sie zum Fundbüro zu bringen.
- **d)** Peter verleiht sein Fahrrad an Andreas.
- **e)** Andreas verkauft Peters Fahrrad an seinen Kumpel Bernd.
- **f)** Der Hausmeister wohnt zur Miete in dem Zwölffamilienhaus des Unternehmers.
- **g)** Ede verkauft gestohlene Ware an einen Kunden, der die Ware sofort bezahlt und mitnimmt.
- **h)** Ein Möbelhaus liefert der Familie Baumann eine neue Schrankwand. Die Bezahlung erfolgt vereinbarungsgemäß eine Woche später.

3 Unterscheiden Sie in den nachfolgenden Fällen jeweils getrennt für Person 1 (P1) und Person 2 (P2), ob diese
1. Eigentümer und gleichzeitig Besitzer,
2. Eigentümer, aber nicht Besitzer,
3. Besitzer, aber nicht Eigentümer,
4. weder Besitzer noch Eigentümer sind.

- **a)** Sie (P1) leihen sich von einem Mitschüler (P2) eine CD aus.
- **b)** Herr Schmitz (P1) hat von Herrn Lippert (P2) eine 2-Zimmer-Wohnung gemietet.
- **c)** Sie (P1) kaufen sich beim Händler (P2) ein neues Fahrrad und zahlen bar.

4 Kennzeichnen Sie folgende Aussagen mit richtig oder falsch:
- **a)** Eigentümer einer Sache wird man durch Einigung und Bezahlung.
- **b)** Besitz ist die tatsächliche Gewalt über eine Sache.
- **c)** Gutgläubiger Erwerb ist bei gestohlenen Sachen möglich.

5 Die MEWOH Musterwohn GmbH beabsichtigt, zur Erweiterung ihres Firmensitzes ein angrenzendes Grundstück zu kaufen. Stellen Sie dar, welche Gemeinsamkeiten der Kauf des Kleintransporters und der Kauf eines Grundstückes aufweisen und welche Unterschiede es gibt. Erstellen Sie dazu eine Tabelle in der untenstehenden Form:

	Kleintransporter	**Grundstück**
Gemeinsamkeiten	...	...
Unterschiede	...	...

Situation 12

Rechtsgeschäfte unterscheiden

Im Kassenbereich eines großen Fliesengroßhändlers werden Sie Zeuge des folgenden Gespräches:

Kunde (Handwerker): Guten Tag, da habe ich ja heute besonders viel Glück. Zum einen hatten Sie noch diesen Fliesenkleber, meine letzte Tube hat nämlich der Azubi beim Üben verbraucht, zum anderen hatte ich mit einem viel höheren Preis gerechnet. Da nehme ich doch direkt 20 Tuben mit.

Verkäuferin: Guten Tag, das freut mich für Sie. Wir haben diesen Kleber aber eigentlich immer auf Lager.

Die Verkäuferin fährt mit dem Handscanner über das Etikett. Auf dem Kassendisplay erscheint aber nicht der ausgezeichnete Preis in Höhe von 9,90 €, sondern ein Preis von 39,90 €.

Verkäuferin (schaut verwundert): Oh, der Kleber ist wohl falsch ausgezeichnet worden. Der tatsächliche Preis beträgt 39,90 €.

Kunde (aufgebracht): Das glaube ich jetzt nicht! Schauen Sie selbst, an dem Regal mit dem Kleber steht ganz deutlich der Preis von 9,90 €. Zu diesem Preis müssen Sie mir den Kleber auch verkaufen! Auf etwas anderes lasse ich mich auf keinen Fall ein ...!

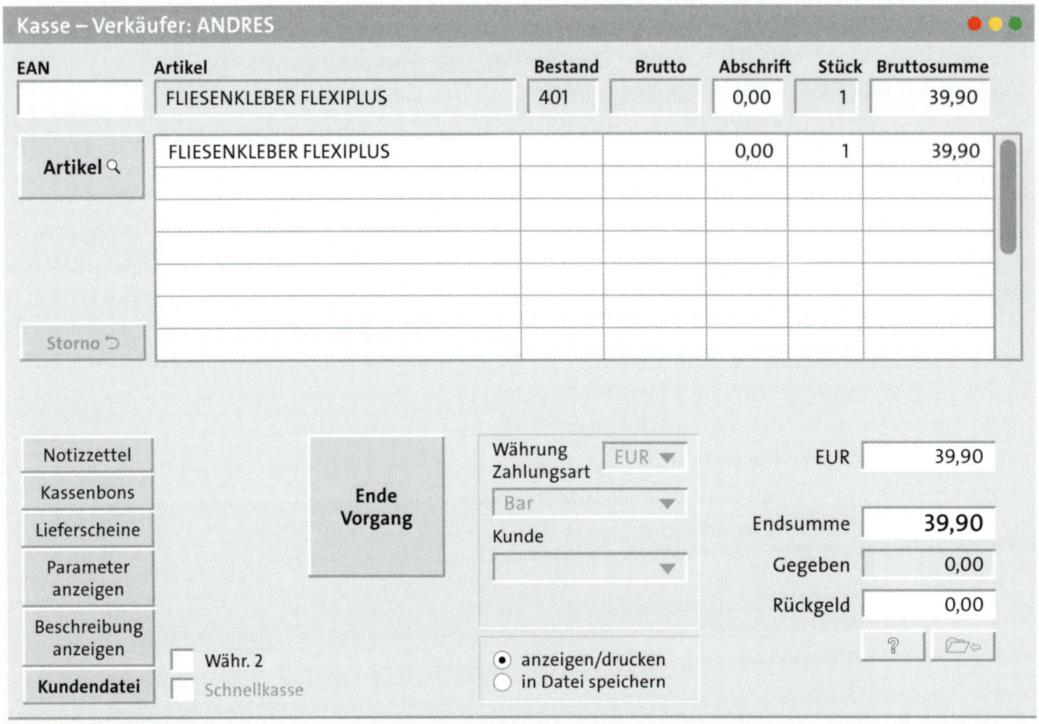

ARBEITSAUFTRAG

Beurteilen Sie die Rechtslage aus der Sicht des Fliesengroßhändlers und halten Sie Ihr Ergebnis schriftlich fest. Begründen Sie Ihre Ausarbeitung.

Aufgaben

1 Um welche Art von Rechtsgeschäften handelt es sich?
- a) einseitiges Rechtsgeschäft
- b) zweiseitiges Rechtsgeschäft
- c) nicht empfangsbedürftige Willenserklärung
- d) empfangsbedürftige Willenserklärung
  1. Mietvertrag
  2. Testament
  3. Kündigung
  4. Kaufvertrag

2 Welche Formvorschriften sind für folgende Rechtsgeschäfte vorgeschrieben? Suchen Sie die jeweiligen rechtlichen Grundlagen.
- a) Kaufvertrag über ein Auto
- b) Kaufvertrag über eine Eigentumswohnung
- c) Vermietung einer Eigentumswohnung
- d) Verpachtung eines Grundstückes
- e) Bürgschaftserklärung eines Kaufmannes
- f) Bürgschaftserklärung einer Privatperson
- g) Aufsetzen einer privaten Testaments

3 Geben Sie die gesetzlich vorgeschriebene Form für das jeweilige Rechtsgeschäft an.
- a) formfrei
- b) Schriftform
- c) öffentliche Beglaubigung
- d) notarielle Beurkundung
  1. Frau Putzig kauft ihren Geschirrspüler auf Raten.
  2. Karl Protz bezahlt sein neues Motorrad bar.
  3. Bauer Kohl verkauft einen Acker an seinen Nachbarn.
  4. Martin Stift schließt einen Ausbildungsvertrag ab.
  5. Onkel Ludwig setzt sein Testament auf.
  6. Frau Schenker verspricht, dass sie ihrem Neffen zu seinem 18. Geburtstag 10.000,00 € schenken wird.

4 Überprüfen Sie im Rahmen der Vertragsfreiheit folgende Fälle und begründen Sie Ihre Ansicht mit den Aspekten Abschlussfreiheit und Abschlusszwang.
- a) Herr Schmolke interessiert sich für einen Kerzenständer. Der Verkäufer weigert sich aber, Herrn Schmolke den Kerzenständer zu verkaufen, mit der Begründung, dass dies sein letztes Exemplar sei. Ist das Verhalten des Verkäufers rechtens?
- b) Ein Apotheker weigert sich, Herrn Schmolke das von ihm benötigte Insulin zu verkaufen. Ist das Verhalten des Verkäufers rechtens?
- c) Herr Schmolke möchte die Wohnung von Herrn Lippert mieten. Dieser weigert sich, an Herrn Schmolke zu vermieten, da dieser Raucher ist. Ist das Verhalten des Vermieters rechtens?

5 Um welche Vertragsart handelt es sich in den folgenden Fällen?
- a) Susanne besorgt sich in der Videothek ein paar DVDs für einen gemütlichen Abend zu Hause.
- b) Hannes möchte einen Kuchen backen. Leider hat er nicht genug Eier im Haus. Seine Nachbarin hilft ihm mit drei Eiern aus. Nach seinem nächsten Einkauf gibt Hannes ihr drei Eier zurück.
- c) Frau Schönenberg lässt in der Werkstatt ihres Vertrauens einige Kratzer an ihrem Auto ausbessern.
- d) Simon verdient sich durch Zeitungsaustragen ein bisschen Geld zu seinem Taschengeld dazu.
- e) Bauer Mairhofer überlässt seinem Nachbarn einen Acker. Der Nachbar baut darauf Zuckerrüben an und verkauft sie an die örtliche Zuckerraffinerie.
- f) Sascha fliegt nach Abschluss seiner Ausbildung für zwei Wochen nach Mallorca.
- g) Herr Voigt besorgt sich am Kiosk die aktuelle Tageszeitung.
- h) Für eine Party bekommt Anja von ihrer Freundin Elke ein schickes Top.

6 Stellen Sie jeweils den wesentlichen Unterschied zwischen folgenden Verträgen heraus:
- a) Miet- und Darlehensvertrag
- b) Miet- und Pachtvertrag
- c) Miet- und Leihvertrag
- d) Werk- und Kaufvertrag
- e) Werk- und Dienstvertrag

Situation 13

Nichtigkeit und Anfechtbarkeit von Rechtsgeschäften erkennen

Der Verkaufssachbearbeiter Fritz Stoll, Mitarbeiter der Klammer & Co. Bürobedarf GmbH, wundert sich über den Inhalt der folgenden E-Mail-Bestellung von Heribert Tenhumberg von der MEWOH Musterwohn GmbH. Herr Tenhumberg bestellt häufiger Büroartikel für die MEWOH, allerdings nicht so große Mengen Papier. Der Auszubildende Thomas Wolfen wird von Herrn Stoll beauftragt, die Bestellung weiter zu bearbeiten, jedoch vorher nochmals mithilfe des Verzeichnisses der Warengruppen inhaltlich zu überprüfen.

Löschen Antworten An alle Weiterleiten

Von: MEWOH Musterwohn GmbH, Herr Tenhumberg
An: fritz.stoll@klammer-buerobedarf.dex
Datum: 15.10.20XX
Betreff: Bestellung

Sehr geehrter Herr Stoll,

vielen Dank für Ihr äußerst günstiges Angebot über 10 000 Blatt „Mattpost Extra“. Aufgrund des besonders attraktiven Preises ab 5 Kartons nehmen wir gleich ein paar Kartons mehr als geplant. Unsere Bestellung lautet:

30 000 Blatt (6 Kartons) „Mattpost-Extra“
Qualitäts-Büropapier mit Wasserzeichen
Format DIN A4, 80 g/m²
500 Blatt 11,45 €
ab 5 Kartons 4,80 €

Den Rechnungsbetrag von 288,00 € zzgl. Umsatzsteuer werden wir wie gewohnt mit einem Zahlungsziel von 30 Tagen netto überweisen.

Mit freundlichen Grüßen

Heribert Tenhumberg
MEWOH Musterwohn GmbH

Verzeichnis der Warengruppen (Auszug)	
Produktbeschreibung „Mattpost-Extra“ Qualitäts-Büropapier mit Wasserzeichen, Format DIN A4, 80 g/m², holzfrei, weiß, matt, hochgebleicht, für Laserdruck geeignet	**Nettopreis in € je Einheit** 500 Blatt 11,45 ab 5 Kartons 8,40 **kleinste Verpackungsmenge** 500 Blatt **Kleinste lieferbare Menge** 1 Karton mit 10 x 500 Blatt

Vorangegangene E-Mail

Von: fritz.stoll@klammer-buerobedarf.dex
Datum: 14.10.20XX
An: MEWOH Musterwohn GmbH, Herr Tenhumberg
Betreff: Angebot

Sehr geehrter Herr Tenhumberg,

vielen Dank für Ihre Anfrage über 10.000 Blatt „Mattpost Extra“. Wir können Ihnen das Papier zu unseren gewohnt günstigen Konditionen anbieten:

10.000 Blatt (2 Kartons) „Mattpost-Extra“
Qualitätsbüropapier mit Wasserzeichen
Format DIN A4, 80 g/qm
500 Blatt 11,45 €
ab 5 Kartons 4,80 €

Ich hoffe, dass Ihnen das Angebot zusagt, und freue mich über Ihre Bestellung.

Mit freundlichen Grüßen

Fritz Stoll
Klammer & Co. Bürobedarf GmbH

Aufgaben

1 Aus welchem Grund ist das Rechtsgeschäft anfechtbar?

a) Ein Verkäufer verkauft versehentlich einen Heckscheibenwischer für 8,80 € statt für 18,80 €.

b) Eine Auszubildende notiert bei der Entgegennahme einer Bestellung eine falsche Bestellmenge.

c) Eine Verkäuferin verkauft unabsichtlich eine Imitation als echten Goldschmuck.

d) Ein Jugendlicher verkauft seinem Freund eine schon mehrfach abgespielte DVD als neu.

e) Ein Hausierer zwingt eine ältere Frau zum Kauf von zehn Postkarten für 29,00 €.

2 Aus welchem Grund ist das Rechtsgeschäft nichtig?

a) Ein Sechsjähriger kauft nach der Schule einen Schokoriegel.

b) Ein stark angetrunkener Kunde kauft ein Navigationsgerät.

c) Eine 13-Jährige kauft gegen den Willen ihrer Eltern ein Handy für 100,00 €.

d) Ein Kunde hat für 45,00 € Zündkerzen gekauft. Er lässt sich eine Quittung über 98,00 € ausstellen.

e) Ein über sein reparaturanfälliges Fahrzeug verärgerter Kunde sagt: „Die Karre können Sie geschenkt haben."

f) Ein 15-Jähriger kauft eine Flasche Champagner.

g) Ein Abteilungsleiter kauft eine Ferienwohnung ohne notarielle Beurkundung des Vertrages.

h) Eine 18-Jährige kauft einen gebrauchten Pkw auf Raten zu deutlich überhöhten Zinskonditionen.

3 Sind die folgenden Rechtsgeschäfte

a) gültig,

b) nichtig oder

c) anfechtbar?

Begründen Sie Ihre Antwort.

1. Klaus Ziegler sagt während eines Verkaufsgesprächs zu einem Kunden: „Diese Bohrmaschine von Posch bekommen Sie bei uns wirklich für einen Appel und ein Ei." Der Kunde möchte daraufhin mit einem Apfel und einem Ei bezahlen.
2. Die 4-jährige Lucca verkauft ihren Puppenwagen für 5,00 €.
3. Regina Pech kauft einen Gebrauchtwagen. Bei der ersten Inspektion stellt die Werkstatt fest, dass es sich um einen Unfallwagen handelt. Im schriftlichen Kaufvertrag wurde das Fahrzeug als unfallfrei erklärt.
4. Frau Pingel tippt ihr Testament, damit es gut lesbar ist, auf dem PC, druckt es aus und unterschreibt es eigenhändig.
5. Herr Maus kauft einen PC ohne schriftlichen Vertrag. Nach 3 Monaten stellt sich heraus, dass er für seine Zwecke einen viel zu kleinen Arbeitsspeicher gewählt hat.
6. Der Verkäufer Ziegler versendet an einen Kunden ein schriftliches Angebot für Schlagbohrmaschinen. Versehentlich schreibt er als Angebotspreis 255,99 € statt 299,55 €.

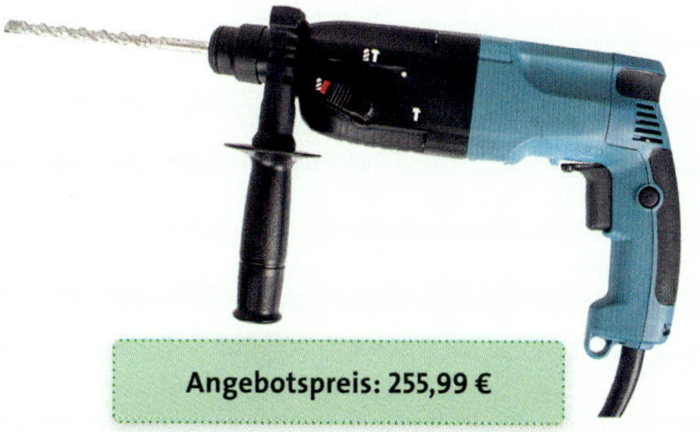

Situation 14

Allgemeine Geschäftsbedingungen (AGB) anwenden

Die MEWOH Musterwohn GmbH beabsichtigt, vom Computerhändler DV-Profi GmbH vier neue Personal Computer für die Abteilung „Kaufmännisches Bestandsmanagement" zu erwerben. Zusammen mit dem Angebot der DV-Profi GmbH liegen die Allgemeinen Geschäftsbedingungen des Computerhändlers vor.

DV-Profi GmbH

Allgemeine Geschäftsbedingungen der DV-Profi GmbH

§ 1 Allgemeine Regelungen

(1) Alle Verkäufe, Lieferungen und sonstigen Leistungen erfolgen ausschließlich nach Maßgabe dieser Allgemeinen Geschäftsbedingungen.

(2) Individualabreden sind nur gültig, wenn sie schriftlich vereinbart wurden.

(3) Ist eine Bestimmung dieser Bedingungen ganz oder teilweise unwirksam, so bleibt die Wirksamkeit der übrigen Bestimmungen hiervon unberührt.

§ 2 Gewährleistung, Garantie und Mängelanzeige

(1) Die DV-Profi GmbH gibt auf alle Artikel 24 Monate Gewährleistung gemäß den nachfolgenden Bestimmungen.

(2) Die DV-Profi GmbH übernimmt keine Gewähr für Schäden, die durch fehlerhafte Montage oder Montageanleitung oder fehlerhafte Inbetriebnahme entstehen.

(3) Offensichtliche Mängel der Ware sind unverzüglich, spätestens jedoch innerhalb von 2 Wochen nach Lieferung bzw. Erhalt der Ware schriftlich mitzuteilen. Bei Versäumnis dieser Frist sind Gewährleistungsrechte wegen eines offensichtlichen Mangels ausgeschlossen. Mängel, die auch bei sorgfältiger Prüfung innerhalb dieser Frist nicht entdeckt werden können, sind uns unverzüglich nach Entdeckung schriftlich mitzuteilen. Zur Begrenzung der allgemeinen Kreditrisiken übernimmt die DV-Profi GmbH die Mängelbeseitigung erst ab vollständig geleisteter Kaufpreiszahlung.

(4) Der Käufer hat nachzuweisen, dass die Sache bereits bei Gefahrenübergang mangelhaft war. Bei solchen berechtigten Mängelrügen übernimmt die DV-Profi GmbH die kostenlose Nachbesserung oder, ist eine solche nicht möglich, eine Neulieferung. Nur die notwendigen Transportkosten sind vom Käufer zu tragen.

(5) Schlägt die Nachbesserung an einem Fehler bzw. die Neulieferung viermal fehl, gewähren wir Ihnen eine Preisherabsetzung in angemessenem Umfang. Auch ein Rücktritt vom Vertrag gemäß § 4 AGB ist nun möglich.

§ 3 Haftung

(1) Die DV-Profi GmbH haftet nur für Schäden, die auf Vorsatz beruhen. Die Haftung ist der Höhe nach auf den bei Geschäften der fraglichen Art typischerweise entstehenden Schaden begrenzt.

(2) Der Käufer hat alle möglichen Maßnahmen zur Schadensabwehr und -minderung zu ergreifen.

§ 4 Rücktritt

(1) Die DV-Profi GmbH gewährt ihren Kunden ein Rücktrittsrecht gemäß den Regelungen dieser Allgemeinen Geschäftsbedingungen.

(2) Der Rücktritt vom Vertrag ist schriftlich per Einschreiben gegenüber der DV-Profi GmbH zu erklären.

(3) Die Ware muss sich in jedem Fall in einem wieder verkaufsfähigen Zustand befinden und ist in der Originalverpackung zurückzugeben.

§ 5 Lieferung

(1) Die DV-Profi GmbH liefert gegen Kostenerstattung auf Gefahr des Kunden alle Produkte aus.

(2) Wird die Ware nicht abgenommen, ist die DV-Profi GmbH berechtigt, eine Pauschale wegen vertragswidrigen Verhaltens in Höhe von 15 % des Kaufpreises, mindestens aber 150,00 €, zu verlangen. Eine nochmalige Lieferung der Ware kann nicht gewährleistet werden.

(3) Liefertermine und Lieferfristen sind nur verbindlich, wenn sie von der DV-Profi GmbH schriftlich bestätigt worden sind.

(4) Mit der Absendung der Ware an den Käufer geht die Gefahr auf ihn über.

§ 6 Preise und Zahlungsbedingungen

(1) Alle Preise sind als Bruttopreise in Euro ausgewiesen.

(2) DV-Profi GmbH ist berechtigt, die abzurechnenden Preise jederzeit an die allgemeine Marktpreisentwicklung anzupassen.

(3) Die Zahlung ist sofort fällig. Bei Zahlungsverzug ist die DV-Profi GmbH berechtigt, Verzugszinsen in der jeweils geltenden gesetzlichen Höhe zu verlangen. Zudem ist ein Verzugsschadensersatz in Höhe von 100,00 € fällig, der ebenfalls zu verzinsen ist.

§ 7 Eigentumsvorbehalt und Gerichtsstand

(1) Die Ware bleibt bis zur vollständigen Bezahlung Eigentum der DV-Profi GmbH.

(2) Für alle Rechtsstreitigkeiten aus den Geschäften der DV-Profi GmbH wird Erzstadt als ausschließlicher Gerichtsstand vereinbart.

ARBEITSAUFTRÄGE

1. Beurteilen Sie die Wirksamkeit der AGB unter dem Gesichtspunkt, dass sowohl die MEWOH Musterwohn GmbH als auch die DV-Profi GmbH Unternehmen sind. Finden Sie mindestens zwei Klauseln, die nach Ihrer Meinung unwirksam sind. Benutzen Sie hierzu das Arbeitsblatt 2.3 zum Thema „AGB gegenüber einem Unternehmen", das den Webcodematerialien beiliegt. Berücksichtigen Sie die Ausschnitte aus den Rechtsvorschriften des Bürgerlichen Gesetzbuches (BGB) auf den folgenden Seiten.
2. Geben Sie eine Empfehlung ab, ob und wie die MEWOH Musterwohn GmbH auf das Angebot reagieren sollte.

Ausschnitte aus den Rechtsvorschriften des Bürgerlichen Gesetzbuchs (BGB) zu den Allgemeinen Geschäftsbedingungen

§ 305 Einbeziehung Allgemeiner Geschäftsbedingungen in den Vertrag

(1) Allgemeine Geschäftsbedingungen sind alle für eine Vielzahl von Verträgen vorformulierten Vertragsbedingungen, die eine Vertragspartei (Verwender) der anderen Vertragspartei bei Abschluss eines Vertrags stellt. Gleichgültig ist, ob die Bestimmungen einen äußerlich gesonderten Bestandteil des Vertrags bilden oder in die Vertragsurkunde selbst aufgenommen werden, welchen Umfang sie haben, in welcher Schriftart sie verfasst sind und welche Form der Vertrag hat. Allgemeine Geschäftsbedingungen liegen nicht vor, soweit die Vertragsbedingungen zwischen den Vertragsparteien im Einzelnen ausgehandelt sind.

(2) Allgemeine Geschäftsbedingungen werden nur dann Bestandteil eines Vertrags, wenn der Verwender bei Vertragsschluss

1. die andere Vertragspartei ausdrücklich oder, wenn ein ausdrücklicher Hinweis wegen der Art des Vertragsschlusses nur unter unverhältnismäßigen Schwierigkeiten möglich ist, durch deutlich sichtbaren Aushang am Ort des Vertragsschlusses auf sie hinweist und
2. der anderen Vertragspartei die Möglichkeit verschafft, in zumutbarer Weise, die auch eine für den Verwender erkennbare körperliche Behinderung der anderen Vertragspartei angemessen berücksichtigt, von ihrem Inhalt Kenntnis zu nehmen, und wenn die andere Vertragspartei mit ihrer Geltung einverstanden ist.

(3) Die Vertragsparteien können für eine bestimmte Art von Rechtsgeschäften die Geltung bestimmter Allgemeiner Geschäftsbedingungen unter Beachtung der in Absatz 2 bezeichneten Erfordernisse im Voraus vereinbaren. […]

§ 305c Überraschende und mehrdeutige Klauseln

(1) Bestimmungen in Allgemeinen Geschäftsbedingungen, die nach den Umständen, insbesondere nach dem äußeren Erscheinungsbild des Vertrags, so ungewöhnlich sind, dass der Vertragspartner des Verwenders mit ihnen nicht zu rechnen braucht, werden nicht Vertragsbestandteil.

(2) Zweifel bei der Auslegung Allgemeiner Geschäftsbedingungen gehen zu Lasten des Verwenders.

§ 306 Rechtsfolgen bei Nichteinbeziehung und Unwirksamkeit

(1) Sind Allgemeine Geschäftsbedingungen ganz oder teilweise nicht Vertragsbestandteil geworden oder unwirksam, so bleibt der Vertrag im Übrigen wirksam.

(2) Soweit die Bestimmungen nicht Vertragsbestandteil geworden oder unwirksam sind, richtet sich der Inhalt des Vertrags nach den gesetzlichen Vorschriften.

§ 307 Inhaltskontrolle

(1) Bestimmungen in Allgemeinen Geschäftsbedingungen sind unwirksam, wenn sie den Vertragspartner des Verwenders entgegen den Geboten von Treu und Glauben unangemessen benachteiligen. Eine unangemessene Benachteiligung kann sich auch daraus ergeben, dass die Bestimmung nicht klar und verständlich ist.

(2) Eine unangemessene Benachteiligung ist im Zweifel anzunehmen, wenn eine Bestimmung

1. mit wesentlichen Grundgedanken der gesetzlichen Regelung, von der abgewichen wird, nicht zu vereinbaren ist oder
2. wesentliche Rechte oder Pflichten, die sich aus der Natur des Vertrags ergeben, so einschränkt, dass die Erreichung des Vertragszwecks gefährdet ist. […]

§ 308 Klauselverbote mit Wertungsmöglichkeit

In Allgemeinen Geschäftsbedingungen ist insbesondere unwirksam

1. (Annahme- und Leistungsfrist)
eine Bestimmung, durch die sich der Verwender unangemessen lange oder nicht hinreichend bestimmte Fristen für die Annahme oder Ablehnung eines Angebots oder die Erbringung einer Leistung vorbehält; […]

2. (Nachfrist)
eine Bestimmung, durch die sich der Verwender für die von ihm zu bewirkende Leistung abweichend von Rechtsvorschriften eine unangemessen lange oder nicht hinreichend bestimmte Nachfrist vorbehält;

3. (Rücktrittsvorbehalt)
die Vereinbarung eines Rechts des Verwenders, sich ohne sachlich gerechtfertigten und im Vertrag angegebenen Grund von seiner Leistungspflicht zu lösen; dies gilt nicht für Dauerschuldverhältnisse;

4. (Änderungsvorbehalt)
die Vereinbarung eines Rechts des Verwenders, die versprochene Leistung zu ändern oder von ihr abzuweichen, wenn nicht die Vereinbarung der Änderung oder Abweichung unter Berücksichtigung der Interessen des Verwenders für den anderen Vertragsteil zumutbar ist; [...]

7. (Abwicklung von Verträgen)
eine Bestimmung, nach der der Verwender für den Fall, dass eine Vertragspartei vom Vertrag zurücktritt oder den Vertrag kündigt,

a) eine unangemessen hohe Vergütung für die Nutzung oder den Gebrauch einer Sache oder eines Rechts oder für erbrachte Leistungen oder

b) einen unangemessen hohen Ersatz von Aufwendungen verlangen kann; [...]

§ 309 Klauselverbote ohne Wertungsmöglichkeit

Auch soweit eine Abweichung von den gesetzlichen Vorschriften zulässig ist, ist in Allgemeinen Geschäftsbedingungen unwirksam

1. (Kurzfristige Preiserhöhungen)
eine Bestimmung, welche die Erhöhung des Entgelts für Waren oder Leistungen vorsieht, die innerhalb von vier Monaten nach Vertragsschluss geliefert oder erbracht werden sollen; dies gilt nicht bei Waren oder Leistungen, die im Rahmen von Dauerschuldverhältnissen geliefert oder erbracht werden; [...]

4. (Mahnung, Fristsetzung)
eine Bestimmung, durch die der Verwender von der gesetzlichen Obliegenheit freigestellt wird, den anderen Vertragsteil zu mahnen oder ihm eine Frist für die Leistung oder Nacherfüllung zu setzen;

5. (Pauschalierung von Schadenersatzansprüchen)
die Vereinbarung eines pauschalierten Anspruchs des Verwenders auf Schadenersatz oder Ersatz einer Wertminderung, wenn

a) die Pauschale den in den geregelten Fällen nach dem gewöhnlichen Lauf der Dinge zu erwartenden Schaden oder die gewöhnlich eintretende Wertminderung übersteigt oder

b) dem anderen Vertragsteil nicht ausdrücklich der Nachweis gestattet wird, ein Schaden oder eine Wertminderung sei überhaupt nicht entstanden oder wesentlich niedriger als die Pauschale; [...]

7. (Haftungsausschluss bei Verletzung von Leben, Körper, Gesundheit und bei grobem Verschulden)

a) (Verletzung von Leben, Körper, Gesundheit)
ein Ausschluss oder eine Begrenzung der Haftung für Schäden aus der Verletzung des Lebens, des Körpers oder der Gesundheit, die auf einer fahrlässigen Pflichtverletzung des Verwenders oder einer vorsätzlichen oder fahrlässigen Pflichtverletzung eines gesetzlichen Vertreters oder Erfüllungsgehilfen des Verwenders beruhen;

b) (Grobes Verschulden)
ein Ausschluss oder eine Begrenzung der Haftung für sonstige Schäden, die auf einer grob fahrlässigen Pflichtverletzung des Verwenders oder auf einer vorsätzlichen oder grob fahrlässigen Pflichtverletzung eines gesetzlichen Vertreters oder Erfüllungsgehilfen des Verwenders beruhen; [...]

8. (Sonstige Haftungsausschlüsse bei Pflichtverletzung)

a) (Ausschluss des Rechts, sich vom Vertrag zu lösen)
eine Bestimmung, die bei einer vom Verwender zu vertretenden, nicht in einem Mangel der Kaufsache oder des Werkes bestehenden Pflichtverletzung das Recht des anderen Vertragsteils, sich vom Vertrag zu lösen, ausschließt oder einschränkt; [...]

b) (Mängel)
eine Bestimmung, durch die bei Verträgen über Lieferungen neu hergestellter Sachen und über Werkleistungen [...]

bb) (Beschränkung auf Nacherfüllung)
die Ansprüche gegen den Verwender insgesamt oder bezüglich einzelner Teile auf ein Recht auf Nacherfüllung beschränkt werden, sofern dem anderen Vertragsteil nicht ausdrücklich das Recht vorbehalten wird, bei Fehlschlagen der Nacherfüllung zu mindern oder, wenn nicht eine Bauleistung Gegenstand der Mängelhaftung ist, nach seiner Wahl vom Vertrag zurückzutreten;

cc) (Aufwendungen bei Nacherfüllung)
die Verpflichtung des Verwenders ausgeschlossen oder beschränkt wird, die zum Zwecke der Nacherfüllung erforderlichen Aufwendungen, insbesondere Transport-, Wege-, Arbeits- und Materialkosten, zu tragen;

dd) (Vorenthalten der Nacherfüllung)
der Verwender die Nacherfüllung von der vorherigen Zahlung des vollständigen Entgelts oder eines unter Berücksichtigung des Mangels unverhältnismäßig hohen Teils des Entgelts abhängig macht;

ee) (Ausschlussfrist für Mängelanzeige)
der Verwender dem anderen Vertragsteil für die Anzeige nicht offensichtlicher Mängel eine Ausschlussfrist setzt, die kürzer ist als die nach dem Doppelbuchstaben ff zulässige Frist;

ff) (Erleichterung der Verjährung)
die Verjährung von Ansprüchen gegen den Verwender wegen eines Mangels in den Fällen des § 438 Abs. 1 Nr. 2 und des § 634a Abs. 1 Nr. 2 erleichtert oder in den sonstigen Fällen eine weniger als ein Jahr betragende Verjährungsfrist ab dem gesetzlichen Verjährungsbeginn erreicht wird; [...]

12. (Beweislast)
eine Bestimmung, durch die der Verwender die Beweislast zum Nachteil des anderen Vertragsteils ändert, insbesondere indem er

a) diesem die Beweislast für Umstände auferlegt, die im Verantwortungsbereich des Verwenders liegen, oder

b) den anderen Vertragsteil bestimmte Tatsachen bestätigen lässt;

Buchstabe b gilt nicht für Empfangsbekenntnisse, die gesondert unterschrieben oder mit einer gesonderten qualifizierten elektronischen Signatur versehen sind;

13. (Form von Anzeigen und Erklärungen)
eine Bestimmung, durch die Anzeigen oder Erklärungen, die dem Verwender oder einem Dritten gegenüber abzugeben sind, an eine strengere Form als die Schriftform oder an besondere Zugangserfordernisse gebunden werden.

§ 310 Anwendungsbereich

(1) § 305 Abs. 2 und 3 und die §§ 308 und 309 finden keine Anwendung auf Allgemeine Geschäftsbedingungen, die gegenüber einem Unternehmer, einer juristischen Person des öffentlichen Rechts oder einem öffentlich-rechtlichen Sondervermögen verwendet werden. […]

Aufgaben

1 Unter welchen Voraussetzungen werden Allgemeine Geschäftsbedingungen Bestandteil eines Kaufvertrages?

2 Welchen Zweck verfolgt ein Unternehmen mit seinen Allgemeinen Geschäftsbedingungen?

3 Das Bürgerliche Gesetzbuch (BGB) regelt die Wirksamkeit von allgemeinen Geschäftsbedingungen. Welche Regelungen gelten
a) bei individuellen Absprachen?
b) bei mehrdeutigen Klauseln?
c) bei unwirksamen Klauseln?

4 Welche Möglichkeiten hat ein Käufer, wenn er mit den allgemeinen Geschäftsbedingungen des Verkäufers nicht einverstanden ist?

5 Bringen Sie für die nächste Unterrichtsstunde die allgemeinen Geschäftsbedingungen von zwei Unternehmen Ihrer Wahl mit. Vergleichen Sie diese gemäß der folgenden Punkte:
- Gültigkeit von Angeboten
- übliche Lieferzeit
- Übernahme von Kosten für die Lieferung
- Zahlungsbedingungen
- Eigentumsvorbehalt
- Gewährleistungen
- Erfüllungsort und Gerichtsstand

6 Beachten Sie die untenstehenden AGB-Klauseln.

a) Ein Kunde bestellt Waren im Wert von 250,00 € netto. Wie viel Euro muss er für die Ware mit Lieferung insgesamt einschließlich Umsatzsteuer bezahlen?

b) Ein Kunde erhält eine Rechnung über 23.200,00 € einschließlich Umsatzsteuer. Wie viel Euro muss er überweisen, wenn er die Rechnung innerhalb von 10 Tagen bezahlen will?

(2) Lieferungsbedingungen
Lieferungen werden per Lkw oder Logistikdienstleister frei Haus durchgeführt; i. d. R. innerhalb von 48 Stunden. Wenn nichts anderes vereinbart wurde, behalten wir uns das Recht auf Teillieferung – sofern mehr als 50 % der Auftragsmenge sofort geliefert werden kann – ausdrücklich vor; Mehrkosten für den Auftraggeber entstehen dadurch nicht. Eine Auftragsbestätigung erhält der Auftraggeber nur, wenn nicht innerhalb von 48 Stunden der gesamte Auftrag ausgeliefert werden kann. Der Mindestauftragswert beträgt 500,00 €.
Bei einem niedrigeren Rechnungsbetrag wird für die Lieferung ein pauschaler Zuschlag von 25,00 € in Rechnung gestellt. Bei Lieferungen nach Orten, die nicht im gewöhnlichen Auslieferungsbereich liegen, müssen zu den Versandkosten Sonderregelungen getroffen werden. Der Käufer hat keinen Anspruch auf Frachtvergütung, wenn er die Ware abholt.
Die Ware wird in handelsüblicher Verpackung geliefert. Bei Sendungen mit einem Warenwert von bis zu 250,00 € ist eine Verpackungskosten-Pauschale in Höhe von 12,50 € vom Käufer zu tragen. Wünscht der Käufer eine Schnellzustellung in weniger als 48 Stunden, so erfolgt diese über die Paketlinie unseres Logistikpartners DHL Express. Wir stellen dann die uns entstandenen Transportkosten gemäß jeweils gültiger Preistabelle von DHL Express in unsere Ausgangsrechnung mit ein. Bei einer Auslieferung der Ware mit unseren eigenen Fahrzeugen tragen wir das Transportrisiko. In allen anderen Fällen reist die Ware auf Gefahr des Käufers. Bei Streckengeschäften geht das Transportrisiko mit der Verladung der Ware im Werk des Herstellers auf den Käufer über.

(3) Zahlungsbedingungen/Eigentumsvorbehalt
Unsere Rechnungen sind innerhalb von 30 Tagen nach Rechnungsdatum ohne Abzug bzw. innerhalb von 10 Tagen nach Rechnungsdatum mit 3 % Skonto zu bezahlen. Erfolgt die Zahlung nicht innerhalb der genannten Frist, so sind wir berechtigt, Zinsen in Höhe von 5 % über dem Basiszinssatz der Europäischen Zentralbank (EZB) zu berechnen.

Situation 15

Rechtliche Grundlagen des HGB kennen und anwenden

Frau Dr. Kerstin Pohl ist Geschäftsführerin der MEWOH Musterwohn GmbH. Sie engagiert sich, auch im Namen der MEWOH, in unterschiedlichen sozialen Projekten. Das Unternehmen unterstützt u. a. regelmäßig die Leipziger Tafel e. V. mit Geld- und Sachspenden. Übermorgen wird eine neue Plakataktion der Tafel offiziell auf einer Pressekonferenz vorgestellt. Dabei überreicht Frau Dr. Pohl symbolisch eine Geldspende von 2.500,00 €. Hierzu muss der Spendenbetrag noch auf das Konto der Tafel überwiesen werden und von der Hausbank ein symbolischer Scheckvordruck (Größe DIN A2) für die Pressekonferenz abgeholt werden. Da Frau Dr. Pohl zeitlich sehr eingespannt ist, ruft sie die Auszubildende Isabell Ahrens in ihr Büro, damit diese sie bei der Aktion unterstützen kann.

Frau Dr. Pohl: Liebe Isabell, leider ist Frau Wagner, unsere Sachbearbeiterin Rechnungswesen, krank. Sie hat eine Vollmacht für die Erledigung diverser Bankgeschäfte. Für die morgige Pressekonferenz mit der Leipziger Tafel e. V. muss noch ein symbolischer Scheckvordruck abgeholt werden und dabei gerade noch eine Überweisung an die Tafel getätigt werden. Es eilt, daher würde ich dich bitten, dies zu übernehmen.

Isabell: Klar, mach ich doch gerne. Was brauche ich denn dazu überhaupt?

Frau Dr. Pohl: Ich habe alle notwendigen Dinge in einer Mappe zusammengestellt, die du mit zur Bank nehmen musst. Einzig die Vollmacht, die du brauchst, fehlt noch. Ich muss jetzt noch ein ganz wichtiges Telefonat führen, daher bitte ich dich, die Einzelvollmacht vorzubereiten und auszudrucken. Komm dann in 30 Minuten nochmal in mein Büro. Wir gehen die Vollmacht gemeinsam durch und ich unterschreibe sie dann.

ARBEITSAUFTRÄGE

1. Unternehmensinhaber können unmöglich die Fülle aller unternehmerischen Aufgaben selbst erledigen. Daher geben sie unterschiedliche Entscheidungsbefugnisse im Unternehmen an ihre Mitarbeiterinnen und Mitarbeiter ab. Verschaffen Sie sich zunächst einen Überblick über das HGB im Allgemeinen und fassen Sie dann die Regelungen zu Vollmachten im Speziellen zusammen. Nutzen Sie dazu auch die Arbeitsblätter 2.4 und 2.5 zu den rechtlichen Grundlagen und Vollmachten, die den Webcodematerialien beiliegen.
2. Erstellen Sie die von Frau Dr. Pohl angesprochene Vollmacht für Isabell Ahrens. Recherchieren Sie dafür im Internet nach möglichen Vorlagen für solche Vollmachten und orientieren Sie sich daran.
3. Erkunden Sie für Ihren Ausbildungsbetrieb, welche Vollmachten erteilt wurden. Sammeln Sie eine Auswahl der Tätigkeiten und Befugnisse, die damit verbunden sind.

Aufgaben

1 Frau Seifert ist kaufmännische Angestellte in einem mittelständischen Immobilienunternehmen. Ist sie Kaufmann im Sinne des HGB?

2 Welche Kaufmannseigenschaft setzt die Rechtsform Ihres Ausbildungsbetriebes voraus?

3 Der begeisterte Film-Fan Max Paulsen gründet einen Film-Shop. Er ist Chef, Einkäufer, Verkäufer und Buchhalter in einer Person und wickelt seine Geschäfte zunächst in seiner Wohnung ab. Seine Filmkopien bezieht er von der Film-GmbH.

- **a)** Max möchte bei seiner Hausbank ein Firmenkonto eröffnen. Ist das möglich?
- **b)** Welche Informationen kann die Hausbank aus dem Handelsregister über den Antragsteller entnehmen?
- **c)** Max nennt seine Firma „Film-Shop e. K.“. Erklären Sie den Begriff der Firma und begründen Sie Max Interesse an einem Firmennamen.
- **d)** Ist der Firmenname rechtlich zulässig?
- **e)** Unterscheiden Sie am Beispiel der beteiligten Firmen zwischen deklaratorischer und konstitutiver Wirkung von Handelsregistereintragungen.

4 Erläutern Sie, warum Kaufleute im Handelsregister eingetragen sein müssen.

5 Welche Kaufmannsart liegt jeweils vor?

- **a)** Schweinemastbetrieb Lüdeking KG
- **b)** Immobilien-Portikus GmbH
- **c)** Rheinische Metallbau OHG, Jahresumsatz 5 Millionen Euro
- **d)** Trödelhändler Brisnick e. K., Jahresumsatz 25.000 Euro

6 Welche Firmenart liegt vor?

1. Personenfirma **2.** Sachfirma
3. Mischfirma **4.** Fantasiefirma

- **a)** Weller e. Kfr.
- **b)** Logistik OHG
- **c)** Hausverwaltung Ahmad e. K.
- **d)** Schulbuchvertrieb KG
- **e)** Modeschmuckgroßhandel GmbH
- **f)** Haushaltswaren Jähnichen e. Kfr.
- **g)** Early Bird GmbH
- **h)** Bonner Delikatessen OHG
- **i)** Schmelzer Hotelzubehör AG
- **j)** Holger Heimbach KG
- **k)** Sternenstaub AG

7 Welcher Firmengrundsatz ist angesprochen?

- **a)** Die Firma darf keine falschen Angaben über Art und Umfang des Unternehmens machen.
- **b)** Ein Kaufmann muss seine Firma am Ort der Niederlassung ins Handelsregister eintragen lassen.
- **c)** Die Firma muss sich deutlich von den anderen Firmen am Ort der Niederlassung unterscheiden.
- **d)** Bei einem Wechsel des Inhabers darf die bisherige Firma beibehalten werden.

8 Lösen Sie die folgenden Fälle.

- **a)** Herr Blume ernennt seine langjährige treue Angestellte Frau Kerner zur Prokuristin und lässt eine entsprechende Eintragung im Handelsregister vornehmen. Welche Geschäfte darf Frau Kerner jetzt abschließen?
- **b)** Frau Kerner ist als Prokuristin im Handelsregister eingetragen. Während einer Geschäftsreise von Herrn Blume verkauft sie ein Grundstück der Firma und erteilt Frau Lindner, einer weiteren Angestellten, Prokura. Hat Frau Kerner im Rahmen ihrer Vollmacht gehandelt?
- **c)** Im Vertrag von Frau Kerner ist festgehalten, dass sie Einkäufe im Wert von bis zu 100.000,00 € tätigen darf. Dennoch tätig sie einen Einkauf über 500.000,00 €. Muss Herr Blume die Waren annehmen und den Lieferanten bezahlen?

9 Welche der nachstehenden Handlungen sind Franz Seydlitz als Inhaber der allgemeinen Handlungsvollmacht erlaubt?

- **a)** allgemeine Handlungsvollmacht erteilen
- **b)** befristeten Arbeitsvertrag abschließen
- **c)** Bankkredit aufnehmen
- **d)** Handelswaren einkaufen
- **e)** Grundstück kaufen
- **f)** Anfrage schreiben
- **g)** Angebot abgeben
- **h)** Praktikanten kündigen

Situation 16

Rechtsformen von Unternehmen

Auf einem Klassentreffen der ehemaligen 10. Klasse treffen Sie Ihren damaligen Mitschüler Peter Stromburg wieder. Sie erzählen ihm von Ihren Erfahrungen als Azubi zum Immobilienkaufmann und wie schwierig es war, einen Ausbildungsplatz zu bekommen. Peter berichtet dagegen von seiner „Karriere“, die völlig anders verläuft: „Vor ein paar Jahren habe ich angefangen, bei Ebay bedruckte T-Shirts zu versteigern. Zu Beginn waren meine Kunden Leute, die ein Geburtstagsgeschenk brauchten, dann auch immer mehr Kegelklubs, die für ihre Touren Motto-Shirts bestellten. Offenbar hatte ich ein ganz gutes Händchen für die Qualität der Ware, und mittlerweile kann ich mich vor Aufträgen kaum retten. Zu meinen Kunden zählen inzwischen sogar Unternehmen, die für Aktionstage T-Shirts bestellen. Meine private Wohnung ist jetzt viel zu klein, um die ganze Ware zu lagern und den Versand abzuwickeln – irgendwas muss sich dringend ändern!“ Spontan sagen Sie Peter fachmännische Hilfe zu. Dazu benötigen Sie jedoch detaillierte Informationen zu Peters bisherigem „Powerseller-Unternehmen“. Einige Tage später erhalten Sie folgende E-Mail:

Löschen | Antworten | An alle | Weiterleiten

Hallo, alter Freund!

Hier sind ein paar Informationen zu meinem Powerseller-Online-Shop:

- Verkäufe pro Jahr für ca. 270.000 €
- Einkäufe pro Jahr für ca. 120.000 €
- Kosten für Bedruckung und Versandmaterial ca. 100.000 €
- Mittlerweile habe ich mir „für alle Fälle“ 30.000 € zusammengespart.

Und nun meine Fragen:

1. Ich möchte gern ein Ladenlokal (mit angeschlossenem Lager) eröffnen – dafür brauche ich natürlich einen tollen Namen! Kann ich mir irgendetwas ausdenken oder wie funktioniert das?
2. Welche „Gesellschaft“ gründe ich eigentlich mit dem Ladenlokal? Bin ich automatisch eine OHG oder Ähnliches?
3. Muss ich das Geschäft irgendwo zusätzlich anmelden (einen Gewerbeschein habe ich schon)?
4. Wie funktioniert das, wenn ich noch einen (oder mehrere) Partner mit ins Geschäft nehmen möchte? Bleibe ich dann trotzdem der Chef?

Vielen Dank schon mal für deine Hilfe!!!!!!

Peter

ARBEITSAUFTRÄGE

Wie versprochen, sollten Sie sich Zeit nehmen, um Peter Stromburg ausführlich und fachkundig zu beraten.

1. Erstellen Sie für Peter eine Übersicht, die alle für ihn sinnvollen Wahlmöglichkeiten einer passenden Rechtsform für sein Unternehmen beinhaltet. Nutzen Sie auch das Arbeitsblatt 2.6 „Wahl der Rechtsformen“, das den Webcodematerialien beiliegt.
2. Welche Rechtsform würden Sie Peter empfehlen? Begründen Sie Ihre Empfehlung ausführlich. Ihr Sitznachbar hilft Ihnen sicher dabei!
3. Was muss Peter bei der Wahl der Firma beachten?

Aufgaben

1 Die Wohnungsbaugesellschaft Mietgut GmbH wurde bis vor wenigen Jahren in der Rechtsform einer OHG geführt.

a) Nennen Sie zwei Gründe, die zur Umwandlung geführt haben könnten.

b) Beschreiben Sie vier Unterschiede der beiden Rechtsformen.

2 In einer Aktiengesellschaft gibt es mehrere sogenannte Organe.

a) Nennen Sie diese Organe.

b) Beschreiben Sie die Funktionen dieser Organe und ihre Beziehungen zueinander.

3 Josef Kranz, Andreas Fiedler und Volker Müller aus Chemnitz vereinbaren als alleinige Gesellschafter die Gründung einer Hausverwaltung. Jeder Gesellschafter leistet eine Kapitaleinlage in Höhe von 80.000,00 €. Josef Kranz übernimmt die WEG-Verwaltung und Andreas Fiedler betreut die Maßnahmen der Instandhaltung und -setzung. Für die kaufmännische Verwaltung ist Volker Müller zuständig. Alle erklären sich bereit, unbeschränkt – auch mit ihrem Privatvermögen – zu haften. Im Gesellschaftsvertrag wird vereinbart, dass für die Geschäftsführungs- und Vertretungsbefugnisse die gesetzlichen Regelungen gelten.

a) Stellen Sie fest, welche Firmierung den Vorstellungen der Gesellschafter und den handelsrechtlichen Vorschriften entspricht.

1. Kranz & Fiedler KG
2. Kranz, Fiedler & Müller OHG
3. Hausverwaltung Kranz
4. Kranz, Fiedler & Müller GmbH
5. Kranz & Co.

b) Andreas Fiedler hat für das Unternehmen einen Darlehensvertrag abgeschlossen, ohne die beiden Mitgesellschafter zu fragen. Als diese Kenntnis davon erlangen, stellen sie fest, dass die Konditionen sehr ungünstig sind. Sie sind mit dem Vertrag nicht einverstanden. Prüfen Sie, ob der Darlehensvertrag rechtswirksam ist.

1. Der Darlehensvertrag ist unwirksam, da Fiedler nur gemeinsam mit den anderen Gesellschaftern gewöhnliche und außergewöhnliche Geschäfte tätigen kann.
2. Der Darlehensvertrag ist unwirksam, da Fiedler seine Geschäftsführungsbefugnis überschritten und damit gegen seine Gesellschafterpflichten verstoßen hat.
3. Der Darlehensvertrag ist wirksam. Er kann aber angefochten werden, da Fiedler zur Vertretung des Unternehmens nur gemeinschaftlich mit den beiden anderen Gesellschaftern berechtigt ist.
4. Der Darlehensvertrag ist wirksam, da jeder Gesellschafter einzeln zur Vertretung der Gesellschaft ermächtigt ist.
5. Der Darlehensvertrag ist wirksam. Allerdings wird nur Fiedler aus dem Darlehensvertrag verpflichtet, da die anderen Gesellschafter nichts von dem Rechtsgeschäft wussten.

4 Fr. Rasch, Fr. Ludwig, Fr. Beller und Fr. Unterberg sind Gesellschafterinnen der Immo Rasch OHG. Im abgelaufenen Geschäftsjahr wurde ein Gewinn in Höhe von 500.000,00 € erwirtschaftet. Eine Vereinbarung zur Verteilung eines Gewinns gibt es nicht. Die Einlagen wurden wie folgt voll erbracht:

Fr. Rasch:	230.000,00 €
Fr. Ludwig:	430.000,00 €
Fr. Beller:	350.000,00 €
Fr. Unterberg:	190.000,00 €

a) Verteilen Sie den Gewinn entsprechend den gesetzlichen Vorgaben.

b) Verteilen Sie den Gewinn unter der Annahme, dass die Gesellschafterinnen 5 % Verzinsung auf ihre Einlage erhalten und der Rest im Verhältnis 4:3:2:1 verteilt wird.

5 Die Gesellschafter Schwarzer, Vogel und Meyer sind die Gesellschafter einer OHG, wobei Schwarzer mit 100.000,00 €, Vogel mit 50.000,00 € und Meyer mit 75.000,00 € beteiligt ist. Der Gewinn des abgelaufenen Geschäftsjahres beträgt 50.000,00 €. Laut Gesellschaftsvertrag erhält Vogel für besondere Leistungen vorab 5.000,00 €, der Rest wird im Verhältnis der Kapitaleinlagen auf die Gesellschafter aufgeteilt. Teilen Sie jedem Gesellschafter seinen Anteil zu.

Situation 17

Organisationsformen von Unternehmen

Die Auszubildenden der MEWOH Musterwohn GmbH befinden sich gerade im Rahmen einer überbetrieblichen Ausbildung auf einem zweitägigen Fachlehrgang zum Thema „Betriebsorganisation". Am ersten Tag steht das Thema „Aufbauorganisation von Betrieben" im Mittelpunkt. Der Lehrgangsleiter, Herr Lübkemann, hat soeben aus den insgesamt 20 Teilnehmern vier Gruppen gebildet und an jede Gruppe den unten abgebildeten Arbeitsauftrag verteilt.

Übernehmen Sie die Aufgaben der Lehrgangsteilnehmer.

Kaufmännisches Fachzentrum Ost **Fachlehrgang Betriebsorganisation**

Arbeitsaufträge „Leitungssysteme"

Die einzelnen Organisationseinheiten (Stellen und Abteilungen) eines Betriebes müssen sinnvoll miteinander in Verbindung gebracht werden, damit die Beziehungen zwischen ihnen geregelt sind. Es gilt, Weisungs- und Kommunikationswege zu regeln, damit insbesondere hierarchische Beziehungen zwischen Mitarbeitern deutlich werden. Hierbei können verschiedene Leitungssysteme (auch: Organisations- oder Weisungssysteme) berücksichtigt werden.

Auf den Arbeitsblättern finden Sie je ein beispielhaftes Organigramm für jedes der fünf wichtigsten Leitungssysteme. Vervollständigen Sie die Arbeitsblätter.

1. Geben Sie für jedes Beispiel an, welches Leitungssystem angewendet wurde.
2. Formulieren Sie jeweils eine kurze allgemeine Erläuterung des Leitungssystems.
3. Geben Sie jeweils stichpunktartig die wichtigsten Vor- und Nachteile des Leitungssystems an.
4. Nennen Sie für jedes Leitungssystem typische Anwendungsbereiche.
5. Geben Sie jeweils an, welches Prinzip der Stellenbildung in dem Betrieb zur Anwendung kommt. Achten Sie darauf, dass manchmal auch beide Prinzipien innerhalb eines Organigramms zur Anwendung kommen können.

Symbole der Stellenarten	
Instanzen	▬
Stabsstellen	⬭
ausführende Stellen	▭

Hinweis: Die Arbeitsblätter 2.7 – 2.11 zu den Organisationsformen liegen den Webcodematerialien bei.

Aufgaben

1 Erläutern Sie den Begriff Stablinienorganisation. Welche Abteilungen sind als Stäbe besonders geeignet? Begründen Sie Ihre Antwort.

2 Die „Spartenorganisation“ ist insbesondere für Großunternehmen geeignet.

a) Begründen Sie dies und überlegen Sie sich, welche Voraussetzungen noch gegeben sein müssen, damit die Spartenorganisation sinnvoll zum Tragen kommt.

b) Erläutern Sie den Begriff Profitcenter.

3 Fragen Sie in Ihrem Ausbildungsunternehmen nach einem Organigramm. Stellen Sie anhand dessen fest,

a) nach welchem Weisungssystem Ihr Ausbildungsbetrieb organisiert ist,

b) in welchen Abteilungen Sie voraussichtlich ausgebildet werden und wer jeweils (dann) Ihr Vorgesetzter ist.

4 Die Braunschweiger Papiergroßhandlung Maier GmbH beschäftigt 2 Geschäftsführer, eine Sekretärin, 5 Abteilungsleiter, 13 Sachbearbeiter, 2 Reisende und 6 Arbeiter. Gehandelt werden 4 verschiedene Warengruppen (WG): WG 1: Kopierpapiere, WG 2: Feinpapiere, WG 3: Druckpapiere und WG 4: Folien.
Den Geschäftsführern Michael Stellter und Bernd Krause, die zusammen die Geschäftsleitung der GmbH bilden, wird das Geschäftsführersekretariat mit Frau Müller zugeordnet. Die Abteilung Einkauf, die von Frau Seiters geleitet wird, beschäftigt 2 Sachbearbeiter: Herrn Willer, der den Einkauf von Kopierpapieren und Feinpapieren abwickelt, und Frau Kresser, die Druckpapiere und Folien beschafft. Die Abteilung Verkauf, geleitet von Herrn Schlichtig, ist nach Regionen organisiert. 4 Sachbearbeiter/innen sind jeweils für alle Kunden ihres Verkaufsbezirkes zuständig: Region Nord: Frau Kränzel, Region West: Frau Lichert, Region Ost: Herr Kraus und Region Süd: Herr Krabbe. Ebenfalls dem Verkaufsleiter, Herrn Schlichtig, direkt unterstellt sind die Reisenden Herr Schreier (Bezirke Nord und West) sowie Herr Käufers (Bezirke Ost und Süd). In der Abteilung Lager, die von Herrn Jacobs geleitet wird, werden drei Lagerarbeiter (die Herren Esser, Weidner und Schumacher) und drei Kraftfahrer (die Herren Meisner, Woller und Abel) beschäftigt. Im Rechnungswesen, Leiter Herr Krommes, sind die Aufgabengebiete wie folgt verteilt: Finanzbuchhaltung und Jahresabschluss (Frau Maler), Debitoren und Kreditorenbuchhaltung einschließlich Mahnwesen (Frau Allers), Kosten- und Leistungsrechnung (Herr Reiners).
In der Abteilung Allgemeine Verwaltung/Personal, geleitet von Frau Miro, befindet sich die Poststelle, die von Frau Flechters besetzt ist. Herr Probst ist für die Datenverarbeitung in allen Unternehmensbereichen zuständig. Frau Klose erstellt die Lohn- und Gehaltsabrechnungen für alle Mitarbeiter und Herr Richmann erledigt die allgemeine Personalverwaltung.

a) Erstellen Sie für die Papiergroßhandlung Maier GmbH ein Organigramm.

b) Welche Mitarbeiter sind Angestellte und welche Mitarbeiter sind Arbeiter?

c) Wie viele Hierarchiestufen werden in dieser GmbH unterschieden?

5 Geben Sie an, nach welchem Leitungssystem die folgenden Unternehmen organisiert sind.

a) In der Reichenthaler GmbH gibt es Stellen, die beraten, aber keine Weisungsbefugnis haben.

b) In einem großen Automobilkonzern bekommen die Mitarbeiter einer Abteilung Anweisungen von zwei Managern, einem Funktions- und einem Produktmanager.

c) Die Melissa AG ist nach Produktgruppen in verschiedene Profit-Center eingeteilt, die in sich sehr eigenständig arbeiten.

d) In der Wohnungsbaugesellschaft Magnussen & Koldewei OHG kümmern sich die Gesellschafter Jens Magnussen und Werner Koldewei um die Geschäftsführung. Herr Magnussen ist der Vorgesetzte für die gewerblich-technischen Mitarbeiter, Herr Koldewei leitet den kaufmännischen Bereich.

Situation 18

Datenschutz und Datensicherheit gewährleisten

Da die EDV der MEWOH Musterwohn GmbH ziemlich veraltet ist, wurden für alle Mitarbeiterinnen und Mitarbeiter neue PCs beschafft und zusätzlich noch einige Tablets für unterwegs. Frau Voigt beauftragt Isabell Ahrens damit, den Installationsprozess der PCs durch den Techniker Herrn Müller der Firma PC-Schnell-Und-Gut zu begleiten.

Am Tag der Installation müssen die Mitarbeiterinnen und Mitarbeiter ihre Arbeit unterbrechen und ihren Arbeitsplatz räumen. Als Herr Müller mit den Vorarbeiten fertig ist und einen neuen Rechner installiert hat, startet plötzlich der Drucker und es werden mehrere Gehaltsabrechnungen für Mitarbeiterinnen und Mitarbeiter aller Unternehmensebenen – von der Geschäftsführung bis zur Verwaltung – gedruckt. Sowohl Herr Müller als auch Isabell stutzen, als sie Einblick in die Unterlagen bekommen ...

Zufällig kommt die Leiterin der Stabsstelle „IT und Datenschutz“, Frau van Moldt, und sieht die ausgedruckten Gehaltsabrechnungen. Schnell nimmt sie die Unterlagen an sich und bittet Isabell sofort um ein Gespräch.

Frau van Moldt: Frau Ahrens, wissen Sie, warum die Gehaltsabrechnungen ausgedruckt wurden, und hat Herr Müller diese Ausdrucke etwa gesehen?

Isabell: Ich weiß auch nicht genau, wie das passieren konnte, plötzlich hat der Drucker einfach angefangen zu drucken. Ich glaube, Herr Müller hat die Unterlagen zwar gesehen, aber nicht genau gelesen.

Frau van Moldt: Das sind nämlich ganz sensible Daten, die darf kein Unbefugter sehen. Ich glaube, Ihnen wäre es auch nicht recht, wenn jeder weiß, was Sie verdienen.

Isabell: Das stimmt, aber was sind denn genau sensible Daten?

Frau van Moldt: Ich gebe Ihnen mal die EU-DSGVO, da steht alles drin. Es wäre schön, wenn Sie für alle Mitarbeiterinnen und Mitarbeiter eine Übersicht machen könnten, was in der EU-DSGVO steht und welche Rechte und Pflichten alle haben, denn darüber sollte jeder Bescheid wissen. Bitte berücksichtigen Sie dabei auch, dass unsere Daten mittlerweile nicht mehr nur auf eigenen Servern liegen, sondern die Mitarbeiterinnen und Mitarbeiter, die auch Außentermine haben, eine Cloud benutzen, damit sie auch unterwegs mit ihren Tablets einfach auf wichtige Informationen zugreifen können.

Isabell: Das mache ich sofort.

ARBEITSAUFTRÄGE

1. Helfen Sie Isabell Ahrens bei der Erstellung der Übersicht. Lesen Sie dazu den Auszug aus der Datenschutz-Grundverordnung (EU-DSGVO) auf den nachfolgenden Seiten und recherchieren Sie im Internet. Die folgenden Fragen helfen Ihnen, die Übersicht zu strukturieren:
   a) Was sind personenbezogene Daten?
   b) Was muss geschützt werden?
   c) Wann dürfen Daten erhoben und genutzt werden?
   d) Wo findet bei der MEWOH die Speicherung von personenbezogenen Daten statt?

2. Was sollte die MEWOH bei der Übergabe von Tablets an ihre Mitarbeiterinnen und Mitarbeiter in Bezug auf die private Nutzung regeln? Welche Nutzungsvereinbarung kennen Sie aus Ihrem Umfeld und welche Bedingungen sind darin geregelt?
3. Die Geschäftsleitung der MEWOH zieht in Erwägung, eine Kommunikations- und Service-Plattform für die Mieter, Eigentümer und Dienstleister zu implementieren. Was muss sie in Bezug auf die EU-DSGVO berücksichtigen?

DSGVO 2016/679 (Auszug)

Art. 1 DSGVO Gegenstand und Ziele

(1) Diese Verordnung enthält Vorschriften zum Schutz natürlicher Personen bei der Verarbeitung personenbezogener Daten und zum freien Verkehr solcher Daten.
(2) Diese Verordnung schützt die Grundrechte und Grundfreiheiten natürlicher Personen und insbesondere deren Recht auf Schutz personenbezogener Daten.
(3) Der freie Verkehr personenbezogener Daten in der Union darf aus Gründen des Schutzes natürlicher Personen bei der Verarbeitung personenbezogener Daten weder eingeschränkt noch verboten werden.

Art. 4 DSGVO Begriffsbestimmungen

Im Sinne dieser Verordnung bezeichnet der Ausdruck:
(1) „personenbezogene Daten“ alle Informationen, die sich auf eine identifizierte oder identifizierbare natürliche Person (im Folgenden „betroffene Person“) beziehen; als identifizierbar wird eine natürliche Person angesehen, die direkt oder indirekt, insbesondere mittels Zuordnung zu einer Kennung wie einem Namen, zu einer Kennnummer, zu Standortdaten, zu einer Online-Kennung oder zu einem oder mehreren besonderen Merkmalen identifiziert werden kann, die Ausdruck der physischen, physiologischen, genetischen, psychischen, wirtschaftlichen, kulturellen oder sozialen Identität dieser natürlichen Person sind;
(2) „Verarbeitung“ jeden mit oder ohne Hilfe automatisierter Verfahren ausgeführten Vorgang oder jede solche Vorgangsreihe im Zusammenhang mit personenbezogenen Daten wie das Erheben, das Erfassen, die Organisation, das Ordnen, die Speicherung, die Anpassung oder Veränderung, das Auslesen, das Abfragen, die Verwendung, die Offenlegung durch Übermittlung, Verbreitung oder eine andere Form der Bereitstellung, den Abgleich oder die Verknüpfung, die Einschränkung, das Löschen oder die Vernichtung; [...]
(5) „Einwilligung“ der betroffenen Person jede freiwillig für den bestimmten Fall, in informierter Weise und unmissverständlich abgegebene Willensbekundung in Form einer Erklärung oder einer sonstigen eindeutigen bestätigenden Handlung, mit der die betroffene Person zu verstehen gibt, dass sie mit der Verarbeitung der sie betreffenden personenbezogenen Daten einverstanden ist; [...]
(7) „Gesundheitsdaten“ personenbezogene Daten, die sich auf die körperliche oder geistige Gesundheit einer natürlichen Person, einschließlich der Erbringung von Gesundheitsdienstleistungen, beziehen und aus denen Informationen über deren Gesundheitszustand hervorgehen;

Art. 12 DSGVO Transparente Information, Kommunikation und Modalitäten für die Ausübung der Rechte der betroffenen Person

(1) Der Verantwortliche trifft geeignete Maßnahmen, um der betroffenen Person alle Informationen gemäß den Artikeln 13 und 14 und alle Mitteilungen gemäß den Artikeln 15 bis 22 und Artikel 34, die sich auf die Verarbeitung beziehen, in präziser, transparenter, verständlicher und leicht zugänglicher Form in einer klaren und einfachen Sprache zu übermitteln; dies gilt insbesondere für Informationen, die sich speziell an Kinder richten. Die Übermittlung der Informationen erfolgt schriftlich oder in anderer Form, gegebenenfalls auch elektronisch. Falls von der betroffenen Person verlangt, kann die Information mündlich erteilt werden, sofern die Identität der betroffenen Person in anderer Form nachgewiesen wurde.

Art. 13 DSGVO Informationspflicht bei Erhebung von personenbezogenen Daten bei der betroffenen Person

(1) Werden personenbezogene Daten bei der betroffenen Person erhoben, so teilt der Verantwortliche der betroffenen Person zum Zeitpunkt der Erhebung dieser Daten Folgendes mit:
a) den Namen und die Kontaktdaten des Verantwortlichen sowie gegebenenfalls seines Vertreters; [...]
c) die Zwecke, für die die personenbezogenen Daten verarbeitet werden sollen, sowie die Rechtsgrundlage für die Verarbeitung;
(2) Zusätzlich zu den Informationen gemäß Absatz 1 stellt der Verantwortliche der betroffenen Person zum Zeitpunkt der Erhebung dieser Daten folgende weitere Informationen zur Verfügung, die notwendig sind, um eine faire und transparente Verarbeitung zu gewährleisten:
a) die Dauer, für die die personenbezogenen Daten gespeichert werden oder, falls dies nicht möglich ist, die Kriterien für die Festlegung dieser Dauer;
b) das Bestehen eines Rechts auf Auskunft seitens des Verantwortlichen über die betreffenden personenbezogenen Daten sowie auf Berichtigung oder Löschung oder auf Einschränkung der Verarbeitung oder eines Widerspruchsrechts gegen die Verarbeitung sowie des Rechts auf Datenübertragbarkeit;
c) wenn die Verarbeitung auf Artikel 6 Absatz 1 Buchstabe a oder Artikel 9 Absatz 2 Buchstabe a beruht, das Bestehen eines Rechts, die Einwilligung jederzeit zu widerrufen, ohne dass die Rechtmäßigkeit der aufgrund der Einwilligung bis zum Widerruf erfolgten Verarbeitung berührt wird;
d) das Bestehen eines Beschwerderechts bei einer Aufsichtsbehörde;

Art. 17 DSGVO Recht auf Löschung („Recht auf Vergessenwerden“)

(1) Die betroffene Person hat das Recht, von dem Verantwortlichen zu verlangen, dass sie betreffende personenbezogene Daten unverzüglich gelöscht werden, und der Verantwortliche ist verpflichtet, personenbezogene Daten unverzüglich zu löschen, sofern einer der folgenden Gründe zutrifft:

a) Die personenbezogenen Daten sind für die Zwecke, für die sie erhoben oder auf sonstige Weise verarbeitet wurden, nicht mehr notwendig.
b) Die betroffene Person widerruft ihre Einwilligung, auf die sich die Verarbeitung gemäß Artikel 6 Absatz 1 Buchstabe a oder Artikel 9 Absatz 2 Buchstabe a stützte, und es fehlt an einer anderweitigen Rechtsgrundlage für die Verarbeitung.
c) Die betroffene Person legt gemäß Artikel 21 Absatz 1 Widerspruch gegen die Verarbeitung ein und es liegen keine
vorrangigen berechtigten Gründe für die Verarbeitung vor, oder die betroffene Person legt gemäß Artikel 21 Absatz 2 Widerspruch gegen die Verarbeitung ein.
d) Die personenbezogenen Daten wurden unrechtmäßig verarbeitet. [...]

(2) Hat der Verantwortliche die personenbezogenen Daten öffentlich gemacht und ist er gemäß Absatz 1 zu deren Löschung verpflichtet, so trifft er unter Berücksichtigung der verfügbaren Technologie und der Implementierungskosten angemessene Maßnahmen, auch technischer Art, um für die Datenverarbeitung Verantwortliche, die die personenbezogenen Daten verarbeiten, darüber zu informieren, dass eine betroffene Person von ihnen die Löschung aller Links zu diesen personenbezogenen Daten oder von Kopien oder Replikationen dieser personenbezogenen Daten verlangt hat.

Art. 25 DSGVO Datenschutz durch Technikgestaltung und durch datenschutzfreundliche Voreinstellungen

(1) Unter Berücksichtigung des Stands der Technik, der Implementierungskosten und der Art, des Umfangs, der Umstände und der Zwecke der Verarbeitung sowie der unterschiedlichen Eintrittswahrscheinlichkeit und Schwere der mit der Verarbeitung verbundenen Risiken für die Rechte und Freiheiten natürlicher Personen trifft der Verantwortliche sowohl zum Zeitpunkt der Festlegung der Mittel für die Verarbeitung als auch zum Zeitpunkt der eigentlichen Verarbeitung geeignete technische und organisatorische Maßnahmen – wie z. B. Pseudonymisierung –, die dafür ausgelegt sind, die Datenschutzgrundsätze wie etwa Datenminimierung wirksam umzusetzen und die notwendigen Garantien in die Verarbeitung aufzunehmen, um den Anforderungen dieser Verordnung zu genügen und die Rechte der betroffenen Personen zu schützen.

(2) Der Verantwortliche trifft geeignete technische und organisatorische Maßnahmen, die sicherstellen, dass durch Voreinstellung nur personenbezogene Daten, deren Verarbeitung für den jeweiligen bestimmten Verarbeitungszweck erforderlich ist, verarbeitet werden. Diese Verpflichtung gilt für die Menge der erhobenen personenbezogenen Daten, den Umfang ihrer Verarbeitung, ihre Speicherfrist und ihre Zugänglichkeit. Solche Maßnahmen müssen insbesondere sicherstellen, dass personenbezogene Daten durch Voreinstellungen nicht ohne Eingreifen der Person einer unbestimmten Zahl von natürlichen Personen zugänglich gemacht werden.

Art. 37 DSGVO Benennung eines Datenschutzbeauftragten

(1) Der Verantwortliche und der Auftragsverarbeiter benennen auf jeden Fall einen Datenschutzbeauftragten, wenn
1. die Kerntätigkeit des Verantwortlichen oder des Auftragsverarbeiters in der Durchführung von Verarbeitungsvorgängen besteht, welche aufgrund ihrer Art, ihres Umfangs und/oder ihrer Zwecke eine umfangreiche regelmäßige und systematische Überwachung von betroffenen Personen erforderlich machen, oder
2. die Kerntätigkeit des Verantwortlichen oder des Auftragsverarbeiters in der umfangreichen Verarbeitung besonderer Kategorien von Daten gemäß Artikel 9 oder von personenbezogenen Daten über strafrechtliche Verurteilungen und Straftaten gemäß Artikel 10 besteht.

(2) Eine Unternehmensgruppe darf einen gemeinsamen Datenschutzbeauftragten ernennen, sofern von jeder Niederlassung aus der Datenschutzbeauftragte leicht erreicht werden kann.

(3) Der Datenschutzbeauftragte wird auf der Grundlage seiner beruflichen Qualifikation und insbesondere des Fachwissens benannt, das er auf dem Gebiet des Datenschutzrechts und der Datenschutzpraxis besitzt, sowie auf der Grundlage seiner Fähigkeit zur Erfüllung der in Artikel 39 genannten Aufgaben.

(4) Der Datenschutzbeauftragte kann Beschäftigter des Verantwortlichen oder des Auftragsverarbeiters sein oder seine Aufgaben auf der Grundlage eines Dienstleistungsvertrags erfüllen.

(5) Der Verantwortliche oder der Auftragsverarbeiter veröffentlicht die Kontaktdaten des Datenschutzbeauftragten und teilt diese Daten der Aufsichtsbehörde mit.

§ 38 BDSG Datenschutzbeauftragte nichtöffentlicher Stellen

(1) Ergänzend zu Artikel 37 Absatz 1 Buchstabe b und c der Verordnung (EU) 2016/679 benennen der Verantwortliche und der Auftragsverarbeiter eine Datenschutzbeauftragte oder einen Datenschutzbeauftragten, soweit sie in der Regel mindestens zehn Personen ständig mit der automatisierten Verarbeitung personenbezogener Daten beschäftigen.

(2) Nehmen der Verantwortliche oder der Auftragsverarbeiter Verarbeitungen vor, die einer Datenschutz-Folgenabschätzung nach Artikel 35 der Verordnung (EU) 2016/679 unterliegen, oder verarbeiten sie personenbezogene Daten geschäftsmäßig zum Zweck der Übermittlung, der anonymisierten Übermittlung oder für Zwecke der Markt- oder Meinungsforschung, haben sie unabhängig von der Anzahl der mit der Verarbeitung beschäftigten Personen eine Datenschutzbeauftragte oder einen Datenschutzbeauftragten zu benennen.

Art. 39 DSGVO Aufgaben des Datenschutzbeauftragten

(1) Dem Datenschutzbeauftragten obliegen zumindest folgende Aufgaben:
1. Unterrichtung und Beratung des Verantwortlichen oder des Auftragsverarbeiters und der Beschäftigten, die Verarbeitungen durchführen, hinsichtlich ihrer Pflichten nach dieser Verordnung sowie nach sonstigen Datenschutzvorschriften der Union bzw. der Mitgliedstaaten;
2. Überwachung der Einhaltung dieser Verordnung, anderer Datenschutzvorschriften der Union bzw. der Mitgliedstaaten sowie der Strategien des Verantwortlichen oder des Auftragsverarbeiters für den Schutz personenbezogener Daten einschließlich der Zuweisung von Zuständigkeiten, der Sensibilisierung und Schulung der an den Verarbeitungsvorgängen beteiligten Mitarbeiter und der diesbezüglichen Überprüfungen;
3. Zusammenarbeit mit der Aufsichtsbehörde

Aufgaben

1 Herr Krieger von der MEWOH Musterwohn GmbH erhält von dem kanadischen Unternehmen Toronto Inc., für welches sie einige Wohn- und Gewerbeimmobilien verwalten, eine Mail mit der Anfrage zu weiteren Immobilien. Der Mail liegt eine Excel-Datei bei. Er wundert sich zwar, dass die Mail von george.plitt@tpc.rw.bizx kommt – gewöhnlich haben die E-Mails die Endung @tpc.com und trotz der schon längeren Geschäftsbeziehung hat er noch nie zuvor mit einem George Plitt gesprochen – den E-Mail-Anhang mit der Bezeichnung „components_TPC.xlsx.exe“ öffnet er dennoch.
Durch das Öffnen des Anhangs hat sich ein trojanisches Pferd installiert, das sich Zutritt auf den internen Bereich der MEWOH GmbH verschafft hat. Unter anderem konnten so 5.000,00 € von einem Firmenkonto gestohlen werden, die aber zum Glück von der Hausbank erstattet wurden. Die Geschäftsführung und die Abteilungsleitungen der MEWOH benutzen das einheitliche Passwort „immo2“.

a) Diskutieren Sie, ob die Bank den Betrag hätte erstatten müssen.
b) Unterbreiten Sie Vorschläge zur Erhöhung der Passwortsicherheit.
c) Diskutieren Sie, inwieweit Dateiname und Anhang hätten stutzig werden lassen müssen.

Hinweis: Nutzen Sie auch das Arbeitsblatt 2.12 „Bedrohungen im Internet und Schutzmaßnahmen“, das den Webcodematerialien beiliegt.

2 Beantworten Sie die Fragen zum Datenschutz in folgenden Fällen und begründen Sie Ihre Antworten.

Fall 1: Frau Trautmann aus dem Personalmanagement hat aufgeräumt und mehrere Aktenordner in den Papiercontainer hinter dem Bürogebäude geworfen.

a) Verstößt sie dadurch gegen die EU-DSGVO?
b) Wie hätte sie sich besser verhalten, um nicht mit der EU-DSGVO in Konflikt zu kommen?

Fall 2: Karl Kaufmann, ein ehemaliger Auszubildender der MEWOH Musterwohn GmbH, der nicht übernommen wurde, wird von seinem Freund, einem Finanzmakler, gebeten, eine Liste mit Namen und Adressen ehemaliger Kollegen zu erstellen, damit er sie zu Werbezwecken anschreiben kann. Karl Kaufmann soll hierfür 200,00 € erhalten.

a) Unterliegt die Liste dem Datenschutz?
b) Verstößt Karl Kaufmann gegen das Datengeheimnis, wenn er der Bitte nachkommt?
c) Unter welchen Voraussetzungen könnte Karl Kaufmann die Liste weitergeben?

Fall 3: Kerstin Voigt, derzeitige Datenschutzbeauftragte bei der MEWOH Musterwohn GmbH, soll zusätzliche Aufgaben im Controlling übernehmen. Die Geschäftsleitung ist der Meinung, dass sie die Aufgabe der Datenschutzbeauftragten nicht mehr auszuführen braucht, da der Aufwand ohnehin zu groß und mit zu hohen Kosten verbunden sei. Alle Mitarbeiter sollten in Zukunft selbstständig auf die Einhaltung des Datenschutzes achten.

a) Muss aufgrund der Mitarbeiterzahl eine besondere Datenschutzmaßnahme getroffen werden und wenn ja, welche?
b) Wann muss ein Datenschutzbeauftragter eingesetzt werden?
c) Welche Bestimmungen sind bzgl. eines Datenschutzbeauftragten zu beachten?
d) Welche Aufgaben hat ein Datenschutzbeauftragter? Nennen Sie Beispiele.

Fall 4: Frau Trautmann, Mitarbeiterin im Personalmanagement, wurde von einem Mitarbeiter des Vertriebs gebeten, einen Eintrag in der Personalakte zu korrigieren und einen anderen ganz zu löschen. Sie ist sich unsicher, ob sie Änderungen oder Löschungen auf Veranlassung des Mitarbeiters überhaupt vornehmen darf und ob das nicht gegen das Datenschutzgesetz verstößt. Erklären Sie ausführlich die Rechte des betroffenen Mitarbeiters. Ziehen Sie dazu die Artikel 12–17 der EU-DSGVO hinzu.

Situation 19

Unternehmensziele analysieren

Frau Dr. Kerstin Pohl und Herr Karsten Riedel haben sich heute im Konferenzraum verabredet. Sie wollen schon einmal vor der alljährlichen Gesellschafterversammlung gemeinsam als Geschäftsführung über die Unternehmensziele der MEWOH Musterwohn GmbH für das kommende Jahr sprechen.

Es stellt sich heraus, dass sich die beiden bezüglich des Hauptzieles schnell einig sind. Als Hauptziel legen sie die Gewinnerzielung fest, da sie eine notwendige Voraussetzung ist, um das Fortbestehen des Unternehmens langfristig zu sichern.

Aber bereits bei der Festlegung der Teilziele bzw. der Entscheidung, wie das Hauptziel erreicht werden soll, können sich beide nicht so ohne Weiteres einigen, da sie ganz unterschiedliche Zielvorstellungen verfolgen. Sicherlich hängen diese unterschiedlichen Zielvorstellungen auch von den persönlichen Einstellungen und Zukunftsvorstellungen der Beteiligten ab.

Herr Riedel hat drei erwachsene Kinder, die bereits studieren und von denen mindestens zwei planen, später einmal aktiv ins Unternehmen einzusteigen. Die Familie Riedel besitzt außerdem ein Ferienhaus und leistet sich einige teure Hobbys, wie z. B. Reiten und Golf spielen. Herr Riedel ist stolz auf das bis jetzt Erreichte, sieht jedoch mit Sorge, dass der Konkurrenzdruck in der Branche wächst. Er ist der Ansicht, dass sich die MEWOH Musterwohn GmbH dringend vergrößern muss, um am Markt weiterhin bestehen zu können.

Frau Dr. Pohl ist seit Langem in der lokalen Umweltpolitik aktiv. Ihr ist es wichtig, ihre Ideen vom nachhaltigen Wirtschaften auch in die Tat umzusetzen, sprich diese im Unternehmen zu leben. Des Weiteren kennt sie die Mitarbeiterinnen und Mitarbeiter sehr gut, zu einigen hat sich ein sehr persönliches Verhältnis entwickelt. Sie ist an einem guten Betriebsklima interessiert und möchte ihrer Verantwortung als Geschäftsführerin stets nachkommen.

ARBEITSAUFTRÄGE

Jedes Unternehmen verfolgt unterschiedliche Ziele mit unterschiedlichen Schwerpunkten.

1. Stellen Sie die Zieldimensionen einer Unternehmung übersichtlich dar.
2. Welche persönlichen Ziele hat die Geschäftsführung der MEWOH Musterwohn GmbH? Ordnen Sie die oben genannten Unternehmensziele den beiden Personen der Geschäftsführung zu und finden Sie jeweils einen Oberbegriff für die zugewiesenen Ziele.
3. Stellen Sie fest, bei welchen Zielen der MEWOH Musterwohn GmbH komplementäre, konkurrierende oder indifferente Zielbeziehungen vorliegen, indem Sie stets zwei Ziele gegenüberstellen.

Aufgaben

1 In einem Immobilienunternehmen werden für zwei aufeinanderfolgende Geschäftsjahre folgende Werte ermittelt:

	1. Jahr	2. Jahr
	Euro	Euro
Gesamtumsatz	1.800.000	2.100.000
Personalkosten	600.000	680.000
weitere Kosten - davon Zinsaufwendungen	300.000 100.000	440.000 150.000
Eigenkapital	2.500.000	2.800.000
Gesamtkapital	4.500.000	5.800.000

a) Berechnen Sie aufgrund der Angaben oben geeignete Kennzahlen, um die ökonomische Zielerreichung des Unternehmens in den beiden Jahren beurteilen zu können.

b) Vergleichen Sie die beiden Jahresergebnisse.

c) Ziehen Sie aus Ihren Ergebnissen Rückschlüsse auf die wirtschaftliche Entwicklung des Unternehmens: Welche Kennzahlen entwickeln sich zufriedenstellend, welche sollten optimiert werden?

d) Machen Sie Vorschläge, um die in b) festgestellten Fehlentwicklungen zu überwinden.

2 Weitere mögliche Ziele, die von Unternehmen verfolgt werden können, sind:

1. Identitätsziele (Eigenbild der Unternehmung nach innen)
2. Imageziele (Eigenbild der Unternehmung nach außen)
3. Sicherheitsziele
4. Machtziele
5. soziale Ziele
6. ökologische Ziele

Ordnen Sie die Ziffern der zuvor genannten Ziele den nachfolgend beschriebenen Maßnahmen zu.

a) Zur Verbesserung des Betriebsklimas werden regelmäßig Betriebsausflüge im Auftrag der Geschäftsleitung organisiert und vom Unternehmen bezahlt.

b) Um den eigenen Marktanteil stetig auszuweiten, wird versucht, kleinere Konkurrenten auf dem Absatzmarkt aufzukaufen.

c) Ein Unternehmen konzentriert seine Werbemaßnahmen auf den Motorsport (z. B. Formel 1).

d) Zur Vermeidung der Illiquidität (Zahlungsunfähigkeit) werden auf den Bankkonten immer erhebliche, sofort verfügbare Guthaben gehalten.

e) Um den Reinheitsgrad des Abwassers zu erhöhen, wird eine weitere Reinigungsstufe in die unternehmenseigene Kläranlage eingebaut.

f) Eine Werbeagentur wird beauftragt, ein neues, dynamisch wirkendes Firmenlogo (für Briefköpfe, Produktverpackungen, Werbung usw.) zu entwickeln.

g) Investitionen aller Art (neue Maschinen, Gebäude usw.) werden nur am Stammsitz des Unternehmens durchgeführt.

h) Wertverluste im Unternehmensvermögen (z. B. wegen Abnutzung, technischen Fortschritts) werden durch Ersatzinvestitionen stetig ausgeglichen.

i) Das Unternehmen spendet regelmäßig größere Geldbeträge an eine politische Partei.

j) In regelmäßig abgehaltenen Besprechungen werden die Mitarbeiter aufgefordert, Verbesserungsvorschläge zu machen.

k) Alle Mitarbeiter mit Kundenkontakten werden regelmäßig geschult (Auftreten, Verhalten, Freundlichkeit usw.).

3 Erläutern Sie, warum es für ein Unternehmen nicht ausreicht, sich ausschließlich auf die Erreichung von ökonomischen Zielen zu beschränken.

4 Nennen Sie Beispiele für konkrete Maßnahmen, die in Ihrem Ausbildungsunternehmen ergriffen wurden, um soziale und ökologische Zielsetzungen zu erreichen.

5 Beschreiben Sie jeweils zwei Beispiele für einen Zielkonflikt, eine Zielharmonie und die Indifferenz von Zielen.

SITUATION 20

Nachhaltigkeit und Energieeffizienz

Löschen | Antworten | An alle | Weiterleiten

Von: Frau Dr. Kerstin Pohl
An: alle Mitarbeiter
Datum: 10.09.20XX
Betreff: Steigende Energiekosten – Vorschläge für Sparmaßnahmen?

Liebe Mitarbeiter,

am Wochenende habe ich bei der jährlichen Tagung der „KMU“ (kleine und mittelständische Unternehmen) mit einigen Kolleginnen und Kollegen aus anderen Unternehmen über anstehende Steigerungen der Energiekosten gesprochen. Die daraus resultierenden steigenden Handlungskosten möchten wir durch Energiesparmaßnahmen abfedern. Wir haben dazu eine kleine Arbeitsgruppe gegründet, um uns über sinnvolle Energiesparmaßnahmen auszutauschen. Dazu werden wir uns in der nächsten Woche nochmals treffen, um erste Ergebnisse und Erfahrungen zu präsentieren.

Bitte schauen Sie in Ihren Abteilungen, am Arbeitsplatz und auch in den Sozialräumen nach Möglichkeiten, Energie zu sparen. Ein paar Infos zum Energiesparen habe ich angefügt – möglicherweise lässt sich davon bei uns etwas umsetzen.

Vielen Dank vorab für Ihre Mithilfe

Kerstin Pohl

ARBEITSAUFTRAG

Informieren Sie sich anhand der folgenden Fachtexte zu den Energie-Einsparmöglichkeiten rund um den Arbeitsplatz. Fassen Sie Ihre Ergebnisse zusammen. Nutzen Sie auch das Arbeitsblatt 2.13 „Energieeffizienz des Unternehmens erhöhen“, das den Webcodematerialien beiliegt.

Trend zu Homeoffice und Videokonferenzen dank neuer Technologien spart Energie

Aktuell verstärkt sich bei Tätigkeiten im Verwaltungs- und Verkaufsbereich der Trend zu Homeoffice und Videokonferenzen. Unternehmen prüfen in diesem Zusammenhang strategische Möglichkeiten der Einbindung in den Betriebsablauf.
Immer häufiger lassen sich Verrichtungen und Arbeitsabläufe ohne die Präsenz der Teilnehmer gestalten. Kurze Absprachen, Nachfragen oder simple Produktbeschreibungen können inzwischen problemlos über Videokonferenzen geklärt werden. Dank Ausbau des schnellen Internets und moderner Software sparen Mitarbeiter nicht nur Zeit, sondern insbesondere durch die Vermeidung von nicht notwendigen Wegen und Reisen auch erheblich und nachhaltig Energie. Möglicherweise wirkt sich diese Entwicklung schon kurzfristig positiv auf den CO_2-Ausstoß der Fahrzeugflotten aus.

(Quelle: Autorentext)

Ressourcen schonen durch energieeffiziente Arbeitsplätze

Jeder Arbeitsplatz bietet reichlich Potenzial zur Energieeinsparung, ohne dass das Wohlbefinden der Mitarbeiter oder die Arbeitsqualität darunter leiden muss. Oftmals kann durch einfache organisatorische Maßnahmen die Energieeffizienz von Arbeitsplätzen erheblich gesteigert werden. Die wesentlichen Schauplätze sind hierbei die Beleuchtung, energieeffiziente Geräte und die Temperierung des Arbeitsplatzes. Je weniger Energie für künstliches Licht, für Heizung oder Kühlung verwendet wird, desto wirtschaftlicher ist der Arbeitsplatz.

„Licht von links" kennen wir bereits aus Schul-Klassenräumen als vorteilhaft, sodass Rechtshänder beim Schreiben nicht der Schatten der eigenen Hand stört. Daraus lässt sich ableiten, dass Tageslicht effizient genutzt werden sollte – möglichst unter Berücksichtigung der Schreibhand des Mitarbeiters. Es ist sicher nicht möglich, grundsätzlich alle Arbeitsplätze in Fensternähe zu platzieren, sodass bei Büroarbeitsplätzen prinzipiell auf eine gleichmäßige Ausleuchtung geachtet werden muss, damit das Lesen sowohl von Papierdokumenten als auch von Computermonitoren nicht zu anstrengend wird. Moderne Beleuchtungskonzepte mit Energiesparlampen der letzten Generation können das gewährleisten, auch die „Farbe" des Lichts ist mittlerweile bei vielen Energiesparlampen ähnlich der Glühbirne. Somit gibt es außer der problematischen Entsorgung von Energiesparlampen keine schlagkräftigen Argumente mehr für die Verwendung einer klassischen Glühbirne, denn bekanntermaßen verbraucht eine Glühlampe die meiste Energie für Wärme anstelle von Lichtausbeute. Einfache Maßnahmen zur Verbesserung der Ausleuchtung des Arbeitsplatzes haben nur indirekt mit der Lichtquelle zu tun: Möglichst helle Wände reflektieren das Licht, und eine regelmäßige Reinigung der Lampen oder Lampenschirme steigert die Lichtausbeute. Moderne Beleuchtungstechnik arbeitet mit Vorschaltelektronik, sodass der Anlaufstrom beim Einschalten zu vernachlässigen ist und die Lampen auch für kurze Zeit ausgeschaltet werden sollten, um Strom zu sparen – z. B. mittels Bewegungsmeldern in Fluren oder Sozialräumen.

Ein weiterer wesentlicher Schauplatz beim Stromsparen sind die technischen Geräte am Arbeitsplatz und in den Sozialräumen. Manche Geräte verbrauchen Strom, obwohl sie ausgeschaltet sind, wenn sie noch mit dem Stromnetz verbunden sind. Um diese Geräte aufzuspüren, gibt es kleine vorschaltbare Messgeräte, sodass Leerlaufverluste zuverlässig identifiziert werden können. Genauso interessant ist der Stand-by-Betrieb nicht genutzter Geräte. Ein einfaches Gerät kann durchaus 20W verbrauchen, was je nach Stromanbieter bis zu 30,00 € Stromkosten pro Jahr verursachen kann. Eine einfache, abschaltbare Steckerleiste oder die Trennung vom Stromnetz hilft bei der Vermeidung von unnötigen Leerlaufverlusten.

Bei der Anschaffung von neuen Geräten ist es mittlerweile problemlos möglich, anhand der Angaben über Energieverbrauchsklassen besonders energieeffiziente Geräte auszusuchen.

Nicht an jedem Arbeitsplatz ist ein vollwertiges PC-System erforderlich, sodass bei einer Neuanschaffung ein Notebook bzw. Laptop interessant sein kann, denn solche Geräte verbrauchen gegenüber einem PC-System ca. 70 % weniger Strom. Grundsätzlich haben alle Betriebssysteme Energiesparoptionen, die Rechner auch bei kurzfristigem Nichtgebrauch in einen Energiesparmodus schalten, der den Stromverbrauch um ca. 50 Watt senken kann. Moderne Monitore erfassen die Helligkeit der Umgebung und regeln die Bildschirmhelligkeit stromsparend automatisch.

Bei Neuanschaffungen von Druckern ist es eine Überlegung wert, ob jeder Mitarbeiter einen eigenen Drucker benötigt oder ob möglicherweise ein Netzwerk zum Drucken genutzt und ein Drucker von mehreren Mitarbeitern genutzt werden kann.

Letztlich ist die Temperierung der Arbeitsplätze ein Schauplatz, bei dem ein hohes Energiesparpotenzial liegt. Ein angenehmes Raumklima zu gewährleisten, erfordert ein geringes Maß an Engagement der Mitarbeiter. So sollte im Winter einmal stündlich gelüftet werden mittels „Stoßlüftung". Wenn möglichst viele Fenster gleichzeitig für wenige Minuten geöffnet werden, strömt schnell frische, kühle Luft in die Räume und warme, verbrauchte Luft entweicht. Zum wirtschaftlichen Heizen zählt auch eine maßvolle Nachtabsenkung der Raumtemperatur, denn komplettes Abschalten der Heizung über Nacht führt zu extremem Energieverbrauch beim Wiederanfahren der Heizung am nächsten Morgen. Bei vollklimatisierten Räumen sollten dagegen die Fenster nicht geöffnet werden, denn moderne Klimaanlagen versorgen die Räume mit frischer Luft, sodass geöffnete Fenster den Energieverbrauch der Klimaanlage unnötig erhöhen würden.

Letztlich ist es für jeden Betrieb, aber auch für private Haushalte interessant, einen Vergleich der Anbieterpreise für Strom und Erdgas vorzunehmen und möglicherweise den Anbieter zu wechseln. Dabei wird deutlich, dass Strom aus regenerativen Energiequellen nicht unbedingt teurer sein muss als herkömmlich erzeugter Strom. So kann jeder Verbraucher an der „Energiewende" mitarbeiten und unter Umständen dabei erhebliche Kosten einsparen.

Quelle: Autorentext

Aufgaben

1 Erläutern Sie die politische Zielbestimmung „sustainable development".

2 Informieren Sie sich, welche Anteile des Strompreises staatlich geregelt sind.

3 Welche Ursachen von Umweltproblemen sind Ihnen bekannt. Nennen Sie zwei.

4 Erläutern Sie das Prinzip der Nachhaltigkeit.

5 Wie wird betrieblicher Umweltschutz in Ihrem Ausbildungsbetrieb praktiziert? Nennen Sie drei Beispiele.

6 Sie sprechen mit einer Freundin über das Thema Umweltschutz. Dabei sagt sie Ihnen: „Umweltschutz ist echt wichtig. Ich selbst kann da aber kaum was machen."
- **a)** Wie bewerten Sie diese Aussage?
- **b)** Geben Sie fünf Tipps, wie Sie auch privat einen Beitrag zum Umweltschutz leisten können.

7 In welchen Ländern arbeitet ein besonders hoher Anteil der Mitarbeiter von zu Hause? Welche Gründe können zu den unterschiedlichen Anteilen im EU-Vergleich führen?

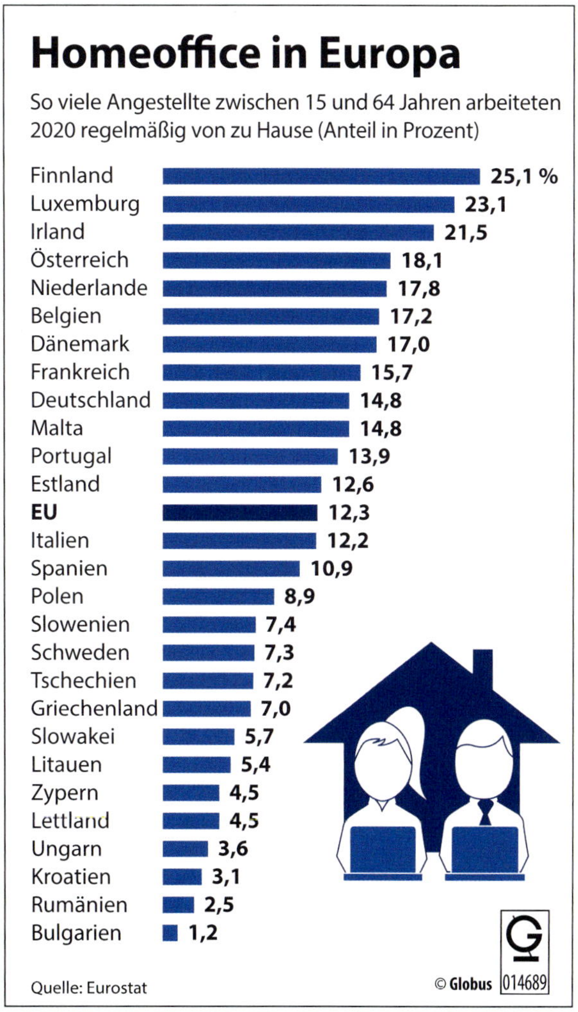

8 Beurteilen Sie die Entwicklung des Anteils erneuerbarer Energien an der Stromerzeugung. Halten Sie die öffentliche Förderung für sinnvoll?

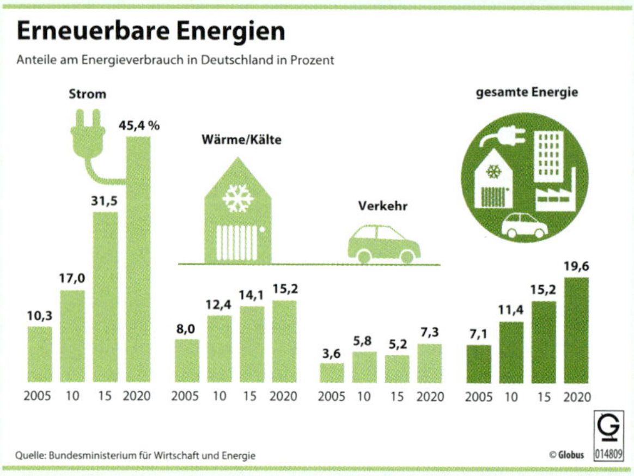

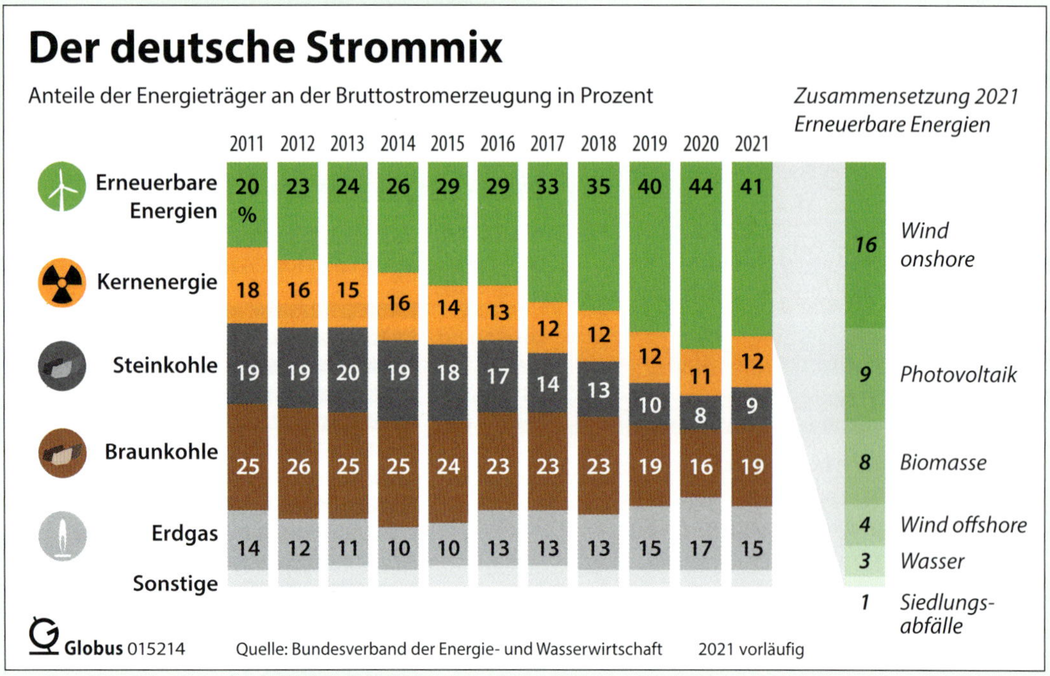

9 Wenn wir über Umweltschutz sprechen, dann denken wir z. B. an Mülltrennung oder weniger mit dem Auto zu fahren. Aber auch unser digitales Nutzungsverhalten hat Einfluss auf die Umwelt. Eine Stunde streamen verursacht beispielsweise die gleiche Menge an Kohlendioxid wie die Fahrt über mehrere Kilometer mit einem Auto. Wie können wir also auch unser digitales Nutzungsverhalten umweltbewusst gestalten?

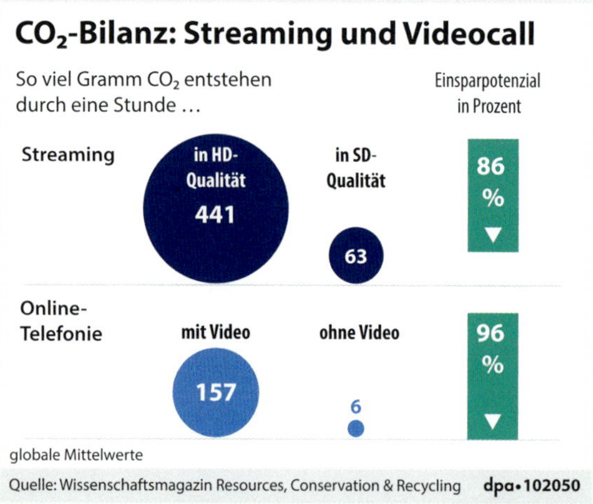

LERNFELD 3

Wertströme und Werte erfassen und dokumentieren

1 Aufgaben und Organisation der Finanzbuchhaltung

Beispiel

Isabell Ahrens hat heute ihren ersten Tag in der Finanzbuchhaltung. Um ihr den Einstieg ein wenig zu erleichtern, gibt Frau Deneke ihr einen ersten Überblick über die verschiedenen Aufgaben des Rechnungswesens. Außerdem ist es Frau Deneke wichtig, dass Isabell die Organisation der Finanzbuchhaltung von Anfang an richtig versteht.

Ein wichtiger betrieblicher Funktionsbereich ist das Rechnungswesen. Seine Aufgabe besteht vor allem darin, sämtliche im Betrieb auftretenden Geld- und Leistungsströme

- mengen- und wertmäßig zu erfassen (**Dokumentationsfunktion**),
- sie zu überwachen und zu steuern (**Dispositionsfunktion**) sowie
- Gesellschafter, Gläubiger, Finanzbehörden, die Belegschaft und die Öffentlichkeit über die Vermögens-, Finanz- und Ertragslage des Unternehmens zu informieren (**Rechenschaftslegungs- und Informationsfunktion**).

Handelsrecht
▶ LF 2, Kap. 4

Das betriebliche Rechnungswesen lässt sich wie folgt gliedern:

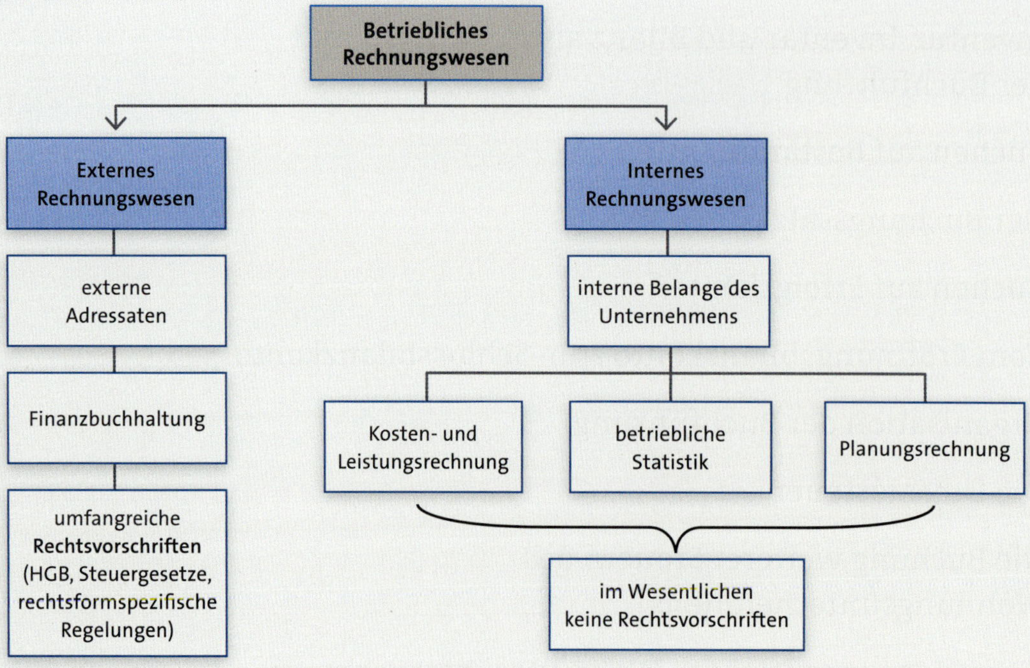

Finanzbuchhaltung
Die Finanzbuchhaltung ist eine **Zeitrechnung**, die alle Wertbewegungen des Unternehmens für ein Geschäftsjahr festhält. Ihre wichtigste Aufgabe ist die planmäßige, lückenlose und sachlich geordnete Aufzeichnung aller Geschäftsfälle eines Unternehmens.

Kosten- und Leistungsrechnung (KLR)
Die Kosten- und Leistungsrechnung wird auch als **Kalkulationsrechnung** bezeichnet. Sie soll die Gesamtheit der in den betrieblichen Leistungsprozessen verursachten Kosten und Leistungen ermitteln und kontrollieren, ob diese Prozesse wirtschaftlich sind.

Betriebliche Statistik
Hier werden **betriebliche Kennziffern** gewonnen und ausgewertet. Aufgabe der Statistik ist die Aufbereitung einer Vielzahl von Daten des Rechnungswesens, um so die Leistungsfähigkeit des Immobilienunternehmens zu beurteilen und auf dieser Grundlage Entscheidungen zu treffen.

Planungsrechnung
Über die **Planungsrechnung als Vorschaurechnung** soll die künftige Entwicklung des Unternehmens vorausberechnet werden.

In seiner Gesamtheit richtet sich das betriebliche Rechnungswesen an recht unterschiedliche Adressaten. Zum einen werden über die Finanzbuchhaltung, die Kosten- und Leistungsrechnungen, die betriebliche Statistik, aber auch die Planungsrechnung Informationen und wichtige Entscheidungshilfen für die Geschäftsleitung bereitgestellt. Weiterhin benötigen aber auch Gesellschafter, Kredit gebende Banken, Geschäftspartner und nicht zuletzt die Finanzämter Informationen über die Leistungsfähigkeit des Unternehmens.

1.1 Funktionen der Finanzbuchhaltung

Die Finanzbuchhaltung des Unternehmens hat drei wesentliche Funktionen zu erfüllen:

- **Zeitrechnung:** Die Finanzbuchhaltung erfasst als **Zeitrechnung alle Veränderungen** im Vermögen und den **Vermögensquellen** (Eigen- und Fremdkapital) des Unternehmens sowie alle Arten von **Aufwendungen** (Wertverzehr) und **Erträgen** (Wertzuwachs) für einen bestimmten Zeitabschnitt (Geschäftsjahr, Quartal, Monat).
- **Dokumentation:** In Wahrnehmung ihrer Dokumentationsfunktion **erfasst** die Finanzbuchhaltung **alle Zahlen**, die im Unternehmen aufgrund von **Belegen** anfallen, und zeichnet sie nach bestimmten Gesichtspunkten zeitlich und sachlich geordnet auf. Sie liefert damit Informationen für die übrigen Bereiche des Rechnungswesens.
- **Rechenschaftslegung:** Im gesetzlich vorgeschriebenen **Jahresabschluss** hat die Finanzbuchhaltung über die Höhe und Zusammensetzung des Vermögens und des Kapitals sowie den Erfolg des Unternehmens im Geschäftsjahr Rechenschaft abzulegen.

1.2 Gesetzliche Grundlagen der Buchführung

Die einfachste Form der Buchführung ist die Einnahmen-Ausgaben-Rechnung. Bei ihr werden die Einnahmen und Ausgaben (bar und unbar) eines Kalenderjahres bzw. Geschäftsjahres aufgeführt. Sie kann genutzt werden, wenn die Vorgaben des § 241a HGB erfüllt sind. Andernfalls muss die doppelte Buchführung zum Einsatz kommen.

doppelte Buchführung
▶ LF 3, Kap. 6.1

Eine ordnungsgemäße Buchführung ist nicht nur für die Unternehmensleitung und die Unternehmenseigner bedeutsam, sondern auch für den Staat zur richtigen Ermittlung der Steuern. Gleichzeitig dient sie auch dem Schutz der Gläubiger des Unternehmens.

Der Gesetzgeber hat daher die Gestaltung der Buchführung auf vielfältige Weise rechtlich geregelt. Von besonderer Bedeutung sind dabei einzuhaltende handels- und steuerrechtliche Vorschriften.

Grundsätzlich gibt das Handelsgesetzbuch (HGB) **handelsrechtlich** vor:

§ 238 Abs. 1 HGB

Jeder Kaufmann ist verpflichtet, Bücher zu führen und in diesen seine Handelsgeschäfte und die Lage seines Vermögens nach den **Grundsätzen ordnungsmäßiger Buchführung** ersichtlich zu machen. [...]

Jedoch hat das Handelsgesetzbuch die Pflicht zur Buchführung und Bilanzierung eingeschränkt.

§ 241a HGB

Einzelkaufleute, die an den Abschlussstichtagen von zwei aufeinander folgenden Geschäftsjahren nicht mehr als jeweils 800.000 Euro Umsatzerlöse und jeweils 60.000 Euro Jahresüberschuss aufweisen, brauchen die §§ 238 bis 241 nicht anzuwenden. [...]

Das heißt, sie sind dann handelsrechtlich zur Buchführung nicht verpflichtet.

In der Regel werden handelsrechtliche Buchführungsvorschriften auch ins **Steuerrecht** übernommen (§ 140 AO). Das Steuerrecht schreibt jedoch auch spezielle Aufzeichnungspflichten für handelsrechtlich Nichtbuchführungspflichtige vor. Vielfältige steuerrechtliche Vorschriften enthalten beispielsweise

- die Abgabenordnung (AO),
- das Einkommensteuergesetz (EStG),
- das Gewerbesteuergesetz (GewStG),
- das Körperschaftsteuergesetz (KStG),
- das Umsatzsteuergesetz (UStG)

und die dazugehörigen Durchführungsverordnungen, Richtlinien und Hinweise.

Rechtsformen von Unternehmen
▶ LF 2, Kap. 5

Rechtsformspezifische Vorschriften für die Buchführung der jeweiligen Unternehmensform sind im Aktiengesetz (AktG), im GmbH-Gesetz (GmbHG) und im Genossenschaftsgesetz (GenG) enthalten.

1.3 Ordnungsmäßigkeit der Buchführung

Die Buchführung gilt als ordnungsgemäß, wenn sie so beschaffen ist, dass sie einem sachverständigen Dritten (Steuerberater, Betriebsprüfer) in angemessener Zeit einen Überblick über die **Geschäftsfälle** und die **Lage des Unternehmens** vermitteln kann.

Die Geschäftsfälle müssen sich in ihrer Entstehung und Abwicklung verfolgen lassen. Die Buchführung muss deshalb allgemein anerkannten und sachgerechten Normen entsprechen, den sogenannten „Grundsätzen ordnungsmäßiger Buchführung".

Grundsätze ordnungsmäßiger Buchführung (GoB)

Die **Grundsätze ordnungsmäßiger Buchführung (GoB)** sind ein System von Regeln, das von jedem Buchführungspflichtigen zu beachten ist. **Formelle Grundsätze** legen Mindestanforderungen an die äußere Form und Systematik der Buchführung fest; **materielle** Grundsätze betreffen den Inhalt der Buchführung.

Als wichtige Grundsätze ordnungsmäßiger Buchführung gelten:

Die Buchführung muss klar und übersichtlich sein.
Das bedingt
- eine sachgerechte und überschaubare Organisation der Buchführung,
- eine übersichtliche Gliederung des Jahresabschlusses (§§ 243, 266, 275 HGB),
- das Verbot der Verrechnung zwischen Vermögenswerten und Schulden sowie zwischen Aufwendungen und Erträgen (§ 246 HGB) sowie
- das Verbot, Buchungen unleserlich zu machen (§ 239 HGB).

Alle Geschäftsfälle sind ordnungsgemäß zu erfassen.
Sämtliche Geschäftsfälle sind fortlaufend und vollständig, richtig und zeitgerecht sowie sachlich geordnet zu buchen, wobei sich die Geschäftsfälle in ihrer Entstehung und Abwicklung verfolgen lassen müssen (§ 239 HGB; §§ 145, 146 AO). Kasseneinnahmen und -ausgaben sind täglich aufzuzeichnen (§ 146 AO).

Keine Buchung darf ohne Beleg erfolgen.
Alle Buchungen müssen anhand von Belegen auf ihre Richtigkeit überprüfbar sein. Die Belege müssen fortlaufend nummeriert und geordnet sein (§ 257 HGB; § 147 AO).

Buchungsunterlagen sind ordnungsgemäß aufzubewahren.
Alle Buchungsunterlagen (Belege, Aufzeichnungen, Geschäftsbriefe, Inventare und Bilanzen) sind geordnet und nach § 257 Abs. 4 HGB bzw. § 147 Abs. 3 AO zwischen 6 und 10 Jahren aufzubewahren. Dabei ist eine **Aufbewahrungsfrist von 10 Jahren** beispielsweise für Handelsbücher (z. B. Grund- und Hauptbuch), Inventurunterlagen und Inventare, Eröffnungsbilanzen, Jahresabschlüsse (z. B. GuV-Rechnung, Bilanz), Arbeitsanweisungen und Organisationsunterlagen (z. B. Programme) sowie Buchungsbelege (z. B. Ausgangsrechnungen, Kontoauszüge) zu beachten. Eine **6-jährige Aufbewahrungsfrist** gilt beispielsweise für empfangene Geschäftsbriefe (z. B. Angebote) oder auch für Kopien abgesandter Geschäftsbriefe (z. B. Bestellungen).

SB ▶ SITUATION 21
Inventur, Inventar und Bilanz

2 Inventur, Inventar und Bilanz als Ausgangspunkt der Buchführung

2.1 Inventur und Inventurverfahren

Jeder Kaufmann ist verpflichtet,
- bei Gründung oder Übernahme eines Unternehmens,
- am Ende eines Geschäftsjahres,
- bei Auflösung oder Verkauf des Unternehmens,
- beim Wechsel der Rechtsform

sein Vermögen und seine Schulden festzustellen (§ 240 HGB; §§ 140, 141 AO).

Der damit verbundene Prozess ist die Inventur.

Inventur

Die **Inventur** ist die mengen- und wertmäßige Bestandsaufnahme aller Vermögenswerte und Schulden eines Unternehmens zu einem bestimmten Zeitpunkt (Stichtag). Körperliche Wirtschaftsgüter werden durch Messen, Zählen und Wiegen inventarisiert (**körperliche Inventur**). Nichtkörperliche Wirtschaftsgüter (etwa erworbene Softwarelizenzen oder auch Bankguthaben) und Schulden weist man buchhalterisch nach (**Buchinventur**).

Inventurverfahren

Da die körperliche Inventur mit erheblichem Arbeitsaufwand verbunden ist, hat der Gesetzgeber zur Arbeitserleichterung verschiedene Inventurverfahren zugelassen. Die wichtigsten sind:

- **Stichtagsinventur**
  Die Inventur für den Bilanzstichtag muss nicht am Bilanzstichtag selbst stattfinden, sie kann zeitnah erfolgen. Die körperliche Bestandsaufnahme ist **innerhalb von 10 Tagen vor oder nach dem Bilanzstichtag** durchzuführen. Dabei ist sicherzustellen, dass Bestandsveränderungen zwischen dem Bilanzstichtag und dem Tag der Bestandsaufnahme nach Art und Menge anhand von Belegen oder Aufzeichnungen ordnungsgemäß berücksichtigt werden.
- **Permanente Inventur**
  Bei einer permanenten (dauernden) Inventur wird die körperliche Bestandsaufnahme der Vermögensgegenstände **fortlaufend während des ganzen Geschäftsjahres** vorgenommen. Allerdings muss in jedem Wirtschaftsjahr mindestens einmal durch eine körperliche Bestandsaufnahme geprüft werden, ob die buchmäßig ausgewiesenen mit den tatsächlichen Beständen übereinstimmen.
- **Verlegte Inventur**
  Nach § 241 Abs. 3 HGB kann die jährliche körperliche Bestandsaufnahme ganz oder teilweise **innerhalb der letzten drei Monate vor oder der ersten zwei Monate nach dem Bilanzstichtag** durchgeführt werden.

2.2 Inventar

Die durch die Inventur ermittelten Bestände werden in einem besonderen Verzeichnis zusammengestellt, dem Inventar.

Inventar (§ 240 HGB)

Das **Inventar** ist ein ausführliches Bestandsverzeichnis aller Vermögensteile und Schulden eines Unternehmens zu einem bestimmten Zeitpunkt nach Art, Menge und Wert.

Der Aufbau des Inventarverzeichnisses unterliegt keiner Formvorschrift, in aller Regel ist es aber wie folgt aufgebaut:

Inventar der MEWOH Musterwohn GmbH, Leizpig

	Einzelwerte (€)	Gesamtwerte (€)
A Vermögen		
I. Anlagevermögen		
1. Gebäude		
Wohnhäuser (lt. Anlagenverzeichnis 1)		3.700.000,00
Geschäftshäuser (lt. Anlagenverzeichnis 2)		5.080.000,00
2. BGA (lt. Anlagenverzeichnis 3)		225.000,00
II. Umlaufvermögen		
1. Vorräte (lt. Inventurliste 1)		40.000,00
2. Forderungen aus LuL (lt. Inventurliste 2)		60.000,00
3. Kassenbestand		10.000,00
4. Bankguthaben		
• TopBank Leipzig	125.000,00	
• Vereinsbank Ost	60.000,00	185.000,00
Summe des Vermögens		**9.300.000,00**
B Schulden		
1. Langfristige Schulden		
• Darlehen – TopBank Leipzig	2.000.000,00	
• Darlehen – Vereinsbank Ost	600.000,00	2.600.000,00
2. Verbindlichkeiten aus LuL (lt. Inventurliste 3)		21.500,00
3. Sonstige Verbindlichkeiten		40.000,00
Summe der Schulden (Fremdkapital)		**2.661.500,00**
C Ermittlung des Reinvermögens		
Summe des Vermögens		9.300.000,00
– Summe der Schulden		2.661.500,00
= Reinvermögen (Eigenkapital)		**6.638.500,00**

(A) Vermögen

Vermögen

Die Gesamtheit **aller im Unternehmen gebundenen Werte** ist unter dem Begriff Vermögen zusammenzufassen.

Vermögensgegenstände werden **nach** ihrer **Flüssigkeit (Liquidität)**, das heißt nach dem Grad der Liquidierbarkeit **geordnet** – also danach, wie schnell sie zu (Bar-)Geld gemacht werden können. Bei der Erstellung des Inventarverzeichnisses wird üblicherweise mit den am wenigsten „flüssigen" Vermögensgegenständen begonnen.

Das Vermögen wird in **Anlage-** und **Umlaufvermögen** gegliedert.

Anlagevermögen

Zum **Anlagevermögen** gehören alle Vermögensteile, die dazu bestimmt sind, dem Unternehmen langfristig zu dienen. Es bildet die Grundlage der eigentlichen Betriebstätigkeit.

Zum Anlagevermögen gehören:

I. Immaterielle Wirtschaftsgüter
Patente, Lizenzen und Rechte (etwa Software des Unternehmens)

II. Sachanlagen
1. Grundstücke und Gebäude
2. Technische Anlagen und Maschinen (TAM)
3. Betriebs- und Geschäftsausstattung (BGA)

III. Finanzanlagen
1. Wertpapiere
2. Firmenbeteiligungen
3. Ausleihungen (gewährte Kredite)

Umlaufvermögen

Umlaufvermögen sind alle Vermögensteile, die für den kurzfristigen Verbleib im Unternehmen gedacht sind.

Das **Umlaufvermögen** umfasst:

I. Vorräte
II. Forderungen aus Lieferungen und Leistungen und sonstige Vermögensgegenstände
III. Bankguthaben
IV. Kassenbestand

(B) Schulden

Schulden werden auch Verbindlichkeiten genannt. Sie werden nach dem **Prinzip der fallenden Fristigkeit** (Fälligkeit/Dringlichkeit der Zahlung) unterteilt in

- kurzfristige Verbindlichkeiten (Fälligkeit bis zu einem Jahr),
- mittelfristige Verbindlichkeiten (Fälligkeit von 1 bis 5 Jahren) und
- langfristige Verbindlichkeiten (Fälligkeit über 5 Jahre).

Schulden

Schulden stellen das im Unternehmen arbeitende **Fremdkapital** dar.

(C) Reinvermögen

Die Differenz zwischen der Summe des Vermögens und der Summe der Schulden ergibt das Reinvermögen des Unternehmens.

Berechnung des Reinvermögens

Es gilt: Summe des Vermögens – Summe der Schulden = Reinvermögen

2.3 Vom Inventar zur Bilanz

Neben dem Inventar fordert § 242 HGB auch die Aufstellung einer Bilanz. Sie ist eine kurz gefasste Übersicht, die es ermöglicht, auf einen Blick das Verhältnis zwischen Vermögen und Vermögensquellen des Unternehmens zu überschauen.

Bilanz

Die Bilanz ist eine kurz gefasste Gegenüberstellung von Vermögen und Vermögensquellen (Kapital) in **Kontenform.**

Die Grundlage zur Aufstellung einer Bilanz ist das Inventar. Der allgemeine Aufbau der Bilanz ist durch § 266 HGB geregelt. Eine Abweichung von dieser Grundgliederung ist nicht selten der Fall.

Für Wohnungsunternehmen gibt es in einer sogenannten „Formblatt-Verordnung" Sonderregelungen für die Gliederung des Jahresabschlusses.

Merkmale einer Bilanz

1. Die Bilanz ist eine Kurzfassung des Inventars in **T-Kontenform**.
2. Die linke Seite der Bilanz heißt **Aktiva** und enthält die **Vermögenspositionen**.
3. Die rechte Seite heißt **Passiva** und enthält das **Eigenkapital** und die **Schulden** (Fremdkapital).
4. Beide Bilanzseiten beschreiben dasselbe Unternehmen, jedoch von unterschiedlichen Gesichtspunkten aus: Die **Aktivseite** verdeutlicht die **Vermögensarten** des Unternehmens, die **Passivseite** zeigt auf, wie das **Vermögen** finanziert wurde (Vermögensquellen).
5. Aus 4. folgt, dass das Bilanzkonto stets im Gleichgewicht steht, die Summen der Aktivseite und der Passivseite identisch sind.

Grundaufbau einer Bilanz

MEWOH Musterwohn GmbH
Mieten. Einziehen. Wohlfühlen.

Aktiva	Bilanz MEWOH Musterwohn GmbH, Leipzig, zum 31.12.00 (in €)		Passiva
I. Anlagevermögen		**I. Eigenkapital**	15.000.000,00
1. Gebäude	40.000.000,00	**II. Fremdkapital**	
2. TAM	100.000,00	1. Darlehen	27.450.000,00
3. BGA	200.000,00	2. Verbindlichkeiten aus LuL	260.000,00
II. Umlaufvermögen			
1. Verkaufsgrundstücke	2.000.000,00		
2. Materialvorräte	150.000,00		
3. Forderungen aus LuL	50.000,00		
4. Kasse	10.000,00		
5. Guthaben bei Kreditinstituten (Bank)	200.000,00		
Summe der Aktiva	**42.710.000,00**	**Summe der Passiva**	**42.710.000,00**

Leizpig, 31. Januar 01

Dr. Kerstin Pohl
Lars Riedel

2.4 Wertveränderungen der Bilanz

Inventar und Bilanz eines Unternehmens stellen eine Stichtagsbetrachtung (Momentaufnahme) am Ende des Geschäftsjahres dar. Aktiva und Passiva unterliegen durch die innerbetrieblichen Prozesse (Geschäftsfälle) ständigen Wertveränderungen. Jeder dieser Geschäftsfälle ändert einzelne Positionen der Bilanz. Diese Bilanzpositionen werden als Bestände bezeichnet.

Bestände

Bestände sind alle Positionen, die im Inventar und in der Bilanz enthalten sind, also alle Aktiva in Form von Anlage- und Umlaufvermögen und alle Passiva in Form von Eigen- und Fremdkapital. Jeder Geschäftsfall verändert die Bilanz in doppelter Weise. Dabei sind vier Möglichkeiten der Bilanzveränderung zu unterscheiden:
- Aktivtausch (AT)
- Passivtausch (PT)
- Aktiv-Passiv-Mehrung (AP+)
- Aktiv-Passiv-Minderung (AP–)

Aktivtausch (AT)

Der Geschäftsfall betrifft nur die Aktivseite der Bilanz; die Bilanzsumme ändert sich nicht (**Tauschvorgang auf der Aktivseite**).

Beispiel

Die MEWOH Musterwohn GmbH kauft Betriebs- und Geschäftsausstattung (BGA) per Bank im Wert von 4.500,00 €.

- Die angesprochenen Konten befinden sich beide auf der Aktivseite der Bilanz.
- Es erfolgt ein Wertaustausch zwischen zwei Aktivkonten in gleicher Höhe.
- Die Bilanzsumme ändert sich nicht.

Aktiva		**Passiva**	
BGA	+ 4.500,00 €	Keine Veränderungen!	
Bank	− 4.500.00 €		

Passivtausch (PT)

Der Geschäftsfall wirkt sich nur auf die Passivseite aus; die Bilanzsumme ändert sich nicht (**Tauschvorgang auf der Passivseite**).

Beispiel

Ein Lieferant der MEWOH Musterwohn GmbH wandelt Verbindlichkeiten aus Lieferungen und Leistungen (VLL) in Höhe von 10.000,00 € in ein Darlehen um.

- Die angesprochenen Konten befinden sich beide auf der Passivseite der Bilanz.
- Es erfolgt ein Wertaustausch zwischen zwei Passivkonten in gleicher Höhe.
- Die Bilanzsumme ändert sich nicht.

Aktiva		**Passiva**	
Keine Veränderungen!		Darlehen	+ 10.000,00
		VLL	− 10.000.00

Aktiv-Passiv-Mehrung (AP+)

Der Geschäftsfall betrifft beide Seiten der Bilanz. Der **Vermehrung eines Aktivpostens** steht eine **Vermehrung eines Passivpostens** gegenüber. Die Bilanzsummen nehmen auf beiden Seiten um den gleichen Betrag zu. Das Bilanzgleichgewicht bleibt somit gewahrt (**Vermehrung auf beiden Bilanzseiten**).

Beispiel

Die MEWOH Musterwohn GmbH kauft EDV-Technik auf Kredit (Darlehen) im Wert von 3.500,00 €.

- Das eine Konto befindet sich auf der Aktivseite der Bilanz – EDV-Technik gehört zur Betriebs- und Geschäftsausstattung (BGA) –, dessen Wert um 3.500,00 € erhöht wird. Das andere Konto ist ein Passivkonto (Darlehen), das um den Betrag von 3.500,00 € erhöht wird.
- Es erfolgt eine Werterhöhung auf der Aktiv- und der Passivseite in gleichem Maße.
- Die Bilanzsumme erhöht sich um 3.500,00 €.

Aktiva		**Passiva**	
BGA	+ 3.500,00	Darlehen	+ 3.500,00

Aktiv-Passiv-Minderung (AP–)

Der Geschäftsfall betrifft beide Seiten der Bilanz. Der **Verminderung eines Aktivpostens** entspricht die **Verminderung eines Passivpostens**. Das Bilanzgleichgewicht bleibt durch Abnahme der Bilanzsumme auf beiden Seiten gewahrt (**Verminderung auf beiden Bilanzseiten**).

Beispiel

Die MEWOH Musterwohn GmbH begleicht eine Lieferantenrechnung (Verbindlichkeit aus Lieferung und Leistungen) über 7.600,00 € per Bank.

- Ein Konto befindet sich auf der Aktivseite der Bilanz (Bankguthaben), das in seinem Wert um 7.600,00 € gemindert wird. Das andere Konto ist ein Passivkonto (Verbindlichkeiten aus Lieferungen und Leistungen), das um den Betrag von 7.600,00 € verringert wird.
- Es erfolgt eine Wertminderung auf der Aktiv- und Passivseite im gleichen Umfang.
- Die Bilanzsumme vermindert sich um 7.600,00 €.

Aktiva			Passiva
Bank	–7.600,00	VLL	–7.600,00

3 Buchen auf Bestandskonten

SB ▶ SITUATION 22
Bestandskonten

3.1 Die Auflösung der Bilanz in Bestandskonten

Beispiel

Nachdem Isabell Ahrens gelernt hat, wie eine Bilanz aussieht, und sich mit den möglichen Wertveränderungen in einer Bilanz befasst hat, geht es nun einen Schritt weiter. Dazu erklärt ihr Frau Deneke: „Durch die verschiedenen Geschäftsfälle verändern sich Bestände in unserem Unternehmen. Das hast du ja schon kennengelernt. Diese Bestandsveränderungen müssen wir allerdings auch sehr genau und übersichtlich festhalten. Dazu sind wir gesetzlich verpflichtet. Das ist die Aufgabe der Buchführung. Die Buchführung folgt genauen Regeln und Vorgaben, an die wir uns halten müssen. Jetzt zeige ich dir erst einmal, wie man diese Bestandsveränderungen auf Bestandskonten erfasst."

Im laufenden Geschäftsjahr ergibt sich ständig eine große Zahl von Geschäftsfällen, die die Bilanzpositionen verändern. Diese Veränderungen werden auf gesonderten Konten erfasst. Für jede Bilanzposition wird dazu ein separates Konto eingerichtet.

Das Bestandskonto ist ein Rechenschema, das, ausgehend vom Anfangsbestand (AB), die Wertveränderungen im Geschäftsjahr erfasst. Diese Konten werden – ebenso wie die Bilanz – in Form eines „T" geführt.

Aus der Form des Kontos ergibt sich der Name „T-Konto".

Grundsätze für die Auflösung der Bilanz in Bestandskonten	
1.	Für jede Bilanzposition wird ein „T-Konto" eingerichtet. Die linke Seite des Kontos wird als **Sollseite**, die rechte Seite als **Habenseite** bezeichnet.
2.	Konten, die aus der Aktivseite der Bilanz abgeleitet werden, heißen **Aktivkonten** (aktive Bestandskonten). Aus der Passivseite der Bilanz abgeleitete Konten heißen **Passivkonten** (passive Bestandskonten).
3.	Bei der Eröffnung von Bestandskonten sind die in der Bilanz ausgewiesenen Wertgrößen als **Anfangsbestände (AB)** zu übernehmen. Bei den Aktivkonten steht der Anfangsbestand im Soll, Passivkonten haben ihren Anfangsbestand im Haben.

Beispiel

Das **Aktivkonto Bank** mit einem Anfangsbestand von 20.000,00 € hat folgendes Aussehen:

Soll	**Bank**		**Haben**
AB	20.000,00		

Das **Passivkonto Darlehen** mit einem Anfangsbestand von 142.000,00 € hat folgendes Aussehen:

Soll	**Darlehen**		**Haben**
		AB	142.000,00

3.2 Das Führen von Bestandskonten

Die Ableitung von Bestandskonten aus der Bilanz ist die Voraussetzung für die regelmäßige Erfassung von Geschäftsfällen. Für das Führen und den Abschluss dieser Konten wurde eine bestimmte Technik entwickelt: Jeder Geschäftsfall muss mindestens einmal im Soll und einmal im Haben erfasst werden. Diese Erfassung der Werte des Geschäftsfalles auf den Konten nennt man **Buchen**.

Grundsätze für das Führen von Bestandskonten	
1.	Alle Konten vermehren sich dort, wo der Anfangsbestand notiert ist, und vermindern sich auf der Gegenseite. a) Für die **Aktivkonten** gilt: Mehrungen werden im Soll, Minderungen im Haben erfasst. b) Für die **Passivkonten** gilt: Mehrungen werden im Haben, Minderungen im Soll erfasst.
2.	Gebucht wird zunächst auf der Sollseite, dann auf der Habenseite.
3.	Der Wert der Sollbuchung muss dem Wert der Habenbuchung entsprechen.
4.	Vor jedem gebuchten Betrag wird die laufende Ziffer (Datum) des Geschäftsfalles und die Bezeichnung des entsprechenden Gegenkontos notiert.

S **Aktivkonten**	H
Anfangsbestand (AB) im Soll Werterhöhung im Soll	Wertminderung im Haben Schlussbestand (SB) im Haben

S **Passivkonten**	H
Wertminderung im Soll Schlussbestand (SB) im Soll	Anfangsbestand (AB) im Haben Werterhöhung im Haben

Beispiel

(1) Die MEWOH Musterwohn GmbH kauft einen Schreibtisch im Wert von 350,00 € bar.
Die Buchung auf den Konten – mit angenommenen Anfangsbeständen – stellt sich wie folgt dar:
Auf dem Aktivkonto BGA ist auf der Sollseite eine Mehrung über 350,00 € vorzunehmen, auf dem Aktivkonto Kasse ist die Minderung des Bestandes um 350,00 € auf der Habenseite zu erfassen.

S	BGA		H
AB	7.000,00		
(1) Kasse	350,00		

S	Kasse		H
AB	6.000,00	(1) BGA	350,00

Auf dem Konto BGA ist nun zu sehen, dass mit dem ersten Geschäftsfall ein Zuwachs über 350,00 € erfolgte, der durch Barzahlung finanziert wurde (Gegenkonto: Kasse). Auf dem Konto Kasse ist erkennbar, dass eine Ausgabe über 350,00 € erfolgte, die durch die Anschaffung von Vermögensgegenständen (Gegenkonto: BGA) verursacht wurde.

(2) Die MEWOH Musterwohn GmbH kauft einen Schreibtisch auf Rechnung (auf Ziel), Preis: 4.500,00 €.
Die Buchung auf den Konten – mit wiederum angenommenen Anfangsbeständen – stellt sich folgendermaßen dar:

S	BGA	H
AB	7.000,00	
(1) Kasse	350,00	
(2) VLL	4.500,00	

S	VLL		H
	AB	5.000,00	
	(2) BGA	4.500,00	

Das Aktivkonto BGA erfährt auf der Sollseite eine Mehrung. Aber auch auf dem Passivkonto Verbindlichkeiten aus Lieferungen und Leistungen (VLL) ist eine Mehrung zu erfassen, die jedoch – wie generell bei Passivkonten – auf der Habenseite zu buchen ist. Auf dem Konto BGA ist zu sehen, dass jetzt ein weiterer Kauf über 4.500,00 € erfolgte, dessen Bezahlung jedoch noch aussteht (Gegenkonto: VLL). Das Konto Verbindlichkeiten aus Lieferungen und Leistungen weist eine Zunahme von 4.500,00 € für den Erwerb von Vermögensgegenständen der BGA (Gegenkonto: BGA) aus.

3.3 Der Abschluss der Bestandskonten

Zum Ende des Geschäftsjahres werden die Konten abgeschlossen. Dazu müssen die Endbestände auf den Bestandskonten errechnet werden; aus ihnen wird dann eine neue Bilanz, die Schlussbilanz, aufgestellt.

Grundsätze für den Abschluss der Bestandskonten	
1.	Die Beträge der jeweils größeren Kontenseite werden addiert, und die gleiche Summe wird als Endsumme auf die andere Kontenseite übertragen.
2.	Auf der kleineren Seite wird die Differenz zwischen der übertragenen Endsumme und der Summe der bisher gebuchten Beträge errechnet und als Ausgleichsbetrag (Saldo) in das Konto eingetragen. Damit sind beide Seiten summen- und wertmäßig gleich.
3.	Der so ermittelte Saldo ist der Schlussbestand (SB), der in die Schlussbilanz übertragen wird.

Beispiel

Durch die Geschäftsfälle (1) und (2) (siehe Kapitel 3.2) hat sich der Bestand des Kontos BGA verändert. Wie bei allen Konten ist auch bei diesem Konto zum Ende des Geschäftsjahres der Schlussbestand zu ermitteln.

S	BGA		H
AB	7.000,00	SB	11.850,00
(1) Kasse	350,00		
(2) VLL	4.500,00		
	11.850,00		11.850,00

Das Führen von Bestandskonten
▶ LF 3, Kap. 3.2

SB ▶ SITUATION 23
Der Buchungssatz

4 Der Buchungssatz – Die Technik der Buchungssatzbildung

Jeder Geschäftsfall löst bekanntlich mindestens eine Buchung auf der Sollseite und eine Buchung auf der Habenseite aus, wobei der Betrag immer zuerst auf der Sollseite eines Kontos erfasst werden muss, im zweiten Schritt auf der Habenseite. Um diese Abläufe mit wenigen Worten auszudrücken, wurde der sogenannte Buchungssatz entwickelt.

Buchungssatz

Der **Buchungssatz** zeigt in kurzer, eindeutiger Form, auf welchem Konto und auf welcher Kontenseite ein Geschäftsfall Änderungen verursacht. Zunächst wird das Konto genannt, wo auf der Sollseite gebucht wird, dann das Konto mit der Habenseite. Beide Konten werden durch das Wort „an" verbunden.

Beispiel

Die MEWOH Musterwohn GmbH kauft ein Fahrzeug zum Kaufpreis von 25.000,00 € auf Ziel.

Buchung

Soll	an	Haben	€
Fuhrpark	an	VLL	25.000,00

Kontenrahmen und Kontenplan werden in Kapitel 7.1 behandelt.
▶ LF 3, Kap. 7.1

Ein Kontenrahmen liegt den Webcodematerialien bei.

In der Praxis werden die verbalen Bezeichnungen der einzelnen Konten durch entsprechende **Kontennummern** ersetzt, sodass dieser Buchungssatz in vereinfachter Form lautet:

Soll	an	Haben	€
(05) BGA	an	(442) VLL	25.000,00

Eine weitere Verkürzung ist durch folgende Schreibweise möglich:

(05) BGA / (442) VLL 25.000,00 €

Werden nur Kontennummern verwendet, kann noch weiter verkürzt werden:

(05) / (442) 25.000,00 €

Werden in einem Buchungssatz nur zwei Konten (ein Konto im Soll – ein Konto im Haben) angesprochen, so ist dies ein **einfacher Buchungssatz**. Werden mehr als zwei Konten berührt, handelt es sich um einen **zusammengesetzten Buchungssatz**.

Hier gilt:

- Einer Sollbuchung können zwei oder mehr Habenbuchungen gegenüberstehen.
- Zwei oder mehr Sollbuchungen können einer Habenbuchung gegenüberstehen.
- Zwei oder mehr Sollbuchungen können mehreren Habenbuchungen gegenüberstehen.

Wichtig!

Für alle Buchungen gilt, dass die Endsumme der Sollbuchungen mit der Summe der Habenbuchungen übereinstimmen muss.

Beispiel

Das im vorigen Beispiel gekaufte Fahrzeug wird durch Banküberweisung in Höhe von 20.000,00 € und durch Barzahlung von 5.000,00 € finanziert.

Buchung

Soll	an	Haben	€
VLL			25.000,00
	an	Bank	20.000,00
	an	Kasse	5.000,00

SB ▶ SITUATION 24
Buchen auf
Erfolgskonten

5 Buchen auf Erfolgskonten

Beispiel

Isabell Ahrens wird ihre monatliche Ausbildungsvergütung auf ihr Konto überwiesen. Sie fragt sich, wie dieser Geschäftsfall „Zahlung der monatlichen Ausbildungsvergütung per Bank" eigentlich aus Sicht der MEWOH Musterwohn GmbH gebucht wird, schließlich gibt es in der Bilanz keinen Posten „Ausbildungsvergütung" und dementsprechend auch kein Bestandskonto. Frau Deneke erklärt es ihr: „Tja, jetzt lernen Sie erstmals erfolgswirksame Geschäftsfälle kennen – also Geschäftsfälle, die das Eigenkapital verändern. Somit kommen wir endlich dem Gewinn oder auch Verlust auf die Spur."

Bisher wurden Buchungen vorgenommen, die nur Wirkungen auf die Bestände (Vermögen, Schulden, Eigenkapital) des Unternehmens hatten. Das Interesse des Unternehmens ist jedoch keinesfalls allein auf Bestandsveränderungen gerichtet. Primäres Interesse ist, durch betriebliche Leistungsprozesse Gewinne zu erwirtschaften. Denn diese Gewinne erhöhen das Eigenkapital.

Berechnung des Gewinns

Gewinn = Erträge – Aufwendungen

5.1 Aufwendungen und Erträge

Hauptaufgabe der Unternehmen ist es, Güter bzw. Leistungen zu produzieren und zu verkaufen. Dabei werden Roh-, Hilfs- und Betriebsstoffe verbraucht und Arbeitskräfte eingesetzt. In der Regel sind damit Geldausgaben verbunden, die keine direkten Bestandsveränderungen bewirken. Indirekt aber stehen sie im Zusammenhang mit dem Eigenkapital: Aufwendungen bedeuten eine Minderung des Eigenkapitals.

Aufwendungen

Unter **Aufwendungen** ist der Wertverzehr eines Unternehmens an Gütern, Diensten und Abgaben während einer Abrechnungsperiode (Monat, Quartal, Geschäftsjahr) zu verstehen. Sie vermindern das Eigenkapital.

Rechte und Pflichten des Vermieters
▶ LF4, Kap. 2

Wichtige Aufwendungen der Wohnungsunternehmen sind:

- Aufwendungen für die Hausbewirtschaftung
- Aufwendungen für Verkaufsgrundstücke
- Aufwendungen im Rahmen der Verwaltungs- und Baubetreuung
- Personalaufwendungen
- Abschreibungen
- Verwaltungsaufwendungen
- Zinsaufwendungen
- Steuern

Über den Verkauf der Güter bzw. Leistungen der Unternehmen werden Erträge erzielt.

Erträge

Erträge sind die erfolgswirksamen Wertzuflüsse in das Unternehmen innerhalb einer Abrechnungsperiode, die das Eigenkapital erhöhen.

Wichtige Erträge der Wohnungsunternehmen sind:

- Erträge aus der Hausbewirtschaftung (Mieterträge, Pachten)
- Erträge aus Grundstücksverkäufen
- Erträge aus der Betreuungstätigkeit

5.2 Erfolgskonten als Unterkonten des Eigenkapitalkontos

Die Aufwendungen und Erträge könnten eigentlich direkt über das Eigenkapitalkonto gebucht werden: Aufwendungen (als Eigenkapitalminderungen) auf der Sollseite, Erträge (als Eigenkapitalmehrungen) auf der Habenseite. Bei der Fülle an Buchungen würde das Eigenkapitalkonto jedoch schnell sehr unübersichtlich werden. Deshalb bleibt das Eigenkapitalkonto über das laufende Geschäftsjahr hinweg geschlossen. Alle entsprechenden Veränderungen werden auf sogenannten Unterkonten des Eigenkapitalkontos erfasst. Dazu gehören auch die **Erfolgskonten**, in denen aus Gründen der Klarheit und Übersichtlichkeit die einzelnen Aufwands- und Ertragsarten gesondert ausgewiesen werden.

Erfolgskonten

Erfolgskonten sind Unterkonten des Eigenkapitalkontos. Sie umfassen die einzelnen Aufwandskonten (mit den verschiedenen Aufwandsarten) und die Ertragskonten (mit den verschiedenen Erträgen). Erfolgskonten bewegen sich wie das Eigenkapitalkonto: Alle Aufwendungen werden im Soll erfasst (Minderung des Eigenkapitals), alle Erträge im Haben (Mehrung des Eigenkapitals).

5.3 Bildung, Führen und Abschluss von Erfolgskonten

Grundregeln für die Errichtung und das Führen von Erfolgskonten	
1.	Aufwendungen und Erträge werden nicht direkt über das Eigenkapitalkonto gebucht, dieses Konto bleibt über das Geschäftsjahr gesperrt.
2.	Anstelle des Eigenkapitalkontos werden Unterkonten in Form von Aufwands- bzw. Ertragskonten eingerichtet.
3.	Für diese Erfolgskonten gelten die gleichen Buchungsregeln wie für das Eigenkapitalkonto.

Arbeitsschritte: Errichtung, Führen und Abschluss der Erfolgskonten

1. Aus der Bilanz und den anfallenden Geschäftsfällen sind die entsprechenden Bestands- und Erfolgskonten abzuleiten. Für die Bestandskonten werden die entsprechenden Anfangsbestände aus der Eröffnungsbilanz übernommen.
2. Buchung der Geschäftsfälle nach den bisher gültigen Regeln, u.a., dass Aufwendungen im Soll und Erträge im Haben zu buchen sind.
3. Abschluss der Erfolgskonten über ein besonderes Verrechnungskonto, das Gewinn- und Verlustkonto (GuV-Konto), das die Salden der Aufwands- und Ertragskonten aufnimmt und so den Erfolg des Unternehmens ermittelt.
4. Der Gewinn oder Verlust ist auf das Eigenkapitalkonto zu übertragen. Befindet sich der Saldo auf der Sollseite des GuV-Kontos, wurde Gewinn erwirtschaftet, der das Eigenkapital vergrößert. Befindet sich der Saldo auf der Habenseite des GuV-Kontos, liegt ein Verlust vor, um den das Eigenkapital zu mindern ist.
5. Abschluss der Bestandskonten.
6. Erstellen der Schlussbilanz. Die Salden der Bestandskonten werden in die Schlussbilanz übernommen.

Dieser Ablauf soll an folgendem Beispiel demonstriert werden.

Beispiel

(1) Den Ausgangspunkt jeder Buchung bildet die Eröffnungsbilanz.

Aktiva	Eröffnungsbilanz		Passiva
Bank	20.000,00	Eigenkapital	20.000,00
	20.000,00		20.000,00

(2) Um im Verlauf des Jahres die Geschäftsfälle erfassen zu können, sind die erforderlichen Konten einzurichten. Die Bestandskonten ergeben sich aus der Eröffnungsbilanz. Die Erfolgskonten leiten sich aus den betrieblichen Erfordernissen ab.
Für das vorliegende Beispiel sind folgende Erfolgskonten einzurichten:

Aufwandskonten: Mietaufwand (MiA)
Personalaufwand (PerA)
Telekommunikationskosten (TelK)

Ertragskonten: Provisionserträge (ProE)

(3) Die jährlich anfallenden Geschäftsfälle sind in der Buchführung zu berücksichtigen. Hier soll gelten:

1. Wir zahlen Miete per Bank (2.000,00 €).
2. Wir erhalten Provision per Bank (10.000,00 €).
3. Wir bezahlen eine Telekommunikationsrechnung per Bank (300,00 €).
4. Wir zahlen Löhne per Bank (5.000,00 €).
5. Wir zahlen Miete per Bank (2.000,00 €).
6. Wir erhalten Provision per Bank (12.000,00 €).

(4) Aus den Geschäftsfällen sind die **Buchungen** abzuleiten. Dabei ist zu klären,

– welche **Konten** durch den Geschäftsfall berührt werden,
– welcher **Kontenart** diese Konten zuzuordnen sind [Aktivkonten (Ak), Passivkonten (Pk), Aufwandskonten (A) oder Ertragskonten (E)],
– welche Art der **Kontenveränderung** stattfindet [Mehrung (+) oder Minderung (–)],
– auf welcher **Kontenseite** die Veränderungen stattfinden [auf der Sollseite (S) oder auf der Habenseite (H)].

Zur Ermittlung der erforderlichen Buchungen sollte eine feste gedankliche Abfolge trainiert werden. So wie hier mithilfe einer Tabelle muss es später gelingen, die Buchungen auch ohne Hilfsmittel zu ermitteln.

	Konto	Kontenart	Kontenveränderung	Kontenseite
1.	Mietaufwand Bank	Aufwandskonto (A) Aktivkonto (Ak)	Mehrung (+) Minderung (–)	Soll (S) Haben (H)
2.	Provisionserträge Bank	Ertragskonto (E) Ak	+ +	H S
3.	Telekommunikationskosten Bank	A Ak	+ –	S H
4.	Personalaufwand Bank	A Ak	+ –	S H
5.	Mietaufwand Bank	A Ak	+ –	S H
6.	Provisionserträge Bank	E Ak	+ +	H S

(5) Nachdem bereits zu Beginn des Geschäftsjahres die Konten ordnungsgemäß eingerichtet wurden, lassen sich die Geschäftsfälle buchen. Zum Ende des Geschäftsjahres werden die Konten über das GuV-Konto abgeschlossen.

Eröffnungsbilanz

Aktiva			Passiva
Bank	20.000,00	Eigenkapital	20.000,00
	20.000,00		20.000,00

Bank

S			H
AB	20.000,00	(1) MiA	2.000,00
(2) ProE	10.000,00	(3) TelK	300,00
(6) ProE	12.000,00	(4) PerA	5.000,00
		(5) MiA	2.000,00

Eigenkapital

S			H
		AB	20.000,00

Provisionserträge

S			H
GuV	22.000,00	(2) Bank	10.000,00
		(6) Bank	12.000,00
	22.000,00		22.000,00

Mietaufwand

S			H
(1) Bank	2.000,00	GuV	4.000,00
(5) Bank	2.000,00		
	4.000,00		4.000,00

GuV

S			H
MiA	**4.000,00**	ProE	22.000,00
PerA	**5.000,00**		
TelK	**300,00**		

Personalaufwand

S			H
(4) Bank	5.000,00	GuV	5.000,00
	5.000,00		5.000,00

Telekommunikationskosten

S			H
(3) Bank	300,00	GuV	300,00
	300,00		300,00

(6) Das GuV-Konto ist nun zu saldieren und über das Eigenkapitalkonto abzuschließen. Da die Erträge größer sind als die entstandenen Aufwendungen, wurde ein Gewinn erzielt, der das Eigenkapital erhöht. Als Eigenkapitalerhöhung wird der Saldo von 12.700,00 € somit auf die Habenseite des Eigenkapitalkontos gebucht.

S	GuV		H
MiA	4.000,00	**ProE**	**22.000,00**
PerA	5.000,00		
TelK	300,00		
EK	**12.700,00**		
	22.000,00		22.000,00

S	Eigenkapital		H
		AB	20.000,00
		GuV	**12.700,00**

(7) Nachdem die Erfolgskonten über das GuV-Konto abgeschlossen wurden und das GuV-Konto über das Eigenkapitalkonto, sind alle Aufwands- und Ertragskonten aufgelöst. Das bedeutet auch, dass die Aufwands- und Ertragskonten zu Beginn des Geschäftsjahres im Gegensatz zu den Bestandskonten nie einen Anfangsbestand haben. In einem letzten Schritt sind zum Ende des Geschäftsjahres die Bestandskonten zu saldieren und über die Schlussbilanz abzuschließen.

S	Bank		H
AB	20.000,00	(1) MiA	2.000,00
(2) ProE	10.000,00	(3) TelK	300,00
(6) ProE	12.000,00	(4) PerA	5.000,00
		(5) MiA	2.000,00
		SB	**32.700,00**
	42.000,00		42.000,00

S	Eigenkapital		H
SB	**32.700,00**	AB	20.000,00
		EK	**12.700,00**
	32.700,00		32.700,00

Aktiva	Schlussbilanz		Passiva
Bank	32.700,00	Eigenkapital	32.700,00
	32.700,00		32.700,00

6 Vom Eröffnungsbilanzkonto zum Schlussbilanzkonto

SB ▶ SITUATION 25
Vom Eröffnungsbilanzkonto zum Schlussbilanzkonto

Die Buchführung eines Geschäftsjahres beginnt mit der Eröffnungsbilanz, die in allen Positionen der Schlussbilanz des Vorjahres entsprechen muss. Diese Bilanzidentität ist ein wichtiger Grundsatz ordnungsmäßiger Buchführung.

Die Schlussbilanz des einen Geschäftsjahres ist zugleich die Eröffnungsbilanz des folgenden Geschäftsjahres. Dieses inhaltliche Gleichgewicht wird als **Bilanzidentität** bezeichnet.

6.1 Konteneröffnungen

Um die laufenden Geschäftsfälle buchen zu können, wurden bisher die Anfangsbestände einfach in die aktiven und passiven Bestandskonten übertragen. Dieses Vorgehen widerspricht aber dem Grundsatz der doppelten Buchführung, wonach jeder Sollbuchung eine Habenbuchung gegenüberstehen muss. Aus diesem Grund ist für die Eröffnung der Konten ein Hilfskonto einzurichten, das **Eröffnungsbilanzkonto (EBK)**, das die Aktivposten im Haben und die Passivposten im Soll aufnimmt.

Beispiel

Ausgangspunkt ist weiterhin die Eröffnungsbilanz, sie liefert zu Jahresbeginn alle erforderlichen Daten für die Finanzbuchhaltung. Die Finanzbuchhaltung selbst aber beginnt erst mit der Eröffnung der Bestandskonten. Dabei werden die Werte der Eröffnungsbilanz durch eine Eröffnungsbuchung als Anfangsbestand in die Bestandskonten übernommen. Zugleich entsteht damit das Eröffnungsbilanzkonto.

Aktiva	Eröffnungsbilanz		Passiva
Gebäude	150.000,00	Eigenkapital	100.000,00
BGA	50.000,00	Darlehen	130.000,00
Forderungen aus LuL	10.000,00	Verbindl. aus LuL	5.000,00
Bank	20.000,00		
Kasse	5.000,00		
	235.000,00		235.000,00

Für das **Aktivkonto** Gebäude stellt sich diese Eröffnungsbuchung folgendermaßen dar:

Soll	an	Haben	€
Gebäude	an	EBK	150.000,00

S	Gebäude	H
EBK 150.000,00		

S	Eröffnungsbilanzkonto	H
		Gebäude 150.000,00

Für das **Passivkonto** Eigenkapital ergibt sich:

Soll	an	Haben	€
EBK	an	Eigenkapital	100.000,00

S	Eröffnungsbilanzkonto		H
EK	100.000,00		

S	Eigenkapital		H
		EBK	100.000,00

Werden auf diese Weise für alle weiteren Bestandskonten die Eröffnungsbuchungen vorgenommen, entsteht das **Eröffnungsbilanzkonto.**

S	Gebäude		H
EBK	150.000,00		

S	Eigenkapital		H
		EBK	100.000,00

S	BGA		H
EBK	50.000,00		

S	Darlehen		H
		EBK	130.000,00

S	Forderungen aus LuL		H
EBK	10.000,00		

S	Verbindlichkeiten aus LuL		H
		EBK	5.000,00

S	Bank		H
EBK	20.000,00		

S	Kasse		H
EBK	5.000,00		

S	Eröffnungsbilanzkonto		H
Eigenkapital	100.000,00	Gebäude	150.000,00
Darlehen	130.000,00	BGA	50.000,00
Verbindl. aus LuL	5.000,00	Forderungen aus LuL	10.000,00
		Bank	20.000,00
		Kasse	5.000,00
	235.000,00		235.000,00

Das Eröffnungsbilanzkonto (EBK) ist das Gegenkonto zur Eröffnung der Bestandskonten, es ist das Spiegelbild der Eröffnungsbilanz.

Buchungssätze bei der **Eröffnung von Bestandskonten:**

Soll	an	Haben
Aktivkonten	an	EBK
EBK	an	Passivkonten

6.2 Kontenabschlüsse

Am Ende des Geschäftsjahres werden die Konten, auf denen die laufenden Geschäftsfälle erfasst wurden, abgeschlossen. Beim Kontenabschluss wird als Gegenkonto für die Buchung der Schlussbestände das **Schlussbilanzkonto (SBK)** genutzt.

Bisher wurden die Salden der Bestandskonten zur Vereinfachung einfach in die Schlussbilanz übernommen. Richtig ist, sie über eine Buchung in das Schlussbilanzkonto (SBK) zu übertragen.

- Der **Abschluss für das aktive Bestandskonto** Bank sieht so aus (die Anfangsbestände der Konten Bank und Eigenkapitel stammen aus Kapitel 6.1; beispielhaft wurden ein Provisionsertrag in Höhe von 10.000,00 € und ein Mietaufwand über 4.000,00 € gebucht):

Soll	an	Haben	€
SBK	an	Bank	26.000,00

S	Bank		H
EBK	20.000,00	MiA	4.000,00
ProE	10.000,00	SBK	26.000,00
	30.000,00		30.000,00

S	Schlussbilanzkonto		H
...			
...			
Bank	26.000,00		

- **Abschluss des passiven Bestandskontos** Eigenkapital:

Soll	an	Haben	€
Eigenkapital	an	SBK	125.000,00

S	Eigenkapital		H
SBK	106.000,00	EBK	100.000,00
		GuV	6.000,00
	106.000,00		106.000,00

S	Schlussbilanzkonto		H
		EK	106.000,00

Die Salden der Bestandskonten werden in das Schlussbilanzkonto (SBK) umgebucht. Das Schlussbilanzkonto ist das Gegenkonto für den Abschluss der Bestandskonten zum Jahresende. Dieses Konto ist jedoch nicht nur das Gegenkonto der Abschlussbuchungen, es ist zugleich die Gesamtübersicht aller im Unternehmen geführten Bestandskonten, die häufig in modifizierter Form in der Bilanz erscheinen. Einige Bestandskonten werden für den Bilanzausweis zusammengefasst bzw. miteinander verrechnet.

Buchungssätze beim Abschluss von Bestandskonten

Soll	an	Haben
SBK	an	Aktivkonten
Passivkonten	an	SBK

Die Salden der Aktivkonten erscheinen im Soll des Schlussbilanzkontos, die der Passivkonten dagegen im Haben des Schlussbilanzkontos.

Vom Eröffnungsbilanzkonto zum Schlussbilanzkonto				
a)	**Eröffnung der Bestandskonten**			
		Aktivkonto	an	EBK
		EBK	an	Passivkonto
b)	**Führen der Bestandskonten**			
	Aktivtausch	Aktivkonto	an	Aktivkonto
	Passivtausch	Passivkonto	an	Passivkonto
	Aktiv-Passiv-Mehrung	Aktivkonto	an	Passivkonto
	Aktiv-Passiv-Minderung	Passivkonto	an	Aktivkonto
c)	**Führen der Erfolgskonten**			
	Aufwandsbuchungen			
	Kauf	Aufwand	an	Geld bzw. VLL
	Verbrauch von Gütern	Aufwand	an	Vorrat
	Ertragsbuchungen			
	Verkauf	FLL bzw. Geld	an	Ertrag
	Zinserträge	Bank	an	Zinserträge
d)	**vorbereitende Abschlussbuchungen**			
e)	**Abschluss der Erfolgskonten über das GuV-Konto**			
	Ertragskonten	Ertragskonto	an	GuV
	Aufwandskonten	GuV	an	Aufwandskonto
f)	**Abschluss des GuV-Kontos über das EK-Konto**			
	GuV mit Gewinn	GuV	an	Eigenkapital
	GuV mit Verlust	Eigenkapital	an	GuV
g)	**Abschluss der Bestandskonten über das SBK**			
	Aktivkonten	SBK	an	Aktivkonten
	Passivkonten	Passivkonten	an	SBK

7 Organisation der Buchführung

SB ▶ SITUATION 26
Organisation der Buchführung

Ein Kontenrahmen liegt den Webcodematerialien bei.

7.1 Kontenrahmen und Kontenplan in der Wohnungswirtschaft

Beispiel

Isabell Ahrens soll ab heute Frau Deneke in der Buchhaltung unterstützen. Als Erstes legt Frau Deneke ihr den Kontenplan der MEWOH Musterwohn GmbH vor: „Hier sehen Sie alle Konten, die wir benötigen, um unsere Belege zu buchen. Der Kontenplan systematisiert diese Konten und versieht jedes Konto mit einer Kontonummer. Das ist praktisch für die EDV-Verarbeitung, und Sie können auch bereits anhand der ersten Kontonummer sehen, um welche Kontoart es sich handelt und über welches Abschlusskonto das Konto abgeschlossen wird."

Alle Buchführungsunterlagen sind nach einheitlichen Grundsätzen zu erarbeiten. Dazu gehören unter anderem auch einheitliche Kontenbezeichnungen, wie sie durch die Kontenrahmen der einzelnen Wirtschaftszweige vorgegeben sind.

Kontenrahmen

Der **Kontenrahmen** ist ein Ordnungssystem für alle Konten, die in einem Unternehmen geführt werden. Er ist das Grundgerüst des betrieblichen Rechnungswesens.

Aufbau und Inhalt des Kontenrahmens der Wohnungswirtschaft werden erläutert im „Kommentar zum Kontenrahmen der Wohnungswirtschaft", herausgegeben vom GdW Bundesverband deutscher Wohnungs- und Immobilienunternehmen e. V.

Der Kontenrahmen ist nach dem **dekadischen** System aufgebaut:
Er ist in 10 Kontenklassen von 0 bis 9 gegliedert (einstellige Nummern). Jede Klasse ist in 10 Kontengruppen (zweistellige Nummern), jede Kontengruppe in 10 Kontenarten (dreistellige Nummern) und diese in 10 Konten (vierstellige Nummern) unterteilt. In der Praxis werden die Unterkonten weiter unterteilt, sodass sich jedem Sachkonto eine Kontonummer zuordnen lässt.

Zuordnung einer Kontonummer am Beispiel des Kontos Büroeinrichtungen:	
einstellige Zahl	**Kontenklasse 0** **Inhalt:** Anlagevermögen Büroeinrichtungen gehören zum Anlagevermögen des Wohnungsunternehmens.
zweistellige Zahl	**Kontengruppe 05** **Inhalt:** Andere Anlagen, Betriebs- und Geschäftsausstattung Büroeinrichtungen gehören zur Betriebs- und Geschäftsausstattung des Wohnungsunternehmens.
dreistellige Zahl	**Konto 051** **Inhalt:** Sonstige Wirtschaftsgüter Büroeinrichtungen gehören zu den sonstigen Wirtschaftsgütern innerhalb der Betriebs- und Geschäftsausstattung des Wohnungsunternehmens.
vierstellige Zahl	**Unterkonto 0510** **Inhalt:** Büroeinrichtungen

Auf wesentliche Positionen des Kontenrahmens der Wohnungswirtschaft wird detailliert in den jeweiligen Themen des Lehrbuchs eingegangen. An dieser Stelle sollen lediglich die Hauptinhalte der wichtigsten Kontenklassen benannt werden.

Klasse 0	beinhaltet das **Anlagevermögen**, das langfristig und dauerhaft für die Aufnahme und Aufrechterhaltung der unternehmerischen Tätigkeit des Wohnungsunternehmens eingesetzt wird. Dazu gehören verschiedene Sachanlagen und Finanzanlagen, jedoch auch immaterielle Vermögensgegenstände.
Klasse 1	zeigt die **Vorräte** des Wohnungsunternehmens, zu denen die **zum Verkauf bestimmten bebauten und unbebauten Grundstücke** gehören, aber auch die noch **nicht abgerechneten Betriebskosten** und die Materialvorräte.
Klasse 2	beinhaltet diverse **Forderungen** und **liquide Mittel** des Wohnungsunternehmens. Entsprechend den Leistungsbereichen wohnungswirtschaftlicher Unternehmen werden hier vor allem die **Forderungen aus Vermietung**, aus **Grundstücksverkäufen** und aus der **Betreuungstätigkeit** ausgewiesen. Die Position **Sonstige Vermögensgegenstände** dient der Erfassung aller in der Klasse 2 nicht gesondert ausgewiesenen Forderungen (Forderungen an Arbeitnehmer, Forderungen an Versicherungen, Forderungen an das Finanzamt oder an die öffentliche Hand usw.). In der Klasse 2 sind auch die **Bankguthaben** und der **Kassenbestand** zu erfassen.
Klasse 3	zeigt zum einen das **Eigenkapital** des Unternehmens, und zwar bei **Einzelunternehmen und Personengesellschaften** auf dem zentralen Konto Eigenkapital (Konto 30), bei **Kapitalgesellschaften und Genossenschaften** auf einer ganzen Gruppe von Eigenkapitalpositionen, die später zu besprechen sein werden. Zum anderen werden in der Klasse 3 auch **Rückstellungen** ausgewiesen, die bereits als Positionen des Fremdkapitals gelten.
Klasse 4	beinhaltet die bei Kreditinstituten oder anderen Kreditgebern aufgenommenen **mittelfristigen und langfristigen Darlehen**. Aber auch Positionen des **kurzfristigen Fremdkapitals** – z. B. als Verbindlichkeiten aus Lieferungen und Leistungen, Verbindlichkeiten aus Steuern und im Rahmen der sozialen Sicherheit – werden in dieser Kontenklasse dokumentiert.
Klasse 5	dient der **innerbetrieblichen Leistungsverrechnung**, die bei der Ausbildung von Immobilienkaufleuten zunächst unberücksichtigt bleibt.
Klasse 6	zeigt die **Erträge** aus den verschiedenen **Leistungsbereichen** des Wohnungsunternehmens (Umsatzerlöse), sogenannte **Sonstige betriebliche Erträge**, aber auch **Zinserträge**.
Klasse 7	dient der Erfassung aller mit der **Bautätigkeit** zusammenhängenden Kosten.
Klasse 8	beinhaltet alle **Aufwendungen**, die durch die Erbringung der typischen wohnungswirtschaftlichen Leistungen [insbesondere **Hausbewirtschaftung** (HBW), **Grundstücksverkehr** (GV), Betreuungsdienste (BD)] verursacht werden, aber auch weitere **unternehmensbedingte Aufwendungen** wie beispielsweise Personalaufwendungen, Abschreibungen, Verwaltungskosten, Zinsaufwendungen und Steuern.
Klasse 9	zeigt die **Eröffnungs- und Abschlusskonten** der Buchführung. Von besonderer Bedeutung ist die Kontengruppe 98 mit dem **Eröffnungsbilanzkonto (EBK)**, **dem Schlussbilanzkonto (SBK)** und dem **GuV-Konto**.

Kontenplan

Der Kontenrahmen der Wohnungswirtschaft bildet die einheitliche Grundordnung für die Aufstellung der unternehmensspezifischen Kontenpläne. Aus dem Kontenrahmen leitet jedes Wohnungsunternehmen einen eigenen **Kontenplan** ab, der auf dessen besondere Belange (Geschäftsfelder, Struktur und Größe) ausgerichtet ist.

So orientiert sich der **Kontenplan** an den tatsächlichen Beständen des Unternehmens. Hat das Unternehmen beispielsweise keine immateriellen Vermögensgegenstände, wird es hierfür auch kein Konto im Kontenplan führen. Der Kontenplan ist also **weniger umfassend (enger)** als der Kontenrahmen. Zugleich lässt sich im Kontenplan jedoch eine **tiefere Gliederung der Konten** vornehmen, ohne die Grundordnung zu verletzen. In dieser Hinsicht ist der Kontenplan also wesentlich umfassender (tiefer) als der Kontenrahmen.

Die tiefere Gliederung der Konten innerhalb des Kontenplans eines Wohnungsunternehmens könnte wie folgt aussehen:

0510	Büroeinrichtungen
05100	Büromöbel
05101	Bürotechnik
051010	Personal Computer
051011	Kopierer
	...

Bei der Erstellung betrieblicher Kontenpläne sind bestimmte Grundsätze zu beachten:

- Alle Konten in einem Verzeichnis (Kontenplan) sind vollständig nachzuweisen.
- Veränderungen in diesem Kontenplan müssen unter Angabe des Zeitpunkts der Kontenänderung kenntlich gemacht werden.
- Die Inhalte einzelner Konten innerhalb einer Kontenklasse, Kontengruppe oder Kontenart dürfen sich nicht mit den Inhalten von Konten innerhalb anderer Klassen, Gruppen oder Arten überschneiden.
- Der Inhalt jedes Kontos muss einem bestimmten, gesondert ausweispflichtigen Posten in der Bilanz oder der GuV-Rechnung zuzuordnen sein.
- Die Bezeichnung der einzelnen Konten muss wahr und vollständig sein.

7.2 Belegorganisation

Dass alle Geschäftsfälle regelmäßig und systematisch zu erfassen sind, ist bereits bekannt. Im Folgenden wird erklärt, wie das im Einzelnen zu geschehen hat.

Entscheidende Grundlage jeder Buchung sind zunächst Belege, zu denen unter anderem

- Eingangsrechnungen (ER),
- Ausgangsrechnungen (AR),
- Kontoauszüge der Bank (BA) und
- Kassenbelege (KB) gehören.

Nur durch Belege dieser Art ist es möglich, die Richtigkeit und Vollständigkeit der Buchungen nachzuweisen. Sie sind das entscheidende Bindeglied zwischen Geschäftsfall und Buchung.

Keine Buchung ohne Beleg!

Jede Buchung muss durch einen Beleg nachgewiesen werden können. Die Buchungsbelege sind gemäß § 147 Abs. 3 AO 6 Jahre oder 10 Jahre aufzubewahren (Näheres hierzu siehe Kapitel 1.3).

Ordnungsmäßigkeit der Buchführung
▶ LF3, Kap. 1.3

Zu unterscheiden ist zwischen **Fremd-** und **Eigenbelegen**:

- Fremdbelege sind Belege, die von nicht zum Unternehmen gehörenden Personen ausgestellt werden.
- Eigenbelege sind Belege, die im eigenen Unternehmen erstellt werden.

Belegarten

Fremdbeleg	Eigenbeleg
• Eingangsrechnung • Quittung • Geschäftsbrief • Bankbeleg • Steuerbescheid	• Ausgangsrechnung • Quittung • Lohn- und Gehaltslisten • Beleg für Materialentnahme • Beleg über Privatentnahme • Beleg über Storno- und Umbuchungen • Buchungsanweisung zum Jahresabschluss

Sind Originalbelege abhandengekommen oder Fremdbelege nicht zu erhalten, müssen **Not- oder Ersatzbelege** ausgestellt werden. Diese Ersatzbelege müssen **Zeitpunkt, Grund** und **Höhe der Ausgabe** dokumentieren.

Die im Unternehmen anfallenden Belege haben grundsätzlich folgende Arbeitsphasen zu durchlaufen:

- **Vorbereitung** der Belege zur Buchung
- **Buchung** der Belege im Grundbuch und im Hauptbuch
- **Ablage und Aufbewahrung** der Belege

Die sorgfältige Vorbereitung der Belege ist die entscheidende Voraussetzung für eine ordnungsmäßige Buchführung. Zur Vorbereitung gehören:

- **Prüfung** der sachlichen und rechnerischen Richtigkeit der Belege
- **Ordnen** der Belege und ordnungsgemäße Ablage und Aufbewahrung der Belege
- **Kennzeichnung** (Nummerierung) der Belege innerhalb jeder Belegart
- **Vorkontierung** der Belege

7.3 Die Bücher der Buchführung

Die Grundsätze ordnungsmäßiger Buchführung verlangen für alle Buchungen neben einem Beleg auch eine bestimmte Ordnung. Die Erfassung dieser Belege wird mithilfe von **Buchführungsbüchern** hergestellt. Hier werden die Geschäftsfälle

- in zeitlicher (chronologischer) Ordnung im **Grundbuch**,
- in sachlicher (systematischer) Ordnung im **Hauptbuch** und
- in ergänzender Ordnung durch Aufzeichnungen in **Nebenbüchern**

festgehalten.

In diesen Büchern werden die Geschäftsfälle und damit der gesamte Wertefluss eines Unternehmens von der Eröffnungsbilanz bis zur Schlussbilanz vollständig erfasst. Im Inventar- und Bilanzbuch werden die Inventare und Bilanzen des Unternehmens für den Zeitraum der gesetzlichen Frist (10 Jahre) aufbewahrt.

Grundbuch

Das Grundbuch oder Journal (Tagebuch), auch Memorial (Gedächtnisbuch) oder Primanota (Tag der ersten Eintragung) genannt, bildet die Grundlage der Buchführung. Für jeden Geschäftsfall muss aus dem Grundbuch erkennbar sein:

- Datum
- Belegart und Belegnummer
- Buchungstext (Kurzbeschreibung des Geschäftsfalls)
- Buchungssatz
- Betrag

Das Grundbuch ermöglicht es, jeden einzelnen Geschäftsfall bis zum Beleg zurückzuverfolgen und damit nachzuweisen.

Das Grundbuch kann z. B. folgendes Aussehen haben:

Grundbuch			**Monat: Januar 01**			
Datum	**Beleg-Nr.**	**Geschäftsfall**	**Kontierung**		**Betrag (in €)**	
02. 01.	ER 12	Zielkauf von Dax KG, München	Waren	VLL	1.500,00	1.500,00
07. 01.	KB 19	Barzahlung von Bell, Aachen	Kasse	FLL	877,00	877,00
12. 01.	ER 13	Kauf von BGA, Barzahlung und Zielkauf	BGA	Kasse VLL	25.000,00	5.000,00 20.000,00

Hauptbuch

Die Aussagekraft des Grundbuchs ist beschränkt, denn der Stand der einzelnen Vermögensteile und Schulden lässt sich nicht jederzeit erkennen. Deshalb ist es erforderlich, die Geschäftsfälle auch in sachlicher Ordnung auf entsprechende Sachkonten zu buchen, z. B. sind alle Bargeldentnahmen auf einem Kassenkonto oder alle Mietforderungen auf einem Forderungskonto zu erfassen.

Sachkonten

Zu den Sachkonten gehören alle im Kontenplan des Betriebes verzeichneten Bestands- und Erfolgskonten, die über das Gewinn- und Verlustkonto und das Schlussbilanzkonto abgeschlossen werden.

Im Hauptbuch werden die Geschäftsfälle sachlich geordnet in den Sachkonten geführt. Bei den Buchungen sind zu vermerken:

- Buchungsdatum
- Belegvermerk (Beleg-Nr.)
- Buchungstext
- Gegenkonto
- Betrag

Die Sachkonten des Hauptbuchs können z. B. folgende Form haben:

Konto: 274 Guthaben bei Kreditinstituten (Bank)

Datum	Beleg-Nr.	Buchungstext	Gegenkonto	Betrag	
02. 01.	BA 12	Überweisung an Stadtreinigung	8006		4.400,00
07. 01.	BA 13	Überweisung an Elektrowerkstatt	850		345,00
12. 01.	BA 14	Überweisung A. Müller	2000	250,00	
20. 01.	BA 15	Überweisung G. Kramer	2000	325,00	

Nebenbücher

Eine Vielzahl von Hauptbuchkonten – z. B. Mietforderungen, Verbindlichkeiten, Personalkosten, Betriebs- und Geschäftsausstattung – müssen in sogenannten Nebenbüchern näher erläutert werden. In der Wohnungswirtschaft gilt dies in besonderer Weise für das Hauptbuchkonto Mietforderungen: Für dieses Hauptbuchkonto muss es mindestens so viele Unterkonten (Nebenbücher) geben, wie es Mietobjekte bzw. Mieter gibt.

Da über die Nebenbuchhaltung vielfältige zusätzliche Informationen bereitgestellt werden, haben die Konten der Nebenbuchhaltung auch nicht die „T"-Form. Die Mietenbuchhaltung in den Wohnungsunternehmen kann beispielsweise in einer einfachen Mieten-Soll-Liste gestaltet werden.

8 Die Umsatzsteuer

SB ▶ SITUATION 28
Die Umsatzsteuer

8.1 Die Grundzüge der Umsatzsteuer

Die Umsatzsteuer (auch Mehrwertsteuer genannt) ist eine indirekte und allgemeine Verkehrssteuer, die auf alle steuerbaren Umsätze erhoben wird. Dabei ist der Unternehmer verpflichtet, auf den von ihm realisierten Verkauf von Lieferungen bzw. Leistungen zusätzlich zum (Netto-)Verkaufspreis Umsatzsteuer zu erheben und an das Finanzamt abzuführen. Zugleich muss der Unternehmer beim Kauf aber auch – über das Nettoentgelt hinaus – Umsatzsteuer bezahlen, die ihm das Finanzamt im Regelfall erstattet.

Mit der Umsatzsteuer erzielen Bund, Länder und Gemeinden die höchsten Steuereinnahmen.

▶ LF 1, Kap. 2.1 (Steuerspirale)

Das allgemeine System der Umsatzsteuer, das durch Verkauf und Kauf gekennzeichnet ist, soll durch das folgende Schema verdeutlicht werden.

	(1)	(2)		(3)		(4)
	Forstbetrieb	Sägewerk		Tischlerei		Endverbraucher
	Verkauf	Kauf	Verkauf	Kauf	Verkauf	Kauf
Nettopreis	10.000,00 €	10.000,00 €	30.000,00 €	30.000,00 €	70.000,00 €	70.000,00 €
19 % Umsatzsteuer	1.900,00 €	1.900,00 €	5.700,00 €	5.700,00 €	13.300,00 €	13.300,00 €
Bruttopreis	11.900,00 €	11.900,00 €	35.700,00 €	35.700,00 €	83.300,00 €	83.300,00 €
Mehrwert	10.000,00 €	20.000,00 €		40.000,00 €		
	↓	↓		↓		
Zahlung ans Finanzamt	1.900,00 €	+ 3.800,00 €		+ 7.600,00 €		= 13.300,00 €

Erläuterung:

(1) Beispielhaft wird angenommen, dass der Kreislauf mit einem **Forstbetrieb** beginnt, der Holz zu einem Nettopreis von 10.000,00 € an ein Sägewerk verkauft. Nach § 1 Umsatzsteuergesetz (UStG) muss der Forstbetrieb auf diesen Nettopreis 19 % Umsatzsteuer (1.900,00 €) erheben und an das Finanzamt abführen.

(2) Das **Sägewerk** kauft das Holz für 11.900,00 € inklusive 1.900,00 € Umsatzsteuer, die vom Finanzamt erstattet werden. Das Material wird zu Brettern verarbeitet, die zu einem Nettopreis von 30.000,00 € an eine Tischlerei verkauft werden. Bei diesem Verkauf muss das Sägewerk auf den Nettopreis 19 % Umsatzsteuer erheben, was zu einem Bruttopreis von 35.700,00 € führt. Die in diesem Bruttopreis enthaltenen 5.700,00 € Umsatzsteuer hat das Sägewerk an das Finanzamt abzuführen. **Bezahlte Umsatzsteuer und eingenommene Umsatzsteuer werden jedoch nicht getrennt voneinander mit dem Finanzamt abgerechnet:** Nach § 15 UStG können beide Größen miteinander verrechnet werden. (Vorsteuerabzug: Von der eingenommenen Umsatzsteuer kann die bezahlte Vorsteuer abgezogen werden.) Das Sägewerk muss nur die Differenz zwischen eingenommener und bezahlter Umsatzsteuer (= 3.800,00 €) an das Finanzamt abführen.

(3) Die **Tischlerei** kauft die Bretter für 35.700,00 € brutto und zahlt damit 5.700,00 € Umsatzsteuer. Beim Verkauf fertiger Möbel für 83.300,00 € brutto werden 13.300,00 € Umsatzsteuer eingenommen. Auch hier werden bezahlte Umsatzsteuer (5.700,00 €) und eingenommene Umsatzsteuer (13.300,00 €) miteinander verrechnet, sodass an das Finanzamt nur die Differenz von 7.600,00 € abzuführen ist.

(4) **Endverbraucher** erwerben die Möbel für 83.300,00 € inklusive Umsatzsteuer. Sie aber haben nicht die Möglichkeit zur Erstattung der Umsatzsteuer durch das Finanzamt. **Der Endverbraucher trägt endgültig die Steuerlast.**

8.1.1 Steuerbare Umsätze

Steuerbare Umsätze

Nach § 1 UStG gehören zu den **steuerbaren** Umsätzen vor allem die Umsätze aus **Lieferungen und sonstigen Leistungen**, die ein Unternehmen im Inland gegen Entgelt und im Rahmen seines Unternehmens ausführt.

8.1.2 Bemessungsgrundlage

Die Bemessungsgrundlage ist die Wertgröße, von der der jeweilige Steuerbetrag zu berechnen ist. Bei Lieferungen und sonstigen Leistungen ist das vereinbarte Entgelt die Bemessungsgrundlage.

Entgelt

Entgelt ist alles, was der Empfänger einer Lieferung oder sonstigen Leistung aufwenden muss, um diese zu erhalten. Es muss nicht unbedingt in Geldform geleistet werden.

Steuerlast

Aus der Bemessungsgrundlage und den Steuersätzen ergibt sich die Steuerlast. Derzeit beträgt der **allgemeine Steuersatz 19 %**, der **ermäßigte Steuersatz 7 %** (§ 12 UStG).

8.2 Buchung der Umsatzsteuer

8.2.1 Buchungen der Umsatzsteuer beim Einkauf

Die beim Einkauf von Gütern und Leistungen gezahlte Umsatzsteuer (Vorsteuer) wird dem Unternehmen in der Regel vom Finanzamt erstattet und ist buchhalterisch auf einem gesonderten Konto zu erfassen. Ihrem Wesen nach ist die Vorsteuer eine **Forderung an das Finanzamt**, die auf dem Konto **(253) Forderung an das Finanzamt (Vorsteuer)** gebucht wird.

Beim Kauf von Wirtschaftsgütern und von Leistungen ist wie folgt zu buchen:

a) Kauf von Sachgütern

Beim Kauf von Sachgütern ist eine **Zunahme des Bestandes** mit dem Nettobetrag zu buchen, die bezahlte Umsatzsteuer (Vorsteuer) wird auf einem gesonderten Konto als **(253) Forderung an das Finanzamt** erfasst.

Beispiel

Die MEWOH Musterwohn GmbH kauft einen PC für 2.000,00 € netto auf Ziel.

Rechnung	
Nettopreis	2.000,00 €
+ 19 % Umsatzsteuer	380,00 €
= Bruttopreis	2.380,00 €

Buchung

Soll	an	Haben	€
(05)			2.000,00
(253)			380,00
	an	(442)	2.380,00

b) Kauf „erfolgswirksamer Leistungen“

Beim Kauf von Leistungen, die Aufwand darstellen, ist der Aufwand mit dem Nettobetrag zu buchen, die bezahlte Umsatzsteuer (Vorsteuer) ist auf dem Konto **(253) Forderung an das Finanzamt (Vorsteuer)** zu buchen.

Beispiel

Die MEWOH Musterwohn GmbH erhält eine Rechnung über 300,00 € (netto) für die Reparatur des Kopierers.

Rechnung	
Nettopreis	300,00 €
+ 19 % Umsatzsteuer	57,00 €
= Bruttopreis	357,00 €

Buchung

Soll	an	Haben	€
(850)			300,00
(253)			57,00
	an	(442)	357,00

Die Behandlung der Umsatzsteuer in den Unternehmen der Grundstücks- und Wohnungswirtschaft und der Ausschluss des Vorsteuerabzuges werden im Kapitel 8.4 näher erläutert.

▶ LF3, Kap. 8.4

Ist das Unternehmen **nicht vorsteuerabzugsberechtigt**, ist also die Erstattung der bezahlten Umsatzsteuer (Vorsteuer) durch das Finanzamt ausgeschlossen, sind die Werte **mit den Bruttopreisen** zu buchen. Das ist beispielsweise der Fall, wenn das Unternehmen nur Wohnungen vermietet: Hier darf keine Umsatzsteuer eingenommen werden, und eine Erstattung der Vorsteuer ist somit nicht möglich. Die gezahlte Vorsteuer ist demzufolge auch nicht gesondert auszuweisen. Die obigen Beispiele wären dann wie folgt zu buchen:

Soll	an	Haben	€
(05)	an	(442)	2.380,00

Soll	an	Haben	€
(850)	an	(442)	357,00

Rechnung als Voraussetzung zum Vorsteuerabzug

Damit der Unternehmer vom Vorsteuerabzug Gebrauch machen kann, ist die **Vorlage einer ordnungsgemäßen Rechnung** erforderlich. Was darunter zu verstehen ist, regelt § 14 UStG. Hier heißt es:

§ 14 UStG

(1) Rechnung ist jedes Dokument, mit dem über eine Lieferung oder sonstige Leistung abgerechnet wird, gleichgültig, wie dieses Dokument im Geschäftsverkehr bezeichnet wird. Eine Rechnung kann als elektronische Rechnung oder [...] als sonstige Rechnung übermittelt werden. [...]

Eine Rechnung muss folgende Angaben enthalten:

① **Name** und **Anschrift** des leistenden Unternehmers (a) und des Leistungsempfängers (b),
② die **Steuernummer** oder **Umsatzsteuer-Identifikationsnummer** des leistenden Unternehmers,
③ das **Ausstellungsdatum**,
④ eine fortlaufende Nummer (**Rechnungsnummer**),
⑤ **Menge und Art** der Lieferung oder sonstigen Leistung,
⑥ den **Zeitpunkt** der Lieferung oder sonstigen Leistung,
⑦ die nach Steuersätzen und einzelnen Steuerbefreiungen aufgeschlüsselten **Entgelte**,
⑧ den anzuwendenden **Steuersatz (a)** sowie den auf das Entgelt entfallenden **Steuerbetrag (b)** sowie
⑨ gegebenenfalls einen Hinweis auf die **Aufbewahrungspflicht** des Leistungsempfängers.

Drucker- und PC-Service Leipzig — DPS Service

DPS Service · Mühlstr. 10 · 04377 Leipzig

MEWOH Musterwohn GmbH
Fangerstraße 15–20 ← (1b)
04104 Leipzig

(1a) → Drucker- und PC-Service GmbH
Mühlstr. 10 · 04377 Leipzig
Mail: info@dps-leipzig.dex
Telefon: 0341 303030XX-0
Telefax: 0341 303030XX-10

Unser Zeichen | Datum
07.03.22 ← (3)

Rechnung Nr.: 2022-133 ← (4)

Sehr geehrte Damen und Herren,

wir bedanken uns für Ihren Auftrag und berechnen Ihnen für unsere Lieferung:

Datum (6)	Menge/ Einheit (5)	Leistung/Bezeichnung (5)	Einzelpreis (€)	Gesamtpreis (€) (7)
28.02.2022	1	Laserdrucker QT-14E	142,84	142,84
	5	Spezialpapier, Pckg. à 1000 Blatt	11,09	55,45
	1	Reinigungs-Set	14,70	14,70
		Rechnungsbetrag (netto)		212,99
	(8a) →	19 % Umsatzsteuer	(8b) →	40,47
		Rechnungsbetrag (brutto)		253,46

Bitte überweisen Sie den Rechnungsbetrag auf unser unten genanntes Konto.

Geschäftsführer: Klaus Müller
Steuernummer: 230/1110/0100 ← (2)

Bankverbindung: TopBank Leipzig
IBAN: DE23 1001 0700 0060 0732 45
BIC: TOPBEDE729

Kleinbetragsrechnung

Für sogenannte Kleinbetragsrechnungen lässt das Umsatzsteuerrecht Erleichterungen bei den erforderlichen Angaben zu.

> **Kleinbetragsrechnungen**
>
> Kleinbetragsrechnungen sind Rechnungen, deren Bruttobetrag (Nettoentgelt und Umsatzsteuer zusammen) 250,00 € nicht überschreitet (§ 33 UStDV/A15.4 UStAE). Hier reicht es aus, wenn Entgelt und der darauf entfallende Steuerbetrag in einer Summe sowie der anzuwendende Steuersatz genannt sind.

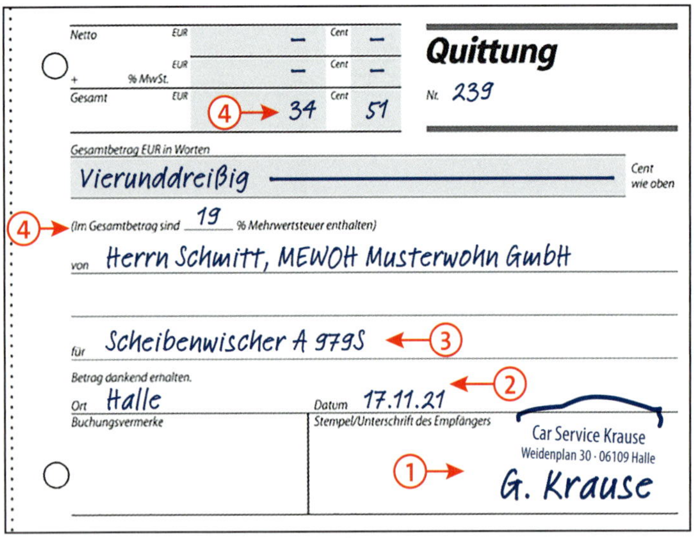
Netto EUR – Cent –
+ % MwSt. EUR – Cent –
Gesamt EUR ④ → 34 Cent 51

Quittung
Nr. 239

Gesamtbetrag EUR in Worten
Vierunddreißig ———— Cent wie oben

④ → (Im Gesamtbetrag sind 19 % Mehrwertsteuer enthalten)

von Herrn Schmitt, MEWOH Musterwohn GmbH

für Scheibenwischer A 979S ← ③

Betrag dankend erhalten.
Ort Halle Datum 17.11.21 ← ②
Buchungsvermerke
Stempel/Unterschrift des Empfängers
① → Car Service Krause
Weidenplan 30 · 06109 Halle
G. Krause

Aber auch eine Kleinbetragsrechnung muss enthalten:

① den vollständigen **Namen** und die **vollständige Anschrift** des leistenden Unternehmers,
② das **Ausstellungsdatum**,
③ die **Menge** und die **Art** der gelieferten Gegenstände oder Umfang und Art der Leistung,
④ das Entgelt und den darauf entfallenden **Steuerbetrag** für die Lieferung oder sonstige Leistung in einer Summe sowie den anzuwendenden **Steuersatz** und
⑤ im Fall einer Steuerbefreiung einen Hinweis darauf, dass für die Lieferung oder sonstige Leistung eine **Steuerbefreiung** gilt.

Eine Kleinbetragsrechnung ist z. B. die abgebildete Quittung, die alle erforderlichen Angaben enthält: das Entgelt und den darauf entfallenden Steuerbetrag in einer Summe (34,51 €) sowie den anzuwendenden Steuersatz (19 %).

8.2.2 Buchung der Umsatzsteuer beim Verkauf

Erbringt das Wohnungsunternehmen umsatzsteuerpflichtige Leistungen, ist es verpflichtet, dem Leistungsempfänger Umsatzsteuer in Rechnung zu stellen, sie gesondert zu buchen und an das Finanzamt abzuführen. Die eingenommene Umsatzsteuer stellt somit eine **Verbindlichkeit gegenüber dem Finanzamt** dar und ist auf einem entsprechenden Konto gesondert zu erfassen. Beim Verkauf von Sachgütern, aber auch beim Verkauf von Leistungen ist im Einzelnen zu beachten:

a) Verkauf von Sachgütern

Beim Verkauf von Sachgütern zum Buchwert ist die **Bestandsminderung** mit dem Nettobetrag zu buchen. Die eingenommene Umsatzsteuer stellt Verbindlichkeiten gegenüber dem Finanzamt dar und ist auf dem Konto **(470) Verbindlichkeiten aus Steuern (Umsatzsteuer)** zu buchen.

Beispiel

Die MEWOH Musterwohn GmbH verkauft einen gebrauchten Pkw zum Buchwert von 10.000,00 € netto.

Rechnung

Nettopreis	10.000,00 €
+ 19 % Umsatzsteuer	1.900,00 €
= Bruttopreis	11.900,00 €

Buchung

Soll	an	Haben	€
(23)			11.900,00
	an	(05)	10.000,00
	an	(470)	1.190,00

b) Verkauf von Leistungen

Der Verkauf von Leistungen führt zu einer **Ertragsbuchung**. Dieser Ertrag ist mit dem Nettobetrag zu buchen, die dabei einzunehmende Umsatzsteuer ist auf dem Konto **(470) Verbindlichkeiten aus Steuern (Umsatzsteuer)** zu buchen.

Beispiel

Einem Kunden werden Provisionen in Höhe von 20.000,00 € (netto) für die Vermittlung eines Grundstücks in Rechnung gestellt.

Rechnung

Nettopreis	20.000,00 €
+ 19 % Umsatzsteuer	3.800,00 €
= Bruttopreis	23.800,00 €

Buchung

Soll	an	Haben	€
(23)			23.800,00
	an	(63)	20.000,00
	an	(470)	3.800,00

8.2.3 Ermittlung von Zahllast bzw. Vorsteuerüberhang und deren Bilanzierung

Am Bilanzstichtag ist zunächst zu ermitteln, ob das Wohnungsunternehmen dem Finanzamt gegenüber **Umsatzsteuerschulden** aus eingenommenen Umsatzsteuern hat (**Zahllast**) oder ob Forderungen gegenüber dem Finanzamt aus bezahlten Umsatzsteuern (**Vorsteuerüberhang**) bestehen.

8.2.3.1 Zahllast

Zahllast

Die Zahllast ist die Differenz zwischen dem höheren Betrag aus Umsatzsteuer (Verkauf) und dem niedrigeren Betrag aus Vorsteuer (Einkauf). Eine Zahllast liegt vor, wenn:

Betrag aus Umsatzsteuer > Betrag aus Vorsteuer

Buchmäßig kann die Zahllast ermittelt werden, indem der **niedrigere** Betrag des Kontos Vorsteuer auf das Konto Umsatzsteuer umgebucht wird.

Soll	an	Haben
(470)	an	(253)

Zum Bilanzstichtag ist die bestehende **Zahllast** zu **passivieren**.

Soll	an	Haben
(470)	an	(989)

Beispiel

Im Verlauf des Geschäftsjahres zahlte die MEWOH Musterwohn GmbH bei Einkäufen Umsatzsteuer in Höhe von 10.000,00 € (Vorsteuer), Verkäufe führten zur Buchung von 15.000,00 € abzuführender Umsatzsteuer. Die Zahllast beträgt somit 5.000,00 €, die als Verbindlichkeit gegenüber dem Finanzamt (Umsatzsteuer) zu bilanzieren ist.

S	(253) Vorsteuer		H
(442)	**10.000,00**	(470)	10.000,00
	10.000,00		10.000,00

S	(470) Umsatzsteuer		H
(253)	10.000,00	**(23)**	**15.000,00**
(989)	**5.000,00**		
	15.000,00		15.000,00

S	(989) SBK		H
		(470)	**5.000,00**

8.2.3.2 Vorsteuerüberhang

Vorsteuerüberhang

Vorsteuerüberhang ist die Differenz zwischen dem höheren Betrag aus Vorsteuer (Einkauf) und dem niedrigeren Betrag aus Umsatzsteuer (Verkauf). Er ist gegeben, wenn:

Betrag aus Vorsteuer > Betrag aus Umsatzsteuer

Der Vorsteuerüberhang wird ermittelt, indem der niedrigere Betrag der Umsatzsteuer auf das Konto Vorsteuer gebucht wird.

Auch hier gilt:

Soll	an	Haben
(470)	an	(253)

Zum Bilanzstichtag muss der so ermittelte **Vorsteuerüberhang aktiviert** werden.

Soll	an	Haben
(989)	an	(253)

Beispiel

Im Verlauf des Geschäftsjahres zahlte die MEWOH Musterwohn GmbH durch Einkäufe Umsatzsteuer in Höhe von 20.000,00 €. Verkäufe führten zur Buchung von 5.000,00 € abzuführender Umsatzsteuer. Der Vorsteuerüberhang beträgt somit 15.000,00 € und ist als Forderung gegenüber dem Finanzamt (Vorsteuer) zu bilanzieren.

S	(253) Vorsteuer		H
(442)	**20.000,00**	(470)	5.000,00
		(989)	**15.000,00**
	20.000,00		20.000,00

S	(470) Umsatzsteuer		H
(253)	5.000,00	**(23)**	**5.000,00**
	5.000,00		5.000,00

S	(989) SBK		H
(253)	**15.000,00**		

8.3 Preisnachlässe und Umsatzsteuer

Beim Erwerb und Verkauf von Waren, Dienstleistungen, aber auch von Wirtschaftsgütern des Anlagevermögens sind nicht selten Preisnachlässe zu berücksichtigen.

Preisnachlässe

Preisnachlässe sind **Abschläge von einem vereinbarten Entgelt**, die sich in **sofortige** und **nachträgliche** Preisnachlässe unterscheiden lassen.

8.3.1 Sofortiger Preisnachlass

Als sofortiger Preisnachlass gelten beispielsweise **Rabatte**, die als Abschlag auf einen Preis sofort gewährt oder beansprucht werden. Da Rabatte bereits zum **Zeitpunkt des Kaufes in Anspruch genommen** bzw. zum **Zeitpunkt des Verkaufs gewährt** werden, sind auch nur die „rabattierten Preise" zu buchen, nachträgliche Korrekturen in der Finanzbuchhaltung erübrigen sich.

Rabatte gibt es u. a. als Mengenrabatt, Barzahlungsrabatt, Treuerabatt, Saisonrabatt oder Personalrabatt.

Beispiel

Ein Händler bietet der MEWOH Musterwohn GmbH Material zum Listenpreis von 25.000,00 € zuzüglich gesetzlicher Umsatzsteuer an und gewährt einen Rabatt von 25 %.

25 % RABATT!

Angebot (ohne Rabatt)	
Listenpreis (netto)	25.000,00 €
+ 19 % Umsatzsteuer	4.750,00 €
= Listenpreis (brutto)	**29.750,00 €**

Dank dem Rabatt kann die MEWOH Musterwohn GmbH das Material nun für 22.312,50 € kaufen, und nur über diesen rabattierten Bruttobetrag lautet auch die Rechnung. In der Finanzbuchhaltung ist nicht (unbedingt) erkennbar, dass der Preisvorteil genutzt wurde.

Rechnung

Listenpreis (netto)	25.000,00 €
– Rabatt (25 %)	6.250,00 €
= **Abgabepreis (netto)**	**18.750,00 €**
+ 19 % Umsatzsteuer	3.562,50 €
= **Abgabepreis (brutto)**	**22.312,50 €**

Buchung

Soll	an	Haben	€
(17)			18.750,00
(253)			3.562,50
	an	(442)	22.312,50

8.3.2 Nachträglicher Preisnachlass

Nachträgliche Preisnachlässe sind **Abschläge** von einem vereinbarten Entgelt, die jedoch erst **nachträglich wirksam werden**, also erst dann, wenn bestimmte Bedingungen erfüllt oder Tatbestände gegeben sind.

- **Skonti** sind Preisnachlässe, die bei fristgerechter/vorfristiger Zahlung möglich sind.
- **Rücksendungen** führen zu Preisnachlässen, wenn komplette Lieferungen oder Teile davon zurückgesandt werden.
- **Mängelrügen** sind Reklamationen, die zu nachträglichen Preisnachlässen führen.
- **Boni** sind nachträgliche Preisnachlässe, die beispielsweise gewährt/beansprucht werden können, wenn innerhalb einer gesetzten Frist eine bestimmte Umsatzgröße erreicht bzw. überschritten wurde.

Die buchmäßige Behandlung nachträglicher Preisnachlässe soll am Beispiel von Skonto demonstriert werden. Dabei ist zu unterscheiden zwischen in Anspruch genommenen Skonti (Kauf) und gewährten Skonti (Verkauf).

Skonti bei Kauf von Vermögensgegenständen

Beispiel

Die MEWOH Musterwohn GmbH erwirbt am 01.10.00 einen Kopierer für 5.000,00 € netto auf Ziel. Am 09.10.00 wird die Rechnung unter Nutzung von 2 % Skonto per Bank beglichen.

Rechnung

Nettopreis	5.000,00 €
+ 19 % Umsatzsteuer	950,00 €
= **Bruttopreis**	**5.950,00 €**

Buchungen
(1) Erfassung der Eingangsrechnung (01.10.00)

Soll	an	Haben	€
(05)			5.000,00
(253)			950,00
	an	(442)	5.950,00

(2) Buchung der Bezahlung unter Nutzung von 2 % Skonto
Die Inanspruchnahme des Skontos bewirkt, dass der Käufer nicht das ursprünglich vereinbarte Nettoentgelt von 5.000,00 € zu zahlen hat, sondern 2 % (100,00 €) weniger. **Preisnachlässe beim Erwerb von Vermögensgegenständen gelten stets als Anschaffungskostenminderungen (AKM)** und verringern in unserem Beispiel auch die Anschaffungskosten des Kopierers.

Zugleich bedeutet dies, dass sich die zu zahlende Vorsteuer nicht am Nettopreis von 5.000,00 € orientiert, sondern auf Basis des geminderten Nettopreises von 4.900,00 € berechnet wird. Es sind also auch 2 % (19,00 €) weniger Vorsteuer zu zahlen.

Korrekturen

Soll	an	Haben	€	
(442)			5.950,00	(100 % des Listenpreises)
	an	(274)	5.831,00	(98 % des Listenpreises)
	an	(05)	100,00	(2 % des Nettopreises)
	an	(253)	19,00	(2 % der Vorsteuer)

8.3.2.1 Skonti bei Kauf erfolgswirksamer Leistungen

Beispiel

Die MEWOH Musterwohn GmbH erhält am 01.03.00 eine Rechnung (1.000,00 €/netto) über die Dachreparatur eines gewerblich genutzten Mietobjektes. Das Unternehmen ist vorsteuerabzugsberechtigt. Bei der Bezahlung werden 3 % Skonto abgezogen.

Rechnung

Nettopreis	1.000,00 €
+ 19 % Umsatzsteuer	190,00 €
= Bruttopreis	1.190,00 €

Buchungen
(1) Erfassung der Eingangsrechnung (01.03.00)

Soll	an	Haben	€
(805)			1.000,00
(253)			190,00
	an	(442)	1.190,00

(2) Buchung der Bezahlung unter Nutzung von 3 % Skonto
Die Inanspruchnahme des Skontos bewirkt, dass der Käufer nicht das ursprünglich vereinbarte Nettoentgelt von 1.000,00 € zu zahlen hat, sondern 3 % (30,00 €) weniger. **Preisnachlässe beim Kauf erfolgswirksamer Leistungen müssen als Skontoertrag in der Kontengruppe (669) erfasst werden.**

Zugleich bedeutet dies, dass sich die zu zahlende Vorsteuer nicht am Nettoentgelt von 1.000,00 € orientiert, sondern **auf Basis des geminderten Nettopreises** von 970,00 € errechnet wird. Es sind also auch 3 % (5,70 €) weniger Vorsteuer zu zahlen.

Korrekturen

Soll	an	Haben	€	
(442)			1.190,00	(100 % des Bruttorechnungspreises)
	an	(274)	1.154,30	(97 % des Bruttorechnungspreises)
	an	(669)	30,00	(3 % des Nettopreises)
	an	(253)	5,70	(3 % der Vorsteuer)

8.3.2.2 Skonti bei Verkauf

Gewährte Skonti führen regelmäßig zu einem als Skontoaufwand zu buchenden Betrag.

Beispiel

DIE MEWOH Musterwohn GmbH verkauft am 27.01.01 einen gebrauchten Pkw für 8.000,00 € netto auf Ziel, der Buchwert beträgt 8.000,00 €. Bei Begleichung der Rechnung am 10.03.01 nimmt der Käufer 2 % Skonto in Anspruch.

Rechnung	
Nettopreis	8.000,00 €
+ 19 % Umsatzsteuer	1.520,00 €
= Bruttopreis	9.520,00 €

Buchungen
(1) Erfassung der Ausgangsrechnung (27.01.01)

Soll	an	Haben	€
(23)			9.520,00
	an	(05)	8.000,00
	an	(470)	1.520,00

(2) Buchung der Bezahlung unter Nutzung von 2 % Skonto
Die Gewährung des Skontos bewirkt, dass die MEWOH Wohnungsbau GmbH nicht das ursprünglich vereinbarte Nettoentgelt von 8.000,00 € erhält, sondern 2 % (160,00 €) weniger. **Beim Verkauf gewährte Preisnachlässe sind als Skontoaufwand in der Kontengruppe (859) Übrige Aufwendungen (Skontoaufwand) zu erfassen.**

Zugleich bedeutet dies, dass sich die zu zahlende Vorsteuer nicht am Nettoentgelt von 8.000,00 € orientiert, sondern **auf Basis des geminderten Nettopreises** von 7.840,00 € berechnet wird. Es sind also auch 2 % (30,40 €) weniger Vorsteuer zu zahlen.

Korrekturen

Soll	an	Haben	€	
(274)			9.329,60	(98 % des Bruttopreises)
(859)			160,00	(2 % des Nettopreises)
(470)			30,40	(2 % der Umsatzsteuer)
	an	(23)	9.520,00	(100 % des Bruttopreises)

8.4 Besonderheiten der Umsatzsteuer in der Wohnungswirtschaft

Auf § 1 UStG und steuerbare Umsätze wurde bereits eingegangen. Um jedoch die besonderen Aspekte der Umsatzsteuer in der Wohnungswirtschaft zu verdeutlichen, muss zwischen steuerbaren, steuerfreien und steuerpflichtigen Umsätzen unterschieden werden.

Steuerbare und nicht steuerbare Umsätze

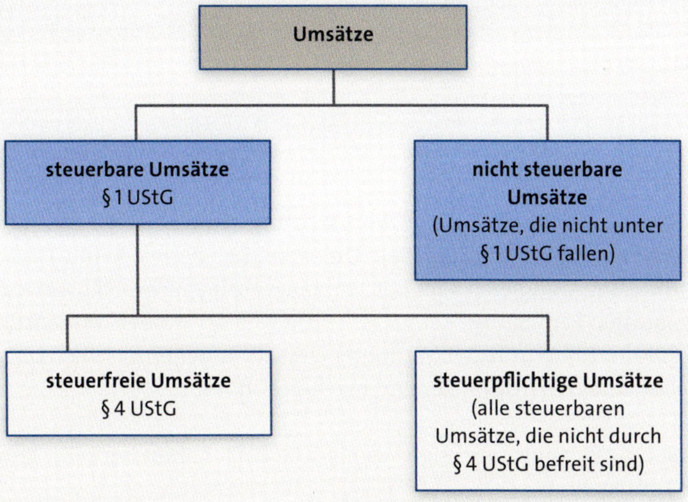

8.4.1 Steuerbare und steuerfreie Umsätze

Steuerbare Umsätze

Steuerbare Umsätze sind alle Umsätze, die nach **§ 1 UStG dem Gesetz unterliegen**. Dazu gehören insbesondere die Umsätze eines Unternehmens, die im Inland gegen Entgelt und im Rahmen des Unternehmens erbracht wurden. Das bedeutet zunächst: Verkauft ein Unternehmen Sach- oder Dienstleistungen, muss es Umsatzsteuer einnehmen und an das Finanzamt abführen. Es handelt sich hier um „**steuerbare Umsätze**".

Steuerfreie und steuerpflichtige Umsätze

Für die Wohnungsunternehmen ist jedoch auch **§ 4 UStG** von besonderer Bedeutung, in dem diverse **steuerfreie Umsätze** definiert werden. Das sind Umsätze, bei denen keine Umsatzsteuer eingenommen werden soll, der Vorsteuerabzug aber auch ausgeschlossen ist.
Für die Immobilienwirtschaft sind dabei insbesondere folgende steuerfreien Umsätze zu beachten:

- § 4 Nr. 9a UStG: Umsätze, die unter das Grunderwerbsteuergesetz fallen, sind steuerbefreit (Verkauf von Grundstücken).
- § 4 Nr. 12a UStG: Umsätze aus der Vermietung und Verpachtung von Grundstücken sind umsatzsteuerfrei.

Alle steuerbaren Umsätze, für die eine Steuerfreiheit nicht möglich ist, sind automatisch steuerpflichtige Umsätze.

8.4.2 Umsatzsteuer bei Vermietungsumsätzen

Vermietung

Vermietung ist die entgeltliche Überlassung eines Grundstücks, der Mieter hat für die Zeit des Mietvertrags das Nutzungsrecht. Kommt zur entgeltlichen Gebrauchsüberlassung die sogenannte „Fruchtziehung aus der Sache" (Pacht) hinzu, liegt ein **Pachtverhältnis** vor.

Die Umsätze aus **Vermietung und Verpachtung sind nach § 4 Nr. 12 a–c UStG umsatzsteuerfrei**. Diese steuerfreien Umsätze, bei denen keine Umsatzsteuer eingenommen wird, zugleich aber der Vorsteuerabzug ausgeschlossen ist, können unter bestimmten Bedingungen steuerpflichtig getätigt werden (optionsfähige Umsätze). In diesem Fall würde der Vermieter Umsatzsteuer einnehmen und zugleich die Vorsteuer beim Finanzamt geltend machen können.

Die für eine umsatzsteuerpflichtige Vermietung einzuhaltenden Bedingungen sind in § 9 UStG geregelt.

Verzicht auf Steuerbefreiungen (gemäß § 9 UStG)

Auf die Steuerbefreiung bei Umsätzen aus Vermietung und Verpachtung kann nach § 9 UStG verzichtet werden, wenn das Grundstück **an einen anderen Unternehmer für dessen Unternehmen vermietet** wird (gewerbliche Vermietung) und der (Gewerbe-)Mieter das Grundstück ausschließlich für umsatzsteuerpflichtige Umsätze nutzen wird.

9 Die Buchung weiterer Steuern des Wohnungsunternehmens

SB ▶ SITUATION 27
Die Buchung von Steuern des Wohnungsunternehmens

Steuern

Steuern sind Geldleistungen, die keine Gegenleistung für eine besondere Leistung darstellen. Sie werden von einem öffentlich-rechtlichen Gemeinwesen (Bund, Länder oder Kommunen) zur Erzielung von Einnahmen allen auferlegt, für die ein sogenannter „Steuertatbestand" besteht, an den das Gesetz die Leistungspflicht knüpft (§ 3 Abs. 1 AO).

Aus Sicht der buchhalterischen Behandlung der Steuern erfolgt deren Unterteilung in:
- Betriebssteuern
- Personensteuern
- Steuern als durchlaufende Posten
- aktivierungspflichtige Steuern

9.1 Betriebssteuern

Zu den Betriebssteuern gehören alle Steuern, die **durch die Betriebstätigkeit verursacht** werden und auf dem Konto **(470) Verbindlichkeiten aus Steuern** zusammengefasst werden. Sie stellen betrieblichen **Aufwand** (Betriebsausgaben) dar und schmälern das zu versteuernde Einkommen (Gewinn) des Unternehmens.

Wichtige Betriebssteuern sind:
- Grundsteuer (8910)
- Kraftfahrzeugsteuer (8911)

Wird der Eingang eines Steuerbescheids buchmäßig erfasst, gilt:

Soll	an	Haben
(891)	an	(470)

Bei der Bezahlung dieser Steuern ist zu buchen:

Soll	an	Haben
(470)	an	(274)

Die Steuerkonten werden zum Jahresende über das Gewinn- und Verlustkonto (982) abgeschlossen. Offene Verbindlichkeiten aus Steuern (470) sind zu passivieren.

9.2 Personensteuern

Personensteuern besteuern die **Leistungsfähigkeit natürlicher und juristischer Personen**. Sie stellen **keine Betriebsausgaben** dar, sind also erfolgsneutral. Berechnet werden sie auf der Grundlage des steuerlichen Ergebnisses und gegebenenfalls unter Berücksichtigung der persönlichen Verhältnisse des Unternehmers.

Zu den wichtigsten Personensteuern gehören die Einkommen- und Körperschaftsteuer. Deren buchmäßige Behandlung hängt wesentlich von der Rechtsform des Unternehmens ab.

Natürliche Personen
Bei Einzelunternehmen und Personengesellschaften (GbR, OHG, KG) wird die Einkommensteuer, sofern von den Firmenkonten für den Unternehmer bezahlt, als **Privatentnahmen** über das Konto **(301) Privat** gebucht.

Werden solche Personensteuern durch Banküberweisung bezahlt, ist zu buchen:

Soll	an	Haben
(301)	an	(274)

Das Konto (301) Privat ist ein **Unterkonto des Eigenkapitalkontos** und wird zum Bilanzstichtag über das Eigenkapitalkonto abgeschlossen.

Juristische Personen
Von Kapitalgesellschaften (z. B. AG, GmbH, KGaA) werden ebenso Personensteuern erhoben, sie zahlen anstelle der Einkommensteuer die Körperschaftsteuer. Die **Körperschaftsteuer ist die Einkommensteuer juristischer Personen**, die auf dem Konto **(8900) Körperschaftsteuer** zu erfassen ist. Dieses Konto wird über das (982) Gewinn- und Verlustkonto abgeschlossen.

Wird die fällige Körperschaftsteuer per Bank bezahlt, ist zu buchen:

Soll	an	Haben
(8900)	an	(274)

9.3 Steuern als durchlaufende Posten (Durchlaufsteuern)

Bestimmte Steuern werden vom Unternehmen im Auftrag des Finanzamts einbehalten oder eingenommen und später abgeführt. Diese Steuern berühren den Erfolg des Unternehmens nicht, sie sind **durchlaufende Posten**. Zu den wichtigsten Durchlaufsteuern gehören die **Umsatzsteuer** und die einbehaltenen **Lohn- und Kirchensteuern** der Arbeitnehmer.

Die Umsatzsteuer wurde bereits in Kapitel 8 ausführlich erläutert, hier deshalb nur nochmals die beiden Grundsätze:

- Die beim **Einkauf gezahlte Umsatzsteuer** (Vorsteuer) wird in der Regel vom Finanzamt erstattet und deshalb auch als **(253) Forderungen an das Finanzamt** erfasst.
- Die beim **Verkauf einzunehmende Umsatzsteuer** ist an das Finanzamt abzuführen und muss so auch als **(470) Verbindlichkeiten aus Steuern** gebucht werden.

Die Umsatzsteuer
▶ LF 3, Kap. 8

Die Zahllast an das Finanzamt bzw. die Erstattung bei Vorsteuerüberhang durch das Finanzamt ergibt sich aus der Verrechnung der beiden Konten (253) Forderungen an das Finanzamt und (470) Verbindlichkeiten aus Steuern.

9.4 Aktivierungspflichtige Steuern

Von den Betriebssteuern, den Personensteuern und den Durchlaufsteuern sind die aktivierungspflichtigen Steuern zu unterscheiden.

Aktivierungspflichtige Steuern

Aktivierungspflichtige Steuern gelten als **Anschaffungsnebenkosten von Vermögenspositionen** und sind damit Bestandteil der gesamten Anschaffungskosten dieses Vermögens. Sie werden auf den entsprechenden aktiven Bestandskonten gebucht (aktiviert).

Die wichtigste aktivierungspflichtige Steuer ist die **Grunderwerbsteuer**, die einmalig beim Erwerb bebauter oder unbebauter Grundstücke zu entrichten ist.

Beispiel

Am 28.10.00 kaufte die MEWOH Musterwohn GmbH ein Grundstück mit Wohnbauten für 2.500.000,00 €. Am 05.11.00 wird die Grunderwerbsteuer (3,5 % des Kaufpreises) per Bank an das zuständige Finanzamt überwiesen.

Buchungen

28.10.00

Soll	an	Haben	€
(00)	an	(4421)	2.500.000,00

05.11.00

Soll	an	Haben	€
(00)	an	(274)	87.500,00

Auch die beim Kauf eines Grundstücks oder Gebäudes anfallenden **Notar-, Grundbuch- und Vermessungsgebühren** sind als Anschaffungsnebenkosten zu **aktivieren**.

Unter bestimmten Bedingungen kann auch die bezahlte Umsatzsteuer eine aktivierungspflichtige Steuer sein.

▶ LF 3, Kap. 8

Buchung von Steuern	
1. **Betriebssteuern** sind erfolgswirksame Steuern (Aufwandssteuern), die als Betriebsausgaben den Gewinn des Unternehmens mindern. Dazu zählen insbesondere	
– die **Grundsteuer** für bebaute und unbebaute Grundstücke des Betriebsvermögens und	(8910) Grundsteuer
– die **Kraftfahrzeugsteuer** für Fahrzeuge des Betriebsvermögens.	(8911) Kfz-Steuer
2. **Personensteuern** stellen keine Betriebsausgabe dar und dürfen den steuerpflichtigen Gewinn nicht mindern. In der Regel werden sie vom Gewinn des Unternehmens berechnet und sind vom Unternehmer persönlich zu tragen.	
– **Einzelunternehmen** und **Personengesellschaften** (OHG, KG) zahlen als **Privatsteuern** u. a. Einkommensteuer, Solidaritätszuschlag, Kirchensteuer und Kapitalertragsteuer.	(301) Privat
– **Kapitalgesellschaften** (GmbH, AG) zahlen beispielsweise Körperschaftsteuer und Gewerbeertragsteuer.	(8900) Körperschaftsteuer (8903) Gewerbeertragsteuer
3. **Steuern als durchlaufende Posten** werden vom Unternehmen aufgrund gesetzlicher Vorschriften eingezogen bzw. einbehalten und an das Finanzamt abgeführt. Dazu gehören die Umsatzsteuer sowie die Lohn- und Kirchensteuer der Arbeitnehmer.	(253) Vorsteuer (470) Umsatzsteuer (473) einbehaltene Lohn- und Kirchensteuer
4. **Aktivierungspflichtige Steuern und Abgaben** sind als **Anschaffungsnebenkosten** dem Anschaffungspreis hinzuzurechnen und deshalb auf das entsprechende Aktivkonto zu buchen (aktivieren). Zu diesen Steuern gehören vor allem	
– die **Grunderwerbsteuer** (in der Regel 3,5 % des vereinbarten Entgelts), die beim Erwerb von Grundstücken und Gebäuden zu entrichten ist, und	(00) bis (03) Grundstücke
– **Zölle** bei der Einfuhr von Wirtschaftsgütern;	
– unter bestimmten Voraussetzungen ist auch die gezahlte Umsatzsteuer (**Vorsteuer**) aktivierungspflichtig.	diverse Aktivkonten

Seit 2006 dürfen die Bundesländer die Höhe der Grunderwerbsteuer selbst festlegen. Sie liegt je nach Bundesland zwischen 3,5 % und 6,5 % des Kaufpreises (Stand 2022).

10 Finanzierungsmittel des Wohnungsunternehmens

SB ▶ SITUATION 29
Finanzierungsmittel des Wohnungsunternehmens

10.1 Die Konten zur Erfassung von Finanzierungsmitteln

Zur Finanzierung unternehmerischer Prozesse, vor allem aber auch zur Finanzierung von Bauprozessen müssen die Wohnungsunternehmen in der Regel neben eigenen Mitteln (Eigenkapital) auch lang- und mittelfristiges Fremdkapital einsetzen. Hierzu werden Darlehen aufgenommen, die in der Kontengruppe **(41) Verbindlichkeiten gegenüber Kreditinstituten** – unabhängig von ihrer Fristigkeit – erfasst werden. Darlehen, die nicht von Kreditinstituten gewährt werden, sind in der Kontengruppe **(42) Verbindlichkeiten gegenüber anderen Kreditgebern** zu buchen.

Übereinstimmend sind die Kontengruppen (41) und (42) inhaltlich tiefer gegliedert.

Kontengruppe	Erklärung
410/420 **Objektfinanzierungsmittel für das Anlagevermögen**	Objektfinanzierungsmittel sind Darlehen zur Immobilienfinanzierung (Neubau, Kauf, Modernisierung).
411/421 **Objektfinanzierungsmittel für das Umlaufvermögen**	Hier sind die vom Unternehmen aufgenommenen Darlehen zu erfassen, die der Finanzierung von zum Verkauf bestimmten Immobilien (Verkaufsobjekte) dienen.
412/422 **Unternehmensfinanzierungsmittel**	Hierunter fallen alle vom Unternehmen aufgenommenen Darlehen, die nicht der Objektfinanzierung, sondern unternehmensübergreifenden Zwecken dienen (Kredite zur Überwindung von Liquiditätsengpässen oder zum Erwerb von Ausstattungen des Unternehmens).
413/423 **Grundstücksankaufkredite für das Anlagevermögen**	Die hier erfassten Kredite dienen der Finanzierung des Erwerbs von Grundstücken des Anlagevermögens.
414/424 **Grundstücksankaufkredite für das Umlaufvermögen**	Analog zu den Konten (413/423) werden hier die Kredite im Zusammenhang mit dem Erwerb von Grundstücken des Umlaufvermögens gebucht.
415/425 **Bauzwischenkredite für das Anlagevermögen**	Es handelt sich hier um Kredite, die der Zwischenfinanzierung von Baumaßnahmen im Anlagevermögen dienen.
416/426 **Bauzwischenkredite für das Umlaufvermögen**	Die Erläuterungen zu (415/425) gelten hier sinngemäß.
419/429 **Sonstige Verbindlichkeiten gegenüber Kreditinstituten (419) bzw. gegenüber anderen Kreditgebern (429)**	In dieser Kontengruppe werden zum Bilanzstichtag die gegenüber Kreditgebern bestehenden Kontokorrentkredite (Überziehungskredite) zusammengefasst.

Darlehen

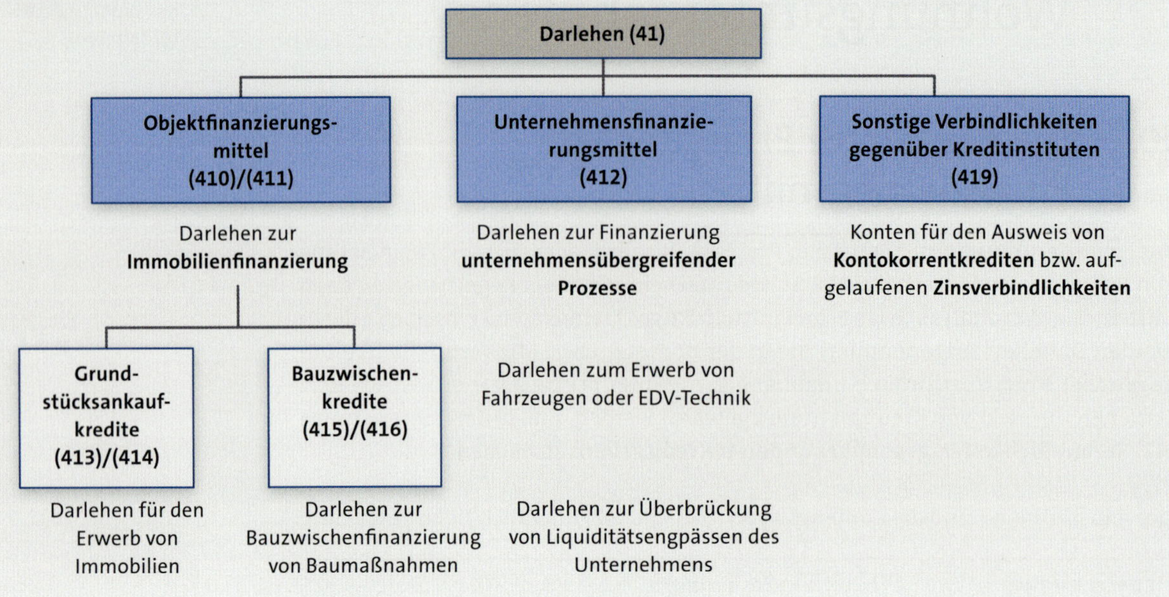

10.2 Dauerfinanzierungsmittel

Die den Wohnungsunternehmen gewährten Kredite unterscheiden sich vor allem in ihren Konditionen. Deshalb sind bei der Buchung besonders zu beachten:

- die Valutierung des Darlehens (Gutschrift)
- die Rückführung des Darlehens gemäß einem Tilgungsplan

10.2.1 Buchung der Auszahlung (Valutierung) von Darlehen

Die Auszahlung der Darlehen kann zu 100 % oder zu einem niedrigeren Prozentsatz erfolgen.

Volle Auszahlung des Darlehens
Wird das beantragte Darlehen durch die Bank zu 100 % ausgezahlt, ist zu buchen:

Soll	an	Haben
(274)	an	(41)

Auszahlung unter 100 %
Nicht selten wird das Darlehen jedoch unter Abzug eines bestimmten Betrags ausgezahlt. Damit liegt der Auszahlungskurs also unter 100 %.

Damnum oder Disagio

Der Auszahlungskurs für das Darlehen bestimmt die Höhe des einmaligen Entgelts für die Geldbeschaffung. Dieser Abschlag vom Nennbetrag des Kredits wird **als Damnum** oder **Disagio** bezeichnet. Er kann als eine neben der laufenden Verzinsung geleistete **zusätzliche Vergütung** für die Kapitalnutzung (zusätzliche Verzinsung) entstehen.

Erfolgt die Valutierung des Darlehens zu einem Auszahlungskurs unter 100 %, sind Besonderheiten der Buchung zu beachten, die am folgenden Beispiel demonstriert werden sollen.

Beispiel

Am 01.07.00 nimmt die MEWOH Musterwohn GmbH ein Darlehen in Höhe von 500.000,00 € auf. Der Auszahlungskurs beträgt 95 %, dem Bankkonto werden also 475.000,00 € gutgeschrieben. Das Darlehen hat eine Laufzeit von fünf Jahren und soll in jährlich gleichbleibenden Tilgungsraten in fünf Jahresraten zurückgezahlt werden.

Buchungen
1. Valutierung des Darlehens
Die ausgezahlten 475.000,00 € sind der Ausgabe- oder Verfügungsbetrag. Zurückzuzahlen sind jedoch 500.000,00 €. Wirtschaftlich ist die Differenz von 25.000,00 € so zu betrachten, als habe die Bank 500.000,00 € ausgezahlt und das Unternehmen sofort wieder 25.000,00 € an die Bank neben den eigentlichen Zinsen als zusätzliches Entgelt für die Kapitalnutzung zurückgezahlt. **Das Damnum ist also als zusätzlicher Zinsaufwand zu verstehen.** Deshalb ist bei der Auszahlung des Darlehens am 01.07.00 zu buchen:

Buchung zum 01.07.00

Soll	an	Haben	€
(274)			475.000,00
(872)			25.000,00
	an	(41)	500.000,00

2. Aktivierung des Damnums zum Ende des Geschäftsjahres
Wenn das Darlehen dem Unternehmen für fünf Jahre zur Verfügung steht, ist das Damnum als ein **zusätzliches Entgelt** für die fünfjährige Nutzung des Kapitals zu verstehen. So gesehen ist es eine **Ausgabe vor dem Bilanzstichtag**, die teilweise **Aufwand für eine bestimmte Zeit nach dem Bilanzstichtag** darstellt. Damit sind die Voraussetzungen für eine aktive Rechnungsabgrenzung erfüllt.

Aktivierungswahlrecht für Geldbeschaffungskosten
Nach **§ 250 Abs. 3 Satz 1 HGB** darf das Damnum unter die Rechnungsabgrenzungsposten der Aktivseite als **(290) Geldbeschaffungskosten (GBK)** aufgenommen werden. Dann allerdings ist dieser Betrag planmäßig über die Laufzeit des Darlehens bzw. über den Zeitraum der Zinsbindungsfrist abzuschreiben (§ 250 Abs. 3 Satz 1 HGB). Die Abschreibung erfolgt über das Konto **(875) Abschreibungen auf Geldbeschaffungskosten. Handelsrechtlich** ist die Rede von einem **Aktivierungswahlrecht.**

Als (29) Aktive Rechnungsabgrenzungsposten werden alle Aufwendungen erfasst, die bereits im Berichtsjahr im Voraus bezahlt und gebucht wurden, wirtschaftlich aber teilweise oder auch ganz dem Folgejahr zuzurechnen sind (Näheres dazu später im Lernfeld 13).

▶ Band 3, LF 13

Steuerrechtlich muss das Damnum aus Gründen einer periodengerechten Ermittlung des steuerpflichtigen Gewinns aktiviert werden (vgl. § 5 Abs. 5 EStG Nr. 1; R 5.6 EStR). Auch hier ist eine planmäßige Abschreibung erforderlich. Steuerrechtlich handelt es sich um ein **Aktivierungsgebot.**

Wird vom handelsrechtlichen Aktivierungswahlrecht Gebrauch gemacht, ist der Teil des Damnums, der wirtschaftlich nicht in das Geschäftsjahr (00) gehört, zum 31.12.00 als Aktiver Rechnungsabgrenzungsposten über das Konto **(290) Geldbeschaffungskosten** zu aktivieren.

Der zu aktivierende Betrag ergibt sich aus folgender Berechnung:

$$\frac{GBK}{LZ_G} \cdot LZ_R = \frac{25.000,00\,€}{60} \cdot 54 = 22.500,00\,€$$

GBK	Geldbeschaffungskosten
LZ_G	Gesamtlaufzeit bzw. Zinsbindungsfrist (Monate)
LZ_R	Restlaufzeit bzw. verbleibende Zinsbindungsfrist (Monate)

S	(872) Zinsaufwand		H
(41)	25.000,00	(290)	22.500,00
		(982)	2.500,00
	25.000,00		25.000,00

S	(290) Geldbeschaffungsko.		H
(872)	22.500,00	(989)	22.500,00
	22.500,00		22.500,00

Buchung zum 31.12.00

Soll	an	Haben	€
(290)	an	(872)	22.500,00

3. Abschreibung des Damnums über die Laufzeit/Zinsbindungsfrist des Darlehens
Mit jeweils dem Betrag, der auf das betreffende Jahr der Laufzeit/Zinsbindungsfrist des Darlehens entfällt, ist das Konto (290) Geldbeschaffungskosten/Disagio über das Konto (875) Abschreibungen auf Geldbeschaffungskosten/Disagio aufzulösen.

Buchung zum 31.12.01

Soll	an	Haben	€
(875)	an	(290)	5.000,00

10.2.2 Rückführung des Darlehens nach einem Tilgungsplan

Wesentliche Komponenten der Darlehensrückführung sind **Zins-** und **Tilgungszahlungen**.

Zinsen

Zinsen sind das laufende Entgelt für die Inanspruchnahme des Darlehens. Sie werden stets von der jeweiligen Restschuld ermittelt.

Zu buchen sind sie als Aufwand auf dem Konto **(872) Zinsen auf Verbindlichkeiten gegenüber Kreditinstituten**.

Soll	an	Haben
(872)	an	(274)

Tilgung

Tilgung ist die Rückführung (Abbau) des aufgenommenen Darlehens, die Umwandlung von Fremdkapital in Eigenkapital.

Soll	an	Haben
(41)	an	(274)

Annuität

Zins und Tilgung zusammen bilden die **Annuität:** Sie sind der Betrag, der regelmäßig insgesamt für ein Darlehen aufgewendet werden muss.

Buchung bei Zahlung der Annuität

Soll	an	Haben
(41)		
(872)		
	an	(274)

Die Rückführung erfolgt nach einem bestimmten Tilgungsplan, der in Abhängigkeit

- von der **Art des Darlehens** und
- von den **Zahlungsmodalitäten** zu gestalten ist.

Darlehensarten
Zu unterscheiden sind:

- Annuitätendarlehen
- Abzahlungsdarlehen
- Zinszahlungsdarlehen

10.2.2.1 Annuitätendarlehen

Der Kreditnehmer erbringt regelmäßig gleichbleibende Leistungen (Annuitäten). Da nach Abzug der jeweiligen Tilgung nur die verbleibende Restschuld verzinst wird, sinkt die Zinslast. Bei gleichbleibender Annuität steigen demzufolge die jährlichen Tilgungsbeträge um die ersparten Zinsen.

Merkmale:

- gleichbleibende Annuität während der gesamten Laufzeit
- steigende Tilgung bei abnehmender Zinslast, Tilgung steigt um die ersparten Zinsen

Beispiel

Die MEWOH Musterwohn GmbH zahlt ein Darlehen über 200.000,00 € mit gleichbleibenden Annuitäten zurück. Der Zinssatz beträgt 1 % p. a., die anfängliche Tilgung 2 % p. a.

Darlehensbetrag	=	200.000,00 €
Auszahlung (100 %)	=	200.000,00 €
Zinsen (1 % p. a.)	=	2.000,00 €
anfängliche Tilgung (2 % p. a.)	=	4.000,00 €
Annuität	=	6.000,00 €

Tilgungsplan

Jahr	Darlehens-betrag	Zinsen	Tilgung	Annuität	Restschuld
00	200.000,00 €	2.000,00 €	4.000,00 €	6.000,00 €	196.000,00 €
01	196.000,00 €	1.960,00 €	4.040,00 €	6.000,00 €	191.960,00 €
02	191.960,00 €	1.919,60 €	4.080,40 €	6.000,00 €	187.879,60 €
03	187.879,60 €	1.878,80 €	4.121,20 €	6.000,00 €	183.758,40 €
04	...	...	...	...	...

Die bekannten Buchungen verändern sich nur in den auszuweisenden Beträgen.

10.2.2.2 Abzahlungsdarlehen

Das Abzahlungsdarlehen zeichnet sich durch **gleichbleibende Tilgungs- und fallende Zinsbeträge** aus. Der Kreditnehmer erbringt also jährlich fallende Leistungen.

Merkmale:
- Tilgungsanteil ist jährlich gleich groß
- Zinsen – bemessen an der jeweiligen Restschuld – fallen mit jeder Rate
- Annuität nimmt gleichmäßig ab
- Höhe der Zinsen hat keinen Einfluss auf die Laufzeit des Darlehens

Beispiel

Die MEWOH Musterwohn GmbH zahlt ein Darlehen über 200.000,00 € mit gleichbleibenden Tilgungsraten von 20 % p. a. zurück. Es wird ein Zinssatz von 1 % p. a. vereinbart.

Darlehensbetrag	=	200.000,00 €
Auszahlung (100 %)	=	200.000,00 €
Zinsen (1 % p. a.)	=	2.000,00 €
Tilgung (20 % p. a.)	=	40.000,00 €

Tilgungsplan					
Jahr	**Darlehens-betrag**	**Zinsen**	**Tilgung**	**Annuität**	**Restschuld**
00	200.000,00 €	2.000,00 €	40.000,00 €	42.000,00 €	160.000,00 €
01	160.000,00 €	1.600,00 €	40.000,00 €	41.600,00 €	120.000,00 €
02	120.000,00 €	1.200,00 €	40.000,00 €	41.200,00 €	80.000,00 €
03	80.000,00 €	800,00 €	40.000,00 €	40.800,00 €	40.000,00 €
04	40.000,00 €	400,00 €	40.000,00 €	40.400,00 €	0,00 €

1. Jahr

Buchung – Valutierung

Soll	an	Haben	€
(274)	an	(41)	200.000,00

Buchung – Annuitäten (1. Jahr)

Soll	an	Haben	€
(41)			40.000,00
(872)			2.000,00
	an	(274)	42.000,00

2. Jahr

Buchung – Annuitäten (2. Jahr)

Soll	an	Haben	€
(41)			40.000,00
(872)			1.600,00
	an	(274)	41.600,00

10.2.2.3 Zinszahlungsdarlehen

Der Kreditnehmer zahlt das **Darlehen am Ende der Laufzeit** in einer Summe zurück, deshalb wird es häufig auch „endfälliges Darlehen" oder Fälligkeitsdarlehen genannt. Während der Laufzeit des Darlehens sind lediglich die vereinbarten **Sollzinsen** zu zahlen.

Zahlungsmodalitäten

Die Zahlungen erfolgen in der Regel in monatlichen, vierteljährlichen, halbjährlichen oder jährlichen Raten. Vereinbart werden kann dabei zum einen eine (vierteljährliche) Vorauszahlung – dann wird die erste Ratenzahlung bereits mit der Valutierung fällig, also bevor das Darlehen eigentlich genutzt wird. Möglich ist zum anderen aber auch eine (vierteljährliche) nachträgliche Zahlung: Die erste Rate wird dabei erst fällig, nachdem das Darlehen bereits drei Monate genutzt wurde.

Beispiel

Die Bank gewährt der MEWOH Musterwohn GmbH zum 01.03.00 ein Annuitätendarlehen zu folgenden Konditionen:

Darlehensbetrag	=	200.000,00 €
Auszahlung (100 %)	=	200.000,00 €
Zinsen (1 % p. a.)	=	2.000,00 €
anfängliche Tilgung (2 % p. a.)	=	4.000,00 €
Zahlungsmodalitäten	=	**vierteljährlich nachträglich**

Da sich die Angaben zu Zins und Tilgung in der Regel auf ein Darlehensjahr beziehen, sind die jeweiligen Zahlungen in diesem Beispiel auf Vierteljahre zu berechnen. Statt der jährlichen Tilgungen von 4.000,00 € sind nun 1.000,00 € je Quartal anzusetzen. Auch die Zinszahlungen sind zu verrechnen. Der Zahlungsvorgang beginnt drei Monate nach der Valutierung und findet jeweils zum 01.03./01.06./01.09./01.12. statt.

Tilgungsplan

Jahr	Darlehensbetrag	Zinsen	Tilgung	Annuität	Restschuld
01.06.00	200.000,00 €	500,00 €	1.000,00 €	1.500,00 €	199.000,00 €
01.09.00	199.000,00 €	497,50 €	1.002,50 €	1.500,00 €	197.997,50 €
01.12.00	197.997,50 €	494,99 €	1.005,01 €	1.500,00 €	196.992,49 €
01.03.01	196.992,49 €	492,48 €	1.007,52 €	1.500,00 €	195.984,97 €
...	...	...	...	...	...

Wird von einer vierteljährlichen Vorauszahlung ausgegangen, verändern sich lediglich die Zahlungstermine. Die erste Zahlung wird dann bereits mit der Valutierung zum 01.03.00 fällig.

LERNFELD 3

Wertströme und Werte erfassen und dokumentieren

SITUATIONEN

Situation 21

Inventur, Inventar und Bilanz

Löschen | Antworten | An alle | Weiterleiten

Von: Florian Hamm, Allgemeine Verwaltung, MEWOH Musterwohn GmbH
An: Isabell Ahrens, MEWOH Musterwohn GmbH
Datum: 05.01.20..
Betreff: Bilanzerstellung

Hallo, Isabell,

mittlerweile sind wir mit der Inventur fertig, bei der du uns ja unterstützt hast. Nun geht es darum, aus den erhaltenen Daten zuerst das Inventar und dann im Anschluss die Bilanz für das vergangene Quartal aufzustellen. Das ist eine gute Übungsaufgabe für dich! Erstelle doch bitte beides in deinem Simulationsprogramm auf Basis der angehängten Daten und lege dein Ergebnis zur Prüfung Frau Deneke vor.

Viele Grüße
Florian Hamm
MEWOH Musterwohn GmbH

ARBEITSAUFTRÄGE

1. Erklären Sie, wie die Inventur und das Inventar zusammenhängen.

2. Welche Unterschiede gibt es zwischen einem Inventar und einer Bilanz? Gehen Sie dabei auf die folgenden Merkmale ein:
- Darstellungsform
- Aufbau
- Inhalt
- rechtliche Vorschriften

Nutzen Sie zur Beantwortung auch das Arbeitsblatt 3.1 „Unterschiede zwischen Inventar und Bilanz“, das den Webcodematerialien beiliegt.

3. Erläutern Sie den Grundaufbau des Inventarverzeichnisses. Benennen Sie dabei zunächst die drei, unter (A), (B) und (C) aufzuführenden, Hauptbestandteile des Inventars und erläutern Sie dann die jeweiligen Unterpunkte.

4. Erstellen Sie zuerst das Inventar für die MEWOH Musterwohn GmbH zum 31.12.00 anhand der nebenstehenden Daten.

5. Erstellen Sie dann auf der Basis des Inventars die Bilanz. Beachten Sie dabei die grundlegende Bilanzgliederung.

Durch die Inventur wurden folgende Bestände ermittelt:

1. Guthaben bei der TopBank Leipzig 22.500,00 € und bei der Vereinsbank Ost 35.000,00 €
2. Verbindlichkeiten aus Lieferungen und Leistungen lt. besonderem Verzeichnis 18.500,00 €
3. Grundstück mit Wohnbauten 250.000,00 €
4. Verwaltungsgebäude 52.200,00 €
5. Darlehensschulden bei der TopBank 230.000,00 €
6. Kassenbestand 5.000,00 €
7. 1 Pkw 20.000,00 €
8. 1 Transporter 15.000,00 €
9. Andere Betriebs- und Geschäftsausstattung lt. besonderem Inventurverzeichnis 20.800,00 €
10. Forderungen aus Lieferungen und Leistungen lt. besonderem Verzeichnis 21.000,00 €
11. Vorräte lt. Inventurverzeichnis 15.000,00 €
12. Darlehensschulden bei der VereinsBank Ost 12.000,00 €

Aufgaben

1 Bestimmen Sie, ob die folgenden Aussagen richtig oder falsch sind.

a) Die Inventur muss stets am 31. Dezember stattfinden.
b) Die Inventur ist ausschließlich eine mengenmäßige Bestandsaufnahme.
c) Die Inventur ist nur die körperliche Bestandsaufnahme des Vermögens.
d) Die Inventur ist eine Bestandsaufnahme aller Vermögensgegenstände und Schulden des Unternehmens nach Art, Menge und Wert zu einem bestimmten Stichtag.
e) Die Inventur kann auch 10 Tage vor bzw. 10 Tage nach dem Bilanzstichtag (31.12.) durchgeführt werden.
f) Eine Inventur kann auch als Buchinventur erfolgen.

2 Sie werden beauftragt, die nächste Stichtagsinventur zu planen und zu überwachen. Bringen Sie die folgenden Arbeitsschritte bei der Durchführung der Stichtagsinventur in die richtige Reihenfolge.

Arbeitsschritte:
- Zählen, Messen, Wiegen der Vorräte
- Festlegung des Zähltages
- Bewertung der Vorräte zum Bilanzstichtag
- Niederschrift der Ergebnisse auf den Zählzetteln
- Eintragung der ermittelten Bestände in Inventurblätter

3 Bestimmen Sie, welche der folgenden Aussagen sich auf die Inventurformen (1) bis (4) beziehen.

Inventurformen:
1) Stichtagsinventur
2) verlegte Inventur
3) permanente Inventur
4) Stichprobeninventur

a) Inventur, die drei Monate vor bzw. zwei Monate nach dem Bilanzstichtag erfolgen kann
b) Die Zu- und Abgänge bei den Beständen werden regelmäßig aufgezeichnet, jedoch muss mindestens einmal im Jahr eine körperliche Bestandsaufnahme vorgenommen werden.
c) Die Inventur erfolgt zeitnah zum Abschluss des Geschäftsjahres, d. h. 10 Tage vor bzw. 10 Tage nach dem Bilanzstichtag.
d) Mittels mathematischer Methoden wird der Wertansatz der Vorratsbestände errechnet.

4 Das Inventar weist eine bestimmte Gliederung auf. Bringen Sie die nachstehenden Inventarpositionen in die richtige Reihenfolge.
- Inventarverzeichnis zum 31.12.00
- Umlaufvermögen
- Kurzfristige Verbindlichkeiten
- Vermögen
- Reinvermögen
- Anlagevermögen
- Schulden
- Langfristige Verbindlichkeiten

5 Nennen Sie den entsprechenden Hauptgliederungspunkt des Inventars, unter dem die folgenden Positionen jeweils zu finden sind:
- Bankdarlehen, Laufzeit 10 Jahre
- Reparaturmaterial für den Regiebetrieb
- Verwaltungsgebäude der Wohnungsgesellschaft
- Heizvorräte
- Offene Eingangsrechnungen von Lieferanten
- Pkw der Geschäftsführung
- Von Kunden noch nicht beglichene Rechnungen
- Zum Verkauf bestimmte unbebaute Grundstücke

6 Durch Inventur wurden diverse Vermögens- und Schuldenpositionen festgestellt. Ordnen Sie die Vermögenspositionen dem Anlage- bzw. Umlaufvermögen und die Schulden den lang- bzw. kurzfristigen Schulden zu.
1) Betriebs- und Geschäftsausstattung (BGA)
2) Vorräte
3) Unbebaute Grundstücke (für die Bebauung mit Mietobjekten gedacht)
4) Bebaute Grundstücke (vermietete Gewerbeobjekte)
5) Technische Anlagen und Maschinen

6) Kassenbestand
7) Forderungen aus Lieferungen und Leistungen
8) Guthaben bei Kreditinstituten (Bankguthaben)
9) Verbindlichkeiten aus Lieferungen und Leistungen
10) Verbindlichkeiten gegenüber Kreditinstituten (Bankdarlehen)
11) Verbindlichkeiten gegenüber anderen Kreditgebern (Darlehen von Versicherung)

7 Erstellen Sie die Bilanz zum 31.12.00. Beachten Sie dabei die nach HGB geforderte Bilanzgliederung.

Die Gesellschaft hat durch Inventar zum 31.12.00 folgende Werte ermittelt:

1) bebaute Grundstücke/Wohnbauten (30.000.000,00 €)
2) bebaute Grundstücke/Geschäftsbauten (10.000.000,00 €)
3) Bankguthaben bei der TopBank (150.000,00 €) und bei der Vereinsbank Ost (50.000,00 €)
4) andere Betriebs- und Geschäftsausstattung (120.000,00 €)
5) Darlehen bei der Bank (15.000.000,00 €)
6) Kassenbestand (50.000,00 €)
7) Pkw 1 (20.000,00 €), Pkw 2 (40.000,00 €)
8) Materialvorräte (40.000,00 €)
9) Verbindlichkeiten aus Lieferungen und Leistungen (130.000,00 €)
10) Forderungen aus Lieferungen und Leistungen (80.000,00 €)

8 Sind die Aussagen zur Bilanz richtig oder falsch? Korrigieren Sie die falschen Aussagen entsprechend.

a) Die Positionen der Passivseite werden nach fallender Fristigkeit geordnet. Hier werden zunächst die langfristigen Schuldpositionen, dann die mittel- und kurzfristigen Schulden ausgewiesen.
b) Die Bilanz ist eine Gegenüberstellung von Vermögen und Vermögensquellen (Fremdkapital und Eigenkapital). Die Passivseite der Bilanz zeigt also die Vermögenspositionen des Unternehmens, die Aktivseite die Art und Weise der Finanzierung des Vermögens.
c) Das Anlagevermögen stellt das langfristig im Unternehmen gebundene Vermögen dar, das dem eigentlichen Betriebszweck dienen soll. Das Umlaufvermögen ist Vermögen, das nur kurzfristig im Unternehmen verbleiben soll.
d) Die Positionen der Aktivseite einer Bilanz werden nach dem Einziehen der fallenden Liquidität geordnet.

9 Die vorläufigen Daten des Jahresabschlusses zeigen, dass die Summe der Vermögenswerte bei 2.780.500,00 € liegt. Berechnen Sie die Höhe des Eigenkapitals, wenn folgende Schulden vorhanden sind:

- Verbindlichkeiten aus Lieferungen und Leistungen 837.250,00 €
- Bankdarlehen 1.230.800,00 €

Situation 22

Bestandskonten

Es ist der 1. Oktober und in der Finanzbuchhaltung der MEWOH Musterwohn GmbH muss der Monatsabschluss für den September erstellt werden. Als Isabell morgens an ihrem Arbeitsplatz eintrifft, findet sie die nebenstehende Notiz von Frau Deneke vor.

> Guten Morgen, Isabell,
>
> ich habe dir den Kontoauszug unserer Bank mit dem Monatsabschluss vom September sowie eine Quittung von unserer gestrigen Hausmesse auf deinen Schreibtisch gelegt. Bitte erfasse die Bestandsbuchungen.
>
> Solltest du Fragen haben, wende dich bitte an Arif, er hilft uns heute beim Monatsabschluss, da ich auf einer Schulung bin.
>
> Viel Erfolg!

Arif Khatib ist bereits im 2. Ausbildungsjahr und kennt sich in der Finanzbuchhaltung der MEWOH Musterwohn GmbH sehr gut aus. Zudem ist er immer sehr hilfsbereit, und Isabell geht gleich zu ihm.

Isabell: Guten Morgen, Arif.

Arif: Hallo, Isabell. Gibt es ein Problem?

Isabell: Frau Deneke ist auf einer Schulung und ich soll diese Belege erfassen – ganz allein! Schau mal ... Wie soll ich denn diese Quittung von der Hausmesse gestern buchen?

Arif: Keine Sorge, das ist gar nicht so schwierig. Warte mal, ich habe noch irgendwo ein Arbeitsblatt von der Berufsschule mit Übungen zur Buchung auf Bestandskonten. Wenn du das durchgearbeitet hast, weißt du garantiert, wie du buchen musst ... Na also, da ist es ja!

Isabell: Das ist klasse, Arif, vielen Dank! Wir sehen uns dann zum Mittagessen in der Kantine.

ARBEITSAUFTRÄGE

1. Vervollständigen Sie das Arbeitsblatt 3.2 „Buchen auf Bestandskonten“, das Isabell von Arif erhalten hat. Es liegt den Webcodematerialien bei.
2. *Hinweis zum Arbeitsauftrag 2:*
   Zu allen drei Teilaufträgen finden Sie Kontenvorlagen in den Webcodematerialien.
   - **a.** Erstellen Sie eine Eröffnungsbilanz mit folgenden Anfangsbeständen: Darlehen 30.000,00 €, Betriebs- und Geschäftsausstattung (BGA) 30.000,00 €, Forderungen aus LuL 70.000,00 €, Verbindlichkeiten aus LuL 25.000,00 €, Kasse 5.000,00 €, Guthaben bei Kreditinstituten (Bank) 15.000,00 €, Eigenkapital ?
   - **b.** Buchen Sie die Geschäftsfälle, die den beiden Belegen auf der folgenden Seite zugrunde liegen.
     Hinweis zu den Belegen:
     Da die Umsatzsteuer erst in Kapitel 8 behandelt wird, bleibt sie hier noch unberücksichtigt.
   - **c.** Schließen Sie die Konten ab und bilden Sie die Schlussbilanz.

Beleg 1

TopBank
Leipzig

Kontoauszug **EUR-Konto**

IBAN	erstellt am	Auszug	Blatt
DE24 1001 0700 0060 0521 98	30.09.20..	275	1

Vorgang	*Buchungstag*	*Wert*	
Ausgleich RE 14298 vom 08.09.20.., Minke GmbH, Leipzig	30.09.20..	30.09.20..	60.000,00 +
Rückzahlung Darlehen 83567.232, Rate 10/20..	30.09.20..	30.09.20..	4.000,00 –
Fa. Büro Groß GmbH, Leipzig, 12 Schreibtische Modell „Ergonomy“	30.09.20..	30.09.20..	12.000,00 –
RE 495/20.., Fa. Manger, div. Materialvorräte laut Aufstellung 3/20.., 3. Quartal 20..	30.09.20..	30.09.20..	7.000,00 –
MEWOH Musterwohn GmbH Fangerstraße 15 – 20 04104 Leipzig		*alter Saldo*	**149.607,55 Haben**
		neuer Saldo	**186.607,55 Haben**

Beleg 2

Netto EUR – Cent –
% MwSt. EUR – Cent –
Gesamt EUR 8.000 Cent 00

Quittung
Nr. 112/20..

Gesamtbetrag EUR in Worten: achttausend ——— Cent wie oben

von Paul Schäfer KG, Leipzig
für 4 gebrauchte Rasentraktoren (Sonderverkauf)
Hausmesse MEWOH Musterwohn GmbH

Betrag dankend erhalten.
Ort Leipzig Datum 30.09.20..
Buchungsvermerke
Stempel/Unterschrift des Empfängers: Wagner — MEWOH Musterwohn GmbH, Fangerstraße 15 – 20 · 04104 Leipzig

3. Beschreiben Sie die Geschäftsfälle, die zu den Buchungen auf dem Konto Kasse geführt haben.

S	Kasse		H
AB	4.560,00	(2) Verbindlichkeiten aus LuL	2.300,00
(1) Bank	24.500,00	(3) TA und Maschinen	5.000,00
(5) Fuhrpark	3.000,00	(4) Materialvorräte	7.200,00
(6) BGA	1.200,00	SB	23.760,00
(7) Forderungen aus LuL	5.000,00		
	38.260,00		38.260,00

Aufgaben

1 Für die Immobilien Manthei KG, Hamburg, liegt Ihnen folgende Eröffnungsbilanz vor. Richten Sie die erforderlichen Bestandskonten ein, indem Sie die Anfangsbestände der Aktiv- und Passivkonten vortragen. Buchen Sie die Geschäftsfälle. Ermitteln Sie die Schlussbestände der Aktiv- und Passivkonten und übertragen Sie sie auf die Schlussbilanz.

Eine Kontenvorlage steht Ihnen im Webcodematerial zur Verfügung.

Aktiva	Eröffnungsbilanz Manthei KG, Hamburg (in €)		Passiva
I. Anlagevermögen		**I. Eigenkapital**	50.000,00
1. Grundstücke	100.000,00	**II. Fremdkapital**	
2. BGA	50.000,00	Darlehen	110.000,00
II. Umlaufvermögen			
Bank	10.000,00		
	160.000,00		**160.000,00**

Geschäftsfälle

1) Verkauf eines Grundstücks per Bank 50.000,00 €

2) Kauf von EDV-Technik mit SEPA-Banklastschrift 20.000,00 €

3) Kauf eines Grundstücks auf Kredit 200.000,00 €

2 Die Immobilienwelt Becker GmbH, Leipzig, ist ein zwar junges, aber schnell expandierendes Unternehmen auf dem Leipziger Immobilienmarkt.

a) Erstellen Sie anhand der folgenden Anfangsbestände die Eröffnungsbilanz für die Immobilienwelt Becker GmbH:
Wohngebäude 4.000.000,00 €, Betriebs- und Geschäftsausstattung (BGA) 100.000,00 €, Materialvorräte 50.000,00 €, Forderungen aus Lieferungen und Leistungen 4.000,00 €, Guthaben bei Kreditinstituten (Bank) 250.000,00 €, Kasse 3.000,00 €, Eigenkapital 1.906.000,00 €, Darlehen 316.800,00 €, Verbindlichkeiten aus Lieferungen und Leistungen 78.400,00 €

b) Buchen Sie die folgenden Geschäftsfälle:

1) Verkauf eines gebrauchten Pkw per Bank (50.000,00 €)

2) Kauf von Reparaturmaterial auf Ziel (15.000,00 €)

3) Tilgung eines Teils des Darlehens durch Banküberweisung (10.000,00 €)

4) Bareinzahlung auf das Bankkonto (1.500,00 €)

5) Kauf von BGA auf Ziel (70.000,00 €)

c) Bilden Sie die Schlussbilanz.

Eine Kontenvorlage steht Ihnen im Webcodematerial zur Verfügung.

3 Zur Immobilien Yildiz & Partner GmbH, Leipzig, einem Konkurrenzunternehmen der MEWOH Musterwohn GmbH, liegen Ihnen folgende Informationen aus der Buchhaltung vor. Erstellen Sie die Eröffnungsbilanz. Buchen Sie die Geschäftsfälle und bilden Sie die Schlussbilanz.

Eine Kontenvorlage steht Ihnen im Webcodematerial zur Verfügung.

Anfangsbestände

Kasse 2.000,00 €, Darlehen 500.000,00 €, Betriebs- und Geschäftsausstattung (BGA) 30.000,00 €, Grundstücke 800.000,00 €, Materialvorräte 3.000,00 €, Forderungen aus LuL 27.000,00 €, Bank 23.000,00 €, Verbindlichkeiten aus LuL 55.000,00 €, Eigenkapital ?

Geschäftsfälle

1) Kauf eines Pkw auf Ziel (25.000,00 €)
2) Bankgutschrift auf Forderungen aus LuL (24.000,00 €)
3) Begleichung einer Lieferantenrechnung per Bank (6.000,00 €)
4) Barzahlung zum Ausgleich von Forderungen aus LuL (2.000,00 €)
5) Kauf von Materialvorräten per Bank (3.000,00 €)
6) Begleichung der Rechnung aus Geschäftsfall (1) per Bank
7) Tilgung des Darlehens per Bank (4.000,00 €)
8) Verkauf eines gebrauchten Pkw – zum Buchwert – bar (1.500,00 €)

Situation 23

Der Buchungssatz

Isabell sitzt zu Hause vor ihrem Laptop und hat schlechte Laune. Herr Thomsen, ihr Lehrer im Fach Rechnungswesen, hatte sie in der letzten Unterrichtsstunde nach vorne geholt, damit sie Geschäftsfällen die richtigen Buchungssätze zuordnet. Und Isabell ist ein Fehler nach dem anderen unterlaufen. Herr Thomsen hat sie schließlich mit den Worten: „Isabell, das muss bis zur Klassenarbeit aber noch besser werden!“ zurück an ihren Platz geschickt. Die Klassenarbeit will Isabell auf keinen Fall verhauen! Sie hat im Internet eine Menge Übungsaufgaben zu Buchungssätzen gefunden, sich das folgende Übungsblatt heruntergeladen und die Aufgaben gelöst. Sie ist mit ihrem Ergebnis zufrieden: Klappt doch!

Nr.	Buchungssatz	richtig	falsch
1.	Kauf von Vorräten auf Ziel (4.000,00 €) VLL an Vorräte 4.000,00 €	X	
2.	Gutschrift eines Darlehens auf dem Unternehmenskonto (250.000,00 €) Bank an Darlehen 250.000,00 €		X
3.	Ein Kunde bezahlt seine Rechnung bar (3.900,00 €). Bank an FLL 3.900,00 €	X	
4.	Kauf einer EDV-Anlage auf Ziel (23.000,00 €) BGA an VLL 23.000,00 €	X	
5.	SEPA-Lastschrift für die Bezahlung einer Lieferantenrechnung (11.000,00 €) VLL an Bank 11.000,00 €		X
6.	Bezahlung der EDV-Anlage des Geschäftsfalles (4) durch Barzahlung von 7.000,00 €; der Restbetrag wird per Bank beglichen. VLL 23.000,00 € an Kasse 16.000,00 € an Bank 7.000,00 €	X	
7.	Kontoauszug zeigt die Begleichung einer Ausgangsrechnung an (6.200,00 €) Bank an VLL 6.200,00 €	X	
8.	Kauf eines Pkw auf Ziel (30.000,00 €) BGA an VLL 30.000,00 €	X	
9.	Ein Kunde zahlt seine Rechnung: 5.400,00 € per Bank und 4.000,00 € bar. FLL 5.400,00 € an Kasse 1.400,00 € an Bank 4.000,00 €	X	
10.	Bareinzahlung auf das Bankkonto des Unternehmens (8.000,00 €) Bank an Kasse 8.000,00 €	X	

ARBEITSAUFTRAG

Prüfen Sie, ob Isabells Lösungen stimmen. Wenn Sie bei einem Buchungssatz anderer Meinung als Isabell sind, notieren Sie die richtige Lösung und geben Sie an, wo der Fehler liegt.

Aufgaben

1 Bilden Sie zu den folgenden Geschäftsfällen die erforderlichen Buchungssätze.

1) Die Buchhaltung erhält neue Büromöbel zu Anschaffungskosten von 23.500,00 €. Der Kauf erfolgt auf Ziel.

2) Eine Lieferantenrechnung (72.300,00 €) wird per Überweisung beglichen.

3) Der Kauf von Heizmaterialvorräten für 2.150,00 € wird sofort per Bank bezahlt.

4) Für die Handwerker wird eine neue Hebebühne gekauft. Die Anschaffungskosten betragen 3.500,00 €, der Kauf erfolgt auf Ziel.

5) Für die Abwicklung von Bargeschäften im Unternehmen wird Bargeld von der Bank abgehoben (1.000,00 €).

6) Für den Geschäftsführer wird ein neues Dienstfahrzeug im Wert von 30.000,00 € gekauft. Die Anschaffung erfolgt auf Kredit.

7) Ein geplanter Grundstückskauf soll über ein langfristiges Darlehen finanziert werden. Der beantragte Kredit in Höhe von 1.300.000,00 € wird dem Geschäftskonto des Unternehmens gutgeschrieben.

8) Auf dem Geschäftskonto gehen Zahlungen der Mieter in Höhe von 320.000,00 € ein.

9) Ein gebrauchter und mittlerweile ersetzter Rasentraktor wird für 200,00 € bar verkauft.

10) Ein kurzfristiger Bankkredit wird vollständig getilgt. Die Abbuchung vom Geschäftskonto beträgt 20.000,00 €.

2 Formulieren Sie zu den angegebenen Buchungssätzen die Geschäftsfälle.

Nr.	Soll	an	Haben	€
1.	(VLL)	an	(Bank)	4.000,00
2.	(Grundstücke)	an	(Darlehen)	250.000,00
3.	(Vorräte)	an	(VLL)	1.900,00
4.	(VLL)			75.000,00
		an	(Kasse)	5.000,00
		an	(Bank)	70.000,00
5.	(BGA)	an	(Kasse)	4.000,00
6.	(FLL)	an	(BGA)	1.200,00
7.	(Kasse)	an	(Bank)	1.400,00
8.	(VereinsBank Ost)	an	(TopBank)	5.300,00
9.	(TopBank)	an	(FLL)	18.000,00
10.	(VLL)	an	(Darlehen)	25.000,00
11.	(Darlehen)	an	(Bank)	2.500,00

3 Bilden Sie die zusammengesetzten Buchungssätze.

1) Ein Pkw wird zum Preis von 30.000,00 € gekauft. Die Bezahlung erfolgt durch eine Barzahlung bei Übernahme (2.500,00 €), der Restbetrag ist zahlbar innerhalb von 30 Tagen.

2) Eine Darlehenstilgung (20.000,00 €) erfolgt durch eine Überweisung vom Konto der TopBank (14.000,00 €) und vom Konto der VereinsBank Ost (6.000,00 €).

3) Eine Kundenrechnung (11.600,00 €) wird durch Barzahlung (1.600,00 €) und Bankgutschrift (10.000,00 €) beglichen.

4) Es wird Reparaturmaterial über insgesamt 2.380,00 € gekauft. Dabei werden 200,00 € bar bezahlt, für den Rest gilt ein Zahlungsziel von 10 Tagen.

Situation 24

Buchen auf Erfolgskonten

Isabell ist noch immer in der Abteilung Finanzbuchhaltung der MEWOH Musterwohn GmbH und lernt täglich dazu. Wie jeden Morgen öffnet sie auch heute als Erstes ihr E-Mail-Programm und ist erstaunt, eine E-Mail von Frau Bernle, der Sekretärin von Frau Dr. Pohl und Herrn Riedel, vorzufinden. Was will denn die Geschäftsführung von ihr?

Löschen Antworten An alle Weiterleiten

Von: Edith Bernle, Sekretariat Geschäftsführung
An:
Datum: 16.12.20..
Betreff: Tankbeleg Herr Riedel

Hallo, Isabell,

Herr Riedel musste gestern tanken und seine Bankkarte war im anderen Jackett, sodass er bar bezahlt hat.
Frau Deneke hat mir mitgeteilt, dass Sie derzeit im Rahmen Ihrer Ausbildung die Eingangsbuchungen vornehmen und die Eingangsrechnungen buchen. Anbei sende ich Ihnen deshalb den Tankbeleg mit der Bitte um Erfassung.

Viele Grüße

Edith Bernle
Sekretariat Geschäftsleitung
MEWOH Musterwohn GmbH

WORLD PETROL AG

Mandorf Tank GmbH
Reiner Mandorf
Alte Salzstraße 102
04104 Leipzig
Tel.: 0341 9836XX4

*39,84 Liter SÄULE NR 10
*Super Blfr. A 66,10 €

TOTAL 66,10 €

Gegeben 70,00 €
Zurück 3,90 €

20..-12-15 * 12:03 * A 10 * K 29

VIELEN DANK
GUTE FAHRT

Hinweis zum Beleg: Die Umsatzsteuer wird erst in Kapitel 8 behandelt und bleibt deshalb hier unberücksichtigt.

Isabell ist erleichtert. Das ist ja einfach, Benzin gehört natürlich zum Fuhrpark! Sie will schon die Buchung vornehmen, da kommen ihr Zweifel: Das Benzin wird ja verbraucht – gehört es wirklich auf ein Bestandskonto?

ARBEITSAUFTRÄGE

1. Wie lautet der korrekte Buchungssatz für die Buchung des Tankbelegs?
2. Nennen Sie die wesentlichen Unterschiede von Bestands- und Erfolgskonten und gehen Sie dabei auch auf die Begriffe Eigenkapital und Gewinn ein.
3. Bearbeiten Sie das Arbeitsblatt 3.3 „Bestands- oder Erfolgskonto?“, das den Webcodematerialien beiliegt.

Aufgaben

1 Bekanntermaßen führen Aufwandsbuchungen zu einer Minderung des Eigenkapitals und Ertragsbuchungen zu einer Mehrung des Eigenkapitals. Eigentlich könnten aber doch auch alle Aufwendungen und Erträge direkt über das Eigenkapitalkonto gebucht werden, die Führung gesonderter Aufwands- und Ertragskonten wäre nicht erforderlich.
Erläutern Sie die Nachteile, die sich aus der Darstellung des Unternehmenserfolgs allein über das Eigenkapitalkonto ergeben würden.

2 Führen Sie für die Immobilien SalantoImmo GmbH, Düsseldorf, die Buchungen von der Eröffnungsbilanz bis zur Schlussbilanz durch.

Aktiva	**Eröffnungsbilanz (in €)**		**Passiva**
Bank	50.000,00	**Eigenkapital**	60.000,00
Kasse	10.000,00		
	60.000,00		**60.000,00**

Zusätzlich zu den Bestandskonten sind folgende Erfolgskonten einzurichten: Vertriebskosten, Verwaltungskosten, Zinserträge, Provisionserträge

Geschäftsfälle

1) Banküberweisung für Zeitungsanzeigen der Vertriebsabteilung (1.000,00 €)
2) Barkauf von Büromaterial (500,00 €)
3) Banküberweisung für Geschäftsraummiete (3.000,00 €)
4) Zinsgutschrift auf das Bankkonto des Unternehmens (100,00 €)
5) Barkauf von Postwertzeichen (50,00 €)
6) Bankgutschrift für Provisionserträge (10.000,00 €)

3 Bilden Sie für ein Konkurrenzunternehmen der MEWOH Musterwohn GmbH, die Firma Landleben Immobilien KG in Leipzig, zu den folgenden Geschäftsfällen die Buchungssätze.

1) Wir zahlen Zinsen per Bank (3.000,00 €).
2) Für eine Dachreparatur überweisen wir 940,00 €.
3) Wir kaufen Heizöl auf Ziel (5.000,00 €).
4) Für den Geschäftswagen bezahlen wir Inspektion und Reparatur bar (700,00 €).
5) Ein Lieferant erklärt sich bereit, Verbindlichkeiten in ein Darlehen umzuwandeln (10.500,00 €).
6) Wir begleichen eine Lieferantenrechnung per Bank (2.500,00 €).
7) Mieter begleichen unsere Mietforderungen bar, die Miete wurde bereits eingefordert (4.200,00 €).
8) Kauf von Briefmarken bar (20,00 €)
9) Wir erhalten die Provision für eine Grundstücksvermittlung per Bank (3.000,00 €).
10) Wir kaufen Tonerkartuschen, Kopierpapier und Stifte bar (270,00 €).
11) Wir buchen die Miete für den laufenden Monat als Mietforderungen (12.000,00 €).
12) Vom Bankkonto werden für die Handkasse 2.000,00 € abgehoben.
13) Die Geschäftsraummiete wird von uns bar bezahlt (1.200,00 €).
14) Zinsgutschrift der Bank (320,00 €)
15) Per SEPA-Lastschriftverfahren der Bank werden Telekommunikationsgebühren eingezogen (375,00 €).
16) Unsere Mietforderungen werden per Bank beglichen (2.120,00 €).
17) Verkauf gebrauchter Büromöbel zum Buchwert von 2.500,00 € auf Ziel
18) Darlehensschulden werden durch Banküberweisung getilgt (12.000,00 €).
19) Kauf eines Miethauses (1.500.000,00 €), der Kaufpreis wird durch Banküberweisung (600.000,00 €) und durch Aufnahme eines Darlehens finanziert
20) Kauf eines PC auf Ziel (3.500,00 €)
21) Grundsteuern werden durch Banküberweisung bezahlt (2.500,00 €).

4 Ihnen liegen die nachfolgenden, bereits verbuchten Geschäftsfälle der MEWOH Musterwohn GmbH vor. Welche realen Vorgänge verbergen sich jeweils hinter den einzelnen Buchungssätzen?

Nr.	Soll	an	Haben	€
1.	(Büromaterial)	an	(Kasse)	200,00
2.	(BGA)	an	(Bank)	3.500,00
3.	(Zinsaufwand)	an	(Bank)	12.000,00
4.	(Kasse)	an	(Pachterträge)	150,00
5.	(Forderungen)	an	(Mieterträge)	850,00
6.	(Reparaturkosten)	an	(VLL)	12.000,00
7.	(Kasse)	an	(Bank)	1.500,00
8.	(Kfz-Versicherung)	an	(Bank)	250,00
9.	(VLL)	an	(Reparaturmaterial)	1.000,00
10.	(VLL)	an	(Bank)	5.000,00

5 a) Erstellen Sie die Eröffnungsbilanz für die Immobilien Yildiz & Partner GmbH, Leipzig.

b) Bilden Sie die Buchungssätze und buchen Sie die Geschäftsfälle.

c) Erstellen Sie das GuV-Konto und die Schlussbilanz.

Anfangsbestände

Kasse 5.000,00 €, Bank 12.000,00 €, VLL 4.000,00 €, Eigenkapital 13.000,00 €

Geschäftsfälle

1) Wir zahlen Löhne bar (5.000,00 €).

2) Die Bank bucht von unserem Konto Zinsen für ein Darlehen ab (100,00 €).

3) Wir bezahlen Telekommunikationsgebühren per Überweisung (200,00 €).

4) Wir erhalten Provisionen bar (2.000,00 €).

5) Wir erhalten von unserer Bank eine Zinsgutschrift (50,00 €).

6) Uns wird eine Miete auf dem Bankkonto gutgeschrieben (4.000,00 €).

6 Erstellen Sie die Eröffnungsbilanz für die Immobilien Schäfer & Kollnau GmbH, Berlin. Bilden Sie die Buchungssätze und buchen Sie die Geschäftsfälle. Erstellen Sie das GuV-Konto und die Schlussbilanz.

Anfangsbestände

BGA 82.000,00 €, Fuhrpark 12.600,00 €, Vorräte 36.940,00 €, FLL 6.360,00 €, Bank 4.970,00 €, Kasse 1.030,00 €, Darlehen 16.945,00 €, VLL 3.955,00 €

Geschäftsfälle

1) Einkauf von Reparaturmaterialien auf Ziel (4.600,00 €)

2) SEPA-Lastschrift für Zinszahlungen (390,00 €)

3) Lieferantenrechnungen werden durch Banküberweisung beglichen (2.500,00 €).

4) Büromaterial wird bar gekauft (68,00 €).

5) Die Rechnung für Telekommunikation wird durch Banküberweisung beglichen (72,00 €).

6) Unsere Mietforderungen werden durch Bankgutschrift beglichen (1.372,00 €).

7) Barzahlung von Wochenlöhnen (840,00 €)

8) Zinsgutschrift der Bank (900,00 €)

9) Der Abschlag zur Stromrechnung wird per SEPA-Lastschrift von der Bank eingezogen (120,00 €).

10) Abhebung vom Bankkonto (1.000,00 €)

11) Transportkosten werden bar bezahlt (85,00 €).

12) Verkauf eines gebrauchten Kopiergerätes auf Ziel (2.400,00 €)

13) Ein gebrauchter Pkw wird auf Ziel verkauft (2.600,00 €).

14) Kundenrechnungen werden durch Banküberweisung ausgeglichen (3.500,00 €).

15) Darlehensschulden werden durch eine Umbuchung vom Bankkonto getilgt (3.945,00 €).

Situation 25

Vom Eröffnungsbilanzkonto zum Schlussbilanzkonto

Das neue Jahr hat begonnen, und Laura Deneke, Leiterin der Finanzbuchhaltung der MEWOH Musterwohn GmbH, hat ihre Mitarbeiterinnen und Mitarbeiter zu einer Teambesprechung eingeladen.

Frau Deneke: Die Schlussbilanz ist erstellt, und arbeitsreiche Tage liegen hinter uns. Frau Dr. Pohl und Herr Riedel sind mit dem Jahresergebnis sehr zufrieden. Im Namen der Geschäftsleitung möchte ich mich bei Ihnen allen für Ihre großartige Arbeit bedanken.

Isabell freut sich wie alle anderen über dieses Ergebnis und das Lob.

Frau Deneke: Aber Sie wissen ja: Nach der Schlussbilanz ist vor der Eröffnungsbilanz. (*Sie lächelt.*) Lassen Sie uns also mit der Arbeit beginnen, damit auch dieses Jahr zu einem Erfolg für die MEWOH Musterwohn GmbH wird. Wenn jemand Fragen hat, sprechen Sie mich bitte an. Vielen Dank.

Alle klatschen oder klopfen auf den Tisch, dann ist die Teambesprechung beendet. Doch Isabell fasst sich ein Herz und geht zu Frau Deneke.

Isabell: Frau Deneke, ich habe tatsächlich eine Frage. Das mit der Bilanzidentität, das ist mir klar. Was ich nicht verstehe, ist, dass in der Bilanz und auf den Bestandskonten die Konten auf der gleichen Seite stehen. Widerspricht das nicht dem Grundprinzip der doppelten Buchführung?

Frau Deneke: (*lächelt*) Ich sehe, du hast schon viel gelernt, Isabell, denn das ist eine sehr gute Frage. Bisher haben wir das tatsächlich für euch Auszubildende für den Anfang leichter gemacht, indem wir die Anfangsbestände der Eröffnungsbilanz einfach in die Bestandskonten übertragen haben, um euch die Grundlagen einfacher erklären zu können. Tatsächlich aber gibt es dazu ein Hilfskonto, das Eröffnungsbilanzkonto. Das Gleiche gilt übrigens umgekehrt für das zweite Hilfskonto, das Schlussbilanzkonto, und die Schlussbilanz.

Ihr Auszubildenden habt doch ein Simulationsprogramm zum Üben. Startet dort ein neues Geschäftsjahr mit der Eröffnungsbilanz und bucht die Anfangsbestände. Dann seht ihr, wie das mit dem Eröffnungsbilanzkonto funktioniert.

ARBEITSAUFTRÄGE

1. Erläutern Sie den Begriff Bilanzidentität.
2. Was versteht man unter dem „Prinzip der doppelten Buchführung“?
3. Erklären Sie, warum das Eröffnungsbilanzkonto auch das „Spiegelbild der Eröffnungsbilanz“ genannt wird.
4. Bearbeiten Sie das Arbeitsblatt 3.4 „Bilanzen und Bilanzkonten“, das den Webcodematerialien beiliegt.

Aufgaben

1 Geben Sie zu den unten aufgeführten Konten an, um was für eine Kontenart es sich handelt. Nutzen Sie dazu die folgenden Abkürzungen:

AK = Aktivkonto
PK = Passivkonto
E = Ertragskonto
A = Aufwandskonto

Wie lautet zudem der Eröffnungs- und der Abschlussbuchungssatz zu jedem Konto? Erstellen Sie dazu eine Tabelle in der folgenden Form:

Kontenbezeichnung	Kontenart	Eröffnungsbuchungssatz			Abschlussbuchungssatz		
Beispiel: Vorräte	AK	Vorräte	an	EBK	SBK	an	Vorräte
VLL	...	...	...	...	...	...	...

Konten								
VLL	BGA	Bank	Vorratsverbrauch	Reparaturkosten	Zinsertrag	Mieterträge	Telekommunikationskosten	Fahrzeugkosten
Eigenkapital	Zinsaufwand	Werbekosten	Darlehen	Personalkosten	Büromaterial	Reisekosten	Steuern	Reparaturmaterial
Kundenschuld	Lieferantenschuld	Wertpapiere des AV	Abschreibungen	Gerichtskosten	Pachterlöse	Grundstück	Gebäude	—

2 Ordnen Sie die unten stehenden Aussagen a) bis k) den folgenden Begriffen zu: Eigenkapitalminderung, Eigenkapitalmehrung, Sollbuchung, Sollseite, Habenseite, Inventur, Passivkonten, Aktivkonten (Mehrfachnennungen sind möglich)

a) Sollbuchungen bewirken eine Mehrung des Wertes auf ... .
b) Die Wertansätze der Passivkonten stehen im Eröffnungsbilanzkonto auf der ... .
c) Die Eröffnungsbuchungen lauten immer: ... an (EBK).
d) Schlussbilanzwerte werden stets durch eine ... ermittelt.
e) Minderungen auf einem passiven Bestandskonto werden immer als ... erfasst.
f) Verluste bewirken in der Bilanz stets eine ... .
g) Der Endbestand des Kontos Eigenkapital steht im Schlussbilanzkonto auf der ... .
h) Der Anfangsbestand des Kontos Forderungen steht im Eröffnungsbilanzkonto auf der ... .
i) Bei einem Buchungssatz wird zunächst das Konto genannt, das eine Veränderung auf der ... erfährt.
j) Die Wertansätze der Aktivkonten stehen im Eröffnungsbilanzkonto auf der ... .
k) In der Bilanz bewirken Gewinne stets eine ... .

Vorgaben für die folgenden Aufgaben 3 bis 5:

Bilden Sie für die Aufgaben 3 bis 5 alle erforderlichen Buchungssätze. Gehen Sie dabei jeweils in folgenden Schritten vor:

1. Eröffnungsbuchungssätze für die Bestandskonten
2. Buchen der Geschäftsfälle
3. Abschlussbuchungen für alle offenen Konten:
   a) Abschluss der Ertragskonten über das GuV-Konto
   b) Abschluss der Aufwandskonten über das GuV-Konto
   c) Ermittlung des Erfolges (Saldierung des GuV-Kontos) und Abschluss des GuV-Kontos über das Eigenkapitalkonto
   d) Abschluss der Aktivkonten
   e) Abschluss der Passivkonten

3 Anfangsbestände
Kasse 10.000,00 €, Bank 24.000,00 €, VLL 8.000,00 €, Eigenkapital ?

Geschäftsfälle
1) Zinszahlungen an einen Gläubiger per Bank (160,00 €)
2) Wir erhalten Provisionen bar (900,00 €).
3) Lohnzahlung bar (2.460,00 €)
4) Zinsgutschrift auf dem Bankkonto (100,00 €)
5) Banküberweisung für Telekommunikationsgebühren (240,00 €)
6) Bankgutschrift für Provisionen (2.000,00 €)

4 Anfangsbestände
Wohngebäude 5.600.000,00 €, BGA 80.000,00 €, Vorräte 50.000,00 €, Mietforderungen 70.000,00 €, Kasse 10.000,00 €, Bank 120.000,00 €, Bankdarlehen 4.000.000,00 €, VLL 40.000,00 €, Eigenkapital ?

Neben den Bestandskonten sind auch folgende Erfolgskonten zu führen:
Reparaturkosten, Zinsaufwendungen, Verwaltungskosten, Mieterträge, Zinserträge, Personalkosten

Geschäftsfälle
1) Mietforderungen für vermietete Wohnungen werden gebucht (150.000,00 €).
2) Energiekosten für den Bürobetrieb werden per SEPA-Lastschrift bezahlt (4.000,00 €).
3) Mieter bezahlen geforderte Mieten über die Bank (180.000,00 €).
4) Reparaturkosten werden durch Banküberweisung beglichen (36.000,00 €).
5) SEPA-Lastschrift aus der Zinszahlung (30.000,00 €) und der Tilgung des Darlehens (14.000,00 €)
6) Mieter bezahlen Mieten bar (6.000,00 €).
7) Begleichung einer Lieferantenrechnung durch Banküberweisung (8.000,00 €)
8) Löhne und Gehälter werden per Bank bezahlt (24.000,00 €).
9) Zinsen werden dem Bankkonto gutgeschrieben (2.000,00 €).
10) Heizölkauf auf Ziel (16.000,00 €)
11) Verkauf eines gebrauchten Geschäftswagens gegen Barzahlung zum Buchwert (4.000,00 €)

5 Anfangsbestände
Gebäude 500.000,00 €, BGA 20.000,00 €, Reparaturmaterial 5.000,00 €, Kasse 200,00 €, Bank 800,00 €, Darlehen 200.000,00 €, VLL 6.000,00 €, Eigenkapital ?

Neben den Bestandskonten sind auch folgende Erfolgskonten zu führen:
Provisionserträge, Reparaturkosten, Büromaterial, Lohnkosten, Zinsaufwand, Abschreibungen

Geschäftsfälle
1) Kauf eines Pkw auf Kredit/Darlehen (25.000,00 €)
2) Barverkauf eines gebrauchten Fahrzeuges (7.000,00 €)
3) Kauf von Reparaturmaterial auf Ziel (3.000,00 €)
4) Bankgutschrift von Provisionen (20.000,00 €)
5) Rechnung aus Geschäftsfall (3) wird per Bank bezahlt.
6) Büromaterial wird mit SEPA-Lastschrift bezahlt (1.200,00 €).
7) Vom Bankkonto werden 5.000,00 € abgehoben.
8) Wochenlohn wird bar bezahlt (500,00 €).
9) Barkauf von Büromaterial (200,00 €)
10) Reparaturmaterial wird verbraucht (1.000,00 €).
11) Wir erhalten Provision bar (2.000,00 €).
12) Eingangsrechnung von Handwerkerfirma für eine Reparatur (3.000,00 €)
13) Lohnzahlung per Bank (2.700,00 €)
14) Zinsen (1.200,00 €) und Tilgung (300,00 €) werden per Bank gezahlt.

Abschlussangaben
a) Auf das Gebäude sind Abschreibungen in Höhe von 4.500,00 € vorzunehmen.
b) Die BGA ist mit 2.000,00 € abzuschreiben.

Situation 26
Organisation der Buchführung

In der Finanzbuchhaltung der MEWOH Musterwohn GmbH findet morgen die kürzlich vom Finanzamt III Leipzig angekündigte Betriebsprüfung statt. Alles ist vorbereitet, und die Leiterin der Finanzbuchhaltung, Frau Deneke, ist wie immer die Ruhe selbst. Nur Isabell ist ein wenig aufgeregt.
Arif Khatib, Auszubildender im 2. Ausbildungsjahr, sieht sie ernst an und sagt: „Ja, Isabell, wenn du den Tankbeleg von Herrn Riedel neulich falsch gebucht hast, kommst du morgen direkt ins Gefängnis!"
Isabell stutzt kurz, dann muss sie lachen, und Arif lacht mit.
Auch Frau Deneke, die Arifs Scherz mitbekommen hat, lächelt, sagt dann aber: „Wegen einer falschen Tankbelegbuchung ist noch niemand ins Gefängnis gekommen. Doch in der Tat kann jemand, der seiner Buchführungspflicht nicht nachkommt, zu einer Freiheitsstafe von bis zu zwei Jahren verurteilt werden. Daneben gibt es natürlich noch eine ganze Reihe anderer Gesetze und Vorschriften, die die Organisation der Buchführung regeln. Für die Betriebsprüfung morgen ist ja alles vorbereitet, Sie beide können sich deshalb jetzt noch im Internet zu den gesetzlichen Vorschriften zur Buchführungsorganisation, den Buchführungsbüchern, zur Belegorganisation sowie zum Kontenrahmen und Kontenplan der Wohnungswirtschaft schlaumachen."
Gleich als Erstes finden Arif und Isabell Zahlen zum Jahr 2020 des Bundesfinanzministeriums und der Steuerfahndung, bei denen ihnen vor Staunen der Mund offen stehen bleibt:

- rund 54 000 bearbeitete Strafverfahren wegen Steuerstraftaten[1]
- 35 000 von der Steuerfahndung erledigte Fälle[1]
- 3,3 Mrd. € festgestellte Mehrsteuern (2020[2], davon ca. 1,11 Mrd. € Körperschaftsteuer), 2019 waren es noch 2,8 Mrd. €[1] gewesen
- circa 25 Mio. € verhängte Bußgelder (bei 5 000 abgeschlossenen Bußgeldverfahren)[1]
- 1 234 Jahre verhängte Freiheitsstrafen[1]

Quellen:
[1] https://www.bundesfinanzministerium.de/Monatsberichte/2020/10/Inhalte/Kapitel-3-Analysen/3-5-verfolgung-von-steuerstraftaten.html
[2] https://de.statista.com/statistik/daten/studie/1080991/umfrage/durch-steuerfahndungsstellen-festgestellte-mehrsteuern-nach-steuerarten/

ARBEITSAUFTRÄGE

1. Warum führt das Finanzamt Betriebsprüfungen durch?
2. Informieren Sie sich, in welchen Gesetzen (HGB, AO) die „Grundsätze ordnungsgemäßer Buchführung" stehen. Führen Sie die wichtigsten auf und nennen Sie deren wesentliche Inhalte.
3. Erklären Sie, nach welchem System der Kontenrahmen der Wohnungswirtschaft aufgebaut ist. Zählen Sie die Kontenklassen und stichpunktartig deren Inhalte auf.
4. Erläutern Sie, worin sich Kontenrahmen und Kontenplan eines Wohnungsunternehmens unterscheiden. Zeigen Sie an einem Konto Ihrer Wahl, wie ein Konto des Kontenplans tiefer gegliedert sein könnte.
5. Bearbeiten Sie das Arbeitsblatt 3.5 „Buchen mit Kontennummern", das den Webcodematerialien beiliegt.

Aufgaben

1 Selina Novak-Blank, die Schwester von Renée Novak-Blank, beginnt heute bei der MEWOH Musterwohn GmbH ein Praktikum. Ihre erste Abteilung ist die Finanzbuchhaltung. Isabell soll ihr die Kontenklassen der Wohnungswirtschaft erklären.

Geben Sie an, welcher Sachverhalt zutrifft.

1) Aktive Bestandskonten sind in den Kontenklassen 3 und 4 aufgeführt.
2) Passive Bestandskonten sind in den Kontenklassen 1 und 2 aufgeführt.
3) Ertragskonten sind in der Kontenklasse 6 aufgeführt.
4) Aufwandskonten sind in der Kontenklasse 6 aufgeführt.
5) In der Kontenklasse 7 ist die Mietenbuchhaltung als Nebenbuchhaltung aufgeführt.

2 a) Geben Sie an, worin sich Eigen- und Fremdbelege unterscheiden.
b) Nennen Sie zu jeder Belegart mindestens drei Beispiele.

3 Wie ist in der Finanzbuchhaltung zu verfahren, wenn ein Originalbeleg beispielsweise verloren wurde oder ein Fremdbeleg nicht zu erhalten ist?

4 Nennen und erklären Sie chronologisch die Arbeitsphasen, die jeder anfallende Beleg grundsätzlich zu durchlaufen hat.

5 Eine entscheidende Voraussetzung für eine ordnungsgemäße Buchführung ist die sorgfältige Vorbereitung der Belege vor dem Buchen. Nennen Sie die einzelnen Schritte in logischer Reihenfolge und erklären Sie deren Inhalte.

6 Bringen Sie die folgenden Schritte bei der Bearbeitung einer Eingangsrechnung in die richtige Reihenfolge.

- Eingangsrechnung sachlich und rechnerisch kontrollieren
- Eingangsrechnung mit Kontierungsstempel versehen
- Eingangsrechnung in der Poststelle mit Eingangsstempel versehen
- Eingangsrechnung in der Aktenablage ablegen
- Eingangsrechnung buchen und zur Zahlung anweisen
- Eingangsrechnung zur Bearbeitung an die zuständige Mitarbeiterin weiterleiten

7 Bestimmen Sie unter Nutzung des Kontenrahmens der Wohnungswirtschaft zu den folgenden Konten die Kontennummern.

- Gezeichnetes Kapital
- Guthaben bei Kreditinstituten (Bank)
- Verbindlichkeiten gegenüber anderen Kreditgebern (Darlehen)
- Wertpapiere des Umlaufvermögens
- Zinserträge
- Sächliche Verwaltungsaufwendungen (SVA)
- Heizkosten (bei zu vermietenden Objekten)
- Gewinn- und Verlustkonto (Jahresüberschuss/Jahresfehlbetrag)
- Kosten für Reparatur der Aufzugsanlage (Mietobjekt)
- Unbebaute Grundstücke des AV
- Zinsaufwendungen für Darlehen von einer Versicherung
- Grundsteuer
- Forderungen aus Vermietung und Verpachtung
- Kosten der Hausreinigung (Mietobjekt)
- Kasse
- Grundstück mit Wohnbauten (AV)
- Bebaute Verkaufsgrundstücke (UV)
- Wertpapiere des AV

8 a) Was versteht man unter Nebenbüchern?
b) Nennen Sie zwei Beispiele und die Funktionen dieser Nebenbücher.

9 Worin unterscheiden sich das Hauptbuch und die Nebenbücher grundsätzlich?

10 Die Mietenbuchhaltung wird nicht in der üblichen „T-Form" gebucht.
a) Nennen Sie den Grund hierfür.
b) Wie könnte die Mietenbuchhaltung stattdessen beispielsweise gestaltet werden?

Situation 27

Die Buchung von Steuern des Wohnungsunternehmens

Löschen | Antworten | An alle | Weiterleiten

Von: Laura Deneke, Finanzbuchhaltung & Controlling MEWOH Musterwohn GmbH
An: Isabell Ahrens, MEWOH Musterwohn GmbH
Datum: 10.02.20..
Betreff: Ergebnis Betriebsprüfung/Bitte um Korrekturbuchung

Hallo, Isabell,

heute kam per Post vom Finanzamt das Prüfungsergebnis zur Betriebsprüfung.
Die Prüfer waren mit allem zufrieden, nur einmal war eine Kfz-Steuer über 900,00 €
irrtümlich auf das Konto Umsatzsteuer gebucht worden.
Bitte nimm alle erforderlichen Korrekturbuchungen vor.

Viele Grüße

Laura Deneke
MEWOH Musterwohn GmbH

ARBEITSAUFTRAG

Helfen Sie Isabell und nehmen Sie alle erforderlichen Korrekturbuchungen vor.

Aufgaben

1 Ordnen Sie die folgenden Steuern den Betriebssteuern, den Personensteuern, den Steuern als durchlaufende Posten oder den aktivierungspflichtigen Steuern zu und geben Sie an, über welches Konto sie abgeschlossen werden:
Kraftfahrzeugsteuer / Vorsteuer / Einkommensteuer / Grunderwerbsteuer / Körperschaftsteuer / einbehaltene Lohnsteuer / Umsatzsteuer / einbehaltene Kirchensteuer / Grundsteuer

2 Bilden Sie zu der Überweisung (Geschäftsfall 1) und den folgenden SEPA-Lastschriften (Geschäftsfälle 2 bis 6) die Buchungssätze.

1) Überweisung der einbehaltenen Lohn- und Kirchensteuer (8.500,00 €)
2) Kfz-Steuer für Firmenfahrzeuge (860,00 €)
3) Einkommensteuervorauszahlung des Firmeninhabers (15.000,00 €)
4) Grundsteuer des Unternehmens (800,00 €)
5) Gewerbesteuer (2.400,00 €)
6) Umsatzsteuerzahllast (11.200,00 €)

3 Aufgrund der Steuerbescheide für das abgelaufene Geschäftsjahr erhält die MEWOH Musterwohn GmbH als Rückerstattung durch Banküberweisung 2.592,00 € an Einkommen- und Kirchensteuer sowie 1.240,00 € Gewerbesteuerrückerstattung. Buchen Sie die Steuerrückerstattungen.

Situation 28

Die Umsatzsteuer

Isabell hat heute ihren letzten Tag in der Abteilung Finanzbuchhaltung. Zum Abschied hat sie Kuchen mitgebracht, und nach Arbeitsschluss sitzen alle gemütlich beisammen.

ZWISCHENPRÜFUNG
Bitte Ruhe!

Frau Deneke: Isabell, jetzt verlässt du uns schon wieder! Ich lasse dich nur ungern weiterziehen, du hast dich prima eingearbeitet und warst mir eine große Hilfe. Wenn du in zwei Jahren deine Abschlussprüfung hinter dir hast und deine Zukunft vielleicht in der Finanzbuchhaltung der MEWOH siehst, hier ist immer ein Platz für dich frei.

Isabell: Das ist sehr nett von Ihnen, Frau Deneke! Zwar weiß ich noch nicht, was genau ich später machen möchte, aber Finanzbuchhaltung liegt mir und wäre mit Sicherheit in der engeren Wahl. Vielleicht komme ich also auf Ihr Angebot zurück. Und nächstes Jahr habe ich dann ja erst mal meine Zwischenprüfung.

Renée: Arif, aber du hast doch schon kommende Woche deine Zwischenprüfung: Bist du nicht nervös?

Arif: Klar bin ich etwas aufgeregt. Aber ich habe mich gut vorbereitet. Frau Deneke hat mir vorhin zum Üben noch eine Aufgabe mit lauter Belegen zur Umsatzsteuer gegeben. So was wird mit Sicherheit auch in der Prüfung drankommen. Das werde ich durcharbeiten, und dann kann eigentlich nichts mehr schiefgehen.

Isabell: Kannst du mir die Aufgabe nach deiner Prüfung geben? Damit ich bis zu meiner Zwischenprüfung nächstes Jahr nicht vergessen habe, wie man überhaupt bucht ... (*Alle lachen.*)

ARBEITSAUFTRÄGE

1. Bearbeiten Sie das Arbeitsblatt 3.6 „Die Finanzbuchhaltung", das den Webcodematerialien beiliegt. Es handelt sich um ein Kreuzworträtsel.
2. Nehmen Sie die folgenden Belegbuchungen vor.
   Hinweis: Die MEWOH Musterwohn GmbH ist vorsteuerabzugsberechtigt.
   - **a.** Bilden Sie den Buchungssatz zu jedem Beleg der MEWOH Musterwohn GmbH, indem Sie aus den zur Auswahl stehenden Konten die richtigen wählen.
   - **b.** Eröffnen Sie die Konten (253) Vorsteuer und (470) Umsatzsteuer im Hauptbuch und übertragen Sie den aktuellen Saldo vor Buchung der Belege:
     (253) Vorsteuer: 44.690,00 € im Soll
     (470) Umsatzsteuer: 128.640,00 € im Haben
   - **c.** Buchen Sie ausschließlich die anfallenden Umsatz- und Vorsteuerbeträge der folgenden Belege im Hauptbuch auf das entsprechende Steuerkonto.
   - **d.** Wenn Sie alle Belege bearbeitet haben, schließen Sie die beiden Steuerkonten ab. Handelt es sich bei dem Ergebnis um eine Zahllast oder einen Vorsteuerüberhang?
   - **e.** Nennen Sie den Buchungssatz, wenn mit dem Ergebnis aus Teilaufgabe d) am 10. des Folgemonats die Steuer entweder vom Finanzamt abgebucht oder aber ein Betrag rückerstattet wird.

Beleg 1

SCHOLLE GMBH
Büroausstattung

RECHNUNG

Datum:	31.08.20..
Rechnungs-Nr.	1212
Lieferdatum:	31.08.20..
Kunden-Nr.	4223

Büroausstattung Scholle GmbH • Kurt-Eisner-Straße 3 • 04275 Leipzig
MEWOH Musterwohn GmbH
Fangerstraße 15 – 20
04104 Leipzig

RECHNUNG Nr. 1212

Artikel	Beschreibung	Anzahl	Einzelpreis	Gesamt
44002	Kopiergerät Capon X-2020	5	1.370,00 €	6.850,00 €
		Rechnungsbetrag netto		6.850,00 €
		19% Umsatzsteuer		1.301,50 €
		Rechnungsbetrag brutto		**8.151,50 €**

Die Ware wurde frei Haus geliefert.
Zahlungsziel 30 Tage.

Vielen Dank für Ihren Auftrag!

1. Umsatzsteuer (470)
2. Andere Anlagen, Betriebs- und Geschäftsausstattung (05)
3. Vorsteuer (253)
4. Guthaben bei Kreditinstituten (Bank) (274)
5. Sächliche Verwaltungsaufwendungen (850)
6. Verbindlichkeiten aus anderen Lieferungen und Leistungen (4421)

1. Verbindlichkeiten aus Lieferungen und Leistungen (442)
2. Personalaufwand (83)
3. Vorsteuer (253)
4. Guthaben bei Kreditinstituten (Bank) (274)
5. Kosten für Aufzugsanlagen (8004)
6. Umsatzsteuer (470)

Beleg 2

TOPBANK
Leipzig

Kontoauszug **EUR-Konto**

IBAN	erstellt am	Auszug	Blatt
DE24 1001 0700 0060 0521 98	31.08.20..	117	1

Vorgang			
Pierre Durand GmbH, Wartung Aufzüge, August 20.. Re.-Nr. 887	*Buchungstag* 31.08.20..	*Wert* 31.08.20..	6.005,25 –
MEWOH Musterwohn GmbH Fangerstraße 15 – 20 04104 Leipzig		*alter Saldo*	**127.480,00 Haben**
		neuer Saldo	**121.474,75 Haben**

Beleg 3

Deutsche Post AG
POSTDIENST

04179 Leipzig
2251-0542 5162

28.08.20..
***22,00 €**
Postwertzeichen

1. Übrige Unternehmenskosten (8508)
2. Umsatzsteuer (470)
3. Kasse (271)
4. Gebühren und Zuschläge (602)
5. Post- und Telekommunikationskosten (85000)
6. Vorsteuer (253)

Beleg 4

Werbeagentur BBDOP • Rheinstr. 14 • 40221 Düsseldorf

MEWOH MUSTERWOHN GmbH
Falkenstraße 15 – 20
04104 Leipzig

BBDOP
Liegenschaftsverwaltung
BBDOP GmbH & Co. KG
Leipzig

RECHNUNG NR.: 221 **RECHNUNGSDATUM: 27.08.20..**

Sehr geehrte Damen und Herren,

für die Anmietung Ihres Bürokomplexes in der Scharnhorststraße 212 für den Monat September 20.. berechnen wir Ihnen:

	7.500,00 €
+ 19 % Umsatzsteuer	1.425,00 €
Rechnungsbetrag	**8.925,00 €**

Wir erwarten die Überweisung auf unser Konto bei der Bank im Westen, IBAN DE40 0765 4002 0067 0700 86, ohne jeden Abzug innerhalb von 8 Tagen.

1. Vorsteuer (253)
2. Verbindlichkeiten aus Lieferungen und Leistungen (442)
3. Forderungen aus anderen Lieferungen und Leistungen (23)
5. Gebäudekosten (001)
6. Umsatzsteuer (470)
7. Raumkosten für Geschäftsräume (85002)

Beleg 5

	EUR	Cent
Netto	200	00
+ 19 % MwSt.	38	00
Gesamt	238	00

Quittung
Nr. 2891/20.

Gesamtbetrag EUR in Worten: zweihundertachtunddreißig — Cent wie oben

(im Gesamtbetrag sind 19 % Mehrwertsteuer enthalten)

von MEWOH Musterwohn GmbH

für Reparatur Eingangstor Verwaltungsgebäude, Falkenstr. 15

Betrag dankend erhalten.

Ort Leipzig Datum 28.12.20..

Buchungsvermerke

Stempel/Unterschrift des Empfängers: Peters — Schlüssel Schnelldienst, Ankerstraße 7 - 04279 Leipzig

1. Verbindlichkeiten aus Lieferungen und Leistungen (442)
2. Personalaufwand (83)
3. Vorsteuer (253)
4. Kasse (271)
5. Sächliche Verwaltungsaufwendungen (850)
6. Umsatzsteuer (470)

Beleg 6

ROLE
ColorCopy und Printshop
Karl-Liebknecht-Straße 89
04299 Leipzig – Tel.: 0341 84595XX3
QUITTUNG
für: MEWOH Musterwohn GmbH

Datum: 31.08.20.. 16:08

Pos.	Menge	Bezeichnung	Vk-Preis	Ges.-Preis	USt
1	228	s/w Fotokopien	0,075	17,10	1
		Endsumme	€	17,10	
		gegeben (bar)	€	20,00	
		zurück	€	2,90	

Umsatzsteuer-Anteil:
USt = 1 = 19,00 % = € 2,73

Betrag dankend erhalten: Rollmann

1. Kosten für die Geschäftsbesorgung durch Dritte (822)
2. Verbindlichkeiten aus Lieferungen und Leistungen (442)
3. Vorsteuer (253)
4. Büromaterial, Drucksachen, Zeitschriften, Bücher (85001)
5. Umsatzsteuer (470)
6. Kasse (271)

Beleg 7

TELCO – DIE TELEFONCOMPANY

Ihre Rechnung

TELCO

TELCO, Niederlassung
04299 Leipzig
42 428561–112 12.00 0,85
020200600113

Rechnungsdatum 28.08.20..
Rechnungsmonat AUGUST 20..
Kundennummer

Bitte immer angeben
Buchungskonto 020200600113
Seite

MEWOH MUSTERWOHN GmbH
Fangerstr. 15 – 20
04104 LEIPZIG

Bei Rückfragen Telefon 0202/13-XX222
Telefax 0202/13-XX4562

	Artikel oder Leistung	Menge bzw. Einheit	Nettoeinzel-betrag Euro	Nettogesamt betrag Euro	USt in %
	Monatliche Beträge				
10110	Telefonanschluss	5	10,94	54,70	19
11104	Telefonanlage	1	39,98	39,98	19
11194	mobile Nebenstellen	8	1,48	11,84	19
	Beträge für Verbindungen vom 19.07.20.. bis 19.08.20..				
17386	Firmenflatrate	2298	–	122,48	19
	Nettobetrag			229,00	
	Umsatzsteuer 19 %			43,51	
	Rechnungsbetrag			272,51	

Den Betrag von 272,51 Euro bitten wir rechtzeitig zu begleichen.

1. Vorsteuer (253)
2. Gebäudekosten (0311)
3. Post- und Telekommunikationskosten (85000)
4. Guthaben bei Kreditinstituten (Bank) (274)
5. Verbindlichkeiten aus Lieferungen und Leistungen (442)
6. Umsatzsteuer (470)

Beleg 8

WORLD PETROL AG

Eckehard Ziebull
Tieckstraße 102
04275 Leipzig

Station Nr. 0200817104 Tel. 0341 4412xx05

Barverkauf
112394 31.08.20..

*0005 ARAL SUPER
Zp 01 18,63 1,661 €/l 30,94 €

Gesamtbetrag 30,94 €

USt 19 % 4,94 €

Kundennummer SPL EC
79171748294840 0000 00
Kunde
MEWOH Musterwohn GmbH

Betrag dankend erhalten: *Ziebull*

DER VERKAUF VON KRAFTSTOFF UND SCHMIERSTOFF ERFOLGT IM NAMEN UND FÜR RECHNUNG DER WORLD PETROL AG

1. Fahr- und Reisekosten (85010)
2. Vertriebskosten (817)
3. Personalaufwand (83)
4. Umsatzsteuer (470)
5. Vorsteuer (253)
6. Kasse (271)

Beleg 9

Finanzamt Leipzig
Prager Straße 118-136
04317 Leipzig
31-08-20..

Kraft-St.-Nummer 220 L-BP 209
(Bitte bei Rückfragen angeben)

Telefon: 0341 123XX64
Telefax: 0341 123XX56

Finanzamt Leipzig
Postfach 1351 04217 Leipzig

Bescheid
über Kraftfahrzeugsteuer

612/--/81939186

MEMOW MUSTERWOHN GmbH
Falkenstr. 15-20
04317 Leipzig

Festsetzung
Diese Änderung Ihres bisherigen Bescheides beruht auf
§ 12 Abs. 2 Nr. 1 Kraftfahrzeugsteuergesetz.
Die Steuer wird für das Fahrzeug mit dem amtlichen Kennzeichen
I.-BP 209 festgesetzt
für die Zeit ab 31.08.20.. auf jährlich . . . . 120,00 Euro
Abrechnung
nach dem Stand vom 31.08.20..
Steuer für die Zeit vom 31.08.20.. bis 31.08.20.. . . . . 120,00 Euro
bereits gezahlt . . . . 0,00 Euro
zu wenig gezahlt . . . . 120,00 Euro
Bitte zahlen Sie
sofort . . . . 120,00 Euro
künftig jährlich
spätestens bis 31.08. . . . . 120,00 Euro
Die jeweils fälligen Beträge wird zeitgleich durch SEPA-Lastschrift eingezogen.

Grundlagen der Festsetzung

Fahrzeugart	Personenkraftwagen
Hubraum	1.998 cm
Erstzulassungsdatum	20XX-06-29

1. Verbindlichkeiten aus Steuern (470)
2. Vorsteuer (253)
3. Guthaben bei Kreditinstituten (Bank) (274)
4. Steuererstattung für frühere Jahre (8909)
5. Kraftfahrzeugsteuer (8911)
6. Verbindlichkeiten aus Lieferungen und Leistungen (442)

Beleg 10

TOPBANK
Leipzig

Kontoauszug **EUR-Konto**

IBAN	erstellt am	Auszug	Blatt
DE24 1001 0700 0060 0521 98	02.09.20..	119	1

Vorgang			
Leon Goméz Whg. Nr. 161 015 Miete September 20..	*Buchungstag* 02.09.20..	*Wert* 02.09.20..	585,00 +
MEWOH Musterwohn GmbH Fangerstraße 15 – 20 04104 Leipzig		*alter Saldo*	**126.224,75 Haben**
		neuer Saldo	**126.809,75 Haben**

1. Sollmieten (600)
2. Forderungen aus Vermietung und Verpachtung (20)
3. Forderungen aus anderen Lieferungen und Leistungen (23)
4. Vorsteuer (253)
5. Umsatzsteuer (470)
6. Guthaben bei Kreditinstituten (Bank) (274)

Aufgaben

1 Was ist eine Kleinbetragsrechnung und welches bedeutende Merkmal unterscheidet sie von herkömmlichen Eingangs- und Ausgangsrechnungen?

2 Zählen Sie die Bestandteile auf, die eine ordnungsgemäß ausgestellte Rechnung gemäß § 14 UStG enthalten muss.

3 Bilden Sie die Buchungssätze für nachfolgende Geschäftsfälle der MEWOH Musterwohn GmbH und ermitteln Sie dabei die Umsatzsteuer bei einem Steuersatz von 19 %. Die MEWOH Musterwohn GmbH ist bekanntlich vorsteuerabzugsberechtigt.

1) Eingangsrechnung über den Zielkauf eines Rasentraktors für netto 4.200,00 €
2) Eingangsrechnung einer Druckerei für Flyer, die die Vermietung von Gewerbeflächen anbieten (Nettorechnungsbetrag 2.600,00 €)
3) Kontoauszug mit SEPA-Lastschrifteinzug für die Anmietung von Räumen zur Aufbewahrung von Geschäftsunterlagen (1.428,00 €)
4) Kontoauszug mit einer Zinsgutschrift in Höhe von 840,00 €
5) Eingangsrechnung: Provisionsabrechnung eines Maklers (Vermittlung von Mietverträgen) über brutto 2.142,00 €
6) Kontoauszug mit Abbuchungen von Wartungsgebühren (EDV) über 800,00 € netto

4 a) Erläutern Sie, was im Zusammenhang mit der Umsatzsteuer unter der Zahllast zu verstehen ist und wie sie buchmäßig zu ermitteln ist.

b) Was passiert mit einer bestehenden Zahllast zum Bilanzstichtag?

5 Erklären Sie, was ein Vorsteuerüberhang ist, wie er entsteht und wie er am Bilanzstichtag zu buchen ist.

6 Im Monat Juni des Geschäftsjahres (01) hat die Immobilienwelt Becker GmbH, Leipzig, umsatzsteuerpflichtige Einkäufe in Höhe von insgesamt 178.976,00 € (brutto) getätigt. Diesen Einkäufen standen umsatzsteuerpflichtige Verkäufe in Höhe von 273.000,00 € (netto) gegenüber.

a) Buchen Sie die Verrechnung der Konten (470) Umsatzsteuer und (253) Vorsteuer.

b) Stellen Sie fest, ob sich für den Monat Juni (01) eine Zahllast oder ein Vorsteuerüberhang ergibt.

7 Für den Monat September (01), in dem auch die Hausmesse der MEWOH Musterwohn GmbH stattfand und viele gebrauchte Maschinen und Werkzeuge verkauft wurden, erhielt die Wohnungsbaugesellschaft eine Vorsteuererstattung in Höhe von 2.509,50 €. Im gleichen Zeitraum wurden steuerpflichtige Anschaffungen von insgesamt 44.427,71 € (brutto) getätigt. In welcher Höhe wurden in diesem Zeitraum Verkäufe (netto und brutto) vorgenommen?

8 **Ausgangssituation:** Ihnen liegen die unten stehenden Informationen zu den Umsatzsteuerkonten vor:

S	(253) Vorsteuer	H
15.000,00 €		1.000,00 €

S	(470) Umsatzsteuer	H
		23.000,00 €

a) Vor dem Abschluss der Konten (470) Umsatzsteuer und (253) Vorsteuer ist noch der Zielkauf von EDV-Technik für den Bereich Baubetreuung der MEWOH Musterwohn GmbH in Höhe von 95.200,00 € brutto zu berücksichtigen. Buchen Sie den Rechnungseingang für diesen Technikkauf, das Unternehmen ist bekanntlich vorsteuerabzugsberechtigt.

b) Buchen Sie nach der Buchung des EDV-Kaufs die Verrechnung der Konten (470) Umsatzsteuer und (253) Vorsteuer.

c) Stellen Sie nach dieser Verrechnung fest, in welcher Höhe sich nun ein Vorsteuerüberhang oder eine Zahllast ergibt.

9 Bei der Wohnungsbaugesellschaft Immobilien Manthei KG, Hamburg, wurden im 2. Quartal diverse Belege erfasst.

Nr.	Beleg	Steuersatz	Nettobeträge €
1	Ausgangsrechnungen	19 %	2.250.600,00
2	Rücksendungen von Kunden	19 %	56.450,00
3	Eingangsrechnungen	19 %	830.600,00
4	Eingangsrechnungen	7 %	250,00
5	Gutschriften von Lieferanten	19 %	38.800,00

a) Welche der Positionen führt zu einer Änderung der Umsatzsteuer und welche zu einer Änderung bei der Vorsteuer?

b) Berechnen Sie, ob sich im Endergebnis für den Betrachtungszeitraum ein Vorsteuerüberhang oder eine Zahllast ergibt.

10 a) Zählen Sie drei Beispiele für nachträgliche Preisnachlässe auf.

b) Wie wirkt sich ein nachträglicher Preisnachlass auf eine Eingangsrechnung der MEWOH Musterwohn GmbH auf die Steuer aus? Geben Sie den Buchungssatz an.

c) Wie wirkt sich der Sachverhalt aus Teilaufgabe b) aus Sicht des Ausstellers der Rechnung im Hinblick auf die Steuer aus? Geben Sie auch hierzu den Buchungssatz an.

11 Für die folgenden Aufgaben wird unterstellt, dass die Wohnungsbaugesellschaft Immobilien Yildiz & Partner GmbH, Leipzig, vorsteuerabzugsberechtigt ist. Es gilt ein Umsatzsteuersatz von 19 %.

1) Das Unternehmen erhält am 09.07.01 die Rechnung für die Lieferung von Reparaturmaterial über 28.500,00 € einschließlich Umsatzsteuer. Unter Ausnutzung des Skontos (3 %) wird diese Rechnung am 20.07.01 per Bank beglichen. Buchen Sie den Rechnungseingang und die Bezahlung.

2) Die Immobilien Yildiz & Partner GmbH kauft am 12.05.01 Büromöbel zum Preis von 25.000,00 € (netto). Wegen der sofortigen Barzahlung gewährt der Verkäufer einen Preisnachlass (Rabatt) von 10 % auf den Nettopreis. Buchen Sie den Einkauf.

3) Das Unternehmen kauft am 21.03.01 eine Maschine auf Ziel für 50.000,00 € (netto). Am 03.04.01 wird die Rechnung unter Ausnutzung des Skontos von 3 % per Bank beglichen. Buchen Sie die Geschäftsfälle zum 21.03.01 und 03.04.01.

4) Die Wohnungsbaugesellschaft kauft am 21.04.01 einen PC auf Ziel (Nettopreis 1.100,00 €). Am 30.04.01 wird die Rechnung unter Ausnutzung des Skontos von 3 % per Bank beglichen. Buchen Sie die Geschäftsfälle zum 21.04.01 und 30.04.01.

5) Das Unternehmen erhält am 09.07.01 die Rechnung für eine Dachreparatur (Mietobjekt) über 1.606,50 € einschließlich Umsatzsteuer. Unter Ausnutzung des Skontos (3 %) wird diese Rechnung am 20.07.01 per Bank beglichen. Buchen Sie den Rechnungseingang und die Rechnung.

6) Die Immobilien Yildiz & Partner GmbH, Leipzig, kauft am 12.05.01 weitere Büromöbel zum Preis von 45.000,00 € netto. Da das Unternehmen als Stammkunde gilt, gewährt der Händler einen sofortigen Preisnachlass (Rabatt) von 500,00 € auf den Nettopreis. Der Kaufpreis wird sofort per Bank bezahlt. Buchen Sie den Kauf per Bank.

Situation 29

Finanzierungsmittel des Wohnungsunternehmens

Die MEWOH Musterwohn GmbH expandiert weiter und baut in Leipzig einen großen Mietwohnungskomplex. Das Bauvorhaben wurde über ein Darlehen bei der TopBank in Höhe von insgesamt 3.200.000,00 € mitfinanziert und wird vereinbarungsgemäß entsprechend dem Baufortschritt in Raten abgerufen.

Die Bauarbeiten sind planmäßig fortgeschritten. Zurzeit werden die Außenfassade und der Innenausbau fertiggestellt. Hierfür wurde kürzlich die 4. und letzte Rate des Darlehens abgerufen.

Isabell liegt dazu heute der Kontoauszug 283 der TopBank Leipzig vor:

TopBank Leipzig

Kontoauszug **EUR-Konto**

IBAN	**erstellt am**	**Auszug**	**Blatt**
DE24 1001 0700 0060 0521 98	20.10.20..	283	1

Vorgang	*Buchungstag*	*Wert*	
Giancollo, Chiara Mietwohnung Käthe-Kollwitz-Straße 12 Mietzahlung Oktober 20..	01.10.20..	01.10.20..	420,00 +
Auszahlung 4. Rate Darlehen 83567.238, 800.000,00 € abzüglich Disagio 7.200,00 €	01.10.20..	01.10.20..	792.800,00 +
Spende Tierschutzverein Leipzig e. V. für Tombola zum Tag der offenen Tür am 01.12.20..	01.10.20..	01.10.20..	700,00 –
MEWOH Musterwohn GmbH Fangerstraße 15 – 20 04104 Leipzig		*alter Saldo*	**311.460,27 Haben**
		neuer Saldo	**1.103.980,27 Haben**

ARBEITSAUFTRÄGE

1. Bilden Sie die Buchungssätze zu den drei Geschäftsfällen des Kontoauszugs 283.
2. Erläutern Sie, was das Disagio ist.
3. Bearbeiten Sie das Arbeitsblatt 3.7 „Über langfristige Finanzierungen entscheiden“, das den Webcodematerialien beiliegt.

Aufgaben

1 Bilden Sie zu den folgenden Geschäftsfällen die Buchungssätze.

1) Aktivierung der Geldbeschaffungskosten
2) Banküberweisung einer Kreditrate (Annuität, Zins und Tilgung)
3) Banküberweisung des IHK-Beitrages
4) Valutierung (Bankgutschrift) eines Darlehens, die Auszahlung erfolgt zu 93 %
5) Abschreibung der in Vorjahren aktivierten Geldbeschaffungskosten
6) Bankeinzug von Kontoführungsgebühren
7) Banküberweisung der Grunderwerbsteuer für ein erworbenes, unbebautes Grundstück des Umlaufvermögens

2 Der MEWOH Musterwohn GmbH wird zum 01.01.20XX ein Darlehen über 240.000,00 € gutgeschrieben, die Auszahlung erfolgt zu 100 %. Dieses Darlehen soll mit gleichbleibenden Annuitäten bei einer Tilgungsrate von 2 % zuzüglich ersparter Zinsen getilgt werden. Der Jahreszinssatz beträgt 4 %. Vereinbart wurde eine halbjährliche nachträgliche Zahlung.

Erstellen Sie den Tilgungsplan für die ersten zwei Darlehensjahre und buchen Sie
a) die Valutierung und
b) die im Jahr (00) fälligen Annuitäten.

3 Laut Beschluss der Geschäftsleitung der MEWOH Musterwohn GmbH wird der Kauf eines Mietwohnungskomplexes in der Leipziger Innenstadt fremdfinanziert. Die Hausbank TopBank hat die Finanzierung übernommen und dem Bankkonto der MEWOH zum 01.01.00 ein Darlehen über 2.500.000,00 € gutgeschrieben. Die Auszahlung erfolgte zu 100 %. Das Darlehen soll mit gleichbleibenden Annuitäten bei einer Tilgungsrate von 1 % zuzüglich ersparter Zinsen bedient werden. Der Jahreszinssatz beträgt 3 %. Vereinbart wurde eine vierteljährliche nachträgliche Zahlung.

Erstellen Sie den Tilgungsplan für das Jahr (00) und buchen Sie
a) die Valutierung sowie
b) die ersten beiden Raten des Jahres (00).

4 Am 01.04.00 wird dem Wohnungsunternehmen Immobilienwelt Becker GmbH, Leipzig, ein Darlehen über 150.000,00 € gewährt. Bei einer Auszahlung von 100 % soll es als Abzahlungsdarlehen bei einem Jahreszinssatz von 2,0 % innerhalb von 5 Jahren getilgt werden. Es wurden vierteljährliche nachträgliche Zahlungen vereinbart.

Erstellen Sie den Tilgungsplan für die ersten 2 Kalenderjahre und buchen Sie
a) die Valutierung und
b) die im Jahr (00) fälligen Annuitäten.

5 Am 01.04.00 nimmt das Wohnungsunternehmen Immobilienwelt Becker GmbH, Leipzig, ein weiteres Abzahlungsdarlehen über 150.000,00 € auf. Der Zinssatz von 2,0 % ist gleich geblieben, die weiteren Konditionen lauten dieses Mal jedoch: Auszahlung 95 %, Tilgung innerhalb von 10 Jahren. Die Zahlungen sollen wiederum vierteljährlich nachträglich erfolgen. Die Zinsbindung für dieses Darlehen beträgt 5 Jahre.

Erstellen Sie den Tilgungsplan für die ersten 2 Kalenderjahre und buchen Sie das Geschäftsjahr (00).

6 Die TopBank schreibt dem Geschäftskonto der MEWOH Musterwohn GmbH zum 01.04.00 ein Abzahlungsdarlehen in Höhe von 300.000,00 € gut. Konditionen: Laufzeit ein Jahr, 3 % Zinsen p. a., 100%ige Auszahlung, halbjährliche nachträgliche Zahlung.
Erstellen Sie den Tilgungsplan und buchen Sie alle Geschäftsfälle der Jahre (00) und (01).

7 Am 01.05.01 erfolgt die Wertstellung eines Annuitätendarlehens über nominal 900.000,00 €. Vereinbart sind eine Auszahlung zu 96 %, 2,5 % Zinsen p. a. und ein Zinsfestschreibungszeitraum von 5 Jahren sowie 1,5 % Tilgung und eine halbjährliche Zahlung im Voraus.

Erstellen Sie den Tilgungsplan für die ersten 12 Monate Laufzeit und buchen Sie unter Angabe des Datums bis zum 31. Dezember.

LERNFELD 4

Wohnräume vermieten

1 Wesen des Mietverhältnisses

Beispiel

Ein guter Freund von Isabell Ahrens will seinen ersten eigenen Mietvertrag unterschreiben. Er hat Isabell daher gebeten, ihm ein wenig zu helfen und einige Tipps zu geben. Auf was soll er bei seinem Mietvertrag achten? Welche Rechte hat er? Welche Pflichten? Und kann er sich bei Problemen auch auf Gesetze berufen?
Da Isabell selbst noch am Anfang ihrer Ausbildung steht, fragt sie Herrn Wagner, der sich um die Vermietungen und Verpachtungen bei der MEWOH Musterwohn GmbH kümmert, nach seinem Rat.

UN-Sozialpakt

Zu den Menschenrechten zählt das Recht auf Wohnen, das in Artikel 11 des **Internationalen Pakts über wirtschaftliche, soziale und kulturelle Rechte** festgeschrieben ist.

Art. 13, 14 GG

Darüber hinaus gewährleistet in der Bundesrepublik Deutschland das Grundgesetz die Unverletzlichkeit der Wohnung (Art. 13) sowie den Schutz des Eigentums (Art. 14).

Allerdings unterliegt das Mietrecht in der Bundesrepublik Deutschland einer Vielzahl von Gesetzen und Verordnungen.

1.1 Gesetzliche Grundlagen

Das Mietrecht wird überwiegend im **Bürgerlichen Gesetzbuch (BGB)** geregelt. Verschiedene Verordnungen ergänzen die im BGB getroffenen Regelungen.

Die wichtigsten Gesetze und Verordnungen, die ein Vermieter bzw. Hausverwalter im Rahmen der Bewirtschaftung von Grundstücken mit Wohnungsvermietung kennen sollte, sind:

Bitte beachten:
Maßgeblich ist die jeweils aktuell gültige Fassung eines Gesetzes bzw. einer Verordnung.

- Allgemeines Gleichbehandlungsgesetz (AGG)
- Wohnungseigentumsmodernisierungsgesetz WEMoG (in Verbindung mit dem WEG)
- Verordnung über die Aufstellung von Betriebskosten (Betriebskostenverordnung – BetrKV)
- Verordnung zur Berechnung der Wohnflächen (Wohnflächenverordnung – WoFlV)
- Verordnung über die verbrauchsabhängige Abrechnung der Heiz- und Warmwasserkosten (Verordnung über Heizkostenabrechnung – HeizkostenV)
- Verordnung über die Umstellung auf gewerbliche Wärmelieferung für Mietwohnraum (Wärmelieferverordnung – WärmeLV)
- Gesetz über die soziale Wohnraumförderung (Wohnraumförderungsgesetz – WoFG)
- Gesetz zur Sicherung der Zweckbestimmung von Sozialwohnungen (Wohnungsbindungsgesetz – WoBindG)
- Gesetz zur Regelung der Wohnungsvermittlung (WoVermRG)

- Gesetz über den unlauteren Wettbewerb (UWG)
- Gesetz über das Verbot der Verwendung von Preisklauseln bei der Bestimmung von Geldschulden (Preisklauselgesetz – PrKG)
- Preisangabenverordnung (PAngV)
- Wohngeldgesetz (WoGG) inkl. Wohngeldreform
- Gesetz über das Erbbaurecht (Erbbaurechtsgesetz – ErbbauRG)
- Verordnung über die Ermittlung der zulässigen Miete für preisgebundene Wohnungen (Neubaumietenverordnung 1970 – NMV 1970)
- Verordnung über wohnungswirtschaftliche Berechnungen nach dem Zweiten Wohnungsbaugesetz (Zweite Berechnungsverordnung – II. BV)
- Wirtschaftsstrafgesetz (WiStG)
- Zivilprozessordnung (ZPO)
- Vierte Verordnung zur Änderung der Trinkwasserverordnung (4. TrinkwVÄndV)
- Mietrechtsänderungsgesetz (MietRÄndG)
- Gesetz zur Ergänzung der Regelungen über die Zulässige Miethöhe bei Mietbeginn und zur Anpassung der Regelungen über die Modernisierung der Mietsache
- Gesetz zur Verlängerung des Betrachtungszeitraums für die ortsübliche Vergleichsmiete
- Mietrechtsanpassungsgesetz (MietAnpG)
- Gesetz zur Änderung des Grundsteuergesetzes (GrStG)
- Bundesmeldegesetz (BMG)
- EU-Datenschutzgrundverordnung (DSGVO)
- Aufgehobene Gesetze sind in dieser Aufzählung nicht aufgeführt, sind aber in älteren Mietverträgen ggf. noch zu berücksichtigen.

Des Weiteren müssen eine Vielzahl von energetischen Gesetzen Beachtung finden.

1.1.1 Miete und andere Rechtsverhältnisse

Immobilienkaufleute werden im Rahmen ihrer Tätigkeit mit den unterschiedlichen Bereichen des Mietrechts in Kontakt kommen. Auch wenn sich verschiedene Vertragsarten im Grundsatz sehr ähnlich sind, müssen sie dennoch klar voneinander unterschieden werden. Aus diesem Grund sind im Mietrecht die folgenden Abgrenzungen zu beachten.

Vertragsarten			
Mietvertrag	**Pachtvertrag**	**Leihe**	**Verwahrungs- oder Lagervertrag**
Vertrag über die entgeltliche Gebrauchsüberlassung von Sachen	Vertrag über Gebrauchsüberlassung von Sachen und Rechten (Fruchtziehung aus der Sache)	Unentgeltliche Überlassung von Räumlichkeiten	Geschuldet wird nicht die Gebrauchsüberlassung, sondern die Aufbewahrung einer Sache
§§ 535 ff. BGB	§§ 581 ff. BGB	§§ 598 ff. BGB	§§ 688 ff. BGB §§ 416 ff. HGB

Weitere Vertragsarten bzw. Rechte sind:
- Verträge über Immobilienleasing
- Verträge über Grundstücksmiete, über unbebaute Grundstücke oder Teile von Grundstücken oder Gebäude, die keine Räume sind
- § 1093 BGB — Einräumung von Wohnrechten
- § 1030 ff. BGB — Überlassung in Form eines Nießbrauchs

Gesondert zu betrachten sind Verträge, welche mit anderen vertraglichen Elementen verbunden sind, wie z. B.
- Verträge mit Lehrlings-, Jugend- oder Studentenwohnheimen,
- Verträge mit Heimen/Altenheimen und
- Verträge für Ferienhäuser.

Dabei handelt es sich um Verträge, in denen verschiedene typische und atypische Elemente zu einer Einheit verbunden sind.

1.1.2 Mietvertrag und Mietverhältnis

Bei einem Mietvertrag handelt es sich um einen **gegenseitigen schuldrechtlichen Vertrag**, aus dem sich verschiedene Rechte und Pflichten für die Vertragsparteien ergeben.

Mietvertrag

Unter einem Mietvertrag ist ein Vertrag über die Überlassung von beweglichen oder unbeweglichen Sachen gegen die Zahlung eines Entgelts (Miete) zu verstehen (§ 535 BGB).

In der Immobilienwirtschaft werden zwei Gruppen von Mietverträgen unterschieden:

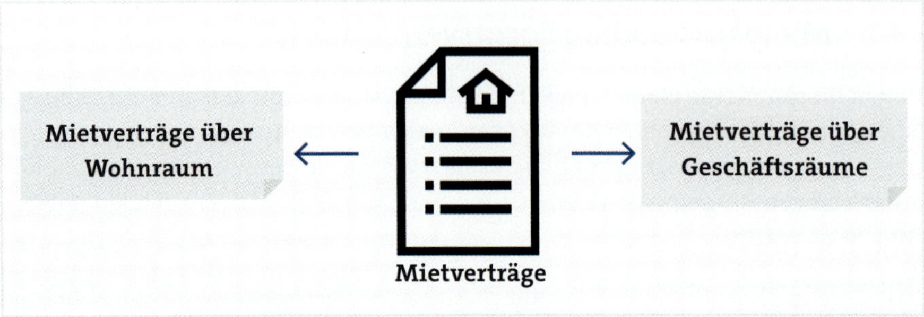

Unter die Wohnraummietverträge fallen auch
- der preisfreie Wohnraum,
- der soziale Wohnungsbau und
- der öffentlich geförderte Wohnungsbau.

Sonderformen von Mietverträgen

Eine Sonderform bilden die Mietverträge über Mischraummietverhältnisse, wie z. B.
- ein Mietverhältnis über Gaststättenräume mit einer Wirtswohnung oder
- ein Mietverhältnis eines Architekten bestehend aus Büro und Wohnraum.

Entscheidend für die klare Einordnung des Vertrags ist der **vereinbarte (überwiegende) Nutzungszweck**. Die gesetzlichen Regelungen zum Mietvertrag können dem BGB entnommen werden.

Dabei ergibt sich folgende Unterteilung:

Mietvertrag im BGB

Mietvertrag		
Allgemeine Vorschriften für Mietverhältnisse	**Mietverhältnisse über Wohnraum**	**Mietverhältnisse über andere Mietsachen**
§§ 535–548 BGB	§§ 549–577a BGB	§§ 578–580a BGB
• Inhalt und Hauptpflichten • Sach- und Rechtsmängel • Minderungen • Gebrauchsüberlassung an Dritte • Kündigungen • Rückgabe	• allgemeine Vorschriften • Erhaltungs- und Modernisierungsmaßnahmen • Miete • Pfandrechte • Wechsel der Vertragsparteien • Beendigung des Mietverhältnisses	• Grundstücke und Räume • über eingetragene Schiffe

Das Mietverhältnis **beginnt** mit dem **Abschluss des Mietvertrags** und nicht wie oft geglaubt mit der Überlassung des Mietgegenstands, wie z. B. der Wohnräume. Der Zeitpunkt der Überlassung muss somit nicht mit dem Beginn des Mietverhältnisses übereinstimmen. Das Mietverhältnis **endet** entweder mit dem **Ablauf der Zeit**, für welche es eingegangen wurde, oder aber im Falle der Kündigung mit dem **Ablauf der Kündigungsfrist**.

Ende des Mietverhältnisses:
§ 542 BGB

Mietverhältnis

Das Mietverhältnis wird beschrieben als zeitweise Gebrauchsüberlassung einer Mietsache durch den Vermieter gegen die Entrichtung eines Entgelts durch den Mieter. Das Entgelt wird als Miete bezeichnet.

Inhalt und Hauptpflichten des Mietvertrags:
§ 535 BGB

Ein Mietverhältnis über Wohnraum liegt dann vor, wenn die Räume dem Mieter vertragsgemäß zur Befriedigung seiner eigenen Wohnbedürfnisse und/oder der Wohnbedürfnisse seiner Familie dienen sollen.

In der Regel wird die Miete als wiederkehrende Geldzahlung vereinbart.

1.1.3 Wohnung und Wohnraum

Bei der Arbeit mit Mietverträgen ist es wichtig die Begriffe **Wohnung** und **Wohnraum** voneinander zu unterscheiden. Der Begriff der Wohnung wird in der Regel an die in der Definition in der DIN 2383 Blatt 1 enthaltenen Definition angeknüpft.

DIN 2383 Blatt 1

Unterschied Wohnung und Wohnraum

Um als **Wohnung** zu gelten, muss diese in ihrer Gesamtheit so beschaffen sein, dass die Führung eines selbstständigen Haushalts möglich ist. Sie muss eine baulich getrennte, in sich abgeschlossene Wohneinheit bilden und einen eigenen Zugang haben. Außerdem ist es erforderlich, dass die notwendigen Nebenräume vorhanden sind, wie Küche, Toilette sowie Dusche oder Bad. Die Wohnfläche muss mindestens 23 Quadratmeter (m^2) betragen.

Wohnraum ist jeder zum Wohnen, Schlafen, Essen, Kochen und zur sonstigen privaten Nutzung bestimmte Raum im Inneren eines Gebäudes. Hierzu gehören auch Nebenräume wie Bad, Flur und Abstellräume.

Grundsätzlich handelt es sich aber um Räume, die zu Wohnzwecken geeignet sind, d. h. jeder zur dauerhaften privaten Nutzung, wie Essen, Kochen, Körperpflege, Schlafen und zur Pflege der Gesellschaft (z. B. Wohnzimmer). Das setzt voraus, dass sie umlaufend geschlossen sind und einen oberen und unteren Abschluss besitzen.

Neben den Räumen der Wohnung können Nebenräume, wie z. B. Kellerräume, Abstellräume oder Stellplätze mitvermietet werden.

SB ▶ SITUATION 30 Der Wohnraummietvertrag

1.2 Wohnraummietvertrag

Beispiel

Für den anstehenden Termin der Unterzeichnung eines Mietvertrags soll Isabell Ahrens überprüfen, ob der vorliegende Vertragsentwurf den gesetzlichen Vorgaben entspricht und alle notwendigen Angaben enthält.

1.2.1 Vertragsarten: Formular- und Individualvertrag

Grundsätzlich sollte bei der Gestaltung eines Wohnraummietvertrags Folgendes beachtet werden:

- keine überraschenden Klauseln
- keine unwirksamen Klauseln bzw. Klauselverbote
- keine Unklarheitsregeln
- keine unangemessene Benachteiligung
- Transparenzgebot

Merke!

Es dürfen keine Klauseln enthalten sein, welche wesensfremde Verpflichtungen des Mieters enthalten, unter anderem die Kopplung mit anderen Verträgen. Dazu würde z. B. der Abschluss von Wartungsverträgen zur Wohnungseinrichtung oder der Ankauf von Einrichtungsgegenständen der Wohnung zählen.

Transparenzgebot
§ 307 Abs. 1 Satz 2 BGB

Transparenzgebot

Eine Vertragspartei wird „unangemessen benachteiligt", wenn eine vertragliche Bestimmung nicht klar und verständlich ist (§ 307 Abs. 1 Satz 2 BGB).

Vertragsarten	
Formularmietvertrag	**Individualmietvertrag**
vorformulierter, typisierter Vertragsinhalt	individuell ausgehandelter Vertragstext
Bestimmungen über die „Allgemeinen Geschäftsbedingungen" sind anzuwenden	individuell ausgehandelte Vereinbarungen haben Vorrang
§§ 305 ff. BGB	§§ 305 und 305b BGB

1.2.2 Vertragspartner

In Wohnraummietverträgen wird in der Regel von **Vertragsparteien** gesprochen. Gemeint sind damit **Vermieter** und **Mieter**. Diese Vertragsparteien können sich unterschiedlich zusammensetzen.

Vertragsparteien	
Vermieter	**Mieter**
eine oder mehrere Personen als Vertragspartner	eine oder mehrere Personen als Mieter
Beispiel (mehrere Personen): Erbengemeinschaft	**Beispiel (mehrere Personen):** Ehepartner, Lebensgefährten, Wohngemeinschaften
▪ gegenseitige Bevollmächtigung ▪ Schadensersatzansprüche gegen Vertreter ohne Vollmacht	▪ gegenseitige Bevollmächtigung ▪ gesamtschuldnerische Haftung

Bei Mietverträgen mit Minderjährigen, z. B. Auszubildenden und Studenten, ist darauf zu achten, dass die **Zustimmung des gesetzlichen Vertreters**, z. B. der Eltern, vorliegt. Ansonsten haftet der Minderjährige ggf. nicht für Mietschulden bzw. Schäden an der Mietwohnung.

Merke!

Eine konkrete Bezeichnung (Nennung aller Personen) der Mietparteien ist wichtig, da sich daraus ergibt, wer welche Rechte gegen wen geltend machen kann.

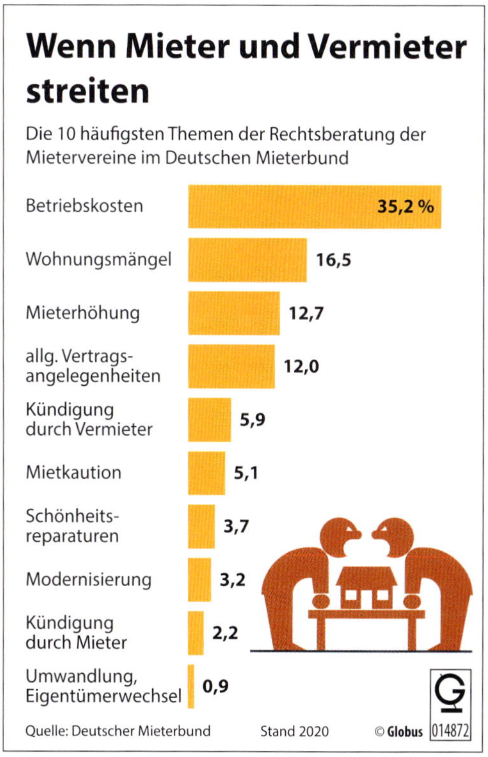

1.2.3 Inhalt des Mietvertrags

In einem Mietvertrag müssen die folgenden Mindestinhalte aufgeführt sein:

- die genaue Bezeichnung der Vertragsparteien
- die genaue Bezeichnung der Mietwohnung
- der Beginn des Mietverhältnisses

Weiterhin ist es in der Regel üblich, um spätere Streitigkeiten zu vermeiden, einen Mietvertrag ausführlich zu gestalten, d. h., weitere Regelungen in den Vertrag aufzunehmen, wie z.B.:

- Regelungen zu den Betriebskosten
- Angaben zu den Pflichten und Rechten des Vermieters und Mieters
- Regelungen zu Kleinreparaturen
- Regelungen zu Schönheitsreparaturen
- Mietsicherheiten
- Untervermietung
- Hausordnung

Eine mögliche inhaltliche Gliederung eines Mietvertrags könnte wie folgt aussehen:

Gliederung	Inhalt
§ 1	Angaben zu Vermieter und Mieter
§ 2	Angaben zu den Mieträumen
§ 3	Mietzeitraum (Beginn und Dauer)
§ 4	Zusammensetzung der Miete/Zahlung der Miete
§ 5	Ordentliche Kündigung
§ 6	Fristlose Kündigung
§ 7	Anfallende Betriebskosten (Verteilung sowie Abrechnung)
§ 8	Angaben zur Änderung der Miete, Mieterhöhung, Staffelmiete, Indexmiete
§ 9	Hinterlegung einer Mietsicherheit (Kaution)
§ 10	Minderung der Miete sowie Aufrechnungs- und Zurückbehaltungsrechte des Mieters
§ 11	Zustand und Ausstattung der Mietsache bei Beginn des Mietverhältnisses
§ 12	Beheizung der Wohnräume und Warmwasserversorgung, Wartung, Wärmelieferung
§ 13	Energieausweis (Auskunftspflicht durch den Vermieter)
§ 14	Schönheitsreparaturen/Renovierung, Haftung des Mieters
§ 15	Ausbesserungen und bauliche Veränderungen (Instandhaltung und Instandsetzung)
§ 16	Nutzung und Pflege der Mietsache, Kleinreparaturen, Haftung des Mieters, Meldepflicht
§ 17	Haftung des Vermieters
§ 18	Gebrauchsüberlassung an Dritte, Untervermietung
§ 19	Tierhaltung
§ 20	Fernseh-/Rundfunkempfang – Installation von Antennen, Breitbandnetz
§ 21	Versicherungspflicht des Mieters
§ 22	Betreten der Mieträume durch den Vermieter
§ 23	Haus-, Hof- und Gehwegreinigung, Winterdienst, Müllabfuhr
§ 24	Betreten der Mietsache durch den Vermieter
§ 25	Pflichten und Haftung des Mieters bei Beendigung des Mietverhältnisses, Verjährungsregelungen

§ 26	Vermieterpfandrecht
§ 27	Personenmehrheiten, Abgabe und Entgegennahme von Willenserklärungen, Vollmacht
§ 28	Besonderheiten bei Vermietung einer Eigentumswohnung, Hausordnung
§ 29	Gesetzes- und Vertragsänderungen, Schrift- und Textform
§ 30	Besondere Vereinbarungen der Parteien

1.2.4 Anlagen zum Mietvertrag

Alle im Mietvertrag genannten **Anlagen werden Vertragsbestandteil** des Mietvertrags, z. B.:

- Lageplan,
- Hausordnung,
- Auszug aus der Betriebskostenverordnung,
- Datenschutzerklärung,
- Wohnungsgeberbescheinigung zur Vorlage beim Einwohnermeldeamt und
- Übergabeprotokoll mit Fotodokumentation.

In den nachfolgenden Kapiteln und Lernfeldern werde diese im Einzelnen noch erläutert.

1.2.5 Abschluss von Mietverträgen

Willenserklärung
▶ LF 2, Kap. 1.6

Ein Mietvertrag kommt zustande, wenn sich zwei Parteien über alle wesentlichen Punkte geeinigt haben. Es sollte mindestens eine Einigung vorliegen über

- den Mietgegenstand (Mietobjekt) sowie den Mietzweck,
- die Entgeltlichkeit der Gebrauchsüberlassung (Miete),
- die Mietdauer sowie
- die Hauptpflichtleistungen.

Die Einigung wird in einem Vertragswerk festgehalten: dem **Mietvertrag**. Beim Abschluss des Mietvertrags ist Folgendes zu beachten:

- Ein Mietvertrag kann **grundsätzlich formfrei** abgeschlossen werden.
- Für Mietverträge über Grundstücke, Wohnungen und Räume, die für einen **längeren Zeitraum als ein Jahr** abgeschlossen werden, gilt die **Schriftform**.

§ 550 BGB Form des Mietvertrags

Wird der Mietvertrag für längere Zeit als ein Jahr nicht in schriftlicher Form geschlossen, so gilt er für unbestimmte Zeit. Die Kündigung ist jedoch frühestens zum Ablauf eines Jahres nach Überlassung des Wohnraums zulässig.

Form des Mietvertrags:
§ 550 BGB

1. Mündlicher Mietvertrag
Sind sich Vermieter und Mieter über den Mietgegenstand, die Dauer und die Höhe der Miete vorbehaltlos einig, so wäre ein mündlicher Vertragsabschluss denkbar.

§ 550 Abs. 2 BGB

Wird ein Mietvertrag mit einer Laufzeit von mehr als einem Jahr nicht schriftlich geschlossen, so hat dies aber nicht die Unwirksamkeit des Vertrags zur Folge. Vielmehr gilt er für unbestimmte Zeit (ohne festgelegten Endtermin).

Schriftform:
§§ 125 ff. BGB,
§§ 550, 578 BGB

2. Schriftlicher Mietvertrag

Angesichts der genannten Gründe und einer Vielzahl an mietrechtlichen Streitigkeiten ist der schriftliche Mietvertrag die am häufigsten angewandte Form.

schlüssiges Handeln
▶ LF 2, Kap. 1.6

3. Konkludentes (schlüssiges) Handeln

Ein Mietvertag kann auch aufgrund einer stillschweigenden Übereinkunft zwischen Vermieter und Mieter zustande kommen – durch konkludentes Handeln. Ein solcher konkludenter Mietvertrag entsteht durch das **übereinstimmende Handeln und Verhalten beider Parteien**, wenn beispielsweise ein Vermieter ein Mietobjekt zur Verfügung stellt, ein Mieter einzieht und im Gegenzug einen bestimmten Mietbetrag zahlt, der vom Vermieter angenommen wird.

Beispiel

Durch die MEWOH Musterwohn GmbH wird ein Schlüssel zur Besichtigung an einen Mietinteressenten herausgegeben. Dieser zieht ohne weitere Absprache einfach ein und überweist die Miete an die MEWOH. Die MEWOH wiederum nimmt die Miete an.

1.2.6 Anfechtung von Mietverträgen

Ist ein Mietvertrag zustande gekommen, kann dieser angefochten werden, wenn einer der folgenden Gründe vorliegt:

- **Irrtum über den Vertragsinhalt**, z. B. Blankounterzeichnung eines Mietvertrags
- **Erklärungsirrtum**, z. B. wenn der Vermieter bei der Miethöhe statt der geplanten 400,00 € versehentlich 4,00 € für die gesamte Wohnung einträgt
- **Übermittlungsirrtum**
- **Arglistige Täuschung**, z. B. wenn der Vermieter einen gesundheitsgefährdenden Schimmelbefall bewusst verschweigt und diesen überstreicht oder der Mieter eine zulässige Frage in der Selbstauskunft falsch beantwortet

1.2.7 Nichtige Vertragsklauseln

§§ 305 ff. BGB

Folgende nichtige Vertragsklauseln fallen unter die §§ 305 ff. BGB:

- Klauseln, nach denen bei der Vermietung von Wohn- und Geschäftsraum das gesamte Mietverhältnis stets als gewerbliches Mietverhältnis gilt.
- Klauseln in Wohnraummietverträgen, in denen Erklärungen des Mieters fingiert werden.
- Klauseln, die die Verpflichtung des Vermieters ausschließen, das Mietobjekt in vertragsgemäßem Zustand zu erhalten.
- Klauseln, nach denen die Haftung für sämtliche Schäden auf die Mieter übertragen werden kann, die als Verursacher in Betracht kommen, sofern der Verursacher sich nicht feststellen lässt.
- Klauseln, in denen sich der Mieter verpflichtet, Versicherungs- oder Wartungsverträge mit bestimmten Firmen abzuschließen oder für die Durchführung von Schönheitsreparaturen bestimmte Handwerker heranzuziehen.
- Klauseln, nach denen auch bei Mietverhältnissen mit Staffelmietvereinbarung oder Indexmietvereinbarung Mieterhöhungen nach den §§ 558 ff. BGB zulässig sind.

Staffel- und Indexmietvereinbarungen
▶ LF 5, Kap. 5.2 und 5.3

- Klauseln zu Änderungsvorbehalten, die z.B. dem Mieter unzumutbare Änderungen des Vertrags auferlegen.
- Klauseln zu fingierten Erklärungen, wie z.B., dass die Angaben im Abnahmeprotokoll als vom Mieter anerkannt gelten, wenn dieser zur Abnahme nicht erscheint.
- Klauseln zur Fiktion des Zugangs, wie den Zugang einer Erklärung, die der Mieter nicht erhalten hat (z.B. Mieterhöhungen oder Kündigungen).
- Klauseln zur Pauschalierung von Schadensersatzansprüchen; wenn ein Schadensersatzanspruch besteht, so darf die Höhe nicht durch eine Vertragsklausel pauschaliert werden.
- Klauseln zur Haftung bei grobem Verschulden. Die Haftung für grobe Fahrlässigkeit und Vorsatz darf nicht durch eine Formularklausel ausgeschlossen werden.
- Klauseln zur Einschränkung von Gewährleistungsrechten
- Klauseln zur Regelung der Form von Anzeigen und Erklärungen; alle Vereinbarungen, in denen der Mieter gezwungen wird, über den gesetzlichen Rahmen hinaus (z.B. Kündigung) eine Form zu wählen, oder der Vermieter die Willenserklärungen genehmigen muss, sind unzulässig.
- Klauseln zu Leistungsverweigerungsrechten; hierunter fällt beispielsweise das Recht auf Zurückbehaltung der Miete seitens des Mieters, um den Vermieter zu einem vertragsgemäßen Verhalten zu zwingen. Selbst wenn die Miete vorzuleisten ist, darf das Zurückbehaltungsrecht nicht ausgeschlossen oder eingeschränkt werden. Die Vereinbarung einer Ankündigungspflicht sowie -frist gilt nicht als solche Einschränkung.
- Klauseln, die die Aufrechnung ganz verbieten; Einschränkungen sind allerdings erlaubt und zulässig.
- Klauseln zur Abwicklung von Verträgen; in einem Vertrag können Vereinbarungen aufgenommen werden, die eine angemessene Vertragsstrafe bei vorzeitiger Beendigung des Vertrags durch den Mieter beinhalten. Angemessen sind dabei allerdings nicht Vereinbarungen, nach denen der Mieter aufgrund einer verspäteten Räumung ein um 50 % erhöhtes Mietentgelt zu zahlen hat.

In der Liste sind nur Beispiele nichtiger Klauseln erwähnt. Die jeweils aktuelle Rechtsprechung ist bei der Vereinbarung von Mietverträgen zu beachten.

1.2.8 Vereinbarungen über die Dauer von Mietverhältnissen

Zeitlich unbefristete Mietverträge

Grundsätzlich müssen die Vertragsparteien bei zeitlich unbefristeten Mietverträgen die Kündigungsfristen nicht regeln, da die **gesetzlichen Kündigungsmöglichkeiten** bzw. **Fristen** anzuwenden sind. Auf die Kündigungsfristen und deren Regelungen für Mieter und Vermieter wird in einem späteren Kapitel noch genauer eingegangen. § 542 Abs. 1 BGB

Zeitlich befristete Mietverträge (Zeitmietverträge)

Der Zeitmietvertrag ist für die Wohnräume in § 575 BB geregelt. Der Ablauf der vereinbarten Mietzeit **führt hier tatsächlich zur Beendigung** des Mietverhältnisses, ohne dass sich der Mieter auf den Kündigungsschutz berufen kann. Für die Dauer einer Mietzeit besteht grundsätzlich keine Höchstgrenze. Voraussetzung ist, dass die Schriftform eingehalten wird. Die Begrenzung der Mietzeit basiert auf dem sich aus dem Vertrag ergebenden Vertragszweck (**Befristungsgründe**). Dieser muss im Vertrag enthalten sein.

§ 575 Abs. 1 BGB

Dazu zählen
- der spätere Eigenbedarf des Vermieters,
- eine geplante wesentliche Instandsetzung, Umbau- oder Abrissabsichten oder
- die beabsichtigte spätere Vermietung der Wohnung an einen zur Dienstleistung Verpflichteten (**Betriebsbedarf**).

Der Grund muss der Wahrheit entsprechen und realitätsgerecht sein.

Staffelmiete
▶ LF 5, Kap. 5.2

Die Miete kann während dieser Zeit nur erhöht werden, wenn dies ausdrücklich vereinbart wurde, z. B. bei einer Staffelmietvereinbarung.

Der Mieter kann frühestens vier Monate vor Ablauf des Vertrags vom Vermieter verlangen, dass dieser darüber Auskunft gibt, ob der Grund der Befristung noch besteht oder dieser sich zeitlich verschiebt. Der Vermieter muss dann binnen eines Monats den Mieter darüber unterrichten.

Verschiebt sich der Grund zeitlich, kann der Mieter die Verlängerung des Mietvertrags um die Zeitspanne der Verschiebung verlangen. Entfällt der Grund, kann der Mieter eine Verlängerung auf unbestimmte Zeit verlangen.

Voraussetzung für einen Zeitmietvertrag

Voraussetzung für einen Zeitmietvertrag ist ein Befristungsgrund und ein festgelegtes Vertragsende. Ist ein Zeitmietvertrag fehlerhaft, so gilt das Mietverhältnis auf unbestimmte Zeit geschlossen.

Vertrag auf Lebenszeit

§ 550 BGB

Bei einem lebenslangen Wohnrecht erfolgt eine Eintragung des dinglichen Wohnrechts in das Grundbuch. Häufig muss in diesem Fall nicht einmal eine Miete gezahlt werden. Eine einfache Kündigung ist nicht möglich.

Ein Mietvertrag auf Lebenszeit ist **nicht** mit einem **lebenslangen Wohnrecht** identisch. Ein Vertrag auf Lebenszeit ist stets schriftlich abzuschließen, ansonsten liegt ein abgeschlossener Vertrag auf unbestimmte Zeit vor.

Solche Mietverträge werden meist zugunsten älterer Mieter geschlossen. Sie sollen sicherstellen, dass dem Mieter für die restliche Zeit seines Lebens ein „kostengünstiger" Wohnraum zur Verfügung steht. Ein solches Mietverhältnis endet mit dem Tod des Mieters und kann nicht vererbt werden. Schwierig wird es, wenn ein verbleibender Partner mit in der Wohnung wohnt, denn hier müssen die §§ 563 ff. BGB berücksichtigt werden.

Vertrag mit fester Laufzeit von mehr als 30 Jahren

§ 544 BGB

Maßgeblich ist der Zeitpunkt des Vertragsschlusses und nicht der Beginn des Mietverhältnisses.

In der Regel werden heute im Wohnungsmietrecht keine Verträge über 30 Jahre mehr geschlossen Die 30-Jahres-Frist beginnt mit der Überlassung und endet nach 30 Jahren. Wichtig ist dabei, das besondere Kündigungsrecht zu beachten.

Mietverträge die vor dem 01.09.2001 geschlossen wurden, werden nach dem damaligen Recht durchgeführt und abgewickelt.

1.2.9 Vereinbarungen über die Miete

Vertraglich geschuldete Miete

Die vertraglich geschuldete Miete stellt die **Gegenleistung für die Überlassung der Mietsache** zum vertragsgemäßen Gebrauch dar. In der Regel wird diese als Geldbetrag vereinbart. Die Leistungspflicht ist dabei eine der Hauptpflichten des Mieters.

In der Bundesrepublik Deutschland gibt es gegenwärtig **zwei Mietensysteme**. Da der **öffentlich geförderte Wohnungsbau** im Zusammenhang mit der Finanzierung separat behandelt wird, betrachten wir zunächst die **freifinanzierten Wohnungen**.

Freifinanzierte Wohnungen (Vergleichsmietensystem)
Wie in der freien Wirtschaft üblich, wird auch der Preis für das Wohnen durch Angebot und Nachfrage bestimmt.

Ortsübliche Miete

Die ortsübliche Miete ist eine **marktorientierte Miete**. Dabei handelt es sich um einen repräsentativen Querschnitt der Mieten, die in einer Gemeinde oder in vergleichbaren Gemeinden für nicht preisgebundenen Wohnraum gleicher Art, Größe, Ausstattung, Beschaffenheit und Lage in den letzten vier Jahren vereinbart oder verändert wurden (ohne Erhöhungen gemäß § 560 BGB). Dabei werden Alt- und Neuverträge berücksichtigt.

Die Höhe der Miete kann allerdings nicht willkürlich festgesetzt werden. Zu beachten sind:

1. **Gesetz zur Verlängerung des Betrachtungszeitraums für die ortsübliche Vergleichsmiete (seit dem 01.01.2020 in Kraft)**
   Um den Anstieg bei bestehenden und künftigen Mieten zu dämpfen, wurde der Betrachtungszeitraum für die ortsübliche Vergleichsmiete von vier auf sechs Jahre erweitert.

   Bisher flossen in den Betrachtungszeitraum der ortsüblichen Vergleichsmiete und damit auch die Mietspiegel der Städte und Gemeinden nur Mietverträge ein, die in den vorangegangenen vier Jahren abgeschlossen wurden. Bis Ende 2020 konnten Mietspiegel mit Stichtag vor dem 01.03.2020 zudem noch nach der bisherigen Regelung erstellt werden.

   Ziel des Gesetzes ist es, die Auswirkungen kurzfristiger Schwankungen des Mietwohnungsmarktes auf die Vergleichsmiete zu verringern und den Anstieg der Mieten zu verlangsamen.

   Zu beachten sind dabei die Regelungen der Mietspiegelreform (Stand 01.10.2021) in den §§ 558c, 558d BGB. Danach liegt die Hoheit zur Erstellung eines Mietspiegels bei einer nach Landesrecht zuständigen Behörde und soll alle zwei Jahre angepasst werden.

2. **Überschreitung der Wesentlichkeitsgrenze (§ 5 WiStG)**
   Der Vermieter darf sich eine Miete versprechen lassen, annehmen oder fordern, die bis zu 20 % über der ortsüblichen Vergleichsmiete liegt. Erst eine Überschreitung um mehr als 20 % ist bedenklich.

   Kann der Vermieter allerdings nachweisen, dass dieses Entgelt zur Kostendeckung der laufenden Aufwendungen tatsächlich benötigt wird, so ist auch eine Überschreitung der 20-%-Grenze möglich. Sonderregelungen einzelner Bundesländer, wie z. B. für Berlin, sind dabei entsprechend zu berücksichtigen. Eine Überschreitung der ortsüblichen Vergleichsmiete um mehr als 50 % ist nicht mit dem Hinweis auf Kostendeckung zu rechtfertigen.

   Hier sind die gesetzlichen Fristenregelungen zu beachten.

   Die Forderungen aus überhöhten Mieten (Rückzahlung nebst Zinsen) gegenüber dem Vermieter verjähren nach drei Jahren. Der Mieter muss gegen den Vermieter eine Zivilklage vor dem Amtsgericht anstrengen.

3. **Mietwucher (§138 Abs. 2 BGB, § 291 Abs. 1 Nr. 1 Strafgesetzbuch – StGB)**
   Bei Wucher handelt es sich um eine Straftat, die allerdings mit Vorsatz begangen worden sein muss. Um überhöhte Mieten zu erzielen, muss der Vermieter bei seinem Mieter dessen mangelnde Willensstärke, dessen mangelndes Urteilsvermögen oder eine Notlage des Mieters ausgenutzt haben (z. B. bei Ausländern ohne Aufenthaltsgenehmigung).

   Nach der Rechtsprechung beginnt Wucher ab einer Überschreitung der ortsüblichen Miete um mehr als 50 %. Mietwucher kann mit einer Freiheitsstrafe von bis zu drei Jahren oder mit einer Geldstrafe geahndet werden.

4. **Mietpreisbremse**
   Neben den Mieterhöhungen ist auch die Mietpreisbremse für neu abgeschlossene Mietverträge an die Höhe der ortsüblichen Vergleichsmiete gekoppelt. In Gebieten mit Mietpreisbremse darf die Miete in neu abgeschlossenen Mietverträgen maximal 10 Prozent über der ortsüblichen Vergleichsmiete liegen.

Merke!

Ein Verstoß gegen eine dieser Vorschriften führt dazu, dass der Mieter nur die ortsübliche/angemessene Miete zahlen muss. Zuviel gezahlte Miete kann der Mieter zurückverlangen.

Mietstrukturen

In Bezug auf die Zusammensetzung der Miete finden sich in der Praxis die verschiedensten Vereinbarungen. Daher ist es notwendig, sich erst einmal einen Überblick über die unterschiedlichen Begriffe zu verschaffen.

Im Wesentlichen gibt es vier verschiedene Formen für die Tragung der Betriebskosten durch Vermieter oder Mieter. Der Vollständigkeit halber werden in der nachfolgenden Übersicht auch weitere in der Praxis gängige Begriffe genannt.

Begriffe zur Wohnungsmiete

Begriff	Zusammensetzung/Erläuterung	Nicht enthalten
Miete, Nettomiete, Grundmiete	Entgelt für die Gebrauchsüberlassung der Wohnung	Betriebs-, Heizungs- und Warmwasserkosten
Nettowarmmiete	Entgelt für die Gebrauchsüberlassung der Wohnung, Heizungs- und Warmwasserkosten enthalten	Betriebskosten
Nettokaltmiete	Entgelt für die Gebrauchsüberlassung der Wohnung	Betriebs-, Heizungs- und Warmwasserkosten
Bruttokaltmiete	Entgelt für die Gebrauchsüberlassung der Wohnung und Betriebskosten	Heizungs- und Warmwasserkosten
Bruttomiete, Bruttowarmmiete, Vollinklusivmiete	Entgelt für die Gebrauchsüberlassung der Wohnung und Betriebskosten, inkl. der Heizungs- und Warmwasserkosten	–
Inklusivmiete	entspricht der Bruttomiete	–
Teilinklusivmiete, Teilbruttomiete, Teilpauschalmiete	Entgelt für die Gebrauchsüberlassung der Wohnung und ein Teil der Betriebskosten enthalten	restliche Betriebskosten und Heizungs- und Warmwasserkosten
Pauschalmiete	entspricht der Bruttomiete	–
Kostenmiete	siehe preisgebundener Wohnraum	–

§ 556 BGB

Merke!

Ist nichts anderes vereinbart, d. h., fehlen Vereinbarungen über die Umlage von Betriebs-, Heiz- und Warmwasserkosten, handelt es sich bei einer Miete um eine Inklusivmiete (Bruttomiete). Alle Leistungen des Vermieters sind im vereinbarten Betrag erfasst.

§ 535 Abs. 1 Satz 3 BGB

Gemäß § 556 Abs. 1 BGB kann der Vermieter die **Übernahme der Betriebskosten** durch den **Mieter** vereinbaren.

Die Vereinbarung einer Bruttomiete hat für den Vermieter lediglich den Vorteil, dass er keine Abrechnung erstellen muss. Nachteil ist, dass der Mieter nicht zum sparsamen und kostenbewussten Umgang mit den Ressourcen veranlasst wird.

Mietverträge, die die Kosten für Heizung und Warmwasser inklusiv enthalten, werden heutzutage nicht mehr abgeschlossen, da dabei die geforderte Verbrauchsabrechnung nicht gewährleistet ist. Bei Altverträgen ist dies aber noch anzutreffen.

Werden die Betriebskosten im Mietvertrag als **Pauschale** bezeichnet, sind alle Kosten mit der **monatlichen Zahlung abgegolten**. Das Risiko, dass der Betrag nicht zur Abdeckung aller Kosten ausreicht, liegt dann beim Vermieter. Eine Abrechnung für den Mieter wird in diesem Fall vom Vermieter nicht erstellt.

Nachforderungen durch den Vermieter sind nicht möglich. Eine Erhöhung dieser Pauschalen ist nur bei einer entsprechenden Vereinbarung im Mietvertrag möglich. Vorauszahlungen **(Abschlagszahlungen)** müssen hingegen abgerechnet werden. Im Zusammenhang mit den Betriebskosten wird nochmals auf diese spezielle Problematik eingegangen.

§ 556 BGB

Beispiel

In einem Mietvertrag der MEWOH Musterwohn GmbH wurde folgendes vereinbart:
Miete (M): 500,00 Euro/monatlich
Betriebskosten (BK): 150,00 Euro/monatlich
Heizungs- und Warmwasserkosten (HK/WK): 120,00 Euro/monatlich

	Miete (€)	Bruttokaltmiete (€)	Bruttowarmmiete (€)	Teilinklusivmiete (€)
enthalten	M	M + BK	M + BK + HK/WK	M + Teile der BK + HK/WK
	500,00	500,00 + 150,00 = 650,00	500,00 + 150,00 + 120,00 = 770	500,00 + 50,00 + 120,00 = 670,00
zusätzlich nach Vereinbarung zu zahlen	BKVZ + HKVZ	HK/WK	–	restliche BK

BKVZ
Betriebskostenvorauszahlung

HKVZ
Heizkostenvorauszahlung

1.2.10 Fälligkeit der Miete

Für alle nach dem 01.09.2001 abgeschlossenen Wohnraummietverträge gilt:

Fälligkeit (Abschluss eines Wohnraummietvertrags nach dem 01.09.2001)

Die Miete ist zu **Beginn, spätestens zum dritten Werktag** der einzelnen Zeitabschnitte zu entrichten, nach denen sie bemessen ist (§ 556b Absatz 1 BGB).

Als Zeitabschnitt wird dabei in der Regel der jeweilige Monat vereinbart.

Ist der Mietmonat z. B. der April, so muss die Miete bis zum dritten Werktag des Monats April entrichtet werden.

Eine Vereinbarung über einen anderen Zeitabschnitt wäre auch möglich, z.B. vierteljährlich.

Bei Wohnraummietverträgen, die vor dem 01.09.2001 abgeschlossen wurden, gilt die **Nachschüssigkeitsregelung**, d. h., die Miete ist erst am Ende des Zeitabschnitts fällig.

Ist der Mietmonat z. B. der April, so wird die Miete erst zum 30. April fällig.

In vielen Altmietverträgen wurde der Fälligkeitstermin aber nachträglich auf den dritten Werktag abgeändert.

Miete (Bring- und Holschuld)

Die Miete ist eine **Bringschuld**, d. h., der Mieter hat dafür Sorge zu tragen, dass die Miete rechtzeitig beim Vermieter eingeht.

Beim Lastschriftverfahren (Abbuchungs- oder Einzugsverfahren) liegt eine **Holschuld** des Vermieters vor. Der Mieter hat lediglich dafür zu sorgen, dass sein Konto ausreichend gedeckt ist.

1.2.11 Betriebskosten

Der Vermieter kann mit dem Mieter die **Übernahme** bzw. **Zahlung** der Betriebskosten **vereinbaren**. Der Mietvertrag muss konkret enthalten, **welche Betriebskostenarten** (Kostenpositionen) zulasten des Mieters gehen. Kostenpositionen, welche nicht im Mietvertrag vereinbart sind, muss der Mieter auch nicht zahlen.

§ 556 BGB,
§§ 556a und 560 BGB

Begriff der Betriebskosten

Der Begriff der Betriebskosten ist aus § 27 II. BV und § 19 Abs. 2 WoFG in das allgemeine Mietrecht übernommen worden. Er wiederholt sich im § 1 Abs. 1 Satz 1 der Betriebskostenverordnung (BetrkV). Den oftmals genannten Begriff der „Nebenkosten" kennt das Mietrecht im BGB nicht. Taucht dieser Begriff in Wohnraummietverträgen auf, ist er unwirksam.

§ 556 Abs. 1 Satz 2,3 und 4 BGB

II. BV
Zweite Berechnungsverordnung

WoFG
Wohnraumförderungsgesetz

Der Begriff der Betriebskosten gilt zwingend nur für Mietverhältnisse über Wohnraum.

BetrkV
Betriebskostenverordnung

§ 1 Abs. 1 Satz 1 BetrKV

Betriebskosten sind die Kosten, die dem Eigentümer oder Erbbauberechtigten durch das Eigentum oder Erbbaurecht am Grundstück oder durch den bestimmungsmäßigen Gebrauch des Gebäudes, der Nebengebäude, Anlagen, Einrichtungen und des Grundstücks laufend entstehen. Sach- und Arbeitsleistungen des Eigentümers oder Erbbauberechtigten dürfen mit dem Betrag angesetzt werden, der für eine gleichwertige Leistung eines Dritten, insbesondere eines Unternehmers, angesetzt werden könnte; die Umsatzsteuer des Dritten darf nicht angesetzt werden.

Mit dieser Begriffsbestimmung sind nur **objektbezogene Kosten** gemeint.

Erfasst werden dabei auch die Kosten für:

	Beispiele
Nebengebäude	Lagergebäude, Garagen, Schuppen, Heizhäuser usw.
Anlagen	• Versorgungsanlagen, Anlagen zur Beleuchtung • Entwässerungsanlagen • Anlagen zur Erwärmung, Kühlung und Lüftung • Anlagen zur Versorgung mit Energie, Wasser und Heizung
Einrichtungen	• Müllbeseitigungsanlagen • Aufzüge • Gartenanlagen, Spielplätze, Stellplätze • Wege, Einfahrten

Gemäß der Betriebskostenverordnung sind nur laufend entstehende Kosten umlegbar. Damit sind Kosten gemeint, die regelmäßig, aber nicht unbedingt jährlich anfallen. Das Merkmal der laufenden Entstehung wird in der Rechtsprechung nur gegen das Merkmal der einmaligen Entstehung abgegrenzt. Klassische Beispiele sind dabei Kosten des Baumverschnitts, Kosten der Ungezieferbekämpfung oder die Kosten der Reinigung eines Öltanks. Einmalig entstehende Kosten können somit nicht auf den Mieter umgelegt werden.

Die durch den Vermieter erbrachten Sach- und Arbeitsleistungen können nur mit dem Betrag angesetzt werden, der für die Leistung eines Dritten, insbesondere eines Unternehmens, hätte aufgewendet werden müssen. Nicht berücksichtigt wird dabei die Umsatzsteuer.

Beispiel

1. Hausmeister Arbeitsleistung
Hausmeisterdienst erbracht durch eine Firma: 100,00 Euro monatlich zuzüglich 19 % Umsatzsteuer = 119,00 EUR monatlich

Daraus folgt:
Hausmeisterdienst erbracht durch den Eigentümer: 100,00 Euro/monatlich

2. Reinigungsmittel, Streumittel
Anschaffungskosten (Rechnungsbetrag): 11,90 Euro inkl. 19 % Umsatzsteuer mit Beleg; im Laden bezahlt

Daraus folgt:
Die Kosten können komplett umgelegt werden.

Die durch den Vermieter erbrachten eigenen Verwaltungsleistungen fallen nicht unter diese Regelung.

Beim Ansatz der Kosten für die selbst erstellte Betriebskostenabrechnung gibt es in der Rechtsprechung unterschiedliche Auffassungen.

Folgende 17 Betriebskostenpositionen sind in der Betriebskostenverordnung enthalten:

	Kostenpositionen	Beispiele
1	laufende öffentliche Lasten des Grundstücks	• Grundsteuer • Zweitwohnungssteuer, sofern dem Vermieter auferlegt • sonstige öffentliche Lasten (z. B. Deichgebühren, Sielgebühren, Hochwasserschutzbeiträge) • Realkirchensteuern
2	Kosten der Wasserversorgung	• Grundgebühren • Wasserverbrauchskosten • Zählermiete • Kaltwasserzähler • Eichkosten • Wasseraufbereitungs- oder Wasserversorgungsanlagen und deren Wartung und Aufbereitungsstoffe • Kosten der Abrechnung und Aufteilung
3	Kosten der Entwässerung	• Kanalgebühren • Niederschlagswasser (Oberflächenwasser) • private Entwässerungsanlagen, ggf. Dichtigkeitsprüfungen • Entwässerungspumpen Kosten Abrechnung und Aufteilung

	Kostenpositionen	Beispiele
4	Kosten von: a) Heizungsanlagen b) zentralen Brennstoff-versorgungsanlagen c) eigenständiger gewerblicher Lieferung von Wärme d) Reinigung und Wartung von Etagenheizungen und Gaseinzelfeuerstätten	in der Heizkostenverordnung geregelt
5	Kosten von: a) zentralen Warmwasser-versorgungsanlagen b) eigenständiger gewerblicher Lieferung von Warmwasser c) Reinigung und Wartung von Warmwassergeräten	in der Heizkostenverordnung geregelt
6	Kosten verbundener Heizungs- und Warmwasserversorgungs-anlagen: a) bei zentralen Heizungsanlagen b) bei eigenständiger gewerblicher Lieferung von Wärme c) bei verbundenen Etagenheizungen und Warmwasserversorgungsanlagen	in der Heizkostenverordnung geregelt
7	Kosten des Betriebs des Personen- und Lastenaufzugs	• Betriebsstrom • Beaufsichtigung • Bedienung • Überwachung • Pflege • Wartung • Notrufanlage • TÜV-Überprüfung
8	Kosten der Straßenreinigung und Müllbeseitigung	• Gebühren für Reinigung öffentlicher Straßen • Winterdienst • Müllabfuhrgebühren • Müllmengenerfassungsanlagen • Müllschlucker • ggf. Sperrmüllbeseitigung • Berechnung und Aufteilung
9	Kosten der Gebäudereinigung und Ungezieferbekämpfung	Säuberung gemeinsam genutzter Gebäudeteile wie • Zugänge • Flure • Treppen • Keller • Bodenräume • Waschküchen • Fahrkorb des Aufzugs • Ungezieferbekämpfung

	Kostenpositionen	Beispiele
10	Kosten der Gartenpflege	▪ Pflege gärtnerisch angelegter Flächen ▪ Baumverschnitt ▪ Ersatzpflanzungen ▪ Spielplatzpflege
11	Kosten der Beleuchtung	▪ Strom für die Außenbeleuchtung und Gemeinschaftsflächen ▪ Klingel- und Türöffneranlagen
12	Kosten der Schornsteinreinigung	▪ Kehrgebühren ▪ Immissionsmessungen ▪ Feuerstättenschau
13	Kosten der Sach- und Haftpflichtversicherung	Versicherungskosten des Gebäudes und Grundstücks wie ▪ Feuer-, Sturm-, Wasser- und Elementarschäden ▪ Glasversicherung ▪ Terrorversicherung ▪ Haftpflichtversicherung ▪ Öltankversicherung ▪ ggf. Vandalismus- oder Graffitiversicherung
14	Kosten für den Hauswart	▪ Vergütung ▪ Sozialbeiträge ▪ alle geldwerten Leistungen für die Hauswarttätigkeit
15	Kosten: a) des Betriebs der Gemeinschaftsantennenanlage b) des Betriebs der mit einem Breitbandnetz verbundenen privaten Verteileranlage	▪ Betriebsstrom ▪ Grundgebühren ▪ Prüfung ▪ Wartung ▪ Miete
16	Kosten des Betriebes der Einrichtungen für Wäschepflege	▪ Betriebsstrom ▪ Überwachung ▪ Reinigung und Wartung hauseigener Waschmaschinen und Trockner
17	sonstige Betriebskosten	▪ Dachrinnenreinigung ▪ Dachrinnenbeheizung ▪ Feuerlöschgeräte ▪ Prüfung von Blitzableiter- und Brandschutzanlagen ▪ Wartung von Rauchwarnmeldern und Lüftungsanlagen

Die unter „sonstige Betriebskosten“ gemeinten Positionen müssen im Mietvertrag im Einzelnen aufgeführt werden.

Kosten für Bewachung und Concierge müssen gesondert vereinbart werden.

Kosten der Trinkwasserprüfung

▶ LF 5, Kap. 1.10.2

Die Kosten der Trinkwasserprüfung (Legionellenprüfung) sind den Warmwasserbereitungskosten zu zuordnen.

Die Kostenposition „Umlageausfallwagnis“ darf bei preisgebundenem Wohnraum zusätzlich zu den bereits genannten Kostenpositionen umgelegt werden.

§ 25a NMV 1970

Merke!

Die Mietvertragsparteien müssen ausdrücklich die Zahlung von Betriebskosten durch den Mieter im Wohnraummietvertrag vereinbaren. Die Erweiterung des Betriebskostenbegriffes, also die Vereinbarung über zusätzliche Kostenpositionen ist im Wohnungsmietrecht nicht möglich.

Keine Betriebskosten sind Kosten des Eigentümers oder Erbbauberechtigten:
- durch Erwerb des Grundstücks oder des Erbbaurechts
- Anschaffungs- und Herstellungskosten, durch die Errichtung von Gebäuden, Nebengebäuden, Anlagen und Einrichtungen
- Kapitalkosten, Bankgebühren, Portokosten
- Verwaltungskosten
- Instandhaltungskosten, Reparaturkosten
- Mitgliedsbeiträge des Vermieters für Haus- und Grundbesitzervereine
- Mietausfall-, Rechtsschutz- und Reparaturkostenversicherungen
- Zinsabschlagssteuer auf Instandhaltungsrücklagen

In der Regel werden Vorauszahlungen für Betriebskosten sowie Heizungs- und Warmwasserkosten im Mietvertrag vereinbart, die jährlich abzurechnen sind. Dabei sind die Regelungen der Heizkostenverordnung (HeizkV) zu berücksichtigen.

Vorauszahlungen für Betriebskosten
▶ LF 5, Kap. 1.9

Umlageschlüssel
Ist im Mietvertrag nichts anderes vereinbart, werden die Betriebskosten nach der Wohnfläche umgelegt. Eine Ausnahme bilden die Kostenpositionen, die über die Regelungen der Heizkostenverordnung abzurechnen sind.

Regelungen der Heizkostenverordnung
▶ LF 5, Kap. 1.10.4

1.2.12 Schönheitsreparaturen

Der Begriff der Schönheitsreparaturen ist im § 28 Abs. 4 Satz 3 der II. Berechnungsverordnung (II. BV) geregelt. Nach § 535 Abs. 1 Satz 2 BGB besteht die Pflicht des Vermieters, die Mietsache im vertragsgemäßen Zustand zu erhalten. Da die Schönheitsreparaturen dem **Wesen nach zur Instandhaltung** gehören, sind diese grundsätzlich erst einmal durch den Vermieter zu erbringen. Durch eine Vereinbarung im Mietvertrag zwischen den Vertragsparteien kann die Übernahme der Schönheitsreparaturen durch den Mieter vereinbart werden. Hierbei kommt es auf den genauen Wortlaut der Schönheitsreparaturklausel im Vertrag an. Da viele Klauseln in bestehenden Mietverträgen bereits durch die Rechtsprechung als unwirksam erklärt wurden, ist hier eine genaue Prüfung erforderlich.

§ 28 Abs. 4 Satz 3 II. BV
§ 535 Abs. 1 Satz 2 BGB

Ungültige Klauseln sind laut Rechtsprechung beispielsweise:
- Klauseln mit starren Fristvereinbarungen zur Durchführung von Schönheitsreparaturen
- Klauseln in Verbindung mit der Vorgabe einer Endrenovierung durch Mieter
- Klauseln mit der Vorgabe bestimmter Farben bei der Ausführung der Schönheitsreparaturen

Merke!

Liegt eine unwirksame Klausel in Bezug auf eine Übernahme der Schönheitsreparaturen durch den Mieter vor, ist dieser von der Pflicht der Ausführung entbunden. In der Praxis beutet das, dass der Vermieter die Schönheitsreparaturen durchzuführen hat bzw. die Kosten für die Ausführung trägt.

Unter die Schönheitsreparaturen fallen folgende Leistungen:

- Tapezieren, Anstreichen oder Kalken von Wänden
- Streichen und Kalken von Decken
- Streichen der Fußböden
- Streichen der Heizkörper und Rohre
- Streichen der Innentüren
- Streichen der Fenster von innen
- Streichen der Außentür (z. B. Wohnungseingangstür von innen; dazu gehören auch Loggien und Wintergärten)

Da das „Kalken von Wänden oder Decken“ oder das „Streichen der Fußböden“ nicht mehr zeitgemäß ist, werden ohne eine neue Definition diese Arbeiten als malermäßige Beseitigung der Gebrauchsspuren an Wände und Decken gedeutet. An Stelle des Streichens des Fußbodens kann auch die Grundreinigung des Teppichbodens treten.

Bei den sogenannten **Gebrauchspuren** muss eindeutig die Abgrenzung zwischen der vertragsgemäßen Abnutzung und den tatsächlichen Schäden vorgenommen werden. Unter eine vertragsgemäße Abnutzung fällt zum Beispiel ein abgelaufener Teppichboden, nicht aber Brandlöcher oder Flecke im Teppichboden. Bei der Abgrenzung ist die jeweils aktuelle Rechtsprechung zu berücksichtigen.

Dabei ist es unbedingt notwendig, dass die vertraglich vereinbarten Arbeiten auf die Wohnung zugeschnitten sind. Streicht der Mieter zum Beispiel einen Kunststofffensterrahmen von innen oder eine Holzfurniertür, weil es so vertraglich vereinbart wurde, ist es ggf. nicht möglich, den Mieter für den dadurch entstandenen Schaden in die Haftung zu nehmen.

Übergabeprotokoll
▶ LF 4, Kap. 2.6

Die **Darlegungs- und Beweislast** über den Zustand der Wohnung bei Einzug trägt der Mieter. Um Streitigkeiten darüber aus dem Wege zu gehen, ist es für beide Mietparteien empfehlenswert, ein Übergabeprotokoll mit einer Fotodokumentation zu fertigen.

Ebenfalls sinnvoll ist es, mit dem Mieter zu vereinbaren, dass vor Ausführung der Schönheitsreparaturen eine Absprache zwischen den Mietparteien erfolgt.

BGH, Urteil vom 27.05.2009, VIII ZR 302/07

Beispiel

Führt ein Mieter Renovierungsarbeiten in seiner Wohnung durch, die zwar im Vertrag vereinbart wurden, z. B. in einer ungültigen Schönheitsreparaturklausel oder durch falsche Vorgaben des Vermieters, so muss der Vermieter dem Mieter die Kosten ersetzen.

Ablaufplan zur Überprüfung der Wirksamkeit von Schönheitsreparaturklausel im Wohnungsmietvertrag

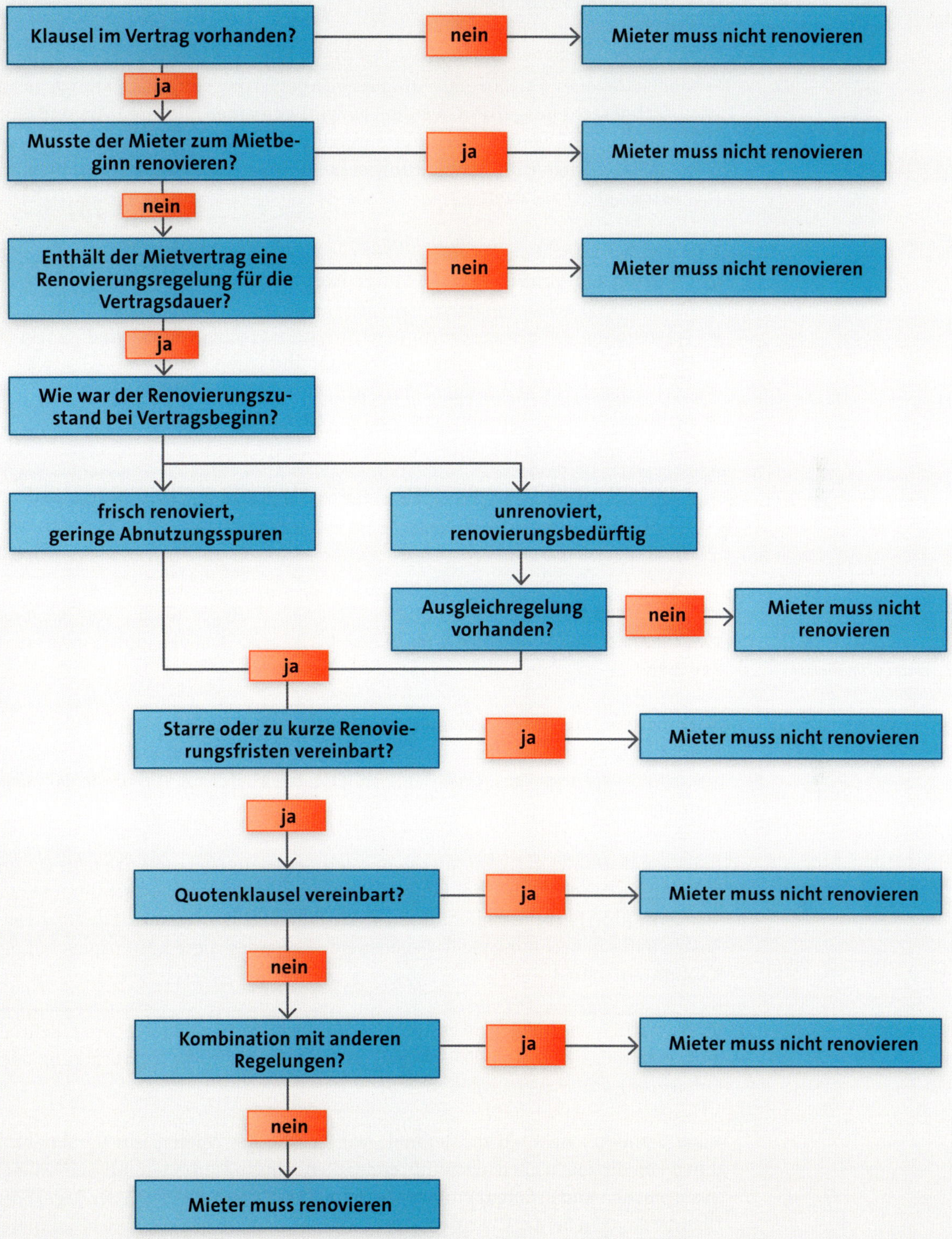

Nicht unter die Schönheitsreparaturen fallen:
- Renovierungen außerhalb der Wohnung liegender Räume, z. B. Treppenhäuser, Flur, Keller, Dachböden
- Schleifen von Parkettböden
- Erneuerung von Teppichböden

Schönheitsreparaturen müssen, ohne dass im Mietvertrag extra darauf hingewiesen wird, **fachgerecht ausgeführt** werden. Es wird von einer mittleren Art und Güte ausgegangen, d. h., wenn die Arbeiten sorgfältig ausgeführt werden, ohne die Mietsache zu beschädigen. Die Ausführung ist nicht mit einer Ausführung durch einen Fachbetrieb gleichzusetzen.

Als nicht fachgerecht ausgeführt gilt zum Beispiel:
- Überstreichen von Fliesen, Tür- und Fensterrahmen
- Überlappend geklebte Tapete
- Verwendung von Farben, die für den Untergrund nicht geeignet sind
- Umlackieren oder Braunbeizen von Fenster und Türen
- Bekleben von Holzteilen oder Anbringen von Kunststoffplatten
- Farbwahl mit sogenannten Schockfarben oder Fototapeten

Mit hellen neutralen Farben sind z. B. Weiß sowie helle Farbtöne von Grau und Beige gemeint. Ein Hellblau oder helles, zartes Grün zählen hingegen nicht mit dazu.

Farbwahl

Derzeit spricht die Rechtsprechung von hellen neutralen Farben, die eine problemlose Weitervermietung ermöglichen.

Problematisch sind Raucherwohnungen, bei denen unterschieden werden muss zwischen normalen Rauchgewohnheiten bis hin zu Schäden durch extensives Rauchen.

Schönheitsreparaturen bei Beendigung des Mietverhältnisses

Führt der Mieter notwendige Schönheitsreparaturen am Ende der Mietzeit nicht wie vertraglich vereinbart aus, kann der Vermieter den Mieter zur Vornahme der Renovierungsarbeiten verpflichten.

In diesem Fall setzt der Vermieter dem Mieter eine angemessene Frist zur Durchführung der Arbeiten und droht ihm gleichzeitig an, dass er nach fruchtlosem Fristablauf die Arbeiten selbst durchführen lassen wird und dem Mieter die angefallenen Kosten dafür in Rechnung stellt. Gegebenenfalls werden diese Kosten auch mit der Kaution verrechnet.

Problematisch und teuer wird es immer dann, wenn der Nachmieter bereits zeitnah einziehen muss. In diesem Fall können auch Kosten für Hotelunterbringung oder Einlagerung von Möbeln anfallen.

Viele Vermieter nehmen mittlerweile vor Auszug des Mieters ein Vorabnahme durch, um die tatsächlich auszuführenden Renovierungsarbeiten mit dem Mieter abzusprechen und in einem Protokoll festzuhalten. Damit werden in der Regel böse Überraschungen bei der Übergabe vermieden, besonders wenn der Anschlussmieter bereits auf die Übergabe wartet.

1.2.13 Instandhaltung und Kleinreparaturen

Den Begriff der Kleinreparatur oder Bagatellschäden hat der Gesetzgeber nicht geregelt. Grundsätzlich ist der Vermieter verpflichtet, die Kosten der Instandhaltung zu tragen. Durch eine Klausel im Mietvertrag kann der Mieter aber dazu verpflichtet werden, bestimmte Instandhaltungsmaßnahmen an der Mietsache zu übernehmen. § 535 BGB

Dabei sind die Bauteile sogenannter Kleinreparaturen oder Bagatellschäden, welche vom Mieter zu übernehmen sind, und die Höhe der Kosten (Kostenobergrenze) genau festzulegen.

Alles, was über den Begriff der Kleinreparaturen bzw. Bagatellschäden hinausgeht, muss der Mieter nicht übernehmen.

Diese **Reparaturpflicht** gilt nur für Bauteile, die häufig dem Zugriff des Mieters ausgesetzt sind, wie z. B.

- Fensterverschlüsse, Verschlussvorrichtungen von Fensterläden,
- elektrische Rollladenöffner und -schließer, Rollgurte, Gurtwickler,
- Türgriffe, Türschlösser, elektrische Türöffner,
- Steckdosen, Schalter, Klingel, Sicherungen, Raumstrahler,
- Absperrhähne für Gas und Wasser, Ventile, Mischbatterien, Duscharmaturen,
- Warmwasserbereiter, Druckspüler, Spülkästen, Waschbecken, WC-Becken,
- Brausetasse und Badewanne sowie
- Kocheinrichtungen, Kochherde, Kochplatten, elektrischer Grill.

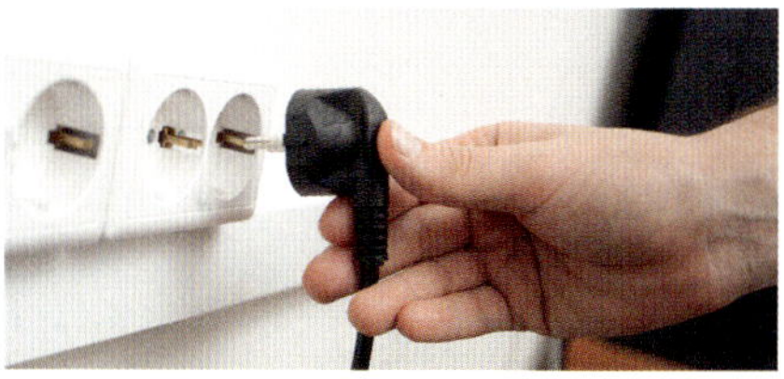

Nur bei diesen Bauteilen hat der Mieter die Möglichkeit, den Verschleiß bzw. Schäden durch einen schonenden Umgang zu beeinflussen. Die Zuleitungen, zum Beispiel Wasserrohre oder Elektrokabel, fallen nicht darunter. Diese Reparaturen bleiben grundsätzlich beim Vermieter.

Nicht unter diese Regelung fallen

- zerbrochene bzw. verkalkte Wasserhähne oder Eckventile, Dichtungen,
- Dunstabzugshauben, Abzugsventilatoren und
- Beleuchtungskörper oder Silikonfugen.

Vereinbart werden muss die **Höchstgrenze** der einzelnen Reparaturen und die **Gesamtbelastung** in einem bestimmten Zeitraum.

Die Höchstgrenze für einzelne Reparaturarbeiten liegt zwischen 120,00 und 150,00 Euro. Allerdings könnte bei einer Luxusausstattung auch ein höherer Betrag vereinbart werden. Der vereinbarte Betrag bezieht sich auf einen Bruttobetrag, also bei einer Handwerkerrechnung inkl. der Umsatzsteuer.

Handelt es sich um mehrere Reparaturen im Jahr, dürfen diese in der Summe nicht mehr als 6 bis 8 % der Jahresmiete betragen.

Kleinreparaturen durch den Vermieter

Eine Klausel, in der die Vornahme von Kleinreparaturen durch den Vermieter festgelegt wird, ist unwirksam. Die Klausel darf nur auf die Kostenübernahme durch den Mieter ausgerichtet sein. Damit bleiben die Gewährleistungsansprüche beim Vermieter.

Es besteht die Möglichkeit, dass der Vermieter im Zusammenhang mit der Kleinreparatur weitere Arbeiten über eine Rechnung durchführt und der Handwerker dazu eine Gesamtrechnung erstellt. Die entsprechende Einzelreparatur muss dabei unter der vereinbarten Höchstgrenze liegen.

1.2.14 Kaution (Mietsicherheit)

§ 551 BGB

Üblich ist es in einem Wohnraummietvertrag, die Leistung einer Kaution (Mietsicherheit) mit dem Mieter zu vereinbaren. Diese dient dem Vermieter als **Sicherheit für alle zukünftigen Ansprüche** aus dem Mietverhältnis.

Nur wenn die Leistung dieser Sicherheit im Vertrag vereinbart wurde, darf der Vermieter diese auch einfordern. Fehlt so eine Vereinbarung im Vertrag, muss der Mieter diese Sicherheitsleistung nicht erbringen.

1. Die Form der Kaution
In der Regel ist im Mietvertrag auch festgelegt, in welcher Form der Mieter die Sicherheitsleistung zu erbringen hat. Möglich wären folgende Formen:
- Aushändigung als Barzahlung
- Überweisung auf das Konto des Vermieters
- Bürgschaft einer Bank oder einer Person
- Einrichtung eines Kautionssparbuches
- Einzahlung auf ein Kautionskonto

Die Kaution ist verzinst, insolvenzfest und getrennt vom restlichen Vermögen des Vermieters anzulegen.

Die Zinsen werden der Kaution zugeschlagen. Vor der Abrechnung der Kaution hat der Mieter kein Recht auf die Auszahlung der Kaution. Eine Zinsbescheinigung für die Steuererklärung des Mieters hat der Vermieter an den Mieter weiterzugeben.

Kosten der Führung oder Auflösung der Kautionsanlage hat der Mieter im sogenannten Innenverhältnis zu tragen, d. h., die Kosten können mit der Kaution verrechnet werden.

2. Die Höhe der Kaution
Maximal dürfen **drei Monatsmieten** als Sicherheitsleistung vom Mieter verlangt werden, wobei die Miete ohne Betriebskostenvorauszahlung in Ansatz gebracht wird.

Es besteht ein **Ratenzahlungsrecht**, d. h., der Mieter hat die Möglichkeit, gemäß § 551 Absatz 2 BGB die vereinbarte Kaution in drei Raten zu zahlen, wobei die erste Rate unmittelbar bei Mietbeginn fällig ist. Die weiteren Raten sind mit den nächsten zwei Mietzahlungen zu erbringen.

Um eine Kaution an Mieterhöhungen anzupassen, muss eine sogenannte Nachschussklausel im Mietvertrag vereinbart werden.

§ 273 BGB Zurückbehaltungsrecht

Hat der Mieter die erste Kautionsrate nicht bezahlt, steht dem Vermieter ein Zurückbehaltungsrecht an der Wohnung zu.

3. Inanspruchnahme der Kaution während der Mietzeit

Der Vermieter kann sich unter bestimmten Bedingungen bereits während der Mietzeit an der Kaution befriedigen. Das ist dann der Fall, wenn gegen den Mieter eine rechtskräftig bestehende Forderung besteht. Der Mieter hat dann die Pflicht, den fehlenden Betrag wieder auf die vertraglich vereinbarte Summe aufzustocken. Im Hinblick auf strittige Mietzahlungen besteht allerdings während der Mietzeit ein Verwertungsverbot.

Ergänzungspflicht:
§ 240 BGB

4. Inanspruchnahme der Kaution nach Beendigung der Mietzeit

Eine Aufrechnung mit dem Rückzahlungsanspruch, der erst nach dem Vertragsende besteht, darf der Mieter nicht vornehmen, also zum Beispiel die letzten drei Monate keine Miete zahlen.

Merke!

Eine Abrechnungsreife für die Kaution besteht erst nach Vertragsende.

Hat der Mieter bis zum Vertragsende die Kaution nur teilweise oder gar nicht gezahlt bzw. hinterlegt, so kann der Vermieter, soweit noch Forderungen gegen den Mieter bestehen, die offene Kaution auch noch nach Vertragsende fordern.

Der Erfüllungsanspruch des Vermieters wirkt also auch noch über das Vertragsende hinaus. Der Vermieter müsste dann die fehlende Kaution gegebenenfalls auf dem Klageweg einfordern.

Der **Rückzahlungsanspruch** des Mieters besteht erst, nachdem feststeht, dass dem Vermieter keine Ansprüche mehr zustehen.

Solche Ansprüche können z. B.
- Forderungen aus noch nicht erstellten Betriebskostenabrechnungen oder
- Ansprüche aus Schäden an der Mietsache sein.

Dem Vermieter steht zur Abrechnung eine angemessene Frist (**Prüffrist**) zu. Während dieser Frist ist der Vermieter zur Zurückbehaltung der Kaution berechtigt. In dieser Zeit könnten Kostenvoranschläge zur Behebung von Schäden an der Mietsache eingeholt werden.

Der Gesetzgeber hat die Zurückbehaltungsfrist nicht geregelt. Durch verschiedene Gerichtsurteile wird aber i. d. R. ein Zeitraum von **max. sechs Monaten** angesetzt.

Kann der Vermieter die noch zu erstellenden Betriebskostenabrechnungen in dem Zeitraum nicht erbringen, darf er einen Teil der Kaution bis zu 2 Jahre einbehalten.

Zahlt der Vermieter die Kaution nach Übergabe der Mietsache zurück, besteht trotzdem für ihn die Möglichkeit, später Ansprüche geltend zu machen.

Merke!

Eine Kautionsrückgabe ist nicht als Verzichtserklärung zu werten.

Abrechnungsbeispiel:

...

Sehr geehrter Mieter/Sehr geehrte Mieterin ...,

nach Beendigung des Mietverhältnisses zum Mietvertrag vom 25.12.2014 rechne ich Ihnen die Kaution wie folgt ab:

Kaution gezahlt am:

– 1. Rate am 01.01.2015	400,00 €
– 2. Rate am 01.02.2015	400,00 €
– 3. Rate am 01.03.2015	400,00 €
Gesamtkaution:	1.200,00 €
Zuzüglich Zinsen gemäß beigefügter Berechnung, Zeitraum 01.01.2015 bis 31.01.2021:	35,68 €
Gesamtbetrag:	1.235,68 €

Der Betrag in Höhe von 1.235,68 € wird mit folgenden Gegenforderungen verrechnet:

1. ausstehende Miete März 2021	150,00 €
2. Saldo aus Betriebskostenabrechnung 2019	235,00 €
3. Kosten der Reparatur der beschädigten Küchentür gemäß Rechnung vom 25.03.2021, da Sie trotz Aufforderung zur Reparatur der durch Sie beschädigten Tür vom 05.02.2021 und aufgrund der Nachfrist vom 01.03.2021 keine Reparatur der Tür erbracht haben, verlange ich nunmehr Schadensersatz nach § 281 BGB in Höhe von:	285,63 €
4. Für die noch ausstehende Betriebskostenabrechnung für das Jahr 2020 ergibt sich unter Berücksichtigung der Vorjahre voraussichtlich ein Betrag zu Ihren Lasten in Höhe von	250,00 €

Insoweit behalte ich von der Kaution einen Betrag in Höhe von 920,63 € ein.

Den Restbetrag in Höhe von 315,05 € überweise ich Ihnen auf das von Ihnen in Ihrem Schreiben vom 25.12.2020 angegebene Konto.

Mit freundlichen Grüßen

...
(Unterschrift)

1.2.15 Untervermietung

Grundsätzlich ist der Mieter nicht berechtigt, die Mietsache ohne Erlaubnis des Vermieters weiterzuvermieten.

§ 533 BGB

Gemäß § 553 BGB steht dem Mieter aber das Recht zu, unter **bestimmten Voraussetzungen** die Genehmigung zur Untervermietung zu verlangen. Die Einschränkung dieses Rechts darf nicht im Mietvertrag ausgeschlossen werden (unzulässige Klausel).

Solche Voraussetzungen wären z. B.
- das berechtigte Interesse des Mieters zur Untervermietung eines Teils seiner Wohnräume,
- das Interesse darf erst nach Abschluss des Mietvertrags entstanden sein und
- es besteht kein überwiegendes Interesse des Vermieters gegen die Untervermietung.

Ein berechtigtes Interesse des Mieters an einer Untervermietung besteht dann, wenn sich seine Einkommensverhältnisse verschlechtern. Ein weiter Grund ist die Veränderung der Mieteranzahl in der Wohnung durch Auszug oder Zuzug, wie z. B.
- die Aufnahme eines Pflegefalls,
- bei älteren Menschen, die Angst vor Vereinsamung haben oder
- der Auszug eines Mitbewohners einer Wohngemeinschaft oder bei einer Ehescheidung, einer Trennung oder dem Tod.

In der Rechtsprechung sind zu diesem Punkt eine Vielzahl von Urteilen zu finden.

Merke!

Es reicht nicht allein das Interesse an der Untervermietung im Allgemeinen aus.

Sollte das Interesse des Mieters an einer Untervermietung bereits vor Abschluss des Mietvertrags bestanden haben, hat er keinen Anspruch auf Erteilung der Untermietgenehmigung.

Ebenso ist die Untervermietung der **gesamten Wohnung nicht zulässig**. In dem Fall hat der Mieter bei Ablehnung der Untervermietung durch den Vermieter die Möglichkeit des außerordentlichen Kündigungsrechts gemäß § 540 Abs 1. Satz 2 BGB.

Gebrauchsüberlassung an Dritte:
§ 540 BGB

Ein überwiegendes Interesse des Vermieters, die Untervermietung abzulehnen, besteht, wenn die Wohnung dadurch überbelegt wird, es zu einer Änderung des Vertragszwecks kommt oder der Grund in der Person des Untermieters liegt.

Untervermietung

Der Mieter muss die Person der Untervermietung namentlich benennen, ggf. muss der Untermieter auch seine Daten (Selbstauskunft) offenlegen. Der Vermieter muss seine Ablehnung der Untervermietung begründen.

Selbstauskunft
▶ LF 4, Kap. 2.5.1

Zudem muss der Mieter gegenüber dem Vermieter auch die folgenden Punkte angeben:

- Höhe der Untermiete
- Laufzeit des Untermietvertrags
- beabsichtigte Art der Nutzung

Wird der Vermieter durch die Auslastung der Wohnung durch die Untervermietung höher belastet, besteht die Möglichkeit einer Erhöhung der Miete und der Betriebskostenvorauszahlung in angemessener Höhe.

Zum Beispiel bedeutet eine größere Personenzahl in einer Wohnung in der Regel auch höhere Betriebskosten für Müll, Heizung, Wasser usw. Aber auch die Abnutzung der Mietsache erhöht sich.

Der Mieter haftet in den meisten Fällen für die Schäden an der Mietsache, die durch eine Gebrauchsüberlassung an Dritte entstehen. In einigen Mietverträgen wird auch eine sogenannte **Freistellungsklausel** vereinbart.

Freistellungsklausel
Sie wird zwischen Hauptmieter und Untermieter vereinbart. Danach kann der Hauptmieter die Rückzahlung der Kaution des Untermieters zurückhalten, wenn dieser selbst verursachte Schäden gegenüber dem Vermieter nicht ausgleicht.

Ist das Mietverhältnis beendet, müssen der Mieter sowie auch der Untermieter die Mieträume herausgeben.

Da zwischen dem Vermieter und dem Untermieter seines Mieters keine vertragliche Verpflichtung besteht, muss gegebenenfalls auch ein Räumungstitel gegen den Untermieter erwirkt werden.

Erfolgt eine Untervermietung ohne die Erlaubnis des Vermieters, hat dieser die folgenden Möglichkeiten, die Untervermietung zu verhindern:

1.2.16 Tierhaltung

Der Begriff der Tierhaltung in Mietwohnungen ist in der Rechtsprechung umstritten. Das Recht zur Tierhaltung gehört erst einmal zum **vertragsgemäßen Gebrauch** der Mietsache. Da „Tiere" ein weitreichendes Sortiment von Kleintieren, Exoten, Raubtieren usw. umfasst, ist es notwendig, das „Tier" hier genau zu definieren.

Gemeint sind Tiere, die sich ständig in der Wohnung aufhalten, keine Tiere, die stundenweise oder tageweise zu Besuch anwesend sind.

Unterschieden wird auch zwischen **erlaubnisfreien** Kleintieren und **erlaubnispflichtigen** Tieren, wie z. B.:

Bei den erlaubnispflichtigen Tieren muss der Vermieter die Erlaubnis erteilen.

Erlaubnisfreie Kleintiere	Erlaubnispflichtige Tiere	Umstritten
• Ziervögel • Fische im Aquarium • Hamster • Meerschweinchen • Zwergkaninchen	sonstige Tiere, insbesondere Hunde und Katzen	• Gift- und Würgeschlangen • Echsen • Leguane • Ratten • giftige Spinnen • Skorpione • Affen

Gegebenenfalls sind auch Regelungen einzelner Bundesländer oder Städte und Gemeinden zur Tierhaltung zu beachten, wie z. B. bei Kampfhunden.

Zu den umstrittenen Tieren gibt es viele Urteile in der Rechtsprechung. Auch der BGH hat bereits in mehreren Urteilen klargestellt, dass es im Hinblick auf die Interessen aller Beteiligten im Einzelfall abzuwägen ist, inwiefern eine Erlaubnis zur Tierhaltung gestattet wird.

Beurteilungskriterien des BGH:

- Art, Größe und Anzahl der Tiere
- Größe, Zustand und Lage der Wohnung; Bereich der Tierhaltung
- Anzahl der Bewohner, Kinder, berechtigtes Interesse von Nachbarn und/oder Mitbewohnern
- bereits im Haus vorhandene Tiere (Art, Anzahl)
- artgerechte Haltung möglich
- besondere Bedürfnisse des Mieters, z. B. Hilfstiere
- bisherige Handhabung im Haus durch den Vermieter

Auch bei erlaubnisfreien Tieren kommt es auf die Anzahl der Tiere an. Überschreitet die Anzahl der Tiere ein bestimmtes Maß, kann ggf. ein vertragswidriger Gebrauch der Mietsache vorliegen.

Recht zur Kleintierhaltung

Das Recht zur Kleintierhaltung zählt zum vertragsgemäßen Gebrauch und kann durch Klauseln im Mietvertrag nicht verboten werden. Beinhaltet der Mietvertrag eine unwirksame Klausel, gelten die gesetzlichen Vorschriften.

Eine Genehmigung zur Tierhaltung kann zurückgezogen werden, wenn vom Tier bereits mehrfach konkrete Störungen ausgegangen sind.

Beispiele

- Ruhestörung
- Wenn eine artgerechte Haltung in der Wohnung nicht mehr möglich ist.
- Das Tier stellt eine Gefahr dar oder die Tierrasse wurde als gefährlich eingestuft.
- Ebenso kann eine Erlaubnis zurückgezogen werden, wenn der Tierhalter sich in der Vergangenheit als verantwortungslos gezeigt hat.

Bei einer Haltung von Tieren in Aquarien/Terrarien ist unabhängig von der Art und Anzahl der Tiere auch das Gesamtgewicht und die Füllmenge (Wasser in Litern) zu beachten. Unter Umständen muss die Tragfähigkeit der Böden einer Wohnung geprüft werden. Ebenso ist eine entsprechende Haftpflichtversicherung durch den Mieter abzuschließen, z.B. gegen Glasbruch bei Aquarien.

Eine Tierhalterhaftpflichtversicherung ist ebenfalls sinnvoll bei Tieren, welche Personen- und Sachschäden verursachen können.

1.2.17 Wohnfläche und Wohnungsgröße

Vermieter und Mieter müssen sich auf eine **Berechnungsgrundlage für die Ermittlung der Wohnfläche** einigen. Die Wohnfläche bildet im Allgemeinen die Grundlage für Mieterhöhungen und für die Umlage der Betriebskosten. Im öffentlich geförderten Wohnungsbau galt bis zum 31.12.2003 die II. BV (§§ 42 bis 44). Seit dem 01.01.2004 ist für öffentlich geförderte Wohnungen die Wohnflächenverordnung (WoFlV) anzuwenden.

Im freifinanzierten Wohnungsbau können sowohl die Regeln aus der II. BV, der WoFlV oder der DIN 283 angewandt werden. Vermieter und Mieter müssen sich nur auf eine Grundlage einigen, d. h., die Berechnungsgrundlage muss im Mietvertrag genannt werden.

Bei bestehenden Mietverhältnissen muss die Wohnfläche somit nicht auf Grundlage der WoFlV neu berechnet und angepasst werden. Es gilt die im Altvertrag als Grundlage genommene Berechnungsweise.

Die wichtigsten Unterschiede zwischen WoFlV und II. BV

	WoFlV	§§ 42 bis 44 II. BV
Begriff „Wohnfläche"	Grundfläche der Räume, die ausschließlich zu einer Wohnung gehören	Summe der anrechenbaren Grundflächen der Räume, die ausschließlich zu einer Wohnung gehören
Ermittlung der Grundfläche	lichte Maße zwischen den Bauteilen von der Vorderkante der Wandbekleidung	Fertigmaß: lichte Maße zwischen den Bauteilen ohne Wandbekleidung oder Rohbaumaße abzüglich 3 % (Putzabzug)
zur Wohnfläche gehören	Einbaumöbel und Erker (ohne Größenbeschränkung), Raumteile unter Treppen, soweit die lichte Höhe mindestens 2 m beträgt, bis zu 100 %; soweit die lichte Höhe zwischen 1 und 2 m beträgt, zu 50 %	Wandschränke und Erker, die eine Grundfläche von mindestens 0,5 m² haben; Raumteile unter Treppen, soweit die lichte Höhe mindestens 2 m beträgt
zur Wohnfläche gehören anteilig	• Balkone, Loggien, Dachgärten und Terrassen: Anrechnung zu 25 %, höchstens zu 50 % • unbeheizbare Wintergärten, Schwimmbäder und ähnliche nach allen Seiten geschlossene Räume: Anrechnung zu 50 %	• Balkone, Loggien, Dachgärten oder gedeckte Freisitze: Anrechnung zu 50 % • keine Angaben zu Wintergärten, Schwimmbädern u. Ä.: Anrechnung erfolgte analog zu Balkonen zu 50 % • werden (beheizte) Wintergärten neu angebaut: Anrechnung mit 100 % der Grundfläche

nicht zur Wohnfläche gehören	• Zubehörräume, Geschäftsräume, die nicht den Anforderungen des Bauordnungsrechts an ihre Nutzung entsprechen • Schornsteine, Mauervorlagen, freistehende Pfeiler und Säulen mit mehr als 0,10 m² Grundfläche und mehr als 1,50 m Höhe	• Zubehörräume, Geschäftsräume, Wirtschaftsräume und Räume, die nicht den Anforderungen des Bauordnungsrechts an ihre Nutzung entsprechen • Schornsteine, Mauervorlagen, freistehende Pfeiler und Säulen mit mehr als 0,10 m² Grundfläche und raumhoch
Zubehörräume sind z. B. Kellerräume, Abstellräume außerhalb der Wohnung, Waschküchen, Fahrradräume und Bodenräume.		

In der Regel erfolgt die Berechnung der Wohnfläche in drei Schritten:

1. Ermittlung der Räume und Flächen, die zur Wohnflächenberechnung herangezogen werden dürfen
2. Ermittlung der Grundflächen dieser Räume (direkte Ausmessung oder Maße aus geeigneten Bauzeichnungen)
3. Berechnung der Grundflächen unter Berücksichtigung von anteiligen und nicht zu berücksichtigenden Flächen

Beispiel

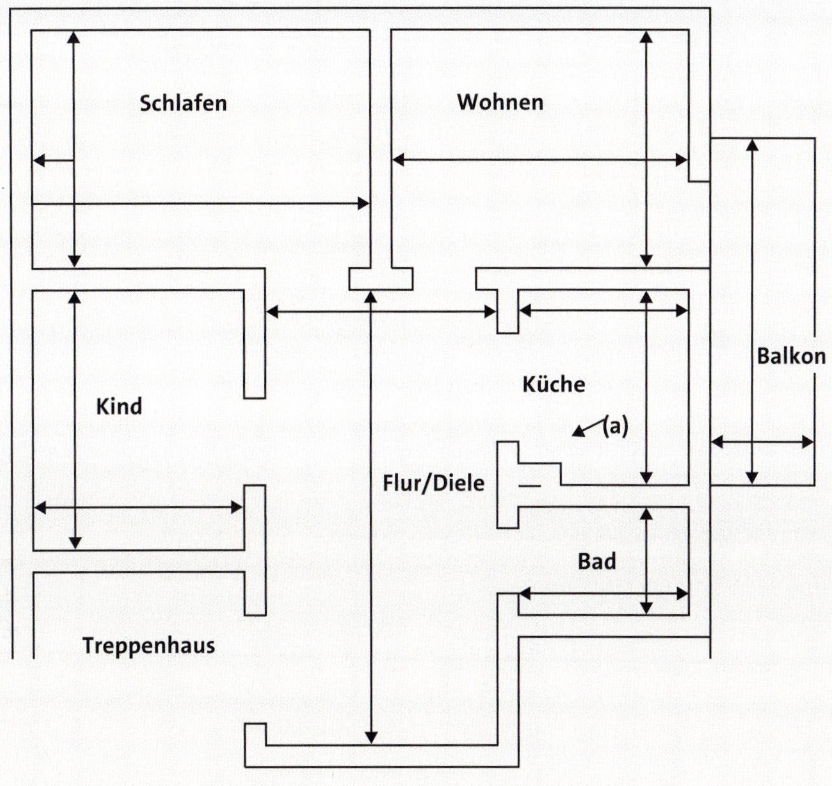

(a) Schornstein

1. Schritt:	Wohnen, Schlafen, Flur/Diele, Kind, Küche, Bad, Balkon (nicht anzurechnende Fläche: Treppenhaus)			
2. Schritt:	Vermessung der Räume			
3. Schritt:	Wohnen	3,00 m · 5,90 m	=	17,70 m²
	Schlafen	3,00 m · 6,50 m	=	19,50 m²
	Flur/Diele	3,25 m · 4,10 m	=	13,33 m²
	Kind	3,50 m · 3,00 m	=	10,50 m²
	Küche	3,00 m · 3,00 m	=	9,00 m²
	Bad	2,50 m · 3,00 m	=	7,50 m²
	Balkon	(1,50 m · 5,38 m)/2	=	4,04 m²
	Grundfläche		=	81,57 m²
	– Schornstein (a)	0,80 m · 0,50 m	=	0,40 m²
	Wohnfläche		=	**81,17 m²**

Berechnung von Dachschrägen und niedrigen Räumen:

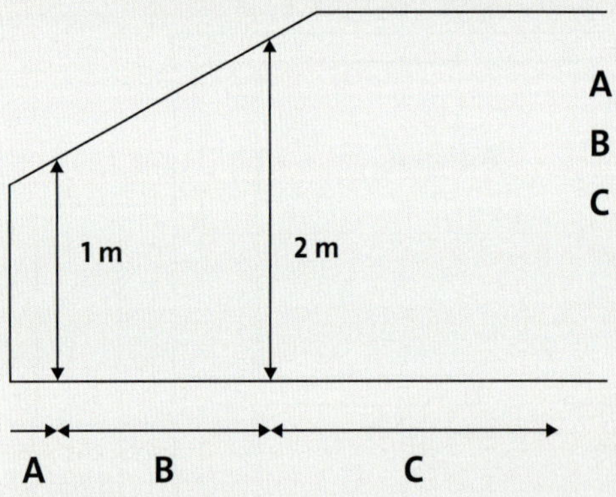

A – keine Anrechnung
B – Abrechnung zur Hälfte
C – Abrechnung voll

Bei der Berechnung ist Folgendes zu berücksichtigen:
- Die Grundflächen von Räumen und Raumteilen mit der lichten Höhe von mindestens 2 m sind voll anzurechnen.
- Die Grundflächen von Räumen und Raumteilen mit einer lichten Höhe von mindestens 1 m und weniger als 2 m sind zur Hälfte anzurechnen.
- Die Grundflächen von Räumen und Raumteilen mit weniger als 1 m sind bei der Berechnung nicht mit einzubeziehen.

2 Rechte und Pflichten des Vermieters und Mieters

SB ▶ SITUATION 31
Bearbeitung einer Mietervertragskündigung

SB ▶ SITUATION 32
Bearbeitung eines Mieterschreibens

Für Vermieter und Mieter sind eine umfangreiche Anzahl von Rechten und Pflichten vom Gesetzgeber definiert. In der Rechtsprechung werden verschiedene Problematiken ständig aktualisiert und in einzelnen Punkten erläutert bzw. ausgelegt.

Nachfolgend soll ein Überblick über diese Rechte und Pflichten gegeben werden, wobei hier nicht alle Punkte erläutert werden sollen. Verschiedene Punkte werden in anderen Lernfeldern ausführlich behandelt.

Die Auflistungen beziehen sich auf die wichtigsten Punkte der Rechte und Pflichten beider Vertragsparteien und sind nicht als vollständig zu betrachten.

2.1 Rechte des Vermieters

Dem Vermieter stehen als Eigentümer der Mietsache und der damit mietvertraglichen Regelungen mit dem Mieter verschiedene Rechte aus dem Vertragsverhältnis zu.

Rechte des Vermieters		
Mietvertragliche Regelung	**Paragraf im BGB**	**Inhalt**
Mietzahlung	§§ 535, 537, 556b	Entrichtung der Miete durch den Mieter
Schadensersatz	§ 535	wegen unterlassener Schönheitsreparaturen oder Beschädigung der Mietsache
Besichtigungsrecht	Rechtsprechung	siehe Regelung im Vertrag
Schadensersatz	§ 536c	unterlassene Mängelanzeige durch den Mieter
Verweigerung der Untervermietung	§ 540	keine Pflicht zur Erlaubniserteilung
Abmahnung und Unterlassungsklage	§ 541	bei vertragswidrigem Gebrauch
Kündigungsrecht	§§ 543, 569, 573d	fristlose Kündigung aus wichtigem Grund
verspätete Rückgabe	§ 546a	Ansprüche nach Ablauf des Mietverhältnisses
Rückgabe der Mietsache	§ 546	nach Vertragsende
Mietsicherheitszahlung	§ 551	Kautionszahlung durch den Mieter
Entschädigung zur Abwendung des Wegnahmerechts	§§ 552, 539, 548	Wegnahmerecht durch den Mieter
Betriebskostenzahlung	§ 556	nach vertraglicher Vereinbarung
Nachforderung aus der Betriebskostenabrechnung	§ 556	Betriebskostennachzahlung durch den Mieter
Änderung des Abrechnungsschlüssels	§ 556a	Umlageschlüssel Betriebskostenabrechnung
Betriebskostenumlage	§ 556c	Umlage der Kosten der Wärmelieferung

Rechte des Vermieters		
Mietvertragliche Regelung	**Paragraf im BGB**	**Inhalt**
Mieterhöhungsrecht	§ 557	nach Vereinbarung
	§ 557a, 557b	bei Staffelmiete, Indexmiete
	§§ 558b	ortsübliche Vergleichsmiete
	§§ 559, 559a, 559b, 559c	nach Modernisierung
	§ 553	bei Untervermietung
Betriebskostenerhöhung	§ 560	Erhöhung der Betriebskostenvorauszahlung
Vermieterpfandrecht	§§ 562–562d	Pfandrecht auf Sachen des Mieters
Schadensersatz	§ 571	wegen verspäteter Rückgabe der Mietsache
Kündigungsrecht	§ 573, 573a, 573b, 573c	ordentliche Kündigung bei • schuldhafter Vertragsverletzung • Eigenbedarf

2.1.1 Besichtigungsrecht

Dem Vermieter steht grundsätzlich das Recht zu, seine Mieträume zu besichtigen. Es gibt aber **kein allgemeines Besichtigungsrecht**, d. h., der Gesetzgeber hat dazu im BGB keine Regelung getroffen.

Merke!

Grundsätze zum Besichtigungsrecht sind in der Rechtsprechung geregelt. In den meisten Mietverträgen wird daher das Besichtigungsrecht vertraglich vereinbart.

Teilweise wird in der Rechtsprechung die Meinung vertreten, dass der Vermieter das Recht hat, in bestimmten periodischen Abständen seine Mieträume zu besichtigen. Dabei sollte davon ausgegangen werden, dass ein wichtiger Grund für die Besichtigung vorliegt.

BGH, Urteil vom 04.06.2014, VIII ZR 289/13

Allgemeine Zeiten und Zeiträume sind damit nicht aufstellbar. Es ist zu empfehlen, den Besichtigungstermin mit dem Mieter rechtzeitig zu vereinbaren. Reine Routinekontrollen nach dem Prinzip „einfach mal nachsehen" sind nicht möglich.

Der BGH benennt als sogenannten sachlichen Grund für eine Besichtigung die ordnungsgemäße Bewirtschaftung des Mietobjektes.

Besichtigung aus konkretem Anlass

In einem konkreten Fall muss der Vermieter dem Mieter den Besichtigungstermin mindestens 24 Stunden vorher ankündigen. In der Regel sollten Termine mindestens eine Woche vorher angekündigt bzw. mit dem Mieter abgesprochen werden. Ist der Mieter berufstätig, ist auch das zu beachten. Es ist dem Mieter nicht zumutbar, dass er Urlaub nehmen oder Überstunden abfeiern muss, um einen Besichtigungstermin zu ermöglichen. Auch Hinderungsgründe, wie zum Beispiel Krankheit und Urlaub, sind zu berücksichtigen.

Zu den konkreten Anlässen zählen unter anderem:
- Feststellung von Mängeln der Räumlichkeiten
- Verkauf der Mietsache, Besichtigung durch Kaufinteressenten
- Weitervermietung, Besichtigung durch Mietinteressenten
- geplante Modernisierungsarbeiten und Renovierungsarbeiten durch den Vermieter
- Überprüfung, ob der Mieter fällige Renovierungsarbeiten ausgeführt hat

Zur Besichtigung sollten die üblichen Tageszeiten angesetzt werden, werktags von 10:00 bis 13:00 und 15:00 bis 18:00 Uhr, wobei der Samstag auch zu den Werktagen zu zählen ist. Zudem hat der Mieter grundsätzlich das Recht, an der Besichtigung persönlich teilzunehmen, er kann sich aber auch vertreten lassen.

Das gilt auch für Besichtigungen durch Drittpersonen, zum Beispiel Makler oder Gutachter.

In **Eilfällen** muss keine Ankündigungsfrist eingehalten werden, z. B. bei Havarien und Notfällen.

Verweigert der Mieter grundsätzlich eine Besichtigung, hat der Vermieter die Möglichkeit, diese gerichtlich einzuklagen (Duldungsklage). In einem Eilfall (Eilbedürftigkeit) kann eine einstweilige Verfügung beim zuständigen Gericht erwirkt werden.

Verweigert der Mieter bei einem berechtigten Anlass die Besichtigung, handelt es sich um eine Vertragsverletzung, die ggf. die folgenden Maßnahmen nach sich ziehen kann:
- Schadensersatzforderungen, zum Beispiel, wenn ein konkreter Schaden bei einer nicht möglichen Weitervermietung oder Verkauf entsteht
- Schadensersatzforderungen bei verweigerter Durchführung von Notmaßnahmen (Havarie) und Beseitigung von Schäden an der Mietsache, durch die Folgeschäden entstehen
- fristlose Kündigung (§ 543 Abs. 1 Satz 2 BGB) oder ordentliche Kündigung

2.1.2 Vermieterpfandrecht

Hat der Vermieter Forderungen aus dem Mietverhältnis, so kann er ein **Pfandrecht** an den durch den Mieter eingebrachten Sachen ausüben. Voraussetzung ist selbstverständlich, dass das Pfandrecht berechtigt bzw. gesichert ist. In der Regel handelt es sich um Geldforderungen aus dem Mietverhältnis, wie z. B.

§ 562 bis 562d BGB

- Mietforderungen,
- Ansprüche aus nicht durchgeführten Schönheitsreparaturen,
- Nutzungsentschädigungen,
- Ersatzansprüche aus schuldhafter Beschädigung der Mietsache,
- aus Schäden wegen unterlassener Mängelanzeigen oder
- Forderungen aufgrund von Verletzungen der Obhutspflicht.

Verjährung

Bei der Ausübung des Pfandrechts ist wichtig, dass die Verjährungsfristen beachtet werden (§ 216 BGB).

Gepfändet werden können dabei nur die dem Mieter gehörenden Sachen in den Mieträumen. Dazu gehören ebenfalls die Zubehörräume wie Keller, Speicher, Garagen oder Stellplätze.

Begriff der Sache:
§ 90 BGB

Der Sachbegriff ist im § 90 BGB definiert. So gehören zu den Sachen nur körperliche Gegenstände, unter anderem auch Geldscheine und Münzen.

Unpfändbare Sachen:
§ 811 ZPO

In § 811 Zivilprozessordnung (ZPO) sind unpfändbare Sachen des Mieters aufgeführt.

So sind unter anderem **unpfändbar**:

- dem persönlichen Gebrauch oder dem Haushalt dienende Sachen, z. B. Kleidungstücke, notwendige Haushaltsgeräte, Fernseher (sofern nicht mehrere vorhanden sind) usw.
- die Ansammlung von Nahrungs- und Befeuerungsmitteln, die der Bevorratung von vier Wochen dienen
- Haustiere
- Arbeitsgeräte und Arbeitsmaterialien, die dem Mieter zur Berufsausübung dienen
- Papiere, Trauringe, Orden- und Ehrenzeichen
- Gegenstände ohne wesentlichen Vermögenswert wie Familienbilder, Briefe, Andenken

Computer, Notebooks und Tablets gehören in der heutigen Zeit zum notwendigen Lebensstandard. Bei einer Pfändung muss aber nachvollziehbar dargelegt werden können, dass ein Gerät zur Information und Kommunikation benötigt wird. Sind z. B. zwei Geräte vorhanden, kann eines gepfändet werden. Bei einem Handy spielt zudem die Frage nach der Erreichbarkeit eine wichtige Rolle. Ist ein Festnetzanschluss vorhanden, wird dies als ausreichend angesehen.

Merke!

Es wird davon ausgegangen, dass dem Mieter immer noch ein bescheidener Lebensstandard bzw. eine Haushaltsführung möglich ist.

Pfändbare Gegenstände sind hingegen z. B.:

- Stereoanlage, Geschirrspülmaschine, Tiefkühltruhe sowie
- die Ansammlung von Nahrungs- und Befeuerungsmitteln, die über eine Bevorratung von vier Wochen hinaus dienen.

Ist der Vermieter in den Besitz der Pfandgegenstände gekommen, so ist er zur ordnungsgemäßen Verwahrung (Einlagerung) verpflichtet und darf die Pfandsachen nicht selbst gebrauchen.

Die Verwertung der Pfandgegenstände kann durch einen sogenannten Pfandverkauf erfolgen.

2.2 Pflichten des Vermieters

Aus der Vermietung seiner Wohnräume erwachsen dem Vermieter natürlich nicht nur Rechte. Es entstehen auch Pflichten, denen er nachkommen muss.

Die Hauptpflichten des Vermieters sind die Gebrauchsüberlassungs-, Erhaltungs-, Fürsorge- und Verkehrssicherungspflicht.

Pflichten des Vermieters

Mietvertragliche Regelung	Paragraf im BGB	Inhalt
Informations- und Aufklärungspflicht	§§ 536d, 242	• Auskunft über Miethöhe und Modernisierungsmaßnahmen der letzten Jahre • Schäden an der Mietsache
Gebrauchsgewährung, Überlassungspflicht	§ 535	Überlassung der Mietsache im vertragsgemäßen Zustand
Erhaltungspflicht	§§ 535, 555a	• Erhaltung des vertragsgemäßen Zustandes • fortlaufende Instandhaltung
Fürsorge- und Schutzpflicht	§ 535	• Versorgungsleistungen • Gefahrenabwehr
Verkehrssicherungspflicht	§ 535	• Pflege, Sicherheit • Beleuchtung, Streupflicht usw.
Schadensersatzpflicht	§§ 536a–536d	bei nicht durchgeführter Mängelbeseitigung
Erstattungspflicht	§ 547	von vorausgezahlter Miete bei Mietende
Kaution	§§ 551, 566a	Begrenzung der Höhe und der Anlage der Kaution
Abrechnungs- und Rückgabepflicht	§ 551	Kaution inkl. Zinsen
Betriebskostenabrechnung	§§ 556, 259	fristgerechte Abrechnung
Ankündigungspflicht	§ 555c	Modernisierungsarbeiten
	§ 558a	Mieterhöhung
	§ 555a	Erhaltungsmaßnahmen
Erlaubniserteilung zur baulichen Veränderung	§ 554	• Barrierereduzierung • E-Mobilität • Einbruchschutz
Anrechnung von Drittmitteln	§ 559a	Modernisierungsabrechnung

2.2.1 Gebrauchsüberlassungspflicht

Eine der Hauptpflichten des Vermieters ist es, die Mietsache dem Mieter in einem **vertragsgemäßen Zustand** zu überlassen. § 535 BGB

Eine Wohnung befindet sich nur dann in einem geeigneten Zustand,
- wenn sie verkehrssicher ist und
- von ihr keine Gesundheitsgefährdung ausgeht.

Wohnung und Wohnraum
▶ LF 4, Kap. 1.2.3

Das Wohnen muss für den Mieter möglich sein. In der Regel muss eine Wohnung die folgenden **Ausstattungsmerkmale** aufweisen:

- eine Kochstelle,
- ein WC mit Wasserspülung,
- eine Badewanne oder Dusche,
- eine Möglichkeit zur Brauchwasserentsorgung und
- die Wohnung muss abgeschlossen sein (durch eine Wohnungseingangstür getrennt von anderen Wohnungen und den Verkehrswegen).

Dies bedeutet jedoch nicht, dass die Wohnung frisch renoviert oder mit allen „Schikanen" ausgestattet sein muss. Maßgeblich ist hier wieder die vertragliche Vereinbarung.

Rechtsfolgen bei fehlender Gebrauchstauglichkeit
Bei fehlender Gebrauchstauglichkeit kann der Mieter **Schadens-** bzw. **Aufwendungsersatz** fordern (§ 536a Abs. 1 BGB) sowie vom Vertrag zurücktreten bzw. kündigen (§§ 323, 543 BGB). Außerdem kann der Mieter auch bei einem Rücktritt Schadensersatz verlangen (§ 325 BGB).

2.2.2 Lastentragung

§ 535 BGB

Der Vermieter hat grundsätzlich die Pflicht, alle auf der Mietsache ruhenden Lasten zu tragen. Der Begriff der Lasten ist gesetzlich nicht definiert, man bezeichnet damit lediglich die Verbindlichkeiten, die auf der Mietsache selbst ruhen, z. B. die Nebenkosten.

Einige der Lasten werden durch Vereinbarungen im Mietvertrag auf den Mieter umgelegt. Im Wohnungsmietvertrag betrifft das in der Regel die in der Betriebskostenverordnung aufgeführten Kosten.

Öffentliche Lasten	Private Lasten	Persönliche Lasten
• Grundsteuer • kommunale Gebühren • Schornsteinfegergebühren • Straßenreinigungsgebühren	• Grundschuld- und Hypothekenzinsen • Reallasten • dingliche Grundstücksbelastungen	Verpflichtungen, die an eine Person, den Vermieter oder den Mieter gebunden sind

2.2.3 Erhaltungspflicht

§ 535 Abs. 1 Satz 2 BGB

Die Erhaltungspflicht durch den Vermieter betrifft alle Maßnahmen, die notwendig sind, um dem Mieter den vertragsgemäßen Gebrauch der Mietsache zu ermöglichen. Darunter fallen auch die Instandsetzungs- und Instandhaltungspflichten.

Instandhaltung und Instandsetzung:
§ 28 Abs. 1 Satz 1 II. BV

Eine Begriffsdefinition zu **Instandhaltung und Instandsetzung** findet sich lediglich im § 28 Abs. 1 Satz 1 II. BV.

Instandhaltung und Instandsetzung

Instandhaltungskosten sind die Kosten, die während der Nutzungsdauer zur Erhaltung des bestimmungsgemäßen Gebrauchs aufgewendet werden müssen, um die durch Abnutzung, Alterung und Witterungseinwirkung entstehenden baulichen und sonstigen Mängel zu beseitigen. Dazu zählen Kosten für Wartung, Inspektion, Instandsetzung, Verbesserungen und Modernisierung.

Unter den Begriff der Instandsetzung fallen alle Maßnahmen, durch die sich der ursprüngliche Zustand oder die generelle Funktionsfähigkeit eines Gebäudes oder Bauteils wiederherstellen lässt.

In vielen Verträgen erfolgt auch eine **Übertragung der Verpflichtung zur Durchführung** von Kleinreparaturen auf den Mieter.

Instandhaltung und Kleinreparaturen
▶ LF 4, Kap. 1.3.13

In die Erhaltungspflicht fließt auch der Mängelbeseitigungsanspruch des Mieters ein.

2.2.4 Verkehrssicherungspflicht

Die Verkehrssicherungspflicht trifft jeden Eigentümer und Vermieter, der sein Grundstück für Mieter und Dritte zur Nutzung freigibt. Auch die Zuwege zum Grundstück sind von ihr betroffen. Dabei geht es nicht nur um die Räum- und Streupflicht bei Eis und Schnee im Winter, sondern um die Beseitigung jeglicher Gefahren (**Gefahrenabwehr**), wie z. B.

§ 535 BGB

- Beseitigung von Stolperfallen und Aufwerfungen durch Wurzeln an Wegen,
- Beseitigung von nicht standsicheren Bäumen,
- Kennzeichnung schwer erkennbarer Stufen oder glatter Böden,
- Beseitigung herabhängender Eiszapfen oder von Schneemassen, durch die es zu Dachlawinen kommen kann,
- ordnungsgemäße Beleuchtung des Grundstücks und der Gemeinschaftsflächen, beispielsweise Treppenhaus, Kellergang und
- Beseitigung von Stolperstellen an beschädigten Treppenstufen.

In den Satzungen der Städte und Gemeinden finden Sie die jeweiligen Regelungen für Ihr Gebiet. Unter anderem wird oftmals die Streupflicht für öffentliche Wege (Bürgersteige) auf die Anlieger übertragen.

In vielen Mietverträgen werden einzelne Punkte der Verkehrssicherungspflicht, z. B. Schneeräumung und Streupflicht, auf den Mieter übertragen. Dies betrifft aber keine Beseitigung von Schäden. Diese Pflicht verbleibt immer beim Vermieter. Dem Vermieter obliegt damit verbunden auch eine Pflicht zur regelmäßigen Kontrolle des Grundstücks auf mögliche Gefahrenquellen. Das gilt auch, wenn dieser einen Hausmeisterservice mit den Arbeiten beauftragt hat. Hier besteht auch noch die Überwachungspflicht für den Vermieter.

Ausnahmen kann es in Mietverträgen geben, in denen dem Mieter die alleinige Nutzung des Grundstücks gewährt wird, z. B. Vermietung eines Einfamilienhausgrundstücks.

2.2.5 Wegnahme von Einrichtungen

§§ 539, 548, 552 BGB

Der Vermieter hat die Pflicht, die Wegnahme von Einrichtungen zu dulden, die der Mieter vorgenommen hat und die nicht bereits durch den Vermieter ersetzt wurden. Als Einrichtungen sind dabei alle beweglichen Sachen zu verstehen, die mit der Mietsache verbunden werden, um ihrem wirtschaftlichen Zweck zu dienen, z. B. Schlösser, Türen, Waschbecken oder Steckdosen.

Oftmals findet sich dazu eine Klausel im Mietvertrag. Hat der Vermieter die Einrichtung dem Mieter bei Einzug bereits ersetzt, darf der Mieter den Gegenstand bei Auszug nicht ausbauen und mitnehmen.

2.2.6 Bauliche Veränderung – Barrierereduzierung, E-Mobilität und Einbruchschutz

§ 554 BGB

Mit dem seit 01.12.2020 in Kraft getretenen Wohnungseigentumsmodernisierungsgesetz (WEMoG) und dem Gesetz zur Förderung der Elektromobilität wurde der § 554 BGB neu geordnet. Der § 554a BGB ist damit entfallen.

Mit dieser gesetzlichen Änderung wird der Anspruch des Mieters auf **Erlaubnis für bestimmte bauliche Veränderung** an der Mietsache neu geregelt.

So wird z. B. in dem Gesetz der Anspruch auf bauliche Maßnahmen für Menschen mit Behinderungen neu geregelt, z. B. im Hinblick auf den Einbau eines Treppenlifts.

Des Weiteren werden bauliche Veränderung benannt, die dem Mieter das Betreiben eines elektrischen Fahrzeugs (Lademöglichkeit) ermöglichen.

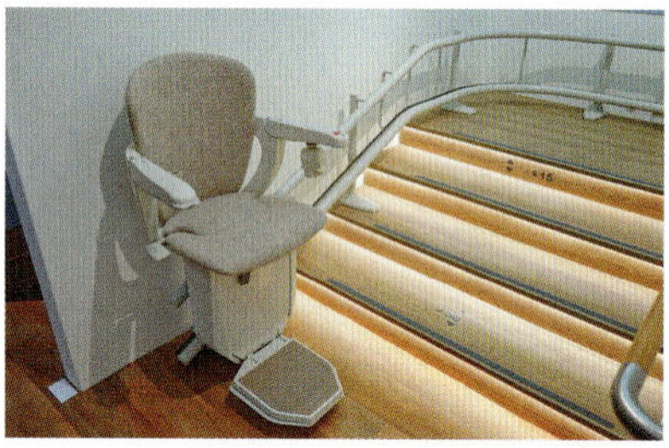

Neu geregelt wird zudem auch der Einbau von Einbruchssicherungsmaßnahmen, wie z. B. für einbruchshemmende Schließanlagen.

Der Vermieter hat hierbei die Pflicht, sofern es baurechtlich möglich ist, dem Mieter diese baulichen Änderungen zu gestatten.

Zur Erläuterung der Umsetzung der einzelnen Maßnahmen wird gegenwärtig noch auf den alten (weggefallenen) § 554a BGB verwiesen.

2.3 Rechte des Mieters

Wird ein Mietvertrag geschlossen, stehen nicht nur dem Vermieter Rechte zu. Auch für den Mieter ergeben durch die mietvertraglichen Regelungen verschiedene Rechte aus dem Mietverhältnis.

Rechte des Mieters

Mietvertragliche Regelung	Paragraf im BGB	Inhalt
Zurückbehaltungsrecht von Betriebskostenvorauszahlungen	§ 273	nicht fristgerechte Betriebskostenabrechnung
Gebrauchsüberlassung	§ 535	Überlassung der Mietsache
Gebrauchsüberlassung an Dritte	§§ 553, 540	Untervermietung an Dritte
Mängelbeseitigungsanspruch	§ 536a	Anspruch auf Beseitigung eines bestehenden Mangels
Mietminderungsrecht	§ 536	Recht zur Minderung der Miete wegen eines Mangels an der Mietsache
Recht zur Selbstvornahme (Selbstabhilferecht)	§ 536a	Mängelbeseitigung durch den Mieter und Aufwendungsersatz bei Notmaßnahmen oder Verzug der Mängelbeseitigung durch den Vermieter
Schadens- und Aufwendungsersatzanspruch	§ 536a	Verzug bei der Mängelbeseitigung
Wegnahmerecht	§§ 539, 548, 552	Entfernung von der dem Mieter gehörenden Einrichtung
Kündigungsrecht	§§ 542, 573c	ordentliche Kündigung
außerordentliche fristlose Kündigung	§§ 543, 569	aus wichtigem Grund, z. B. Gesundheitsgefährdung
Mietrückerstattung	§ 547	im Voraus entrichtete Miete bei Vertragsende
Erlaubniserteilung zur baulichen Veränderung	§ 554	• Barrierereduzierung • E-Mobilität • Einbruchsschutz
Sonderkündigungsrecht	§ 555e	bei Modernisierungsmaßnahmen
Betriebskostenabrechnung	§ 556	fristgerechte Abrechnung
Ermäßigung Betriebskostenpauschale	§ 560	bei zu hoher Pauschale
Herabsetzung Betriebskostenvorauszahlung	§ 560	bei zu hoher Vorauszahlung
Aufrechnungs- und Zurückbehaltungsrecht	§ 566b	bei zu hoher Miete bzw. Bereicherung durch den Vermieter
Auskunftsrecht	§ 556g	Auskunft über Miethöhe und Modernisierungsmaßnahmen der letzten Jahre
Mieterhöhungsankündigung	§§ 558 a–e	Mieterhöhung gemäß § 558 BGB
	§ 559	nach Modernisierung
Sonderkündigungsrecht	§ 561	nach Mieterhöhung nach § 558 oder § 559 BGB
Widerspruchsrecht gegen Kündigung	§§ 574, 574a, 574b, 574c	Kündigungswiderspruch und Fortsetzung Mietverhältnis

Rechte des Mieters		
Mietvertragliche Regelung	**Paragraf im BGB**	**Inhalt**
Vertragsverlängerung	§ 575	bei Zeitmietverträgen
Kündigungsrecht	§ 580	bei Tod des Mieters durch die Erben
Vorkaufsrecht des Mieters	§§ 566, 577, 577a	Verkauf von Eigentumswohnungen (WEG)

2.3.1 Recht zur Mietminderung

§ 536 BGB

BGH
Bundesgerichtshof

Der Mieter hat das Recht zur Minderung der Miete bei einer **Beeinträchtigung des Gebrauchs** der Mietsache. Die Höhe hängt von Art, Umfang, zeitlichem und räumlichem Ausmaß der Beeinträchtigung ab, wobei der BGH grundsätzlich die Bruttogrundmiete zugrunde legt. Die Mietminderung ist somit auch bei Erstellung der Betriebskostenabrechnung zu berücksichtigen.

Im Internet oder bei Vermieter-/Mieterverbänden werden regelmäßig aktuelle Minderungstabellen veröffentlicht.

Eine Mietminderung ist **auszuschließen**, wenn
- der Mangel bei Einzug bekannt war (§ 536b BGB),
- der Mangel dem Vermieter nicht angezeigt wurde,
- die Ursache des Mangels beim Mieter liegt,
- ein unerheblicher Mangel vorliegt (§ 536 BGB),
- eine energetische Modernisierung (§555b BGB, §536 BGB) erfolgt sowie
- der Mieter die Beseitigung des Mangels verweigert oder ablehnt (Reparaturverweigerung).

2.3.2 Zurückbehaltungsrecht (Einrede des nicht erfüllten Vertrages)

Hierbei hat der Mieter das Recht, einen Teil der Miete, in der Regel das Drei- bis Fünffache des Mietminderungsbetrages, zurückzuhalten. Anders als bei einer Mietminderung muss der Mieter den Zurückbehaltungsbetrag nach der Mängelbeseitigung oder der Beendigung des Vertragsverhältnisses an den Vermieter zurückzahlen.

Voraussetzung ist dabei:
- Ein Mangel liegt vor.
- Das Mietverhältnis ist noch nicht beendet.
- Die Einrede muss dem Vermieter gegenüber bekannt gemacht worden sein.

Der Ausschluss einer Einrede erfolgt, wenn
- der Mieter den Mangel selbst zu vertreten hat,
- dem Mieter der Mangel bei Vertragsabschluss bekannt war oder
- der Mieter sich hinsichtlich der Mängelbeseitigung in Verzug befindet.

2.3.3 Recht auf Schadensersatz

Ist dem Mieter ein Schaden entstanden, den er nicht zu vertreten hat, so hat er ein Recht auf Schadensersatz, weil die Mietsache mangelhaft war. Dabei kann der Mangel schon bei Beginn des Mietverhältnisses vorhanden gewesen sein – ein sogenannter **anfänglicher Mangel**. Ebenso kann der Mangel auch während der Mietzeit auftreten – ein sogenannter **nachträglicher Mangel**. § 536a Abs. 1 BGB

Beispiel

Durch eine schlecht ausgeführte Reparatur an einer defekten Wasserleitung tritt Wasser aus der Leitung aus und beschädigt bzw. zerstört die Sachen des Mieters. Hier spricht man von einem Mangelfolgeschaden.

2.3.4 Recht auf Selbstabhilfe

Ist der Vermieter mit der Beseitigung eines Mangels in Verzug oder besteht Eilbedürftigkeit, kann der Mieter selbst die Mangelbeseitig veranlassen. Der Mieter hat dabei einen Ersatzanspruch auf die von ihm verauslagten Kosten zur Schadensbeseitigung. § 536a Abs. 2 BGB

Voraussetzung ist aber, dass der Mieter seiner Pflicht zur **Anzeige des Mangels** gegenüber dem Vermieter nachgekommen ist. Die Anzeige des Mangels muss dabei so konkret sein, dass der Vermieter diesen lokalisieren und seine Dringlichkeit einschätzen kann.

Das Recht auf Selbstabhilfe kann der Mieter nicht geltend machen, wenn er den Mangel selbst verschuldet hat.

2.4 Pflichten des Mieters

Zu den Hauptpflichten des Mieters gehören die Mietzahlungspflicht, die Pflicht zur Übernahme der Schönheitsreparaturen (sofern dies vertraglich vereinbart ist) und die Rückgabepflicht bei Vertragsende.

Pflichten des Mieters		
Mietvertragliche Regelung	**Paragraf im BGB**	**Inhalt**
vertragsgerechter Gebrauch	§ 241	Obhuts- und Sorgfaltspflicht
	§ 541	Folgen des vertragswidrigen Gebrauchs
Pflicht zur Mietzahlung	§§ 535, 537, 556b	Entrichtung der Miete
Durchführung von Schönheitsreparaturen	§ 535	nach vertraglicher Vereinbarung
Pflicht zur Mangel- und Gefahrenanzeige	§ 536c	zeitnahe Mängelanzeige
Schadensersatzpflicht	§ 536c	bei Unterlassung der Pflicht zur Mängel- und Gefahrenanzeige
	§§ 546a, 571	bei verspäteter Rückgabe der Mietsache

Pflichten des Mieters		
Mietvertragliche Regelung	**Paragraf im BGB**	**Inhalt**
Rückgabepflicht	§§ 546, 570	Rückgabe der Mietsache nach Vertragsende
Zahlung einer Kaution	§ 551	Kautionszahlung gemäß Vertragsvereinbarung
Duldungspflicht	§ 555a	Duldung von Erhaltungsmaßnahmen
	§ 555d	Duldung von Modernisierungsmaßnahmen
Betriebskostenübernahme	§§ 556, 556c	Übernahme der Kosten

2.4.1 Mietzahlungspflicht

§ 535 BGB

Die Zahlung der Miete ist eine Hauptpflicht des Mieters, wobei die vereinbarte Fälligkeit der Miete zu berücksichtigen ist. Neben der Zahlung ist der Mieter auch für den rechtzeitigen Zugang der vereinbarten Miete verantwortlich (sogenannte „Schickschuld"). Dabei ist es egal, welche Form für die Zahlung gewählt wurde (z. B. Dauerauftrag, Einzahlung). Mit der Miete sind auch die Betriebskosten zu entrichten. Der Mieter hat das Recht der Aufrechnung mit Gegenforderungen gemäß §§ 536 ff. BGB.

Beispiel

Im Mietvertrag zwischen Vermieter und Mieter ist folgender Mietzahlungstermin vereinbart:

Die Miete und die Betriebskostenvorauszahlung sind jeweils am Monatsersten im Voraus zur Zahlung an den Vermieter fällig. Die Miet- und Betriebskostenvorauszahlung für November 2021 muss somit am 01.11.2021 auf dem Konto des Vermieters eingehen. Fällt der Erste eines Monats auf einen Sonn- oder Feiertag, gilt der erste darauffolgende Werktag.

2.4.2 Übernahme der Schönheitsreparaturen bei wirksamer Übertragung aus der Vermieterpflicht

§ 535 Abs. 1 Satz 2 BGB

Hier muss immer die aktuelle Rechtsprechung berücksichtigt werden (BGH-Urteile).

Wurden Schönheitsreparaturen vertraglich wirksam auf den Mieter übertragen, ist er zur Ausführung verpflichtet. Aber Achtung: Die Art und die notwendige Formulierung der wirksamen Übertragung der Schönheitsreparaturen unterliegen einer regelmäßigen Änderung in der Rechtsprechung. Was heute gilt, kann morgen schon als nicht mehr wirksam anerkannt werden.

2.4.3 Vertragsgerechter Gebrauch – Obhuts- und Sorgfaltspflicht

§ 241 Abs. 2 BGB

Ebenso wie der Vermieter ist auch der Mieter zu **Schutz und Fürsorge** hinsichtlich der Mietsache verpflichtet. So hat der Mieter die Wohnung vertragsgemäß zu gebrauchen. Dazu gehört auch, dass er Schäden von der Wohnung fernhält. Zu seinen Pflichten zählen beispielsweise

- das regelmäßige Lüften der Räume, um unter anderem der Schimmelbildung vorzubeugen,
- Fenster und Türen bei Frost und Unwetter zu schließen,
- mit Gas verantwortungsbewusst umzugehen,

- das Überwachen von Wasch- und Geschirrspülmaschinen und
- bei einer Abwesenheit von mehr als drei Tagen für die Betreuung der Wohnung zu sorgen.

Der Mieter darf die Wohnung nicht verwahrlosen lassen, sodass die Gefahr besteht, dass die Wohnung Schaden erleidet und ein normales Wohnen nicht mehr möglich ist.

Die Obhuts- und Sorgfaltspflicht beginnt mit der **Überlassung der Mietsache**, unabhängig davon, ob der Mietvertrag bereits begonnen hat. Auch die Abwesenheit des Mieters befreit ihn nicht von dieser Pflicht. So hat er bei längerer Abwesenheit für eine ausreichende Kontrolle zu sorgen und gegebenenfalls dem Vermieter den Zugang zur Wohnung zu ermöglichen.

Die Obhuts- und Sorgfaltspflicht umfasst aber nicht nur die Wohnräume, sondern erstreckt sich auch auf alle Teile des Gebäudes und Grundstücks, mit denen der Mieter in Berührung kommt. Sie endet erst mit der Rückgabe der Mietsache und **nicht** mit dem Ablauf des Mietvertrags.

2.4.4 Pflicht zur Einhaltung des vertragsgemäßen Gebrauchs

Der Mieter hat jeden unangemessenen Gebrauch der Mietsache zu unterlassen. Ein unangemessener Gebrauch ist beispielsweise die Nutzung der Mietsache als Gewerberaum oder eine ungenehmigte Untervermietung. §§ 538, 540 BGB

2.4.5 Anzeigepflicht

Der Mieter ist verpflichtet, dem Vermieter während des gesamten Mietverhältnisses Mängel der Wohnung oder Gefahren an und um die Mietsache anzuzeigen. Eine Form ist dafür nicht vorgeschrieben. Entstehen dem Vermieter durch die unterlassene Anzeige Schäden, hat der Mieter ihm diese zu ersetzen. Die Anzeigepflicht beginnt mit Übergabe der Mietsache an den Mieter und endet erst mit der Rückgabe der Mietsache und nicht mit Ablauf des Mietvertrags. § 536c BGB

2.4.6 Rückgabepflicht

Der Mieter hat die Mietsache nach Beendigung des Mietverhältnisses zurückzugeben, da Miete eine Gebrauchsüberlassung auf Zeit bedeutet. Die Mietsache ist nach Ende der vertraglich vereinbarten Mietzeit in dem Zustand zurückzugeben, in dem der Mieter diese übergeben bekommen hat. Der Vermieter muss also wieder in den Besitz der Mietsache gelangen. Dabei sind die im jeweiligen Mietvertrag getroffenen Regelungen zu berücksichtigen. § 546 Abs. 1 BGB

2.4.7 Duldungspflicht

Der Mieter hat grundsätzlich Maßnahmen zu dulden, die zur Erhaltung der Mietsache erforderlich sind. Die Duldungspflicht bei Instandhaltung, Instandsetzung und Modernisierung sowie die Rückgabepflicht des Mieters werden in den Kapiteln „Instandhaltung und Modernisierung" behandelt. § 555a Abs. 1 BGB

2.5 Übergabe- bzw. Abnahmeprotokoll (§ 538 BGB)

Zu den Pflichten des Vermieters gehört es nach § 535 BGB, dem Mieter die Mietsache in einem vertragsgemäßen Zustand zu überlassen. Im Gegenzug hat der Mieter eine Obhuts- sowie Sorgfaltspflicht und er trägt zudem die Folgen eines vertragswidrigen Gebrauchs (§§ 241 und 541 BGB).

Aus diesen Verpflichtungen leitet sich aber keine Pflicht für Vermieter und Mieter ab, ein Übergabe- bzw. Abnahmeprotokoll anzufertigen. In der Praxis hat es sich aber bewährt, bei Vertragsbeginn und bei Vertragsende ein Protokoll zu erstellen.

Merke!

Eine genaue Abgrenzung der Begriffe Übergabe- bzw. Abnahmeprotokoll gibt es nicht. In der Regel werden sie synonym benutzt. Es ist aber auch anzutreffen, dass zu Beginn des Mietverhältnisses bei der Übergabe der Wohnung von einem Übergabeprotokoll gesprochen wird, bei der Rückgabe des Mietobjekts am Ende des Mietverhältnisses von einem Abnahmeprotokoll. Im Folgenden wird nur der Begriff Übergabeprotokoll verwendet.

Hinweis:
Das Abnahmeprotokoll bei der Übergabe einer Mietwohnung darf nicht verwechselt werden mit dem Abnahmeprotokoll im Rahmen einer Bauabnahme.

Das Übergabeprotokoll dient dazu, den Ist-Zustand der Mietsache zu dokumentieren, und zwar

- bei Vertragsbeginn (Übergabe der Mietsache vom Vermieter an den Mieter)
- und bei Vertragsende (Rückgabe der Mietsache vom Mieter an den Vermieter).

Übergabeprotokoll zu Beginn des Mietverhältnisses
Zu Beginn des Mietverhältnisses soll dem Mieter die Möglichkeit eingeräumt werden, die Mietsache gründlich hinsichtlich ihres Zustands zu prüfen. Dazu zählen neben der Wohnung auch alle Nebenräume usw. Beanstandungen werden dann im Übergabeprotokoll festgehalten.

Im Protokoll sollte dabei nicht nur stehen „keine Mängel vorhanden“, sondern es sollte eine genauere Auflistung bzw. Nennung der überprüften Bereiche erfolgen, wie z. B. Decken, Wände, Fußböden oder Heizkörper.

Unterschreibt der Mieter das Übergabeprotokoll, so muss er in Zweifelsfall nachweisen, dass die darin gemachten Angaben falsch waren. Es empfiehlt sich daher, das Übergabeprotokoll mit einer entsprechenden Fotodokumentation zu unterlegen.

Beispiel

Die MEWOH Musterwohn GmbH hat heute einer neuen Mieterin ihre Wohnung übergeben. Bei der Übergabe der Wohnung ist aufgefallen, dass am Türblatt der Wohnzimmertür eine große und sehr tiefe Schramme sichtbar ist. Dies wurde mithilfe von Fotos dokumentiert. Dabei wurde ein Foto von der gesamten Tür und eines von der Schramme am Türblatt gemacht. Um die Größe der Schramme besser einordnen zu können, wurde ein Zollstock an die Schramme gehalten. Damit wurde der Zustand der gesamten Tür sowie die Größe der Schramme und somit des Schadens spezifiziert.

Darüber hinaus können in einem Übergabeprotokoll z. B. auch erfasst werden:

- vorhandene Einbau- und Küchenmöbel
- Elektrogeräte (z. B. ein Geschirrspüler)
- Badezimmerausstattung
- Lampen
- Anzahl der Schlüssel, die der Mieter erhält, wie z. B. für Haus- und Wohnungstür, Schlüssel für die einzelnen Zimmer, für Nebenräume sowie den Briefkastenschlüssel
- Zählerstände von Stromzähler sowie Wasser- und Heizungszähler bei Übergabe der Mietsache
- die Übergabe von Gebrauchsanweisungen, z. B. für den Elektroherd

Übergabeprotokoll bei Ende des Mietverhältnisses
Für die Übergabe der Mietsache bei Ende des Mietverhältnisses gelten die gleichen Regeln wie zu Mietbeginn. Es wird ebenfalls der Ist-Zustand erfasst.

Mit der Aufnahme des Ist-Zustands bei Ende des Mietverhältnisses werden nun die Veränderungen an der Mietsache während der Mietzeit dokumentiert.

Aus diesen Veränderungen können sich weitere Forderungen des Vermieters gegen den Mieter ergeben. Dabei kann es sich z. B. handeln um

- Forderungen, die aus Renovierungsarbeiten an der Mietsache entstehen,
- Schadensbeseitigungsansprüche oder
- Schadensersatzansprüche.

Die Dokumentation der Ist-Zustände zu Beginn und Ende des Mietverhältnisses kann für Vermieter und auch Mieter besonders dann hilfreich sein, sollte es zu Streitigkeiten kommen, z. B. im Hinblick auf Reparaturkosten.

Wichtig ist es dabei zu beachten, dass diese Forderungen grundsätzlich abzugrenzen sind von Schäden an der Mietsache, die durch den vertragsgemäßen Gebrauch dieser entstanden sind, wie z. B. Abnutzungen durch das Abrücken von Möbeln auf einem Teppichboden, der bei Mietbeginn vorhanden war.

Merke!

Der Mieter ist nicht verpflichtet, ein Übergabeprotokoll zu unterzeichnen.

SB ▶ SITUATION 33 Mietersuche und Mieterauswahl

SB ▶ SITUATION 34 Einen Nachmieter bestimmen

3 Mietersuche und Mieterauswahl

Bevor es zur Vermietung einer Wohnung kommt, hat das verwaltende Unternehmen die Entscheidung zu treffen, auf welchem Wege die Akquise der Mieter erfolgen soll. Dabei wird zwischen zwei Verfahren unterschieden:

Verfahren 1	interne Vermietung	Die Mietersuche erfolgt über eine eigene Vertriebsabteilung, welche die Bereiche der Bewerbung, Besichtigung, Mieterauswahl und Vertragsunterzeichnung umfasst.
Verfahren 2	externe Vermietung	Es wird eine externe Vertriebsfirma beauftragt, die alle Aufgaben übernimmt. Dabei kann es sich z. B. um einen Immobilienmakler handeln, mit dem allerdings in der Regel auch eine entsprechende Provisionsvereinbarung zu treffen ist.

3.1 Phasen der Mietersuche und Mieterauswahl

Die Mietersuche und Mieterauswahl teilen sich unabhängig vom Verfahren in verschiede Phasen auf.

Phase 1: Vorbereitung der Vermietung
Bei der Vorbereitung der Vermietung geht es vor allem darum, die Grundlagen für die Mietersuche bzw. -findung zu schaffen. Dazu ist es erforderlich, bestimmte Daten zusammenzutragen und Vertragsgrundlagen vorzubereiten.

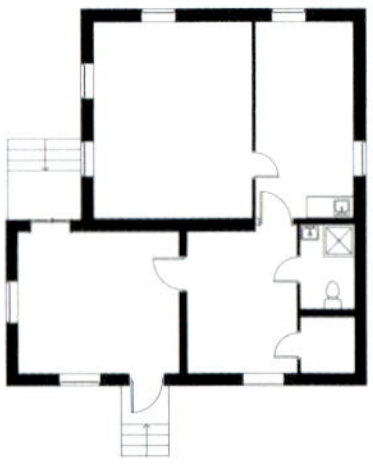

Für die Akquise eines neuen Mieters sollten die folgenden Unterlagen und Daten zusammengestellt werden:
- Lageplan, Grundriss der Wohnung
- aussagekräftige Fotos, Videos oder 3-D-Animationen
- Energieausweis
- Festlegung über die Art des Mietvertrages, z. B. befristet oder unbefristet
- Festlegung der Miete und Betriebskostenvorauszahlung oder -pauschale sowie der Mietsicherheit
- Festlegung des Mietbeginns unter der Berücksichtigung von ggf. noch vorzunehmenden Renovierungs- oder Instandsetzungsarbeiten
- Erstellung eines Exposés
- Festlegung einer Zielgruppe
- Informationen zum Halten von Haustieren

Das Erstellen und Analysieren eines Exposés wird in Lernfeld 10 genauer behandelt.

Bei der externen Vermietung sind diese Unterlagen und Daten z. B. dem beauftragten Immobilienmakler zur Verfügung zu stellen.

Phase 2: Mietersuche
In dieser Phase sollen potenzielle Mieter angesprochen werden, wobei es dabei verschiede Möglichkeiten gibt, wie z. B.:
- Anzeigenschaltung, Inserate in Print- oder Onlinemedien
- Veröffentlichungen auf der Unternehmenshomepage (internes Verfahren) oder z. B. auf der des beauftragten Immobilienmaklers (externes Verfahren)
- Aushänge, z. B. im Bürgerbüro, in Universitäten, Fachhochschulen oder Wohnungsämtern
- Werbetafeln

Das Erstellen und Analysieren von Inseraten wird in Lernfeld 10 genauer behandelt.

Phase 3: Besichtigungen
In welcher Form Besichtigungen durchgeführt werden, ergibt sich in der Regel durch die jeweilige Mietsituation auf dem Vermietungsmarkt im jeweiligen Gebiet. Gibt es beispielsweise sehr viele Interessenten für eine Wohnung, so wird es vermutlich sinnvoll sein, mit mehreren Mietinteressenten gleichzeitig eine Besichtigung durchzuführen. Wie so oft, ergeben sich hier verschiedene Vor- und Nachteile:

Vorteile	Nachteile
• Es kann Zeit gespart werden, da mehrere Interessenten gleichzeitig die Wohnung besichtigen können. • Man erhält einen Eindruck von den verschiedenen Interessenten und kann schneller eine mögliche Beurteilung und Auswahl vornehmen.	• Es müssen mehrere Interessenten gleichzeitig vor Ort betreut werden. • Evtl. kann eine Überforderung durch die Fragenflut entstehen. • Es kann zu Störungen durch die Interessenten kommen, z. B. in verbaler Form oder durch Rangeleien unter den einzelnen Interessenten.

In Gebieten mit einem hohen Wohnungsleerstand wird es in der Regel eher zu Einzelbesichtigungen kommen, da es vermutlich nur wenige Interessenten gibt. Eine Einzelbesichtigung hat aber den großen Vorteil, dass es möglich ist, sich in Ruhe mit dem Interessenten zu befassen und ihn näher kennenzulernen.

In Zeiten der Pandemie hat sich auch die **virtuelle Besichtigung** des Vermietungsobjektes als Besichtigungsmethode immer mehr etabliert. Dabei können interessierte Personen online einen digitalen Rundgang durch das Objekt vornehmen. Diese Methode kann z. B. für zu vermietende Objekte über die Unternehmens-Homepage angeboten werden. Der Interessent benötigt lediglich ein internetfähiges Endgerät, wie z. B. einen Computer oder ein Smartphone.

Auf vielen Vermietungsplattformen wird diese Methode immer häufiger angeboten. Zu berücksichtigen ist dabei aber, dass diese Methode überwiegend nur bei leer stehenden Vermietungsobjekten angewandt werden kann. Ein Video in einer bewohnten Wohnung zu drehen, wird kaum ein Mieter gestatten. Alternativ besteht aber die Möglichkeit der virtuellen Besichtigung über 3D-Animationen der Vermietungsobjekte.

Bei der Besichtigung – in der Regel aber auch schon vorab – werden den Mietinteressenten verschiedene Unterlagen und Formulare übergeben, mit der Bitte, diese korrekt und vollständig auszufüllen. Dabei handelt es sich in der Regel um:

- Mieterselbstauskunft
- Vorvermieterauskunft
- Auflistung weiterer zu erbringender Unterlagen, z.B. Schufa-Auskunft, Bankauskunft, Einkommensnachweise

Phase 4: Auswahl des Mieters
Bei der Auswahl des zukünftigen Mieters sind verschiedene Kriterien zu berücksichtigen. Die folgenden Kriterien spielen in der Regel eine besonders wichtige Rolle:
- Einordnung des Mieters in das Anforderungsprofil
- Mieterstruktur des Hauses
- Belegungszahl der Wohnung (Wie viele Personen wollen einziehen?)
- bisheriges Mietverhalten
- finanzielle Voraussetzungen, z.B. Solvenz des Interessenten, schwebende Konkurs- oder Insolvenzverfahren, Schufa-Einträge
- häufige Umzüge in den letzten Jahren
- berufliche Tätigkeit, wird ggf. in der Wohnung gearbeitet (selbstständig oder gewerbetreibend)
- Haustiere (Art und Anzahl), Musikinstrumente

Solvenz
Zahlungsfähigkeit; Fähigkeit, den laufenden Verpflichtungen nachzukommen

Bei einer Vielzahl von Vermietern spielt auch die Auswahl nach Rauchern und Nichtrauchern eine wichtige Rolle. Diese Frage darf allerdings nicht an den Interessenten gestellt werden. Außerdem ist es beispielsweise auch möglich, dass ein Nichtraucher während des Mietverhältnisses mit dem Rauchen beginnt. Dieser Punkt gehört somit zum sogenannten **Vermieterrisiko**.

Merke!
Dem Vermieter ist es freigestellt, wen er als Mieter auswählt.

Beachtet werden muss, dass bereits während aller Phasen der Mietersuche und -auswahl die geltenden **Datenschutzgesetze** einzuhalten sind. Hinzu kommt weiterhin, dass die Auswahl des Mieters unter Berücksichtigung des **Allgemeinen Gleichbehandlungsgesetzes (AGG)** erfolgen muss.

3.2 Mieterselbstauskunft

Nicht alles, was der Vermieter gerne über einen potenziellen Mietinteressenten wissen möchte, kann erfragt werden. Vielmehr muss sich der Vermieter darüber im Klaren sein, welche Fragen gestellt werden dürfen und welche nicht.

Fragen zu den folgenden Punkten darf der Vermieter beispielsweise nicht stellen:
- Familienstand, Kinderwunsch oder Schwangerschaft
- Vorstrafen, laufende Verfahren
- Mietschulden
- Aufenthaltsgenehmigung
- Nationalität, Religionszugehörigkeit und ethnische Herkunft
- Krankheiten, Rauchgewohnheiten

Ob die Frage nach dem Familienstand unzulässig ist, wird kontrovers diskutiert.

- Hobbys
- Rechtsschutzversicherungen, Mitgliedschaften in Mieterverbänden
- Mitgliedschaft in Parteien und politische Einstellungen

Demgegenüber sind Fragen zu den folgenden Punkten zulässig:
- allgemeine Kontaktinformationen, wie z. B. Name, aktuelle Anschrift, Telefonnummer und E-Mail-Adresse
- Einsicht in den Personalausweis oder Pass zur Identitätsprüfung
- Wohnberechtigungsschein (WBS)
- Nettoeinkommen
- allgemeine Vermögensauskünfte, wie z. B. zur Solvenz des Interessenten, schwebende Konkurs- oder Insolvenzverfahren, Schufa-Einträge, eidesstattliche Versicherungen
- Anzahl der einziehenden Personen (Wie viele Erwachsene und Kinder?)
- Beruf, Arbeitgeber, selbstständig bzw. gewerbetreibend
- Kündigungen wegen Zahlungsverzug (berechtigte, offene Zahlungsverpflichtungen)
- Haustiere
- Musikinstrumente

Es sollte keine Kopie des Personalausweises oder Passes entgegengenommen oder erstellt werden.

Das Abfragen entsprechender Informationen erfolgt in der Regel über eine sogenannte **Mieterselbstauskunft**, die der Mietinteressent ausfüllen soll. Beachtet werden muss allerdings, dass kein Mietinteressent verpflichtet ist, eine Selbstauskunft abzugeben. Dem Vermieter bleibt es in diesem Fall überlassen, ob er den Interessenten weiterhin in der Auswahl belässt.

Gibt ein Mietinteressent eine Selbstauskunft ab, so sollten die zulässigen Fragen wahrheitsgemäß beantwortet werden. Unter Umständen können Falschangaben wegen arglistiger Täuschung nach § 123 BGB im laufenden Mietverhältnis zur Kündigung bzw. Anfechtung des Mietvertrages führen. Es kann passieren, dass eine Selbstauskunft auch unzulässige Fragen enthält. In diesem Fall darf der Mietinteressent falsche Angaben machen.

3.3 Vorvermieterbestätigung bzw. -bescheinigung (Mietschuldenfreiheitsbescheinigung)

SB ▶ **SITUATION 35**
Eine Vorvermieterbescheinigung erstellen

Vorvermieterbestätigung (Vorvermieterbescheinigung)

In den meisten Fällen wird eine Vorvermieterbestätigung vom Mietinteressenten verlangt. Damit soll geprüft werden, ob Mietschulden bestehen bzw. es spezielle Kündigungsgründe durch den bisherigen Vermieter gibt.

Es besteht **keine gesetzliche Pflicht**, dass ein Vermieter seinem Mieter eine entsprechende Bescheinigung zu erstellen hat. Erstellt der Vermieter eine Bestätigung, ist er zu wahrheitsgemäßen Angaben verpflichtet. Macht er falsche Angaben kann er dafür in Haftung genommen werden.

Beispiel 1

Der Mieter M hat hohe Mietschulden (wegen ständig unterlassener Mietzahlungen). Der Vermieter bescheinigt ihm, dass keine Mietschulden bestehen. Der neue Vermieter glaubt in M einen verlässlichen Mietzahler zu bekommen und schließt den Mietvertrag unter dieser Voraussetzung ab.

Danach zeigt sich, dass der Mieter M wiederum nicht zahlt. Dem neuen Vermieter entsteht dadurch ein hoher Schaden (Mietausfall).

Beispiel 2

Dem Mieter M wird wegen ständiger Störung der Hausordnung (Ruhestörung, Beleidigung der anderen Mieter und des Vermieters) gekündigt. Die anderen Mieter haben schon Mietminderungen geltend gemacht. Der Vermieter bescheinigt aber, dass alles in Ordnung ist und ihm keine Störungen durch M bekannt sind. Kurz nach Einzug in die neue Wohnung kommt es erneut zu diesen Vorfällen.

Wären die in unseren Beispielen genannten Probleme und Verhaltensweisen dem neuen Vermieter bekannt gewesen, hätte er sich auch für einen anderen Mieter entscheiden können. Je nach Ausgangslage kann der alte Vermieter unter Umständen für seine nicht wahrheitsgemäßen Angaben in Haftung genommen werden.

Merke!

Es sollte vermieden werden, einen Mieter durch falsche Angaben „wegzuloben".

3.4 Allgemeines Gleichbehandlungsgesetz (AGG)

Das AGG dient dazu, Diskriminierungen und Benachteiligungen zu verhindern. Umgangssprachlich wird das AGG daher auch häufig als Antidiskriminierungsgesetz bezeichnet.

Ein Vermieter darf keinen Mietinteressenten aufgrund der folgenden Kriterien ablehnen und abweisen:

- ethnische Herkunft
- Geschlecht
- sexuelle Identität
- Alter
- Behinderung
- Religion oder Weltanschauung
- Zugehörigkeit zu einer Partei oder politische Ansichten

Die unberechtigte Benachteiligung eines Mietinteressenten im Sinne des Allgemeinen Gleichbehandlungsgesetzes kann die folgenden Rechtsfolgen nach § 21 AGG nach sich ziehen:

- Beseitigungsanspruch
- Unterlassungsanspruch
- Anspruch auf Ersatz des materiellen und immateriellen Schadens

Bereits bei der Erstellung von Inseraten, Anzeigen oder anderen Werbungen ist darauf zu achten, dass keine Mietergruppe von vornherein ausgeschlossen wird.

Passt ein Mietinteressent nicht in das Anforderungsprofil des Vermieters, sollte eine telefonische oder schriftliche Absage erfolgen. Dabei sind für alle Unterlagen die Aufbewahrungsfristen bzw. Fristen nach der Datenschutz-Grundverordnung (DSGVO) zu beachten.

Datenschutz-Grundverordnung (DSGVO)

▶ LF 4, Kap. 3.6

Merke!

Erfolgt eine Absage, besteht keine Verpflichtung, einen Grund für die Absage mitzuteilen. Eine höfliche Absage ohne Begründung ist ausreichend.

Werden Gründe bei einer Absage angegeben, dann sollten diese so fundiert sein, dass es keine Widerspruchsgründe durch den Mietinteressenten geben kann.

Beispiele für eine fundierte Absage

- Das Einkommen des Mieters reicht nicht aus, um die Mietzahlungen zu gewährleisten und einen normalen Haushalt zu finanzieren.
- Eine Interessentin bewirbt sich um eine kleine Zweiraumwohnung. Sie möchte mit ihrem Partner und den vier Kindern einziehen, was aber zu einer Überbelegung führen würde.

3.5 Auskünfte an den Mietinteressenten

Nicht nur der Vermieter hat Fragen. Auch der Mietinteressent kann verschiedene Fragen an den Vermieter haben. Dabei ist allerdings Vorsicht geboten, wenn es um die anderen Bewohner des Hauses geht. Hier gebietet sich schon aus Datenschutzgründen eine Zurückhaltung vonseiten des Vermieters.

Selbstverständlich kann der Vermieter eine Frage nach Haustieren im Haus beantworten, wenn der Mietinteressent entsprechende Allergien hat.

Auch die allgemeine Frage, ob viele Kinder im Haus wohnen, darf beantwortet werden. Persönliche Angaben sollten aber vermieden werden.

Folgende Auskünfte müssen den Mietinteressenten über das Mietobjekt gegeben werden:

- Energieausweis zum Gebäude (sofern dieser vorgeschrieben ist)
- Angaben zur letzten Modernisierung der Wohnung
- Angaben zu Mängeln
- Angaben, die direkt die Wohnung betreffen, z.B. Größe, Beschaffenheit, Miethöhe, Betriebskosten, letzte Mieterhöhung
- Haustiere auf dem Grundstück
- Eigenbedarfsabsichten des Vermieters

3.6 Datenschutz-Grundverordnung (DSGVO) und Bundesdatenschutzgesetz (BDSG)

EU-DSGVO
Datenschutz-Grundverordnung

Alle Vermieter, egal ob Unternehmen oder privater Vermieter, sind von den Regelungen der DSGVO betroffen, da sie personenbezogene Daten ihrer Mieter verarbeiten. Die Datenschutz-Grundverordnung ist eine **EU-Verordnung** und hat Anwendungsvorrang vor dem Bundesdatenschutzgesetz.

DSGVO und BDSG

Die DSGVO regelt EU-weit den Umgang und die Verarbeitung personenbezogener Daten. Dadurch soll der Schutz dieser Daten im Raum der Europäischen Union garantiert werden.

Die DSGVO überlässt allerdings einige Regelungen der nationalen Rechtsprechung. Diese werden durch das BDSG ergänzt und präzisiert.

Generell besteht der Grundsatz der **Datenminimierung** und der **Datenerforderlichkeit**. Die wichtigsten Punkte sind dabei:

- Einwilligung des Mieters zur Speicherung seiner Daten
- sparsame Datenerfassung und Begründung (Notwendigkeit erhobener Daten)
- Datenlöschung, wenn der Mietinteressent zurücktritt oder das Mietverhältnis nicht zustande kommt bzw. beendet wird
- Informationspflicht gegenüber dem Mieter zur beabsichtigten Nutzung der Daten
- gesicherte Datenübermittlung, Verschlüsselung und Anonymisierung bestimmter Daten

Bei der Löschung von Daten sind ggf. auch gesetzliche Aufbewahrungsfristen zu beachten.

Merke!

Es bedarf der Einwilligung des Mieters zur Speicherung von Daten. Außerdem hat jeder Mieter ein Auskunftsrecht. Er darf regelmäßig erfahren, welche Daten über ihn gespeichert sind.

Die zuständigen **Datenschutz-Aufsichtsbehörden** sind berechtigt, Prüfungen zur Einhaltung der Regelungen vorzunehmen. Kommt es zu einem Verstoß, folgt in der Regel erst eine Verwarnung. Bei Wiederholungen des Verstoßes kann es zu empfindlichen Geldstrafen kommen.

Die Zuständigkeiten richten sich nach der verarbeitenden Stelle (z. B. Unternehmen, Behörde, Kranken- und Pflegekasse).

Unter den Datenschutz fällt auch die Weitergabe von Verbrauchsdaten, wie die Angaben zu Zählerständen und Nutzern an Versorgungsunternehmen oder Abrechnungsfirmen.

Auch die Weitergabe der Kontaktdaten von Mietern an Handwerker und andere Dienstleister fällt unter den Datenschutz.

In aktuellen Mietvertragsformularen ist in der Regel schon ein Paragraf zur Datenschutzeinwilligung des Mieters vorgesehen, ansonsten ist mit dem Mieter gesondert eine datenschutzrechtliche Einwilligung zu vereinbaren.

Eine Datenschutzerklärung sollte enthalten:

- Namen und Kontaktdaten des Vermieters und Mieters
- Grund für die Datenerhebung
- Rechtsgrundlage für die Datenverarbeitung
- Dauer der Datenspeicherung
- Hinweis auf Mieterrechte (Recht auf Auskunft und Kopie der Daten, Löschung von Daten und Einschränkung der Verarbeitung)
- Beschwerderecht des Mieters
- Widerspruchsrecht des Mieters
- Empfänger der Daten

Die Datenschutz-Grundverordnung greift nicht erst mit der Unterzeichnung des Mietvertrages, sondern ist bereits mit Beginn der Suche nach Mietinteressenten einzuhalten.

Dabei werden drei Phasen unterschieden:

Phase	Inhalt
A	Erhebung der Daten von Mietinteressenten, die an einer Besichtigung interessiert sind (Art. 6 Abs. 1 f DSGVO)
B	Erhebung der Daten von Mietinteressenten, die dem Vermieter gegenüber erklären, dass sie die Wohnung anmieten wollen (Art. 6 Abs. 1 b DSGVO)
C	Erhebung von Daten von Mietinteressenten, die der Vermieter als Mieter in Erwägung zieht (Art. 6 Abs. 1 b DSGVO)

Kommt es nicht zum Vertragsabschluss, sind zu Nachweiszwecken die Bewerbungsunterlagen bis zu 12 Monate aufzubewahren. Die Unterlagen werden ggf. benötigt, wenn ein Interessent in Widerspruch geht, z. B. wegen eines Verstoßes gegen das AGG.

Erfolgt ein Vertragsabschluss, unterliegen die Unterlagen den gesetzlichen Aufbewahrungspflichten.

4 Soziale Wohnraumförderung

Beispiel

In der MEWOH Musterwohn GmbH sind aktuell mehrere Bauvorhaben in Planung. Da man sich bereits seit vielen Jahren sozial engagiert, soll im Rahmen eines Vorhabens das eigene Angebot an sozialem Wohnraum weiter ausgebaut werden, um bestimmten Personengruppen bezahlbare Wohnungen anbieten zu können. Dafür sollen auch die staatlichen Fördermöglichkeiten in Anspruch genommen werden.

Die soziale Wohnraumförderung hilft, Haushalte mit angemessenem Wohnraum zu versorgen, die nicht über ausreichend eigene Mittel verfügen. Dazu werden öffentliche Fördergelder zur Verfügung gestellt.

Öffentlich geförderter, preisgebundener Wohnraum

Öffentlich geförderter, preisgebundener Wohnraum bezeichnet Wohnraum, der mit öffentlichen Mitteln finanziert wird.

Das Recht zur Gesetzgebung im Bereich des öffentlich geförderten, preisgebundenen Wohnraums steht seit 01.01.2007 im Zuge der Föderalismusreform den jeweiligen Bundesländern zu. Daher hat der überwiegende Teil der Bundesländer eigene Wohnraumförderungs- bzw. Wohnungsbindungsgesetze erlassen. Durch den Bund erfolgt lediglich noch eine Beteiligung an den Kosten der Bundesländer.

Dort wo noch keine eigenen gesetzlichen Landesregelungen erlassen worden sind, gelten weiterhin die Regelungen des Bundes. Dazu gehören:

Gesetz	Abkürzung	Genaue Bezeichnung
Wohnraumförderungsgesetz	WoFG	Gesetz über die soziale Wohnraumförderung
Wohnungsbindungsgesetz	WoBindG	Gesetz zur Sicherung der Zweckbestimmung von Sozialwohnungen
Neubaumietenverordnung 1970	NMV 1970	Verordnung über die Ermittlung der zulässigen Miete für preisgebundene Wohnungen
II. Berechnungsverordnung	II. BV	Verordnung über wohnungswirtschaftliche Berechnungen nach dem Zweiten Wohnungsbaugesetz

In den jeweiligen Wohnraumfördergesetzen der Bundesländer sind Teile der bisher geltenden Bundesgesetze übernommen oder durch Neuregelungen ersetzt worden.

Die Gesetzgebungskompetenz des Bundes umfasst unter anderem nur noch das
- Wohnungsbauprämienrecht,
- Altschuldenhilferecht und
- Wohngeldrecht.

4.1 Zweck der Wohnraumförderung der Länder

Zweck der Wohnraumförderung ist es, dass Haushalten mit Zugangsproblemen bezahlbarer Wohnraum unmittelbar bereitgestellt wird. Mit dem Begriff der „Zugangsprobleme" ist dabei gemeint, dass es insbesondere für einkommensschwache Personen/-gruppen (wie z.B. Familien) häufig äußerst schwer ist, angemessenen Wohnraum auf dem freien Wohnungsmarkt zu finden.

Zweck und Anwendungsbereich, Zielgruppe:
§ 1 Abs. 1 WoFG

Um die Ziele der Wohnraumförderung zu erreichen, wird auf zwei Instrumente zurückgegriffen. Einerseits erfolgt der Neubau von Wohnraum, andererseits wird bereits bestehender Wohnraum genutzt.

Im Rahmen der Wohnraumförderung fördern die Bundesländer die Antragsteller (z. B. Wohnungsunternehmen, Genossenschaften und Einzelbauherren) bei der Errichtung von Mietwohnungen durch Gewährung von

- Darlehen zu Vorzugsbedingungen,
- Zins- sowie Aufwendungszuschüssen,
- Bürgschaften, Garantien und sonstigen Gewährleistungen,
- Bereitstellung von verbilligtem Bauland,
- steuerlichen Vergünstigungen usw.

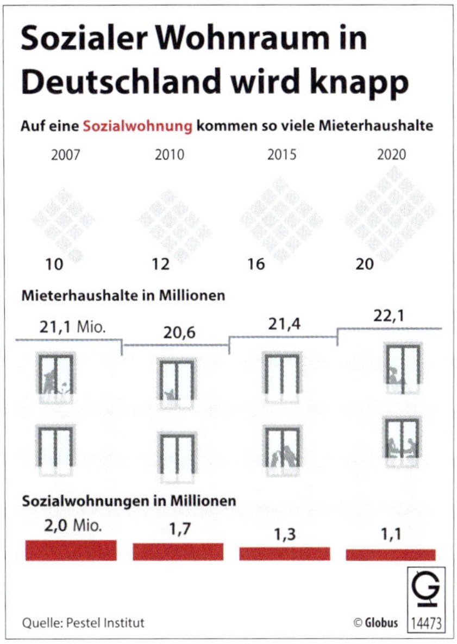

Einen genauen Überblick liefern die jeweiligen Förderprogramme.

Auch Privatpersonen können für den Erwerb oder Neubau von selbst genutztem Wohnraum Fördermittel in Anspruch nehmen.
▶ LF 4, Kap. 4.2

Die so geschaffenen öffentlich geförderten Mietwohnungen (Sozialwohnungen) unterliegen allerdings einer **Wohnungsbindung (Belegungsbindung)**. In diesem Fall darf der Vermieter nur mit Personen einen Mietvertrag abschließen, die ihre Wohnberechtigung durch Vorlage eines **Wohnberechtigungsscheins (WBS)** nachweisen können (§ 27 WoFG).

Ein WBS wird i. d. R. durch das Sozial- oder Wohnungsamt ausgestellt.

Wohnberechtigungsschein (WBS)

Ein WBS berechtigt zum Anmieten einer öffentlich geförderten Wohnung. Er wird unter der Berücksichtigung bestimmter Einkommensgrenzen erteilt (§ 9 WoFG). Diese Grenzen unterliegen den Regelungen der einzelnen Bundesländer und können sich daher unterscheiden.

Hinweis:
Die landesrechtlichen Abweichungen sind entsprechend zu beachten.

Die bindungsrechtlichen Bestimmungen sind in den §§ 25 ff. WoFG erläutert. Dazu zählen unter anderem:

- Gegenstand und Art der Belegungsrechte (§ 26 WoFG)
- Wohnberechtigungsschein und Sicherung der Belegungsrechte (§27 WoFG)
- Bestimmung und Sicherung der höchstzulässigen Miete (§ 28 WoFG)
- Dauer der Belegungs- und Mietbindungen (§ 29 WoFG)
- Freistellung von Belegungsbindungen (§ 30 WoFG)
- Regelungen bei Verstoß gegen die vorangegangenen Paragrafen (§§ 31 ff. WoFG)

4.2 Zielgruppen der Wohnraumförderung

Die Zielgruppen, die für eine Wohnraumförderung infrage kommen, werden durch die Länder definiert. Dies erfolgt durch die entsprechenden Förderbedingungen im Bereich der Mietwohnungen und der Förderung selbst genutzten Wohnraums bzw. Wohnungseigentums.

Zweck und Anwendungsbereich, Zielgruppe:
§ 1 Abs. 2 WoFG

Zielgruppe 1: Mietwohnungsbau
Hier geht es vor allem darum, bestimmte Personengruppen mit bezahlbaren Mietwohnungen zu versorgen. Bei diesen Personengruppen kann es sich handeln um

- Haushalte mit geringem Einkommen,
- Familien,
- Haushalte mit Kindern,
- Alleinerziehende, Schwangere, ältere Menschen,
- Menschen mit Behinderung,
- Wohnungslose und
- sonstige hilfsbedürftige Personen.

Einkommensgrenzen
▶ LF 4, Kap. 4.5

Bei Haushalten mit einem geringen Einkommen werden in der Regel entsprechende Einkommensgrenzen vorgegeben.

Zielgruppe 2: Selbst genutzter Wohnraum
Hier sollen private Haushalte Unterstützung erhalten, deren Einkommen es ihnen nicht ermöglicht, sich eigenen Wohnraum zu finanzieren, der auch selbst genutzt wird.

Dazu zählen der Neubau von Wohnraum oder der Erwerb von selbst genutztem Wohneigentum, wie z. B. einer Eigentumswohnung.

4.3 Fördergegenstände im Rahmen des WoFG

Fördergegenstände und Fördermittel:
§ 2 Abs. 1 WoFG

Dem Wohnraumförderungsgesetz können die Fördergegenstände entnommen werden. Danach fallen unter die Förderungsgegenstände

- der Wohnungsbau, einschließlich des erstmaligen Erwerbs des Wohnraums (Ersterwerb innerhalb von zwei Jahren nach Fertigstellung),
- der Erwerb bestehenden Wohnraums,
- der Erwerb von Belegungsrechten an bestehendem Wohnraum,
- die Modernisierung von Wohnraum,
- die energetische Sanierung sowie
- die Schaffung von barrierefreiem Wohnraum für mobilitätseingeschränkte Personen.

Die staatliche Förderung an Haushalte kann beispielsweise erfolgen durch die Gewährung eines besonders zinsgünstigen Darlehens sowie einen Zuschuss in Form von Baukindergeld. Auch hier ist es wieder ratsam, die jeweiligen Fördermöglichkeiten der jeweiligen Bundesländer genau zu prüfen.

4.4 Wohnkosten im sozialen Mietwohnungsbau

Einer der wesentlichen Grundsätze zur Förderung von Wohnraum ist die Schaffung von „**tragbaren Wohnkosten**". Um das zu erreichen, kann durch das jeweilige Bundesland eine bestimmte Mietobergrenze festgelegt werden. Der Begriff der Kostenmiete wird in der Regel nicht mehr verwendet.

Kostenmiete
Sie bezeichnet die Miete, die zur Deckung der laufenden Aufwendungen erforderlich ist.

Die Mietobergrenze richtet sich dabei oftmals an den **ortsüblichen Vergleichsmieten** aus, d. h., sie darf diese nicht überschreiten. Die genauen Höhen sind den jeweiligen Landesregelungen zu entnehmen. Das betrifft auch die **Bindungsfristen** und **Belegungsbindung** zu den Mietobergrenzen.

Mieterhöhung nach §§ 558 bis 558e BGB (Erhöhung bis an die ortsübliche Vergleichsmiete
▶ LF 5, Kap. 5.4

Ortsübliche Vergleichsmiete

Sie gibt an, welche Miete für eine vergleichbare Wohnung in der betreffenden Gemeinde oder der unmittelbaren Umgebung gezahlt werden muss, was also „üblich" ist (§ 558 Abs. 2 BGB).

Mieterhöhungen, entsprechend den gesetzlichen Regelungen im BGB, sind weiterhin möglich. **Kappungsgrenzen**, die ggf. auch im entsprechenden Förderprogramm vorgegeben sind, müssen berücksichtigt werden.

Kappungsgrenze

Sie gibt an, dass die Miete innerhalb eines Zeitraums von drei Jahren um maximal 20 % erhöht werden darf. In vielen Städten und Gemeinden wurde diese Grenze bereits auf 15 % gesenkt.

Zur Feststellung der zulässigen Betriebs- und Nebenkosten gilt derzeit die Betriebskostenverordnung (BetrKV).

4.5 Einkommensgrenzen und Wohnungsgrößen

Die entsprechenden Einkommensgrenzen und Wohnungsgrößen können den jeweiligen Förderprogrammen der Länder entnommen werden.

Die Basiseinkommensgrenzen sind im § 27 Wohnungsförderungsgesetz geregelt. Durch die jeweiligen Landesgesetze können diese Grenzen allerdings abweichend gestaltet werden. Aus diesen Regelungen ergibt sich auch die Vergabe der Wohnberechtigungsscheine an berechtigte Personen.

Wohnberechtigungsschein, Sicherung der Belegungsrechte:
§ 27 WoFG

SB ▶ SITUATION 36
Die Hausordnung

5 Die Hausordnung

Die Hausordnung regelt das Zusammenleben der Mietparteien in einem Wohnhaus (Mehrfamilienhaus) und enthält die wesentlichen Rechte und Pflichten der Mietparteien.

Grundsätzlich wird unterschieden zwischen zwei Formen: der einseitig erlassenen und der vertraglich vereinbarten Hausordnung.

Einseitig erlassene Hausordnung
Die durch den Vermieter einseitig erlassene Hausordnung ist nicht Vertragsbestandteil des Mietvertrags. Sie darf gesetzliche Rechte der Mieter, insbesondere die Gebrauchsrechte, nicht einschränken.

Bestimmung der Leistung durch eine Partei:
§ 315 BGB

Weichen die enthaltenen Ordnungsbestimmungen von den gesetzlichen Bestimmungen ab, sind sie unwirksam.

Vertraglich vereinbarte Hausordnung
Die vertraglich vereinbarte Hausordnung ist Bestandteil des Mietvertrags. Ist die Hausordnung im Mietvertragsformular abgedruckt, wird sie mit der Unterzeichnung des Mietvertrags gültig. Ist die Hausordnung eine Anlage des Mietvertrags, ist es zu empfehlen, dass diese ebenfalls vom Mieter unterzeichnet wird.

Unabhängig davon, ob es sich um eine einseitig erlassene oder vertraglich vereinbarte Hausordnung handelt, sollen mit ihr verschiedene Ziele erreicht werden.

Ziele einer Hausordnung

- Gewährleistung eines reibungslosen Zusammenlebens der Bewohner
- Einhaltung der allgemeinen Ordnung und Sicherheit
- Schutz des Grundstücks und der sich darauf befindenden Gebäude

Eine Hausordnung gilt für alle Mieter gleichrangig. Jeder Mieter kann von einem anderen Mieter die Einhaltung der Hausordnung verlangen.

Merke!

Wichtig ist es, dass alle Mieter immer die gleichlautende Hausordnung besitzen.

Inhalte und Hauptpflichten des Mietvertrags:
§ 535 BGB

Inhalte einer Hausordnung können gemäß § 535 BGB sein:

- Regelungen zur Benutzung von Gemeinschaftsflächen, wie z. B. Trocken- oder Waschmaschinenräume, Müllräume oder -plätze
- Regelungen zur Befahrung des Grundstücks bzw. dem Abstellen von Fahrzeugen auf dem Grundstück
- Regelungen zu den Ruhezeiten im üblichen Umfang und damit verbundenen Vorgaben, z. B. Lärmreduzierung zur Nachtzeit und an Sonn- und Feiertagen
- Regelung von Türschließzeiten

Ob die Haustür abgeschlossen werden muss bzw. darf ist rechtlich sehr umstritten.

- Hinweise zum Lüften und Beheizen von Räumen, z. B. auch bei Abwesenheit von Mietern
- Einhaltung von Ordnung und Sauberkeit im Wohngebäude und auf dem Grundstück, z. B. Abfalllagerung und das Abstellen von Gegenständen im Treppenhaus oder in den Kellergängen
- Lagerung von gefährlichen Stoffen in den Kellerräumen, z. B. Chemikalien, Benzinkanister und explosive Stoffe
- Regelungen zur Vermeidung von Frostschäden im Winter, z. B. dass Kellerfenster, Treppenhausfenster und die Haustüren geschlossen zu halten sind

Darüber hinaus können auch Reinigungspflichten in einer Hausordnung enthalten sein, z. B. zur Treppenhausreinigung. Dazu wird in der Regel ein Reinigungsplan (Zeitplan) aufgestellt, dem zu entnehmen ist, wer wann seine Leistung zu erbringen hat.

Die Reinigungspflicht muss im Mietvertrag geregelt sein, d. h., die Hausordnung muss Bestandteil des Mietvertrags sein.

Gibt es einen Leerstand in dem Wohngebäude, ist der Vermieter mit in den Plan einzubinden.

Beispiel

Die Hausordnung in einem Wohngebäude beinhaltet die Verpflichtung, dass die Mieter wöchentlich die Treppenhausreinigung auf ihrer Etage zu erbringen haben. Auf einer Etage befinden sich vier Wohnungseinheiten, davon sind zwei zurzeit nicht vermietet.

Der Zeitplan für die Treppenhausreinigung im II. OG könnte dann wie folgt aussehen:

Monat Januar	Woche 1	Woche 2	Woche 3	Woche 4
Mietpartei	Herr Müller	nicht vermietet	Frau Winkler	nicht vermietet
Wohnungs-einheit	Wohnung II. OG li	Wohnung II. OG Mi. li.	Wohnung II. OG Mi. re.	Wohnung II. OG re.
Zuständig für die Reinigung	Herr Müller	Vermieter	Frau Winkler	Vermieter

II. OG
2. Obergeschoss (= 2. Etage)

Viele Regelungen richten sich nach den Besonderheiten des jeweiligen Hauses und Grundstücks sowie nach den ortsüblichen Gepflogenheiten, wie z. B. den Ruhezeiten oder Zeiten für den Winterdienst. Ausschlaggebend sind dabei die Satzungen bzw. Regelungen der Städte und Gemeinden, wie z. B. die Straßenreinigungs- und Winterdienstsatzung.

Ein regelmäßiger Streitpunkt ist die Erweiterung der Wohnungsfläche vor die Wohnungstür. So werden gern Unmengen von Schuhen, Fahrrädern und auch mal Schränke im Treppenhaus abgestellt.

Hier gilt die Regel:
Den anderen Mietern muss ein uneingeschränkter Zugang zu ihrer Wohnung, ihrem Keller bzw. anderen Räumen (z. B. Nebenräumen, Gemeinschaftsräumen, Hof, Müllplatz) sichergestellt sein. Die abgestellten Gegenstände dürfen die anderen Mieter nicht behindern.

Der wichtigste Punkt dabei ist die Einhaltung der Verkehrssicherungspflicht, d. h., im Brandfall bzw. bei einer Rauchentwicklung müssen alle Mieter ungehindert und gefahrlos das Gebäude verlassen können. Aber auch im täglichen Leben dürfen keine Stolperstellen vorhanden sein, z. B. durch im Treppenhaus stehende Schuhe oder andere Gegenstände.

Merke!

Die Kontrolle der Einhaltung der Verkehrssicherungspflicht obliegt dem Vermieter.

LG Berlin vom 8.3.2016, 63 S 213/15, WuM 2016, 279

Natürlich gibt es auch Inhalte, die in einer Hausordnung nicht enthalten sein dürfen. Dazu zählen z. B.

- ein generelles Tierhalteverbot,
- ein Verbot der Aufzugsbenutzung oder ein Dusch- und Badeverbot in der Nacht,
- ein allgemeines Besuchsverbot, z. B. ab 22.00 Uhr,
- die Festlegung, dass der Vermieter jederzeit die Wohnung betreten darf und
- Regelungen zu Schönheitsreparaturen.

Zu den umstrittenen Inhalten gehört eine allgemeine Reinigungspflicht, die auch eine Räum- und Streupflicht umfasst.

Folgen der Nichteinhaltung der Hausordnung

Eine mehrfache, sich wiederholende Nichteinhaltung der Hausordnung kann zur außerordentlichen fristlosen Kündigung aus wichtigem Grund führen (§ 543 BGB). Dabei spielt es aber eine Rolle, wie oft und in welchen Zeitabständen die Nichteinhaltung der Hausordnung erfolgt ist. Ebenso ist die Schwere der Verfehlung ausschlaggebend. Das gelegentliche Herausstellen von einem Paar Schuhe vor die Wohnungstür ist beispielsweise nicht ausreichend.

Lagerung von Müll im Treppenhaus kann ggf. zu einer ordentlichen Kündigung führen.

Anders sieht es aus, wenn die allgemeine Sicherheit im Haus betroffen ist. Das ist beispielsweise der Fall bei

- Gewalt und Hausfriedensstörung, wie tätliche Angriffe und Beleidigungen gegenüber anderen Hausbewohnern,
- Repressalien oder Einschüchterungsversuchen gegenüber anderen Mietern,
- Gefährdung von Passanten durch das ungesicherte Herausstellen von Blumentöpfen und anderen Gegenständen auf Balkonen oder Fenstersimsen und
- Lagerung von Hausrat, Sperrmüll, Hausmüll und sonstigem Unrat im Treppenhaus.

Gegebenenfalls ist es notwendig, die vom Gesetzgeber vorgegebenen Abmahnungsregelungen zu beachten.

Änderung der Hausordnung

Eine einseitige Änderung der Hausordnung durch den Vermieter ist möglich, wenn sich die Sachlage im Haus oder auf dem Grundstück ändert, wie z. B.

- bei Einführung eines Verbots der Taubenfütterung, wenn dies die Satzung der Gemeinde verbietet oder sich die Mieter oder Anwohner gestört fühlen oder
- die Veränderung der Türschließzeiten bei zunehmender Gefahr von Einbrüchen.

6 Grundlagen der Kommunikation

SB ▶ SITUATION 37
Grundlagen der Kommunikation

Immobilienkaufleute kommunizieren mit vielen unterschiedlichen Anspruchsgruppen außerhalb und innerhalb des Betriebs. Ihr Gesprächsstil ist im Kollegenkreis anders als im Freundeskreis, Verhandlungen mit dem Chef unterscheiden sich von Gesprächen mit Kunden oder Mietern.

Der Austausch von Informationen stellt eine Beziehung her. Begegnen Sie Ihrem Gegenüber dabei respektvoll, wertschätzend und selbstbewusst. Passen Sie sich flexibel an die jeweiligen Herausforderungen an.

Merke!

Kommunikation beschreibt den Austausch von Informationen zwischen einem Sender und einem Empfänger.

Je nach Richtung, in der der Austausch erfolgt, unterscheidet man zwischen einseitiger und zweiseitiger Kommunikation.

einseitig	Lautsprecherdurchsage, Radiosendung usw.
zweiseitig	Gespräch zwischen zwei Personen

Merke!

Der Austausch von Informationen kann verbal oder nonverbal erfolgen.

Verbale Kommunikation

Bei dieser Form der Kommunikation tauschen sich die beteiligten Gesprächspartner durch Sprache miteinander aus. Dabei kann der Austausch durch mündliche oder auch schriftliche Sprache stattfinden.

Nonverbale Kommunikation

Bei der nonverbalen Kommunikation werden hingegen Informationen auf andere, also nicht gesprochene oder geschriebene Art ausgetauscht. Dies sind oftmals körpersprachliche Signale wie beispielsweise der erste Eindruck, das äußere Erscheinungsbild, das Auftreten, die Gestik oder die Mimik.

6.1 Kommunikationsmodelle

Kommunikation ist mehr als nur das gesprochene Wort. Die Stimme gibt unsere Stimmung wieder, Körpersprache drückt unsere Gefühle aus. Je wohler wir uns in einer Situation oder Sache fühlen, desto stimmiger wird der Eindruck, den wir anderen übermitteln.

Unser Gegenüber nimmt alle Informationen auf: mit dem Verstand die gewählten Worte, mit dem Auge und dem Ohr die Einstellung zu der Sache, die wir vertreten.

6.1.1 Das Eisbergmodell (Floyd L. Ruch und Philip G. Zimbardo)

Pareto-Prinzip
Werden 20 % der vorhandenen Zeit (und Energie) richtig genutzt, lassen sich damit bereits 80 % des Ziels erreichen.

Als Weiterentwicklung der Theorien Sigmund Freuds wurde in den 1970er-Jahren von Floyd L. Ruch und Philip G. Zimbardo das Bild des Kommunikationseisbergs nach der 80/20-Regel des Pareto-Prinzips geschaffen. In einer Gesprächssituation sind, wie bei einem Eisberg, nur 20 % des Ganzen offen und sichtbar – nämlich unser Verhalten. Der wesentlich größere Anteil von 80 % bleibt in der Kommunikation verborgen oder unsichtbar, hat aber entscheidenden Einfluss auf ihr Gelingen oder Scheitern.

Der sichtbare Teil des Kommunikationseisbergs zeigt die Sachebene, auf der Daten, Fakten oder Zahlen kommuniziert werden. Optik, Körpersprache und Verhalten werden direkt wahrgenommen und interpretiert.

Unter der Oberfläche verborgen liegen die Wurzeln unserer Persönlichkeit, also unsere Gefühle, Bedürfnisse, Werte und Erfahrungen. Diese senden wir unbewusst als Botschaften und beeinflussen so die Atmosphäre auf der Beziehungsebene. Der Verlauf der Kommunikation kann durch diese verdeckten Botschaften gefördert oder gestört werden, ohne dass dies in unser Bewusstsein gelangt.

6.1.2 Das Zwei-Ebenen-Modell (Paul Watzlawick)

analog
hier: Beziehungsaspekt einer Nachricht

digital
hier: Inhaltsaspekt einer Nachricht

symmetrisch
spiegelbildlich;
hier: gleichstarke Partner

komplementär
ergänzend;
hier: Unterschiedlichkeit der Partner

Paul Watzlawick (1921–2007) war Kommunikationswissenschaftler, Psychotherapeut, Philosoph und Autor. Mit seinen Grundregeln der Kommunikation erlangte er weltweit Berühmtheit.

Die fünf Axiome von Paul Watzlawick

1. Man kann nicht nicht kommunizieren.
2. Jede Kommunikation hat einen Inhalts- und einen Beziehungsaspekt.
3. Kommunikation ist immer Ursache und Wirkung.
4. Menschliche Kommunikation bedient sich **analoger** und **digitaler** Modalitäten.
5. Kommunikation ist **symmetrisch** oder **komplementär**.

Quelle: https://www.paulwatzlawick.de/axiome.html

Die Kernthesen des Autors besagen, dass jede Kommunikation eine Form von Verhalten ist – nicht nur die in Worten ausgedrückte. So wie man sich nicht nicht verhalten kann, kann man nicht nicht kommunizieren. Selbst Schweigen ist eine Form von Kommunikation aufgrund der nonverbalen Komponenten wie Mimik, Gestik und Körperhaltung.

Kommunikation hat immer einen Inhalts- und einen Beziehungsaspekt, wobei letzterer den ersten bestimmt. Dabei wird die Inhaltsebene, auch Sachebene genannt, vorwiegend durch das gesprochene Wort repräsentiert. Die Beziehungsebene hingegen wird eher nonverbal übermittelt und beeinflusst die Wahrnehmung des Gegenübers subtil, aber entscheidend. Kommunikation ist erst dann gelungen, wenn beide Ebenen übereinstimmen.

Auf Reiz folgt Reaktion – so entsteht eine Verhaltenskette. Jeder Teilnehmer einer Interaktion gibt der Beziehung somit Dynamik und Struktur. Beruht die Beziehung zwischen den Partnern auf einem Gleichgewicht, verläuft sie symmetrisch. Sie ist komplementär, wenn Unterschiedlichkeit den Kontakt prägt.

Beispiel Ein ganz normaler Montagmorgen

Isabell und Arif treffen sich in der Küche. Arif stellt folgende Frage: „Ist noch Kaffee da?" Isabell fährt hoch und platzt heraus: „Immer muss ich Kaffee kochen!" Dann stürmt sie aus der Küche.

Arif ist perplex. Er hatte nicht die Absicht, sie zum Kaffeekochen aufzufordern – im Gegenteil!

6.1.3 Partnerzentrierte Kommunikation (Carl Rogers)

Der amerikanische Psychologe und Psychotherapeut Carl Rogers (1902–1987) entwickelte aus seiner praktischen Arbeit die Technik des **aktiven Zuhörens**.

Im Gesprächsverhalten seiner Klienten achtete er primär auf die emotionalen Signale, die er als nonverbal übermittelte Aussagen deutete. Das Zuhören wird somit zu einer Handlung, die aktiv die Interessen, Stimmungen und Wünsche des Gegenübers aufnimmt und gewichtet.

Voraussetzungen für ein empathisches Gesprächsverhalten sind nach Rogers die drei Kriterien einer positiven Grundhaltung der Beteiligten:
- **Kongruenz:** authentisch auftreten – also ehrlich und echt sein
- **Respekt:** Akzeptanz – anderen mit unbedingter Wertschätzung begegnen
- **Empathie:** sensibles Einfühlen in die Wahrnehmungsweise des Gegenübers

Kongruenz
Übereinstimmung
Empathie
Einfühlungsvermögen

Aktives Zuhören wird von Rogers „partnerzentrierte Kommunikation" genannt. Gezielte Nachfragen lassen Ihr Gegenüber erkennen, dass Sie ganz bei der Sache sind. Indem Sie das Gehörte regelmäßig zusammenfassen, stellen Sie fest, ob Sie alles richtig verstanden haben.

Daraus ergeben sich vier Grundsätze partnerzentrierter Gesprächsführung:

- **Wahrnehmung:** Wie sieht das Anliegen für mein Gegenüber aus?
- **Verbalisierung:** Was denkt und fühlt mein Gegenüber zu diesem Thema?
- **Paraphrasierung:** Welche Ideen und Lösungen findet mein Gesprächspartner?
- **Feedback:** Welche Ideen und Lösungen sind realisierbar?

Verbalisierung
nonverbale Signale in Worte fassen

Paraphrasierung
eine Aussage mit eigenen Worten wiedergeben

Merke!

Durch Körpersprache – Haltung, Kopfnicken, Lächeln – schaffen Sie eine offene, zugewandte Atmosphäre. Aufmerksamkeit signalisieren Sie durch empathische Ausrufewörter wie: „ah, so, aha, hm, oh!“ So lässt sich erkennen, ob eine Äußerung positiv oder negativ ankommt. Das schafft Vertrauen, hilft, Kommunikationsstörungen zu vermeiden und funktioniert auch dann, wenn nur eine Seite so agiert.

Zusätzliche Voraussetzungen einer gelungenen Kommunikation

äußere Rahmenbedingungen	positive Raumatmosphäre: Wärme, Licht, Störungen verhindern, Getränke anbieten
Gesprächsförderer	Blickkontakt, ausreden lassen, zielgerichtete Fragen stellen, paraphrasieren, zusammenfassen
Wahrnehmung versteckter Signale	Empathie zeigen, Stimmungen aufgreifen, Körpersignale deuten, nonverbale Botschaften verbalisieren

Gesprächsförderer
bringen das Gespräch voran, z. B. offene Fragen, Aufmerksamkeit zeigen, zuhören

6.1.4 Die vier Seiten einer Nachricht (Friedemann Schulz von Thun)

Der deutsche Psychologe und Kommunikationswissenschaftler Friedemann Schulz von Thun (*1944) erweiterte Watzlawicks „Zwei-Ebenen-Modell“ zum sogenannten „Vier-Ohren-Modell“. Er verwendete zur Unterscheidung der Gesprächspartner die Begriffe „Sender“ und „Empfänger“. Der Sender übermittelt in diesem Modell zusätzlich zur Sach- und Beziehungsebene eine sogenannte Selbstoffenbarung. Über sein Selbstverständnis und seine Gefühle richtet er auch unbewusst einen Appell, also eine Handlungsaufforderung an den Empfänger.

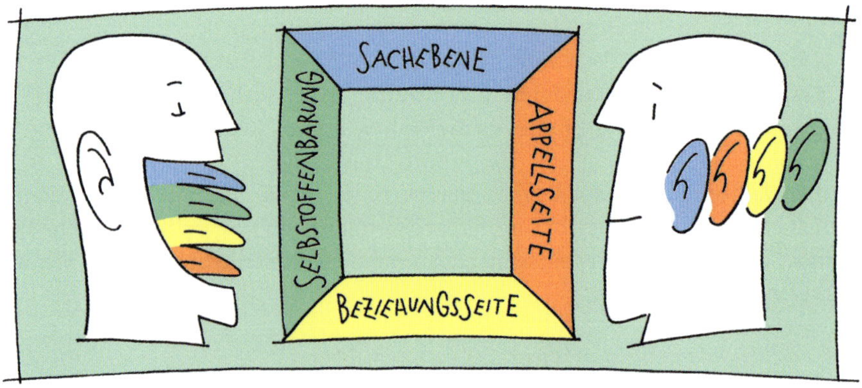

Jede Äußerung enthält nach Schulz von Thun diese vier Bedeutungsebenen. Die Information des Senders wird also an den Empfänger auf vierfache Weise übermittelt. Qualität und Erfolg eines Gesprächs hängen davon ab, in welcher Weise die „vier Ohren“ und die „vier Münder“ zusammenspielen.

Vom Sender werden die vier Ebenen einer Nachricht nicht gleichwertig übermittelt. Durch Wortwahl, Tonfall, Lautstärke sowie Körpersprache bestimmt der Sender, um welche der vier Ebenen es ihm besonders geht.

Beispiel

Petra Dorndt kommt eines Morgens in das Büro ihres Gruppenleiters Marius Schurns. Er sieht sie an und sagt: „Ich bin wirklich begeistert, wie schnell Herr Wagner sich in seine neue Position eingearbeitet hat!“

Was verbirgt sich hinter dieser Nachricht, was hat Herr Schurns bewusst, was unbewusst ausgedrückt und was kann Frau Dorndt dieser Nachricht alles entnehmen?

Eine Nachricht – vier Botschaften

Sachebene (was der Sender sagt)	Marius Schurns gibt die Sachinformation, dass er mit der Arbeit von Herrn Wagner zufrieden ist.
Selbstoffenbarung (was der Sender über sich mitteilt)	Wir erfahren, dass Herr Schurns begeistert ist, den passenden Mitarbeiter befördert zu haben.
Beziehungsebene (wie Sender und Empfänger zueinanderstehen)	Hier fühlt sich Frau Dorndt auf der persönlichen Ebene angesprochen, evtl. sogar kritisiert. Sie könnte vermuten, dass Herr Schurns ihr diese Position nicht zutraut.
Appellebene (was der Sender vom Empfänger erwartet und was der Empfänger wirklich hört)	Auf der Appellebene versucht der Sender, offen oder versteckt, auf den Empfänger Einfluss zu nehmen. Im Beispiel kann das bedeuten: Der Vorgesetzte möchte erreichen, dass Herr Wagner auch vom Team der Mitarbeiter akzeptiert und unterstützt wird.

6.2 Fragetechniken

„Wer fragt, führt“ ist eine der Grundregeln erfolgreicher Kommunikation. Fragen haben das **Ziel der Orientierung** und **Informationsgewinnung**. Sie dienen der Klärung, tragen zur Konsensbildung bei und überprüfen in der Abschlussphase des Gesprächs, ob alle Beteiligten mit dem Ergebnis übereinstimmen.

Fragearten im Überblick

Frageart	Beispiel	Charakteristikum	Gesprächssituation
offene Fragen (wer, wie, was, wann, wo, warum, für wen?)	„Was erwarten Sie von Ihrem neuen Job?“	Jede Antwort ist richtig und wichtig.	• zu Beginn eines Gesprächs • zur Klärung eines Sachverhalts • zur Äußerung von Wünschen und Erwartungen

geschlossene Fragen	„Möchten Sie das Marketing-Gesamtpaket in dieser Form annehmen?"	Kurze Antworten: meist „ja“, „nein“, „eventuell“, „vielleicht“.	• als Entscheidungshilfe zu Beginn oder am Ende eines Verhandlungsgesprächs
Alternativfrage	„Wollen wir das Exposé so übernehmen oder überarbeiten?“	Antworten sind bei Zustimmung meist kurz, bei Ablehnung eher ausführlicher.	• zur Herbeiführung einer grundsätzlichen Entscheidung
Entscheidungsfrage	„Entspricht das Ihren Vorstellungen?“ „Sind Sie mit dieser Lösung zufrieden?“	Sensible Frage: Blockiert den Diskussionsverlauf, wenn der Zeitpunkt im Diskussionsverlauf zu früh ist.	• um eine Debatte abzuschließen • um den Vertragsabschluss einzuleiten • um eine Entscheidung/Teilentscheidung herbeizuführen
Informations-/ Verständnisfrage	„Welche Fotos sollen in das Exposé?“	Die Frage wird aus echtem Interesse gestellt.	• trägt zum Verständnis bei • präzisiert das Anliegen
Klärungsfrage	„Wie meinen Sie das?" „Können Sie das belegen?“	Der Wahrheitsgehalt wird abgeprüft.	• wenn es auf Werte ankommt • wenn der Redebeitrag diffus ist
Kontrollfrage	„Stimmen Sie mit mir überein, dass ...?“	Die nützlichsten Teile der Argumentation werden verstärkt oder betont.	• zum Abgleich des aktuellen Informationsstandes • zur Vergewisserung, ob das Gegenüber richtig verstanden wurde • zur Klärung des weiteren Vorgehens
Lenkungsfrage	„Könnten Sie sich auch vorstellen, ...?“	Das Interesse wird in eine andere Richtung gelenkt.	• wenn die Diskussion verfahren ist
reflektierende Frage	„Habe ich Sie richtig verstanden, dass ...?“	Greift den letzten Hauptgedanken auf, um ihn zu präzisieren.	• um Missverständnisse zu vermeiden oder Positionen abzugleichen
rhetorische Frage	„Sie stimmen mir doch sicher zu, dass ...?“	Frage, die man sich selbst beantworten kann, die Antwort liegt mehr oder weniger auf der Hand.	• um in einem Gespräch die Führung zu bekommen oder zu behalten • um eine Unterhaltung in eine gewünschte Richtung zu lenken
Suggestivfrage	„Die erste Idee war mit Abstand die beste, oder?“	• keine direkte Frage, eher Aufforderung oder Unterstellung • erreicht die Gefühlsebene, auf der 80 % der Entscheidungen getroffen werden • Gefahr: Gegenüber fühlt sich manipuliert	• Schlüsselfrage, verschafft Aufmerksamkeit • regt bildhafte Vorstellung an • verstärkt Kooperationsbereitschaft • beschleunigt Entscheidungen, weil Übereinstimmung erzielt oder suggeriert wird

Fragen können nach den folgenden Kriterien unterschieden werden:

- **Form:** offene oder geschlossene Frage
- **Zielrichtung:** Informations-, Lenkungs- oder Kontrollfrage, zielorientierte oder Entscheidungsfrage, reflektierende Frage
- **Fragen, die keine Antwort erwarten:** suggestive oder rhetorische Fragen
- **FAQ:** wiederkehrende Fragen, die Personen oder Unternehmen häufig gestellt werden. Diese werden deshalb z. B. in Gebrauchsanweisungen, Internetforen oder auf Firmenwebsites vorformuliert beantwortet.
- **NQ:** trickreiche Fragen, die aus der Fassung bringen oder in eine Falle locken. Auch eine **Killerphrase** wie: „Meinen Sie das ernst?" gehört in diese Rubrik.

FAQ (engl.)
Abk. für: frequently asked questions (häufige Fragen)

NQ (engl.)
Abk. für: nasty questions (unangenehme Fragen)

Killerphrasen
Aussagen ohne inhaltlichen Wert; sie dienen z. B. dazu, den Gesprächspartner herabzusetzen oder ein Gespräch zu beenden bzw. es abzubrechen.

6.3 Argumentationsmethoden

Bei Beratungs-, Informations- und Verkaufsgesprächen ist es sinnvoll, Argumentationsmethoden zu kennen und sie an der richtigen Stelle einzusetzen.

Je genauer Sie erfragen können, was gewünscht ist, desto besser können Sie den Gesprächspartner zufriedenstellen. Das gilt auch für Gespräche, die sich um Beschwerden drehen.

Methoden	Beschreibung
Ja-Fragen	Eine zustimmende Reaktion des Gesprächspartners ist beabsichtigt.
Rück- oder Gegenfragemethode	Die Wünsche des Gegenübers werden präzisiert. So gewinnt man Zeit für weitere Argumente.
Einwandvorwegnahme	Vor dem Gespräch werden mögliche Bedenken erarbeitet und in die Argumentation eingebaut.
„Ja-aber"-Methode/ Plus-Minus-Methode	Argumente des Gegenübers werden aufgenommen und entweder ergänzt oder korrigiert.
Einwandumkehr oder Bumerang-Methode	Einwände werden aus einem anderen Blickwinkel betrachtet und als Vorteile aufgezeigt, die die Person gegenüber so noch nicht wusste.
Relativierung oder Nachteil-Vorteil-Methode	Der Einwand wird akzeptiert, aber durch einen zusätzlichen Aspekt als Vorteil präsentiert.
Verzögerungsmethode	Wenn die Kosten an erster Stelle stehen, wird zuerst kurz z. B. über den Inhalt der Dienstleistung informiert.
Sandwichmethode	Das Angebot wird in der Reihenfolge Pluspunkte – Preis – Pluspunkte argumentiert.
Polarisierung	Schwarz oder Weiß? Mini oder Maxi? Sekt oder Selters? „Wenn – dann" ist der gedankliche Ansatz für ein ausgewogenes Preis-Leistungs-Verhältnis, das alle Beteiligten zufriedenstellt.
Schweigen	Die Person ist unsicher und braucht Bedenkzeit.
Empfehlung	Die Person gegenüber kann oder will die Entscheidung heute nicht treffen.

6.4 Gesprächsführung

Gespräche haben immer einen Zweck und ein Ziel. Sie dienen der gegenseitigen Information und Verständigung, der Meinungsbildung oder der Überzeugung. **Formelle** Gespräche sind geprägt von Rahmenbedingungen wie z. B. bei einer geleiteten Sitzung mit festgelegtem Themenbereich (Abteilungsbesprechung). **Informelle** Gespräche sind persönlicher Natur und verzichten auf Formalitäten (z. B. ein Pausengespräch in der Cafeteria).

Merke!

Eine Voraussetzung für ein gelungenes Gespräch ist das ernsthafte Interesse am Gegenüber.

Gesprächskultur

Jedes Gespräch mit Mietern und Kunden hat das Ziel, diese zufriedenzustellen. Unabhängig davon, ob es sich um ein Beratungs-, Verkaufs- oder Beschwerdegespräch handelt: Überlegen Sie vor dem Gespräch, was der Mieter/Kunde möchte und wie Sie dies mit den Zielen Ihres Unternehmens vereinbaren können.

Aktives Zuhören und Mitdenken sind Grundvoraussetzungen für die erfolgreiche Kommunikation. Verständnisfragen und die Zusammenfassung der Argumente des Kunden in Ihren Worten geben dem Gesprächspartner die Gewissheit, dass seine Vorstellungen verstanden wurden. Denn durch bruchstückhaft oder falsch verstandene Informationen entstehen oft Missverständnisse.

Sach- und Beziehungsebene
▶ LF 4, Kap. 6.1.2

In einer positiven Gesprächsatmosphäre wird die Sachebene durch die Beziehungsebene unterstützt. Damit sich Ihr Gesprächspartner respektiert und willkommen fühlt, prüfen Sie, ob sich Bewirtung und Raumgestaltung sogar auf den Kulturkreis Ihrer Gesprächspartner abstimmen lassen.

Tipps für einen positiven Gesprächsverlauf

- Beobachten Sie, in welcher **Stimmung** sich Ihr Gegenüber befindet, um Ihr Gesprächsverhalten und Ihre Argumentation darauf abzustimmen.
- Achten Sie darauf, dass Ihre Körpersprache, Stimme und Inhalt übereinstimmen. Wenn Sie Sprechtempo und Artikulation an Ihr Gegenüber anpassen, kann Sie auch ein Nicht-Muttersprachler gut verstehen.
- Planen Sie bei längeren Gesprächen Pausen ein. Droht ein Gespräch zu eskalieren, bieten Sie eine Unterbrechung an. In dieser Zeit können Vorstellungen und Argumente in Ruhe überdacht werden.
- Schreiben Sie während des Gesprächs Stichpunkte mit. Visualisieren Sie, wenn möglich, Ergebnisse (z. B. per Flipchart), gemeinsame Entscheidungen und offene Fragen, eventuell auch strittige Punkte. So sehen alle, in welchen Punkten Konsens besteht und welche Fragen noch zu klären sind.
- Ein Fotoprotokoll, einfach und schnell erstellt, wird allen Teilnehmern zum Abschluss ausgehändigt.
- Am Ende des Gesprächs wiederholen Sie kurz die Vereinbarungen und bedanken sich bei Ihrem Gesprächspartner.

Bedienen Sie sich während des Gesprächsverlaufs folgender „Gesprächsförderer“. Diese erhöhen Glaubwürdigkeit und wirken vertrauensbildend.

direkte Ansprache	Sie sprechen den Geschäftspartner im „Sie-Stil“ an: „Sie erhalten von mir die Beschreibung“ ist besser als: „Ich gebe Ihnen die Beschreibung.“
Wertschätzung	An Ihrem Auftreten, Ihrer Wortwahl und dem Raum, den Sie ihm zum Ausreden lassen, erkennt Ihr Gesprächspartner, dass Sie ihn respektieren und ernst nehmen. Dazu gehört die volle Konzentration auf das Hier und Jetzt, ohne Störungen durch Dritte, Telefonate oder digitale Nachrichten.
Toleranz	Fragen Sie behutsam nach, wenn Sie auf unverständliche Formulierungen oder nicht nachvollziehbare Handlungen treffen – oder Sie akzeptieren, dass dies die Wirklichkeit Ihres Gegenübers ist.
Feedback	Sie spiegeln Ihrem Gegenüber, wie Sie seine Aussage verstehen.
Authentizität	Ihre Aussage steht im Einklang mit Wortwahl und Körpersprache.
Betonung/ Modulation	Die Stimme gibt Ihre Stimmung wieder. Wenn sie mal tiefer, mal höher moduliert ist, wirken Sie überzeugend und halten das Interesse Ihres Gesprächspartners. Abgehacktes und monotones Sprechen irritiert oder wirkt einschläfernd.
Lautstärke/ Aussprache	Sprechen Sie klar und deutlich in angemessener Lautstärke. So hört Ihr Gegenüber gerne und ohne Anstrengung zu.
Pausen	Legen Sie während des Gesprächs Pausen ein. So bekommt Ihr Gegenüber die Möglichkeit, nachzudenken, Fragen zu stellen und selbst etwas beizutragen.
Ausdruck und Form	Sprechen Sie abwechslungsreich und verständlich. Passen Sie Ihren Wortschatz dem Sprachverständnis Ihres Gegenübers an.
Fachbegriffe	Benutzen Sie Fachbegriffe nur, wenn Sie sicher sind, dass Ihr Gegenüber sie versteht. Reduzieren Sie fremdsprachliche Begriffe.
„Gendern“	Sprache beeinflusst unser Denken. Verwenden Sie möglichst genderneutrale Begriffe. So werden aus Zuhörer und Zuhörerinnen in einer neutralen Formulierung Zuhörende.

6.5 Konflikte als Risiko und Chance

Zwischenmenschliche Probleme gehören zum Leben – beruflich und privat. Neben viel Aufregung und Ärger gibt es aber auch positive Seiten: Die Arbeit an der Bewältigung von Problemen fördert die Kommunikation, steigert die Aufmerksamkeit für Schwierigkeiten und kann die Standpunkte der Beteiligten klären. Manchmal ergibt sich sogar (privat wie beruflich) aus der gemeinsamen Bewältigung einer Konfliktsituation eine neue und bessere Beziehungsbasis.

Wenn Konflikte nicht ausgetragen und gelöst werden, sondern vor sich hin schwelen, können die Beteiligten eine verschärfte Rivalität entwickeln, die in extremen Fällen sogar in Aggressivität oder Gewaltausbrüche umschlagen kann.

Treffen Menschen aufeinander, können Konflikte entstehen; doch nicht jede Auseinandersetzung wird zu einem Konflikt. Sobald es widersprüchliche Interessen gibt, sind Voraussetzungen gegeben, aus denen sich ein Konflikt entwickeln kann.

Dabei sehen die Konfliktpartner ihre eigene Haltung meist als „richtig", die Position der anderen Seite wird als „falsch" bewertet. So werden die Konfliktparteien zu Gegnern – und es entstehen Feindbilder.

Merke!

Zu einem Konflikt gehören mindestens zwei sich widersprechende Ausgangspositionen oder Ziele.

Konfliktsymptome		
	verbaler Angriff	**ablenken**
verbal	• andere Meinung äußern • offen kämpfen • Kritik, Beleidigungen, Beschimpfungen, Vorwürfe • Killerphrasen • „Herunterputzen" einer Person • streiten • (genereller) Widerspruch • „Ich will aber" • Gegenargumentation • Differenzen lautstark aufbauschen	• Sarkasmus, Ironie, Galgenhumor • vom Thema ablenken • Zeitdruck vorschieben • „man" und „wir" (statt Stellung zu beziehen) • subtile Anspielungen • leugnen, bagatellisieren • „ja, aber ..." (defensiv) • genereller Zuspruch • blödeln, ins Lächerliche ziehen • „verpfeifen" und denunzieren • distanzierte Höflichkeit
	Aufregung, Unruhe	**Rückzug, Lustlosigkeit**
nonverbal	• demonstrativ ignorieren, nicht beachten • Beziehungsabbruch • Ausschluss von Personen • abschätzige, abwertende Gestik und Mimik • abweisende Haltung • Drohgebärden, tätlicher Angriff • Inkongruenz im Verhalten oder zwischen Reden und Tun • immer das Gegenteil tun • Gewalt oder Sabotage • starres Festhalten an Gewohnheiten und Standpunkten • Streik • Überstunden/Aktionismus	• Unwohlsein • Humorlosigkeit • Schweigen, Desinteresse • sturer Formalismus • keine Verbesserungsvorschläge • zu spät kommen • nur noch schriftliche Kommunikation • überformale Regelungen • (innere) Kündigung • hohe Fehlzeiten, Krankheit • hohe Beschwerdequoten • vorweggenommener Gehorsam • Depression, Niedergeschlagenheit
	offen (sichtbar) und aktiv	**verdeckt (unsichtbar) und passiv**

6.5.1 Konfliktlösung nach dem Harvard-Konzept

Merke!

Nicht der Mensch ist das Problem – das Problem ist das Problem.

Die besten Ergebnisse bei Verhandlungen erzielt man durch eine sachbezogene Auseinandersetzung mit dem Thema. Diese Methode, die sich für Konfliktlösungen sowie für alle anderen Verhandlungen eignet, wird im **Harvard-Konzept** beschrieben.

Bei einer Verhandlung treffen mindestens zwei unterschiedliche Interessen aufeinander. Verhandlungstechniken helfen dabei, eigene Interessen durchzusetzen bzw. sie zu wahren.

Dabei wird eine friedliche und konstruktive Einigung angestrebt, die über persönlichen Befindlichkeiten steht und für beide Seiten einen Gewinn darstellt, also eine **Win-win-Situation**. Neben der sachlichen Übereinkunft geht es auch darum, dass die Verhandlungspartner ihre persönliche Beziehung erhalten bzw. verbessern.
Voraussetzungen für die Konfliktlösung nach dem Harvard-Konzept:
- Die Beteiligten sind an einer Veränderung der Situation interessiert.
- Die Gespräche verlaufen sachlich, fair und mit dem notwendigen Respekt für die persönlichen und kulturellen Wertesysteme.
- Lösungen werden von den Konfliktparteien gemeinsam entwickelt, also nicht von außen vorgegeben (z.B. von der Geschäftsführung).
- Die Konfliktparteien sind bereit, ihre Positionen zugunsten anderer (übergeordneter) Interessen aufzugeben.
- Eine Lösung, die alle Interessen berücksichtigt, wird auch von allen getragen.
- Das Ergebnis baut auf objektiven Entscheidungsprinzipien auf.

In komplizierten, langwierigen Konflikten ist es sinnvoll, zur Lösung eine neutrale Person moderieren zu lassen, die auch den Transfer begleitet.

Damit folgt das Harvard-Konzept den Grundsätzen, die bei einer **Mediation** zur Anwendung kommen. Bei einer Mediation geht es darum, ein bestehendes Problem zwischen mindestens zwei Konfliktparteien zu lösen. Dafür wird ein strukturiertes, freiwilliges Verfahren genutzt, bei dem die Konfliktparteien durch einen Mediator begleitet werden. Ziel ist es, auf friedlichem Weg eine Lösung zu finden, die für die Konfliktparteien zufriedenstellend ist.

6.5.2 Humor

Ein menschlicher Mechanismus für die Verarbeitung unangenehmer Situationen ist der Humor. In Konfliktsituationen hat der Humor verschiedene nützliche Funktionen:
- Humor sorgt für Abstand und Entlastung, denn wer über sich und sein Schicksal lachen kann, leidet weniger.
- Humor bewirkt eine Stärkung der Abwehr – auch körperlich.
- Humor hilft dabei, Kontakt herzustellen, denn Lachen verbindet!
- Humor bringt uns dazu, die Perspektive zu wechseln. So lernen wir etwas über uns und andere.

Doch bei Menschen in Konfliktsituationen liegen die Nerven oft blank. Der Einsatz von Humor zur Konfliktlösung erfordert viel Fingerspitzengefühl, Behutsamkeit und Sensibilität für die Situation.

Für humorvolle Interventionen sollte man daher folgende Grundregeln beachten:

- Lachen Sie niemals über andere, sondern mit ihnen.
- Nehmen Sie sich nicht so ernst – lachen Sie mal über sich selbst.
- Verzichten Sie auf abwertende Witze.
- Bedenken Sie, dass jede Person eine andere Art von Humor hat.

6.5.3 Wie ist Ihre eigene emotionale Reaktionstendenz?

Zur Vorbereitung schwieriger Gespräche (z. B. mit einem bekannt aufbrausenden Mieter) sollten Sie Ihre eigene emotionale Reaktionstendenz kennen. Sie sollten also wissen, wie Sie sich in bestimmten Situationen verhalten. Dies kann Ihnen helfen, situationsgerecht zu reagieren. Langfristig können Sie damit, sofern Sie das wünschen und für nötig halten, Ihr Verhalten sogar ändern.

Beispiel

Isabell ist „dünnhäutig". Sie fühlt sich schnell persönlich angegriffen und wird dann laut. Seitdem sie das weiß, zählt sie stumm erstmal in aller Ruhe bis zehn, bevor sie auf eine Kritik oder einen Einwand antwortet. Arif hingegen hat ein „dickes Fell" und lässt sich nicht so schnell aus der Ruhe bringen.

6.5.4 Streitkultur

Was sehen Sie in der nebenstehenden Abbildung? Zwei Gesichter oder einen Gegenstand? – Je nach Sichtweise ist die Aufmerksamkeit einmal die Sache (Lampe, Vase) oder die Personen gerichtet.

So ist es auch in einem Konflikt: Jede Veränderung der Perspektive ergibt ein neues Bild und kann zum Ansatz für neue, kreative, oft unerwartete Lösungen werden. Auseinandersetzungen gehören zum Menschen, sie gehören zu uns und zu unseren Beziehungen mit anderen. Manchmal sind sie sogar „das Salz in der Suppe". Sie machen das Leben spannungsreicher, aber auch interessanter. Wenn Auseinandersetzungen konstruktiv und lösungsorientiert offen ausgetragen werden, spricht man von einer **Streitkultur**. Erforderlich dafür ist eine hohe Bereitschaft zum Kompromiss und Einigkeit darüber, wie man miteinander im Konfliktfall umgeht.

Wenn ein Konflikt eskaliert, ist es wichtig, zeitnah einzugreifen und zunächst die Sachebene zu klären. Dann geht es darum, Gemeinsamkeiten und Gegensätze zu formulieren. Je eher die Beteiligten eine gemeinsame Basis finden, desto effektiver und nachhaltiger wirkt die Konfliktlösung.

Merke!

Fehler passieren. Im professionellen Umgang mit ihnen steckt die Chance zur Veränderung: Konstruktive Auseinandersetzungen setzen positive Energie frei. Davon profitieren alle!

LERNFELD 4

Wohnräume vermieten

SITUATIONEN

Situation 30

Der Wohnraummietvertrag

In der kommenden Woche wird es eine Bereichsversammlung geben, bei der über verschiedene Punkte gesprochen werden soll. Ein Punkt auf der Tagesordnung lautet „Aktueller Gesetzesstand bei der Erstellung von Wohnungsmietverträgen". Da sich Isabell in letzter Zeit fast ausschließlich mit Mieterschreiben beschäftigen durfte und dabei auch immer die entsprechenden Wohnungsmietverträge prüfen musste, wird sie gebeten, bei der Bereichsversammlung die wesentlichen Aspekte zum aktuellen Gesetzesstand vorzutragen. Der Firmenleitung ist dabei wichtig, dass alle Anwesenden einen Überblick bekommen und auf dem gleichen inhaltlichen Stand sind. Hinzu kommt auch die Zielsetzung der Firmenleitung, dass zukünftig überwiegend langfristige Mietverträge abgeschlossen werden.

Im Vordergrund von Isabells Vortrag sollen dabei insbesondere die folgenden Fragen stehen:

- Welche Inhalte müssen Bestandteil eines Mietvertrages sein?
- Unter welchen Bedingungen können langfristige Mietverträge abgeschlossen werden?
- Welche Anlagen sollten einem Wohnungsmietvertrag beiliegen?

ARBEITSAUFTRAG

Helfen Sie Isabell dabei, ihren Vortrag vorzubereiten. Gehen Sie dabei auf die zuvor genannten Fragestellungen ein. Erläutern Sie zudem auch, welche Klauseln in einem Mietvertrag nicht zulässig sind.

Folgesituation

Herr Mertens, ein neuer Kollege von Isabell, der erst vor zwei Wochen bei der MEWOH Musterwohn GmbH angefangen hat, bittet Isabell im Nachgang ihres Vortrags auf der Bereichsversammlung noch darum, ihm einige Fragen zu beantworten. Er hat in den letzten Tagen einige Nachfragen von Mietern und Mieterinnen erhalten, bei denen er sich nicht so sicher war. Da Isabell sich ja richtig gut auskennt, kann sie ihm vielleicht bei der Beantwortung helfen.

Herrn Mertens geht es dabei um die folgenden Punkte:

- In welcher Form kann die Kaution vorgelegt werden? Kann der Mieter bei der Wohnungsübergabe die Kaution auch in bar mitbringen?
- Was macht der Vermieter mit der Kaution, wenn sie ihm vorliegt?
- Wie werden die Zinsen einer Mietkaution berechnet?
- Wie lange darf der Vermieter die Kaution nach Auszug des Mieters noch zurückbehalten?

ARBEITSAUFTRAG

Gehen Sie auf die Fragen von Herrn Mertens ein, sodass er im Anschluss die Nachfragen der Mieter und Mieterinnen beantworten kann. Nutzen Sie das Arbeitsblatt 4.1, das den Webcodematerialien beiliegt.

Aufgaben

1 Immobilienkaufleute kommen im Rahmen ihrer Tätigkeit mit unterschiedlichen Bereichen des Mietrechts in Kontakt. Daraus resultieren unterschiedliche Vertragsarten. Erklären Sie die folgenden Vertragsarten und geben Sie die entsprechende gesetzliche Regelung an.
   a) Mietvertrag/Wohnraummietvertrag
   b) Pachtvertrag
   c) Leihe
   d) Verwahrungs- oder Lagervertrag

2 Ein Wohnraummietvertrag kann als Formular- oder Individualvertrag aufgesetzt werden. Erklären Sie, was der Unterschied ist.

3 Was ist mit dem Transparenzgebot gemeint? Wo ist dieses Gebot im BGB geregelt?

4 Frau Vorberg ist bei der Suche nach einer Wohnung fündig geworden. Mit der Vermieterin einigt sie sich über die Dauer und die Höhe der Miete in mündlicher Form.
   a) Ist der mündlich geschlossene Mietvertrag gültig?
   b) Unterliegen Wohnraummietverträge grundsätzlich einer Formvorschrift?

5 Nehmen Sie zu der folgenden Aussage Stellung: „Ein Wohnraummietvertrag, der auf Lebenszeit geschlossen wurde, meint, dass der Mieter bzw. die Mieterin ein lebenslanges Wohnrecht genießt."

6 Familie Schaller hat sich dazu entschieden, sich einen kleinen Hund anzuschaffen. Allerdings ist man sich unsicher, ob das in ihrer Mietwohnung erlaubt ist. Helfen Sie Familie Schaller bei der Beantwortung der folgenden Fragen.
   a) Hat Familie Schaller grundsätzlich ein Recht zur Tierhaltung?
   b) Gibt es Kleintiere, für die sich Familie Schaller eine Genehmigung bei ihrem Vermieter holen müsste?
   c) Kann Familie Schaller eine unbegrenzte Zahl von Tieren in der Wohnung halten?

7 Herr Kleinert ist ein Fan von exotischen Tieren. Besonders angetan haben es ihm Skorpione. Er plant, sich zukünftig einige der Tiere anzuschaffen. Außerdem überlegt er, die Tiere auch zu züchten.
   a) Kann sich Herr Kleinert ohne die Zustimmung durch seinen Vermieter Skorpione anschaffen und sie sogar in der Wohnung züchten?
   b) Worüber sollte sich Herr Kleinert noch im Vorfeld informieren und was sollte er zum Schutz der Nachbarn machen?

8 Der Abschluss eines Mietvertrags bringt es mit sich, dass Vermieter und Mieter verschiedene Rechte und Pflichten haben.
   a) Erklären Sie die in der folgenden Übersicht genannten Punkte. Nutzen Sie auch das Arbeitsblatt 4.2, das den Webcodematerialien beiliegt.

Vermieter	
Rechte	**Pflichten**
• Besichtigungsrecht • Vermieterpfandrecht	• Gebrauchsüberlassungspflicht • Erhaltungspflicht • Verkehrssicherungspflicht

Mieter	
Rechte	**Pflichten**
• Mietminderungsrecht • Zurückbehaltungsrecht • Selbstabhilferecht	• Mietzahlungspflicht • Anzeigepflicht • Rückgabepflicht

   b) Welche weiteren Rechte und Pflichten für Mieter und Vermieter kennen Sie?

9 Ist ein Mietvertrag zustande gekommen, kann er angefochten werden. Geben Sie zu den folgenden Punkten jeweils ein Beispiel:
   a) Irrtum über den Vertragsinhalt
   b) Erklärungsirrtum
   c) Übermittlungsirrtum
   d) arglistige Täuschung

Situation 31

Bearbeitung einer Mietvertragskündigung

Isabell Ahrens arbeitet momentan in der Mieterbetreuung. Von der Teamleiterin Sabine Meyer hat sie die Aufgabe bekommen, sich mit einer Mietvertragskündigung zu befassen. Dazu hat Frau Meyer ihr ein Kündigungsschreiben des Mieters Wilhelm Meinert geben. Das Schreiben ist am 10.01.2022 bei der MEWOH Musterwohn GmbH eingegangen und trägt daher auch den entsprechenden Posteingangsstempel.

Wilhelm Meinert
Max-Coburg-Straße 5
04177 Leipzig

Leipzig, 05.01.2022

Eingegangen am
10.01.2022

MEWOH Musterwohn GmbH
Fangerstraße 15 – 20
04104 Leipzig

Kündigung meines Mietvertrags
Max-Coburg-Straße 5 in 04177 Leipzig

Sehr geehrte Damen und Herren,

hiermit kündige ich meinen bestehenden Mietvertrag zum 31.03.2022. Bitte teilen Sie mir zeitnah den genauen Übergabetermin mit. Ich erwarte selbstverständlich auch, dass Sie mir zum Übergabetermin meine Kaution inkl. der angefallenen Zinsen bar aushändigen. Ich werde die Wohnung besenrein übergeben.

Bitte bestätigen Sie mir den Eingang der Kündigung möglichst schnell schriftlich.

Mit freundlichen Grüßen

Wilhelm Meinert

Um den Vorgang bearbeiten zu können, muss Isabell nun zuerst einen Blick in die Mieterakte werfen, um sich Informationen zu den folgenden Punkten zu besorgen:

- Kündigungsfrist
- Schönheitsreparaturklausel
- Kaution

Zu beachten ist auch, dass Herr Meinert bei Einzug eine Bescheinigung über die Anlage eines Kautionssparbuchs bei der TopBank Leipzig über die Summe von 1.200,00 € (drei Monatsmieten) hinterlegt hat.

Die Wirksamkeit der Schönheitsreparaturklausel in dem Wohnungsmietvertrag von Herrn Meinert soll Isabell anhand eines Ablaufplans überprüfen.

ARBEITSAUFTRÄGE

In der Mieterakte hat Isabell die folgenden Unterlagen gefunden:

- den Mietvertrag vom 15.03.2015,
- das Übergabeprotokoll vom 01.04.2015,
- eine Kautionsbescheinigung der TopBank Leipzig vom 20.03.2015 sowie
- diverse Schreiben des Mieters an die Verwaltung.

Helfen Sie Isabell bei der Bearbeitung der Mietvertragskündigung. Nutzen Sie dazu auch die vorliegenden Auszüge aus der Mieterakte von Herrn Meinert. Richten Sie sich dabei nach den folgenden Arbeitsaufträgen.

1. Prüfen Sie, ob die Kündigungsfrist eingehalten wurde.
2. Laut Übergabeprotokoll hat Herr Meinert die Wohnung komplett renoviert übergeben bekommen – die Wohnung war frisch gemalert und mit neuem Laminat ausgestattet. Das Bad wurde auch kurz vor der Neuvermietung erneuert – inkl. neuer Fliesen und Sanitärkeramik.
   a) In welchem Zustand muss Herr Meinert die Wohnung zurückgeben? Muss er Schönheitsreparaturen ausführen? Sollte das der Fall sein, welche Schönheitsreparaturen muss er ausführen?
   b) Sollte durch die MEWOH Musterwohn GmbH eine Vorabnahme durchgeführt werden, um sich über den Zustand der Mieträume zu informieren?
3. Welche offenen Forderungen sind weiterhin möglich?
4. Wie erfolgt die Rückgabe der Kaution?
5. Setzen Sie ein Antwortschreiben für den Mieter Herrn Meinert auf.

Beachten Sie bei der Bearbeitung der Arbeitsaufträge auch die folgenden Auszüge zur Mietzeit, den Schönheitsreparaturen und der Kaution, die dem Mietvertrag von Herrn Meinert entnommen sind. Nutzen Sie für die Bearbeitung auch das Arbeitsblatt 4.3, das den Webcodematerialien beiliegt.

Im Mietvertrag ist folgende Kündigungsfrist vereinbart:

§ 2 Mietzeit

1. Das Mietverhältnis beginnt am 01.04.2015. Es handelt sich um einen Mietvertrag auf unbestimmte Zeit.
2. Für die Kündigung gelten die gesetzlichen Fristen.
3. Die Kündigung des Mietverhältnisses gemäß § 3 Ziff. 1 muss schriftlich bis zum dritten Werktag des ersten Monats der Kündigungsfrist erfolgen und ist nur zum Ende eines Kalendermonats zulässig. Für die Rechtzeitigkeit der Kündigung kommt es nicht auf ihre Absendung, sondern auf ihren Zugang an.

Schönheitsreparaturklausel im Mietvertrag:

§ 6 Schönheitsreparaturen

1. Der Mieter übernimmt die Schönheitsreparaturen während der Mietzeit.
2. Zu den Schönheitsreparaturen gehören das Anstreichen oder Tapezieren der Wände und Decken, das Streichen der Fußböden, die Grundreinigung der Teppichböden (sofern vom Vermieter verlegt), das Streichen der Heizkörper, der Innentüren sowie der Fenster und Außentüren von innen und der übrigen Holzteile innerhalb der Wohnung.
3. Die Arbeiten sind fachgerecht auszuführen.
4. Im Allgemeinen werden die Schönheitsreparaturen in folgenden Zeitabständen erforderlich sein:

a) in Küche, Bad und Dusche	alle 5 Jahre
b) in Wohn- und Schlafräumen sowie Fluren	alle 8 Jahre
c) in allen anderen Nebenräumen	alle 10 Jahre

   Die Frist beginnt zu laufen ab Beginn des Mietverhältnisses bzw. ab dem Zeitpunkt der letzten Renovierung während der Mietzeit.
5. Bei Rückgabe der Wohnung müssen die Wände und Decken in hellen neutralen Farben gestrichen sein.
6. Der Vermieter ist zur Durchführung der Schönheitsreparaturen nicht verpflichtet.

Kautionsvereinbarung im Mietvertrag:

§ 23 Kaution

(…)

4. Die Kaution ist nach Vertragsende und Rückgabe der Mietsache zuzüglich der erzielten Zinsen spätestens nach Ablauf von sechs Monaten zurückzuerstatten, es sei denn, der Vermieter hat begründete Gegenansprüche, mit denen er aufrechnen bzw. sein Zurückbehaltungsrecht begründen kann, z. B. Ansprüche aus den Neben- und Betriebskostenabrechnungen.

Aufgaben

1 Welche Vereinbarungen können bezüglich der Dauer von Mietverträgen getroffen werden?

2 Wann beginnt ein Mietvertrag und wann endet er? Geben sie ein Beispiel.

3 Geben Sie an, wo der Begriff der Schönheitsreparaturen geregelt ist.

4 Grundsätzlich ist der Vermieter verpflichtet, die Kosten der Instandhaltung zu tragen.
- a) Was kann er unternehmen, um die Kosten auf den Mieter zu übertragen?
- b) Worauf ist dabei aus Sicht des Vermieters besonders zu achten?

5 Unter die Schönheitsreparaturen fallen verschiedene Maßnahmen. Welche der folgenden Leistungen gehören dazu?
- a) Streichen der Heizkörper und Rohre
- b) Streichen der Fußböden
- c) Renovierung des Kellers und Dachbodens
- d) Streichen der Wohnungseingangstür von innen
- e) Tapezieren von Wänden
- f) Erneuerung von Teppichböden
- g) Schleifen von Parkettböden
- h) Kalken von Wänden

6 Schönheitsreparaturen gehören dem Wesen nach zur Instandhaltung und sind grundsätzlich durch den Vermieter auszuführen.
- a) Was ist erforderlich, damit die Schönheitsreparaturen durch den Mieter übernommen werden?
- b) Worauf muss dabei geachtet werden?
- c) Durch die Nutzung des Wohnobjekts entstehen Gebrauchsspuren. Grenzen Sie in diesem Zusammenhang die vertragsgemäße Abnutzung von tatsächlichen Schäden ab. Geben Sie dazu ein Beispiel.

7 Wie ist vorzugehen, wenn notwendige Schönheitsreparaturen am Ende der Mietzeit nicht wie vertraglich vereinbart durch den Mieter vorgenommen werden?

8 Es ist üblich, im Mietvertrag auch eine Kaution mit dem Mieter/der Mieterin zu vereinbaren. Wozu dient sie?

9 Ist in einem Mietvertrag keine Vereinbarung über eine Kaution vorhanden, kann sie dennoch eingefordert werden?

10 Nachdem Marie ihre Ausbildung als Immobilienkauffrau begonnen hat, möchte sie ihre erste eigene Wohnung beziehen. Ihr Vermieter will mit ihr vereinbaren, dass sie
- a) vier Monatsmieten inkl. der Betriebskostenvorauszahlungen als Kaution hinterlegt und
- b) den Gesamtbetrag komplett überweist.

Marie klärt ihren Vermieter daraufhin auf.

11 Unter welchen Bedingungen ist es möglich, dass der Vermieter bereits während der Mietzeit auf die Kaution zurückgreift?

12 Herr Laufer liegt mit seinem Vermieter im Streit. Nach einer fristgerechten Kündigung zieht er in zwei Wochen aus seiner Wohnung aus. Da er in den letzten zwei Monaten einen finanziellen Engpass hatte, kam er auf die Idee, keine Miete zu zahlen. Seiner Vermieterin teilte er das aber mit und gab ihr zu verstehen, sie könnte das Geld von seiner Kaution abziehen. Den Einspruch seiner Vermieterin, dass das nicht möglich sei, hält er für schlichtweg falsch. Wer von beiden hat recht?

13 Darf der Vermieter bei Auszug des Mieters die Kaution zurückbehalten? Wenn ja, wie lange und unter welcher Voraussetzung?

14 Der Vermieter hat die Kaution auf dem Mietkonto eingezahlt und über die Mietzeit dort belassen.
- a) Entspricht das den gesetzlichen Vorgaben?
- b) Stehen dem Mieter Zinsen aus der Kaution zu?
- c) Erklären Sie an einem Rechenbeispiel, wie die Kaution in diesem Fall abzurechnen ist.

Situation 32

Bearbeitung eines Mieterschreibens

Bei der MEWOH Musterwohn GmbH ist das folgende Schreiben von Herrn Heller aus der Maxner Str. 145, 04205 Leipzig eingegangen. Die Teamleiterin der Mieterbetreuung Sabine Meyer gibt das Schreiben an Isabell weiter, damit sie es bearbeitet und alle wesentlichen Punkte prüft. Herr Heller wendet sich in dem Schreiben an die MEWOH, da er verschiedene Mängel in seiner Wohnung festgestellt hat.

Janos Heller
Maxner Straße 145
04205 Leipzig

Leipzig, 17.01.2022

Eingegangen am
18.01.2022

MEWOH Musterwohn GmbH
Fangerstraße 15 – 20
04104 Leipzig

Mängel in meiner Wohnung
Maxner Straße 145, in 04205 Leipzig

Sehr geehrte Damen und Herren,

seit meinem Einzug im Januar 2019 in die im Betreff genannte Wohnung sind folgende Mängel auffällig geworden, die ich hiermit anzeigen möchte:

1. Im Schlafzimmer breitet sich trotz ordnungsgemäßer Lüftung und ständig angekippter Fenster Schimmel in der Ecke rechts neben dem Fenster aus.
2. Im Kinderzimmer tropft die Heizung mittlerweile seit einem Jahr.
3. An der Wohnzimmertür ist seit einem Monat die Türklinke defekt. Die Türklinke wackelt erheblich und ich habe Angst, meine Familie oder mich im Wohnzimmer einzusperren, falls diese komplett auseinanderfällt.

Sollten Sie nicht bis zum 31.01.2022 die Reparaturen und die Schimmelbeseitigung durchführen, werde ich die Miete um 20 % mindern. Ich habe mich dazu bereits im Internet informiert. Dieses Recht steht mir zu.

Mit freundlichen Grüßen

Janos Heller

Um den Brief beantworten und ggf. weitere Maßnahmen einleiten zu können, wirft Isabell einen genaueren Blick in die Mieterakte und informiert sich über die folgenden Punkte:

- Mängelanzeige
- Kleinreparaturen
- Lüftungsverhalten bzw. Lüftungshinweise

ARBEITSAUFTRÄGE

Nach Einsicht in die Mieterakte und in den Mietvertrag vom 01.01.2019 von Herrn Heller liegen Isabell die folgenden Informationen vor:

- Eine Mängelanzeige ist bis zum heutigen Tag nicht erfolgt.
- Im Übergabeprotokoll vom 28.12.2018 sind keine Hinweise auf bestehende Mängel vermerkt.

Helfen Sie Isabell bei der Beantwortung des Mieterschreibens. Um welche Maßnahmen muss sich Isabell zudem kümmern?

1. Waren die Mängel bereits bei der Übergabe der Wohnung vorhanden oder gab es dazu spezielle Vereinbarungen?
2. Hat der Mieter im laufenden Mietverhältnis diese Mängel bereits angezeigt?
3. Fallen die angezeigten Mängel unter die Kleinreparaturklausel?
4. Ist eine Besichtigung der Wohnung notwendig? Sollte das der Fall sein, muss dafür ein Termin mit dem Mieter vereinbart werden?
5. Wie sollten Sie vorgehen, um die Ursachen der Mängel zu ermitteln? Was sollte zudem erfolgen, um die Kosten des Aufwands einschätzen zu können, die bei einer Beseitigung entstehen?
6. Prüfen Sie, ob Herrn Heller eine Mietminderung zusteht. Weisen Sie gegebenenfalls die Mietminderungsansprüche zurück.
7. Setzen Sie ein Schreiben an den Mieter auf.

Nutzen Sie zur Bearbeitung der Arbeitsaufträge auch die folgenden Auszüge aus dem Mietvertrag von Herrn Heller und das Arbeitsblatt 4.4, das den Webcodematerialien beiliegt.

§ 7 Kleinreparaturen

Der Mieter trägt die Kosten für Kleinreparaturen im Mietbereich sowie die Kosten für die einzelnen Maßnahmen in Höhe von 100,00 EUR brutto. Der dem Mieter dadurch entstehende jährliche Aufwand darf 6 % der Jahresbruttomiete nicht übersteigen.

§ 9 Mieterpflichten

1. Schäden in den Mieträumen, im Haus und an den Außenanlagen sind dem Vermieter bzw. der Verwaltung unverzüglich nach Bekanntwerden anzuzeigen.
2. Der Mieter verpflichtet sich, die Mieträume und die gemeinschaftlichen Einrichtungen pfleglich und schonend zu behandeln.
3. Der Mieter haftet für Schäden, die durch schuldhafte Verletzung der ihm obliegenden Sorgfalts- und Anzeigepflicht verursacht werden.
4. Das gilt insbesondere, wenn die überlassenen Räume nur unzureichend gelüftet, geheizt oder nicht genügend gegen Frost geschützt werden.

§ 13 Heizen und Lüften

Die in der Anlage beigefügten Hinweise für richtiges Heizen und Lüften sind Bestandteil des Mietvertrages. Durch falsches Heizen und Lüften entstandene Schäden an der Mietsache gehen ansonsten zulasten des Mieters.

Anlage zum Mietvertrag für das richtige Heizen und Lüften:

MEWOH Musterwohn GmbH
Mieten. Einziehen. Wohlfühlen.

Merkblatt
„Schimmel- und Feuchtigkeitsschäden vermeiden – Richtig Heizen und Lüften"

Anlage zum Mietvertrag von Herrn Janos Heller

Sehr geehrte/r Mieter/in,

zur Vermeidung von Feuchtigkeits- und Schimmelschäden in Ihrer Wohnung, erhalten Sie folgende Hinweise, die Sie bitte beachten sollen:

Wäsche in der Wohnung trocknen
- In Wohnräumen keinesfalls Wäsche trocknen. Tropfnasse Wäsche kann bis zu 500 g/h, also 0,5 Liter Wasser abgeben. Auch geschleuderte Wäsche gibt noch bis zu 200 g/h ab.
- Trocken Sie Ihre Wäsche in den dafür vorgesehenen Räumen.

Richtiges Lüften
- Das bloße Schrägstellen von Fenstern ist nicht ausreichend. Nötig ist die regelmäßige Stoßlüftung (weites Öffnen des Fensters im Raum) oder Querlüftung (Durchzug anhand von Fenstern und gegenüber gelegenen Türen). Bitte führen Sie eine entsprechende Durchlüftung Ihrer Wohnung drei Mal täglich (vormittags, nachmittags und abends) für mindestens fünf Minuten durch.
- Haben Sie in einem Raum Pflanzen stehen, wird empfohlen, öfters zu lüften, da die Pflanzen, insbesondere eine die Üblichkeit übersteigende Anzahl, erhöhte Feuchtigkeit in den Raum abgeben. Diese verdunsten das Wasser, mit dem sie gegossen werden. Die Feuchtigkeitsabgabe durch Topfpflanzen liegt bei etwa 10 g/h, bei größeren Pflanzen bis zu 20 g/h.
- Während des Kochens in der Küche (sofern kein Dunstabzug mit Abluft nach außen vorhanden ist) oder nach dem Baden/Duschen ist über die oben erwähnte Lüftung hinaus zusätzlich eine Lüftung von 10 Minuten durchzuführen, damit der Dampf abziehen kann. Bei einem Vollbad oder einer Dusche werden etwa 1 bis 1,5 Liter Feuchtigkeit an die Luft abgegeben, wodurch die Luftfeuchtigkeit dementsprechend ansteigt.
- Aquarien sind unbedingt abzudecken, da auch dort Wasser verdunstet.

Richtiges Heizen
- Werden Räume nicht ausreichend beheizt, kann dies zur Unterkühlung und Bildung von Schimmelpilzen führen. Bitte richten Sie Ihr Heizverhalten in der kalten Jahreszeit deshalb wie folgt aus: Im Wohnzimmer, Schlafzimmer, Kinderzimmer, Flur und ähnlichen Räumen sollte eine Temperatur tagsüber zwischen 06:00 und 23:00 Uhr von mindestens 20 °C vorherrschen, nachts mindestens 17 °C.
- Vermeiden Sie Temperaturunterschiede von mehr als 4 – 5 °C in der Wohnung – also auch unbenutzte Räume temperieren. Unbeheizte Räume keinesfalls durch die warme Luft von beheizten Räumen erwärmen, da diese wieder viel Feuchtigkeit mitführt.

Richtiger Möbelabstand

Beim Platzieren von Möbeln wird empfohlen, einen Abstand von 5 cm von den Außenwänden einzuhalten, um eine ausreichende Luftzirkulation zu gewährleisten. Besonders in Raumecken sollte auf das Aufstellen von Möbeln verzichtet werden.

Geeignete Wandoberflächen wählen

Verwenden Sie keine Tapeten oder Anstriche, die die Wand versiegeln und nutzen Sie nur diffusionsoffene Wandverkleidungen. Vermeiden Sie Leim- und Dispersionsfarben, geeignet sind mineralische Kalk- und Silikatfarben.

Zweckmäßige Raumlufttemperaturen in Wohnungen (Richtwerte)

Raum	**Raumtemperatur in °C**	
	empfohlen	möglicher Bereich
Wohnraum	20	19 bis 20
Essdiele	19	18 bis 20
Arbeitsraum, Büro	20	18 bis 21
Schlafraum	17	16 bis 20
Kinderzimmer	20	19 bis 21
Altenwohnung (Wohnraum)	22	20 bis 24
Altenwohnung (Schlafraum)	19	18 bis 21
Küche mit Essplatz	19	18 bis 20
Küche	18	17 bis 19
Hausarbeitsraum	16	14 bis 18
Bad	22	20 bis 24
WC	18	16 bis 20
Diele, Flur	17	15 bis 19
Windfang/Eingang	14	12 bis 16
Treppenhaus	14	10 bis 15

Die relative Luftfeuchtigkeit sollte in Wohnräumen um einen mittleren Wert von ca. 50 % liegen:

- im Sommer zwischen 40 und 55 %
- im Winter zwischen 45 und 65 %

Janos Heller

Unterschrift Mieter/in

Aufgaben

1 Ein Mieter ist grundsätzlich dazu verpflichtet, seinem Vermieter während des gesamten Mietverhältnisses Mängel oder Gefahren an und um die Mietsache anzuzeigen.

a) Nennen Sie dazu die entsprechende gesetzliche Grundlage.

b) Wann beginnt für den Mieter die Anzeigepflicht von Wohnungsmängeln?

c) Wie lange hat der Mieter Zeit, vorhandene Mängel beim Vermieter anzuzeigen?

2 Herr Möller wohnt in einer Mietwohnung. Vor einem Monat ist ihm aufgefallen, dass im Wohnzimmer das Fenster undicht ist. Mittlerweile zieht es erheblich und bei Regen tropft es immer wieder in die Wohnung. Daher hat er sich nun entschlossen, diesen Mangel heute seinem Vermieter zu melden. Außerdem kündigt er an, eine Mietminderung vorzunehmen. Und zwar einen Monat rückwirkend, da der Mangel ja schon seit diesem Zeitpunkt besteht. Ist das Vorgehen von Herrn Möller korrekt?

3 Ist eine Mietminderung auch bei der Erstellung der Betriebskostenabrechnung zu berücksichtigen?

4 Welche der folgenden Gründe schließen eine Mietminderung aus?

a) Der Mangel war bereits beim Einzug bekannt.

b) Die Ursache des Mangels liegt beim Mieter.

c) Die Ursache ist plötzlich aufgetreten.

d) Es ist eine energetische Modernisierung erfolgt.

e) Der Mangel wurde dem Vermieter nicht angezeigt.

f) Der Mangel wurde dem Vermieter nur per E-Mail gemeldet.

g) Es liegt ein unerheblicher Mangel vor.

h) Der Mieter verweigert die Beseitigung des Mangels oder lehnt sie ab.

5 Wie definiert der Gesetzgeber den Begriff der Kleinreparatur?

6 Was ist bei Kleinreparaturen hinsichtlich der Höhe der Kosten je Reparatur und der Gesamtbelastung innerhalb eines bestimmten Zeitraums zu beachten?

7 Unter die Kleinreparaturen fallen nur die Bauteile, die einer häufigen Nutzung durch den Mieter unterliegen.

a) Welche der Bauteile gehören dazu?

1) Türgriffe und -schlösser
2) Steckdosen
3) verkalkte Wasserhähne
4) Duscharmaturen
5) Druckspüler
6) Dunstabzugshauben
7) Dichtungen
8) Lichtschalter

b) Sind die Reparaturen durch den Mieter selbst vorzunehmen?

c) Kann per Klausel im Mietvertrag vereinbart werden, dass Kleinreparaturen durch den Vermieter übernommen werden?

8 Herr Kallner ist vor einigen Tagen neu in eine Wohnung eingezogen. Heute fällt ihm auf, dass eine der Steckdosen in der Küche nicht funktioniert. Da er eine Freundin hat, die Elektrikerin ist, bittet er sie, sich die Steckdose mal anzusehen. Für sie ist schnell klar, die Leitung ist defekt. Herr Kallner meldet den Defekt am nächsten Tag seinem Vermieter. Der ist aber der Meinung, er hat mit der Reparatur nichts weiter zu tun. Steckdosen und Elektrokabel fallen unter die Kleinreparaturregelung. Also muss Herr Kallner sich selbst darum kümmern. Wie sehen Sie den Fall? Muss Herr Kallner die Reparatur wirklich selbst übernehmen?

Situation 33

Mietersuche und Mieterauswahl

Im Mietbestand der MEWOH Musterwohn GmbH ist eine Wohnung frei geworden. Sie liegt in der Altenschlösser Allee 87, 04155 Leipzig. Die Wohnung befindet sich im 1. Obergeschoss links.
Es handelt sich um eine schöne große und hochwertige Wohnung in einer denkmalgeschützten Gründerzeitvilla, die an einem innerstädtischen Park gelegen ist. Die Wohnung ist insbesondere gekennzeichnet durch die folgenden Merkmale:

- Alle Wohnräume sind mit einem hochwertigen Echtholzparkett ausgestattet.
- Besondere Hingucker in allen Zimmern sind Stuckelemente an den Wänden und den Decken.
- Die Wohnung verfügt über zwei vollwertige Bäder (ein Master- und ein Gästebad), die beide erst vor kurzer Zeit modernisiert wurden.
- Das Masterbad der Wohnung – also das Hauptbad – hat eine Wanne, eine Dusche, ein WC sowie ein Bidet. Außerdem sind zwei Waschtische vorhanden und das Bad ist raumhoch gefliest.
- Das Gästebad ist mit einer barrierefreien Dusche, einem WC und einem Waschtisch ausgestattet.

- An die Wohnküche schließt sich ein Wintergarten an.
- An einem der zwei Kinderzimmer ist ein Balkon mit einer Grundfläche von 9 m² mit Südlage angebaut.
- Die Wohnung hat insgesamt eine Wohnfläche von 156 m².
- Weiterhin gehört zu der Wohnung ein Kellerraum und es kann ein Fahrradraum genutzt werden.
- Auf dem Grundstück befinden sich 10 Stellplätze, die von den Mietern gemietet werden können. Von den 10 Stellplätzen sind 3 Plätze mit einer Ladestation für Elektrofahrzeuge ausgestattet.
- Die Miete beträgt monatlich 1.920,00 Euro warm.

ARBEITSAUFTRÄGE

1. Damit die Wohnung möglichst bald neu vermietet werden kann, macht sich die MEWOH Musterwohn GmbH daran, potenzielle Interessenten zu akquirieren. Erklären Sie in diesem Zusammenhang die verschiedenen Phasen bei der Mietersuche und Mieterauswahl.
2. Um Informationen über die potenziellen Mietinteressenten zu erhalten, bittet die MEWOH die Interessenten immer darum, eine Mieterselbstauskunft auszufüllen. Welche Informationen kann die MEWOH erfragen, welche nicht? Geben Sie jeweils drei Beispiele.
3. Warum ist es sinnvoll, Mietinteressenten auch um eine Vorvermieterbescheinigung zu bitten?
4. Welche gesetzlichen Grundlagen sollten bei dem gesamten Prozess eingehalten werden?

Aufgaben

1 Steht eine bezugsfreie Wohnung leer, sollte das verwaltende Unternehmen überlegen, auf welchem Weg die Akquise neuer Mietparteien erfolgen kann. Dazu stehen zwei Verfahren zur Verfügung, die

- interne Vermietung und
- externe Vermietung.

a) Beschreiben Sie beide Verfahren.
b) Geben Sie zu jedem Verfahren ein Beispiel.

2 Welche der folgenden Unterlagen und Daten sollten für die Akquise eines Mieters bzw. Mieterin zusammengestellt werden?

1) Grundriss der Wohnung
2) Miete und Betriebskostenvorauszahlung
3) Energieausweis
4) allgemeine Informationen über alle Mietparteien im Mietobjekt
5) Art des Mietvertrags
6) Informationen zu den Vormietern

3 Sie als Vermieterin möchten von einer bewohnten Wohnung, die allerdings bald frei wird, Fotos für Ihre Onlineanzeige fertigen. Der Mieter ist aber dagegen. Wie verhalten Sie sich bzw. was muss der Mieter dulden?

4 In welcher Form können Wohnungsbesichtigungen durchgeführt werden? Nennen Sie Vor- und Nachteile der verschiedenen Formen.

5 Im Rahmen einer Wohnungsbesichtigung werden Mietinteressenten häufig darum gebeten, verschiedene Unterlagen einzureichen und einige Formulare auszufüllen. Um welche handelt es sich in der Regel?

6 Bei der Auswahl einer Mietpartei werden verschiedene Kriterien herangezogen. Welche der folgenden Kriterien spielen dabei eine Rolle?

a) bisheriges Mietverhalten
b) berufliche Tätigkeit
c) schulischer Werdegang
d) Mieterstruktur des Wohnobjekts
e) finanzielle Voraussetzungen
f) zukünftige Lebensplanung
g) Belegungszahl der Wohnung
h) Autobesitzer oder Fahrradfahrer (wg. Stellplatz)

7 Während des Mietverhältnisses beginnt die Mieterin plötzlich mit dem Rauchen. Ihr Vermieter möchte hingegen, dass in der Wohnung nicht geraucht wird. Er spricht seine Mieterin daraufhin an und verbietet ihr das Rauchen in der Wohnung. Sollte sie sich nicht daran halten, droht er ihr schlimmstenfalls mit einer fristlosen Kündigung. Wie bewerten Sie die Situation?

8 Ein Mietinteressent will keine Selbstauskunft abgeben. Was nun?

a) Ist ein Mietinteressent grundsätzlich dazu verpflichtet, eine Selbstauskunft abzugeben?
b) Wie sollte darauf reagiert werden?

9 Eine Mietinteressentin gibt eine Selbstauskunft ab.

a) Muss sie alle Fragen wahrheitsgemäß beantworten?
b) In der Selbstauskunft waren auch einige unzulässige Fragen enthalten. Wie sieht es hier mit der wahrheitsgemäßen Beantwortung aus?

10 Dürfen Sie Angaben zu anderen Mietern an die anderen Mietinteressenten weitergeben? Wenn ja, welche?

11 Natürlich ist davon auszugehen, dass nicht nur der Vermieter/die Vermieterin Fragen haben. Auch der Mietinteressent/die Mietinteressentin wird verschiedene Fragen stellen. Welche der folgenden Auskünfte müssen dabei gegeben werden?

a) Angaben zu Mängeln
b) persönliche Angaben zu den Mietern des Objekts
c) Angaben zur letzten Modernisierung
d) Angaben zu Beschwerden über einzelne Mieter
e) Angaben zur Wohnungsgröße
f) Angaben zur letzten Mieterhöhung

Situation 34

Einen Nachmieter bestimmen

Frau Saskia Urban ist Mieterin der MEWOH Musterwohn GmbH. Sie wohnt in der Brunnenstraße 3, 04103 Leipzig. Ihre Wohnung befindet sich im Erdgeschoss links. Die Wohnung hat eine Wohnfläche von 85 m². Frau Urban zahlt monatlich eine Miete von 910,00 Euro. In dem monatlichen Mietbetrag ist auch die Betriebskostenvorauszahlung enthalten.

Aus persönlichen Gründen wird Frau Urban demnächst eine andere Wohnung beziehen. Aus diesem Grund hat sie ihre aktuelle Wohnung in der Brunnenstraße 3 am 01.01.2022 zu Ende März gekündigt.

Da sie viele ihrer Möbel nicht mitnehmen möchte, würde sie gerne einen Nachmieter suchen, der die Möbel übernimmt. Das gilt insbesondere für ihre Einbauküche, die sie sich erst vor zwei Jahren komplett neu angeschafft hat.

Heute ist bei der MEWOH ein Schreiben von Frau Urban eingegangen. Frau Urban bittet in dem Schreiben darum, für Herrn Mario Schneider – er ist zurzeit Student und wird sich erst einmal besuchsweise in der Wohnung von Frau Urban aufhalten – eine Wohnungsgeberbestätigung für die Anmeldung im Bürgeramt auszustellen.

Frau Urban erklärt in ihrem Schreiben, dass Herr Schneider kurzfristig bei ihr untergekommen ist, da er aus seiner Wohngemeinschaft ausziehen musste. Weitere Angaben kann Frau Urban allerdings nicht machen, da ihr die genauen Gründe für den Auszug aus der Wohngemeinschaft auch nicht bekannt sind.

Allerdings wird Frau Urban Herrn Schneider als ihren Nachmieter vorschlagen und geht daher davon aus, dass er die Wohnung übernehmen wird.

ARBEITSAUFTRAG

Wie ist die vorliegende Situation und das Vorgehen von Frau Urban zu bewerten? Setzen Sie ein Schreiben an Frau Urban auf, in dem sie auf die folgenden Punkte eingehen:

- den besuchsweisen Aufenthalt von Personen in einer Mietwohnung
- die Wohnungsgeberbestätigung für den besuchsweisen Aufenthalt einer Person
- den Einzug von nicht im Mietvertrag enthaltenen Personen
- wer einen Nachmieter bzw. eine Nachmieterin bestimmen kann
- die Rechte des Mieters/der Mieterin bei der Auswahl eines Nachmieters bzw. einer Nachmieterin

Hinweis: Informieren Sie sich selbstständig über das Thema „Nachmieter“. Nutzen Sie dazu die Ihnen bekannten Literatur- und Internetquellen.

Situation 35

Eine Vorvermieterbescheinigung erstellen

Die MEWOH Musterwohn GmbH hat in der Freisinger Straße 17, 04157 Leipzig eine Wohnung zur Neuvermietung ausgeschrieben. Es handelt sich um ein Mehrfamilienhaus mit 12 Wohneinheiten, das in einer ruhigen Gegend liegt. Bei den Mietern handelt es sich überwiegend um Senioren, die schon sehr lange in dem Mehrfamilienhaus wohnen.

Das Mehrfamilienhaus ist am äußeren Stadtrand gelegen und schlecht mit den öffentlichen Verkehrsmitteln zu erreichen.

Die MEWOH möchte die Wohnung möglichst zeitnah vermieten, da die letzte Mieterin bereits vor neun Monaten ausgezogen ist und sie seitdem leer steht.

Aufgrund einer Anzeige der MEWOH Musterwohn GmbH hat sich Herr Felix Tube gemeldet. Er hat Interesse an der Wohnung und würde sie gerne mieten, sofern sie ihm gefällt. Aus diesem Grund wurde er gebeten, der MEWOH eine Selbstauskunft sowie eine Vorvermieterbescheinigung einzureichen.

Die nebenstehende Vorvermieterbescheinigung ist heute mit folgendem Inhalt bei der MEWOH eingegangen:

Vorvermieterbescheinigung

1. Herr/Frau *Felix Tube*
   hat bei uns eine Wohnung in der
   Speyerer Straße, 04159 Leipzig
   seit dem *01. Januar 2019* gemietet.
   Die Miethöhe beträgt monatlich *871,00 Euro*
   inkl. Betriebskostenvorauszahlung.

2. Das Mietverhältnis wurde gekündigt vom:
   [X] Mieter [ ] Vermieter [ ] ist noch ungekündigt

3. Ist der Mieter in den letzten 12 Monaten seiner Mietzahlungsverpflichtung ordnungsgemäß nachgekommen?
   [X] ja [ ] nein

4. Gibt es noch offene Forderungen seitens des Vermieters?
   – Eine Betriebskostennachzahlung zur Abrechnung für das Jahr 2019 in Höhe von 538,00 Euro wurde noch nicht bezahlt.
   – Die Betriebskostenabrechnung für das Jahr 2020 wurde am 18. August 2021 zugestellt und beinhaltete einen Nachzahlungsbetrag in Höhe von 683,25 Euro.
   – Für die Betriebskostenabrechnung 2021 ist ebenfalls mit einer Nachzahlung zu rechnen.

5. Verstöße gegen die Hausordnung:
   – Es liegen mehrere Beschwerden gegen den Mieter wegen nächtlicher Ruhestörung nach Feiern in der Wohnung vor.

Leipzig, 18.01.2022
Ort, Datum

i. A. Klara Meitner T.O.P. Wohnen Strungstraße 14 04158 Leipzig
Unterschrift und Stempel des Vermieters

ARBEITSAUFTRÄGE

1. Warum ist eine Vorvermieterbescheinigung für den neuen Vermieter interessant?
2. Gibt es eine gesetzliche Verpflichtung, nach der ein Vermieter eine entsprechende Bescheinigung zu erstellen hat?
3. Begründen Sie, ob der Mieter in die Mietergemeinschaft des Mehrfamilienhauses in der Freisinger Straße 17, 04157 Leipzig passt.
4. Treffen Sie eine Entscheidung, ob sie Herrn Tube als neuen Mieter in Betracht ziehen. Welche Gründe sprechen für und welche gegen ihn?

Berücksichtigen Sie bei Ihrer Entscheidung,

- dass bisher noch keine weiteren Unterlagen zum Mietinteressenten Herrn Tube vorliegen und
- Herr Tube bisher der einzige Mietinteressent für die Wohnung ist.

Situation 36

Die Hausordnung

Bei einer Begehung des Wohnhauses Märzerweg 12, 04177 Leipzig, wurde durch eine Mitarbeiterin der MEWOH Musterwohn GmbH festgestellt, dass

- die Treppe im Treppenhaus des 2. Obergeschosses schon längere Zeit nicht mehr gereinigt wurde,
- vor der Wohnungstür im 1. Obergeschoss links ein Schuhregal aufgestellt wurde, auf dem sich zum Zeitpunkt der Begehung ca. 20 Paar Schuhe befanden und
- im Dachgeschoss die Treppenhausbeleuchtung defekt ist.

Mit zehn Mietparteien des Wohnhauses wurde eine Hausordnung vereinbart, die Bestandteil des jeweiligen Mietvertrages ist.

In den letzten zwei Mietverträgen ist allerdings kein Hinweis auf eine Hausordnung zu finden. Unter anderem betrifft das auch die Wohnung im 1. Obergeschoss links.

ARBEITSAUFTRÄGE

1. Welche Aussagen können Sie zur Treppenhausreinigung machen?
   a) Prüfen Sie, wer in dem Haus für die Treppenhausreinigung zuständig ist.
   b) Unter welcher Voraussetzung könnten Sie eine Reinigungsfirma beauftragen?
   c) Formulieren Sie einen Brief an die Mietparteien.

2. Welche Aussagen können Sie zum Abstellen von Gegenständen im Treppenhaus machen?
   a) Wie interpretieren Sie die Regelung zum Abstellen von Gegenständen (hier zum aufgestellten Schuhregal)?
   b) Setzen sie ein Schreiben an die Mietpartei auf.

3. Welche Aussagen können Sie zu der defekten Treppenhausbeleuchtung im Dachgeschoss machen?
   a) Prüfen Sie, wer unter den folgenden Voraussetzungen für die Reparatur der Beleuchtung zuständig ist:
      1. Das Leuchtmittel ist defekt.
      2. Der Lichtschalter lässt sich nicht mehr betätigen.
      3. Die Ursache für die nicht funktionierende Treppenhausbeleuchtung ist unklar.
   b) Lösen Sie die entsprechenden Aufträge aus.

Hinweis: Nutzen Sie für die Bearbeitung der Arbeitsaufträge auch den Auszug aus der Hausordnung auf der folgenden Seite.

Auszug aus der Hausordnung

MEWOH Musterwohn GmbH
Mieten. Einziehen. Wohlfühlen.

Hausordnung
Märzerweg 12, 04177 Leipzig

Das gemeinsame Leben vieler verschiedener Menschen in einem Wohnhaus verlangt von allen Rücksichtnahme und Verständnis.

Daher haben wir für Sie eine Hausordnung erarbeitet, die die Basis für eine gute Nachbarschaft und ein friedvolles Miteinander darstellt.

Die vorliegende Hausordnung ist Teil Ihres Mietvertrags. Ihre Anerkennung ist durch die Unterschrift des Mietvertrags erfolgt. Halten Sie sich daher zukünftig bitte an die folgenden Punkte:

1. Allgemeine Regelungen

(...)

2. Sauberkeit und Reinigung

- Ist hinsichtlich der Treppenreinigung keine besondere Vereinbarung getroffen, sind die Zugänge zu den einzelnen Wohnungen sauber zu halten. Die Treppen sind je nach Beschaffenheit sachgemäß zu pflegen sowie wöchentlich einmal gründlich einschließlich Geländer zu reinigen. Treppenhausfenster sind mindestens halbjährlich zu putzen.
- Sind mehrere Parteien in einem Stockwerk, so haben sie sich mit der Treppenreinigung allwöchentlich abzuwechseln.
- Wenn die Treppenhausreinigung vom Verwalter oder Vermieter organisiert wird, sind vom Mieter verursachte Verunreinigungen, welche nicht durch normalen Gebrauch entstanden sind, umgehend zu entfernen. Dazu gehören z. B. heruntergefallene oder geplatzte Müllbeutel, Lebensmittelverpackungen, Erbrochenes, verschüttete Flüssigkeiten etc.
- Erfüllt der Mieter die Reinigungspflicht nicht, so ist der Vermieter nach fruchtloser Mahnung berechtigt, die Reinigung auf Kosten des Mieters ausführen zu lassen.

(...)

5. Erhaltung der Ordnung und Sicherheit im Haus

- Das Abstellen von Gegenständen in den Kellergängen, im Müllraum und im Treppenhaus ist nicht gestattet. Das betrifft unter anderem Gegenstände wie Möbel, Regale, Kisten, Müllbeutel, Schuhe sowie Fahrräder. Insbesondere müssen aus Sicherheitsgründen die Treppenhäuser als Fluchtwege freigehalten werden.
- Das Abstellen von Kinderwagen, Rollstühlen und Rollatoren hat so zu erfolgen, sofern diese nicht anderweitig abgestellt werden können (z. B. im Fahrradraum), dass diese nicht zum Hindernis werden.

(...)

Aufgaben

1 Warum ist es sinnvoll, mit den Mietparteien eines Wohnobjekts eine Hausordnung zu vereinbaren und welche Ziele werden mit einer Hausordnung verfolgt?

2 Grundsätzlich werden die folgenden zwei Formen von Hausordnungen unterschieden:
- einseitig erlassene Hausordnung
- vertraglich vereinbarte Hausordnung

Erklären Sie die Unterschiede.

3 Welche der folgenden Inhalte können in einer Hausordnung geregelt werden und welche dürfen nicht enthalten sein?
- **a)** allgemeines Besuchsverbot ab 21:00 Uhr
- **b)** Dusch- und Badeverbot in der Nacht
- **c)** Regelungen zu den Ruhezeiten
- **d)** Einhaltung von Ordnung und Sauberkeit auf dem Grundstück
- **e)** Hinweise für das Beheizen und Lüften der Räume
- **f)** Verbot der Benutzung des Aufzugs
- **g)** generelles Tierhalteverbot
- **h)** Lagerung gefährlicher Stoffe im Keller
- **i)** Regelungen zu Schönheitsreparaturen
- **j)** Regelung, dass der Vermieter die Wohnung jederzeit betreten darf

4 Ist es auch möglich, den Mietparteien im Rahmen der Hausordnung eine Reinigungspflicht zuzuschreiben?

5 Wer ist für die Überprüfung der Hausordnung zuständig?

6 Die Regelungen, die in einer Hausordnung festgehalten werden, müssen sich einerseits nach den Besonderheiten des jeweiligen Hauses richten. Andererseits müssen auch ortsübliche Gepflogenheiten berücksichtigt werden. Diese drücken sich häufig in bestimmten Rechtsvorschriften und unter gesetzlichen Normen aus. Nennen Sie zwei Beispiele.

7 Das Abstellen von Fahrrädern oder auch Schuhen im Treppenhaus führt leider in Mehrfamilienhäusern immer wieder zu Streitigkeiten unter den Nachbarn. Definieren Sie eine Regel, nach der Sie in einem solchen Fall verfahren würden. Erklären Sie in diesem Zusammenhang auch den Begriff der Verkehrssicherungspflicht.

8 Wer ist für die Durchführung des Winterdienstes (Schnee- und Eisbeseitigung) zuständig?

Prüfen Sie anhand der Winterdienstsatzung ihrer Gemeinde die Regelungen für die Mietobjekte Ihres Ausbildungsbetriebs.

9 Herr Beinert wohnt in der Markstraße 55 in Leipzig. Zu dem Mehrfamilienhaus gehört auch ein Hof. Obwohl ausreichend Platz vorhanden wäre, ist es laut der Hausordnung nicht gestattet, den Hof mit dem Auto zu befahren oder ein Fahrzeug dort abzustellen. Herr Beinert sieht die Regelung aber nicht so eng und parkt seit einiger Zeit sein Fahrzeug regelmäßig auf dem Hof. Schließlich ist genug Platz vorhanden und so entfällt für ihn das lästige Suchen auf der Straße.
Nun hat er ein Schreiben seiner Hausverwaltung erhalten, in dem ihm das Abstellen seines Fahrzeugs auf dem Hof untersagt wird. Bei weiterer Nichtbeachtung behält man sich zudem vor, eine fristlose Kündigung auszusprechen.
- **a)** Nehmen Sie zu dem Fall Stellung.
- **b)** Zu welchen Folgen kann das Nichteinhalten der Hausordnung führen?

10 Was ist zu beachten, wenn Änderungen an einer Hausordnung vorgenommen werden sollen?

Situation 37

Grundlagen der Kommunikation

Die Auszubildende Isabell Ahrens begegnet Frau Dr. Pohl auf dem Gang.

Isabell: Guten Morgen, Frau Dr. Pohl.

Frau Dr. Pohl: Guten Morgen, Isabell, gut, dass ich Sie sehe. Sie haben doch vor Kurzem an einem Kommunikationstraining teilgenommen?

Isabell: Ja, das stimmt.

Frau Dr. Pohl: Können Sie sich vorstellen, dass Sie mit Ihren Kenntnissen unsere übrigen Auszubildenden und auch einige Angestellte schulen?

Isabell: Das kann ich machen. Ich brauche nur ein wenig Zeit, damit ich das vorbereiten kann.

Frau Dr. Pohl: Die bekommen Sie. Reichen Ihnen zwei Wochen aus, wenn Sie jeden Nachmittag für die Vorbereitung freigestellt werden?

Isabell: Ja, ich denke, das reicht.

Frau Dr. Pohl: Gut. Dann bereiten Sie das Thema bitte vor. Ich informiere Ihren Ausbilder, dass Sie nachmittags an der Schulung arbeiten und von den normalen Tätigkeiten freigestellt sind. Den genauen Termin und die Anzahl der Teilnehmer teile ich Ihnen spätestens übermorgen mit.

Isabell hat vor, allen Teilnehmern die Grundlagen der Kommunikation und die bekanntesten Kommunikationsmodelle vorzustellen. Sie erarbeitet zu diesem Zweck eine PowerPoint®-Präsentation, die Ihren Vortrag unterstützen soll.

ARBEITSAUFTRÄGE

1. Übernehmen Sie die Arbeit von Isabell und erstellen Sie eine PowerPoint®-Präsentation „Grundlagen der Kommunikation“.
2. Gliedern Sie Ihre Präsentation wie folgt:
   - Kommunikation – Definition
   - Unterschied zwischen verbaler und nonverbaler Kommunikation
   - Zwei-Ebenen-Modell
   - 4-Ohren-Modell
   - partnerzentrierte Kommunikation
   - Eisbergmodell
   - Fragetechniken
   - Argumentationsmethoden
   - Gesprächsführung
3. Gehen Sie im Rahmen der Präsentation auch auf das Thema „Konflikte“ ein und geben Sie eine Übersicht zu den verschiedenen Konfliktsymptomen. Zeigen Sie außerdem auch Möglichkeiten auf, wie man mit Konflikten umgeht und sie lösen kann.

4. Während Ihrer Präsentation ist das Fenster geöffnet und der Auszubildene Arif Khatib friert. Er sitzt aber ein Stück vom Fenster entfernt. Es gibt verschiedene Möglichkeiten, wie er sein Ziel – ein geschlossenes Fenster – erreichen kann. Nutzen Sie für die Bearbeitung des Arbeitsauftrags auch das Arbeitsblatt 4.5 „Kommunikation und ihre Wirkung“, das den Webcodematerialien beiliegt.

Aufgaben

1 Egal ob im Rahmen Ihrer Ausbildung oder im privaten Bereich, Sie kommunizieren täglich mit den unterschiedlichsten Personen oder Gruppen. Dabei ist Ihr Gesprächsstil in der Regel davon abhängig, mit wem Sie sprechen. Wie unterscheidet sich Ihre Kommunikation im Kollegen- und Freundeskreis oder mit dem Chef bzw. der Chefin?

2 Grenzen Sie die Telekommunikation von einer face-to-face-Kommunikation ab. Erklären Sie jeweils anhand eines Beispiels aus dem unternehmerischen Umfeld die Vorteile der jeweiligen Kommunikationsart.

3 Entscheiden und begründen Sie, welche Kommunikationsart vorliegt, wenn Sie andere Azubis und/oder Kollegen schulen.

4 In der Eingangssituation gab es ein Gespräch zwischen Isabell und Frau Dr. Pohl. Entwerfen Sie dazu ein einfaches Kommunikationsmodell, welches das Gespräch abbildet.

5 Erläutern Sie den Gehalt der folgenden Aussagen. Ziehen Sie dazu auch die Kommunikationsmodelle von Kommunikationswissenschaftlern heran. Nutzen Sie für die Bearbeitung auch das Arbeitsblatt 4.6 „Grundprinzipien der Kommunikation", das den Webcodematerialien beiliegt.

Grundprinzipien der Kommunikation

1. Man kann nicht nicht kommunizieren.
2. Der Empfänger bestimmt den Sinn der Nachricht.
3. Der Inhalt ist durch die Perspektive des Empfängers geprägt.
4. Jede Kommunikation läuft auf einer Sachebene und auf einer Beziehungsebene ab.

6 Im Eisberg-Modell wird zwischen der Sachebene und der Beziehungsebene eines Konfliktes unterschieden. Welche offenen und verborgenen Konflikte könnten entstehen? Geben Sie dazu drei Beispiele.

7 Überlegen Sie sich hilfreiche Argumentations- und Verhaltensweisen für folgende Situationen:
- **a)** Ein Mieter ist wütend und schreit mich an.
- **b)** Der Mieter beschimpft mich.
- **c)** Der Mieter gibt mir die Schuld an dem Problem.
- **d)** Der Mieter redet meiner Ansicht nach nur „wirres Zeug".
- **e)** Der Mieter wird sarkastisch oder ironisch.
- **f)** Der Mieter verallgemeinert seinen Vorwurf auf alle Mitarbeiter und all unsere Arbeit oder Dienstleistungen.
- **g)** Es stellt sich heraus, dass der Mieter sich geirrt hat.

8 In Ihrem Berufsalltag bleiben schwierige Gespräche mit Mietern und Geschäftspartnern nicht aus. Sammeln Sie Situationen, die Sie selbst oder Kollegen schon erlebt haben. Erarbeiten Sie anlässlich solcher Beispiele einen Gesprächsleitfaden, der Ihnen zukünftig als Unterstützung dient.

9 Denken Sie an einen Konflikt, den Sie z. B. mit Ihren Eltern, einem Lehrer oder einer Freundin hatten. Wie haben Sie sich dabei verhalten? Haben Sie in anderen Situationen ähnlich reagiert? Beschreiben Sie Ihre emotionale Reaktionstendenz. Wie könnten Sie Ihr Verhalten ändern, um in schwierigen Situationen künftig besser zu reagieren?

10 Waren Sie schon einmal Zeuge eines Konfliktes, der so eskaliert ist, dass er in Gewalttätigkeiten endete? Schildern Sie die Situation. Recherchieren Sie zum Thema „gewaltfreie Kommunikation" und erläutern Sie, wie die vier Stufen nach dem Modell von Marshall B. Rosenberg die Eskalation hätten verhindern können.

11 Ein menschlicher Mechanismus für die Verarbeitung unangenehmer Situationen ist der Humor. Kennen Sie aus Ihrem privaten oder beruflichen Umfeld Situationen, in denen Humor geholfen hat, eine Konfliktsituation zu lösen?

12 Was hört Arif, wenn Herr Hamm sagt: „Es ist schon wieder kein Papier mehr im Drucker."
- **a)** auf der Sachebene
- **b)** auf der Selbstoffenbarungsebene
- **c)** auf der Appellebene
- **d)** auf der Beziehungsebene

13 Der Verlauf eines Konflikts wird stark davon beeinflusst, wie die Botschaften formuliert sind. Bestätigen Sie diese Behauptung am Beispiel des folgenden Konfliktgesprächs:

Isabell und Renée verstehen sich nicht nur auf der Arbeit sehr gut, sondern unternehmen auch häufig in ihrer Freizeit etwas und sind gute Freundinnen geworden. Bei einem gemeinsamen Kinobesuch erzählt Isabell, wie toll sie es fände, wenn sie beide nach der Ausbildung übernommen und so auch weiter Kolleginnen bleiben würden.

Wenig später findet sie auf Renées Schreibtisch ein Antwortschreiben der Freien Universität Berlin und bekommt mit, dass sie sich für ein BWL-Studium nach ihrer Ausbildung interessiert. Isabell hatte bisher keine Ahnung davon und fühlt sich überrumpelt.

Sie beklagt sich bei Renée: „Warum musst du immer alles für dich entscheiden? Nie redest du mit mir über deine Zukunftspläne! Und zuhören tust du mir ja offenbar auch nicht. Überhaupt hast du nie Zeit für mich. Du machst echt alles kaputt zwischen uns!"

Renée ist ehrlich überrascht ...

- **a)** Formulieren Sie die Reaktion von Isabell in Ich-Botschaften um.
- **b)** Vergleichen Sie die verbesserten Sätze mit dem Ausgangstext und überlegen Sie sich, wie Erstere nun wirken.
- **c)** Formulieren Sie eine Reaktion von Renée darauf. Verwenden Sie auch hierbei Ich-Botschaften.

14 Formulieren Sie für die folgenden Du-Botschaften alternative Ich-Botschaften:
- **a)** Die Geschäftsführerin Frau Dr. Kerstin Pohl hatte eine schlechte Nacht. Sie stürzt morgens in das Büro ihrer Assistentin Edith Bernle, sieht Isabell und ruft: „Es ist kein Briefpapier vorhanden, das Protokoll der letzten Sitzung liegt noch immer nicht vor und haben Sie schon das Meeting der Abteilungsleiter organisiert? Fühlen Sie sich Ihrem Beruf überhaupt gewachsen?"
- **b)** Die Leiterin des kaufmännischen Bestandsmanagements Anna Foss sagt zur Hilfskraft Hans Scherrer: „Dauernd muss man Ihnen die Dinge zwei Mal erklären!"
- **c)** Tina Welkenbach rügt ihren Kollegen Uwe Dittmer: „Ständig muss ich mir von der Putzfrau am Freitagnachmittag anhören, dass du deinen Schreibtisch nicht leer geräumt hast!"

LERNFELD 5

Wohnräume verwalten und Bestände pflegen

1 Die Betriebskostenabrechnung

Um Betriebskosten auf den Mieter umlegen zu können, ist es unbedingt notwendig, dass diese ausdrücklich im Wohnungsmietvertrag vereinbart werden. In den §§ 556, 556a ff. BGB und § 560 BGB sind die Grundlagen für eine Umlage der Betriebskosten auf den Mieter geregelt.

Grundlagen für eine Umlage der Betriebskosten lt. BGB

§ 556 BGB	Vereinbarungen über Betriebskosten (Zahlungen und jährliche Abrechnungen)
§ 556a BGB	Abrechnungsmaßstab für Betriebskosten
§ 560 BGB	Veränderungen von Betriebskosten

1.1 Abgrenzung von Betriebskosten, Verwaltungskosten und Instandsetzungskosten

BGBl.
Bundesgesetzblatt

Ausschlaggebend für die Abgrenzung ist die **Verordnung über die Aufstellung von Betriebskosten** (BetrKV vom 25. November 2003 [BGBl. I S. 2346]), zuletzt geändert zum 01. Dezember 2021. Der § 1 Abs 1 Satz 1 der Betriebskostenverordnung (BetrKV) nimmt eine Begriffsbestimmung vor, die im Folgenden betrachtet werden soll:

§ 1 BetrKV

(1) Betriebskosten sind die Kosten, die dem Eigentümer oder Erbbauberechtigten durch das Eigentum oder Erbbaurecht am Grundstück oder durch den bestimmungsmäßigen Gebrauch des Gebäudes, der Nebengebäude, Anlagen, Einrichtungen und des Grundstücks laufend entstehen. Sach- und Arbeitsleistungen des Eigentümers oder Erbbauberechtigten dürfen mit dem Betrag angesetzt werden, der für eine gleichwertige Leistung eines Dritten, insbesondere eines Unternehmers, angesetzt werden könnte; die Umsatzsteuer des Dritten darf nicht angesetzt werden.

(2) Zu den Betriebskosten gehören nicht:

1. die Kosten der zur Verwaltung des Gebäudes erforderlichen Arbeitskräfte und Einrichtungen, die Kosten der Aufsicht, der Wert der vom Vermieter persönlich geleisteten Verwaltungsarbeit, die Kosten für die gesetzlichen oder freiwilligen Prüfungen des Jahresabschlusses und die Kosten für die Geschäftsführung (Verwaltungskosten),
2. die Kosten, die während der Nutzungsdauer zur Erhaltung des bestimmungsmäßigen Gebrauchs aufgewendet werden müssen, um die durch Abnutzung, Alterung und Witterungseinwirkung entstehenden baulichen oder sonstigen Mängel ordnungsgemäß zu beseitigen (Instandhaltungs- und Instandsetzungskosten).

Merke!

Der Begriff der Betriebskosten nimmt damit Bezug auf § 556 Abs. 1 BGB.

In § 2 der Betriebskostenverordnung wurden durch den Gesetzgeber die einzelnen **Betriebskostenarten** festgeschrieben und deren Inhalt definiert. Es handelt sich um 17 Betriebskostenarten wobei 16 davon fest definiert sind. Durch die 17. Betriebskostenart „Sonstige Betriebskosten" hat der Gesetzgeber die Möglichkeit gegeben, Betriebskostenarten, die nicht unter die Betriebskostenarten 1–16 fallen, aufzunehmen.

Aufstellung der Betriebskosten („Betriebskostenkatalog"):
§ 2 BetrKV 2 BetrKV

Sonstige Betriebskosten:
§ 2 Nr. 17 BetrKV
▶ LF 5, Kap. 1.10.17

Alle für das jeweilige Vermietungsobjekt anfallenden Betriebskosten, die unter die Betriebskostenart „Sonstige Betriebskosten" fallen, müssen im Einzelnen im Mietvertrag aufgeführt werden.

Unter die „Sonstigen Betriebskosten" fallen auch die Kosten, die wegen ihrer geringen praktischen Bedeutung nicht angegeben sind. Außerdem bieten sie die Möglichkeit, zukünftig Kosten zu berücksichtigen, die aufgrund neuer technischer Entwicklungen oder Vorschriften aktuell noch nicht absehbar sind.

Die „Sonstigen Betriebskosten" übernehmen eine Auffangfunktion.

Die **Verwaltungskosten** und die **Instandhaltungs-/Instandsetzungskosten** können **nicht** als Betriebskosten auf den Wohnungsmieter umgelegt werden. Bereits bei der Kalkulation der Nettomiete müssen diese Kosten berücksichtigt werden. Wie in Lernfeld 4 bereits besprochen, können aber Teile der Instandhaltungs-/Instandsetzungskosten (Schönheitsreparaturen, Kleinreparaturen) durch vertragliche Vereinbarung auf den Mieter übertragen werden.

Grundsätzlich gilt:

- Es können nur die Betriebskosten auf den Mieter umgelegt werden, die auch vertraglich vereinbart wurden.
- Es handelt sich um Kosten, die regelmäßig wieder entstehen, also keine einmaligen Kosten.
- Neu hinzukommende Betriebskostenarten, die im Mietvertrag noch nicht vereinbart waren, bedürfen einer entsprechenden Ankündigung.

1.2 Abrechnungsmaßstäbe

Umlage-/Verteilerschlüssel
Gemäß der Betriebskostenverordnung gilt grundsätzlich die Umlage/Verteilung nach Wohnfläche. Im Mietvertrag kann aber **abweichend** ein **Umlage-/Verteilerschlüssel für einzelne Betriebskostenarten** vereinbart werden. So kann z. B. die Umlage/Verteilung der Hausmeisterkosten über die Anzahl der Wohnungen vereinbart werden. Die gängigen Umlageschlüssel sind:

- Wohnfläche nach m^2 (§ 556a Abs. 1 BGB)
- Anzahl der Bewohner/Personen
- Anzahl der Wohnungen bzw. Mieteinheiten
- Miteigentumsanteile (vermietete Eigentumswohnungen)
- Verbrauch bzw. Verursacher
- umbauter Raum nach m^3 (z. B. bei Wohnungen mit verschiedenen stark abweichenden Raumhöhen)

m^3
Kubikmeter (Maßeinheit für das Volumen)

Eine Änderung des Umlageverteilerschlüssels (Abrechnungsmaßstab) kann durch den Vermieter vorgenommen werden. Diese Änderung muss aber **vor Beginn des Abrechnungszeitraums** erfolgen.

Ein klassisches Beispiel ist die Änderung der Kostenverteilung bei der Müllbeseitigung, wenn das Abfallentsorgungsunternehmen die Bereitstellung der Mülltonnen und Abrechnungsart ändert. So könnte statt der Bereitstellung von Sammelmülltonnen, die bisher nach Wohnfläche umgelegt wurden, nun die Bereitstellung einer Mülltonne für jeden Haushalt erfolgen. Somit erfolgt die Abrechnung über die tatsächlich für diesen Haushalt anfallenden Gebühren (Bereitstellungskosten und Anzahl der Leerungen).

Merke!

Bei der Vermietung einer Eigentumswohnung sollte darauf geachtet werden, dass im Mietvertrag derselbe Umlage-/Verteilerschlüssel genutzt wird, wie bei den Wohnungseigentümern.

Seit dem Inkrafttreten der Betriebskostenverordnung im Jahr 2004 haben sich einige Veränderungen bzw. Ergänzungen bezüglich der umlegbaren Betriebskosten ergeben.

SB ▶ SITUATION 38
Installation von Rauchwarnmeldern

DIN 14676

Bei der DIN 14676 handelt es sich um eine „Anwender-Norm". Sie dient der Planung, dem Einbau, dem Betrieb sowie der Instandhaltung von Rauchmeldern.

Rauchwarnanlagen

In fast allen Bundesländern gehört das Ausstatten von Wohnräumen mit Rauchwarnmeldern (RWM) zur Pflicht eines Vermieters. Nach **DIN 14676** müssen in Wohnungen die Schlafräume und Kinderzimmer sowie Flure, über die Rettungswege von Aufenthaltsräumen führen, jeweils mindestens einen Rauchwarnmelder haben. Ausschlaggebend sind die Regelungen in den jeweiligen Landesbauordnungen für Neubauten und Bestandsbauten.

Diese Geräte müssen mindestens einmal jährlich geprüft werden (Sicht- und Alarmprüfung). Während des durchzuführenden Probealarms wird die Batterie auf ihre Funktionstüchtigkeit geprüft. Diese Überprüfungen sollten durch eine Fachfirma erfolgen. Die für die jährlich durchzuführende Funktionsprüfung anfallenden Kosten, einschließlich der Kosten für den Batteriewechsel, sind Betriebskosten. In der Regel wird dafür ein Wartungsvertrag abgeschlossen.

Eine Umlage der Kosten bei Anmietung der Geräte kann gegenwärtig nicht vorgenommen werden. Erwirbt und installiert der Vermieter die Geräte, kann er die Kosten als eine Modernisierungsmaßnahme umlegen.

Breitband-/Kabel- und Antennenversorgung
Zu beachten ist das zum 01. Dezember 2021 in Kraft getretene **Telekommunikationsmodernisierungsgesetz** (TKMoG). Damit gilt nur noch bis zum 30. Juni 2024 das s. g. **Nebenkostenprivileg** bezüglich der Kostenposition 15 gemäß § 2 BetrKV. Der Begriff Nebenkostenprivileg meint dabei die Umlagefähigkeit in der Betriebskostenabrechnung.

Das betrifft die Breitband-/Kabel- und Antennenversorgung für Anlagen, die bis zum 01. Dezember 2021 errichtet worden sind. Ab dem 01. Juli 2024 haben die Mieter dann die Wahlfreiheit und können selbst bestimmen, welchen Anbieter sie haben wollen oder ob sie ganz verzichten.

Somit gilt:
- Die Kosten für den erstmaligen Ausbau der Gebäudeinfrastruktur mit Glasfaser sowie der Betriebsstrom sind umlegbar (§ 72 TKMoG Glasfaserbereitstellungsentgelt).
- Die Umlage ist zeitlich befristet auf fünf Jahre.
- Die Umlage beträgt maximal 60,00 Euro pro Jahr pro Wohneinheit zzgl. Betriebsstrom (Position 15c BetrKV).

Der Vermieter muss sich somit entscheiden, welche Variante er für zukünftige Mietverträge wählt:

Varinate 1	Zwischen Vermieter und Mieter kann eine Einigung getroffen werden, dass die Eigenversorgung durch den Mieter erfolgt.
Varinate 2	Die Kosten, die durch die Kabelnetzversorgung entstehen, werden mit in die Miete eingepreist.
Varinate 3	Die bestehenden Verträge mit dem Kabelnetzbetreiber werden entweder angepasst oder gekündigt.

Wärmezähler
Die Heizkostenverordnung sieht seit dem 01.01.2014 vor, den anteiligen Verbrauch der Warmwasserbereitung durch einen Wärmezähler zu ermitteln. Dieser Wärmezähler kann genauso wie alle anderen Zähler geleast werden und unterliegt einer Eichfrist. Auch diese Kosten fließen in die Betriebskostenabrechnung ein.

Zum 01. Dezember 2021 (BGBl. 80 vom 30. November 2021) trat außerdem die **Novelle der Heizkostenverordnung** (HeizkostenV) in Kraft. Sie berücksichtigt verschiedene Änderungen, die sich durch die EU-Energieeffizienzrichtlinie ergeben, und überführt diese in das deutsche Recht. Somit ergeben sich einige neue Regelungen.

Heizkostenverordnung
▶ LF 5, Kap. 1.11

Trinkwasserprüfung gemäß der Fünften Verordnung zur Änderung der Trinkwasserverordnung vom 22. September 2021 (BGBl. I. 2021, S. 4343)
Neu gefasst durch die Neufassung der Trinkwasserverordnung vom 10. März 2016, geändert durch das Gesetz zur Aktualisierung der Strukturreform des Gebührenrechts des Bundes vom 18. Juli 2016, geändert durch das Gesetz zur Modernisierung der epidemiologischen Überwachung.

SB ▶ SITUATION 39
Trinkwasserprüfung

Bei Legionellen handelt es sich um Bakterien, die beim Menschen unterschiedliche Krankheitsbilder verursachen können.

Seit dem 14.12.2012 besteht die Untersuchungspflicht auf den Parameter „Legionella spec" für den Unternehmer oder Inhaber einer Versorgungsanlage.

Auszug aus § 14 Zweite Verordnung zur Änderung der Trinkwasserverordnung

Die Untersuchungspflicht (...) besteht für Anlagen, die Duschen oder andere Einrichtungen [Badewannen- oder Geschirrbrausen] enthalten, in denen es zu einer Vernebelung des Trinkwassers kommt.

Merke!

Betroffen sind Wasserverteilungssysteme mit einem Mindestfassungsvolumen von 400 Litern und/oder drei Litern in der Rohrleitung zwischen dem Trinkwassererwärmer bzw. der Zirkulationsleitung und der jeweiligen Wasserentnahmestelle. Die Untersuchungsabstände dürfen nicht mehr als drei Jahre betragen.

Die Umlage der Kosten erfolgt über die Betriebskostenabrechnung:
- Kosten der Wasserversorgung (§ 2 Nr. 2 BetrKV) oder
- Kosten des Betriebes der zentralen Warmwasserversorgungsanlage (§ 2 Nr. 5a BetrKV)

Besteht ein Legionellenbefall, sind weitere Untersuchungen erforderlich. Dabei ist es notwendig, eine Gefährdungsanalyse mit entsprechenden Untersuchungen des Leitungssystems und weitere Probeentnahmen vorzunehmen. Die Kosten können allerdings nicht auf die Mieter umgelegt werden.

Der genaue **Ablauf zur Trinkwasseruntersuchung** und die Vorgehensweise bei einem Befall ist ausführlich in der **Trinkwasserverordnung** festgelegt. Da hier eine Gefahr für Leib und Leben bestehen kann, sind die Strafen bei Nichteinhaltung der Verordnung entsprechend hoch.

Die laufenden öffentlichen Lasten des Grundstücks (§ 2 Nr. 1 BetrKV)
▶ LF 5, Kap. 1.10.1

Grundsteuerreform 2019

Am 08.11.2019 hat der Bundesrat der Grundsteuerreform zugestimmt. Somit ist die neu zu berechnende Grundsteuer ab dem 01.01.2025 zu zahlen.

Merke!

Jedes Bundesland kann durch die s. g. **Öffnungsklausel** selbst entscheiden, nach welchem Berechnungsverfahren die Grundsteuer ermittelt werden soll.

SB ▶ SITUATION 40 Betriebskostenabrechnung: Abrechnungsfristen und Abrechnungszeitraum

1.3 Abrechnungszeitraum

Der Abrechnungszeitraum beträgt gemäß § 556 Abs. 3 BGB 12 Monate. Ausnahmen kann es geben, wenn einzelne Positionen auf eine verbrauchsabhängige Erfassung und Abrechnung umgestellt wurden, z. B. nach dem Einbau einer Heizung und den dazugehörigen Ablesegeräten im laufenden Abrechnungsjahr. Dies ist durch eine einseitige Erklärung des Vermieters möglich.

Der Abrechnungszeitraum für das Objekt wird im Mietvertrag vereinbart. Dabei muss das Abrechnungsjahr nicht zwingend mit dem Kalenderjahr übereinstimmen.

Grundsätzlich kann ein beliebiger Stichtag gewählt werden.

Beispiel

Bei der MEWOH haben einige Objekte die folgenden Abrechnungszeiträume:
- 01.04. bis 31.03.
- 01.06. bis 31.05.

Kürzere Abrechnungszeiträume werden in der Regel dann vereinbart, wenn ein Neubau nach dem Erstbezug bis zum Beginn des gewählten regelmäßigen Abrechnungszeitraums abgerechnet werden soll (Rumpfzeitraum oder Rumpfjahr).

Beispiel

	mit Rumpfzeitraum	ohne Rumpfzeitraum
Erstbezug nach Neubau	01.11.2021	01.11.2021
erste Abrechnung	01.11.2021 bis 31.12.2021	01.11.2021 bis 31.10.2022
Folgeabrechnung	01.01.2022 bis 31.12.2022	01.11.2022 bis 31.10.2023

Alle Betriebskostenarten sind über den gleichen Zeitraum abzurechnen. Unterschiedliche Abrechnungszeiträume einzelner Betriebskostenarten sind nur dann zulässig, wenn diese vertraglich **vereinbart wurden**. Möglich ist aber, dass die Heizkosten über einen anderen Zeitraum abgerechnet werden, wie z. B.:
- Betriebskosten 01.01. bis 31.12.
- Heizkosten gemäß Heizkostenverordnung 01.07. bis 30.06.

1.4 Abrechnungsfrist

Gemäß § 556 Abs. 3 BGB muss dem Mieter die Abrechnung über die tatsächlich entstandenen Kosten bis spätestens 12 Monate nach dem Ende des Abrechnungszeitraums zugehen.

Beispiel

Abrechnungszeitraum:	Zeitraum, für den die Kosten entstanden sind 01.01.2021 bis 31.12.2021
Abrechnungsfrist:	Frist nach Ende des Abrechnungszeitraums, für den die Kosten entstanden sind 01.01.2022 bis 31.12.2022

Allerdings sollte immer beachtet werden, dass Abrechnungen nicht erst kurz vor Ende der Abrechnungsfrist dem Mieter zugestellt werden, um beispielsweise Probleme durch eine verzögerte Zustellung auf dem Postweg oder eine fehlerhafte bzw. neue Anschrift eines Mieters zu vermeiden.

Der Zugang am 31.12., also am letzten Tag der Abrechnungsfrist, ist immer kritisch. Ist dies nicht zu vermeiden, sollte als Grundregel gelten, dass die Zustellung der Abrechnung bis zu der Uhrzeit erfolgen sollte, zu der der Mieter normalerweise seine Post aus dem Briefkasten nimmt. Grundsätzlich sollte diese späte Zustellung der Betriebskostenabrechnung aber möglichst vermieden werden.

Bei Problemmietern sollten die Abrechnungsunterlagen zudem per Boten zugestellt werden, z. B. durch den Hausmeister. Bei sehr schwierigen Mietern besteht auch die Möglichkeit, die Betriebskostenabrechnung durch den zuständigen Gerichtsvollzieher zustellen zu lassen. Da Gerichtsvollzieher aber in der Regel einen vollen Terminkalender haben, sollte mit ihm der genaue Zeitpunkt vereinbart werden, bis zu dem die Zustellung erfolgen muss.

Merke!

Bei der Zustellung der Abrechnung durch einen Boten ist zu beachten:
- Der Bote muss wissen, was er zustellt.
- Der Zustellzeitpunkt muss für den Absender auf dem Zustellungsformular oder auf der Kopie vermerkt werden.
- Der Bote kann als Zeuge in einem Streitverfahren genannt werden.

Ist die Abrechnungsfrist verstrichen, besteht keine Möglichkeit mehr, Nachforderungen gegenüber den Mietern geltend zu machen. Es handelt sich dabei um eine sogenannte Ausschlussfrist. Unter **bestimmten Voraussetzungen** können aber die 12 Monate **für einzelne Positionen überschritten** werden. Grundsätzlich darf der Vermieter die Verzögerung aber nicht zu vertreten haben.

Für den Mieter gilt, dass er weiterhin einen gesetzlichen Anspruch auf eine Abrechnung hat. Ein mögliches **Guthaben verjährt nach der gesetzlichen Frist von drei Jahren**. Die Frist beginnt mit dem Ende des Jahres zu laufen, in dem der Vermieter dem Mieter die Abrechnung vorgelegt hat. Sollte der Vermieter seiner Abrechnungspflicht nicht nachkommen, kann der Mieter, um seinen Anspruch durchzusetzen, beim zuständigen Amtsgericht eine Leistungsklage gegen den Vermieter anstrengen. Sein Ziel wird es dann sein, dass der Vermieter zur Erstellung der Betriebskostenabrechnung verurteilt wird.

1.5 Formale Anforderungen

§ 259 Abs. 1 BGB

(1) Wer verpflichtet ist, über eine mit Einnahmen oder Ausgaben verbundene Verwaltung Rechenschaft abzulegen, hat dem Berechtigten eine die geordnete Zusammenstellung der Einnahmen oder der Ausgaben enthaltende Rechnung mitzuteilen und, soweit Belege erteilt zu werden pflegen, Belege vorzulegen. (...)

Einnahmen
Vorauszahlungen der Mieter

Ausgaben
tatsächlich entstandene Kosten (gemäß § 1 BetrKV)

Will ein Mieter Einsicht in die Belege nehmen, so müssen ihm diese vorgelegt werden (**Belegeinsichtsrecht**).

Belegeinsichtsrecht

Der Mieter hat das Recht, alle die Abrechnung betreffenden Belege und Verträge einzusehen. Die Einsicht erfolgt in der Regel in den Geschäftsräumen des Vermieters bzw. der Verwaltung. Ein Recht auf Kopien hat der Mieter nicht, er kann aber Fotos der Belege fertigen. Werden Kopien gefertigt oder übersandt, können die Kosten dem Mieter in Rechnung gestellt werden.

Für die formelle Wirksamkeit einer Betriebskostenabrechnung ist jede Betriebskostenart gesondert mit den jeweiligen Kosten anzugeben. Das ist erforderlich, da einzelne Betriebskostenarten mit unterschiedlichen Abrechnungsmaßstäben abgerechnet werden können. Ein Mieter muss in der Lage sein, die Abrechnung gedanklich und inhaltlich nachvollziehen zu können. Dabei wird unterstellt, dass es sich um einen durchschnittlich gebildeten, juristisch und betriebswirtschaftlich nicht geschulten Mieter handelt.

Aus diesem Grund bedarf es der folgenden Mindestangaben:

- Vertragspartner
  - Name und Anschrift des Gebäudeeigentümers
  - Name und Anschrift der Abrechnungsfirma
  - Name und Anschrift des Mieters
- Bezeichnung des Abrechnungsobjektes
- Benennung des Abrechnungszeitraums
- Benennung des Nutzungszeitraums bei Nutzerwechsel
- Zusammenstellung der Gesamtkosten für jede Kostenart
- Angabe und Erläuterung der zugrunde gelegten Umlageschlüssel
- Berechnung des Anteils des Mieters zu jeder Kostenart
- Abzug der Vorauszahlungen des Mieters
- gedankliche und rechnerische Verständlichkeit

In der Praxis werden Betriebskostenabrechnungen in der Regel ergänzt durch:

- gesonderte Heizungs- und Warmwasserabrechnungen von Abrechnungsfirmen
- gesonderte Abrechnung der Verbrauchserfassung, z. B. bei der Müllentsorgung
- Aufschlüsselung der haushaltnahen Dienstleistungen gemäß § 35a EStG
- Erläuterungen zu den Umlageschlüsseln der einzelnen Betriebskostenarten

EstG
Einkommensteuergesetz

Merke!

Da hier eine Aufstellung der umlegbaren Kosten für ein Jahr vorgenommen wird, muss die Nutzungszeit des Mieters berücksichtigt werden. Sollte der Mieter während der Abrechnungsperiode eingezogen oder ausgezogen sein, müssen alle Kosten auf den tatsächlichen Nutzungszeitraum verteilt werden.

Die Zusammenstellung der Gesamtkosten richtet sich nach **§ 2 BetrKV** und der **Vereinbarungen aus dem Mietvertrag**. Die Verteilerschlüssel sind dem Mietvertrag zu entnehmen. Gibt es hierzu keine Regelungen, so gilt § 556 BGB, also die Umlage nach Wohnfläche. Es ist zu empfehlen, so viele Kosten wie möglich verbrauchsabhängig umzulegen.

Bei den Ausführungen zu den einzelnen Betriebskostenarten wird auch noch auf andere Verteiler eingegangen.

Um die Abrechnung nachvollziehbar zu gestalten, sollten alle verwendeten Verteiler kurz in der Abrechnung erläutert werden.

Beispiel

Bei den Abrechnungen der MEWOH Musterwohn GmbH wird der Umlageschlüssel in Zahlen ausgewiesen:

- Umlageschlüssel 1: nach Wohnfläche
- Umlageschlüssel 2: nach Wohnungseinheiten

Die Berechnung des Anteils des Mieters ist dann einfaches Verteilungsrechnen, wie Sie es aus dem Fachrechnen bereits kennen:

$$\frac{\text{Gesamtkosten}}{\text{Gesamtverteiler}} \cdot \text{Anteil des Mieters} = \text{Kostenanteil des Mieters für ein Jahr}$$

$$\frac{\text{Kostenanteil des Mieters für ein Jahr}}{\text{Wirtschaftsjahr}} \cdot \text{Nutzungszeit} = \text{anteilige Kosten des Mieters}$$

Beispiel

Für ein Grundstück der MEWOH Musterwohn GmbH mit einer Gesamtwohnfläche von 907,74 m² sollen die Kosten der Grundsteuer in Höhe von 933,08 € verteilt werden. Im Mietvertrag ist die Umlage nach der Wohnfläche vereinbart. Zu berechnen sind die anteiligen Kosten für die Wohnung im 1. Obergeschoss links, deren Wohnfläche 44,90 m² beträgt. Die Wohnung war im Zeitraum vom 01.01. bis 31.05. des letzten Jahres von Familie Schulze mit zwei Personen bewohnt. Das Abrechnungsjahr war ein s. g. Schaltjahr (366 Tage).

$$\frac{933{,}08\,€}{907{,}74\,m^2} \cdot 44{,}90\,m^2 = 46{,}15\,€$$

Die anteiligen Kosten für eine 44,90 m² große Wohnung betragen für den gesamten Abrechnungszeitraum 46,15 €.

$$\frac{46{,}15\,€}{366\text{ Tage}} \cdot 152\text{ Tage} = 19{,}17\,€$$

Die anteiligen Kosten für Familie Schulze betragen somit für die Position Grundsteuer 19,17 €.

Hinweis: Der Abrechnungs- bzw. Nutzerzeitraum ist nach Tagen zu ermitteln.

Nachdem die Anteile des Mieters zu den einzelnen Kostenpositionen ermittelt worden sind, werden diese summiert. Die Summe ist mit den tatsächlich gezahlten Vorauszahlungen zu verrechnen. Danach ist der Nachzahlungsbetrag oder das Guthaben auszuweisen.

Da **Mietminderungen auf die Bruttomiete erfolgen**, also auf die Nettomiete und auf die Betriebskosten, sind diese bei der Abrechnung zu berücksichtigen.

Betriebskosten und Mietminderungen
▶ LF 5, Kap. 1.9

1.6 Prinzip der Wirtschaftlichkeit

§ 556 Abs. 3 Satz 1 BGB

(3) Über die Vorauszahlungen für Betriebskosten ist jährlich abzurechnen; dabei ist der Grundsatz der Wirtschaftlichkeit zu beachten. (...)

Es sollen nur solche Betriebskosten umgelegt werden, die bei einer ordentlichen Geschäftsführung gerechtfertigt sind. Der Vermieter ist angehalten, möglichst günstige Konditionen bei Versorgungsanbietern auszuhandeln.

Das kann z. B. durch den Wechsel oder durch Tarifänderungen bei Strom-, Gas- und Versicherungsgesellschaften, von Wartungsfirmen oder vom Hausmeisterservice erfolgen (**Betriebskostenoptimierung**).

Der Vermieter ist aber nicht verpflichtet, jeder Preiserhöhung sofort einen Wechsel des Anbieters folgen zu lassen. Dabei müssen auch die Geschäftsbedingungen bzw. Leistungsverzeichnisse berücksichtigt werden.

1.7 Abrechnungsprinzip

Dem Vermieter stehen drei Verfahren zur Abrechnung von Betriebskosten zur Verfügung:

- das Leistungsprinzip,
- das Abflussprinzip (Ausgabenprinzip) und
- die Abrechnung nach Rechnungen.

Leistungsprinzip	Abflussprinzip	Abrechnung nach Rechnungen
Es werden nur die Kosten für die im Abrechnungszeitraum angefallenen Leistungen berechnet.	Alle im Abrechnungszeitraum bezahlten Rechnungen werden in die Abrechnung übernommen.	Alle Kosten, über die im Abrechnungszeitraum eine Rechnung erteilt wurde, unabhängig, ob die Rechnung bezahlt wurde, fließen in die Abrechnung ein.

In der Regel wird das **Leistungsprinzip** genutzt, da es die im Abrechnungszeitraum tatsächlich angefallenen Kosten widerspiegelt und für den Mieter transparenter ist. Der BGH hält aber auch das Abflussprinzip für zulässig.

Bei der **Abrechnung der Heiz- und Warmwasserkosten** hat der Gesetzgeber das **Leistungsprinzip vorgeschrieben**.

Nicht immer sind in den Rechnungen, die der Vermieter vom Lieferanten erhält, die Verbrauchszeiträume und Abrechnungszeiträume identisch.

Beispiel

Die MEWOH Musterwohn GmbH schließt einen neuen Versicherungsvertrag für ein Gebäude ab. Als Laufzeit ist der 01.09.2021 bis 31.08.2022 vereinbart, die Höhe der Prämie ist mit 1.800,00 Euro im Vertrag festgeschrieben. Für die Abrechnung des Jahres 2021 ist in der Position „Versicherung“ der anteilige Wert für September bis Dezember anzusetzen:

$\frac{4}{12}$ bzw. $\frac{1}{3}$ von 1.800,00 = 600,00 €

1.8 Ausweis von haushaltsnahen Dienstleistungen

Gemäß § 35a Einkommensteuergesetz (EStG) kann ein Mieter oder ein Selbstnutzer (Eigentumswohnung) haushaltsnahe Dienstleistungen und/oder haushaltsnahe Handwerkerleistungen in seiner Einkommensteuererklärung geltend machen. Als Verwalter sind Sie verpflichtet, entweder in der Betriebskosten- und in der Heizkostenabrechnung oder einer gesonderten Bescheinigung diese dem Mieter oder Selbstnutzer auszuweisen.

Für den Mieter bzw. Selbstnutzer ist hier die **Grundstücksbezogenheit der Aufwendungen** ausschlaggebend.

Beispiel

Aufwendungen für die Inanspruchnahme von haushaltsnahen Dienstleistungen nach § 35a EstG:

Gesamtwohnfläche = 500 m², Wohnung A = 100 m² Wohnfläche

Bezeichnung	Gesamtbetrag	nicht zu berücksichtigende Materialleistungen	Aufwendungen für Arbeitskosten	Arbeitskosten anteilig
Treppenhausreinigung	1.258,04 €	258,04 €	1.000,00 €	200,00 €

Winterdienste, Straßen- und Gehwegreinigung, die sowohl auf öffentlichem Gelände als auch auf einem privaten Grundstück ausgeführt werden, müssen laut Auffassung der Finanzverwaltung kostenmäßig aufgeteilt werden.

Die Kosten für die Schneeräumung auf den öffentlichen Straßen dürfen aber laut BFH nur dann abgezogen werden, wenn Steuerpflichtige als Eigentümer oder Mieter dazu laut Satzung der Gemeinde verpflichtet sind.

BFH
Bundesfinanzhof

Kennzeichnend für haushaltsnahe Dienstleistungen ist, dass Tätigkeiten durch Mitglieder des privaten Haushalts erledigt werden könnten, eine Dienstleistungsagentur oder ein selbstständiger Dienstleister aber hierfür beauftragt wird.

1.9 Betriebskosten und Mietminderungen

Bei einer berechtigten Mietminderung, die sich auf die Bruttomiete bezieht, kann erst aufgrund der Jahresabrechnung der Betriebskosten abschließend ermittelt werden, ob hinsichtlich der Gesamtmiete (unter Berücksichtigung der gerechtfertigten Minderung) noch eine Nachforderung des Vermieters oder ein Guthaben des Mieters besteht.

Dafür ist es unerheblich, ob und gegebenenfalls wie die monatlich einbehaltenen Beträge auf die Nettomiete einerseits und die Betriebskostenvorauszahlung andererseits angerechnet werden.

BGH, Urteil vom 13.04.2011 – VIII ZR 223/10, GE 2011, 749

Beispiel für eine Mietminderung gemäß BGH

vereinbarte monatliche Miete:	
Nettokaltmiete	500,00 €
Betriebskostenvorauszahlung	300,00 €
Miete gesamt	**800,00 €**

Als berechtigte Mietminderung wurden 10 % durch den Mieter angezeigt.

Berechnungsweg gemäß BGH:	
Jahresnettomiete (12 Monate · 500,00 €)	6.000,00 €
gemäß Betriebskostenabrechnung zu zahlen	4.000,00 €
insgesamt für das Jahr angefallen	**10.000,00 €**
Minderung um 10 % auf die tatsächlich angefallenen Kosten von 10.000,00 €	1.000,00 €
geschuldete Miete	**9.000,00 €**
tatsächlich aber nur gezahlte Miete (12 Monate · 800 Euro) – 10 %	8.640,00 €
Nachforderung des Vermieters	**360,00 €**

1.10 Betriebskostenarten in der BetrKV

Nun geht es um die einzelnen Betriebskostenarten und wie die einzelnen Positionen in der Abrechnung berücksichtigt werden können. Wie schon angesprochen, zählt die BetrKV in § 2 die Betriebskostenpositionen abschließend auf.

In der Praxis erfolgt gelegentlich auch die Differenzierung zwischen kalten und warmen Betriebskosten (Heizungs- und Warmwasserkosten). Der Gesetzgeber hat diese Begriffe aber weder in § 27 II. BV noch in die Betriebskostenverordnung übernommen.

1.10.1 Die laufenden öffentlichen Lasten des Grundstücks (§ 2 Nr. 1 BetrKV)

Hinweis:
Die entsprechenden Regelungen sind im Grundsteuergesetz (GrStG) und im Grundsteuerreformgesetz (GrStRefG) zu finden. Die Länder sind damit zukünftig frei in ihrer Entscheidung über die Methode der Berechnung der Grundsteuer.

Zu den laufenden öffentlichen Lasten gemäß BetrKV zählen die, die auf dem Grundstück selbst ruhen. Das sind:
- **Grundsteuer**,
- **Zweitwohnsteuer**, sofern sie dem Vermieter auferlegt wurde, sowie
- **Deichabgaben** und **ähnliche öffentliche Lasten**, wie z. B. Beiträge von Boden- und Wasserverbänden nach § 29 Wasserverbandsgesetz (WVG).

Die Rechtsgrundlagen für die Erhebung sind das Grundsteuergesetz (GrStG), das Bewertungsgesetz (BewG) und das Ende 2019 verkündete Grundsteuerreformgesetz (GrStRefG).

Danach müssen bis zum 01.01.2025 zu allen Grundstücken in Deutschland die Grundsteuern neu berechnet werden. Für die Bundesländer ist dazu eine **Öffnungsklausel** im Gesetz vorgesehen, d. h. jedes Bundesland kann selbst entscheiden, nach welcher Berechnungsmethode die Grundsteuer zukünftig neu berechnet wird.

Als Berechnungsmethoden stehen das **Bundesmodell**, das **Flächenmodell** und das **Bodenwertmodell** zur Auswahl.

Bundesmodell
Hier ist eine komplette Neubewertung der Immobilie notwendig. Dabei werden folgende Faktoren in die Berechnung einbezogen:
- Bodenrichtwert
- Grundstücksfläche oder -größe
- Immobilienart, Gebäudefläche und Gebäudealter
- statistische Nettokaltmiete und Mietniveaustufe

Für dieses Model haben sich Nordrhein-Westfalen, Rheinland-Pfalz, Bremen, Schleswig-Holstein, Mecklenburg-Vorpommern, Berlin, Brandenburg, Sachsen-Anhalt, Sachsen, Thüringen und das Saarland entschieden.

Flächenmodell
Beim Flächenmodel werden lediglich die Grundstücksflächen als Grundlage angesetzt. Dieses Modell wird in Hamburg, Niedersachsen, Hessen und Bayern angewandt.

Bodenwertmodell
Für dieses Model hat sich nur Baden-Württemberg entschieden. Dabei werden nur die Grundstücksfläche und der Bodenrichtwert als Berechnungsgrundlage herangezogen.

Merke!

Der Hebesatz wird von den Städten und Gemeinden weiterhin selbst festgelegt.

Es handelt sich um eine kommunale Steuer, die ausschließlich den Gemeinden zusteht. Besteuert wird der Grundbesitz. Dabei wird unterschieden zwischen
- der **Grundsteuer A** für land- und forstwirtschaftliche Grundstücke und
- der **Grundsteuer B** für unbebaute und bebaute Grundstücke.

Die Grundsteuer wird für ein Jahr im Voraus festgesetzt und ist gemäß § 28 GrStG zu einem Viertel jeweils zum 15. Februar, 15. Mai, 15. August und 15. November fällig. Die Berechnung erfolgt in einem dreistufigen Verfahren.

Beispielrechnung – bisheriges Modell (noch bis zum 31.12.2024 möglich)

Stufe 1: **Erhebung des Einheitswertbescheides durch das Finanzamt**	**Einheitswertberechnung** Einheitswertberechnung nach § 21 Bewertungsgesetz • für Grundstücke der DDR zum 01.01.1935 bzw. für Grundstücke, die ab 1991 steuerpflichtig sind, zum 01.01.1964 • für Grundstücke der BRD zum 01.01.1964
Stufe 2: **Erhebung des Grundsteuermessbescheids durch das Finanzamt**	**Einheitswert · Steuermesszahl** Steuermesszahl = Promillesatz in Abhängigkeit von der Grundstücks- und Bebauungsart **= Steuermessbetrag**
Stufe 3: **Berechnung der Grundsteuer/Erstellung eines Grundsteuerbescheids durch die Gemeinde**	**Steuermessbetrag · Hebesatz** Hebesatz = Prozentsatz des Grundsteuermessbetrags wird durch die Gemeinde festgelegt **= Grundsteuer (Grundsteuerberechnung nach § 13 GrStG)**

BewG
Bewertungsgesetz

Der **Einheitswert** ist alle sechs Jahre von dem zuständigen Finanzamt neu festzustellen oder aber im Falle
- der Neuentstehung einer Wirtschaftseinheit,
- der Abweichung des Einheitswertes, z. B. nach Modernisierungsmaßnahmen, Bebauung eines bisher unbebauten Grundstücks oder
- bei Änderung der Eigentumsverhältnisse.

Merke!

Zu beachten ist dabei immer das vom jeweiligen Bundesland gewählte Berechnungs-Modell.

Beispiel: Bundesmodell

Stufe 1: **Berechnung des Grundsteuerwerts durch das Finanzamt**	**Grundsteuerwertberechnung** Grundsteuerwert (Wertverhältnisse zum 01.01.2022) = Bemessungsgrundlage
Stufe 2: **Erhebung des Grundsteuermessbescheids durch das Finanzamt**	**Grundsteuerwert · Grundsteuermesszahl** Grundsteuermesszahl = Promillesatz in Abhängigkeit vom Grundstück, der Bebauung und den Mieteinnahmen **= Grundsteuermessbetrag**
Stufe 3: **Berechnung der Grundsteuer/Erstellung eines Grundsteuerbescheids durch die Gemeinde**	**Grundsteuermessbetrag · Hebesatz** Hebesatz = Prozentsatz des Grundsteuermessbetrags wird durch die Gemeinde festgelegt **= Grundsteuer**

Ein **Grundsteuererlass** kann bei mehr als 50 % Minderung des Rohertrages, z. B. bei Leerstand, beantragt werden. Voraussetzung ist, dass die Ursache der Minderung nicht beim Eigentümer liegt.

Bei der Umlage der Grundsteuer ist zu berücksichtigen, dass bei gemischt genutzten Grundstücken (Gewerbe/Wohnungen) eine Aufteilung der Gebühren entsprechend der Anrechnung im Grundsteuermessbetragsbescheid zu erfolgen hat.

1.10.2 Die Kosten der Wasserversorgung (§ 2 Nr. 2 BetrKV)

Unter diese Rubrik fallen die Kosten im Zusammenhang mit der **Bereitstellung von Trinkwasser für das Gebäude**. Dazu zählen insbesondere:

- Kosten des Wasserverbrauchs
- Grund-, Service- bzw. Bereitstellungsgebühr der Wasserwerke
- Gebühr für den Hauptwasserzähler der Wasserwerke
- Kosten der Anmietung oder anderer Arten der Gebrauchsüberlassung von Wasserzählern sowie die Kosten ihrer Verwendung einschließlich der Kosten der Eichung, Berechnung und Aufteilung
- Kosten der Wartung von Wassermengenreglern
- Kosten des Betriebes einer hauseigenen Wasserversorgungsanlage
- Kosten einer Wasseraufbereitungsanlage einschließlich der Aufbereitungsstoffe
- Umsatzsteuer

In der Praxis **werden im laufenden Jahr Abschlagszahlungen** an den Versorger gezahlt. Diese berücksichtigen den wahrscheinlichen Verbrauch. Maßgeblich für die Abrechnung gegenüber den Mietern ist jedoch die Schlussrechnung, da hier der tatsächliche Verbrauch ersichtlich ist. Der tatsächliche Verbrauch ist für die Betriebskostenabrechnung ausschlaggebend.

Der Verbrauch wird durch das Ablesen der Hauptwasserzähler durch den Versorger oder durch Eigenablesung ermittelt. Dieser Verbrauch wird in m^3 angegeben und mit dem vereinbarten Preis (Euro/m^3) multipliziert. Dazu kommen noch die Grund-, Service- bzw. Bereitstellungsgebühr und gegebenenfalls die Miete für den Hauptwasserzähler. Die Summe der Einzelpositionen ist der Nettobetrag. Auf diesen erfolgt dann der Umsatzsteueraufschlag in Höhe von derzeit 7 %, da es sich hier um Trinkwasser (Lebensmittel) handelt. Die Mehrzahl aller Wohnungen sollte mit Wasserzählern ausgestattet sein, sodass die Verbräuche der Wohnungen im Einzelnen gemessen und umgelegt werden können.

m^3
Kubikmeter (Maßeinheit für das Volumen)

Umsatzsteuer
▶ LF 3, Kap. 8

Die Kosten für die Installation der Wasserzähler kann der Vermieter bei Kauf anteilig über § 559 BGB über die Grundmiete bzw. Modernisierungserhöhung oder bei Miete der Wasserzähler über die Betriebskostenabrechnung an die Mieter weitergeben. Sind keine Wasserzähler in den Wohnungen bzw. nur in einem Teil der Wohnungen vorhanden, muss über die Wohnfläche abgerechnet werden.

> **Merke!**
>
> **Einzelne Mieter, deren Wohnungen mit Zählern ausgestattet sind, haben in diesem Fall keinen Anspruch auf eine verbrauchsabhängige Abrechnung.**

Häufig ergibt sich eine Differenz zwischen der Summe aller Einzelverbräuche der Wohnungen und dem Ablesewert der Hauptwasseruhr. Grund dafür kann sein, dass Wasserzapfstellen (z. B. Außenwasserhähne) ohne Zähler vorhanden sind, die für die Hausreinigung oder Gartenpflege genutzt werden. Außerdem wird Wasser auch für die Befüllung des Heizkreislaufes regelmäßig benötigt.

Kommt es zu sehr hohen Abweichungen, muss der Vermieter der Ursache nachgehen. Es kann ein Wasserrohrbruch vorliegen oder einzelne Zähler in den Wohnungen sind nicht mehr funktionstüchtig bzw. defekt. Zudem könnte auch illegal Wasser entnommen worden sein.

Die Zähler sind regelmäßig bezüglich der Eichfristen zu überprüfen und auszutauschen. Bei defekten Zählern kann unter Umständen der Verbrauch des Vorjahres herangezogen werden.

Die genauen Toleranzgrenzen im Ober- und Unterwert von Wasserzählern können Sie dem Eichgesetz und der Eichordnung entnehmen.

Danach werden die Wasserkosten im Verhältnis der Ablesewerte der Mieter umgelegt. Die Mieter werden dadurch nicht benachteiligt, da für alle das gleiche Prinzip gilt.

Die Kosten für Leerwohnungen, z. B. die Grundgebühren, hat der Vermieter zu tragen. Findet im Grundstück eine Baumaßnahme statt, so besteht die Möglichkeit, das Wasser aus einer Leerwohnung zu entnehmen oder es wird ein separater Zähler nur für diese Baumaßnahme installiert. Diese Kosten gehen dann ebenfalls zulasten des Vermieters.

Berechnung des umlagefähigen Werts pro m³ Wasserverbrauch

Der umlagefähige Wert pro m³ Wasserverbrauch kann durch die folgende Rechnung ermittelt werden:

$$\frac{\text{Gesamtkosten (laut Schlussrechnung)}}{\text{Gesamtverbrauch aller Mieter in m}^3\text{ (Summe aller Mieterwasseruhren)}}$$

Sind auf dem Grundstück „wasserintensive“ Mieter ansässig, wie beispielsweise

- Gaststätten,
- Friseure,
- Wäschereien oder
- Wellness- und Beautycenter,

sind grundsätzlich Verbrauchserfassungsgeräte notwendig.

Weitere nichtumlegbare Kosten sind:

- Reparaturen von Leitungen und Zählereinrichtungen
- Wasserverlust aufgrund eines Rohrbruchs (man kann die verlorene Menge anhand der Größe und der Dauer des Wasseraustrittes schätzen)
- Mahnkosten

Wasserverluste, z. B. durch einen Wasserrohrbruch, hat der Vermieter zu tragen. In diesem Fall sollte ein Hinweis bzw. eine Erläuterung in der Betriebskostenabrechnung vorgnommen werden.

Um Wasser zu sparen, sind folgende Maßnahmen ratsam:

- Einbau von Sparspülern an den Toiletten
- Aufklärung der Mieter über wassersparendes Verhalten
- Einbau einer Regenwasserbrauchanlage (Wasser für Waschmaschinen und Toiletten)
- Auffangen und Verwenden von Regenwasser für die Gartenpflege

1.10.3 Die Kosten der Entwässerung (§ 2 Nr. 3 BetrKV)

In der Regel ist davon auszugehen, dass die Menge des Abwassers mit der Menge des Trinkwassers identisch ist. Abweichungen kann es bei der Nutzung von Regenwasserbrauchanlagen für Toiletten und Wascheinrichtungen geben, da dann auch das genutzte Regenwasser in die Kanalisation als Abwasser eingeführt wird.

Viele Gemeinden erheben zusätzlich auch noch eine **Regenwasserabgabe** bzw. **Niederschlagskosten**. Diese berücksichtigen die Mehrbelastung der Abwasserkanäle durch das bebaute Grundstück, da das Regenwasser aufgrund der versiegelten

Flächen nicht mehr versickern kann. Bezugsgrößen für die Erhebung sind die Dachfläche und die versiegelte Grundstücksfläche.

Die Abwasserkosten bzw. die Niederschlagskosten sind umsatzsteuerpflichtig und werden gegenwärtig mit 19 % besteuert.

Zu den umlagefähigen Kosten gehören
- die Gebühren für die Haus- und Grundstücksentwässerung (Verbrauchs- und Grundkosten),
- die Kosten des Betriebs einer entsprechenden nicht öffentlichen Anlage (z. B. die Abfuhr des Klärschlamms, das Absaugen der Kläranlage) und
- die Kosten des Betriebs einer Entwässerungspumpe, einer Hebeanlage und der dazugehörige Betriebsstrom.

Nicht umlegen dürfen Sie die Kosten für den Anschluss an die Kanalisation (Erschließungskosten), Reparaturen und Beseitigung von Verstopfungen.

Bei Verstopfungen sollte Sie versuchen, den Verursacher zu ermitteln, um sich die Kosten erstatten zu lassen.

Durch den Einbau von Regenwasserbrauchanlagen und Wasserauffangbehältern (z. B. Wassertonnen) bzw. Zählern für die Entnahme von Gartenwasser können die Kosten für die Entwässerung reduziert werden. Abschließbare Außenwasserhähne schützen vor ungenehmigter Wasserentnahme.

Den Abwasserentsorgungsunternehmen sollte das Vorhandensein von Regenwasserauffangnutzung gemeldet werden. Damit können ggf. Kosten des Niederschlagswassers gemindert werden.

Die Abwasserkosten werden auf die Mieter im gleichen Verhältnis wie die Kosten der Wasserversorgung verteilt.

1.10.4 Die Kosten der Heizung (§ 2 Nr. 4 BetrKV)

Nach § 2 Nr. 4 BetrKV gehören dazu die Kosten:

a) des Betriebs der zentralen Heizungsanlage einschließlich der Abgasanlage, hierzu gehören die Kosten der verbrauchten Brennstoffe und ihrer Lieferung, die Kosten des Betriebsstroms, die Kosten der Bedienung, Überwachung und Pflege der Anlage, der regelmäßigen Prüfung ihrer Betriebsbereitschaft und Betriebssicherheit einschließlich der Einstellung durch eine Fachkraft, der Reinigung der Anlage und des Betriebsraums, die Kosten der Messungen nach dem Bundes-Immissionsschutzgesetz, die Kosten der Anmietung oder anderer Arten der Gebrauchsüberlassung einer Ausstattung zur Verbrauchserfassung sowie die Kosten der Verwendung einer Ausstattung zur Verbrauchserfassung einschließlich der Kosten der Eichung sowie der Kosten der Berechnung und Aufteilung
oder

b) des Betriebs der zentralen Brennstoffversorgungsanlage, hierzu gehören die Kosten der verbrauchten Brennstoffe und ihrer Lieferung, die Kosten des Betriebsstroms und die Kosten der Überwachung sowie die Kosten der Reinigung der Anlage und des Betriebsraums
oder

c) der eigenständig gewerblichen Lieferung von Wärme, auch aus Anlagen im Sinne des Buchstabens a, hierzu gehören das Entgelt für die Wärmelieferung und die Kosten des Betriebs der zugehörigen Hausanlagen entsprechend Buchstabe a
oder

d) der Reinigung und Wartung von Etagenheizungen und Gaseinzelfeuerstätten, hierzu gehören die Kosten der Beseitigung von Wasserablagerungen und Verbrennungsrückständen in der Anlage, die Kosten der regelmäßigen Prüfung der Betriebsbereitschaft und Betriebssicherheit und der damit zusammenhängenden Einstellung durch eine Fachkraft sowie die Kosten der Messungen nach dem Bundes-Immissionsschutzgesetz

Die Abrechnung der Heizkosten hat unter Berücksichtigung von § 7 HeizkostenV zu erfolgen.

1.10.5 Die Kosten der Warmwasserversorgung (§ 2 Nr. 5 BetrKV)

Hier gilt die Berücksichtigung von § 9 HeizkostenV sowie die Umlage der Kosten zur Prüfpflicht gemäß der Änderung zur Trinkwasserverordnung.

Nach § 2 Nr. 5 BetrKV gehören dazu die Kosten:

a) des Betriebs der zentralen Warmwasserversorgungsanlage, hierzu gehören die Kosten der Wasserversorgung entsprechend Nummer 2, soweit sie nicht dort bereits berücksichtigt sind, und die Kosten der Wassererwärmung entsprechend Nummer 4 Buchstabe a
oder

b) der eigenständig gewerblichen Lieferung von Warmwasser, auch aus Anlagen im Sinne des Buchstabens a, hierzu gehören das Entgelt für die Lieferung des Warmwassers und die Kosten des Betriebs der zugehörigen Hausanlagen entsprechend Nummer 4 Buchstabe a
oder

c) der Reinigung und Wartung von Warmwassergeräten, hierzu gehören die Kosten der Beseitigung von Wasserablagerungen und Verbrennungsrückständen im Innern der Geräte sowie die Kosten der regelmäßigen Prüfung der Betriebsbereitschaft und Betriebssicherheit und der damit zusammenhängenden Einstellung durch eine Fachkraft

In § 2 Nr. 6 BetrKV ist festgelegt, dass zu den Betriebskosten auch Kosten verbundener Heizungs- und Warmwasserversorgungsanlagen gehören:

a) bei zentralen Heizungsanlagen entsprechend Nummer 4 Buchstabe a und entsprechend Nummer 2, soweit sie nicht dort bereits berücksichtigt sind
oder

b) bei der eigenständig gewerblichen Lieferung von Wärme entsprechend Nummer 4 Buchstabe c und entsprechend Nummer 2, soweit sie nicht dort bereits berücksichtigt sind
oder

c) bei verbundenen Etagenheizungen und Warmwasserversorgungsanlagen entsprechend Nummer 4 Buchstabe d und entsprechend Nummer 2, soweit sie nicht dort bereits berücksichtigt sind

Seit dem 01.07.2013 wurde durch Inkrafttreten des Mietrechtsänderungsgesetzes 2013 auch die **Umlage der Kosten des Wärmecontractings** in den Betriebskostenkatalog aufgenommen (§ 556c BGB). Die Kostentragungspflicht des Mieters gilt aber nur dann, wenn Wärme mit verbesserter Effizienz aus einer vom Wärmelieferanten errichteten neuen Anlage oder aus einem Wärmenetz, z.B. Quartierslösung, Fernwärme, geliefert wird. Die Kosten der Wärmelieferung dürfen die bisherigen Betriebskosten für die Eigenversorgung allerdings nicht übersteigen.

Wärmecontracting bezeichnet eine Dienstleistung. Dabei kümmert sich ein Dienstleister nicht nur um die Lieferung der Wärme, sondern übernimmt auch die Wartung und Instandhaltung der Anlage.

Als eigenständige Rechtsgrundlage ist die Heizkostenverordnung für die Erfassung und Verteilung der Kosten zur Heizung- und Warmwasserbereitung anzuwenden. Damit wird eine verbrauchsabhängige Abrechnung vorgeschrieben.

Zusammenfassend werden folgende Kosten angesetzt:
- die Kosten des verbrauchten Brennstoffs und die Brennstofflieferung
- die Kosten der Zählermieten zur Verbrauchserfassung
- die Kosten des Betriebsstroms der Anlage
- die Kosten der Bedienung, Überwachung und Pflege der Anlage
- die Kosten der Reinigung der Anlage und des Betriebsraums
- die Kosten der Wartung bzw. der Prüfung der Betriebsbereitschaft und -sicherung
- die Kosten der Messung nach Bundes-Immissionsschutzgesetz
- die Kosten der Eichung der Zähler
- die Kosten der Ablesung und Berechnung der Verbräuche
- die regelmäßige Wartung der Öltanks

Als Brennstoffkosten sind verschiedene Energieträger je nach Anlage möglich:
- Erdgas, Flüssiggas
- Heizöl
- Strom
- Fernwärme
- Pellets, Holz, Kohle

Die Ermittlung der Gesamtkosten

Zuerst werden die Verbrauchskosten betrachtet. Dabei müssen Sie je nach Medium unterschiedlich vorgehen.

Heizöl:

Damit die Heizungsanlage dauerhaft mit Öl versorgt werden kann, wird ein Vorrat in den Tanks vorgehalten. Je nach Verbrauch sind im Jahr mehrere Zukäufe von Öl nötig. Hier kann gezielt auf die Kosten Einfluss genommen werden, wenn beispielsweise zu niedrigen Sommerkonditionen eingekauft wird.

Angesetzt wird hier nur der tatsächliche Verbrauch. Dieser ist über das Ablesen der Tankuhren (Zählwerke) zu ermitteln und über die **Fifo-Methode** (First-in-first-out) zu bewerten.

Fifo-Methode (First-in-first-out)

Hier wird davon ausgegangen, dass die erste Lieferung zuerst und die letzte Lieferung zuletzt verbraucht wird.

Beispiel

Die Bewertung des Endbestandes des Vorjahres (2020) hat für die verbleibenden 6 000 Liter Heizöl einen Wert von 3.000,00 Euro ergeben. Im Laufe des aktuellen Jahres wurden drei Zukäufe getätigt. Am 01.04.2021 4 000 Liter zu 2.080,00 Euro, am 01.07.2021 5 000 Liter zu 2.000,00 Euro und am 01.10.2021 nochmals 3 000 Liter zu 1.800,00 Euro. Am 31.12.2021 stellt der Vermieter fest, dass sich im Tank noch 4 500 Liter befinden.

a) Wie hoch ist der Wert des verbrauchten Heizöls unter Beachtung der unterschiedlichen Literpreise im Einkauf?
b) Wie hoch ist der Wert des verbleibenden Heizöls im Tank der Heizungsanlage zum 31.12.2021?

Lösung:

Anfangsstand zum	**01.01.2021**	**6 000 Liter**	**Kaufpreis 3.000,00 Euro**
1. Nachlieferung am	01.04.2021	4 000 Liter	Kaufpreis 2.080,00 Euro
2. Nachlieferung am	01.07.2021	5 000 Liter	Kaufpreis 2.000,00 Euro
3. Nachlieferung am	01.10.2021	3 000 Liter	Kaufpreis 1.800,00 Euro
Endstand zum	**31.12.2021**	**4 500 Liter**	

Datum	Anfangs- und Endstand (in Liter)	Einkauf (in Liter)	Verbrauch (in Liter)	Energiepreis (in Euro/ Liter)	Verbrauchskosten gesamt (in Euro)	im Tank verblieben (in Liter)	Wert (in Euro)
01.01.21	6 000		6 000	0,50	3.000,00		
01.04.21		4 000	4 000	0,52	2.080,00		
01.07.21		5 000	3 500	0,40	1.400,00	1 500	600,00
01.10.21		3 000		0,60		3 000	1.800,00
31.12.21	4 500						
Gesamt			**13 500**		**6.480,00**	**4 500**	**2.400,00**

a) Es wurde für 6.480 Euro Heizöl verbraucht (13 500 Liter).
b) Der Wert des verbleibenden Heizöls beträgt 2.400 Euro (4 500 Liter).

Merke!

Zum Nachweis der Kosten gelten die einzelnen Rechnungen der Lieferungen und die Berechnung des Betrags nach der Fifo-Methode.

Gas:
Grundlage bildet hier die Schlussrechnung des Versorgungsunternehmens. In der Schlussrechnung sind die Brennstoffmenge, der Grundpreis, die einzelnen Kosten, die jeweils anfallenden Steuern sowie die Gesamtkosten (brutto) enthalten.

Fernwärme:
Der Wärmelieferant erstellt auch hier eine Jahresabrechnung, aus der alle notwendigen Daten übernommen werden können. In der Schlussrechnung sind der Wärmeverbrauch, der Grundpreis, der Emissionspreis und die jeweils anfallenden Steuern sowie die Gesamtkosten (brutto) enthalten.

Heizungsnebenkosten (§ 7 Abs. 2 HeizkostenV):
- Kosten des Betriebsstroms – Der Stromverbrauch ist am besten über einen Zwischenzähler zu erfassen, damit er den Heizkosten zugeordnet werden kann und somit nicht bei der Position „Beleuchtung" in der Abrechnung erscheint.
- Kosten der Bedienung, Überwachung und Pflege der Anlage – Die Überwachung und Pflege werden oft vom Hauswart übernommen. Dazu zählen die Ablesung der Messgeräte und auch das Reinigen des Heizungsraums. Beachtet werden muss, dass diese Kosten nicht nochmals auf die Position „Hauswart" umgelegt werden dürfen.
- Kosten der regelmäßigen Prüfung der Betriebsbereitschaft und Betriebssicherheit, einschließlich der Einstellung durch einen Fachmann
- Kosten der Reinigung der Anlage und des Betriebsraums – Denkbar ist hier der Ansatz der Tankreinigung bei Öltanks.
- Kosten der Messungen nach dem Bundes-Immissionsschutzgesetz – Die Messungen werden durch die Schornsteinfeger durchgeführt, sind also hier oder in der Position „Kaminfegergebühren" nur einmal anzusetzen.
- Kosten der Anmietung oder anderer Arten der Gebrauchsüberlassung einer Ausstattung zur Verbrauchserfassung (auf diesen Punkt wird später noch einmal genauer eingegangen)
- Kosten der Verwendung einer Ausstattung zur Verbrauchserfassung einschließlich der Kosten der Berechnung und Aufteilung

1.10.6 Die Kosten verbundener Heizungs- und Warmwasserversorgungsanlagen (§ 2 Nr. 6 BetrKV)

Aufteilung der Kosten für Heizung und Warmwasser (§ 9 HeizkostenV)
Bei verbundenen Anlagen wird das Objekt sowohl mit Warmwasser als auch mit Wärme (Heizung) versorgt. Die Kosten sind jeweils anteilig zu erfassen. Wenn einzelne Kosten direkt den Warmwasser- oder den Heizkosten zuordenbar sind, müssen diese vorab erfasst werden. Die Formel in § 9 Abs. 2 HeizkostenV zeigt den Weg zur Ermittlung der Brennstoffkosten für die Warmwasseraufbereitung.

Erfolgt die Versorgung mit Heizwärme als auch mit Warmwasser über dieselbe Anlage, wird von einer verbundenen Anlage gesprochen.

Im § 9a HeizkostenV ist die Verfahrensweise bei der Abrechnung in Sonderfällen geregelt. Dazu gehören z. B. Geräteausfälle oder andere zwingende Gründe, sodass keine Verbrauchserfassung vorgenommen werden kann.

Abrechnung nach Gradtagszahlen (§ 9b HeizkostenV)
Gradtagszahlen finden immer dann Anwendung, wenn ein Nutzerwechsel innerhalb eines Abrechnungszeitraums stattgefunden hat, d. h., es erfolgt eine Aufteilung zwischen den einzelnen Nutzern. Diese Aufteilung erfolgt nur bei den Heizkosten, da diese witterungsabhängig sind. In den Wintermonaten fällt ein anderer Heizungsverbrauch als in den Sommermonaten an. Durch die Verwendung von Gradtagszahlen wird dem Rechnung getragen.

Gradtagszahlentabelle
(gemäß VDI 2067/DIN 4108, auf ein Kalenderjahr ausgerichtet)

Monat	Wärmeverbrauchsanteil in Promille	
	pro Monat	pro Tag
Januar	170	5,484
Februar	150	5,357
März	130	4,194
April	80	2,667
Mai	40	1,290
Juni	40/3	0,444
Juli	40/3	0,430
August	40/3	0,430
September	30	1,000
Oktober	80	2,581
November	120	4,000
Dezember	160	5,161

Beispiel

Während des Abrechnungszeitraums (01.01.2021 bis 31.12.2021) hat zum 01.06.2021 ein Nutzerwechsel stattgefunden.

Mieter A (01.01.2021 bis 31.05.2021)
= (170 + 150 + 130 + 80 + 40) = 570 Promille

Mieter B (01.06.2021 bis 31.12.2021)
= (40/3 + 40/3 + 40/3 + 30 + 80 + 120 + 160) = 430 Promille

Am 01.12.2021 ist die novellierte Heizkostenverordnung in Kraft getreten. Dabei sind die folgenden Paragrafen geändert worden:

§ 5 HeizkostenV: Ausstattung zur Gebrauchserfassung
Seit dem 01.12.2021 ist nur noch der Einbau von Geräten zur fernablesbaren Verbrauchserfassung gestattet. Es muss sich dabei um eine interoperable Ausstattung zur Verbrauchserfassung handeln, die an ein Smart-Meter-Gateway angeschlossen werden kann. Bis zum 31.12.2026 muss auf allen Grundstücken die Ausstattung mit Fernablesetechnik erfolgt sein.

interoperable Ausstattung
Damit ist gemeint, dass es mit unterschiedlichen Systemen möglich ist, die benötigten Informationen und Daten auszulesen bzw. diese miteinander auszutauschen.

§ 6a Abs. 1 und 2 HeizkostenV: unterjährige Verbrauchsinformation
Seit dem 01.01.2022 sind Grundstückseigentümer verpflichtet, den Nutzern (Mietern) monatliche Abrechnungs- und Verbrauchsinformationen für Heizung und Warmwasser zukommen zu lassen, sofern eine fernablesbare Ausstattung zur Verbrauchserfassung vorhanden ist.

Dabei handelt es sich insbesondere um folgende Informationen:
- den Verbrauch des Nutzers im letzten Monat in Kilowattstunden
- einen Vergleich dieses Verbrauchs mit dem Verbrauch des Nutzers im Vormonat
- einen Vergleich dieses Verbrauchs mit dem Verbrauch des Nutzers im entsprechenden Monat des Vorjahres
- einen Vergleich dieses Verbrauchs mit dem Verbrauch eines Durchschnittsnutzers derselben Nutzerkategorie

§ 6a Absatz 3 und 5 HeizkostenV: Informationen zur Abrechnung
Dem Nutzer sind für die Abrechnungszeiträume seit dem 01.12.2021 mit der Abrechnung folgende Informationen zugänglich zu machen:
- Informationen über den Anteil der eingesetzten Energieträger
- bei Fernwärmenutzern auch die damit verbundenen jährlichen Treibhausgasemissionen und den Primärenergiefaktor des Fernwärmenetztes
- Informationen über die erhobenen Steuern, Abgaben und Zölle
- die Entgelte für die Gebrauchsüberlassung und Verwendung der Ausstattung zur Verbrauchserfassung
- die Entgelte der Eichkosten sowie der Ablesung und Abrechnung
- Kontaktinformationen, wie Adressen von Verbraucherorganisationen, Energieagenturen und ähnlichen Einrichtungen, bei denen der Nutzer Informationen einholen kann
- Informationen gemäß Verbraucherstreitbeilegungsgesetz
- Vergleiche mit dem Verbrauch eines Durchschnittsnutzers derselben Nutzerkategorie
- einen Vergleich des witterungsbereinigten Energieverbrauchs des jüngsten Abrechnungszeitraums mit dem witterungsbereinigten Energieverbrauch des Nutzers im vorhergehenden Abrechnungszeitraum in grafischer Form

Die dafür anfallenden Kosten sind gemäß § 7 Abs. 2 HeizkostenV umlegbar. Werden diese vorgegebenen Informationen dem Nutzer nicht vollständig übermittelt, hat der Nutzer das Recht, seine Heizkosten um 3 % zu kürzen.

1.10.7 Die Kosten des Personen- oder Lastenaufzugs (§ 2 Nr. 7 BetrKV)

Zu den umlagefähigen Kosten gehören:
- Kosten des Betriebsstroms (z. B. Fördervorgang, Schaltungen, Kabinenbeleuchtung)
- Kosten der Beaufsichtigung
- Kosten der Bedienung, Überwachung und Pflege der Anlage
- Kosten der Notrufanlage (Wartungs- und Betriebskosten, Telefonkosten des Notrufs)
- Kosten der regelmäßigen Prüfung ihrer Betriebsbereitschaft und Betriebssicherheit einschließlich der Kosten durch Einstellung einer Fachkraft
- Reinigung der Anlage (nur Reinigung der Teile und Flächen außerhalb des Fahrkorbes bzw. der Kabine)

Die Kosten des Aufzugs werden nach der Wohn- oder Nutzfläche auf die Mieter verteilt, sofern im Mietvertrag kein anderer Umlageschlüssel vereinbart wurde.

Merke!

Bei Erdgeschosswohnungen stellt sich die Frage, ob der Mieter auch an der Kostentragung beteiligt werden kann. Dies ist grundsätzlich möglich, wenn dies im Mietvertrag vereinbart wurde (BGH, Urteil vom 20.09.2006, VIII ZR 103/06). Der Verteilungsmaßstab muss in diesem Fall entsprechend angepasst werden.

Eine Besonderheit stellt auch die Nutzung von gesonderten Aufzügen für Rollstühle zu barrierefreien Wohnungen dar. Hier sollte auch eine gesonderte Regelung zur Kostenübernahme in den jeweiligen Mietverträgen getroffen werden, da es sich hier nur um bestimmte Nutzer handelt.

Sollte ein Grundstück mit mehreren Gebäudeteilen bebaut sein, dann ist die Umlage nur auf die Mieter möglich, die tatsächlich einen Nutzen von dem Aufzug haben.

Beispiel

Ein Grundstück der MEWOH Musterwohn GmbH ist bebaut mit verschiedenen Gebäuden – Vorderhaus, Hinterhaus und Seitengebäude. Allerdings ist nur das Hinterhaus mit einem Aufzug versehen. Somit kann die MEWOH die Kosten des Aufzugs nur auf die Mieter des Hinterhauses umlegen.

Es ist üblich, für die Aufzüge Wartungsverträge abzuschließen. In der Praxis wird zwischen Voll- und Systemwartungsverträgen unterschieden:

Systemwartungsvertrag	Vollwartungsvertrag
• allg. Wartungsleistung • Nachstellarbeiten an Türen und Bremsen • Reinigung bestimmter Bauteile	• allg. Wartungsleistungen • Nachstellarbeiten an Türen und Bremsen • Reinigung bestimmter Bauteile • Störungsbeseitigung • Lieferung von Ersatzteilen • Instandsetzung, z. B. Steuerung • Haupt- und Zwischenprüfung

Merke!

Bei Vollwartungsverträgen sind alle nichtumlegbaren Kosten abzugrenzen.

ProdSG
Produktsicherheitsgesetz

BetrSichV
Betriebssicherheitsverordnung

Aufzüge sind überwachungsbedürftige Anlagen gemäß ProdSG und BetrSichV. Die Hauptprüfung hat alle 24 Monate und die Zwischenprüfung in dem jeweiligen Jahr dazwischen stattzufinden. Die Prüfung darf nur durch zugelassene Firmen, z. B. TÜV oder DEKRA, durchgeführt werden. Eine entsprechende Dokumentation ist vom Eigentümer aufzubewahren.

Die Kosten der Reinigung des Fahrkorbs bzw. der Kabine zählen zu den Kosten der Gebäudereinigung (§ 2 Nr. 9 BetrKV).

Nicht umlagefähig sind:
- Kosten für Reparaturen
- Entstörungsdienst
- Beseitigung von Zerkratzungen und Graffiti
- Austausch der defekten Leuchtmittel
- Austausch des Öls bei Hydraulikaufzügen

Merke!

Es sollen möglichst alle Betriebskostenarten mit den Mietern im Mietvertrag vereinbart werden. Wird über eine Modernisierungsmaßnahme nachträglich ein Aufzug eingebaut, können die Mieter nach vorheriger Ankündigung an den Betriebskosten für den Aufzug beteiligt werden.

1.10.8 Die Kosten der Straßenreinigung und Müllentsorgung (§ 2 Nr. 8 BetrKV)

Zu den umlagefähigen Kosten gehören die folgenden Positionen.

Straßenreinigung:
- die an die öffentliche Straßenreinigung zu entrichtenden Gebühren
- Kosten entsprechender nicht öffentlicher Maßnahmen

Müllentsorgung:
- namentlich die für die Müllabfuhr zu entrichtenden Gebühren
- Kosten entsprechender nicht öffentlicher Maßnahmen
- Kosten des Betriebs von Müllkompressoren, Müllschluckern, Müllabsauganlagen
- Kosten des Betriebs von Müllmengenerfassungsanlagen einschließlich der Kosten der Berechnung und Aufteilung
- Kosten für Transport von Müllbehältern
- regelmäßig anfallende Sperrmüllentsorgungen (keine Entrümpelungsaktionen)

In den jeweiligen Satzungen der Kommunen ist geregelt, wer welche Leistungen bei der Straßen- und Gehwegreinigung sowie dem Winterdienst durchzuführen hat. Die Reinigung der öffentlichen Straßen, Gehwege und Plätze obliegt in der Regel der Gemeinde. Die jeweiligen Gebühren werden auf die Grundstückseigentümer umgelegt. In den Satzungen ist geregelt, wie die Kosten berechnet werden und in welchem Verhältnis die Eigentümer diese Kosten tragen müssen.

Die Umlage der Kosten kann erfolgen nach
- Straßenfront sowie
- Grundstücksgröße.

Die Gemeinden verpflichten darüber hinaus die Grundstückseigentümer, den Winterdienst für die Gehwege vor ihren Grundstücken zu übernehmen (**Verkehrssicherungspflicht**). Der Umfang der Arbeiten, die Häufigkeit der Beräumung und der Einsatz von Streumitteln sind in der jeweiligen Satzung geregelt.

Verkehrssicherungspflicht
▶ LF 4, Kap. 2.2.4

In der Praxis werden oftmals Verträge mit Firmen abgeschlossen, die auf Winterdienste spezialisiert sind. Diese Kosten können auf die Mieter umlegt werden.

Auch die Räumung der Wege, Zugänge und Einfahrten auf dem Grundstück gehört mit zur Verkehrssicherungspflicht des Vermieters. Zuständig ist also auch hier erst einmal der Grundstückseigentümer. Die Arbeiten können aber durch eine vertragliche Vereinbarung (Mietvertrag) auf den Mieter übertragen werden. Oftmals wird aber auch für diese Arbeiten ein Dienstleister mit der Ausführung beauftragt. Die Kosten sind umlegbar.

Bei der Müllentsorgung werden je nach Kommune **unterschiedliche Entsorgungssysteme** verwendet. Auch hier liegt in der Regel eine entsprechende Satzung vor. Darin ist geregelt, welche Entsorgungssysteme, z. B. Tonnen oder Säcke, im jeweiligen Ort genutzt werden dürfen. Ebenso sind die Größe der jeweiligen Mülltonnen, die Mülltrennung, die Abholintervalle und die Kosten geregelt. Eine entsprechende Mülltrennung ist ebenfalls vorgegeben. So werden zum Beispiel Behälter für Restmüll, Bioabfälle, Papier und Pappe sowie Kunststoff auf den einzelnen Grundstücken genutzt. Die Kosten werden auf die Mieter umgelegt.

Auf Sammelplätzen oder Wertstoffhöfen stehen zusätzliche Behälter für die Entsorgung von Glas, Sperrmüll und Gartenabfällen usw. zur Verfügung. Dafür sind durch den Nutzer die Kosten in der Regel direkt vor Ort zu entrichten.

Bei Gewerbeeinheiten ist die Satzung der Kommune zu berücksichtigen. Diese sieht oftmals eine separate Müllentsorgung von Gewerbemüll (eigene Behälter) vor. Sind die Kosten vom Grundstückseigentümer zu übernehmen, kann er diese auf den Gewerbemieter umlegen.

Merke!

Die Abrechnung erfolgt in der Regel nach der Wohnfläche, es sei denn, für jede Wohnung kann eine separate Mülltonne gestellt und abgerechnet werden.

Vielerorts sind bereits Anlagen aufgestellt, die es ermöglichen, das Müllaufkommen verbrauchsabhängig zu erfassen und auf den jeweiligen Verursacher (Nutzer) umzulegen. Für diese verbrauchsabhängige Erfassung gibt es verschiedene Systeme, z. B:

- Das Gefäß ist nur über einen codierten Schlüssel zu öffnen und das Gewicht des eingeworfenen Mülls wird erfasst und dem einwerfenden Mieter zugeordnet.
- Das Gefäß hat eine begrenzte Einwurfmöglichkeit (z. B. begrenzt auf 20 l). Der Mieter kann das Gefäß wieder nur über einen codierten Schlüssel öffnen, sodass zugeordnet werden kann, wer wie viele Gebinde à 20 l eingeworfen hat.

1.10.9 Die Kosten der Gebäudereinigung und Ungezieferbekämpfung (§ 2 Nr. 9 BetrKV)

Darunter versteht man die Kosten für die Säuberung der von den Bewohnern gemeinsam genutzten Gebäudeteile, wie Zugänge, Flure, Treppen, Keller, Bodenräume, Waschküchen und Fahrkorb/-kabine des Aufzugs.

Besonderheiten sind bei eingeschränkter Nutzung von Räumlichkeiten zu beachten, z. B. wenn nur einige Mieter einen bestimmten Raum nutzen können.

Wenn ein Unternehmen für die Reinigungsarbeiten selbst Angestellte beschäftigt, sind, wie bei einem Hausmeister, auch die Arbeitergeberanteile zur Sozialversicherung und Sonderzahlungen (z. B. Weihnachtsgeld oder Gratifikationen) auf die Mieter umlegbar.

Die Kosten für den Hauswart
▶ LF 5, Kap. 1.10.14

Die Abrechnung erfolgt auf Grundlage der Rechnungen der Dienstleistungsunternehmen oder des eigenen Rechnungswesens mit den anteiligen Personalkosten für die Einheit – inkl. der derzeit gültigen Umsatzsteuer. Die Umlage erfolgt im Verhältnis der Wohnflächen.

Keine Umlagemöglichkeit besteht für Kosten aufgrund von
- Baureinigungen wegen Instandsetzungsarbeiten, Modernisierungen oder anderer Bautätigkeiten,
- Beseitigung von Graffiti (diese Arbeiten gehören zu den Instandhaltungsarbeiten) oder
- anderer Beschmutzungen, die durch die nicht ordnungsgemäße Nutzung der Verkehrsflächen und Gemeinschaftsräume entstehen.

Reinigen die Mieter noch selbst gemäß der Hausordnung, entfällt die Umlage. Wird die Reinigung nicht ordnungsgemäß oder gar nicht durchgeführt, hat der Vermieter die Möglichkeit, ein Dienstleistungsunternehmen einzusetzen.

Um die Kosten für die Ungezieferbekämpfung umlegen zu können, muss neben der mietvertraglichen Vereinbarung auch eine Regelmäßigkeit gegeben sein. Die einmalige Bekämpfung von Ungeziefer ist demnach nicht umlegbar. Auch hier wird die Umlage in der Regel nach der Wohnfläche erfolgen, es sei denn es gilt das **Verursacherprinzip**.

1.10.10 Die Kosten der Gartenpflege (§ 2 Nr. 10 BetrKV)

Hier werden die Kosten erfasst, die für Pflege der gärtnerisch angelegten Grundstücksflächen notwendig sind.

Namentlich zählt die BetrKV auf:
- Kosten der Pflege gärtnerisch angelegter Flächen, einschließlich der Erneuerung von Pflanzen und Gehölzen
- Kosten der Pflege von Spielplätzen, einschließlich der Erneuerung von Sand und der Pflege von Plätzen, Zugängen und Zufahrten, die dem nicht öffentlichen Verkehr dienen

Weiterhin sind anteilig durch die Mieter die folgenden Kosten zu tragen:
- Rasenmähen, Düngen, Vertikutieren und Unkrautbeseitigen auf dem Rasen und den Rabatten
- Beschneiden von Bäumen, Sträuchern und Hecken
- Erneuerung von Pflanzen
- Wässern und Gießen im Sommer

- Abtransportieren von Gartenabfällen
- Entfernen verblühter Blumen
- alters-, witterungs- oder umweltbedingtes Beseitigen von Sträuchern und Bäumen sowie entsprechende Neubepflanzung
- Nachsäen von Rasen
- Personalkosten für die Pflege und erforderlichen Materialien, wie z. B. Pflanzen und Dünger, Betriebs-, Wartungs- sowie Reparaturkosten für Geräte, durch die höhere Personalkosten eingespart werden können (hier wird auf das **Prinzip der Wirtschaftlichkeit** abgestellt)
- Benzin für den Rasenmäher

Prinzip der Wirtschaftlichkeit
▶ LF 4, Kap. 1.6

BGH, Urteil vom 10.02.2016, VIII ZR 33/15

Zu den Kosten der Gartenpflege gehört auch der Aufwand für die Beseitigung von Müll oder Verunreinigungen auf dem Grundstück, für die fremde Personen verantwortlich sind.

BGH, Urteil vom 10.11.2021, AZ. VIII ZR 107/20

Bei der Umlage der Kosten zur Erneuerung von Pflanzen und Gehölzen kam es regelmäßig zu Streitereien, wenn es um das Fällen eines morschen Baumes ging. Der BGH hat nun eindeutig geklärt, dass auch diese Kosten umgelegt werden dürfen. Begründet wurde es damit, dass Bäume verholzte Pflanzen sind.

Auch zur Gartenpflege gehören die Erhaltungsmaßnahmen an Spielgeräten, wie z. B. die notwendigen Sicherheitsüberprüfungen.

Auch die Kosten der Pflege von Dachbegrünungen sind umlagefähig. Diese können zwar nicht betreten werden, steigern aber den Wohnwert des Grundstücks und das Wohlbefinden der Bewohner.

Die Neuanlage von Gartenflächen kann ebenfalls umgelegt werden, sofern es gärtnerisch erforderlich ist.

Merke!

Gegenüber den Mietern wird mithilfe der Rechnungen der Dienstleistungsunternehmen abgerechnet. Als Umlageschlüssel wird die Wohnfläche zugrunde gelegt.

1.10.11 Die Kosten der Beleuchtung (§ 2 Nr. 11 BetrKV)

Obhutspflicht
▶ LF 4, Kap. 2.4.3

Der Vermieter muss auf den Verkehrswegen und in den Gemeinschaftsräumen für eine ausreichende Beleuchtung sorgen (**Obhutspflicht**).

Umlegbar sind
- die Kosten für den Strom der Außenbeleuchtung, der Beleuchtung von Hausnummern und der Beleuchtung der Gegensprechanlagen sowie
- die Kosten für die Beleuchtung der von den Bewohnern gemeinsam genutzten Gebäudeteile, wie Zugänge, Flure, Treppen, Keller, Bodenräume und Waschküchen.

Beeinflussen können Sie die Kosten durch Maßnahmen wie:

- Wechsel zu einem günstigeren Stromanbieter
- Einbau von Energiesparlampen
- Veränderung des Intervalls der Hausbeleuchtung
- etagenweise Schaltung der Hausbeleuchtung

Merke!

Nicht umlegbar sind Kosten für die Erneuerung defekter Leuchtmittel und die Reparaturen an den Anlagen.

Die Abrechnung erfolgt über die Schlussrechnung des Stromanbieters. Die Schlussrechnung enthält die Grundkosten, den Tarif für den Verbrauch, die Verrechnung der Abschläge, die Steuern sowie die Umsatzsteuer entsprechend den gesetzlichen Vorgaben. Die umlagefähigen Kosten werden im Verhältnis der Wohnflächen auf die Mieter umgelegt.

Nicht in dieser Position umlegbar sind gemäß BGH die Kosten für den Heizungsstrom sowie die Kosten für den Strom der Aufzugsanlage. Diese Kosten werden in der Regel über einen gesonderten Zähler erfasst und fließen in die Heizkostenabrechnung ein.

BGH, Urteil vom 20.02.2008, VIII 27/07

1.10.12 Die Kosten der Schornsteinreinigung (§ 2 Nr. 12 BetrKV)

Die BetrKV bestimmt die Kehrgebühren nach der maßgebenden Gebührenordnung. Eine eigene Rubrik in der Abrechnung für die Kehrgebühren ist nur nötig, wenn diese nicht schon in der Heizkostenabrechnung erfasst sind. Aufgrund der bestehenden Gebührenordnungen gibt es keine Möglichkeit, die Höhe der Kosten zu beeinflussen. Diese werden auf die einzelnen Nutzer im Verhältnis der Wohnfläche untereinander verteilt. Basis für die Abrechnung sind die jeweiligen Rechnungen des Schornsteinfegers.

Die Kosten können gesondert als eigenständige Position oder in der Heizkostenabrechnung abgerechnet werden.

Liegen Rechnungen für einzelne Mieter vor, z. B. für einen Kaminofen oder eine Gastherme, so werden diese auch nutzerabhängig umgelegt.

Beispiel

Im Haus gibt es eine zentrale Heizungsanlage. Diese versorgt alle zehn Mietwohnungen mit Heizwärme. Mieter A hat in seiner Wohnung noch zusätzlich einen Kamin installiert. Die Rechnung des Schornsteinfegers für die zentrale Heizungsanlage wird nach Wohnfläche auf alle Mieter umgelegt. Mieter A werden zusätzlich noch die Gebühren für den Kamin angerechnet.

KÜO
Verordnung über die Kehrung und Überprüfung von Anlagen

Die Gebühren werden gemäß der Kehr- und Überprüfungsordnung (KÜO) den Grundstückseigentümern in Rechnung gestellt.

1.10.13 Die Kosten der Sach- und Haftpflichtversicherungen (§ 2 Nr. 13 BetrKV)

In § 2 BetrKV sind unter Punkt 13 folgende Kosten benannt:
- Versicherung des Gebäudes gegen Feuer-, Sturm-, Wasser- sowie sonstige Elementarschäden
- Versicherung gegen Vandalismusschäden
- Glasversicherung
- Haftpflichtversicherung für das Gebäude, den Öltank und den Aufzug
- Terrorschadenversicherung bei Grundstücken mit Gefährdungslagen
- Spezialversicherungen für elektronische Systeme, z. B. Alarm- und Brandanlagen

Terrorschadenversicherung
BGH, Urteil vom 13.10.2010 XII ZR 129/09

Sonstige Elementarschäden sind für Schäden durch:
- Hochwasser, Überschwemmungen
- Erdbeben, Erdrutsche
- in Bergbaugebieten gegen Bergschäden

Merke!

Es dürfen nur Versicherungselemente umgelegt werden, die tatsächlich für das jeweilige Grundstück notwendig sind.

Die Höhe einer Versicherungsprämie ist nicht nur vom Gebäudealter abhängig, sondern auch von dessen Ausstattung und Nutzung. Bei einer Mischnutzung kann es aufgrund der Gewerbemieter zu höheren Prämien kommen, sodass bei der Umlage der Kosten ein Vorwegabzug vorgenommen werden sollte.

Einspareffekte können durch ein konsequentes Vertragsmanagement erreicht werden, wie z. B. die regelmäßige Überprüfung der Vertragsinhalte und eines Beitragsvergleichs.

Gegenüber den Mietern werden die entstandenen Kosten mit den Policen und erfolgten Zahlungen belegt und diese im Verhältnis der Mietflächen untereinander verteilt.

Nicht umlagefähig sind die Versicherungen des Betriebs bzw. Eigentümers. Dazu zählen z. B.:
- Mietausfallversicherung
- Rechtsschutzversicherung
- private Haftpflichtversicherung und Hausratversicherung des Vermieters
- Lebensversicherung
- Bauherrenhaftpflicht
- Reparaturversicherungen

Ungeachtet dessen sollte der Vermieter darauf Wert legen, dass seine Mieter sich auch mit einer angemessenen Hausrat- bzw. Haftpflichtversicherung versorgen. Besonders die Haftpflichtversicherung für durch den Mieter verursachte Schäden am Grundstück bzw. gegenüber den anderen Bewohnern ist als notwendig zu betrachten. In vielen Mietverträgen gibt es dazu bereits eine Vertragsklausel.

Vertraglich geforderte Versicherungen sollten in regelmäßigen Abständen beim Mieter abgefragt werden.

1.10.14 Die Kosten für den Hauswart (§ 2 Nr. 14 BetrKV)

Die Betriebskostenverordnung benennt die umlagefähigen Kosten wie folgt:

- Hierzu gehören die Vergütung, die Sozialbeiträge und alle geldwerten Leistungen, die der Eigentümer oder Erbbauberechtigte dem Hauswart für seine Arbeit gewährt, soweit diese nicht die Instandhaltung, Instandsetzung, Erneuerung, Schönheitsreparaturen oder die Hausverwaltung betreffen.
- Soweit Arbeiten vom Hauswart ausgeführt werden, dürfen Kosten für Arbeitsleistungen nach den Nummern 2 bis 10 und 16 nicht angesetzt werden.

Hausmeisterkosten sind abzugrenzen. Das heißt, sind in den Hausmeisterleistungen z. B. Kosten der Gebäudereinigung oder Gartenpflege enthalten, dürfen diese nicht in einem Betrag ausgewiesen werden. In der Praxis bedeutet das, dass die Kosten getrennt auszuweisen sind oder die unterschiedlichen Anteile zu erläutern sind.

BGH, Urteil vom 22.09.2010, VIII ZR 285/09

Arbeiten, die eindeutig der Verwaltung zuzuordnen sind, dürfen nicht auf den Mieter umgelegt werden, wie z. B. Übergaben und Abnahmen der Mieträume, Überstellung der Schreiben der Verwaltungen an die Mieter und Aushänge des Unternehmens an den Schautafeln in den Objekten.

Übergabeprotokoll
▶ LF 4, Kap. 2.5

In der Praxis sind zwei Varianten geläufig, den Hausmeisterdienst zu organisieren:

1. Anstellung eigener Mitarbeiter/innen bei der Verwaltungsfirma bzw. dem Vermieter/der Vermieterin
2. Beauftragung eines externen Dienstleisters

Bei einem angestellten Hauswart sind die entstandenen Personalkosten die Berechnungsgrundlage. Diese Werte können dem Rechnungswesen entnommen werden. Dazu zählen:

- Arbeitslohn
- Sozialbeiträge, einschließlich der Arbeitgeberanteile
- Beitrag zur betrieblichen Altersversorgung
- Lohnsteuerpauschale
- zusätzliche Kosten für eine Krankheits- oder Urlaubsvertretung
- Weihnachtsgeld und Jubiläumsgeschenk
- Beitrag zur Berufsgenossenschaft

Viele Mieter gehen davon aus, dass der Betrag in ihrer Abrechnung auch dem Jahresbruttolohn entspricht. Auch hier müssen die Arbeiten auf das konkrete Grundstück herausgerechnet werden, da in der Regel der Hausmeister nicht nur für ein Grundstück tätig ist. Das gilt ebenso für Arbeiten, die für die Verwaltung bzw. für den Grundstückseigentümer vorgenommen werden. Es bietet sich an, in der Kommentierung der Betriebskostenabrechnung diesen Umstand mit aufzunehmen, um unnötigen Rückfragen entgegenzuwirken.

AG Wuppertal, Urteil vom 02.06.1993, 95 C 845/92

Von diesem Wert sind die entstandenen Personalkosten für Verwaltungsarbeiten und Instandsetzungs-/-haltungsarbeiten abzuziehen. Dazu zählen z. B.:

- Wartungs- und Reparaturarbeiten
- Wartungs- und Pflegekosten, die nach § 2 Nr. 2 bis 10 und Nr. 16 ansetzbar sind
- Verwaltertätigkeiten, z. B. das Austragen der Mieterpost
- Überwachung von Baumaßnahmen

Bei den externen Hauswartkosten ist der Vertrag mit dem Hauswartunternehmen die Abrechnungsgrundlage. Es empfiehlt sich, für weitere Aufgaben, außer für die den Betriebskosten zuzuordnenden Arbeiten, einen weiteren Vertrag abzuschließen. So ist die Dokumentation gegenüber den Abrechnungsempfängern einfacher.

Erbringt der Grundstückseigentümer bzw. Vermieter die Arbeiten des Hauswarts selbst, so kann er die Kosten ansetzen, die für die gleichwertige Leistung eines Dienstleisters angesetzt werden könnten. Die Umsatzsteuer darf dabei nicht angerechnet werden.

Merke!

Die Kosten werden in der Regel über die Wohnfläche umgelegt. Es besteht aber zum Beispiel auch die Möglichkeit, die Umlage über Wohnungseinheiten vertraglich zu vereinbaren.

1.10.15 Die Kosten für den Betrieb der Gemeinschaftsantennenanlage, des Betriebs der mit einem Breitbandkabelnetz verbundenen privaten Verteilanlage oder einer gebäudeinternen Verteileranlage mittels Glasfaser (§ 2 Nr. 15 BetrKV)

Hierzu gehören die Kosten der Gemeinschaftsantennenanlage (Nr. 15a). Sie kann selbst errichtet oder angemietet werden. Die Mietkosten zählen zu den umlagefähigen Kosten. Weiterhin sind auf die Mieter umzulegen:

- Kosten für Betriebsstrom
- Kosten für die regelmäßige Prüfung der Betriebsbereitschaft
- Kosten für die Einstellung durch eine Fachkraft

Bis zum 30. Juni 2024 sind außerdem umlagefähig das Nutzungsentgelt für eine nicht zu dem Gebäude gehörende Antennenanlage sowie die Gebühren, die nach dem Urheberrechtsgesetz für die Kabelweitersendung entstehen.

Mit der Kabelweitersendung ist die Übertragung bzw. Weiterleitung von Signalen gemeint.

Ebenso können die Kosten des Betriebs der mit einem Breitbandnetz verbundenen privaten Verteileranlage umgelegt werden (Nr. 15b).

Dazu gehören die Kosten des Betriebsstroms für die Anlage und bis zum 30. Juni 2024 außerdem die weiteren vorab genannten Kosten sowie die laufenden Grundgebühren für Breitbandanschlüsse.

Ergänzt wurde die Kostenposition um die Kosten einer gebäudeinternen Verteileranlage, die vollständig mittels Glasfaser mit einem öffentlichen Netz mit sehr hoher Kapazität im Sinne des § 3 Nummer 33 des Telekommunikationsgesetzes verbunden ist, wenn der Mieter seinen Anbieter von öffentlich zugänglichen Telekommunikationsdiensten über seinen Anschluss frei wählen kann (Nr. 15c).

Merke!

Als Umlageschlüssel empfiehlt sich die Zahl der Anschlüsse pro Wohnung. Sollte das nicht im Mietvertrag so vereinbart sein, muss nach Wohnfläche umgelegt werden.

1.10.16 Die Kosten des Betriebs der Einrichtungen für die Wäschepflege (§ 2 Nr. 16 BetrKV)

Ist ein Waschmaschinenraum auf dem Grundstück vorhanden und kann dieser von allen Mietern genutzt werden, können die folgenden Kosten umgelegt werden:

- Kosten des Betriebsstroms
- Kosten der Überwachung
- Pflege und Reinigung der Einrichtungen
- Kosten der regelmäßigen Prüfung von Betriebsbereitschaft und -sicherheit
- Kosten der Wasserversorgung entsprechend Nummer 2, soweit sie nicht dort bereits berücksichtigt sind

Es ist zu empfehlen, dass für jeden Waschmaschinenstellplatz eine separate abschließbare Wasseruhr installiert wird. Auch der notwendige Stromanschluss für Waschmaschine und Trockner sollte über ein abschließbare Steckdose verfügen. Der Stromverbrauch muss dann über den Stromzähler des Mieters berechnet werden.

Werden Waschmaschinen und Trockner durch den Vermieter gestellt, dann ist es sinnvoll, die Abrechnung über eine direktes Bezahlsystem zu erstellen, z. B. mittels Wertchips oder eines eigenständigen Abrechnungssystems.

1.10.17 Sonstige Betriebskosten (§ 2 Nr. 17 BetrKV)

Die Betriebskostenverordnung benennt hier keine Betriebskosten namentlich. Vielmehr wurde durch den Gesetzgeber wie folgt formuliert:

Sonstige Betriebskosten

(...) hierzu gehören Betriebskosten im Sinne des § 1, die von den Nummern 1 bis 16 nicht erfasst sind.

Es handelt sich um einen Auffangtatbestand, der es ermöglicht, Kosten beispielsweise aufgrund künftiger technischer Entwicklungen oder gesetzlicher Änderungen umzulegen. Im Lernfeld 4 wurde bereits dargelegt, dass eine Vereinbarung im Mietvertrag nicht ausreicht, welche die „Sonstigen Betriebskosten" nicht genau bestimmt. In diesem Fall ist keine Umlage auf Ihre Mieter möglich. Unter die Position „Sonstige Betriebskosten" können laut Mietvertrag zum Beispiel die Kosten fallen für:

- Feuerlöschgeräte, einschließlich des Austauschs des Löschmittels
- Prüfung von Blitzableitern und Brandschutzanlagen
- Wartung von Rauchmelderanlagen
- regelmäßige Reinigung von Abwasser- und Regenwasserrohren
- Betrieb und Wartung einer Lüftungsanlage
- Überwachung von elektrischen und elektronischen Anlagen
- Betriebskosten für Gemeinschaftsanlagen:
  - Schwimmbad
  - Sauna
  - Fitnessraum
  - Hobby- und Partykeller
  - Trockenraum
  - Fahrradkeller

  sofern diese nicht schon im § 2 BetrKV in den Nummern 1 bis 16 enthalten sind
- Notstromanlage für die Sicherheitsbeleuchtung von Rettungswegen, soweit sie gesetzlich vorgeschrieben sind
- Dachrinnenreinigung und -beheizung
- Beheizung von Garagenausfahrten

Dachrinnenreinigung
BGH, Urteil vom 07.04.2004, VIII ZR 167/03

Einrichtung eines Concierge-Dienstes
BGH, Urteil vom 05.04.2005, VIII ZR 78/04

Einige Vermieter tragen dem erhöhten Sicherheitsbedürfnis ihrer Mieter Rechnung, indem sie einen Wachdienst oder einen Concierge-Dienst in den Häusern einrichten. Eine Umlage ist allerdings nur dann möglich, wenn die konkreten Verhältnisse vor Ort dies bedingen. Außerdem muss eine gesonderte Vereinbarung neben dem Mietvertrag abgeschlossen werden.

1.11 Die Heizkostenverordnung (HeizkostenV)

Die Erstellung der Abrechnung gegenüber den Mietern

Zu beachten ist die seit dem 01.12.2021 in Kraft getretene novellierte Heizkostenverordnung.
▶ LF 5, Kap. 1.10.6

Die Heizkostenverordnung verlangt eine verbrauchsabhängige Abrechnung gegenüber den Mietern. In § 7 überlässt der Gesetzgeber den Vertragsparteien, welche Quote für die Verteilung nach der Fläche und welche nach Verbrauch gewählt wird. Er begrenzt jedoch den Flächenanteil auf höchstens 50 %. Die Heizkostenverordnung gibt einen verbrauchsabhängigen Anteil an der Abrechnung von 50 bis 70 % vor.

Wird eine Abrechnung nicht nach dem anteiligen Verbrauch erstellt und nur auf die Fläche umgelegt, so hat der Mieter das Recht, die auf ihn entfallenden Kosten um 15 % zu kürzen. Diese Regelung findet sich in § 12 HeizkostenV.

Ansonsten gelten für die Abrechnung die gleichen Regelungen wie für die Betriebskosten nach BetrKV. Neben der Aufstellung der Einzelpositionen sowie der anteiligen Belastung des Mieters nach Verbrauch, Fläche und Nutzungszeitraum werden diese mit den Vorauszahlungen des Mieters verrechnet.

Im öffentlich geförderten Wohnungsbau besteht die Möglichkeit, ein zweiprozentiges **Umlageausfallwagnis** auf die Gesamtkosten aufzuschlagen. Im Gegenzug darf die Sicherheitsleistung des Mieters (Kaution) nicht mit Rückständen aus der Betriebskostenabrechnung verrechnet werden.

1.12 Die Einwendungsfrist des Mieters (§ 556 Abs. 3 BGB)

Der Mieter hat 12 Monate ab Zugang der Betriebskostenabrechnung Zeit, Einwände gegen die Abrechnung geltend zu machen. Beanstandungen, die der Mieter nach dieser Frist vorträgt, müssen durch den Vermieter nicht mehr berücksichtigt werden. Voraussetzung bleibt aber immer das Vorliegen einer formell ordnungsgemäßen Abrechnung. Sind einzelne Kostenpositionen formell nicht ordnungsgemäß abgerechnet, greift die Frist für die Einwendungen bei diesen Positionen nicht. Ein eventuelles Guthaben des Mieters/der Mieterin ist sofort nach der Rechnungslegung fällig und zahlbar, d.h. an ihn/sie auszuzahlen.

Merke!

Die Bestimmungen des § 556 Abs. 3 BGB dürfen nicht zum Nachteil des Mieters abgeändert werden.

1.13 Zahlungsfristen des Mieters (§ 286 Abs. 3 BGB)

Gemäß § 286 Abs. 3 BGB kommt ein Mieter (Schuldner) spätestens in Verzug, wenn er nicht innerhalb von 30 Tagen nach Fälligkeit bezahlt und auf diese Frist ausführlich hingewiesen wurde. Entsprechende Klauseln können bereits im Mietvertrag vereinbart werden. Der Mieter ist damit angehalten, die Abrechnung innerhalb einer angemessenen Frist zu prüfen. Der Ablauf von zu kurzen Zahlungsfristen löst keinen Verzug des Mieters nach § 286 BGB aus. Der Mieter hat also nicht immer 12 Monate Zeit, seine Nachzahlung zu leisten.

1.14 Betriebskostenabrechnung einer Wohnung mit Gastherme (Beispiel)

Als abschließendes Beispiel folgt nun die Betriebskostenabrechnung einer Wohnung mit Gastherme, wobei die Kosten des Brennstoffs direkt vom Mieter an das Versorgungsunternehmen gezahlt werden. Über die Gastherme erfolgt die Beheizung und die Warmwasserbereitung der Wohnung.

MEWOH Musterwohn GmbH
Mieten. Einziehen. Wohlfühlen.

Fangerstraße 15-20
04104 Leipzig

Tel. +49 0341 9321XX-0
Fax +49 0341 9321XX-9

Mail info@mewoh-musterwohn.dex
www.mewoh-musterwohn.dex

MEWOH Musterwohn GmbH • Fangerstraße 15-20 • 04104 Leipzig
Max und Kerstin Schubert
Schneestraße 13
04205 Leipzig

Leipzig, 22.03.2021

Betriebskostenabrechnung

Abrechnungszeitraum:	01.01.2020 bis 31.12.2020
Ihr Nutzungszeitraum:	01.01.2020 bis 31.12.2020
Abrechnungseinheit:	Whg.-Nr. 03
Gesamtwohnfläche:	483,02 m²
Ihr Anteil:	66,44 m²
Anzahl Mieteinheiten:	7
Umlageschlüssel:	1 nach Wohnfläche
	2 nach Mieteinheiten
	3 Verbrauch
	4 Anzahl Kaltwasserzähler (1 Stück pro Wohnung)

Kostenart	Gesamtkosten in €	Umlageschlüssel	Anteil
Straßenreinigung	158,76	1	21,84
Gebäudeversicherung	895,36	1	123,16
Hausreinigung	999,60	2	142,80
Grundsteuer	620,00	1	85,28
Müllabfuhr*	645,57	2	92,22
Gartenpflege	364,00	1	50,07
Schornsteinfeger	90,85	2	12,98
Hausstrom/Beleuchtung	135,66	1	18,66
Wartung Gastherme	326,00	2	46,57
Gasverbrauchskosten** für Heizung und Wassererwärmung	0,00		0,00
Kaltwasserkosten***	813,09	3	111,53
Kaltwasser Grundpreis	414,61	1	57,03
Abwasserkosten	643,64	3	88,30
Abwasser Grundpreis***	170,85	1	23,50
Niederschlagswasser	287,39	1	39,53
Mietgebühr Kaltwasserzähler	133,00	4	19,00
Summe:	**6.698,38**		**932,47**
Abzüglich der von Ihnen geleisteten Vorauszahlungen			**1.195,92**
Ihr Guthaben beträgt			**263,45**

Hinweis:
Ein mögliches Guthaben wird Ihnen zeitnah auf Ihr Konto überwiesen.

Hauptwasserzähler:

Anfangsstand (01.01.2020):	1.358 m³
Endstand (31.12.2020):	1.805 m³
Gesamtverbrauch:	447 m³

Ihr Anteil:

Gerätenummer:	KWZ 18564
Stand 01.01.2020 (Anfangsstand):	151,356 m³
Stand 31.12.2020 (Endstand):	212,674 m³
Ihr Verbrauch:	61,318 m³

Haushaltsnahe Dienstleistungen nach § 35a EStG:

Erläuterungen:
* pro Wohneinheit eine Mülltonne
** Die Kosten für den Gasverbrauch der Gastherme werden durch den Gaslieferanten direkt mit dem Mieter abgerechnet.
*** Ablesung Kaltwasserzähler

Bezeichnung	Betrag in €	Anteil Lohn- und Fahrkosten in €	Umlage-schlüssel	Ihr Anteil
Hausreinigung	999,60	999,60	2	142,80
Wartung Gastherme	326,00	326,00	2	46,57
Schornsteinfeger/Schornsteinreinigung	90,85	90,85	2	12,98
Gartenpflege	364,00	364,00	1	49,83
			Summe:	**252,18**

SB ▶ SITUATION 41
Mietenbuchhaltung

2 Buchungen im Zusammenhang mit der Miete (Mietenbuchhaltung)

Im Rahmen der Mietenbuchhaltung ist eine ganze Reihe von Sachverhalten buchhalterisch zu bearbeiten. Die Grundlage dafür bilden die vom GdW Bundesverband deutscher Wohnungs- und Immobilienunternehmen e. V. herausgegebenen „Erläuterungen zur Rechnungslegung der Wohnungsunternehmen“ und der Kontenrahmen der Wohnungswirtschaft, ergänzt durch den „Kommentar zum Kontenrahmen der Wohnungswirtschaft“.

2.1 Sollstellung der Miete

Was ist unter der Sollstellung der Miete zu verstehen?

Die Sollstellung der Miete ist das Buchen der Mietforderungen zum Monatsanfang. Dabei werden die geforderten Beträge für eine Gesamtheit von Mietern gebucht, wie sie sich aus den Werten der Nebenbuchhaltung kumulativ ergeben.

①	②		③		④			⑤			⑥		⑦	
Mieter	**Saldovortrag**		**Mieten**		**Betriebskosten**			**Korrekturen**			**Zahlungen**		**Saldo**	
	Soll	Haben	Sollmiete	Zuschläge	Vorauszahlungen (BKVZ)	Abrechnung		Miete	BKVZ	Abschreibungen	Auszahlung	Einzahlung	Soll	Haben
						Nachford.	Guthaben							

In **Mieten-Soll-Listen** werden die zu fordernden Beträge nach ihrer inneren Struktur (Verwendung) aufgeschlüsselt und erfasst.

Über solche oder ähnlich gestaltete Mieten-Soll-Listen werden in der Nebenbuchhaltung die schlussendlich in die Finanzbuchhaltung einfließenden Mietforderungen ermittelt. Die Listen geben gleichzeitig einen Überblick über Mietrückstände und Mietvorauszahlungen, über die Betriebskostenvorauszahlungen und eventuelle Nachzahlungen bzw. Erstattungen aus der Betriebskostenabrechnung des Vorjahres.

Aufbau einer Mieten-Soll-Liste:

① **Mieter:** Hier stehen die Namen/Kennnummern der **Mieter**.

② **Saldovortrag:** Bei einem **Sollsaldo** besteht gegenüber dem jeweiligen Mieter eine **Forderung**. Ein **Habensaldo** bedeutet, dass der Mieter bei der MEWOH Musterwohn GmbH ein Guthaben hat, aus Sicht der MEWOH Musterwohn GmbH handelt es sich um eine **Verbindlichkeit gegenüber dem Mieter**.

③ **Mieten:** Diese Spalte weist die **Forderungen** für den aktuellen Monat aus, aufgeschlüsselt nach **Sollmiete** und **Zuschlägen**.

④ **Betriebskosten:** In der Spalte ④ sind die monatlichen **Vorauszahlungen** auf die Betriebskosten (BKVZ) und die sich aus der jährlichen Betriebskostenabrechnung ergebenden **Nachzahlungen** bzw. **Erstattungen** ausgewiesen.

Im allgemeinen Sprachgebrauch werden die Betriebskostenvorauszahlungen oft auch „Umlagenvorauszahlungen" genannt.

⑤ **Korrekturen:** Hier wird der Verlust von Mietforderungen dokumentiert, wie sie sich aus **Mietminderungen** bzw. aus **Leerstand** (Leerstehen von vermietbarem Raum) ergeben. Weiterhin werden hier die **Abschreibungen** uneinbringlicher Mietforderungen dokumentiert.

⑥ **Zahlungen:** In dieser Spalte werden die eingehenden **Zahlungen** (der Mieter begleicht Mietforderungen) und die ausgehenden Zahlungen (dem Mieter werden Guthaben erstattet) erfasst.

⑦ **Saldo:** Aus den Daten der Spalten ② bis ⑥ lässt sich der **Saldo der Mietforderungen** zum Ende des Monats ermitteln. Diese Zahlen sind zugleich die Werte des Saldovortrags zu Beginn des neuen Monats.

Derartige Mieten-Soll-Listen können und werden in der Regel auch für jeden einzelnen Mieter, für jedes Objekt (Haus) und für Objektgruppen erstellt.

Kontierung

In der Finanzbuchhaltung wird der zuvor in der Nebenbuchhaltung ermittelte und zu fordernde Gesamtbetrag an Mieten **auf einem Unterkonto des Kontos (200) Mietforderungen** erfasst, das der „Kommentar zum Kontenrahmen der Wohnungswirtschaft" in die folgenden Konten unterteilt:

Die Kontierung und die inhaltliche Erklärung zu den Konteninhalten der folgenden Themen orientieren sich grundsätzlich am „Kommentar zum Kontenrahmen der Wohnungswirtschaft", Herausgeber: GdW Bundesverband deutscher Wohnungs- und Immobilienunternehmen e. V., Freiburg 2017.

(2000)	Mietenkontokorrent-Sammelkonto
(2001)	Forderungen an ehemalige Mieter
(2002)	Forderungen aus abgerechneten Umlagen
(2003)	Forderungen aus Verpachtung

Die Forderungen aus der Sollstellung der Miete werden in den folgenden Darstellungen auf dem Konto **(2000) Mietenkontokorrent-Sammelkonto** erfasst, das vereinfacht auch als Konto für die „**Mietforderungen**" verstanden werden kann. Da sich die Gesamtheit der **Mietforderungen** aus verschiedenen Teilbeträgen zusammensetzt, stehen ihr in der **Gegenbuchung** auch verschiedene Konten gegenüber.

1. Die geforderte **Grundmiete** (Einzelmiete) – die sich aus einem Quadratmeterpreis je Monat ergibt – wird als Ertrag auf dem Konto **(600) Sollmieten** gebucht.

Sollmiete

Die **Sollmiete** ist die mit den Mietern vertraglich vereinbarte Miete.

In der Praxis wird zumeist unterschieden zwischen **Sollmieten** für
- Wohnungen,
- Gewerbeeinheiten,
- sonstige Mieteinheiten sowie
- Garagen und Stellplätze.

2. Geforderte Gebühren und Zuschläge sind auf dem Konto **(602) Gebühren und Zuschläge** zu erfassen.

Konto (602) Gebühren und Zuschläge

Hier werden regelmäßig wiederkehrende **Entgelte** gebucht, die im **Zusammenhang mit der Vermietung** stehen, **neben der Miete** erhoben werden und **nicht über die Miete selbst abzurechnen** sind.

Dazu gehören beispielsweise
- Antennengebühren,
- Gebühren für die Mitvermietung von Einrichtungs- und Ausstattungsgegenständen,
- Zuschläge für die Benutzung von Wohnraum zu anderen als Wohnzwecken,
- Zuschläge für die Untervermietung von Wohnraum.

3. Eingeforderte **Betriebskostenvorauszahlungen (BKVZ)** sind *nicht* Bestandteil der **Mieterträge**. Sie sind gesondert auf dem Konto **(431) Anzahlungen auf unfertige Leistungen** zu erfassen. Aus verwaltungs- und abrechnungstechnischen Gründen empfiehlt sich eine weitere kontenmäßige Gliederung für die Vorauszahlungen auf die Betriebs- und die Heizkosten.

   Die Verrechnung dieser Anzahlungen mit den tatsächlich entstandenen und abzurechnenden Betriebskosten erfolgt in der sich auf den relevanten Zeitraum beziehenden Betriebskostenabrechnung.

Buchungen

Die Mietenbuchhaltung als Nebenbuchhaltung ermittelt die dann in der Finanzbuchhaltung zu erfassenden Beträge.

Mieten-Soll-Listen

Die Mieten-Soll-Listen der einzelnen Mieter lassen sich zu Sammellisten für Häuser, Objekte oder auch Objektgruppen zusammenfassen. Diese Listen haben Belegcharakter für die Finanzbuchhaltung.

Mieten-Soll-Liste für das Objekt Wiesenstraße 18 (preisgebundene Wirtschaftseinheit) der MEWOH Musterwohn GmbH mit den Mietern (A) bis (E) für Dezember (00):

Mieten-Soll-Liste für das Objekt Wiesenstraße 18

Mieter A | Mieter B | Mieter C | Mieter D | Mieter E

Objekt Wiesenstraße 18			**(Angaben in €)**			
Mieter	**Saldovortrag**		**Miete**		**Betriebskosten**	...
	Soll	**Haben**	**Sollmiete**	**Zuschläge**	**Vorauszahlung**	...
A	0	0	450,00	35,00	180,00	...
B	0	0	520,00	0,00	200,00	...
C	0	0	480,00	40,00	300,00	...
D	0	0	350,00	0,00	150,00	...
E	0	0	500,00	40,00	350,00	...
Summe	0	0	2.300,00	115,00	1.180,00	...

2.300,00 €	Sollmieten (600)
115,00 €	Zuschläge (602)
1.180,00 €	BKVZ (431)
3.595,00 €	**Mietforderungen (2000)**

Die Mieten-Soll-Liste zeigt die Gesamtforderungen von 3.595,00 €, die sich aus den Werten für

- die Sollmieten (2.300,00 €),
- die Zuschläge (115,00 €) und
- die Betriebskostenvorauszahlungen – BKVZ (1.180,00 €)

zusammensetzen und in der Finanzbuchhaltung zu folgenden Buchungen führen:

Buchung der Sollstellung der Miete

Soll	an	Haben	€
(2000)			3.595,00
	an	(600)	2.300,00
	an	(602)	115,00
	an	(431)	1.180,00

Die Mietenbuchhaltung enthält auch die Informationen, welche Mieter welche Geldbeträge gezahlt haben. In der Mieten-Soll-Liste stehen sie in der Spalte ⑥ unter **Einzahlungen**.

Objekt Wiesenstraße 18 (Angaben in €)										
Mieter	Saldovortrag		Mieten		Betriebskosten	...	Zahlungen		Saldo	
	Soll	Haben	Soll-miete	Zu-schläge	Voraus-zahlungen	...	Auszahlung	Einzahlung	Soll	Haben
A	0,00	0,00	450,00	35,00	180,00	...	0,00	**665,00**	0,00	0,00
B	0,00	0,00	520,00	0,00	200,00	...	0,00	**720,00**	0,00	0,00
C	0,00	0,00	480,00	40,00	300,00	...	0,00	**820,00**	0,00	0,00
D	0,00	0,00	350,00	0,00	150,00	...	0,00	**500,00**	0,00	0,00
E	0,00	0,00	500,00	40,00	350,00	...	0,00	**890,00**	0,00	0,00
Summe	0,00	0,00	2.300,00	115,00	1.180,00	...	0,00	**3.595,00**	0,00	0,00

Buchung der Bankgutschrift

Soll	an	Haben	€
(274)	an	(2000)	3.595,00

Zum Monatsende bzw. zum Bilanzstichtag ist erkennbar, inwieweit die Mietforderungen beglichen worden sind. Beim vorliegenden Beispiel wurden alle geforderten Beträge gezahlt, somit sind alle Forderungen beglichen, ein Saldo zum Ende der Abrechnungsperiode (Monat oder Geschäftsjahr) besteht also nicht.

2.2 Rückständige Mieten

Rückständige Mieten

Hierbei handelt es sich um offene Mietforderungen, die zum Jahresabschluss zu bewerten sind. Dabei ist zu unterscheiden zwischen

- **einwandfreien** Mietforderungen (Forderungen ohne Ausfallrisiko),
- **zweifelhaften** Mietforderungen (Forderungen, die ein Ausfallrisiko haben und die Gefahr besteht, dass sie nur teilweise oder gar nicht mehr beglichen werden) und
- **uneinbringlichen** Mietforderungen.

2.2.1 Einwandfreie Forderungen

Einwandfreie Forderungen

Hierunter fallen Forderungen ohne Ausfallrisiko; es wird also davon ausgegangen, dass die bestehenden Forderungen vollständig beglichen werden und mit ihrem **Nennwert** bilanziert, d. h. über das **(989) Schlussbilanzkonto** abgeschlossen werden können.

Beispiel

Es ist möglich, dass nicht alle Mietforderungen beglichen werden. Zahlen z. B. die Mieter (B) und (D) im Dezember ihre Mieten nicht an die MEWOH, wird die Mietenbuchhaltung die rückständigen Mieten registrieren und dokumentieren.

Für die Mieten-Soll-Liste ergibt sich dann das folgende Bild:

Objekt Wiesenstraße 18 (Angaben in €)											
Mieter	Saldovortrag		Mieten		Betriebskosten	...	Zahlungen		Saldo		
	Soll	Haben	Sollmiete	Zuschläge	Vorauszahlungen	...	Auszahlung	Einzahlung	Soll	Haben
A	0,00	0,00	450,00	35,00	180,00	...	0,00	**665,00**	0,00	0,00
B	0,00	0,00	520,00	0,00	200,00	...	0,00	**0,00**	**720,00**	0,00
C	0,00	0,00	480,00	40,00	300,00	...	0,00	**820,00**	0,00	0,00
D	0,00	0,00	350,00	0,00	150,00	...	0,00	**0,00**	**500,00**	0,00
E	0,00	0,00	500,00	40,00	350,00	...	0,00	**890,00**	0,00	0,00
Summe	0,00	0,00	2.300,00	115,00	1.180,00	...	0,00	**2.375,00**	**1.220,00**	0,00

Es sind Mietzahlungen in Höhe von 2.375,00 € erfolgt. Die Mietforderungen gegenüber den Mietern (B) und (D) bleiben in einer Gesamthöhe von 1.220,00 € bestehen, wobei unterstellt wird, dass es sich dabei um einwandfreie Mietforderungen handelt. Sie sind zum 31.12.00 über die Finanzbuchhaltung mit ihrem Nennwert zu bilanzieren.

Buchungen

1. Sollstellung der Miete:

Soll	an	Haben	€
(2000)			3.595,00
	an	(600)	2.300,00
	an	(602)	115,00
	an	(431)	1.180,00

2. Forderungen werden (nur teilweise) per Bank beglichen:

Soll	an	Haben	€
(274)	an	(2000)	2.375,00

3. Bilanzierung offener, einwandfreier Forderungen:

Soll	an	Haben	€
(989)	an	(2000)	1.220,00

2.2.2 Uneinbringliche Forderungen

Uneinbringliche Forderungen

Als **uneinbringlich** gelten Forderungen, die als verloren anzusehen sind, weil Mieter beispielsweise zahlungsunfähig geworden sind oder das Unternehmen den Anspruch auf diese Forderung infolge eines Gerichtsurteils nicht mehr geltend machen kann.

Diese uneinbringlichen Forderungen sind über das **Konto (855) Abschreibungen auf Forderungen und sonstige Vermögensgegenstände** (direkt) abzuschreiben.

Beispiel

Wenn der Mieter (B) – bei gegebenen offenen Forderungen (720,00 €) und einer Sollstellung in gleicher Höhe – nicht an die MEWOH Musterwohn GmbH zahlt und sich die offenen Forderungen insgesamt als uneinbringlich erweisen, ist der Gesamtbetrag von 1.440,00 € abzuschreiben.

Objekt Wiesenstraße 18 (Angaben in €)														
Mieter	Saldovortrag		Mieten	Betriebskosten		...	Korrekturen			Zahlungen		Saldo	
	Soll	Haben	Soll-miete	Zu-schläge	Voraus-zahlungen	...	Miete	BKVZ	Abschrei-bungen	Aus-zahlung	Ein-zahlung	Soll	Haben
A	0,00	0,00	450,00	35,00	180,00	...	0,00	0,00	0,00	0,00	**665,00**	0,00	0,00
B	720,00	0,00	520,00	0,00	200,00	...	0,00	0,00	1.440,00	0,00	0,00	0,00	0,00
C	0,00	0,00	480,00	40,00	300,00	...	0,00	0,00	0,00	0,00	820,00	0,00	0,00
D	500,00	0,00	350,00	0,00	150,00	...	0,00	0,00	0,00	0,00	1.000,00	0,00	0,00
E	0,00	0,00	500,00	40,00	350,00	...	0,00	0,00	0,00	0,00	**890,00**	0,00	0,00
Summe	1.220,00	0,00	2.300,00	115,00	1.180,00	...	0,00	0,00	1.440,00	0,00	**3.375,00**	**0,00**	**0,00**

Buchungen

1. Sollstellung der Miete:

Soll	an	Haben	€
(2000)			3.595,00
	an	(600)	2.300,00
	an	(602)	115,00
	an	(431)	1.180,00

2. Abschreibung uneinbringlicher Mietforderungen:

Soll	an	Haben	€
(855)	an	(2000)	1.440,00

3. Bankgutschriften:
Mieter (D) zahlt an die MEWOH Musterwohn GmbH die Miete des Vormonats (500,00 €) und des laufenden Monats (500,00 €), sodass die Forderungen ihm gegenüber ausgeglichen sind. Mieter (B) ist zahlungsunfähig und zahlt nicht, die ihn betreffenden Forderungen wurden bereits abgeschrieben. Insgesamt gehen Zahlungen in Höhe von 3.375,00 € ein.

Soll	an	Haben	€
(274)	an	(2000)	3.375,00

2.2.3 Zahlungseingang auf abgeschriebene Forderungen

2.2.3.1 Zahlungseingang im Jahr der Abschreibung

Wurden Mietforderungen im laufenden Geschäftsjahr (00) bereits abgeschrieben, gehen jedoch im selben Jahr (00) Zahlungen auf diese Forderungen ein, ist im Zusammenhang mit der **Buchung des Geldeingangs** eine **Stornierung der Abschreibung** möglich und erforderlich.

Stornierung

Bei einer **Stornierung** handelt es sich um eine Buchung, durch die eine vorausgegangene Eintragung rückgängig gemacht wird. Sie ist die Umkehrung einer vorangegangenen Buchung.

Buchungen

1. Geldeingang:

Soll	an	Haben	€
(274)	an	(2000)	1.440,00

2. Stornierung der Abschreibung:

Soll	an	Haben	€
(2000)	an	(855)	1.440,00

2.2.3.2 Zahlungseingang in Folgejahren

Gehen in Folgejahren Zahlungen auf bereits abgeschriebene Forderungen ein, sind diese als **(666) Erträge aus früheren Jahren** zu erfassen.

Buchungen

1. Geldeingang:

Soll	an	Haben	€
(274)	an	(2000)	1.440,00

2. Erfassung des Betrages als Ertrag aus früheren Jahren:

Soll	an	Haben	€
(2000)	an	(666)	1.440,00

2.3 Mieterguthaben

So wie einige Mieter nicht oder nur teilweise zahlen, besteht auch die Möglichkeit, dass einige Mieter im Voraus bezahlen bzw. sich für einige Mieter, unterschiedlich verursacht, ein Guthaben ergibt.

Beispiel

Wird unterstellt, dass Mieter (B) und (D) im Monat Dezember (00) nicht an die MEWOH Musterwohn GmbH gezahlt haben und Mieter (C) eine Monatsmiete im Voraus überwiesen hat, stellt sich die Situation etwas anders dar. In der Finanzbuchhaltung wird der Geldeingang von 3.195,00 € registriert, das sind 400,00 € weniger als gefordert. Scheinbar bestehen nun offene Forderungen in Höhe von 400,00 €. Die Betrachtungen zu den einzelnen Mietern mithilfe der Mieten-Soll-Liste zeigt jedoch ein differenzierteres Bild:

Objekt Wiesenstraße 18 (Angaben in €)

Mieter	Saldovortrag		Mieten		Betriebskosten	...	Zahlungen		Saldo	
	Soll	Haben	Soll-miete	Zu-schläge	Voraus-zahlungen	...	Aus-zahlung	Ein-zahlung	Soll	Haben
A	0,00	0,00	450,00	35,00	180,00	...	0,00	**665,00**	**0,00**	**0,00**
B	0,00	0,00	520,00	0,00	200,00	...	0,00	**0,00**	**720,00**	**0,00**
C	0,00	0,00	480,00	40,00	300,00	...	0,00	**1.640,00**	**0,00**	**820,00**
D	0,00	0,00	350,00	0,00	150,00	...	0,00	**0,00**	**500,00**	**0,00**
E	0,00	0,00	500,00	40,00	350,00	...	0,00	**890,00**	**0,00**	**0,00**
Summe	0,00	0,00	2.300,00	115,00	1.180,00	...	0,00	**3.195,00**	**1.220,00**	**820,00**

Es ist offensichtlich, dass die MEWOH Musterwohn GmbH die offenen Forderungen gegenüber den Mietern (B) und (D) nicht mit dem Guthaben des Mieters (C) verrechnen darf. Das Guthaben über 820,00 € und die noch bestehende Forderung über 1.220,00 € sind zum Jahresende gesondert zu bilanzieren.

Vorausgezahlte Miete

Als **vorausgezahlte Miete** werden Beträge noch nicht fälliger, aber bereits gezahlter Mieten erfasst. Diese Vorauszahlungen stellen für die MEWOH Musterwohn GmbH Verbindlichkeiten gegenüber den Mietern dar und sind als solche zum Jahresende auf dem Konto **(440) Verbindlichkeiten aus Vermietung** zu erfassen. Der Bestand des **Kontos (440)** ist zu Beginn des neuen Jahres auf das **Konto (2000)** zurückzuübertragen.

Buchungen

1. Sollstellung der Miete:

Soll	an	Haben	€
(2000)			3.595,00
	an	(600)	2.300,00
	an	(602)	115,00
	an	(431)	1.180,00

2. Bankgutschrift der Mieter (A), (C) und (E) in Höhe von 3.195,00 €, wobei unterstellt wird, dass Mieter (C) mehr als aktuell gefordert zahlt:

Soll	an	Haben	€
(274)	an	(2000)	3.195,00

3. Erfassung der Mieterguthaben (vorausgezahlte Miete des Mieters (C)) zum Bilanzstichtag:

Soll	an	Haben	€
(2000)	an	(440)	820,00

4. Bilanzierung der offenen Mietforderungen und der Mieterguthaben:

Soll	an	Haben	€
(989)	an	(2000)	1.220,00

Soll	an	Haben	€
(440)	an	(989)	820,00

Zum Jahresabschluss wird die Summe aller Mieterguthaben passiviert. Rückständige und vorausgezahlte Mieten dürfen also nicht miteinander verrechnet werden, sondern müssen als offene **(2000) Forderungen** und als **(440) Verbindlichkeiten aus Vermietung** in der Bilanz getrennt voneinander ausgewiesen werden.

5. Eröffnung des Kontos (440) und Umbuchung der (440) Mieterguthaben zum Jahresanfang (01):

Soll	an	Haben	€
(980)	an	(440)	820,00

Soll	an	Haben	€
(440)	an	(2000)	820,00

2.4 Mietausfälle

Mietausfälle

Unter Mietausfällen sind Verluste bedingt durch **Mietminderung** und **Leerstand** zu verstehen.

2.4.1 Mietminderung

Mietminderung

Die Mietminderung ist ein gesetzliches Recht, das der Mieter ohne Zustimmung des Vermieters geltend machen kann. Die Minderung beginnt mit Eintreten des Mangels und endet mit dessen Beseitigung. Die Höhe der Mietminderung ergibt sich aus der konkreten Beeinträchtigung des vertraglichen Gebrauchs.

In der Mieten-Soll-Liste erscheinen die **Mietminderungen** als gesonderte Korrekturposten.

Beispiel

Machen die Mieter (A) und (E) gegenüber der MEWOH Musterwohn GmbH jeweils eine Mietminderung über 50,00 € geltend, wird das in der Mieten-Soll-Liste in der Spalte (5) Korrekturen/Miete dokumentiert. Dementsprechend zahlt der Mieter (A) auch statt der geforderten 665,00 € nur 615,00 € und der Mieter (E) 840,00 € statt der eingeforderten 890,00 €. Die Mieterkonten (A) und (E) sind ausgeglichen.

Objekt Wiesenstraße 18 (Angaben in €)

Mieter	Saldovortrag		Mieten		Betriebskosten	...	Korrekturen			Zahlungen		Saldo	
	Soll	Haben	Sollmiete	Zuschläge	Vorauszahlungen	...	Miete	BKVZ	Abschreibungen	Auszahlung	Einzahlung	Soll	Haben
A	0,00	0,00	450,00	35,00	180,00	...	**50,00**	0,00	0,00	0,00	**615,00**	0,00	0,00
B	720,00	0,00	520,00	0,00	200,00	...	0,00	0,00	1.440,00	0,00	0,00	0,00	0,00
C	0,00	820,00	480,00	40,00	300,00	...	0,00	0,00	0,00	0,00	0,00	0,00	0,00
D	500,00	0,00	350,00	0,00	150,00	...	0,00	0,00	0,00	0,00	1.000,00	0,00	0,00
E	0,00	0,00	500,00	40,00	350,00	...	**50,00**	0,00	0,00	0,00	**840,00**	0,00	0,00
Summe	1.220,00	820,00	2.300,00	115,00	1.180,00	...	**100,00**	0,00	1.440,00	0,00	**2.455,00**	**0,00**	**0,00**

Mietminderungen bewirken, dass bei der MEWOH Musterwohn GmbH bereits gebuchte Forderungen und die damit verbundenen Erträge nicht realisiert werden können. Diese Forderungen werden jedoch nicht abgeschrieben, sondern über das Konto **(609) Erlösschmälerungen** berichtigt. Dieses Konto ist ein Korrekturkonto des **Kontos (600) Sollmieten**. Hier erfasst die MEWOH Musterwohn GmbH im Verlauf eines Geschäftsjahres alle Erlösschmälerungen in einer Soll-Buchung. Zum Ende des Geschäftsjahres werden die Konten **(609) Erlösschmälerungen** und **(600) Sollmieten** miteinander verrechnet. Das **Konto (600)** weist dann den tatsächlich realisierten Mietertrag aus.

Buchungen

1. Sollstellung der Miete:

Soll	an	Haben	€
(2000)			3.595,00
	an	(600)	2.300,00
	an	(602)	115,00
	an	(431)	1.180,00

2. Buchung der Mietminderung als Erlösschmälerung, die Forderungen dem Mieter (A) und dem Mieter (E) gegenüber werden korrigiert:

Soll	an	Haben	€
(609)	an	(2000)	100,00

3. Abschreibung der Forderungen gegenüber Mieter (B):

Soll	an	Haben	€
(855)	an	(2000)	1.440,00

4. Bankgutschriften, wobei unterstellt wird, dass Mieter (A) und Mieter (E) eine Mietminderung von jeweils 50,00 € geltend machen und Mieter (D) alle offenen Mietforderungen ausgleicht.

Soll	an	Haben	€
(274)	an	(2000)	2.455,00

5. Verrechnung der Konten (600) und (609) zum Bilanzstichtag (00):

Soll	an	Haben	€
(600)	an	(609)	100,00

2.4.2 Leerstand

Leerstand

Für leer stehende Wohnungen (verursacht durch Auszug oder noch fehlende Neuvermietung) kann die MEWOH Musterwohn GmbH keine Miete beanspruchen. Wird dennoch für diese Wohnungen am Monatsanfang die Sollstellung der Miete vorgenommen, sind auch die nicht realisierbaren Mietforderungen und Erträge durch die Buchung über das **Konto (609) Erlösschmälerung** zu korrigieren.

Beispiel

Wird der Mietvertrag für die Wohnung des Mieters (C) aufgelöst und die Wohnung im Folgemonat nicht vermietet, muss die MEWOH Musterwohn GmbH nach der automatischen Sollstellung der Miete eine Leerstandskorrektur vornehmen.

Objekt Wiesenstraße 18 (Angaben in €)

Mieter	Saldovortrag		Mieten		Betriebskosten	...	Korrekturen			Zahlungen		Saldo	
	Soll	Haben	Sollmiete	Zuschläge	Vorauszahlungen	...	Miete	BKVZ	Abschreibungen	Auszahlung	Einzahlung	Soll	Haben
A	0,00	0,00	450,00	35,00	180,00	...	50,00	0,00	0,00	0,00	615,00	0,00	0,00
B	720,00	0,00	520,00	0,00	200,00	...	0,00	0,00	1.440,00	0,00	0,00	0,00	0,00
C	0,00	0,00	480,00	40,00	300,00	...	**520,00**	**300,00**	0,00	0,00	0,00	0,00	0,00
D	500,00	0,00	350,00	0,00	150,00	...	0,00	0,00	0,00	0,00	1.000,00	0,00	0,00
E	0,00	0,00	500,00	40,00	350,00	...	50,00	0,00	0,00	0,00	840,00	0,00	0,00
Summe	1.220,00	0,00	2.300,00	115,00	1.180,00	...	**620,00**	**300,00**	1.440,00	0,00	2.455,00	0,00	0,00

Ist die Sollstellung der Miete wegen Leerstands zu korrigieren, ist zu beachten, dass nicht nur die Korrektur der Mieterträge über eine **(609) Erlösschmälerung**, sondern auch die **Stornierung** der Forderung von **(431) Betriebskostenvorauszahlungen** erforderlich wird. Die Korrektur der Sollstellung der Miete bei Leerstand erfolgt demzufolge über die Buchungen:

Soll	an	Haben	€
(609)			520,00
(431)	an		300,00
	an	(2000)	820,00

2.5 Mieterbelastung

Solche Aufwendungen können z. B. Kosten für unterlassene Schönheitsreparaturen oder Kosten für Miet- und Räumungsklagen sein.

Werden Mieter mit Aufwendungen belastet, die sie verursacht und letztlich auch finanziell im Sinne eines Schadensersatzes zu tragen haben, so ist zunächst der daraus resultierende Aufwand zu erfassen.

Beispiel

Ein Mieter beschädigt die Hauseingangstür in einem Haus der MEWOH Musterwohn GmbH schuldhaft und soll für den Reparaturschaden von 100,00 € aufkommen.

Eingangsrechnung des Handwerkers
Zunächst ist die Eingangsrechnung des Handwerkers zu erfassen. Dabei wird in der Praxis üblicherweise ein Unterkonto der **(805) Instandhaltungskosten** angesprochen. Dieses Konto könnte z. B. **(8059) Instandhaltungskosten/Mieterbelastung** heißen.

Zu buchen ist:

Soll	an	Haben	€
(8059)	an	(4421)	100,00

Ausgangsrechnung an den Mieter
Macht die MEWOH Musterwohn GmbH in der Folge dem Mieter gegenüber diese Kosten geltend, ist eine Ertragsbuchung über das Konto **(669) Verschiedene sonstige Erträge** vorzunehmen.

Gebucht wird:

Soll	an	Haben	€
(2000)	an	(669)	100,00

In der Mieten-Soll-Liste erscheinen diese Beträge als (sonstige) Belastung. Sie erhöhen die Gesamtforderungen an die Mieter.

Objekt Wiesenstraße 18 (Angaben in €)													
Mieter	Saldovortrag		Mieten		Betriebskosten	Sonst.	Korrekturen			Zahlungen		Saldo	
	Soll	Haben	Sollmiete	Zuschläge	Vorauszahlungen	Belastungen	Miete	Betriebskosten	Abschreibungen	Auszahlung	Einzahlung	Soll	Haben
A	0,00	0,00	450,00	35,00	180,00	0,00	50,00	0,00	0,00	0,00	615,00	0,00	0,00
B	720,00	0,00	520,00	0,00	200,00	0,00	0,00	0,00	1.440,00	0,00	0,00	0,00	0,00
C	0,00	0,00	480,00	40,00	300,00	0,00	520,00	300,00	0,00	0,00	0,00	0,00	0,00
D	500,00	0,00	350,00	0,00	150,00	**100,00**	0,00	0,00	0,00	0,00	1.100,00	0,00	0,00
E	0,00	0,00	500,00	40,00	350,00	0,00	50,00	0,00	0,00	0,00	840,00	0,00	0,00
Summe	1.220,00	0,00	2.300,00	115,00	1.180,00	**100,00**	620,00	300,00	1.440,00	0,00	2.555,00	0,00	0,00

2.6 Zuschüsse

Erhält die MEWOH Musterwohn GmbH Zuschüsse, sind diese Zahlungen auf dem Konto **(603) Miet-, Zins- und Aufwendungszuschüsse** zu erfassen. Bei Zusage solcher Zuschüsse sind sie zunächst als Forderung auf dem Konto (257) Rückständige und aufgelaufene Aufwandssubventionen zu erfassen.

Solche Zuschüsse wie auch entsprechende Beihilfen sind zur Mietverbilligung bestimmt. Sie werden von dritter Seite neben der vertraglichen Miete gewährt. Auf diesem Konto sind auch Zinszuschüsse und Aufwendungsbeihilfen von der öffentlichen Hand zu buchen.

Buchungen
1. Bewilligung öffentlicher Zuschüsse:

Soll	an	Haben
(257)	an	(603)

2. Eingang der Zahlung:

Soll	an	Haben
(274)	an	(257)

Zuschüsse, die **nicht** dem Bereich Hausbewirtschaftung zuzuordnen sind, sind in der **Kontengruppe (669)** zu erfassen. Das betrifft beispielsweise (6690) Zinszuschüsse, (6691) Baukostenzuschüsse, (6692) Instandhaltungskostenzuschüsse oder auch (6695) Sonstige Zuwendungen.

SB ▶ SITUATION 42
Hausbewirtschaftungskosten

3 Buchung von Hausbewirtschaftungskosten

Jedem Wohnungsunternehmen wie z. B. der MEWOH Musterwohn GmbH entstehen durch die Bewirtschaftung, die Erhaltung und Erweiterung des Bestandes an Mietobjekten Kosten, die durch Umsatzerlöse aus der Hausbewirtschaftung wieder ausgeglichen werden müssen.

Für die Hausbewirtschaftung sind die in der **Kontenklasse 8** ausgewiesenen Kostenpositionen von Bedeutung, deren buchmäßige Erfassung hier behandelt werden soll.

3.1 Buchungen bei der Erfassung von Betriebskosten

Bekanntermaßen definiert **§ 1 der Betriebskostenverordnung (BetrKV)** die Kategorie Betriebskosten.

Betriebskosten

In Anlehnung an diese Verordnung sind **Betriebskosten** als **Kosten** zu verstehen, die dem Eigentümer durch den **bestimmungsgemäßen Gebrauch der Mietobjekte** laufend entstehen.

Betriebskostenarten in der BetrKV
▶ LF 5, Kap. 1.10

§ 2 BetrKV bietet eine Auflistung der einzelnen Betriebskostenpositionen und eine umfangreiche inhaltliche Erklärung der zu berücksichtigenden Komponenten.

Übersicht über die Betriebskostenarten und deren Kontierung		
1.	Kosten der Wasserversorgung	(8000)
2.	Kosten der Entwässerung	(8001)
3.	Kosten der Heizung	(8002)
4.	Kosten der Warmwasserversorgung	(8003)
5.	Kosten des Betriebs des Personen- oder Lastenaufzugs	(8004)
6.	Kosten der Straßenreinigung	(8005)
7.	Kosten der Müllbeseitigung	(8006)
8.	Kosten der Gebäudereinigung	(8007)
9.	Kosten der Ungezieferbekämpfung	(8008)
10.	Kosten der Gartenpflege	(8009)
11.	Kosten der Spielplätze	(8010)
12.	Kosten der Beleuchtung	(8011)
13.	Kosten der Schornsteinreinigung	(8012)

14.	Kosten der Sach- und Haftpflichtversicherung	(8013)
15.	Kosten für fremde Hauswartleistungen	(8014)
16.	Kosten des Betriebs der Gemeinschaftsantennenanlagen	(8015)
17.	Kosten des Betriebs der mit einem Breitbandkabelnetz verbundenen privaten Verteilanlage	(8016)
18.	Kosten des Betriebs der Einrichtungen der Wäschepflege	(8017)
19.	Grundsteuer	(8910)

Grundsteuer
▶ LF 5, Kap. 4.1.3

In der Finanzbuchhaltung der MEWOH Musterwohn GmbH sind diese Kosten als Kosten aus

- Leistungen Dritter bzw. aus
- Leistungen unternehmenseigener Mitarbeiter/Regiebetriebe zu erfassen.

3.1.1 Fremdkosten – Betriebskosten aus Leistungen Dritter

Fremdkosten entstehen durch die **Beauftragung fremder Firmen** mit Leistungen für den Betriebskostenbereich. Bei Rechnungseingang sind diese Kosten auf den **Aufwandskonten (8000) bis (804)** zu erfassen, die daraus resultierenden Verbindlichkeiten auf das **Konto (4421) Verbindlichkeiten aus anderen Lieferungen und Leistungen** zu buchen.

Soll	an	Haben
(8000) bis (804)	an	(4421)

Bei Begleichung der Verbindlichkeiten durch Banküberweisung wird gebucht:

Soll	an	Haben
(4421)	an	(274)

Beispiel

(1) Die MEWOH Musterwohn GmbH erhält für die Pflege der zu den zu vermietenden Wohnobjekten gehörenden Grünanlagen eine Eingangsrechnung von der Grünland GmbH über 1.190,00 € einschließlich 19 % Umsatzsteuer.

Da die **Wohnraumvermietung umsatzsteuerfrei** erfolgt, nimmt die MEWOH Musterwohn GmbH keine Umsatzsteuer ein und das Finanzamt erstattet die in der Rechnung enthaltene **Vorsteuer *nicht***. Daher erfolgt die aufwandswirksame Buchung der Eingangsrechnung mit dem Bruttobetrag von 1.190,00 € über das Konto **(8009) Kosten der Gartenpflege**.

Soll	an	Haben	€
(8009)	an	(4421)	1.190,00

(2) Würde diese Rechnung für **umsatzsteuerpflichtig vermietete gewerbliche Objekte** anfallen, wäre die MEWOH Musterwohn GmbH **vorsteuerabzugsberechtigt**, das Finanzamt würde die Vorsteuer erstatten. Die **Aufwandsbuchung** wäre mit dem Nettobetrag, die Vorsteuer über (253) Forderungen an das Finanzamt gesondert zu buchen.

Soll	an	Haben	€
(8009)			1.000,00
(253)			190,00
	an	(4421)	1.190,00

3.1.2 Eigenleistungen – Leistungen im Betriebskostenbereich werden durch unternehmenseigene Mitarbeiter/Regiebetriebe erbracht

Auch **Sach- und Arbeitsleistungen des Eigentümers oder Erbbauberechtigten** sind Betriebskosten. Sie können nach § 1 BetrKV mit dem Betrag angesetzt werden, der für eine gleichwertige Leistung eines Dritten, insbesondere eines Unternehmers, angesetzt werden könnte.

Werden in diesem Sinne also **Leistungen** durch eigene Mitarbeiter erbracht, sind die damit verbundenen Personalaufwendungen, dem **Grundsatz der Primärkostenerfassung** folgend, stets als **(83) Personalaufwand** zu erfassen.

Primärkostenausweisprinzip
Primärkosten sind Kosten, die unabhängig von ihrer Verursachung stets auf den gleichen Konten erfasst werden. Zu den Primärkosten gehören insbesondere:
- (83) Personalaufwand
- (84) Abschreibungen
- (87) Zinsaufwendungen
- (89) Steuern

Für die spätere Betriebskostenabrechnung sind daraus die Kostenanteile zu ermitteln, die auf die Mieter umgelegt werden können, denn nicht der gesamte Personalaufwand ist umlagefähig, sondern nur der durch den Betriebskostenbereich verursachte Aufwand.

In eigener Regie gestaltete Leistungsprozesse sind zudem mit **Materialverbrauch** verbunden.

Beispiel

(1) Die MEWOH Musterwohn GmbH bucht die Lohnabrechnung eigener Hauswarte. Unabhängig von deren Wirken
- im **Betriebskostenbereich,**
- bei der Durchführung von **Kleinreparaturen** oder
- für die **Verwaltung**

sind die damit verbundenen Kosten stets in der Kontengruppe **(83) Personalaufwand** zu erfassen.

(2) Die Durchführung von Reinigungsarbeiten in den Mietobjekten verursacht neben **Personalaufwand** auch **Materialverbrauch.** So kauft das Unternehmen am 22.01.00 Reinigungsmittel für 2.380,00 € (brutto) und bucht den Kauf über das Konto **(171) Reparaturmaterial und sonstige Materialvorräte.** Dessen Verbrauch im Laufe des Jahres (00) führt zur Buchung von **(8007) Kosten der Hausreinigung.**

Buchung des Kaufs am 22.01.00:

Soll	an	Haben	€
(171)	an	(4421)	2.380,00

Buchung des laufenden Verbrauchs im Jahr (00):

Soll	an	Haben	€
(8007)	an	(171)	2.380,00

Aufwandsnahe Erfassung von Materialkäufen
Es ist durchaus üblich, Materialeinkäufe unmittelbar aufwandsnah, das heißt unter Umgehung des Bestandskontos **(171) Reparaturmaterial und andere Vorräte** zu buchen. Das wird vor allem beim Kauf von sogenanntem Verbrauchsmaterial der Fall sein. Zu buchen ist dann:

Soll	an	Haben	€
(8007)	an	(4421)	2.380,00

3.1.3 Kosten aus der Grundsteuer und anderen öffentlichen Lasten, die den vermieteten Objekten zuzurechnen sind

Nach dem **Primärkostenausweisprinzip** ist die zu zahlende **Grundsteuer** – unabhängig davon, für welche Grundstücke sie erhoben wird – stets in der Kontengruppe **(89) Steuern** zu erfassen.

Soll	an	Haben
(8910)	an	(470)

Auch hier sind später die als Betriebskosten umlagefähigen Beträge zu ermitteln.

3.2 Erfassung von Instandhaltungskosten

Auch **bauliche Maßnahmen** zum **Erhalt** bzw. **zur Verbesserung** und damit zur **Aufwertung von Gebäuden** verursachen **Kosten**, die der Kategorie **Hausbewirtschaftungskosten** zuzuordnen sind.

3.2.1 Instandhaltungs- und Instandsetzungsmaßnahmen

Instandhaltungs- und Instandsetzungsmaßnahmen dienen der Erhaltung der Gebäude.

Erhaltungsmaßnahmen

Erhaltungsmaßnahmen sind regelmäßig wiederkehrende Maßnahmen, um ein Wirtschaftsgut bis zum Ende der tatsächlichen Nutzungsdauer in ordnungsgemäßem und nutzungsfähigem Zustand zu erhalten.

Dadurch wird aber
- der **Wert** des Wirtschaftsguts **nicht erhöht,**
- dessen **Nutzungsdauer nicht verlängert** und
- seine **Wesensart nicht verändert**.

Instandhaltungsmaßnahmen
Im allgemeinen Sprachgebrauch sind Instandhaltungsmaßnahmen Maßnahmen der **Wartung und Pflege** zur **Erhaltung der Betriebs- und Funktionsfähigkeit** von Mietobjekten und zur **Verhinderung von Schäden**.

Für die daraus resultierenden **Kosten** ist typisch, dass sie
- regelmäßig anfallen und
- im Voraus berechnet bzw. geschätzt werden können.

Kosten für die Wartung und Pflege

In der **Immobilienwirtschaft** dürfen die Kosten für die **Wartung und Pflege** technischer Einrichtungen nicht als Instandhaltungskosten ausgewiesen werden, sondern sind als ständig wiederkehrende Kosten den **Betriebskosten** zuzuordnen.

Das trifft beispielsweise auf Kosten für die Wartung von Aufzugs- oder Heizungsanlagen zu, die als **(8004) Kosten für Aufzugsanlagen** oder **(8002) Kosten der Beheizung** zu buchen sind.

Instandsetzungsmaßnahmen
Instandsetzungsmaßnahmen werden in der Regel als **Maßnahmen zur Behebung von Schäden** verstanden und auch als **Reparaturmaßnahmen** bezeichnet. Instandsetzungskosten sind also Kosten, die mit **Reparaturen** verbunden sind.

Merke!

Im **Kontenrahmen der Wohnungswirtschaft** werden diese **Reparaturkosten** jedoch nicht als Instandsetzungskosten, sondern als **(805) Instandhaltungskosten** geführt.

Der Kommentar zum Kontenrahmen der Wohnungswirtschaft definiert Instandhaltungskosten wie folgt:

Instandhaltungskosten

Instandhaltungskosten sind Kosten, die durch die Beseitigung baulicher oder sonstiger Mängel an den Mietobjekten entstehen.

3.2.2 Konten zur Erfassung von Instandhaltungskosten

Eine differenziertere Kontierung der Instandhaltungskosten dient in erster Linie der Gestaltung einer controllingorientierten Buchführung. Sie soll es ermöglichen,
- die anfallenden Instandhaltungskosten in Bezug auf die **Regelmäßigkeit und Häufigkeit ihrer Entstehung** zu erfassen,
- einen Überblick über **gewerkebezogene Kostenstrukturen** zu erhalten,
- eine **wirtschaftseinheitsbezogene/bestandsgruppenbezogene Analyse** der Kostenentwicklung vorzunehmen.

Deshalb unterteilt der Kontenrahmen der Wohnungswirtschaft die **(805) Instandhaltungskosten** in folgende Positionen:

8050 Kosten der baulichen Instandhaltung
Erfasst werden hier alle für die **Gebäude, die Außen- und Versorgungsanlagen** sowie die **Einrichtungsgegenstände** aufgewendeten **Reparaturkosten**.

8051 Kosten für Schönheitsreparaturen
Auf diesem Konto sind alle vom Wohnungsunternehmen vertraglich zu leistenden **Schönheitsreparaturen in vermieteten Wohnungen** zu buchen. Auch von den Mietern vorgenommene **Schönheitsreparaturen**, deren **Kosten aber das Wohnungsunternehmen zu tragen hat**, sind hier zu erfassen. Falls Reparaturen, die im Allgemeinen zu den Schönheitsreparaturen gehören, außerhalb vertraglicher Verpflichtungen anfallen, wie z. B. bei Leerstand von Wohnungen, sind die damit verbundenen Kosten auf dem Konto **(8050) Kosten der baulichen Instandhaltung** zu buchen.

Schönheitsreparaturen umfassen nur das Tapezieren, Anstreichen oder Kalken der Wände und Decken, das Streichen der Fußböden, Heizkörper einschließlich Heizrohre, der Innentüren sowie der Fenster und Außentüren von innen. (§ 28 Abs. 4 Satz 3 II. BV)

8052 Kosten der Instandhaltung unternehmenseigener Straßen und Wege
Dieses Konto dient der Erfassung der Reparaturkosten für die dem öffentlichen Verkehr dienenden unternehmenseigenen Straßen und Wege.

8053 Kosten der Instandhaltung der Gemeinschaftsanlagen und Folgeeinrichtungen
Erfasst werden hier die Reparaturkosten für Gemeinschaftsanlagen und Folgeeinrichtungen.

Gemeinschaftsanlagen und Folgeeinrichtungen

Gemeinschaftsanlagen sind bauliche Anlagen, die für eine größere Anzahl von Wohnungen errichtet worden sind, wie z. B. Heizungs- und Aufzugsanlagen, Gemeinschaftsräume, zentrale Wascheinrichtungen.

Folgeeinrichtungen sind unter anderem Kindergärten, Alten- und Pflegeheime sowie Lesehallen.

3.2.3 Buchung der Kosten laufender Instandhaltungsmaßnahmen

In der Finanzbuchhaltung der MEWOH Musterwohn GmbH sind die Kosten laufender Instandhaltungsmaßnehmen in erster Linie zu erfassen als Kosten der
- Leistungen Dritter (Fremdfirmen) und
- Leistungen eigener Mitarbeiter/Regiebetriebe.

3.2.3.1 Fremdkosten – Instandhaltungskosten aus Leistungen Dritter

Bei Eingang von Reparaturrechnungen werden die damit verbundenen Verbindlichkeiten auf dem Konto **(4420) Verbindlichkeiten aus Bau- und Instandhaltungsleistungen** erfasst.

Soll	an	Haben
(805)	an	(4420)

Bei Begleichung der Rechnung gilt:

Soll	an	Haben
(4420)	an	(274)

Beispiel

Die MEWOH Musterwohn GmbH erhält die Rechnung für die **Reparatur des Aufzugs** in einem ihrer **Mietwohnhäuser** über 450,00 € einschließlich 19 % Umsatzsteuer.

Diese Eingangsrechnung ist, da ein Vorsteuerabzug hier ausgeschlossen ist, mit dem Bruttobetrag über das **Konto (8053) Kosten der Instandhaltung der Gemeinschaftsanlagen und Folgeeinrichtungen** zu erfassen.

Soll	an	Haben	€
(8053)	an	(4420)	450,00

3.2.3.2 Eigenleistungen – Instandhaltungsleistungen werden durch eigene Mitarbeiter/Regiebetriebe erbracht

Werden die Reparaturen von eigenen Mitarbeitern durchgeführt, sind die damit verbundenen Aufwendungen stets als **(83) Personalkosten** bzw. als **Materialverbrauch** zu erfassen. Materialverbrauch bedeutet dabei der Abbau von Beständen an **(171) Reparaturmaterial**.

3.2.4 Bestandsintensive und aufwandsnahe Erfassung von Vorratsveränderungen

Durch eine systematische buchmäßige Erfassung des Materialverbrauchs wird die Zuordnung des Anteils des Reparaturmaterials an den Reparaturkosten erst möglich. Dabei ist zwischen **bestandsintensiven** und **aufwandsnahen** Buchungen zu unterscheiden.

3.2.4.1 Bestandsintensive Erfassung von Vorratsveränderungen

Alle Vorratsveränderungen (Kauf bzw. Verbrauch) werden unmittelbar über das entsprechende **Bestandskonto (171)** erfasst.

Buchungen

1. Beim **Kauf** von Reparaturmaterial gilt:

Soll	an	Haben
(171)	an	(274)

2. Beim **Verbrauch** des Materials ist zu buchen:

Soll	an	Haben
(805)	an	(171)

3. Zum Jahresende sind die durch Inventur ermittelten Endbestände an Reparaturmaterial zu aktivieren. In der Regel sollten die Salden der Buchführung und die Inventurbestände übereinstimmen. **Inventurfehlbestände** sind jedoch nicht ausgeschlossen und werden, sofern sie sich innerhalb vertretbarer Toleranzen bewegen, als **normaler Reparaturaufwand** (Verbrauch von Reparaturmaterial) erfasst. Auch in diesem Fall gilt:

Soll	an	Haben
(805)	an	(171)

Beispiel

Zu Beginn des Geschäftsjahres (01.01.00) verfügt die MEWOH Musterwohn GmbH über einen Anfangsbestand an Reparaturmaterial im Wert von 10.000,00 €. Es handelt sich um sehr werthaltige Materialien (Waschbecken, Badarmaturen), deren Verbrauch durchaus auch regelmäßig dokumentierbar ist. Deshalb ist eine **bestandsintensive Erfassung** der Veränderungen vorgesehen. Am 27.02.00 werden weitere Vorräte per Bank gekauft (30.000,00 €), am 20.05.00 wird Material im Wert von 35.000,00 € verbraucht. Zum Bilanzstichtag wird im Zuge der **Inventur** ein Materialendbestand von 4.500,00 € ermittelt, die Abweichung zwischen **Buchbestand** und Inventurendbestand ergibt einen **Inventurfehlbestand** von 500,00 €.

Folgende Buchungen fallen an:
- Jeder **Kauf** wird über das entsprechende **Bestandskonto** (Vorrat) erfasst,
- jeder **Verbrauch wird buchmäßig erfasst**, und so ist auch
- regelmäßig eine eventuell vorhandene **Differenz (Inventurfehlbestand) zwischen Buch- und Inventurbestand** nachweisbar.

1.	01.01.00	Eröffnung des Kontos (171)	(171)	an	(980)	10.000,00 €
2.	27.02.00	Materialkauf per Bank	(171)	an	(274)	30.000,00 €
3.	20.05.00	Verbrauch von Reparaturmaterial	(805)	an	(171)	35.000,00 €

	Anfangsbestand	10.000,00 €
+	Zukauf	30.000,00 €
–	Verbrauch	35.000,00 €
=	**(Buch-)Endbestand**	**5.000,00 €**
	Inventurendbestand	4.500,00 €
	Inventurfehlbestand	**500,00 €**

4.	31.12.00	Erfassung des Inventurfehlbestandes	(805)	an	(171)	500,00 €
5.	a)	Abschluss des Kontos (805)	(982)	an	(805)	35.500,00 €
	b)	Abschluss des Kontos (171)	(989)	an	(171)	4.500,00 €

S	(171)		H
1) (980)	10.000,00 €	3) (805)	35.000,00 €
2) (274)	30.000,00 €	4) (805)	500,00 €
		5b) (989)	4.500,00 €

S	(805)		H
3) (171)	35.000,00 €	5a) (982)	35.500,00 €
4) (171)	500,00 €		

3.2.4.2 Aufwandsnahe Erfassung von Vorratsveränderungen

Die laufende buchmäßige Erfassung von Materialverbräuchen ist nicht selten mit hohem Verwaltungsaufwand verbunden und oftmals sachlich auch nicht möglich. Deshalb wird häufig eine zweite Methode angewandt: die **aufwandsnahe Erfassung von Vorratsveränderungen**. Für diese Methode ist typisch, dass jegliche Veränderungen innerhalb des Geschäftsjahres ausschließlich über die zugehörigen Aufwandskonten gebucht werden. Die Buchungen im Einzelnen:

1. Da für bestimmte Vorräte die grundsätzliche Entscheidung für eine aufwandsnahe Erfassung gefällt wird, sind bereits zu Beginn des Geschäftsjahres die aus dem Vorjahr übernommenen **Anfangsbestände** auf ein entsprechendes **Aufwandskonto** zu buchen.

Soll	an	Haben
(805)	an	(171)

2. Alle **Vorratskäufe** werden im laufenden Geschäftsjahr **als Aufwand** erfasst.

Soll	an	Haben
(805)	an	(274)

3. Der durch **Inventur** zu ermittelnde **Endbestand** ist zum Bilanzstichtag zu **aktivieren**. Zum Jahresende erfolgt eine Inventur, die unter Umständen bestätigt, dass nicht das gesamte Reparaturmaterial verbraucht wurde, sondern ein Restbestand vorhanden ist, der über das **Konto (171)** zu aktivieren ist. Was noch vorhanden ist, wurde nicht verbraucht und mindert so die bereits gebuchten Kosten des **Kontos (805)**.

Soll	an	Haben
(171)	an	(805)

Beispiel

Zu Beginn des Geschäftsjahres (01.10.00) verfügt die MEWOH Musterwohn GmbH über einen Anfangsbestand an Reparaturmaterial im Wert von 10.000,00 €. Es handelt sich um weniger werthaltige Materialien (z. B. Schrauben, Nägel, Leuchtmittel) oder Materialien, bei denen eine **regelmäßige Verbrauchserfassung sachlich nicht möglich oder wirtschaftlich nicht vertretbar** ist. Deshalb ist eine **erfolgswirksame Erfassung** der Veränderungen geplant. Am 27.02.00 werden weitere Vorräte per Bank gekauft (30.000,00 €). Zum Bilanzstichtag wird durch Inventur ein Materialendbestand von 4.500,00 € ermittelt, sodass sich rein rechnerisch ein Verbrauch von 35.500,00 € ergibt.

Folgende Buchungen sind vorzunehmen, wodurch bei dieser Methode
- zu Beginn des Geschäftsjahres der **Endbestand des Vorjahres** als „verbraucht" gebucht und somit als **Aufwand** erfasst wird,
- jeder **Materialkauf** sofort **als Aufwand (Verbrauch) erfasst** wird und
- zum Bilanzstichtag der **Inventurendbestand** zu ermitteln und zu **aktivieren** ist.

Die Verrechnung des Anfangsbestands, der Zukäufe und des Inventurendbestands ermöglicht die **Errechnung des Materialverbrauchs.** Der Nachweis von Inventurfehlbeständen ist bei dieser Methode jedoch nicht möglich.

1. 01.01.00	a) Eröffnung des Kontos (171)	(171)	an	(980)	10.000,00 €
	b) Umbuchung des Anfangsbestands	(805)	an	(171)	10.000,00 €
2. 27.02.00	Materialkauf per Bank	(805)	an	(274)	30.000,00 €
20.05.00	Verbrauch von Reparaturmaterial	*Eine gesonderte Buchung des Verbrauchs erfolgt nicht. Die Verbrauchserfassung ist (sachlich) nicht möglich oder nicht gewollt.*			
3. 31.12.00	Aktivierung des Inventurendbestands	(171)	an	(805)	4.500,00 €
4. a)	Abschluss des Kontos (805)	(982)	an	(805)	35.500,00 €

AB:	10.000,00 €
+ Zukauf	30.000,00 €
– Endbestand	4.500,00 €
= Verbrauch	35.500,00 €

b)	Abschluss des Kontos (171)	(989)	an	(171)	4.500,00 €

S	(171)		H
1a) (980)	10.000,00 €	1b) (805)	10.000,00 €
3) (805)	4.500,00 €	4b) (989)	4.500,00 €

S	(805)		H
1b) (171)	10.000,00 €	3) (982)	4.500,00 €
2) (274)	30.000,00 €	4a) (805)	35.500,00 €

3.3 Modernisierungskosten

Das Wesen von Modernisierungsmaßnahmen wird durch § 555b BGB bestimmt:

Modernisierungsmaßnahmen (§ 555b BGB)

Modernisierungsmaßnahmen sind **bauliche Veränderungen**, [...]
4. durch die der **Gebrauchswert der Mietsache** nachhaltig erhöht wird,
5. durch die die allgemeinen **Wohnverhältnisse auf Dauer verbessert** werden, [...]
7. durch **die neuer Wohnraum** geschaffen wird.

Diese mietrechtlich geprägte Definition ist zunächst deshalb bedeutsam, weil in der Folge von **Modernisierungsmaßnahmen** Mieterhöhungen möglich sind. Hier stehen jedoch Fragen der **Finanzbuchhaltung** und nicht mietrechtliche Aspekte der Modernisierung **im Vordergrund**, und somit ist die Behandlung von Modernisierungskosten aus der Sicht des Rechnungswesens zu erklären. Denn die Aussage, dass Modernisierungsmaßnahmen „den **Gebrauchswert** der Mietsache nachhaltig erhöhende Maßnahmen“ sind, bedeutet nicht automatisch, dass sie immer auch „buchwerterhöhende Maßnahmen“ sind.

Modernisierungsmaßnahmen verursachen Kosten, die in der Finanzbuchhaltung
- als (aktivierungspflichtige) **nachträgliche Herstellungsaufwendungen** oder
- als (erfolgswirksame) **Erhaltungsaufwendungen**

zu erfassen sind.

Mit der **Abgrenzung dieser beiden Komponenten** befasst sich unter anderem der „GdW – Bundesverband deutscher Wohnungs- und Immobilienunternehmen e. V.“ mit seinem Rechnungslegungsstandard zur „Modernisierung von Gebäuden“.

3.3.1 Modernisierungskosten als nachträglicher Herstellungsaufwand

Modernisierung von Gebäuden – zur Abgrenzung von Herstellungskosten und Instandhaltungskosten (Erhaltungsaufwand) in der Handelsbilanz. Rechnungslegungsstandard der Konferenz der Prüfungsdirektoren des GdW Bundesverband deutscher Wohnungs- und Immobilienunternehmen e. V., Stand November 2014, Berlin 2014.

Zur Bestimmung von Modernisierungskosten, die zu nachträglichen **Herstellungsaufwendungen** führen, ist die handelsrechtliche Definition von Herstellungskosten maßgeblich:

Herstellungskosten (§ 255 Abs. 2 HGB)

Gemäß § 255 Abs. 2 HGB sind Herstellungskosten Maßnahmen,
- in deren Folge etwas **Neues**, bisher nicht Vorhandenes geschaffen wird,
- Vermögensgegenstände eine **Erweiterung** oder
- eine über ihren ursprünglichen Zustand hinausgehende wesentliche **Verbesserung** erfahren.

Die Kategorie Herstellungskosten lässt sich somit untergliedern in:

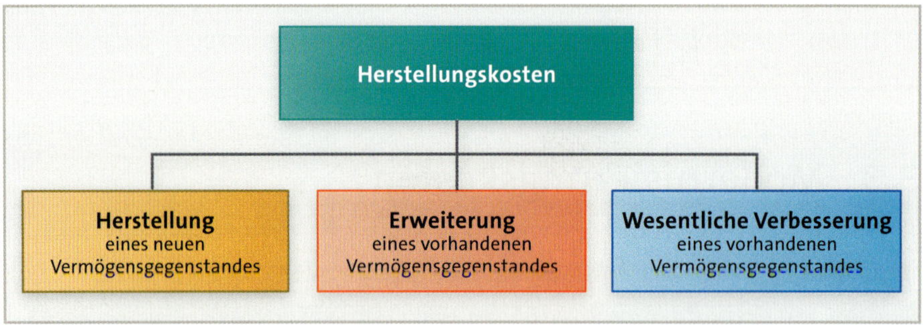

Bestimmung der Aktivierungsfähigkeit von Modernisierungskosten
Im Rahmen der Modernisierung entstehen nachträgliche Herstellungskosten in folgenden Fällen:

1. **Herstellung eines neuen Gebäudes**
   a) **Technischer Vollverschleiß**
   Bauliche Maßnahmen an bestehenden Gebäuden führen zur Herstellung eines neuen Gebäudes, wenn wesentliche Teile so sehr abgenutzt waren, dass das Gebäude unbrauchbar geworden ist (Vollverschleiß) und unter Verwendung der noch nutzbaren Teile ein neues Gebäude hergestellt wird.
   b) **Wirtschaftlicher Vollverschleiß**
   Herstellungskosten entstehen auch dann, wenn das Gebäude in seiner bisherigen Funktion nicht mehr nutzbar war (wirtschaftlicher Vollverschleiß/wirtschaftliche Unbrauchbarkeit) und bauliche Maßnahmen zur Änderung seiner Zweckbestimmung durchgeführt werden.

2. Erweiterung des Gebäudes

Erweiterung des Gebäudes

Eine Erweiterung des Gebäudes liegt vor, wenn bauliche Maßnahmen dazu dienen,
- die **nutzbare Fläche zu vergrößern** (z. B. Aufstockung, Anbau, sonstige Vergrößerung der nutzbaren Fläche) bzw.
- das **Gebäude in seiner Substanz** zu vermehren (z. B. nachträglicher Einbau neuer Bestandteile mit bisher nicht vorhandenen Funktionen).

a) **Vergrößerung der nutzbaren Fläche**
Baumaßnahmen, die zu einer Vergrößerung der Nutzfläche führen, verursachen Herstellungsaufwand (Aufbau weiterer Etagen, Anbauten an das bestehende Gebäude, Einbau von Dachgauben, Anbau von Balkonen oder Terrassen).

b) **Substanzmehrung**
Ein Gebäude kann durch bauliche Maßnahmen in seiner Substanz auch vermehrt werden, ohne dass zugleich seine nutzbare Fläche vergrößert wird. Das ist beispielsweise der Fall, wenn Dachgeschosse ausgebaut werden oder substanzielle, grundrissverändernde und funktionserweiternde Umbauten in den Wohnungen stattfinden.

c) **Nachträglicher Einbau neuer Bestandteile mit bisher nicht vorhandenen Funktionen**
Auch der nachträgliche Einbau neuer Bestandteile mit bisher nicht vorhandenen Funktionen führt zu aktivierungspflichtigen Herstellungskosten. Dies kann beispielsweise beim erstmaligen Anbringen eines Wärmedämmverbundsystems mit zusätzlicher Wärme- oder Schallschutzfunktion gegeben sein.

d) **Kosten aus der Umsetzung öffentlich-rechtlicher Verpflichtungen**
Kosten, die sich aus der Umsetzung öffentlich-rechtlicher Verpflichtungen ergeben, wie z. B. die nachträgliche Dämmpflicht der obersten Geschossdecken, die nicht den Mindestwärmeschutz nach DIN erfüllen, sind ebenfalls zu aktivieren.

3. **Über den ursprünglichen Zustand hinausgehende wesentliche Verbesserung**
Bauliche Maßnahmen, die eine über den ursprünglichen Zustand hinausgehende wesentliche Verbesserung des Gebäudes bewirken, führen ebenso zu aktivierungspflichtigen Herstellungskosten.

Merke!

Von einer **wesentlichen Verbesserung des Gebäudes** und damit von Herstellungskosten ist auszugehen, wenn die baulichen Maßnahmen das **Nutzungspotenzial** des Gebäudes deutlich erhöhen und damit für die Zukunft erweiterte **Nutzungsmöglichkeiten** schaffen.

Darunter fallen:

- **Verlängerung der Nutzungsdauer**
  Eine Verbesserung der Nutzungsmöglichkeiten wird unterstellt, wenn die baulichen Maßnahmen eine wesentliche Verlängerung der technischen wie auch der wirtschaftlichen Nutzungsdauer des Gebäudes bewirken. Das wird in der Regel der Fall sein, wenn eine die Lebensdauer bestimmende Substanz des Gebäudes, z.B. tragende Wände, Decken oder Fundament, verändert wird.
- **Erhöhung des Gebrauchswerts**

Gebrauchswert

Der **Gebrauchswert** ist die **Nützlichkeit eines Gutes**, die Gesamtheit seiner Eigenschaften, die die Befriedigung menschlicher Bedürfnisse ermöglichen.

So ist unter dem Gebrauchswert eines Gebäudes dessen Nutzungspotenzial zu verstehen, das

- einerseits durch seine Lage, Architektur, vor allem aber auch durch die Anzahl und Größe der Räume bestimmt wird, und
- andererseits durch die Qualität der Ausstattung des Gebäudes in seinen fünf zentralen Bereichen (Heizung, Sanitärausstattung, Elektroinstallation/Informationstechnik, Fenster und Wärmedämmung).

Drei-Gewerke-Regelung

Eine **deutliche Gebrauchswerterhöhung** infolge baulicher Maßnahmen und damit die **Aktivierungsfähigkeit der daraus resultierenden Kosten** wird in der aktuellen Rechtsprechung unterstellt, wenn **drei der fünf** oben genannten **zentralen Bereiche einen Standardsprung** erfahren und die baulichen Maßnahmen in einem engen sachlichen und zeitlichen Zusammenhang stehen.

3.3.2 Modernisierungskosten als Erhaltungsaufwand

Handelsrechtlich gibt es keine Legaldefinition der Kategorie „Erhaltungsaufwand", sodass letztlich alle im Rahmen der Modernisierung und Instandsetzung anfallenden Kosten, die **nicht als Herstellungskosten identifiziert** werden können, im Zweifel als erfolgswirksamer Erhaltungsaufwand gelten.

Beispiel

Im Zuge von Modernisierungsmaßnahmen lässt die MEWOH Musterwohn GmbH in der Wiesenstraße 18 die vorhandenen einfachverglasten Fenster durch Kunststoffverbundfenster ersetzt. Die damit verbundenen Kosten (25.000,00 €) gelten als Erhaltungsaufwand und sind erfolgswirksam über das Konto **(805) Instandhaltungskosten** zu erfassen.

Soll	an	Haben	€
(805)	an	(4420)	25.000,00

Kriterien zur Bestimmung der Modernisierungskosten als Erhaltungsaufwand

Merke!

Wird das Gebäude als Ganzes **in ordnungsgemäßem Zustand** entsprechend seinem ursprünglichen Zustand **erhalten** oder dieser **in zeitgemäßer Form wiederhergestellt**, gelten die damit verbundenen Aufwendungen als Erhaltungsaufwand.

Dem Gebäude wird in diesem Fall der **zeitgemäße Wohnkomfort wiedergegeben**, den es ursprünglich besessen, aber durch den technischen Fortschritt und die Veränderung der Lebensgewohnheiten verloren hat.

Zu den Erhaltungsaufwendungen im Rahmen von Modernisierungsmaßnahmen zählen unter anderem:
- Ersetzen einfach verglaster Fenster durch doppelt verglaste Fenster
- Umstellung einer Heizungsanlage von Einzelöfen auf eine Zentralheizung
- Modernisierung bereits vorhandener Bäder

3.3.3 Die buchmäßige Erfassung der Modernisierungskosten

Buchung von Herstellungskosten

Kosten von Modernisierungsmaßnahmen an Gebäuden, die ihrem Wesen nach Herstellungsaufwand darstellen, bewirken eine Buchwerterhöhung des Gebäudes, die auf den Gebäudekonten **(00) Grundstücke und grundstücksgleiche Rechte mit Wohnbauten** bzw. **(01) Grundstücke und grundstücksgleiche Rechte mit Geschäfts- und anderen Bauten** zu verbuchen sind.

Bei Rechnungseingang ist zu buchen:

Soll	an	Haben
(00) bzw. (01)	an	(4420)

Buchung von Erhaltungsaufwendungen

Modernisierungskosten, die zum Erhaltungsaufwand führen, sind auf das Konto **(805) Instandhaltungskosten** zu buchen.

Bei Rechnungseingang ist zu buchen:

Soll	an	Haben
(805)	an	(4420)

3.4 Verwaltungskosten (Sachaufwand)

Die **Leistungserstellung im Bereich Hausbewirtschaftung** ist mit Aufwendungen verbunden, für die im Kontenrahmen die **Klasse 8** vorgesehen ist. Es handelt sich dabei vor allem um **(80) Aufwendungen für Hausbewirtschaftung, (83) Personalaufwand, (84) Abschreibungen, (87) Zinsen und ähnliche Aufwendungen** sowie **(89) Steuern**.

Von zentraler Bedeutung sind aber auch die Aufwendungen, die in der Kontengruppe **(85) Sonstige betriebliche Aufwendungen** erfasst werden. Hierzu gehört auch das Konto **(850) Sächliche Verwaltungsaufwendungen**.

Sächliche Verwaltungsaufwendungen

Unter den **Sächlichen Verwaltungsaufwendungen (SVA)** sind alle Aufwendungen zu verstehen, die durch den **bürotechnischen Betrieb** verursacht werden und die mit der **Rechtsform des Unternehmens** zusammenhängen.

Verursacher	Systematik des Sächlichen Verwaltungsaufwands (SVA)
Geschäftsgebäude	**Eigene Gebäude:** ▪ Kosten, die bei zu vermietenden Objekten als Betriebs- oder Instandhaltungskosten anfallen **Gemietete Gebäude:** ▪ Mieten, Gebühren, Umlagen
Büroräume	▪ Raumpflege, Beleuchtung, Heizung
Büroeinrichtung	▪ Reparatur und Wartung der Büroeinrichtung (Büromöbel/-technik) ▪ Sach- und Haftpflichtversicherungen
EDV-Technik	▪ Kosten für Inanspruchnahme von Leistungen fremder Rechenzentren ▪ laufende Kosten für eigene EDV-Anlagen ▪ Leasinggebühren/Anlagenmiete
Bürobetrieb	▪ Büromaterial (Verbrauchsmaterialien wie Papier, Schreibmaterial, übriges Bürobedarfsmaterial) ▪ Post- und Telekommunikationskosten
Fuhrpark	▪ Autobetriebskosten (ohne Kfz-Steuer) wie Kraftstoff, Öl, Wartung und Pflege, Reparatur, Kfz-Versicherung
Mitarbeiter	▪ Aufenthalts- und Fahrtkosten im Rahmen von Dienstreisen ▪ Drucksachen, Zeitschriften, Bücher ▪ Weiterbildungskosten ▪ Stellenanzeigen, Kostenerstattungen an Bewerber ▪ Abstandszahlungen für nicht beschäftigte Schwerbehinderte
Repräsentation	▪ Bewirtungskosten, Geschenke
Unternehmen	**Rechtsformbedingte Kosten:** ▪ Kostenerstattung an Aufsichtsräte ▪ Aufsichtsratsvergütungen ▪ Kosten für Haupt-, General- oder Gesellschafterversammlung ▪ Kosten der Offenlegung von Jahresabschlüssen

	Übrige Unternehmenskosten: • Aufwendungen für Unternehmenswerbung und Öffentlichkeitsarbeit • Gerichts- und Anwaltskosten • Prüfungs- und Beratungskosten • Verbands- und andere Beiträge • Kosten des Betriebsrates • Kosten des Zahlungsverkehrs

Diese Aufzählung macht deutlich, dass es in der Praxis sinnvoll ist, das Konto **(850) Sächliche Verwaltungsaufwendungen** entsprechend den betrieblichen Erfordernissen des Unternehmens zu unterteilen.

Buchungen
Bei Rechnungseingang ist neben dem Konto **(850) Sächliche Verwaltungsaufwendungen** auch das Konto **(4421) Verbindlichkeiten aus anderen Lieferungen und Leistungen** zu belasten.

1. Rechnungseingang:

Soll	an	Haben
(850)	an	(4421)

2. Rechnungsbegleichung:

Soll	an	Haben
(4421)	an	(274)

3.5 Mietausfallwagnis

Das Mietausfallwagnis ist das Wagnis einer Ertragsminderung, die durch uneinbringliche Rückstände von Mieten, Pachten, Vergütungen und Zuschlägen oder durch das Leerstehen von Raum entsteht, der zur Vermietung bestimmt ist (Leerstand). Ebenso werden die uneinbringlichen Kosten einer Rechtsverfolgung auf Zahlung oder Räumung dadurch abgedeckt. Das Mietausfallwagnis darf höchstens mit 2 vom Hundert der Erträge im Sinne des § 31 Abs. 1 Satz 1 der II. BV angesetzt werden (§ 29 II. BV).

Leerstand
▶ LF 5, Kap. 2.4.2

Erfassung der Mietausfallwagnisse

Die Erfassung der Mietausfallwagnisse erfordert keine besonderen Buchungen. Dieser Risikoaufschlag ist bereits in der geforderten Grundmiete enthalten.

4 Die Betriebskostenabrechnung in der Finanzbuchhaltung

Betriebskostenverordnung
▶ LF 5, Kap. 3

Die Kategorie Betriebskosten und die Zusammensetzung dieser Kosten sind in der Betriebskostenverordnung geregelt. Im Folgenden wird auf die buchhalterische Abbildung der **Betriebskostenabrechnung** eingegangen.

Das **zentrale Problem der Betriebskostenabrechnung** besteht darin, dass sich die damit verbundenen Prozesse grundsätzlich über zwei Geschäftsjahre erstrecken: Im Jahr (00) fallen Betriebskosten an, die erst im Jahr (01) abgerechnet werden.

Merke!

Zwischen der **Leistungserbringung** (Heizen, Gebäude reinigen, Grünanlagen pflegen) und der Kostenverursachung sowie dem **Verkauf dieser Leistung** (Abrechnung mit den Mietern) liegt stets ein **Bilanzstichtag.**

Deshalb vollzieht sich die Abbildung dieser Prozesse in der Finanzbuchhaltung im Wesentlichen über folgende Schritte:

1. differenzierte und exakte **Erfassung** der im Geschäftsjahr (00) anfallenden Betriebskosten in der Finanzbuchhaltung

2. **Ermittlung und Bilanzierung** der für das Jahr (00) als umlagefähig erkennbaren und im Jahr (01) mit den Mietern abzurechnenden Betriebskosten

3. Abwicklung der **Einzelabrechnungen** im Folgejahr (01), wobei für jede Mietpartei die zu tragenden **Betriebskosten** und die darauf bereits geleisteten Vorauszahlungen ermittelt werden. Es zeigt sich, inwieweit die **Vorauszahlungen** mit den durch die Mieter verursachten Kosten übereinstimmen oder voneinander abweichen. Es ergeben sich somit **Nachforderungen** bzw. **Erstattungen** aus der Betriebskostenabrechnung. Im Rahmen dieser Einzelabrechnungen wird aber auch der Umfang der vom Unternehmen zu tragenden **leerstandsbedingten Betriebskosten** deutlich.

4. Sind die Einzelabrechnungen abgeschlossen, erfolgt die eigentliche **Rechnungslegung gegenüber den Mietern**: Sie erhalten ihre Betriebskostenabrechnung.

5. In der Finanzbuchhaltung sind im Jahr (01) die im Vorjahr (00) aktivierten **(15) Noch nicht abgerechneten Betriebskosten** im Zuge von Bestandsverminderungen aufzulösen und die **(601) Erträge aus der Umlagenabrechnung** zu buchen, ebenso die **Nachforderungen** und Guthaben.

4.1 Erfassung der Betriebskosten im Geschäftsjahr (00)

Grundlage für die Ermittlung der den Mietern im Jahr (01) für das Jahr (00) in Rechnung zu stellenden Beträge aus der Betriebskostenabrechnung bilden die Zahlen der Finanzbuchhaltung. Dabei sind die folgenden Positionen zu berücksichtigen.

4.1.1 Betriebskosten als Fremdkosten

Die **Finanzbuchhaltung** muss die **ordnungsgemäße Erfassung** aller anfallenden Fremdkosten sichern. Sie hat gewissenhaft zu unterscheiden zwischen **Kosten, die den Charakter von Betriebskosten** haben, und denen, die **anderen Kostenkategorien** zuzuordnen sind. Dabei geht es nicht allein um die Einhaltung mietrechtlicher Regelungen (im Interesse einer rechtssicheren Betriebskostenabrechnung), sondern auch um die Schaffung von Voraussetzungen für ein controllingorientiertes, auswertungsbezogenes Rechnungswesen.

Die Problematik wird am Beispiel der „Straßenreinigungskosten" deutlich, die gegebenenfalls sehr unterschiedlich zu verbuchen sind.

„Kosten der Straßenreinigung" MEWOH Musterwohn GmbH	
verursacht durch	**Buchung**
Mietobjekte	(8005) Kosten der Straßenreinigung
Verwaltungsgebäude/Gebäude von Regiebetrieben	(850) Sächlicher Verwaltungsaufwand
Unbebaute Grundstücke des Anlagevermögens	(852) Aufwendungen für unbebaute Grundstücke
Unbebaute Grundstücke des Umlaufvermögens	(819) Sonstige Aufwendungen für Verkaufsgrundstücke
Zum Verkauf bestimmte Eigentumsobjekte/ Eigentumswohnungen	(815) Aufwendungen für Eigentumsobjekte während des Vorhaltezeitraums
Grundstücke des Anlage-/Umlaufvermögens während der Bauzeit	(707) Baunebenkosten Anlagevermögen (717) Baunebenkosten Umlaufvermögen
(...)	(...)

Ebenso ist zwischen **ständig wiederkehrenden Kosten** und solchen, die aus **besonderen Anlässen** heraus entstehen, zu unterscheiden.

Umlagefähige Betriebskosten

Als umlagefähige Betriebskosten gelten nur Kosten, die **regelmäßig anfallen** und durch den **ordnungsgemäßen Gebrauch der Mietsache** verursacht wurden.

So gehören zwar Kosten der Hausreinigung im Regelfall zu den Betriebskosten. Ist jedoch nach einem Malereinsatz eine Grundreinigung des Treppenhauses erforderlich, handelt es sich bei diesen Reinigungskosten nicht um Betriebskosten, sondern um Instandhaltungskosten, was bei der Kontierung zu beachten ist.

4.1.2 Eigenleistungen im Betriebskostenbereich

Leistungen im Betriebskostenbereich können auch durch den Einsatz eigener Mitarbeiter (Hauswarte, Mitarbeiter in Regiebetrieben) erbracht werden.

- Die damit verbundenen Personalaufwendungen dürfen keinesfalls auf Betriebskostenkonten wie **(8009) Kosten der Gartenpflege** oder **(8007) Kosten der Gebäudereinigung** gebucht werden, sondern stets als **(83) Personalaufwand**.
- Ebenso ist nur **ein Teil der Personalaufwendungen den umlagefähigen Betriebskosten zuzurechnen**. Nur Tätigkeiten im Betriebskostenbereich führen zu umlagefähigen Kosten – ausgeschlossen sind also Personalkosten, die durch Reparatur- und Verwaltungsarbeiten verursacht wurden.

Merke!

Der Vermieter ist verpflichtet, die Hauswartkosten aufzuteilen. Die Arbeitsanteile
- im Betriebskostenbereich und
- im Verwaltungs- und Reparaturbereich

müssen ersichtlich sein.

Um eine möglichst genaue Erfassung der Arbeitsbereiche und der damit verbundenen Arbeitszeiten der Hauswarte zu gewährleisten, ermitteln die Unternehmen den Zeitaufwand für den Betriebskostenbereich in der Regel über Arbeitszeitstatistiken.

4.1.3 Grundsteuer und andere öffentliche Lasten

Dem Primärkostenprinzip folgend sind die Grundsteuern stets in der Kontengruppe **(89) Steuern** zu buchen. Als umlagefähig gilt jedoch auch hier nur der Teil der Grundsteuern, der den vermieteten Objekten zuzuordnen ist.

SB ▶ SITUATION 43 Umlagenabrechnung

4.2 Ermittlung und Bilanzierung der umlagefähigen Betriebskosten

Bereits zum Bilanzstichtag des laufenden Geschäftsjahres (00) gilt es – unabhängig von der eigentlichen Abrechnung mit den Mietern – die in diesem Jahr angefallenen Betriebskosten über die Position (15) Noch nicht abgerechnete Betriebskosten zu bilanzieren.

4.2.1 Ermittlung der umlagefähigen Betriebskosten zum Bilanzstichtag des Jahres (00)

Im Geschäftsjahr (00) fällt eine Vielzahl von Betriebskosten an, die bereits zum Bilanzstichtag dieses Jahres (00) auf ihre Umlagefähigkeit zu prüfen und entsprechend zu bilanzieren sind. Bei der Ermittlung der (wahrscheinlich) umlagefähigen Betriebskosten ist zu beachten, dass vor allem die durch **Leerstand** und durch eigengenutzte Räume verursachten Betriebskosten sowie sonstige nicht umlagefähige Betriebskosten unberücksichtigt bleiben müssen.

Beispiel

Es soll unterstellt werden, dass die im Geschäftsjahr (00) angefallenen Betriebskosten der preisgebundenen **Wirtschaftseinheit Wiesenstraße 18** der MEWOH Musterwohn GmbH insgesamt 15.000,00 € betragen. Sie setzen sich beispielhaft zusammen aus:

	Kosten der Wärmeversorgung (8002)	5.500,00 €
+	diverse kalte Betriebskosten (800)	8.500,00 €
+	Personalaufwand Hauswarte (83)	300,00 €
+	Grundsteuer (8910)	700,00 €
=	**Summe der Betriebskosten**	**15.000,00 €**

Da diese Wirtschaftseinheit nicht vollständig vermietet ist, lassen sich die durch den Leerstand verursachten Kosten von geschätzt 600,00 € nicht auf die Mieter umlegen. Die umlagefähigen Betriebskosten betragen also lediglich 14.400,00 €.

	Kosten der Wärmeversorgung (8002)	5.500,00 €
+	diverse kalte Betriebskosten (800)	8.500,00 €
+	Personalaufwand Hauswarte (83)	300,00 €
+	Grundsteuer (8910)	700,00 €
=	**Summe der Betriebskosten**	**15.000,00 €**
–	nicht umlagefähige Kosten (Leerstand)	600,00 €
=	**voraussichtlich umlagefähige Betriebskosten**	**14.400,00 €**

4.2.2 Bilanzierung der (15) Noch nicht abgerechneten Betriebskosten zum Bilanzstichtag 31.12.00

Die Bilanzierung der **(15) Noch nicht abgerechneten Betriebskosten** bewirkt, dass die bereits im Jahr (00) erbrachten, aber noch nicht „verkauften" Leistungen im Betriebskostenbereich auf der **Aktivseite der Bilanz** mit ihren **Herstellungskosten** erscheinen.

Der Bilanzausweis dieser noch nicht abgerechneten Betriebskosten wird buchungstechnisch unter Verwendung des Kontos **(646) Bestandserhöhungen bei noch nicht abgerechneten Betriebskosten** vorbereitet. Dieses Konto wirkt zum einen wie ein Ertragskonto und ist über das **(982) Gewinn- und Verlustkonto** abzuschließen.

Zum anderen werden durch die Aktivierung aber auch die damit verbundenen **Aufwandsarten (8000)** bis **(804)**, **(83)** und **(8910)** in der **Gewinn- und Verlustrechnung** neutralisiert.

Zu buchen ist:

Soll	an	Haben
(15) Noch nicht abgerechnete Betriebskosten	an	(646) Bestandserhöhungen bei noch nicht abgerechneten Betriebskosten

Beispiel

Die ermittelten umlagefähigen Betriebskosten der preisgebundenen **Wirtschaftseinheit Wiesenstraße 18** der MEWOH Musterwohn GmbH in Höhe von 14.400 € sind über die folgende Buchung zu aktivieren:

Soll	an	Haben	€
(15)	an	(646)	14.400,00

Nach Abschluss der für diese Darstellung relevanten Bestands- und Erfolgskonten haben das **(982) Gewinn- und Verlustkonto (GuV)** und das **(989) Schlussbilanzkonto (SBK)** zum 31.12.00 folgendes Aussehen:

Für den Wert des Kontos (431) wird unterstellt, dass die Mieter für das Jahr (00) alle Betriebskostenvorauszahlungen geleistet haben.

S	(982) GuV		H
(800)	8.500,00 €	(646)	14.400,00 €
(8002)	5.500,00 €		
(83)	300,00 €		
(8910)	700,00 €		

S	(989) SBK		H
(15)	14.400,00 €	(431)	14.160,00 €

In der Gewinn- und Verlustrechnung zeigt sich, dass von den insgesamt angefallenen Betriebskosten in Höhe von 15.000,00 € nur ein Teil aktiviert wurde. Der nicht zu aktivierende und damit nicht umlagefähige Kostenanteil wird nicht gesondert ausgewiesen, sondern bleibt als Aufwand erfolgswirksam.

Merke!

Je größer der Betrag der nicht umlagefähigen Betriebskosten ist, desto größer ist die Belastung des Betriebsergebnisses des Unternehmens.

4.2.3 Abrechnung der Betriebskosten des Jahres (00) im Jahr (01)

Im Geschäftsjahr (01) erfolgt die Abrechnung der Betriebskosten des Vorjahres (00) mit den Mietern. Dabei werden die umlagefähigen Betriebskosten des Jahres (00) mit den für das Jahr (00) geleisteten Betriebskostenvorauszahlungen verrechnet. In der Finanzbuchhaltung verbindet sich das mit folgenden Buchungsschritten:

1. **Auflösung des Kontos (15) Noch nicht abgerechnete Betriebskosten**
   Dieses Konto enthält die aktivierten umlagefähigen Betriebskosten des Jahres (00), die im Zuge der Umlagenabrechnung im Jahr (01) wieder zu Aufwand werden. Dazu wird eine Bestandsverminderung über die folgende Buchung vorgenommen:

Soll	an	Haben
(648) Bestandsverminderung bei noch nicht abgerechneten Betriebskosten	an	(15) Noch nicht abgerechnete Betriebskosten

Beispiel

Die MEWOH Musterwohn GmbH rechnet die Betriebskosten des Vorjahres für die **Wirtschaftseinheit Wiesenstraße 18** ab.

Nach der Eröffnung des **Kontos (15)** im Jahr (01) erfolgt dessen Auflösung über die Buchung:

Soll	an	Haben	€
(648)	an	(15)	14.400,00

Das Konto **(648) Bestandsverminderung bei noch nicht abgerechneten Betriebskosten** stellt den Aufwand des Vorjahres dar und wird über das **(982) Gewinn- und Verlustkonto** abgeschlossen:

S	(648)		H
(15)	14.400,00 €		

S	(15)		H
(980)	14.400,00 €	(648)	14.400,00 €

2. **Sollstellung der Forderungen aus der Umlagenabrechnung in Höhe der ermittelten tatsächlich umlagefähigen Betriebskosten**
   Diese Sollstellung ist mit dem eigentlichen „Verkauf" der Leistungen aus dem Betriebskostenbereich gleichzusetzen. Hierzu muss im Vorfeld die Höhe der tatsächlichen Forderungen aus der Umlagenabrechnung ermittelt werden:
   - Sie hängt zum einen von den **tatsächlich umlagefähigen Betriebskosten** ab, wie sie sich aus den Einzelabrechnungen ergeben.
   - Zum anderen ist zu prüfen, inwieweit ein **Umlageausfallwagnis (UAW)** in die Kalkulation der Einzelforderungen einzubeziehen ist.

Umlageausfallwagnis

Das **Umlageausfallwagnis** ist das Wagnis einer Einnahmenminderung, die durch uneinbringliche Rückstände von Betriebskosten oder nicht umlegbare Betriebskosten infolge Leerstehens von Raum, der zur Vermietung bestimmt ist, einschließlich der uneinbringlichen Kosten einer Rechtsverfolgung auf Zahlung entsteht. Das Umlageausfallwagnis darf 2 vom Hundert der im Abrechnungszeitraum auf den Wohnraum entfallenden Betriebskosten nicht übersteigen (§ 25a Neubaumietenverordnung [NMV]).

Dieses Umlageausfallwagnis darf nur bei **preisgebundenem Wohnraum** angesetzt werden.

Buchung

Soll	an	Haben
(2002) Forderungen aus abgerechneten Umlagen	an	(601) Umlagen

Das **Konto (2002) Forderungen aus abgerechneten Umlagen** dient der Verrechnung der geforderten Beträge aus der Umlagenabrechnung mit den bereits geleisteten Vorauszahlungen, die auf dem Konto **(431) Anzahlungen auf unfertige Leistungen** ausgewiesen sind. Beide Konten werden im Zuge der Umlagenabrechnung mit den Mietern aufgelöst. Die **(601) Umsatzerlöse** sind über das **(982) Gewinn- und Verlustkonto** abzuschließen. Dort stehen sie den mit der Hausbewirtschaftung verbundenen **Betriebskosten** gegenüber.

Beispiel

Die umlagefähigen Betriebskosten zur **Wirtschaftseinheit Wiesenstraße 18** der MEWOH Musterwohn GmbH für das Vorjahr wurden zum 31.12.00 mit 14.400,00 € ermittelt und bilanziert. Sie bilden die Grundlage für die Ermittlung der endgültigen **(2002) Forderungen aus abgerechneten Umlagen** im Geschäftsjahr (01). Da es sich um preisgebundenen Wohnraum handelt, ist das Umlageausfallwagnis (UAW) von 2 % hinzuzurechnen. Die Forderungen aus der Umlagenabrechnung betragen also insgesamt 14.688,00 €.

	umlagefähige Betriebskosten	14.400,00 €
+	2 % UAW	288,00 €
=	**Forderungen aus der Umlagenabrechnung**	**14.688,00 €**

Buchung

Soll	an	Haben	€
(2002)	an	(601)	14.688,00

S	(2002)		H
(601)	14.688,00 €		

S	(601)		H
		(2002)	14.688,00 €

3. **Verrechnung der Mietforderungen aus abgerechneten Umlagen (2002) mit den Betriebskostenvorauszahlungen (431)**
   Die auf dem **Konto (431)** ausgewiesenen Betriebskostenvorauszahlungen (BKVZ) sind zur Verrechnung auf das **Konto (2002)** umzubuchen.

Soll	an	Haben
(431) BKVZ	an	(2002) Mietforderungen aus Umlagen

Beispiel

Die Mietenbuchhaltung der MEWOH Musterwohn GmbH zur Wirtschaftseinheit Wiesenstraße 18 für das Jahr (00) wies erhaltene **(431) Betriebskostenvorauszahlungen** von 14.160,00 € aus, die nun mit den **(2002) Forderungen aus abgerechneten Umlagen** zu verrechnen sind.

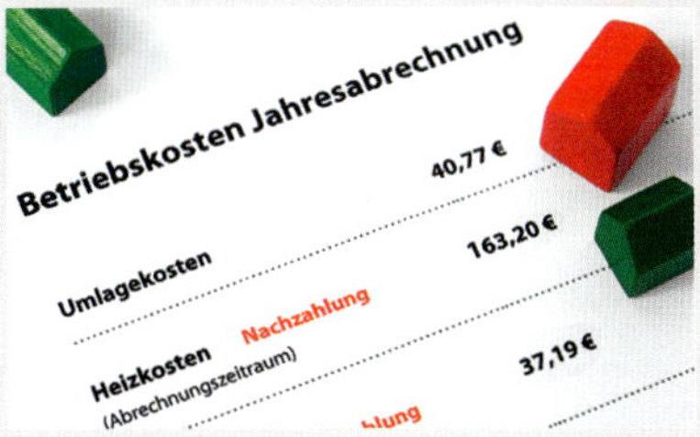

Buchung

Soll	an	Haben	€
(431)	an	(2002)	14.688,00

S	(2002)		H
(601)	14.688,00 €	(431)	14.160,00 €

S	(431)		H
(2002)	14.160,00 €	(980)	14.160,00 €

4. **Saldierung des Kontos (2002) und Abschluss über das Konto (2000)**
   Die Umbuchung der im Jahr (00) geleisteten Betriebskostenvorauszahlungen auf das **Konto (2002)** bewirkt zum einen, dass das **Konto (431)** aufgelöst ist. Zum anderen zeigt sich auf dem **Konto (2002)**, inwieweit die Betriebskostenvorauszahlungen mit den Forderungen aus der Umlagenabrechnung übereinstimmen. In der Finanzbuchhaltung müssen dazu die durch die Mietenbuchhaltung ermittelten Nachforderungen (NF) an die Mieter und Guthaben (GH) der Mieter aus der Umlagenabrechnung berücksichtigt werden.

Beispiel

Objekt Wiesenstraße 18			
Mieter	Forderungen aus Betriebskosten-abrechnung	Geleistete Vorauszahlungen	NF (+) GH (–)
A	2.500,00 €	2.160,00 €	+ 340,00 €
B	2.680,00 €	2.400,00 €	+ 280,00 €
C	3.408,00 €	3.600,00 €	– 192,00 €
D	1.950,00 €	1.800,00 €	+ 150,00 €
E	4.150,00 €	4.200,00 €	– 50,00 €
	14.688,00 €	**14.160,00 €**	**+ 528,00 €**

Die Beträge der Umlagenabrechnung finden Eingang in die Mieten-Soll-Listen und bilden die Grundlage für die Arbeiten der Finanzbuchhaltung.

Objekt Wiesenstraße 18 (Angaben in €)												
Mieter	Saldovortrag		Mieten		Betriebskosten			...	Zahlungen		Saldo	
	Soll	Haben	Soll-miete	Zu-schläge	Voraus-zahlungen	Abrechnung Nachford.	Abrechnung Guthaben	...	Aus-zahlung	Ein-zahlung	Soll	Haben
A	0,00	0,00	450,00	35,00	180,00	340,00		...	0,00	1.005,00	0,00	0,00
B	0,00	0,00	520,00	0,00	200,00	280,00		...	0,00	1.000,00	0,00	0,00
C	0,00	0,00	480,00	40,00	300,00		192,00	...	0,00	628,00	0,00	0,00
D	0,00	0,00	350,00	0,00	150,00	150,00		...	0,00	650,00	0,00	0,00
E	0,00	0,00	500,00	40,00	350,00		50,00	...	0,00	840,00	0,00	0,00
Summe	0,00	0,00	2.300,00	115,00	1.180,00	770,00	242,00	...	0,00	4.123,00	0,00	0,00

Die Finanzbuchhaltung erhält von der Mietenbuchhaltung/Betriebskostenabrechnung die Information, dass die

- gesamten **Nachforderungen aus der Umlagenabrechnung** 770,00 € und die
- gesamten **Guthaben aus der Umlagenabrechnung** 242,00 €

betragen. Diese Werte bilden die Grundlage für die vorzunehmenden Buchungen.

Buchung der **Nachforderungen** aus der Umlagenabrechnung:

Soll	an	Haben	€
(2000)	an	(2002)	770,00

Buchung der **Guthaben** aus der Umlagenabrechnung:

Soll	an	Haben	€
(2002)	an	(2000)	242,00

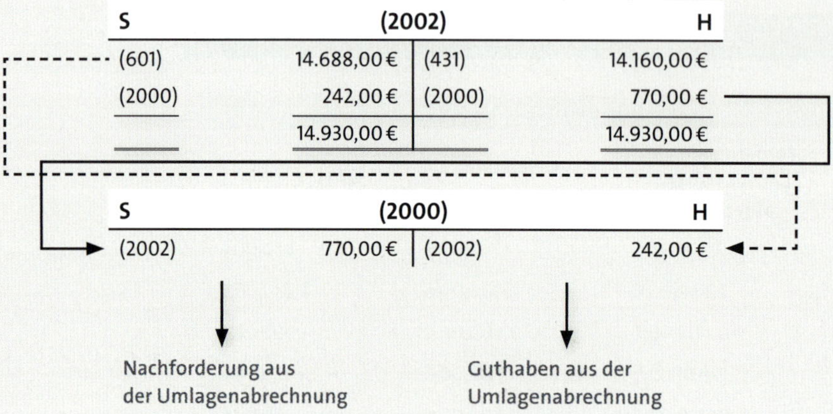

Von der Mietensollstellung zur Umlagenabrechnung

1. **Sollstellung der Miete** und Begleichung der Forderungen per Bank:

Soll	an	Haben
(2000)	an	(600)
	an	(602)
	an	(431)
(274)	an	(2000)

2. **Erfassung** diverser Betriebskosten im Jahr (00):

Soll	an	Haben
(800)	an	(4421)
(83)	an	(47...)
(8910)	an	(470)

3. **Ermittlung** der tatsächlich angefallenen und umlagefähigen Betriebskosten und deren **Aktivierung** zum 31.12.00:

Soll	an	Haben
(15)	an	(646)

4. Abschluss der relevanten Bestands- und Erfolgskonten zum Bilanzstichtag (00):

Soll	an	Haben
(600)	an	(982)
(602)	an	(982)
(646)	an	(982)
(982)	an	(800)
(982)	an	(83)
(982)	an	(8910)
(989)	an	(15)
(431)	an	(989)

5. Eröffnung der relevanten Bestandskonten zu Beginn des neuen Geschäftsjahres (01):

Soll	an	Haben
(15)	an	(980)
(980)	an	(431)

6. **Auflösung** der (15) Noch nicht abgerechneten Betriebskosten im Jahr (01):

Soll	an	Haben
(648)	an	(15)

7. **Sollstellung** der Forderungen aus der Umlagenabrechnung; die bisher ermittelten Betriebskosten sind gegebenenfalls um das Umlageausfallwagnis (UAW) von 2 % zu erhöhen:

Soll	an	Haben
(2002)	an	(601)

8. **Verrechnung** der (431) Betriebskostenvorauszahlungen mit den (2002) Forderungen, **Abrechnung** mit den Mietern und Buchung der **Nachforderungen** und **Guthaben** aus der Umlagenabrechnung:

Soll		an	Haben
Verrechnung:	(431)	an	(2002)
Nachforderungen:	(2000)	an	(2002)
Guthaben:	(2002)	an	(2000)

5 Mieterhöhungen (§§ 555a ff. BGB)

SB ▶ SITUATION 44
Mieterhöhung über eine Indexmietvereinbarung und Mieterhöhung über eine Modernisierung

Für den Vermieter besteht die Möglichkeit einer Mieterhöhung nur dann, wenn diese vertraglich vereinbart oder gesetzlich erlaubt ist. Besonders transparent ist es, wenn der Vermieter die Möglichkeit einer Mieterhöhung im Mietvertrag durch eine **Mietanpassungsklausel** vereinbart hat. Diese könnte wie folgt formuliert sein:

Beispiel für eine Mietanpassungsklausel

„Der Vermieter hat die Berechtigung, die Miete zu erhöhen, sofern zum Zeitpunkt der Mieterhöhung alle geltenden Gesetze Berücksichtigung finden."

In den folgenden Erläuterungen werden nur Wohnungen ohne Preisbindung berücksichtigt, die sogenannten **preisfreien (freifinanzierten) Wohnungen**. Bei preisgebundenen Wohnungen gelten die Vorschriften des Bundes bzw. der jeweiligen Länder. Auch die Richtlinien der jeweils genutzten Förderungen sind zu beachten.

freifinanzierte Wohnungen
▶ LF 4, Kap. 1.2.9

Die Regeln des § 556d BGB zur zulässigen Miethöhe bei Mietbeginn sind grundsätzlich zu beachten (**Mietpreisbremse**).

Mietpreisbremse
▶ LF 4, Kap. 1.2.9

5.1 „Freiwillige Mieterhöhung" während des Mietverhältnisses (§ 557 BGB)

Vermieter und Mieter können durch eine **Mietabänderungsvereinbarung (Parteienvereinbarung)** gemäß § 557 Abs. 1 BGB eine Mieterhöhung vereinbaren. Es ist aber davon auszugehen, dass es in der Praxis schwerfallen sollte, diese Vereinbarung mit einem Mieter zu erzielen. Es gilt das **Prinzip von Angebot und Annahme** zwischen den Vertragsparteien.

Willenserklärungen
▶ LF 2, 1.6

Voraussetzungen einer Mietabänderungsvereinbarung	
Form	formfrei, Schriftform empfehlenswert
Wann	nach Abschluss des Mietvertrags
Erhöhungszeitpunkt	frei vereinbar
Höhe	Steigerung nur in Geldbeträgen, nicht in Prozent
Kappungsgrenze	keine
Begrenzung	§ 5 WiStG und § 291 StGB
Abstand zur letzten Mieterhöhung	unerheblich, keine Jahressperrfrist
Besonderheiten	▪ Eine Überlegungs- und Annahmefrist kann frei vereinbart werden, eine Annahmeerklärung ist notwendig. ▪ Die Erhöhung der Miete selbst löst aber die Jahressperrfrist wieder aus.

WiStG
Wirtschaftsstrafgesetz
StGB
Strafgesetzbuch

5.2 Staffelmiete (§ 557a BGB)

Bei einer Staffelmiete wird bereits bei Vertragsabschluss festgelegt, in welchem Umfang sich die Miete über einen bestimmten Zeitraum hinweg erhöht. Bei einer Staffelmietvereinbarung zwischen Vermieter und Mieter sind die folgenden Voraussetzungen zu beachten:

Voraussetzungen einer Staffelmietvereinbarung	
Form	Schriftform i. S. v. § 126 BGB, § 557a BGB
Wann	bei Abschluss des Mietvertrags oder später
Erhöhungszeitpunkt	tritt automatisch ein; die Zeiträume, für die unterschiedliche Miethöhen gelten, müssen bestimmt sein (§ 557a BGB)
Höhe	▪ mindestens eine Steigerung, keine Höchstgrenze ▪ Abstand zwischen den einzelnen Staffelungen mindestens ein Jahr ▪ Ausweisung in einem Geldbetrag (z. B. ab dem 30.06.2021 auf 500,00 Euro)
Kappungsgrenze	keine
Begrenzung	§ 5 WiStG und § 291 StGB
Abstand zur letzten Mieterhöhung	mindestens ein Jahr unverändert
Besonderheiten	▪ Mieterhöhungen nach den §§ 558 und 559b BGB sind gesetzlich ausgeschlossen – mit Ausnahme einer Betriebskostenerhöhung. ▪ Mieterhöhungen wegen baulicher Veränderungen, die der Vermieter nicht zu vertreten hat nach § 555b Nr. 6 und § 559 BGB ▪ besonderer Kündigungsausschluss von maximal vier Jahren möglich; danach gesetzliche Kündigungsfrist von drei Monaten

Bei einer Staffelmietvereinbarung kann der Ausschluss einer ordentlichen Kündigung mit dem Mieter geregelt werden.

Im Falle einer Staffelmietvereinbarung ist ein **Erhöhungsschreiben nicht erforderlich**. Grund dafür ist, dass die Mietpreisentwicklung ein vertraglicher Bestandteil ist. Um den Mieter daran zu erinnern, dass ein Staffelsprung kurz bevorsteht, ist es aber ratsam, ihm ein Erinnerungsschreiben zukommen zu lassen.

Grundsätzlich liegt es beim Mieter und Vermieter, ob sie eine festgeschriebene oder eine gesetzlich mögliche Mietpreissteigerung vereinbaren wollen.

5.3 Indexmiete (§ 557b BGB)

Die Indexmiete orientiert sich an der **Entwicklung des Lebenshaltungskostenindex** (Verbraucherpreisindex für private Haushalte) und muss im Mietvertrag wirksam vereinbart sein. Dabei muss die Miete u. a. mindestens 12 Monate unverändert bleiben. Bei einer Indexmiete tritt die neue Miete jedoch nicht automatisch in Kraft, sondern muss durch den Vermieter verlangt werden. In einer entsprechenden Erklärung muss die Indexsteigerung angegeben und die Höhe der Steigerung in Form eines Geldbetrags ausgewiesen werden.

Lebenshaltungskostenindex (Verbraucherpreisindex)

Der Lebenshaltungskostenindex ist ein statistischer Mittelwert, der die Preisentwicklung der Lebenshaltungskosten in Deutschland abbildet. Er wird vom Statistischen Bundesamt erhoben und veröffentlicht.

Hierfür wird ein imaginärer Warenkorb zusammengestellt, der die durchschnittlichen Bedürfnisse und Ausgaben eines deutschen Haushalts widerspiegeln soll. Der Warenkorb umfasst alle erdenklichen Waren und Dienstleistungen von ca. 60 000 Haushalten, wie z. B. aus den Bereichen

- Nahrungsmittel,
- Bekleidung,
- Freizeit und Kultur und
- Wohnen.

Alle fünf Jahre wird dieses Wägungsschema auf den neusten Stand gebracht, um die durchschnittliche Preisentwicklung zu errechnen und die Inflations- bzw. Teuerungsrate zu bestimmen.

Auf den Lebenshaltungskostenindex (Verbraucherpreisindex) wird in LF 12 genauer eingegangen.

Voraussetzungen einer Indexmietvereinbarung	
Form	• Schriftform für die Vereinbarung im Mietvertrag (§ 557b Abs. 1 BGB) • Textform für Geltendmachung (§ 557b Abs. 3 BGB)
Wann	wirksame Vereinbarung bei Mietvertragsabschluss oder als Nachvertragsvereinbarung
Erhöhungszeitpunkt	Erhöhung in der Zukunft; zu Beginn des übernächsten Monats nach Zugang der Erhöhungserklärung
Höhe	• Kopplung nur an einen einzigen Index möglich • bei deflationärer Entwicklung des Index muss der Vermieter die Miete auch senken
Kappungsgrenze	keine
Begrenzung	• § 5 WiStG oder § 291 StGB • Die Mietpreisbremse gilt nur für die Ausgangsmiete einer Indexvereinbarung.
Abstand zur letzten Mieterhöhung	Abstand zwischen den einzelnen Steigerungen mindestens ein Jahr
Besonderheiten	• richtiger Preisindex muss vereinbart sein • Angaben der jeweiligen Miete oder Erhöhung als Geldbetrag • Mieterhöhungen nach den §§ 557a, 558 und 559 BGB sind gesetzlich ausgeschlossen, jedoch können gemäß § 555b Nr. 6 i. V. m. § 559 BGB die Kosten, die der Vermieter nicht zu vertreten hat, auf den Mieter umgelegt werden (sowie Betriebskostenerhöhungen).

Ist die Indexierung anhand einer Veränderung von Punkten des Index vereinbart, z.B. wenn der Index um 3 Punkte steigt, muss das Basisjahr angegeben werden. Im Zweifelsfall gilt, das aktuelle Basisjahr zum Vertragsabschluss anzusetzen.

Merke!

Der Vermieter muss nicht jede Mieterhöhung geltend machen, kann also auch ein Jahr überspringen.

Aber Achtung: Wird die Mieterhöhung über einen längeren Zeitraum nicht durchgeführt (**Zeitmoment**), kann es im Einzelfall möglich sein, dass eine Mieterhöhung nicht mehr möglich ist, da das Verhalten des Vermieters zur Annahme beim Mieter führt, dass keine Erhöhung mehr erfolgt (**Umstandsmoment**).

Preisindexberechnung

$$\left(\frac{\text{neuer Indexstand}}{\text{alter Indexstand}} \cdot 100\right) - 100$$

Beispiel

Ausgangsjahr: 11/2016 → 100,5 (Basisjahr 2015)
Berechnungszeitpunkt: 01/2021 → 106,3

$$\left(\frac{106{,}3}{100{,}5} \cdot 100\right) - 100 = 5{,}8$$

Die prozentuale Indexsteigerung liegt also bei 5,8 %.
Betrug die Kaltmiete bis jetzt z. B. 800,00 Euro, ergibt sich eine Erhöhung um 46,40 Euro. Die Kaltmiete liegt jetzt bei 846,40 Euro.

Ein Rechenhilfe steht auf der Internetseite vom Statistischen Bundesamt Deutschland unter www.destatis.de/wsk zur Verfügung.

5.4 Mieterhöhung nach §§ 558 bis 558e BGB (Erhöhung bis an die ortsübliche Vergleichsmiete)

Bei dieser Form der Mieterhöhung muss auch der Mieter zustimmen. Somit ist eine **zweiseitige Vertragsänderung** notwendig. Mit dieser Art der Mieterhöhung soll die Miete an das ortsübliche Mietniveau angepasst werden.

Eine Mieterhöhung nach § 558 BGB unterliegt jedoch nachfolgenden gesetzlichen Anforderungen:

Voraussetzungen einer Mieterhöhung bis an die ortsübliche Vergleichsmiete	
Form	Textform gemäß § 558a Satz 1 BGB
Wann	erstmals nach 15 Monaten ab Gebrauchsüberlassung oder nach letzter Mieterhöhung (12 Monate + 3 Monate)
Erhöhungszeitpunkt	Erhöhung in der Zukunft; zu Beginn des dritten Kalendermonats nach Zugang des Erhöhungsschreibens (siehe Beispiel auf der nächsten Seite)

Höhe	ortsübliche Vergleichsmiete darf nicht überschritten werden
Kappungsgrenze	• 20 % in drei Jahren bzw. in Sonderfällen 15 % (ggf. Länderregelung beachten – Mietrechtsreform 2013; § 558 Abs. 3 Satz 2 BGB) • Regelungen zur Mietpreisbremse in den Bundesländern bzw. Städten und Gemeinden sind ebenfalls zu beachten
Begrenzung	§ 5 WiStG und § 291 StGB
Abstand zur letzten Mieterhöhung	Jahresfrist von mind. 12 Monaten + 3 Monate Überlegungsfrist (Zustimmungsfrist) = 15 Monate
Besonderheiten	• zustimmungsbedürftig durch den Mieter • Überlegungsfrist bis zum Ende des zweiten Monats nach Zugang des Schreibens • Klageerhebung innerhalb von 3 Monaten bei Nichtzustimmung • Sonderkündigungsrecht gemäß § 561 BGB

Beispiel

- Zugang des Erhöhungsverlangens beim Mieter im Monat Juni 2021
- Überlegungsfrist endet am 31. August 2021
- Fälligkeit der erhöhten Miete nach Zustimmung bzw. Beginn der Klagefrist zum 01. September 2021
- Ablauf der Klagefrist 30. November 2021

Bei dem Begriff der **ortsüblichen Vergleichsmiete** handelt es sich um einen unbestimmten Rechtsbegriff. Er bezieht sich auf die üblichen Entgelte, die in einer Gemeinde für Wohnraum vergleichbarer Art, Größe, Ausstattung, Beschaffenheit, Lage und energetischer Ausstattung in den letzten sechs Jahren vereinbart oder geändert worden sind (ausgenommen Erhöhungen nach § 560 BGB). Es handelt sich im heutigen Sinne um eine marktorientierte und modifizierte Durchschnittsmiete.

ortsübliche Vergleichsmiete
▶ LF 4, Kap. 4.4

Merke!

Ausgenommen von der ortsüblichen Vergleichsmiete ist Wohnraum, bei dem die Miethöhe durch Gesetz oder im Zusammenhang mit einer Förderzulage festgelegt worden ist.

Ermittlung der ortsüblichen Vergleichsmiete
Es dürfen nur Mieten herangezogen werden, die in den letzten sechs Jahren vereinbart oder geändert worden sind, d. h., der Mietpreis kann unter folgenden Voraussetzungen zustande gekommen sein:

- Neuabschluss eines Mietvertrags
- Mieterhöhung nach Modernisierung
- einvernehmliche Mieterhöhung (§ 557 BGB)
- Mieterhöhung durch Staffel- oder Indexvereinbarungen (§§ 557a, 557b BGB)
- Mieterhöhung im Rahmen der ortsüblichen Vergleichsmiete

5.4.1 Begründung des Erhöhungsverlangens

Textform
§ 126b BGB

Das Mieterhöhungsverlangen unterliegt dem § 558a BGB. Der Vermieter hat den Mieter in Textform über sein Anliegen in Kenntnis zu setzen.

Als Begründung verweist der Gesetzgeber auf die folgenden vier Möglichkeiten:
- Mietspiegel (§§ 558c, 558d BGB)
- Auskunft aus einer Mietdatenbank (§ 558e BGB)
- Gutachten eines öffentlich bestellten und vereidigten Sachverständigen
- Benennung von mindestens drei vergleichbaren Wohnungen

5.4.2 Mietspiegel (einfacher und qualifizierter)

Bei einem **einfachen Mietspiegel** (§ 558c BGB) handelt es sich um eine Übersicht, die Auskunft über die ortsübliche Vergleichsmiete im freifinanzierten Wohnungsbau gibt. Seit dem 01.09.2001, im Zuge der damaligen Mietrechtsreform, hat der Gesetzgeber auch die Voraussetzung für die Erstellung eines qualifizierten Mietspiegels geschaffen.

Qualifizierter Mietspiegel

Ein qualifizierter Mietspiegel ist im Gegensatz zum einfachen Mietspiegel ein nach wissenschaftlichen Grundsätzen erstellter und von der jeweiligen Gemeinde und den Interessenverbänden der Mieter und Vermieter anerkannter Mietspiegel (§ 558d BGB).

Es ist davon auszugehen, dass der Mietspiegel auch zukünftig bei Mieterhöhungen das Begründungsmittel schlechthin bleiben wird.

Bei der Erstellung eines Mietspiegels kommen folgende Verfahren zur Anwendung:
- Tabellenmietspiegel
- Regressionsmietspiegel
- kombiniertes Verfahren aus Tabellen- und Regressionsmietspiegel
- Auswertung von Mietdatenbanken

Tabellenmietspiegel
Es wird eine Spanne sowie ein Mittelwert angegeben, die sich auf bestimmte Wohnungsklassen beziehen.

Regressionsmietspiegel
Mittels eines mathematischen Modells werden Nettomiete und Wohnmerkmale in Bezug gesetzt. Die berechnete Grundmiete bezieht sich auf eine durchschnittliche Wohnung.

Aufbau eines Mietspiegels
Mietpreise sollten nach verschiedenen Kategorien ablesbar oder berechenbar sein. Somit kommt es auf die jeweilige Form eines Mietspiegels an.

Die Grundlagen zur Preisfindung sind immer:
- Baualtersklasse und Baustil, z. B. Plattenbau oder Gründerzeithaus
- Lage der Wohnung auf die Umgebung bezogen
- Wohnungsgröße, Grundrisssituation
- Lage der Wohnung im Gebäude, Geschosslage, z. B. befindet sich die Wohnung im Erdgeschoss oder im 3. Obergeschoss
- Ausstattung der Wohnung, z. B. Bad, Balkon, Heizung, Einbauschränke
- Modernisierungsstand
- Zu- und Abschläge
- Mietspanne

> **Merke!**
>
> **Für eine Mieterhöhung betreffend Ein- und Zweifamilienhäuser ist der Mietspiegel ungeeignet.**

Dem Mieterhöhungsverlangen muss der Mietspiegel nicht beigelegt werden. Es ist aber für die Transparenz der Berechnung der neuen Miete anzuraten.

Hat eine Gemeinde keinen eigenen Mietspiegel vorliegen, kann ein Mietspiegel einer vergleichbaren Gemeinde herangezogen werden.

5.4.3 Auskunft aus einer Mietdatenbank

Mietdatenbank
§ 558e BGB

Eine Mietdatenbank muss entweder von der Gemeinde oder vom **Interessenverband der Mieter gemeinsam** mit dem **Interessenverband der Vermieter** geführt werden. In dieser Datenbank werden fortlaufend Mietdaten gesammelt. Wird eine Mietdatenbank zur Mieterhöhung herangezogen, muss der Mieter die Berechnung bzw. die Vergleichbarkeit der Wohnungen nachvollziehen können.

Mietdatenbanken spielen in der Praxis der Mieterhöhungen eine untergeordnete Rolle, da diese in den wenigsten Fällen vorliegen.

5.4.4 Gutachten eines öffentlich bestellten und vereidigten Sachverständigen

In der Praxis werden Mieterhöhungsverlangen nur selten durch ein Sachverständigengutachten gestützt. Grund ist, dass der Vermieter die Kosten des Gutachtens selbst bezahlen muss. Eine Umlage der Kosten auf den Mieter ist nicht möglich.

Greift der Vermieter bei einem Mieterhöhungsverlangen dennoch auf ein Gutachten zurück, muss dieses dem Mieterhöhungsverlangen im vollen Wortlaut beiliegen. Außerdem muss der Sachverständige selbstverständlich über eine entsprechende Qualifikation verfügen, um aussagekräftige Gutachten erstellen zu können.

Wird eine gerichtliche Durchsetzung einer Mieterhöhung notwendig, wird im Zuge des gerichtlichen Verfahrens in der Regel ein weiteres Sachverständigengutachten erforderlich, da das vom Vermieter vorgelegte Gutachten als Parteiengutachten gewertet wird. Damit fallen im gerichtlichen Verfahren weitere hohe Kosten an.

5.4.5 Benennung von mindestens drei vergleichbaren Wohnungen

Der Vermieter sollte darauf achten, dass die benannten **Wohnungen auch vergleichbar** sind. Kommt es zu einer rechtlichen Auseinandersetzung mit einem Mieter, erfolgt grundsätzlich der Rückgriff auf den (qualifizierten) Mietspiegel. Auch wenn es Vermietern gerne vorgehalten wird, bei einer Benennung die teuersten und nicht vergleichbaren Wohnungen aufzuführen, obliegt die Begründung letztlich ihnen.

Er sollte allerdings immer so handeln, dass, sofern an seinem Ort ein qualifizierter Mietspiegel vorhanden ist, er diesen auch nutzt oder zumindest den daraus resultierenden Wert berücksichtigt.

Bei der Mieterhöhung über Vergleichswohnungen ist zudem zu beachten, dass Name und Adresse, Geschoss und Mietpreis anzugeben sind. Bei den Vergleichswohnungen kann es sich auch um Wohnungen desselben Vermieters bzw. Wohnungen im selben Haus handeln.

Kommt es zum gerichtlichen Verfahren, wird in der Regel wieder ein Gutachten eines Sachverständigen notwendig.

5.4.6 Zeitlicher Ablauf einer Erhöhung nach § 558 BGB

Wurde das Mieterhöhungsverlangen dem Mieter zugestellt, hat dieser zwei Monate, um zu überlegen, ob er zustimmt oder nicht. Gibt der Mieter seine Zustimmung, schuldet er dem Vermieter ab dem dritten Monat die erhöhte Miete. Dies ergibt sich aus § 558b Abs. 2 BGB.

konkludentes (schlüssiges) Handeln
▶ LF 2, Kap. 1.6

Bereits eine einmalige vorbehaltlose Zahlung der erhöhten Miete ist als **konkludente Zustimmung** zu werten.

Beispiel

Der Zugang des Mieterhöhungsverlangens erfolgt am 08. April. Die Überlegungs- oder Zustimmungsfrist läuft nun bis zum 30. Juni. Nach der schriftlichen Zustimmung durch den Mieter ist die neue (erhöhte) Miete ab dem 01. Juli fällig.

Verweigert der Mieter seine Zustimmung, kann der Vermieter nach Ablauf der Überlegungsfrist des Mieters innerhalb von drei Monaten auf Zustimmung klagen (§ 558b Abs. 2 BGB). Im vorliegenden Beispiel hätte er also Zeit bis zum 31.September.

Ist es dem Mieter nicht möglich, die erhöhte Miete zu zahlen oder ist er nicht imstande, sie zu zahlen, kann der Mieter sein gesetzliches Sonderkündigungsrecht nutzen (§ 561 BGB). In diesem Fall zieht er aus der Wohnung aus und die Mieterhöhung trifft ihn nicht. Ausgezogen sein muss er in dem Beispiel bis zum 31. August.

5.5 Mieterhöhung nach Modernisierung (§§ 555b, 559 bis 559b BGB)

Der § 555b BGB enthält eine Legaldefinition der Modernisierungsmaßnahmen, wobei sich diese auch überschneiden können.

Der Katalog der Modernisierungsmaßnahmen wurde durch das Mietrechtsänderungsgesetz 2013 neu geordnet und erweitert (seit dem 01.05.2013 in Kraft). Geändert wurde er durch das Gesetz zur Ergänzung der Regelungen über die zulässige Miethöhe bei Mietbeginn und zur Anpassung der Regelungen über die Modernisierung der Mietsache (anzuwenden seit 01.01.2019).

Modernisierungsmaßnahmen sind gemäß § 555b BGB bauliche Veränderungen, durch welche

Maßnahmen	Beispiele
1. nachhaltig Endenergie in Bezug auf die Mietsache eingespart wird – energetische Modernisierung (§ 555b Nr. 1 BGB),	▪ Einsparung von Heizenergie, Wärmerückgewinnung ▪ Wärmedämmung (z. B. Dächer, Fenster, Außentüren) ▪ Installation von Sonnen-/Windenergieanlagen ▪ elektronische Einzelraumregelung
2. nicht erneuerbare Primärenergie nachhaltig eingespart oder das Klima nachhaltig geschützt wird – sofern nicht in 1. enthalten (§ 555b Nr. 2 BGB),	▪ Wassererwärmung durch Solarkollektoren ▪ Photovoltaikanlagen, deren Strom in das Stromnetz eingespeist wird
3. der Wasserverbrauch nachhaltig reduziert wird (§ 555b Nr. 3 BGB),	▪ Installation von Wasserzählern ▪ Einbau von Spareinrichtungen, z. B. Toilettenspüler ▪ Installation einer Regenwasserbrauchanlage
4. der Gebrauchswert der Mietsache nachhaltig erhöht wird (§ 555b Nr. 4 BGB),	▪ erstmalige Anbringung von Balkonen ▪ Einbau einer Aufzugsanlage ▪ Maßnahmen zur Verbesserung der Belüftung, Belichtung und des Schallschutzes (z. B. Klimaanlagen, größere Fenster, Schallschutzfenster) ▪ Maßnahmen zum vorbeugenden Brandschutz, z. B. Rauchwarnmelder ▪ Verbesserung der Sicherheit vor Diebstahl und Einbruch ▪ Verbesserung des Wohnungszuschnitts ▪ bauliche Veränderungen gemäß Gebäude-Elektroinfrastrukturgesetz (z. B. Ladestationen)
4a. bauliche Veränderungen erfolgen (§ 555b Nr. 4a BGB),	bauliche Veränderungen im Sinne des Telekommunikationsgesetzes
5. die allgemeinen Wohnverhältnisse auf Dauer verbessert werden (§ 555b Nr. 5 BGB),	▪ erstmaliger Einbau eines Aufzugs ▪ Anlage und Ausbau von Gemeinschaftseinrichtungen (Spielplätze, Fahrradkeller, Müllboxen) ▪ Veränderung des Wohnungszuschnitts ▪ Einbau von Sicherheitsanlagen
6. Arbeiten durchzuführen sind, die der Vermieter nicht zu vertreten hat und die keine Erhaltungsmaßnahmen nach § 555a sind (§ 555b Nr. 6 BGB),	▪ Umstellung der Gasversorgung ▪ Anschluss an die Kanalisation nach behördlicher Auflage ▪ Erstinstallation von vorgeschriebenen Rauchwarnmeldern, zusätzliche Dämmung der obersten Geschossdecke
7. neuer Wohnraum geschaffen wird.	Aus- und Umbaumaßnahmen innerhalb bestehender Gebäudeteile (z. B. Ausbau Dachgeschoss und Anbauten)

Zur Modernisierung zählen auch die Kosten für Eigenleistungen des Vermieters. Diese Kosten sind in ihrer Höhe so anzusetzen, dass sie denen eines durchschnittlichen Handwerksbetriebs entsprechen (ohne Umsatzsteuer).

Sollte zudem die Beschäftigung eines Architekten für die Modernisierungsmaßnahme erforderlich sein, gehören auch diese Kosten mit hinzu (Bau- und Baunebenkosten).

Nicht zu den Modernisierungsmaßnahmen zählen:
- Erschließungsbeiträge, die dem Vermieter durch die Kommune auferlegt werden, z.B. Anschluss an das öffentliche Kanalisationsnetz (Kosten, die außerhalb der Grundstücksgrenze anfallen)
- Kosten für Kapital und Kapitalbeschaffung
- Mietausfallkosten während der Modernisierungsdauer
- Kosten für Verwaltungsleistungen, z.B. Rechnungsprüfung
- Instandsetzungsanteil der durchgeführten Arbeiten

Staffelmiete
▶ LF 5, Kap. 5.2

Indexmiete
▶ LF 5, Kap. 5.3

Zeitmietvertrag
▶ LF 4, Kap. 1.3.8

Ausnahmen	
Staffelmiete	Eine zusätzliche Mieterhöhung wegen Modernisierung ist ausgeschlossen.
Indexmiete	Eine Modernisierungserhöhung ist nur aufgrund von baulichen Veränderungen möglich, die der Vermieter nicht zu vertreten hat.
Zeitmietvertrag	Eine Erhöhung ist nur möglich, wenn ein Erhöhungsrecht vereinbart wurde.

Hinweis auf die Form und Frist des Härteeinwands nach § 555d Abs. 3 Satz 1 BGB
Stellen Modernisierungsmaßnahmen des Vermieters keine besondere Härte für den Mieter oder seine Familie dar, sind sie nach § 555d BGB zu dulden.

§ 555c Abs. 2 BGB gibt vor, dass der Vermieter den Mieter in der Modernisierungsankündigung auf die Form und die Ausschlussfrist des Härteeinwands nach § 555d Abs. 3 BGB hinzuweisen hat.

Die **Härtefallprüfung** wird gemäß der aktuellen Regelung geteilt:
1. Der erste Teil prüft die **wirtschaftliche Härte**. Der Blick richtet sich dabei auf die voraussichtliche Mieterhöhung. Die aus der Mieterhöhung resultierende Härtefallregelung kommt nicht mehr bereits im Bereich der Duldung zum Tragen, sondern erst im Rahmen des Mieterhöhungsverfahrens.
2. Der zweite Teil der Härtefallregelung prüft die **personelle Härte**. Das Kriterium liegt hierbei in der Zumutbarkeit der Modernisierungsmaßnahmen. Besondere Härten wären dabei z.B.
   - erheblicher Schmutz oder Lärm (vor allem bei älteren Personen),
   - Austausch von Fenstern und Türen in den Wintermonaten,
   - die Veränderung des Zuschnitts der Wohnung als Folge der Maßnahme, z.B. das Kinderzimmer entfällt, da in dem Raum das neue Bad eingebaut wird,
   - vorausgegangene Aufwendungen des Mieters, da dieser in der Vergangenheit selbst modernisiert hat oder
   - Gefährdung von Leben und Gesundheit, z.B durch den Umbau des Bades muss eine 80-jährige kranke Rentnerin ein Ersatz-WC (Dixi) auf dem Hof nutzen.

Ablaufschema bei einer Modernisierung

Planung →

Planung der Modernisierungsmaßnahmen:
- Art und Kosten (Reparaturanteil herausrechnen)
- Finanzierung
- Einholung erforderlicher Genehmigungen
- Überprüfung der vorhandenen Mietverträge auf eine Modernisierungserhöhung
- Ersatzlösungen für Härtefälle einplanen
- Aufwendungsersatz für den Mieter einplanen, z. B. Reinigungskosten

Empfehlung: Vorgespräche mit den betroffenen Mietern führen
- ggf. Anregungen der Mieter berücksichtigen
- mögliche Härtefälle sondieren

↓

Ankündigung →

Form: an alle im Mietvertrag bezeichneten Mieter (Textform)
Frist: drei Monate vor Beginn der Maßnahmen
Inhalt:
- Auflistung und Erläuterung aller geplanten Maßnahmen (Art und Umfang)
- Beginn
- voraussichtliche Dauer
- die zu erwartende voraussichtliche Mieterhöhung
- modernisierungsbedingte Betriebskostenerhöhungen bzw. neu dazukommende Betriebskosten
- Hinweis auf Härteeinwendung und Sonderkündigungsrecht
- Unterschrift aller Vermieter

Zu empfehlen ist es, der Ankündigung eine ausdrückliche Einverständniserklärung beizulegen, die die Mieter unterzeichnen.

↓

Durchführung →

Bei der Durchführung zu beachten:
- wird der Zeitpunkt des Modernisierungsbeginns überschritten, muss ggf. eine erneute Ankündigung erfolgen
- bei Zutrittsverweigerung durch den Mieter muss eine einstweilige Verfügung erwirkt werden (nur bei Eilbedürftigkeit des Zugangs)
- Duldungspflicht des Mieters ggf. gerichtlich geltend machen

↓

Mieterhöhung →

Form: an alle im Mietvertrag bezeichneten Mieter (Textform)
Bei der Mieterhöhung zu beachten:
- Abrechnung der durchgeführten Maßnahmen und Kosten unter Herausnahme von Reparaturarbeiten
- Aufteilung der Kosten auf die einzelnen Wohnungen, Verteilermaßstab
- Abzug von Förderungen
- Angabe zum Erhöhungsbeginn
- Hinweis auf Härteeinwendung

Bei Modernisierungen gilt es, einige weitere wichtige Spielregeln zu beachten:

- Der Vermieter muss beweisen, dass die Mitteilung an die Mieter ergangen ist (Einwurfprotokoll, das durch den Sachbearbeiter und den Hauswart unterzeichnet ist) oder in Problemfällen eine Zustellung durch den Gerichtsvollzieher erfolgt ist.
- Die Jahresmiete darf um maximal 8 % der aufgewendeten Kosten (für die Modernisierung) unter Berücksichtigung der Erhöhungsgrenzen erhöht werden. Wurden verbilligte Darlehen in Anspruch genommen oder hat der Mieter Eigenleistungen erbracht, reduziert sich diese Höchstgrenze nach § 559a BGB.
- Bei Mieterhöhungen durch Modernisierungen greift die Kappungsgrenze von 20 % nicht. Der Vermieter kann hier kostendeckend arbeiten. Nur Mietwucher ist auch weiterhin nicht mit dem Hinweis auf die Kostendeckung zu rechtfertigen (mehr als 50 % der Vergleichsmiete). Das Prinzip der Wirtschaftlichkeit muss aber eingehalten werden. Eine Luxusmodernisierung muss der Mieter nicht dulden. Beim geförderten Wohnungsbau sind dahingegen die Kappungsgrenzen zu berücksichtigen. Es darf keine Mieterhöhung verlangt werden, wenn die Wohnungen nur in einen allgemein üblichen Zustand versetzt werden.
- Nach § 555e BGB (Sonderkündigungsrecht) gilt: Nach Zugang der Modernisierungsankündigung kann der Mieter das Mietverhältnis außerordentlich zum Ablauf des übernächsten Monats kündigen. Die Kündigung muss bis zum Ablauf des Monats erfolgen, der auf den Zugang der Modernisierungsankündigung folgt.
- Der Mieter hat bei energetischer Modernisierung drei Monate kein Mietminderungsrecht.

Kappungsgrenze

▶ LF 4, Kap. 4.4

Prinzip der Wirtschaftlichkeit

▶ LF 4, Kap. 1.6

Hinweis:

Kündigt der Mieter, dürfen die Maßnahmen erst nach seinem Auszug durchgeführt werden.

Beispiel

Die Modernisierungsankündigung geht dem Mieter am 21. August zu. Er kann zum Ende des zweiten darauffolgenden Monats (bis 31. Oktober) kündigen.

Erhöhungsgrenzen gemäß § 559 Absatz 3a BGB

Bei der Erhöhung der jährlichen Miete nach Abs. 1 darf sich die monatliche Miete innerhalb von sechs Jahren, von Erhöhungen nach § 558 oder § 560 abgesehen, nicht um mehr als 3 Euro je Quadratmeter Wohnfläche erhöhen.

Beträgt die monatliche Miete vor der Mieterhöhung weniger als 7 Euro pro Quadratmeter Wohnfläche, so darf sie sich abweichend von Satz 1 nicht um mehr als 2 Euro je Quadratmeter Wohnfläche erhöhen.

Übersteigen die Modernisierungskosten einen Betrag in Höhe von 10.000,00 EUR nicht, kann der Vermieter das vereinfachte Verfahren zur Mieterhöhung gemäß § 559c BGB durchführen.

Die Mieterhöhung gilt mit Beginn des dritten Monats, nachdem dem Mieter eine Erklärung über die endgültige Mieterhöhung zugegangen ist. Die Regelungen dazu finden sich im § 559b BGB.

Auswirkungen von Fehlern bei der Modernisierungsankündigung bzw. der Erhöhungserklärung

Fall 1: Bagatellmieterhöhung ohne Ankündigung

Mieter duldet Modernisierung bzw. wird zur Duldung verurteilt	Mieter hat keine Kenntnis von Modernisierung, aber duldet sie	Mieter widerspricht der Modernisierung
↓	↓	↓
Mieterhöhung zu Beginn des dritten Monats nach Zugang der Erklärung	Mieterhöhung zu Beginn des dritten Monats nach Zugang der Erklärung	Mieterhöhung zu Beginn des dritten Monats nach Zugang der Erklärung

Fall 2: Der Vermieter unterlässt die Modernisierungsankündigung gemäß § 555c BGB völlig.

Mieter hat Kenntnis von der Modernisierungsabsicht und duldet sie	Mieter hat keine Kenntnis von der Modernisierungsabsicht und duldet sie	Mieter widerspricht der Modernisierung
↓	↓	↓
Mieterhöhung nach § 559 Abs. 2 BGB sechs Monate später	Mieterhöhung nach § 559 BGB nicht möglich	Mieterhöhung nach § 559 BGB nicht möglich

Fall 3: Die Ankündigung der Modernisierung ist fehlerhaft, enthält aber die Ankündigung zur Mieterhöhung.

Mieter hat Kenntnis von der Modernisierungsabsicht und duldet sie	Mieter widerspricht der Modernisierung
↓	↓
Mieterhöhung zu Beginn des dritten Monats nach Zugang der Erklärung	Mieterhöhung nach § 559 BGB nicht möglich

Fall 4: Die Modernisierungsankündigung gemäß § 555c BGB erfolgt, aber die Ankündigung der Mieterhöhung fehlt.

Mieter hat Kenntnis von der Modernisierungsabsicht und duldet sie	Mieter widerspricht bei vorliegendem Härtefall der Modernisierung
↓	↓
Mieterhöhung nach § 559 b Abs. 2 BGB sechs Monate später	Mieterhöhung nach § 559 BGB nicht möglich

Fall 5: Die tatsächliche Mieterhöhung fällt mehr als 10 % höher aus als angekündigt.

Mieter duldet die Modernisierung
↓
Mieterhöhung nach § 559 b Abs. 2 BGB sechs Monate später

Beispiel

Die MEWOH möchte verschiedene Modernisierungsmaßnahmen in einer Wohnung durchführen. Die bisherige Nettomiete der Wohnung beträgt 4,00 €/m² monatlich für 70 m² Wohnfläche, somit 280,00 €/monatlich.

Gesamtkosten für die Modernisierungsarbeiten	40.000,00 €
– Reparaturkosten Fenster	1.300,00 €
= **Modernisierungskosten**	**38.700,00 €**

Aufschlag auf die Jahresmiete (8 % der Modernisierungskosten) = **jährliche Mieterhöhung**	**3.069,00 €**	
= **monatliche Mieterhöhung**	**258,00 €**	$\left(\frac{3.096,00\,€}{12\ \text{Monate}}\right)$

Somit würde sich eine Erhöhung pro m² ergeben von: $\frac{258,00\,€}{70\,m^2} = 3,69\,€/m^2$

Aber: Die max. Erhöhungsgrenze (hier 2,00 €/m²) muss berücksichtigt werden. Somit ergibt sich:

monatliche Mieterhöhung = 2,00 €/m² • 70,00 € = 140,00 €

alte Miete	280,00 €
+ Mieterhöhung	140,00 €
= **neue Miete monatlich**	**420,00 €**

Der Zugang des Erhöhungsschreibens erfolgt am 5. April, der Erhöhungsbeginn ist somit der 1. Juli. Sollte die tatsächliche Modernisierungserhöhung gegenüber der Ankündigung um mehr als 10 % abweichen, dann verschiebt sich der Erhöhungszeitpunkt um sechs Monate und somit auf den 1. Januar des folgenden Jahres.

Wird das Sonderkündigungsrecht in Anspruch genommen, muss die Kündigung bis zum Ablauf des zweiten Monats (30.06.) nach dem Zugang des Erhöhungsschreibens (05.04.) erfolgen. Die Wirkung der Kündigung tritt zum Ablauf des folgenden übernächsten Monats (31.08.) ein.

5.6 Mieterhöhung wegen gestiegener Betriebskosten (§ 560 BGB)

Betriebskosten
▶ LF 5, Kap. 1

Bei gestiegenen Betriebskosten hat der Vermieter das Recht, eine Erhöhung der Betriebskostenvorauszahlung zu fordern. Die geänderte Vorauszahlung schuldet der Mieter mit Beginn des auf die Erklärung folgenden übernächsten Monats.

Merke!

Auch der Mieter hat das Recht zur Anpassung der Betriebskostenvorauszahlung gemäß § 560 Abs. 4 BGB.

Voraussetzungen einer Mieterhöhung wegen gestiegener Betriebskosten	
Form	Textform
Wann	jederzeit, innerhalb von drei Monaten ab Kenntnis des Vermieters von der Erhöhung (§ 560 Abs. 2 Satz 2 BGB); bei Betriebskostenpauschalen*
Erhöhungszeitpunkt	mit Beginn des auf die Erklärung folgenden übernächsten Monats (bei Betriebskostenpauschalen*); nach einer Abrechnung bei Betriebskostenvorauszahlungen
Höhe	angemessene Höhe (§ 560 Abs. 4 BGB)
Kappungsgrenze	---
Begrenzung	Wirtschaftlichkeitsgebot
Abstand zur letzten Mieterhöhung	keiner
Besonderheiten	rückwirkend auf das der Erklärung vorangegangene Kalenderjahr

* nur, wenn eine entsprechende Erhöhungsklausel im Mietvertrag vereinbart wurde

Beispiel

Zugang am 15. Mai 2021 – neue Vorauszahlung mit dem 1. Juli 2021

Die Mieterhöhungserklärung bedarf der Textform und muss folgende Inhalte haben:

- Gegenüberstellung der bisherigen und der jetzt geltenden Beträge
- Betrag, um den die Gesamtsumme der Betriebskosten erhöht werden soll
- Verteilerschlüssel
- Grund der Erhöhung

SB ▶ SITUATION 45
Fristlose Kündigung eines Mietvertrags

6 Beendigung von Wohnraummietverhältnissen

Mietverhältnisse über Wohnraum können beendet werden durch
- einen Aufhebungsvertrag zwischen den Vertragsparteien,
- Kündigung einer der beiden Vertragsparteien oder
- den Bedingungseintritt, wie beispielsweise bei einem Zeitmietvertrag durch das Erreichen des vereinbarten Endpunktes.

zeitlich befristete Mietverträge
▶ LF 4, Kap. 1.3.8

6.1 Aufhebungsvertrag

Aufhebungsverträge geben den beiden Vertragsparteien die Möglichkeit, den Vertrag **ohne Einhaltung einer Frist gemeinsam zu beenden**. Sie kommen beispielsweise bei der Trennung einer Lebensgemeinschaft oder Ehe zum Einsatz. Der Vermieter kann so den einen Partner aus dem Vertrag entlassen und mit dem anderen das Mietverhältnis fortsetzen.

Merke!

Aus Beweisgründen ist es ratsam, bei einem Aufhebungsvertrag immer die Schriftform zu wählen. Zudem sollten alle Personen, die im Mietvertrag stehen, den Aufhebungsvertrag auch eigenhändig unterschreiben.

6.2 Kündigung

Kündigung

Die Kündigung ist eine **einseitige empfangsbedürftige Willenserklärung**, die darauf ausgerichtet ist, einen bestehen Vertrag zu beenden. Bei einem Mietvertrag heißt das, dass eine der Vertragsparteien das Mietverhältnis für beendet erklärt.

empfangsbedürftige Willenserklärung
▶ LF 2, Kap. 1.6

Zu unterscheiden sind:
- Bei einer **fristlosen Kündigung** endet das Vertragsverhältnis mit dem Zugang der Erklärung sofort.
- Bei einer **ordentlichen Kündigung** und einer **außerordentlichen Kündigung mit gesetzlicher Frist** endet das Vertragsverhältnis mit Ablauf der gesetzlichen oder vertraglichen Frist. Die Frist beginnt mit Zugang der Erklärung zu laufen.

6.2.1 Fristlose Kündigung

Bei einer fristlosen Kündigung kommt es immer zu einer **sofortigen Beendigung des Mietverhältnisses** (ohne Einhaltung einer Frist). Für die fristlose Kündigung durch den Vermieter oder den Mieter muss ein wichtiger Grund vorliegen, der die Fortsetzung des Mietverhältnisses unzumutbar macht.

* sofort; mit angemessener Räumungsfrist, damit der Mieter sich eine neue Unterbringung suchen kann, z. B. 14 Tage Räumungsfrist

Fristlose Kündigung durch den Vermieter					
Kündigungsgrund	Kündigung des Vermieters wegen Vertragsverletzung nach § 543 Abs. 2 Nr. 1 BGB	Gefährdung der Mietsache	unbefugte Gebrauchsüberlassung an Dritte	Störung des Hausfriedens	sonstige wichtige Gründe
Fristen	keine Kündigungsfrist*	keine Kündigungsfrist*	keine Kündigungsfrist*	keine Kündigungsfrist*	keine Kündigungsfrist*
Voraussetzung/ Begründung (Beispiel)	Zahlungsverzug • über zwei aufeinanderfolgende Monatsmieten • über einen längeren Zeitraum mit einem Betrag in Höhe von zwei Monatsmieten	• ständige Wasserschäden, die durch den Mieter verursacht wurden • Lüftungsverweigerung	• Überlassung an Dritte • unerlaubte Untervermietung • unerlaubter Wohnungstausch	nachhaltige Störung (mehrfach)	• Zweckentfremdung • Bedrohung und Beleidigung von Vermieter oder anderen Mietern
Besonderheiten	keine Abmahnung erforderlich	Abmahnung erforderlich	Abmahnung erforderlich	Abmahnung erforderlich	keine Abmahnung erforderlich

Mit der Mietrechtsreform 2013 wurde ein neuer Kündigungsgrund in das BGB aufgenommen. Nach § 569 Abs. 2a BGB kann der Vermieter nun außerordentlich fristlos kündigen, wenn der Mieter mit einer Sicherheitsleistung nach § 551 BGB in Höhe eines Betrags in Verzug ist, der der zweifachen Monatsmiete entspricht. Eine Abhilfefrist oder eine Abmahnung ist hier nicht notwendig.

** sofort; Mieter bestimmt den Zeitpunkt selbst, damit er sich eine neue Unterbringung suchen kann, z. B. 14 Tage Räumungsfrist

Fristlose Kündigung durch den Mieter				
Kündigungsgrund	Täuschung über Betriebskosten	Mietpreisüberhöhung	erhebliche Gefährdung der Gesundheit gemäß § 569 BGB	weitere Gründe
Fristen	keine Kündigungsfrist**	keine Kündigungsfrist**	keine Kündigungsfrist**	keine Kündigungsfrist**
Voraussetzung/Begründung (Beispiel)	Überschreitung der tatsächlichen Betriebskosten von über 100 %	Mietwucher gemäß § 5 WiStG	• Winter ohne Heizung • starker Schädlingsbefall • massive Ruhestörung in der Nacht	• unerlaubtes Betreten durch den Vermieter • Prostitution im Haus • nachhaltige Störung des Hausfriedens
Besonderheiten	–	–	Frist zur Mängelbeseitigung notwendig	–

Die fristlose Kündigung muss nicht für sofort ausgesprochen werden. Der Mieter kann sich die Zeit für die Suche einer neuen Wohnung nehmen. Ein genauer Kündigungstermin muss aber angegeben werden.

6.2.2 Ordentliche Kündigung

Bei einer ordentlichen Kündigung handelt es sich um eine **gesetzlich vorgesehene Beendigungsmöglichkeit** eines Vertrags auf unbestimmte Zeit. Voraussetzung bei einer Kündigung durch den Vermieter ist immer, dass er ein berechtigtes Interesse an der Beendigung des Mietverhältnisses hat.

Ordentliche Kündigung durch den Vermieter				
Kündigungsgrund	Kündigung des Vermieters wegen Vertragsverletzung nach § 573 Abs. 2 Nr. 1 BGB	Kündigung wegen Eigenbedarfs nach § 573 Abs. 2 Nr. 2 BGB	Kündigung wegen anderweitiger wirtschaftlicher Verwertung nach § 573 Abs. 2 Nr. 3	Sonderkündigungsrecht zu einem Mietverhältnis in einem vom Vermieter selbst genutzten Gebäude mit zwei Wohnungen (§ 573a BGB)
Fristen	Ablauf des auf die Kündigung folgenden übernächsten Monats (3 Monate)	*	*	*
Voraussetzung/ Begründung (Beispiel)	▪ vertragswidriger Gebrauch ▪ unerlaubte Untervermietung ▪ Verletzung der Obhutspflicht ▪ Sachbeschädigung ▪ unpünktliche Mietzahlung	▪ Eigennutzung durch den Vermieter selbst ▪ Nutzungsbedarf durch Haushaltsangehörige ▪ Nutzungsbedarf durch Familienangehörige	▪ Abriss des Gebäudes ▪ Zweckentfremdung	Eigenbedarf nach § a 573 BGB
Besonderheiten	Abmahnung im Vorfeld notwendig (außer bei Zahlungsverzug)	▪ Nachweis muss erbracht werden ▪ Eigenbedarf muss tatsächlich vollzogen werden	hohe Anforderungen an die Begründung	Eigenbedarf muss tatsächlich vorhanden sein und durchgeführt werden

* Die gesetzliche Kündigungsfrist verlängert sich um jeweils 3 Monate (je nach Mietzeit, dann auf max. 12 Monate gemäß § 573c BGB).

Verlängerung der Kündigungsfrist	
1 bis 5 Jahre Laufzeit	3 Monate
nach 5 Jahren	gesetzliche Frist + 3 Monate, d. h., 6 Monate insgesamt
nach 8 Jahren	gesetzliche Frist + 6 Monate, d. h., 9 Monate insgesamt
bei Vertragsbeginn vor dem 01.09.2001	max. 12 Monate

Bei einer ordentlichen Kündigung durch den Mieter nach § 573c BGB muss kein erkennbarer Grund zur Beendigung des Mietverhältnisses durch den Mieter vorliegen.

Ordentliche Kündigung durch den Mieter	
Kündigungsgrund	Kündigung des Mieters nach § 573c BGB
Fristen	Ablauf des auf die Kündigung folgenden übernächsten Monats (3 Monate)
Voraussetzung/ Begründung (Beispiel)	–
Besonderheiten	Kündigungsgrund muss nicht genannt werden

Kündigung bei Eigenbedarf des Vermieters

Die Regelungen einer Kündigung wegen Eigenbedarfs sind dem § 573 Abs. 2 Nr. 2 BGB zu entnehmen. Eine entsprechende Kündigung durch den Vermieter ist nur möglich, wenn er die Räume als Wohnung für sich, seine Familienangehörigen oder Angehörige seines Haushalts benötigt. Der Eigenbedarf muss dabei immer durch den Vermieter bewiesen und auch tatsächlich durchgeführt werden. Beim Wegfall des Eigenbedarfs besteht eine unverzügliche Mitteilungspflicht an den gekündigten Mieter. Eine Begründung der Eigenbedarfskündigung durch falsche Tatsachen, z. B. vorgetäuschte Eigenbedarfspläne, ist strafbar.

Familienangehörige und zum Haushalt gehörende Personen	
Personen, zu denen eine enge familiäre Bindung besteht	Hierbei handelt es sich um Personen, die dem Vermieter persönlich nahestehen und/oder bei denen er rechtlich oder zumindest moralisch zur Unterhaltsgewährung oder sonstigen Fürsorge verpflichtet ist, wie z. B. die Mutter und der Vater, die Tochter und der Sohn. Auch dazu zählen der Bruder und die Schwester, die Schwiegereltern, der Lebenspartner sowie die Enkelkinder. Darüber hinaus kann der Vermieter auch Eigenbedarf für eine nichteheliche Lebensgemeinschaft sowie den getrennt lebenden Ehegatten anmelden.
Personen, zu denen besonderer sozialer Kontakt besteht	Ausnahmsweise kann Eigenbedarf auch für Personen geltend gemacht werden, zu denen besondere soziale Kontakte bestehen. Dies können z. B. der Schwager und die Schwägerin, der Neffe und die Nichte, der Cousin und die Cousine, der Onkel und die Tante, der Stiefsohn und die Stieftochter sein. Allerdings ist die Rechtsprechung hier nicht einheitlich.
zum Haushalt gehörende Personen	Zu diesem Personenkreis gehören Hausangestellte und solche Personen, die der Vermieter bereits für dauernd in seinem Haushalt aufgenommen hat, wie z. B. Pflegepersonen und Bedarfspersonen.

Für Gesellschaften, z. B. GmbHs, AGs, ist es nicht möglich, Eigenbedarf geltend zu machen. Sie haben aber die Möglichkeit, als Kündigungsgrund einen **Betriebsbedarf** anzugeben. In diesem Fall kann die Wohnung dann aus **wichtigen betrieblichen Gründen** einem Mitarbeiter zur Verfügung gestellt werden.

6.2.3 Außerordentliche fristgemäße Kündigung

Bei einer außerordentlichen fristgemäßen Kündigung handelt es sich um eine **gesetzlich vorgesehene Beendigungsmöglichkeit** eines Vertrags auf unbestimmte Zeit unter **bestimmten Bedingungen**.

Außerordentliche fristgemäße Kündigung durch den Vermieter			
Kündigungsgrund	Kündigung des Vermieters gegenüber den Erben des Mieters gemäß § 564 BGB	Kündigung des Vermieters gegenüber dem Sonderrechtsnachfolger des verstorbenen Mieters gemäß § 563 Abs. 4 BGB	Kündigung bei mehr als 30-jähriger Mietdauer gemäß § 544 BGB
Fristen	innerhalb eines Monats nach Kenntniserlangung	Ablauf des auf die Kündigung folgenden übernächsten Monats (3 Monate)	Kündigung i. d. R. erst nach Ablauf der 30 Jahre möglich
Voraussetzung/ Begründung (Beispiel)	Tod des Mieters	Tod des Mieters	–
Besonderheiten	Kündigung muss an alle Erben gehen	–	ordentliche Kündigung während der Mietdauer ausgeschlossen

Außerordentliche fristgemäße Kündigung durch den Mieter				
Kündigungsgrund	Kündigung wegen Tod eines Mitmieters gemäß §§ 563a BGB	Kündigung durch Erben	Kündigung bei mehr als 30-jähriger Mietdauer gemäß § 544 BGB	Sonderkündigungsrecht nach Mieterhöhung gemäß § 561 BGB
Fristen	innerhalb eines Monats nach Kenntnis vom Tod des Mieters	innerhalb eines Monats nach Kenntnis vom Tod des Mieters	Ablauf des auf die Kündigung folgenden übernächsten Monats (3 Monate), ansonsten erst nach den 30 Jahren Laufzeit	Ablauf des auf die Kündigung folgenden übernächsten Monats (3 Monate)
Voraussetzung/ Begründung (Beispiel)	Tod eines Mieters	Tod des Mieters	wenn der Kündigungsgrund nicht durch den Mieter beeinflussbar ist, z. B. notwendiger Umzug in ein Pflegeheim	• Erhöhungsverlangen durch Modernisierung • Anpassung an die ortsüblichen Vergleichsmieten
Besonderheiten	Kündigung erfolgt durch den überlebenden Mitmieter	alle Erben müssen die Kündigung unterschreiben	• ausführliche Begründung • keine zeitlich begrenzte Maßnahme	Überlegungsfrist des Mieters

Merke!

Hierzu zählt ebenfalls die Kündigung durch den Mieter wegen Versagung der Untermieterlaubnis (§§ 540 und 553 BGB).

6.3 Kündigungserklärung

Form und Inhalt der Kündigung
§ 568 Abs. 1 und 2 BGB

Die Kündigung eines Wohnraummietverhältnisses hat **schriftlich** zu erfolgen. Zudem ist es erforderlich, dass der Vermieter den Mieter hinsichtlich der Widerspruchsmöglichkeiten informiert. Der Mieter kann gegen jede ordentliche und außerordentliche Kündigung mit gesetzlicher Frist Widerspruch einlegen (§ 574 ff. BGB). Legt der Mieter Widerspruch ein, ist es erforderlich, dass dieser spätestens zwei Monate vor Beendigung des Mietverhältnisses in Schriftform beim Vermieter eintrifft.

Bedeutet die Kündigung des Wohnraums für den Mieter eine **soziale Härte**, so kann er sich darauf berufen. Verlangt der Vermieter vom Mieter allerdings eine Auskunft über die Härte an sich, so muss er ihm diese umgehend geben.

Gründe für eine soziale Härte können dabei z. B. sein:
- Mieterin ist hochschwanger
- Krankheit des Mieters
- Mieter steckt gerade im Examen
- Mieter würde sozial entwurzelt werden
- Mieter kann sich vor Ort nicht mit vergleichbarem Wohnraum angemessen versorgen

Es ist wichtig, dass dem Kündigungsschreiben entnommen werden kann, dass es zu einer Beendigung des Vertragsverhältnisses kommen soll. Zudem ist es nicht möglich, eine Kündigung unter Bedingungen zu stellen (**bedingungsfeindlich**). Egal ob eine oder mehrere Personen beteiligt sind (auf Vermieter- bzw. Mieterseite), gilt der Grundsatz: **„Von allen an alle"**.

Grundsatz: „Von allen an alle"

Damit ist gemeint, dass die Unterzeichnung der Kündigungserklärung durch alle Mietvertragspartner erfolgen muss. Umgekehrt heißt dies selbstverständlich auch, dass alle sie empfangen müssen. Wird eine dritte Person (z. B. eine Rechtsanwältin) mit der Kündigungserklärung beauftragt, muss diese gemäß § 174 BGB eine Originalvollmacht beilegen.

Eine Kündigung kann erst dann wirksam werden, wenn sie dem Vertragspartner zugeht. Den Beweis, dass eine Kündigung zugegangen ist, muss im Zweifelsfall der Kündigende erbringen. Erfolgt z. B. eine Kündigung des Vermieters durch Einwurf des Schreibens in den Briefkasten des Mieters, so sollte der Vermieter darauf achten, dass dies unter Zeugen vorgenommen wird (z. B. in Anwesenheit des Hauswarts).

Je nach vorliegendem Fall ist es auch möglich, eine Kündigung per Gerichtsvollzieher vorzunehmen. Bei einer persönlichen Übergabe an den Mieter ist allerdings nicht davon auszugehen, dass dieser die Übergabe der Kündigung auch quittiert.

Merke!

Eine wegen einer Mieterhöhung erfolgte Änderungskündigung durch den Vermieter hat der Gesetzgeber ausgeschlossen.

6.4 Kündigung von befristeten Mietverhältnissen (§ 542 BGB)

Vereinbarungen über die Dauer von Mietverhältnissen
▶ LF 4, Kap. 1.3.8

In Lernfeld 4 wurde bereits auf die Möglichkeit eingegangen, dass Vermieter und Mieter das Mietverhältnis auf einen bestimmten Zeitraum begrenzen können (**Zeitmietvertrag** gemäß § 575 BGB). Das Mietverhältnis endet mit dem Ablauf der vereinbarten Mietzeit. Somit muss weder der Mieter noch der Vermieter in diesem Fall eine Kündigung aussprechen.

Ungefähr drei Monate bevor der Vertrag ausläuft, ist es allerdings ratsam, den Mieter darauf hinzuweisen. Der Vermieter kann diese Gelegenheit außerdem dazu nutzen, dem Mieter ein neues Vertragsangebot vorzulegen.

Die vorzeitige Kündigung eines befristeten Mietverhältnisses ist immer dann möglich, wenn einem der Vertragspartner ein Sonderkündigungsrecht zusteht (außerordentliches befristetes Kündigungsrecht).

Weitere Kündigungsmöglichkeiten in Sonderfällen:
- möblierter Wohnraum in der Wohnung des Vermieters gemäß § 549 Abs. 2 Nr. 2 BGB (hier gelten die Kündigungsfristen nach § 573c Abs. 3 BGB)
- Mietverhältnisse zum vorübergehenden Gebrauch, z. B. Studenten- und Jugendwohnheime gemäß § 549 BGB

Lernfeld 9
Wohnungseigentum begründen und verwalten

Die Regelungen bei der Umwandlung von Mietwohnungen in Wohnungseigentum werden im Lernfeld 9 noch genauer behandelt.

7 Außergerichtliches und gerichtliches Mahnverfahren

SB ▶ SITUATION 46
Außergerichtliches und gerichtliches Mahnverfahren, Zwangsräumung

Erfüllt ein Mieter seine Zahlungsverpflichtung nicht, kann der Vermieter mithilfe des außergerichtlichen und des gerichtlichen Mahnverfahrens versuchen, seinen Anspruch geltend zu machen.

7.1 Außergerichtliches Mahnverfahren

Das **außergerichtliche Mahnverfahren** soll den säumigen Mieter zur Zahlung veranlassen, ohne sich dabei gerichtlicher Hilfe zu bedienen. Für das außergerichtliche Mahnverfahren gibt es **keine gesetzlichen Vorschriften**, sodass die Vorgehensweise von Vermieter zu Vermieter unterschiedlich ausfallen kann.

Wenn ein Mieter erstmalig nicht pünktlich zahlt, so muss der Vermieter nicht gleich von all seinen gesetzlichen Rechten Gebrauch machen. Er wird Wert darauf legen, auch weiterhin eine gute Beziehung im Mietverhältnis aufrechtzuerhalten und zunächst versuchen, auf gütliche Weise zum Ziel zu kommen.

In der Praxis beginnt das außergerichtliche Mahnverfahren häufig mit einer freundlich formulierten **Zahlungserinnerung**. Dabei kann der Vermieter dem Mieter auch schon die möglichen Folgen einer Zahlungsverweigerung vor Augen halten, z. B. eine mögliche Kündigung.

Grundsätzlich bedarf es **keiner Mahnung** des Vermieters an den Mieter von Wohnraum, um diesen bei einer fehlenden Mietzahlung in Verzug zu setzen und die gesetzlichen Verzugsfolgen, wie z. B. den Anspruch auf Zahlung von Verzugszinsen gem. § 288 BGB, auszulösen oder die Voraussetzungen für eine außerordentliche fristlose Kündigung gem. §§ 543 Abs. 2 Satz 1 Nr. 3 und 569 Abs. 3 BGB zu schaffen.

Lässt der Mieter den Fälligkeitstermin der Mietzahlung verstreichen, so kommt er automatisch in Verzug (§ 286 Abs. 1 Satz 1 und Abs. 2 Satz 1 BGB). Geregelt wird dies durch die vertragliche Vereinbarung im Mietvertrag.

Merke!

Sofern der Vermieter eine außerordentliche fristlose Kündigung auf § 543 Abs. 2 Satz 1 Nr. 3 und § 569 Abs. 3 BGB stützt, bedarf es gem. § 543 Abs. 3 Satz 2 Nr. 3 BGB auch keiner der Kündigung vorausgehenden Abmahnung.

Entscheidet sich der Vermieter dafür, ein außergerichtliches Mahnverfahren durchzuführen, ist ihm freigestellt, wie er es gestaltet. Somit könnte er z. B. einem säumigen Mieter bereits im ersten Schreiben rechtliche Schritte androhen.

Eine mögliche Vorgehensweise des Vermieters könnte wie folgt aussehen:

1. Der säumige Mieter erhält eine **Zahlungserinnerung**. Dabei handelt es sich um ein höflich formuliertes Erinnerungsschreiben, welches darauf verweist, dass der Mieter mit seiner Mietzahlung im Verzug ist.
2. Hat der säumige Mieter weiterhin nicht gezahlt, erhält er eine **Mahnung**. Auch diese sollte nicht unfreundlich, aber sehr entschieden formuliert sein. Die Mahnung enthält, neben dem Hinweis auf die Fälligkeit der Schuld, die Aufforderung zur Zahlung unter Angabe einer gesetzten Frist. Außerdem sollte auf mögliche Folgen verwiesen werden, wie z. B. das Einleiten eines gerichtlichen Mahn- und Klageverfahrens sowie der Verweis auf eine (fristlose) Kündigung.

7.2 Gerichtliches Mahnverfahren

Antrag auf Erlass eines Mahnbescheids
MEWOH Musterwohn GmbH
gegen Herrn Klaus Schmidtner
– maschinell lesbarer Antrag für das automatisiert Verfahren – 001 BARC0001 207360 4BF2312

	Verfahrenswährung:	EUR
Antragsteller		
1. Antragsteller		
	Rechtsform:	GmbH
	Name:	MEWOH Musterwohn GmbH
	Straße:	Fangerstraße 15–20
	PLZ/Ort/Nation:	04104 Leipzig
1. Gesetzliche Vertreter		
	Funktion:	Geschäftsführung
	Name:	Dr. Kerstin Pohl, Karsten Riedel
	Straße:	Fangerstraße 15–20
	PLZ/Ort/Nation:	04104 Leipzig
Antragsgegner		
1. Antragsgegner		
	Rechtsform:	---
	Name:	Klaus Schmidtner
	Straße:	Mühlbecker Str. 68
	PLZ/Ort/Nation:	04177 Leipzig
Prozessgericht		
	Anschrift:	Amtsgericht Leipzig 04174 Leipzig
Ansprüche		
	Summe der Hauptforderungen:	621,70 EUR
1. Katalogisierbarer Anspruch		
	Anspruch:	Miete für Wohnraum einschl. Nebenkosten (Katalog-Nr. 19)
	Mitteilungsform:	Vertrag
	Rechnungsnummer:	Miete und Betriebskosten März 2021
	ab/vom:	01.03.2021
	bis	31.03.2021
	Betrag:	621,70 EUR
Ausgerechnete Zinsen		
	vom:	01.03.2021
	bis:	28.02.2022
	Betrag:	25,61 EUR
	höchster Zinssatz:	4,120 %

Das gerichtliche Mahnverfahren ist ein standardisiertes Verfahren, mit dem ein Gläubiger (Vermieter) mit Unterstützung des Gerichts schnell und kostengünstig an sein Geld kommen kann. Dafür muss beim Mahngericht ein Mahnbescheid beantragt werden.

Der Antrag auf einen Mahnbescheid wird in der Regel online gestellt. Der ausgefüllte Antrag wird an das zuständige Mahngericht geschickt, das dann einen Mahnbescheid an den säumigen Schuldner (Mieter) sendet. Die Rechtmäßigkeit des Anspruches wird durch das Gericht nicht geprüft. Ein Mahnbescheid ist nichts anderes als eine Mahnung des Gerichts, d. h., die Aufforderung des Gerichts zur Zahlung der genannten Schuld.

Ein Antrag ist dann sinnvoll, wenn zu erwarten ist, dass der säumige Schuldner (Mieter) seiner Zahlungsverpflichtung nicht nachkommen wird. Der Gläubiger kann so schneller zu seinem Geld kommen als durch einen langwierigen Prozess.

Ablauf des gerichtlichen Mahnverfahrens

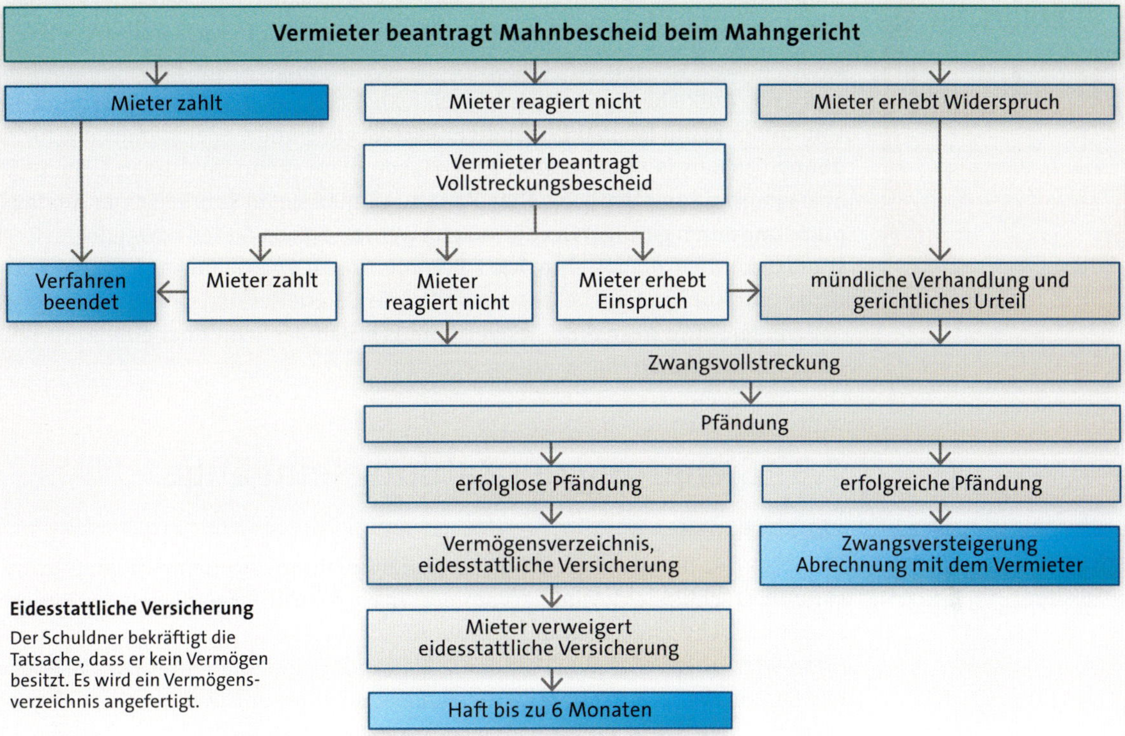

Eidesstattliche Versicherung
Der Schuldner bekräftigt die Tatsache, dass er kein Vermögen besitzt. Es wird ein Vermögensverzeichnis angefertigt.

1. Antrag auf **Erlass eines Mahnbescheides** beim zuständigen Gericht
2. Das Gericht erlässt den Mahnbescheid und stellt ihn dem Schuldner zu.
3. Der Schuldner hat nun drei Möglichkeiten, auf den Mahnbescheid zu reagieren:
   a) Der Schuldner zahlt an den Gläubiger und das Verfahren ist beendet.
   b) Der Schuldner erhebt innerhalb von zwei Wochen Widerspruch bei Gericht. Der Gläubiger wird durch das Amtsgericht über den Widerspruch benachrichtigt. Im Anschluss kann der Gläubiger oder der Schuldner die Durchführung eines streitigen Verfahrens beantragen.
   c) Der Schuldner unternimmt nichts. Nach zwei Wochen kann der Gläubiger innerhalb von sechs Monaten einen Antrag auf Erlass eines Vollstreckungsbescheids stellen.
4. Das Mahngericht erlässt den **Vollstreckungsbescheid** auf Antrag des Gläubigers. Der Vollstreckungsbescheid ist ein sogenannter **„vollstreckbarer Titel“**, der es dem Gläubiger erlaubt, gegen den Schuldner die **Zwangsvollstreckung** durchzuführen. Nach der Zustellung des Vollstreckungsbescheides hat der Schuldner folgende Handlungsalternativen:
   a) Der Schuldner zahlt und das Verfahren ist beendet.
   b) Innerhalb von zwei Wochen kann der Schuldner Einspruch erheben. Dann kommt es zu einer Verhandlung vor Gericht.
   c) Der Schuldner unternimmt wiederum nichts. Damit wird der Vollstreckungsbescheid rechtskräftig.
5. Nach Ablauf der zweiwöchigen Einspruchsfrist kann die Zwangsvollstreckung durch einen Gerichtsvollzieher durchgeführt werden.

Schuldner = Mieter
Gläubiger = Vermieter

streitiges Verfahren
Das Gericht klärt, ob die Gläubigerforderung berechtigt ist.

Vollstreckungsbescheid
vollstreckbarer Titel und Voraussetzung für eine Zwangsvollstreckung

Zwangsvollstreckung
▶ LF 5, Kap. 8

Voraussetzung für eine Zwangsvollstreckung ist ein Vollstreckungsbescheid oder ein gerichtliches Urteil. Die Zwangsvollstreckung meint die Pfändung durch einen Gerichtsvollzieher und die Verwertung von Pfandsachen zugunsten des Gläubigers. Bei der Pfändung nimmt der Gerichtsvollzieher Geld, Schmuck und Wertpapiere in Besitz. Andere verwertbare Gegenstände werden nicht sofort mitgenommen, aber durch das Aufkleben eines Pfandsiegels („Kuckuck") als gepfändet gekennzeichnet. Unpfändbar sind lebensnotwendige Gegenstände und Gegenstände, die zur Ausübung des Berufs unabdingbar sind. Haben diese nichtpfändbaren Gegenstände aber einen außerordentlich hohen Wert, so können sie im Rahmen einer **Austauschpfändung** durch geringerwertige ersetzt werden. Neben diesen beweglichen Gegenständen können auch Rechte, wie z. B. Forderungen und Gehaltsansprüche, und natürlich auch unbewegliche Gegenstände, wie z. B. Häuser und Grundstücke, gepfändet werden. Zum Abschluss des Verfahrens erhält der Schuldner eine Abrechnung und eventuell einen Überschuss ausgezahlt.

7.3 Sicherung der Zahlungseingänge

Klageverfahren

Sollte es im Rahmen des gerichtlichen Mahnverfahrens zu einem Widerspruch/Einspruch des Schuldners (Mieters) kommen, so wird die Rechtmäßigkeit der Forderung in einer gerichtlichen Verhandlung geprüft. Selbstverständlich kann der Gläubiger (Vermieter) auch sofort den Weg der Klage vor Gericht beschreiten. Dies ist aber selten der Fall, weil es ein sehr zeitaufwendiger und unter Umständen kostenintensiver Weg ist, da hier meist ein Anwalt beauftragt werden muss.

Beauftragung eines Inkassoinstituts

Inkassoinstitute sind darauf spezialisiert, gewerbsmäßig den Einzug fremder Geldforderungen zu übernehmen. Aufgrund ihrer umfangreichen Erfahrungen und ihres hohen Organisationsgrads nutzen sie alle Möglichkeiten des außergerichtlichen und gerichtlichen Mahnverfahrens, der Klage und der Zwangsvollstreckung. Durch das **Outsourcing** dieses Aufgabengebiets spart der Vermieter Zeit und Verwaltungskosten, muss dafür aber eine Gebühr an das Inkassoinstitut zahlen. Bei der Auswahl eines Inkassoinstitutes sollte auf die Seriosität des Unternehmens geachtet werden und selbstverständlich im Rahmen der gültigen Gesetze handeln.

Outsourcing
Auslagerung und Abgabe von Aufgaben des Unternehmens an externe Dienstleister

Angesichts des Arbeitsaufwands und der hohen Kosten, die säumige Mieter verursachen können, stellt sich die Frage nach weiteren Maßnahmen, die im Voraus ergriffen werden können, um fällige Zahlungseingänge abzusichern oder ihren rechtzeitigen Eingang wahrscheinlicher werden zu lassen. So kann der Vermieter u. a.

- vor dem Mietvertragsabschluss Auskünfte über die Bonität des neuen Mieters einholen (z. B. durch eine SCHUFA-Auskunft) oder
- eine Vorvermieterbescheinigung (Mietschuldenfreiheitsbescheinigung) vom neuen Mieter einfordern.

Vorvermieterbescheinigung
▶ LF 4, Kap. 3.3

Kommt es zu Streitigkeiten, kann der Vermieter auch zurückgreifen auf

- ein Schlichtungsverfahren bei der Schiedsstelle der Kommune bzw. Gemeinde durch einen sog. Friedensrichter oder
- die Durchführung einer Mediation als Konfliktbeilegungsmethode.

8 Die Zwangsräumung einer Mietwohnung

Fruchten Mahnungen gegenüber dem Schuldner nicht und hat auch eine Kündigung keinen Erfolg, besteht die Möglichkeit zur Durchführung einer **Zwangsräumung** Wohnung. Für eine Zwangsräumung wird eine gerichtliche Räumungsklage benötigt. Mit ihr wird der Schuldner dazu verurteilt, die Räumung seiner Wohnung vorzunehmen. An einer Zwangsräumung beteiligt ist auch immer ein Gerichtsvollzieher. Er führt die Zwangsräumung durch und kündigt den Termin an. Der Vermieter selbst ist hingegen nicht berechtigt, eigenständig eine Zwangsräumung vorzunehmen.

Zwangsräumung
ihr geht i. d. R. eine fristlose Kündigung voran

Von der Kündigung bis zum Räumungstermin

Der Vermieter kündigt dem Mieter und die Kündigung ist rechtens.

↓

Der Mieter weigert sich, aus der Wohnung auszuziehen.

↓

Die **Räumungsklage** wird durch den Vermieter eingereicht. Zuständig für die Räumungsklage ist das Amtsgericht des entsprechenden Wohnbezirks.

↓

Der Mieter erhält die Mitteilung über die Räumungsklage.

↓

Es erfolgt eine gerichtliche Anhörung (mündlich) von Mieter und Vermieter.

↓

Nach der gerichtlichen Anhörung wird der Räumungstitel erteilt oder abgelehnt.

Es dauert vier Wochen, bevor der Räumungstitel erteilt oder abgelehnt wird.

↓

Hat der Vermieter Recht bekommen, ist es dem Mieter dennoch möglich, einen Aufschub der Räumung zu erwirken, z. B. wenn er in Berufung geht oder eine Verlängerung der Räumungsfrist beantragt.

↓

Ist das Urteil vollstreckbar, kann der beauftragte Gerichtsvollzieher den Räumungstermin festlegen. Zwischen der Mitteilung des Räumungstermins und der Räumung müssen aber mindestens drei Wochen liegen.

Merke!

Das Amtsgericht des entsprechenden Wohnbezirks ist zuständig für die Räumungsklage, sofern es sich um eine Mietwohnung handelt. Geht es hingegen um ein Gewerbeobjekt, richtet sich die Zuständigkeit nach der Höhe des Streitwerts.

Liegt der Streitwert unterhalb von 5.000,00 Euro, ist das Amtsgericht zuständig, bei einem Streitwert über 5.000,00 Euro das Landgericht.

Räumungsklage
= Räumungsantrag

Gründe für eine Klage können sein:
- erheblicher Mietrückstand
- Mietsache wird anders als erlaubt benutzt
- mutwillige Beschädigung der Mietsache

▶ LF 5, Kap. 6.2.1

Entstandene Kosten kann der Vermieter hinterher wieder beim Mieter einklagen.

Stellt der Vermieter einen Antrag auf eine Räumungsklage, so sollte er darauf achten, dass die folgenden Angaben genannt werden:
- der Name der klagenden Person (Gläubiger bzw. Vermieter)
- der Name der beklagten Person (Schuldner bzw. Mieter)
- die Begründung der Klage durch die klagende Person
- ein möglicher Widerspruchsgrund des Mieters
- Stellungnahme des Vermieters zum Widerspruchsgrund des Mieters (Aus welchem Grund soll dennoch eine Räumungsklage eingereicht werden?)

Geht ein Vermieter den Weg einer Räumungsklage, so kann diese erst eröffnet werden, wenn er einen sog. **Gerichtskostenvorschuss** zahlt. Für die Höhe des Gerichtskostenvorschusses ist der Streitwert ausschlaggebend. Der Vermieter muss aber davon ausgehen, dass der geforderte Betrag bei mehreren hundert Euro liegt.

Bei einer Zwangsräumung kommen zwei Arten zum Einsatz: die einfache Räumung und die Berliner Räumung.

Bei einer **einfachen Räumung** ist das Vorgehen wie folgt:

Zuerst öffnet der Gerichtsvollzieher die Wohnung.

↓

Nach dem Öffnen übergibt der Gerichtsvollzieher die Wohnung zurück an den Vermieter.

↓

Ein beauftragter Schlosser nimmt den Austausch der Schlösser vor.

↓

Um dem Mieter die Möglichkeit zu geben, auch weiterhin an seine Sachen zu kommen, werden diese auf Veranlassung des Gerichtsvollziehers eingelagert. Allerdings erfolgt diese Einlagerung nur für einen bestimmten Zeitraum.

↓

Ist der Zeitraum abgelaufen und hat sich der Mieter nicht um seine Sachen gekümmert, kann eine Verwertung vorgenommen werden. Allerdings müssen hierfür die vorgegebenen Vorschriften Beachtung finden.

↓

Sachen, die keine Verwertung finden, weil sie z. B. zu alt oder defekt sind, dürfen entsorgt werden.

Beräumung
etwas von Schrott und Schutt befreien, Platz für Neues schaffen

Die einfache Räumung	
Vorteile für den Vermieter	**Nachteile für den Vermieter**
• Er hat kaum Arbeit. Der Aufwand ist daher sehr überschaubar. • Verfügt er über eine Rechtsschutzversicherung für Mietrecht, werden die Kosten übernommen.	• Entstehende Kosten, z. B. für die Beräumung und Einlagerung, muss er diese zuerst einmal selbst tragen. • Obwohl er sich entstandene Kosten vom Mieter wiederholen kann, bleibt die Gefahr, dass er auf den Kosten sitzen bleibt, z. B. wenn der Mieter zahlungsunfähig ist.

Bei einer **Berliner Räumung** ist das Vorgehen ähnlich zur einfachen Räumung:

Zuerst öffnet der Gerichtsvollzieher die Wohnung.

↓

Nach dem Öffnen übergibt der Gerichtsvollzieher die Wohnung zurück an den Vermieter.

↓

Ein beauftragter Schlosser nimmt den Austausch der Schlösser vor.

↓

Alle Sachen des Mieters bleiben in der Wohnung. Alternativ kann der Vermieter sie auch einlagern, wenn er die Wohnung schnell wieder vermieten will.

↓

Um seine Sachen abzuholen, wird dem Mieter durch den Vermieter eine Frist gesetzt, die in der Regel einen Monat beträgt.

↓

Kümmert sich der Mieter nicht um seine Sachen, ist der Vermieter nach Ablauf der Frist berechtigt, eine Verwertung bzw. Entsorgung vorzunehmen.

Die Berliner Räumung	
Vorteile für den Vermieter	**Nachteile für den Vermieter**
• Der Kostenvorschuss für die Räumung fällt geringer aus als bei einer einfachen Räumung.	• Er haftet für eine Verschlechterung an den Sachen des Mieters, z. B. bei einer Beschädigung. • Die entstandenen Kosten müssen erst einmal übernommen werden. Er kann sich diese zwar vom Mieter wiederholen, es bleibt aber die Gefahr, dass der Mieter zahlungsunfähig ist.

Welche Art der Räumung der Vermieter wählt, ist immer eine Ermessensfrage und sollte von Fall zu Fall entschieden werden.

Beispiel

Der MEWOH Musterwohn GmbH ist nach der Erteilung eines Räumungstitels bereits bekannt, dass der Mieter unbekannt verzogen ist und seine Sachen mitgenommen hat. Es wird vermutet, dass sich nur noch Reste und Abfälle aus dem Hausrat des Mieters in der Wohnung befinden.

Hier ist eine Berliner Räumung sinnvoll, da so Kosten gespart werden können.

Kosten einer Zwangsräumung

Eine Zwangsräumung sollte immer das letzte Mittel sein. Sie verursacht nicht nur einen großen Aufwand beim Vermieter, es sind auch Kosten mit ihr verbunden, die der Vermieter unter Umständen nicht zurückerhält.

Das Ausräumen der Wohnung kann z. B. durch ein Umzugsunternehmen erfolgen.

In der Regel muss der Vermieter

- den Gerichtskostenvorschuss zahlen,
- einen Kostenvorschuss an den Gerichtsvollzieher entrichten sowie
- die Kosten für die Räumung als auch eine mögliche Einlagerung und Entsorgung der Mietersachen tragen.

Die Höhe der Kosten für eine Zwangsräumung lassen sich aber nur bedingt voraussagen. Sie sind beispielsweise von der Größe der Wohnung und von der Menge an einzulagernden Sachen des Mieters abhängig. Grundsätzlich kann man bei einer Räumung von Kosten von mindestens 800,00 bis 1.000,00 Euro pro Zimmer ausgehen.

Zwar kann der Vermieter seine Auslagen vom Mieter zurückverlangen, allerdings ist dieses Vorgehen nicht immer mit Erfolg verbunden. Zwangsgeräumte Mieter verfügen in der Regel über keine finanziellen Mittel, um entsprechenden Forderungen nachzukommen. So läuft es häufig darauf hinaus, dass der Vermieter auf seinen Kosten sitzenbleibt.

Auch eine Zwangsversteigerung der gepfändeten Mietersachen führt häufig nicht zum Ziel, da den Einnahmen hohe Kosten entgegenstehen. Zudem ist der erforderliche Aufwand einer Zwangsversteigerung nicht zu unterschätzen.

LERNFELD 5

Wohnräume verwalten und Bestände pflegen

SITUATIONEN

Situation 38

Installation von Rauchwarnmeldern

Frau Heller, Mieterin im Wohnhaus „Langenstr. 71A, 04177 Leipzig" der MEWOH Musterwohn GmbH, möchte in der nächsten Zeit ihre Wohnung komplett renovieren. Im Rahmen der Renovierungsarbeiten plant sie auch, eigene Rauchwarnmelder in allen Räumen der Wohnung zu installieren. Die Kosten für die Rauchwarnmelder und die Installation soll die MEWOH übernehmen.

Da aus ihrer Sicht noch einige Fragen zu dem Thema offen sind, hat sie mit Ihnen bereits einen persönlichen Termin vereinbart und im Vorfeld am Telefon auch schon Ihnen gegenüber einige Punkte angesprochen. Dazu zählte unter anderem die Frage, wie die Umlage der Kosten der Rauchwarnmelder erfolgt.

ARBEITSAUFTRÄGE

Bereiten Sie den Gesprächstermin anhand folgender Punkte vor:

1. In welchen Räumen dürfen Rauchwarnmelder installiert werden?
2. Wer ist für die Installation von Rauchwarnmeldern zuständig? Gibt es dazu gesetzliche Regelungen?
3. In welchen Intervallen werden die Rauchwarnmelder gewartet?
4. Welche Kosten können über die Betriebskostenabrechnung auf die Mieterin umgelegt werden?
5. Informieren Sie sich, wie die Rechtslage ist, wenn die Mieterin bereits auf eigene Kosten Rauchwarnmelder installiert hat und der Vermieter jetzt das ganze Gebäude ausrüsten will.
6. Welchen Unterschied hat es hinsichtlich der Kosten für die Mieterin, ob der Vermieter die Rauchwarnmelder kauft und installiert oder bei einer Servicefirma mietet?

Aufgaben

1 Für das Ausstatten von Wohnräumen mit Rauchwarnmeldern ist die DIN 14767 Grundlage. Was besagt sie?

2 Recherchieren Sie, in welchem Fall der Mieter für die Wartung der Rauchwarnmelder zuständig ist.

a) Wenn dies laut Landesbauordnung vorgegeben ist.

b) Es wurde schriftlich im Mietvertrag vereinbart, dass der Mieter für die Wartung der Rauchwarnmelder zuständig ist.

c) Der Vermieter und der Mieter haben eine gesonderte Vereinbarung darüber getroffen, dass der Mieter die Wartung der Rauchwarnmelder übernimmt.

d) Die Wartung der Rauchwarnmelder liegt ausschließlich beim Vermieter. Daher ist es generell nicht möglich, die Wartung auf den Mieter zu übertragen.

3 Was wird bei einer Prüfung von Rauchwarnmeldern durchgeführt?

Situation 39

Trinkwasserprüfung

Auf dem Grundstück „Alte Allee 12–14, 04159 Leipzig" der MEWOH Musterwohn GmbH wurde im letzten Monat eine Trinkwasserprüfung (Legionellenuntersuchung) gemäß der Trinkwasserverordnung (TrinkwV) durchgeführt. Nun sind die Befunde per Post in der Verwaltung der MEWOH eingegangen. Leider hat sich gezeigt, dass an einer Entnahmestelle ein technischer Maßnahmenwert (TMW) überschritten wurde.

Entnahmestelle:	Alte Allee 12–14, 04159 Leipzig
Wohnung:	Dachgeschoss, links
Raum:	Badezimmer
Messung:	300 KbE*/100 ml
	** KbE = koloniebildende Einheiten*

Die Untersuchung hat ergeben, dass das Trinkwasser nicht den erforderlichen Anforderungen nach TrinkwV entspricht.

Hierbei handelt es sich um eine mittlere Kontamination des Leitungssystems. Zeitnah ist bei der MEWOH zudem ein Schreiben vom zuständigen Gesundheitsamt eingegangen. Danach muss die MEWOH eine weitere Untersuchung und zusätzliche Maßnahmen veranlassen:

> Basierend auf dem Regelwerk der DVGW (Arbeitsblatt W551) sind weitere Untersuchungen vorzunehmen. Veranlassen Sie diese Untersuchungen bitte innerhalb der nächsten vier Wochen.
> Informieren Sie zudem alle Nutzer der Anlage umgehend über das Untersuchungsergebnis.
> Leiten Sie gemäß DVGW (Arbeitsblatt W511) i. V. m. § 16 TrinkwV unverzüglich alle weiteren notwendigen Maßnahmen ein.
> Bitte erstellen Sie außerdem eine Gefährdungsanalyse i. S. d. § 3 Nr. 13 TrinkwV oder beauftragen Sie die Erstellung einer Gefährdungsanalyse. Im Anschluss ist diese dem Gesundheitsamt vorzulegen.

ARBEITSAUFTRÄGE

Helfen Sie, die notwendigen Arbeitsschritte gemäß Trinkwasserverordnung vorzubereiten. Gehen Sie dabei auf folgende Punkte ein:

1. In welchen zeitlichen Abständen ist eine Trinkwasserprüfung auf Legionellen durchzuführen?
2. Informieren Sie sich, ab welchem Legionellenbefall (KbE) gesundheitliche Gefahren bestehen und welche Maßnahmen einzuleiten sind. Nutzen Sie dazu das Arbeitsblatt 5.1, das den Webcodematerialien beiliegt.
3. Informieren Sie sich, welche Angaben die Nutzerinformation mindestens enthalten sollte.
4. Recherchieren Sie, ob es zu dem Thema ein Informationsblatt Ihres zuständigen Gesundheitsamtes gibt.
5. Können die Kosten der periodisch durchzuführenden Trinkwasserwasserprüfung im Zuge der Betriebskostenabrechnung umgelegt werden?
6. Wer übernimmt die Kosten bei einem Befall mit der Auflage von Maßnahmen?
7. Kann ein Mieter den Zugang zu seiner Wohnung zur Trinkwasserbeprobung oder für weitere Maßnahmen verweigern?
8. Für welche Warmwasserbereitungsanlagen ist eine Trinkwasserprüfung gesetzlich vorgeschrieben?

Situation 40

Betriebskostenabrechnung: Abrechnungsfristen und Abrechnungszeitraum

Familie Fritzsche, das sind Maria und Benjamin Fritzsche sowie ihre beiden Kinder, haben bis zur letzten Woche (31.03.) in dem Wohnhaus „Falkner Weg 18, 04179 Leipzig" (3. Obergeschoss, links) der MEWOH Musterwohn GmbH gewohnt.

In Begleitung einer erfahrenen Kollegin, hat Isabell zusammen mit Familie Fritzsche die Abnahme der Wohnung in der letzten Woche durchgeführt.

Heute ging bei der MEWOH Musterwohn GmbH das nebenstehende Schreiben von Herrn Fritzsche ein, in dem es um die Betriebskostenabrechnung für den Zeitraum vom 01.01.–31.03. geht.

Da Isabell die Durchführung der Wohnungsabnahme vorgenommen hat, hat Herr Fritzsche das Schreiben an Isabell adressiert.

Wie beurteilen Sie das Schreiben von Herrn Fritzsche? Muss Isabell sich zeitnah um die gewünschte Betriebskostenabrechnung kümmern?

Benjamin Fritzsche
Mehlowstr. 25
04158 Leipzig

Leipzig, 04.04.20XX

MEWHO Musterwohn GmbH
Frau Isabell Ahrens
Fangerstraße 15–20
04104 Leipzig

Eingegangen am
05.04.20XX

Erstellung der Betriebskostenabrechnung vom 01.01.–31.03.
Falkner Weg 18, 04179 Leipzig

Sehr geehrte Frau Ahrens,

in der letzten Woche haben Sie mit uns die Abnahme unserer Wohnung im Falkner Weg 18, 04179 Leipzig durchgeführt. Das Abnahmeprotokoll mit den Zählerständen zum 31.03. ist per Post bei uns eingegangen. Vielen Dank dafür. Jetzt möchte ich Sie noch darum bitten, uns zeitnah unsere Betriebskostenabrechnung für den Zeitraum 01.01.–31.03. zu erstellen.

Wir melden bereits vorsorglich an, dass wir Einsicht in die dazugehörigen Belege nehmen möchten. Bitte senden Sie uns diese als Kopien an unsere neue Adresse zu.

Mit freundlichen Grüßen
Benjamin Fritzsche
Benjamin Fritzsche

ARBEITSAUFTRÄGE

1. Erarbeiten Sie ein Antwortschreiben an Herrn Fritzsche. Gehen Sie dabei auf die folgenden Begriffe ein:
   - Abrechnungszeitraum
   - unterjährige Abrechnung
2. Erklären Sie Herrn Fritzsche, wann die Betriebskostenabrechnung erstellt werden kann, und gehen Sie darauf ein, wo bzw. wie der Gesetzgeber die Abrechnungsfristen geregelt hat.
3. Informieren Sie Herrn Fritzsche über den Ablauf zur Einsicht in die Belege.
   (*Hinweis:* Familie Fritzsche ist innerhalb von Leipzig umgezogen.)
4. Informieren Sie sich in diesem Zusammenhang über Ausnahmeregelungen zu den Abrechnungszeiträumen.

Aufgaben

1 Definieren Sie den Begriff „Betriebskosten" gemäß BGB und Betriebskostenverordnung.

2 In welchem Fall dürfen Sie die Kosten der Bewirtschaftung eines Grundstücks auf die Mieter umlegen?

3 Welche Rolle spielen Verwaltungs- und Instandhaltungskosten bei der Erstellung der Betriebskostenabrechnung? Begründen Sie Ihre Entscheidung.

4 Erläutern Sie an einem Beispiel die Anwendung verschiedener Umlageschlüssel in der Betriebskostenabrechnung, z. B. bei der Müllentsorgung.

5 Ihre Betriebskostenabrechnung erstellen Sie für den Zeitraum 01.01.–31.12. eines Jahres. Ihre Heizkostenabrechnung für den Zeitraum 01.07. eines Jahres bis zum 30.06. des Folgejahres. Wie berücksichtigen Sie die unterschiedlichen Zeiträume in Ihrer Abrechnung?

6 Was verstehen Sie unter in Abrechnung unter einem „Rumpfjahr"?

7 Bis wann muss dem Mieter die Betriebskostenabrechnung zugehen? Erläutern Sie die dabei zu berücksichtigenden Kriterien.

8 Welche Arten der Zustellung einer Betriebskostenabrechnung sind Ihnen bekannt?

9 Was bedeutet ein Belegeinsichtsrecht für den Mieter?

10 Erläutern Sie eine Belegeinsicht unter folgenden Gesichtspunkten:
   a) Der Mieter wohnt noch in der Wohnung am Sitz Ihrer Verwaltung.
   b) Der Mieter ist zwischenzeitlich in eine andere Stadt verzogen.

11 Was verstehen Sie unter den Begriffen „Einnahmen" und „Ausgaben"? Nennen Sie jeweils drei Beispiele.

12 Im Mietvertrag sind keine Umlageschlüssel angegeben. Welche Umlageschlüssel verwenden Sie in der Betriebskostenabrechnung? Begründen Sie Ihre Entscheidung.

13 Was verstehen Sie unter dem Wirtschaftlichkeitsprinzip?

14 Erläutern Sie den Begriff „Abflussprinzip".

15 Welche Leistungen dürfen in den „haushaltsnahen Dienstleistungen" gemäß § 35a EstG gegenüber dem Mieter ausgewiesen werden?

16 Ein Mieter hat für das letzte Jahr eine Mietminderung von 20 % auf die Miete und Betriebskostenvorauszahlung geltend gemacht. Wie müssen Sie die Mietminderung in der Betriebskostenabrechnung berücksichtigen? Erläutern Sie die Berechnung an einem Beispiel.

17 Nennen Sie die in § 2 Betriebskostenverordnung enthaltenen Kostenpositionen.

18 Welche Kosten können Sie unter Position 17 „sonstige Betriebskosten" auf den Mieter umlegen? Gibt es Ausnahmen, unter denen eine Umlage nicht möglich ist?

19 Anhand der Grundsteuerreform können verschiedene Methoden zur Berechnung der Grundsteuer angewendet werden. Nennen Sie diese und erläutern die in Ihrem Bundesland angewendete Methode.

20 Welche Kosten fallen unter die Position „Beleuchtungskosten"?

21 Erläutern Sie die Möglichkeiten der Umlage der Kosten eines Kabelanschlusses ab dem 01.07.2024 auf den Mieter.

22 Erläutern Sie die Informationspflicht des Vermieters ab dem 01.01.2022 bezüglich der Fernablesung von Heizungszählern.

Situation 41

Mietenbuchhaltung

Isabell unterstützt seit einer Woche das Team der MEWOH Mietenbuchhaltung. Da Frau Paul, die u. a. eine Wirtschaftseinheit mit sechs Wohnungen betreut, für zwei Wochen im Urlaub ist, hat die Teamleiterin Tüley Öztürk Isabell heute darum gebeten, einige Aufgaben von Frau Paul zu übernehmen und ihr eine Rückmeldung zu einigen Fragen zu geben, die geklärt werden müssen. Dazu hat Isabell die Mieterliste (Mieten-Soll-Liste) der Wirtschaftseinheit für den Monat Juni des aktuellen Jahres erhalten.

Isabell ist allerdings am Anfang doch etwas irritiert. Bis jetzt hat sie mit einer solchen Liste noch nie gearbeitet und weiß daher nicht genau, wie sie mit ihr umzugehen hat.

Helfen Sie Isabell dabei, die Fragen ihrer Teamleiterin zu beantworten. Nutzen Sie dafür die folgende Mieterliste (Mieten-Soll-Liste).

Mieter		Saldovortrag		Mieten		Betriebskosten	Zahlungen		Saldo	
Name	Vorname	Soll	Haben	Soll-miete	Zu-schläge	Voraus-zahlungen	Aus-zahlung	Ein-zahlung	Soll	Haben
Schroder	Ralf	-€	-€	500,00€	50,00€	250,00€		1.000,00€		
Becker	Kurt	640,00€	-€	430,00€	-€	210,00€		500,00€		
Hanke	Doris	-€	300,00€	620,00€	-€	300,00€		1.220,00€		
Krömer	Kurt	-€	-€	490,00€	40,00€	245,00€		775,00€		
Schunke	Fred	150,00€	-€	600,00€	50,00€	300,00€		1.100,00€		
Beierle	Alois	-€	100,00€	580,00€	20,00€	260,00€		860,00€		

ARBEITSAUFTRÄGE

1. Füllen Sie zuerst die fehlenden Angaben in der Mieterliste aus. Erstellen Sie die Liste mit einem geeigneten Programm (z. B. MS Excel®) oder nutzen Sie die Vorlage 5.2 „Mieten-Soll-Liste", die den Webcodematerialien beiliegt.
2. Gibt es zu Beginn des Monats Juni offene Mietforderungen? Wenn ja, wir hoch sind diese und welche Mieter haben nicht bezahlt?
3. In der Spalte „Saldovortrag" wird auch ein sogenannter „Habensaldo" von 400,00 € ausgewiesen. Stellen Sie fest, was sich dahinter verbirgt.
4. Lässt sich aus der Mieten-Soll-Liste die Höhe der Mietforderungen für den Juni ableiten?
5. Wie lautet die Buchung zur Sollstellung der Miete für den Monat Juni?
6. Es wurden insgesamt 4.945,00 € eingefordert. Wie wurden die Zahlungseingänge gebucht?
7. Am Ende des Monats Juni bestehen offene Posten. Ermitteln Sie zum Monatsende die Salden der Mieterkonten und erklären Sie, wie sich die Soll- und Habensalden rechnerisch ergeben. Welche Bedeutung haben die Soll- bzw. Habensalden bezogen auf den Folgemonat?

Folgesituation

Da es so gut geklappt hat, bittet die Teamleiterin Tüley Öztürk Isabell heute noch einmal, sich mit einer anderen Mieterliste zu befassen. Dieses Mal geht es um das Objekt „Fröhlichhütte". Der Auszug mit den relevanten Daten ist Stand 30.06. Dieses Mal geht es um den Monatsabschluss. In diesem Zusammenhang sind einige Fragen zu klären, durch die sich einige Korrekturen ergeben. Diese Korrekturen beziehen sich auf

- die Miete,
- die Betriebskostenvorauszahlungen (BKVZ) und
- mögliche Abschreibungen von Mietforderungen.

Nachdem sich Isabell einen kurzen Überblick verschafft hat, beginnt sie, die Mieterliste zu bearbeiten und alle relevanten Angaben in die Liste einzutragen.

Unterstützen Sie Isabell auch bei dieser Liste und helfen Sie ihr, die unten aufgeführten Arbeitsaufträge zu bearbeiten.

Mieter		Saldovortrag		Mieten		Korrekturen			Einzahlungen	Saldo	
Name	Vorname	Soll	Haben	Sollmiete	BKVZ	Miete	BKVZ	AbschR		Soll	Haben
Schwarz-Müller	Petra	- €	- €	600,00 €	200,00 €				1.000,00 €		
Kuchenbecker	Thomas	200,00 €	- €	530,00 €	210,00 €				500,00 €		
Schneider	Hans	- €	300,00 €	650,00 €	300,00 €				1.220,00 €		
Schuster	Christian	300,00 €	- €	490,00 €	245,00 €				- €		
Fleischer	Hubert	- €	- €	400,00 €	300,00 €				- €		
...	...	...	...	...	...				...		
Summe											

ARBEITSAUFTRÄGE

1. In einem ersten Schritt sollen zunächst wieder die vorläufigen Salden der Mieterkonten zum Monatsende ermittelt und in die Liste eintragen werden. Sie können die Liste wieder mit einem geeigneten Programm (z. B. MS Excel®) erstellen oder die Vorlage 5.3 „Mieten-Soll-Liste" nutzen, die den Webcodematerialien beiliegt.
2. Dem Mieter Schwarz-Müller wird eine Mietminderung in Höhe von 90,00 € gewährt. Diese soll buchhalterisch erfasst werden. Außerdem soll geklärt werden, wie sich diese Mietminderung auf den Saldo zum Monatsende auswirkt.
3. Der Mietvertrag zur Wohnung des Mieters Fleischer wurde zu Ende Mai beendet. Trotzdem wurde für die Wohnung über das EDV-System die Sollstellung der Miete automatisch auch für den Juni gebucht. Für den Juni ist aber in der Finanzbuchhaltung die Buchung des Leerstands der Wohnung vorzunehmen. Somit muss diese Buchung noch vorgenommen werden. Wie wirkt sich diese Buchung zudem auf den Saldo zum Monatsende aus?
4. Der Mieter Schuster hat eine eidesstattliche Versicherung abgegeben. Die noch offenen Mietforderungen erweisen sich als uneinbringlich und sind abzuschreiben. Daher ist die offene Mietforderung als Abschreibung zu buchen. Wie wirkt sich diese Buchung zudem auf den Saldo zum Monatsende aus?
5. Nachdem nun alle noch zu berücksichtigenden Sachverhalte geklärt sind, muss die Liste nun noch auf den endgültigen Stand gebracht werden.

Aufgaben

1 Leiten Sie aus dem Mietforderungskonto (2000) die Buchungssätze ab und bestimmen Sie deren Inhalt.

S	(2000) Mietforderungen		H
1. (980)	50,00 €	2. (440)	100,00 €
3. (600, 431)	27.510,00 €	4. (609, 431)	650,00 €
6. (607)	400,00 €	5. (609)	200,00 €
7. (855)	250,00 €	8. (600)	400,00 €
10. (440)	125,00 €	9. (274)	26.600,00 €
		11. (989)	385,00 €

2 Welche der folgenden Aussagen ist dem Kontoauszug zu entnehmen?

a) Die monatliche Miete von Frau Schulte ist zu spät bei de MEWOH eingegangen.

b) Da Frau Schulte zu viel Miete überwiesen hat, überweist ihr die MEWOH den zu viel gezahlten Betrag zurück.

c) Herr Friedrich hat mehrere Pkw-Stellplätze angemietet. Er überweist die Miete für alle Stellplätze an die MEWOH.

d) Die MEWOH musste eine Mietforderung des Mieters Herrn Franzen abschreiben.

e) Herr Franzen hat mit der MEWOH vereinbart, seine Miete für den Monat Juli im Voraus zu zahlen und die Miete überwiesen.

TopBank Leipzig

Kontoauszug **EUR-Konto**

BIC	IBAN	erstellt am	Auszug	Blatt
TOPBEDE729	DE24 1001 0700 0060 0521 98	31.08.20XX	122	1

Vorgang			
Schulte, Dilara Karl-Meurer-Str. 58 Monatsmiete Juli 20XX	Buchungstag 10.07.20XX	Wert 31.08.20XX	410,00 –
Friedrich, Thomas Langerstr. 2c Monatsmiete Juli 20XX	Buchungstag 10.07.20XX	Wert 31.08.20XX	150,00 –
Franzen, Thorben Spülgasse 15–16 Monatsmiete Juli 20XX	Buchungstag 10.07.20XX	Wert 31.08.20XX	1.150,00 +
MEWOH Musterwohn GmbH Fangerstraße 15–20 04104 Leipzig		*alter Saldo*	**48.752,00 Haben**
		neuer Saldo	**49.342,00 Haben**

3 In der Wohnanlage „Fritzer-Allee 197, 04157 Leipzig" stehen den Mietparteien Waschmaschinen und Wäschetrockner zur Verfügung, die sie per Münzautomaten nutzen können. Die Münzautomaten werden monatlich geleert. Das Geld wird in bar durch den Hausmeisterdienst auf das Konto der MEWOH eingezahlt. Wie lautet die richtige Kontierung für den noch nicht buchhalterisch erfassten Geschäftsfall?

TopBank Leipzig

Empfangsbestätigung Bareinzahlung	Kontoinhaber/in	IBAN
	MEWOH Musterwohn GmbH	DE24 1001 0700 0060 0521 98
	Einzahlungshinweis	**Betrag in €**
	Wohnanlage „Fritzer-Allee 197, 04157 Leipzig Einnahmen aus Wasch- und Trockenautomaten; monatliche Bareinzahlung durch Hausmeisterdienst	311,00

1) Kassenbestand (271)

2) Verbindlichkeiten aus anderen Lieferungen und Leistungen (4421)

3) Guthaben bei Kreditinstituten (274)

4) Umsatzerlöse aus sonstiger Betreuungstätigkeit (629)

5) Erlöse aus Sondereinrichtungen (606)

6) Gebühren und Zuschläge (602)

4 Zu der Wohneinheit „Klaasenstraße 4a, 04179 Leipzig“ liegt der MEWOH Musterwohn GmbH die folgende Mieterliste vor mit Stand 31. März 20XX. Um Korrekturen der Miete, Betriebskostenvorauszahlungen und Abschreibungen zu erfassen, nutzen Sie die Vorlage 5.4, die den Webcodematerialien beiliegt.

Mieter		**Saldovortrag**		**Mieten**			**Korrekturen**			**Einzahlungen**
Name	**Vorname**	**Soll**	**Haben**	**Sollmiete**	**Zuschläge**	**BKVZ**	**Miete**	**BKVZ**	**AbschR**	
Kreidler	Ben	- €	750,00 €	450,00 €	50,00 €	200,00 €				- €
Olsson	Mika	- €	- €	650,00 €	- €	250,00 €				870,00 €
Ruiz	Juana	520,00 €	- €	650,00 €	- €	310,00 €				- €
Auer	Lillian	- €	- €	350,00 €	80,00 €	150,00 €				750,00 €
Pfaff	Nadira	290,00 €	- €	580,00 €	70,00 €	320,00 €				- €
Summe		**810,00 €**	**750,00 €**	**2.680,00 €**	**200,00 €**	**1.230,00 €**				**1.620,00 €**

a) Einer Mieterliste können Sie unterschiedliche Angaben entnehmen. Welche der folgenden Aussagen trifft zu?

1. Sie gibt Auskunft darüber, welche Verbindlichkeiten die Mietparteien bei ihrer Bank haben.
2. Ihr können Vereinbarungen zu einer einkommensabhängigen Miete entnommen werden.
3. Sie ist Grundlage für den Jahresabschluss.
4. Sie gibt Auskunft über das Zahlungsverhalten der einzelnen Mietparteien.
5. Aus ihr kann der Modernisierungsbedarf abgeleitet werden.

b) Leider befindet sich die Mieterin Frau Juana Ruiz im März im Mietrückstand. Nun zeigt sich auch, dass die ausstehende Mietforderung uneinbringlich ist. Wie ist dieser Geschäftsvorgang zu buchen?

1. Abschreibungen (84)
2. Verbindlichkeiten aus Vermietung (440)
3. Guthaben bei Kreditinstituten (274)
4. Mietforderungen (200)
5. Anzahlungen auf unfertige Leistungen (431)
6. Erlösschmälerungen (609)
7. Abschreibungen auf Forderungen und sonstige Vermögensgegenstände (855)

c) Herr Mika Olsson zieht zum 31.03.20XX aus. Leider ist es erforderlich, dass die MEWOH umfangreiche Reparatur- und Instandhaltungsmaßnahmen vornimmt. Somit ist es nicht möglich, die Wohnung gleich im Anschluss wieder zu vermieten. Die Maßnahmen dauern einen Monat lang. Wie ist der Leerstand im April zu buchen?

1. Mietforderungen (200)
2. Kosten des Bauwerks (703)
3. Bauzwischenkredite für das Anlagevermögen (425)
4. Erlösschmälerungen (609)
5. Forderungen an ehemalige Mieter (2001)
6. Verbindlichkeiten aus anderen Lieferungen und Leistungen (4421)
7. Anzahlungen auf unfertige Leistungen (431)

d) Aufgrund von Sanierungsarbeiten im Bad, wird Frau Pfaff ab März eine monatliche Mietminderung von 100,00 Euro eingeräumt. Wie wird diese Mietminderung erfasst?

1. Sollmieten (600)
2. Forderungen aus Mieten (200)
3. Sonstige Verbindlichkeiten gegenüber Kreditinstituten (419)
4. Verbindlichkeiten aus Bau- und Instandhaltungsleistungen (4420)
5. Erlösschmälerungen (609)
6. Noch nicht abgerechnete Betriebskosten (15)

e) Welchen Betrag muss Frau Pfaff im April überweisen, damit ihr Mietkonto zu Ende April ausgeglichen ist? Beachten Sie dabei auch die Mietminderung.

Situation 42

Hausbewirtschaftungskosten

Leider ist in den letzten Tagen einiges an Arbeit im Team der Hausbewirtschaftung liegengeblieben. Aus diesem Grund soll Isabell ein wenig aushelfen. Was besonders dringend erledigt werden muss, ist das Bearbeiten einiger Belege, die bis jetzt noch nicht gebucht worden sind. Isabell erhält daher von ihrer Teamleiterin Susanne Herrmann die Aufgabe, sich um diese Belege zu kümmern.

Helfen Sie Isabell dabei, die Buchungen vorzunehmen. Gehen Sie zudem kurz darauf ein, um was für einen Beleg es sich handelt. Welcher Geschäftsvorgang steht hinter dem jeweiligen Beleg?

Beleg 1

Rechnung 157/2022

Gebühren für Reinigung und Prüfung des Schornsteins

Grundstück: Wallstraße 18, 04177 Leipzig (Wohngebäude)
für: MEWOH Musterwohn GmbH, Fangerstraße 15–20, 04104 Leipzig

Pos.	Bezeichnung	Menge	Preis in €
1	Grundwert	1	25,50
2	Fahrtkostenpauschale	1	15,20
3	Kehrung und Überprüfung Schornstein	3	108,00
		Summe	148,70
		19 % USt	28,25
		Gesamt	176,95

Betrag bar empfangen

Leipzig, 19.05.20XX   A. Mitner

Ort, Datum   Bezirkskaminkehrermeister/in

Beleg 2

Hinweis: Es soll gebucht und bestandsintensiv erfasst werden.

Sanitärgroßhandel Kling GmbH • Elberfelder Straße 85 • 04105 Leipzig
MEWOH Musterwohn GmbH
Fangerstraße 15–20
04104 Leipzig

Eingegangen am 19.05.20XX

Rechnung Nr. 1292

Wohnanlage Mehrowerstraße 25, 04155 Leipzig; Wohnungen 1–15

Bearbeiter Herr Voss	**Kundennr.** 44001	**Ihre Bestellung Nr.** 416	**vom** 16.05.20XX	**Rg. Datum** 18.05.20XX
Versandart/Freivermerk LKW frei Haus		**Verpackungsart** Palette	**geliefert am** 18.05.20XX	

Pos.	Art.-Nr.	Warenbezeichnung	Menge	Preis/Stück in €	Gesamtpreis in €
1	172–1548	Badewanne „Mio“	15	275,00	4.125,00
2	170–1787	Handwaschbecken „Flow“	15	68,00	1.020,00
3	155–2002	Stand-WC „Lux“	15	55,00	825,00
4	160–4558	Spülkasten „Dura“	15	40,00	400,00
		Nettorechnungsbetrag			6.370,00
		+ 19 % Umsatzsteuer			1.210,30
		+ Versandkosten			0,00
		Bruttorechnungsbetrag			**7.580,30**

An

MEWOH Musterwohn GmbH
Fangerstraße 15–20
04104 Leipzig

Eingegangen am 19.05.20XX

18.05.20XX

Flink & Fix
Sanitärdienst GbR
Kaulring 2
04158 Leipzig

Rechnung Nr. 125-20XX-fd
Austausch beschädigte Toilette und Spülkasten

Wohnanlage: Max-Guttke-Allee 117, 04129 Leipzig
Mieter: Herr Karl Daske, Wohnung Nr. 8

Bezeichnung	Menge	Preis/Einheit in €	Gesamtpreis in €
Toilette	1	59,00	59,00
Spülkasten	1	35,00	35,00
Montagematerial	1	22,00	22,00
Arbeitszeit	1	95,00	95,00
Anfahrtskosten (pauschal)	1	17,50	17,50
	Zwischensumme		**228,50**
	+ 19 % Umsatzsteuer		43,42
	Rechnungsbetrag		**271,92**

Rechnung zahlbar innerhalb von 10 Tagen netto Kasse

Beleg 3

Hinweis: Der Mieter Herr Daske hat einen Schaden an Toilette und Spülkasten verursacht und ihn am 17.05.20XX der MEWOH gemeldet. Um den Schaden hat sich die Firma Flink & Fix gekümmert. Herr Daske soll für den Schaden aufkommen.

Beleg 4

Hinweis: Die Kosten sind vom Vermieter zu tragen. Es wurde eine umsatzsteuerpflichtige Vermietung vertraglich vereinbart.

Sanitärblitz Frika KG • Kolbstraße 85 • 04205 Leipzig

MEWOH Musterwohn GmbH
Fangerstraße 15–20
04104 Leipzig

Eingegangen am 22.05.20XX

20.05.20XX

Rechnung Nr. 2325

Gemäß Ihrem Auftrag wurden von uns folgende Arbeiten ausgeführt im
Café Milchschaum, Lobergring 15, 04288 Leipzig:
Austausch der WCs in der Damen- und Herrentoilette (jeweils 2)

Leistungsmonat Mai 20XX

Pos.	Bezeichnung	Menge	Preis/Einheit	Gesamtpreis
1	Stand-WC, weiß, Model „Polt"	4	55,00 €	220,00 €
2	Toilettensitz „Tusk"	4	25,00 €	100,00 €
3	Spülkasten „Flint"	4	36,00 €	144,00 €
4	Anschlussrohr	4	8,50 €	34,00 €
5	Befestigungssatz	4	5,00 €	20,00 €
6	Dichtungsringe	8	2,00 €	16,00 €
7	Lohnkosten	3	57,00 €	171,00 €
8	Entsorgung	pauschal	27,50 €	27,50 €
9	Anfahrtskosten	pauschal	20,00 €	20,00 €

Nettobetrag	19 % USt	Bruttobetrag
752,50 €	142,98 €	895,48 €

Zahlungsziel 14 Tage ohne Abzug

Rechnungsnummer 2-252-87
Auftragsnummer 2-252/ft
Leistungsmonat Mai 20XX

Eingegangen am 23.05.20XX

22.05.20XX

Gemäß Ihrer Bestellung liefern wir Ihnen folgende Materialien:

Bearbeitung	**Kunden-Nr.**	**Ihre Bestellung Nr.**	**vom**	**Rg. Datum**
Frau Fangt	25641–12	5124.12	19.05.20XX	22.05.20XX
Versandart/Freivermerk		**Verpackungsart**	**geliefert am**	
LKW frei Haus		Kartonpalette	21.05.20XX	
Art.-Nr.	**Warenbezeichnung**	**Menge**	**Preis/Einheit**	**Gesamtpreis**
2060	Laminat „Lapado“, Buche	1 200 m²	11,99 €	14.388,00 €
2260	Vinyl-Rollware „Flack“, Eiche dunkel	750 m²	7,99 €	5.992,50 €
1265	Trittschalldämmung (Paket á 15 m²)	135 Stück	29,99 €	4.048,65 €
0215	Sockelleiste „Comi“ (2200 x 20 x 40 mm)	150 Stück	3,49 €	523,50 €
		Zwischensumme		**24.952,65 €**
		- Rabatt 10 %		2.495,27 €
		+ 19 % Umsatzsteuer		4.266,90 €
		Bruttorechnungsbetrag		**26.724,28 €**

Beleg 5
Hinweis: Die MEWOH benötigt das Material für die Herrichtung leerstehender Wohnungen, welches aufwandsnah zu buchen ist.

Beleg 6
Hinweis: Der Vorgang wurde bereits durch die MEWOH buchhalterisch erfasst.

TopBank Leipzig — **Kontoauszug** — **EUR-Konto**

BIC	**IBAN**	**erstellt am**	**Auszug**	**Blatt**
TOPBEDE729	DE24 1001 0700 0060 0521 98	18.05.20XX	102	1

Vorgang			
Malerarbeiten und Renovierungen Mantow KG Arbeiten in der Fritz-Kramer-Str. 85, 04315 Leipzig, Wohnungen 2, 3, 4 und 5	Buchungstag 17.05.20XX	Wert 17.05.20XX	1.502,00 –
MEWOH Musterwohn GmbH Fangerstraße 15–20 04104 Leipzig		*alter Saldo*	**52.426,18 Haben**
		neuer Saldo	**50.924,18 Haben**

TopBank Leipzig — **Kontoauszug** — **EUR-Konto**

BIC	**IBAN**	**erstellt am**	**Auszug**	**Blatt**
TOPBEDE729	DE24 1001 0700 0060 0521 98	22.05.20XX	103	1

Vorgang			
Kfz-Versicherung Fahrzeug L LB 15.. Car Total Versicherung AG	Buchungstag 20.05.20XX	Wert 20.05.20XX	493,97 –
Kfz-Steuer Fahrzeug L LB 15.. Bundeskasse Kiel	Buchungstag 21.05.20XX	Wert 21.05.20XX	155,00 –
MEWOH Musterwohn GmbH Fangerstraße 15–20 04104 Leipzig		*alter Saldo*	**50.924,18 Haben**
		neuer Saldo	**50.275,21 Haben**

Beleg 7
Hinweis: Beide Posten wurden durch die MEWOH buchhalterisch noch nicht erfasst.

Beleg 8

TopBank Leipzig

Kontoauszug **EUR-Konto**

BIC	IBAN	erstellt am	Auszug	Blatt
TOPBEDE729	DE24 1001 0700 0060 0521 98	23.05.20XX	104	1

Vorgang			
Kontoführungsgebühren Monat April	Buchungstag 22.05.20XX	Wert 22.05.20XX	12,50 –
Sollzinsen	Buchungstag 22.05.20XX	Wert 22.05.20XX	758,43 –
MEWOH Musterwohn GmbH Fangerstraße 15–20 04104 Leipzig		*alter Saldo*	**50.275,21 Haben**
		neuer Saldo	**49.504,28 Haben**

Beleg 9

Hinweis: Ein Vorsteuerabzug ist möglich.

Buchhandlung Kramer e. K.
Stein-Str. 145
04279 Leipzig

QUITTUNG
für: MEWOH Musterwohn GmbH
IW Rechnungswesen

Fachbuch	55,95 €
TOTAL	55,95 €
MWST 7 %	3,66 €
NETTO	52,29 €
gegeben	100,00 €
zurück	44,05 €

200XX-05-21 • 12:03 • A10 • K 29

Betrag dankend erhalten:

Rollmann

VIELEN DANK!

Beleg 10

Hinweis: Ein Vorsteuerabzug ist möglich.

Aufzug Service KG
Meinheimer Ring 11–14
04157 Leipzig

Rechnungsdatum 22.05.20XX
Kundennummer 4522

Eingegangen am 23.05.20XX

MEWOH Musterwohn GmbH
Fangerstraße 15–20
04104 Leipzig

Wartung des Aufzugs im Verwaltungshauptgebäude
MEWOH Musterwohn GmbH, Fangerstraße 15-20, 04104 Leipzig

Leistung	Menge	Preis	Gesamtpreis
Jährliche Wartung der Aufzugsanlage	pauschal	2.250,00 €	2.250,00 €
Zwischensumme			**2.250,00 €**
+ 19 % Umsatzsteuer			427,50 €
Rechnungsbetrag			**2.677,50 €**

Rechnung zahlbar innerhalb von 14 Tagen netto Kasse

Beleg 11

Aufzug Service KG
Meinheimer Ring 11–14
04157 Leipzig

Rechnungsdatum 24.05.20XX
Kundennummer 4522

Eingegangen am 25.05.20XX

MEWOH Musterwohn GmbH
Fangerstraße 15–20
04104 Leipzig

Reparatur Aufzug Wohnanlage Max-Guttke-Allee 117, 04129 Leipzig
Tür klemmt aufgrund eines fehlerhaften Sensors

Leistung	Menge	Preis	Gesamtpreis
Service-Pauschale	1	250,00 €	250,00 €
Lohnkosten	4	115,00 €	460,00 €
Material	1	195,00 €	195,00 €
Anfahrt	1	25,00 €	25,00 €
Zwischensumme			**930,00 €**
+ 19 % Umsatzsteuer			176,70 €
Rechnungsbetrag			**1.106,70 €**

Rechnung zahlbar innerhalb von 14 Tagen netto Kasse

Aufgaben

1 Bitte bestimmen Sie, welchen Kostenbereichen die folgenden Aufwendungen zuzuordnen sind.
- **a)** Betriebskosten
- **b)** Instandhaltungskosten
- **c)** Verwaltungskosten
  1. Kosten für Reparatur des Aufzugs im Verwaltungsgebäude
  2. Kosten für Reparatur Aufzug am Mietobjekt
  3. Grünanlagenpflege Mietobjekte
  4. Wartung der Heizanlage Mietobjekt
  5. Sach- und Haftpflichtversicherung für Mietobjekte
  6. Straßenreinigungsgebühren Verwaltungsgebäude
  7. Reparatur nicht-öffentlicher Straßen des Unternehmens (Wohnkomplex)
  8. Sach- und Haftpflichtversicherung für das Verwaltungsgebäude

2 Die MEWOH Musterwohn GmbH plant für die folgenden Mietobjekte bauliche Maßnahmen. Sie werden gebeten, sich die Unterlagen zu den Modernisierungen noch einmal genauer anzusehen.

Objekt	Typ	Maßnahmen
(A)	Wohnhaus	erstmaliger Einbau eines Aufzugs
(B)	Wohnhaus	Modernisierung der Fenster
(C)	Gewerbeobjekt, es wurde zur USt optiert	Anbau eines Lastenaufzugs

- **a)** Wann sind die Kosten aus der Modernisierung als Erhaltungsaufwand und somit als (805) Instandhaltungskosten zu buchen bzw. wann sind sie zu aktivieren und erhöhen den Buchwert?
- **b)** Die Handwerker weisen in ihren Rechnungen in der Regel auch die Umsatzsteuer aus. In welcher Höhe sind die Kosten als Aufwand zu erfassen bzw. zu aktivieren? Mit den Netto- oder Bruttobeträgen?

3 Im Rahmen des Aufzugseinbaus in Objekt (A) erhält die MEWOH Musterwohn GmbH eine Rechnung über 110.200,00 € zuzüglich 19 % Umsatzsteuer.
- **a)** Sind die Kosten erfolgswirksam oder erfolgsneutral zu erfassen?
- **b)** Ist die MEWOH Musterwohn GmbH vorsteuerabzugsberechtigt?
- **c)** Wie hoch ist der Betrag des Erhaltungsaufwands (Betriebsausgabe) bzw. der Buchwerterhöhung?

4 Für die Modernisierung der Fenster in Objekt (B) erhält die MEWOH Musterwohn GmbH eine Rechnung in Höhe von 30.000,00 € netto.
- **a)** Sind die Kosten erfolgswirksam oder erfolgsneutral zu erfassen?
- **b)** Ist die MEWOH Musterwohn GmbH vorsteuerabzugsberechtigt?
- **c)** Wie hoch ist der Betrag des Erhaltungsaufwands (Betriebsausgabe) bzw. der Buchwerterhöhung?

5 Nach der Realisierung des Anbaus des Lastenaufzugs in Objekt (C) erhält die MEWOH Musterwohn GmbH die Rechnung über 77.350,00 € inklusive 19 % Umsatzsteuer. Die Vermietung der Büroräume erfolgt umsatzsteuerpflichtig.
- **a)** Sind die Kosten erfolgswirksam oder erfolgsneutral zu erfassen?
- **b)** Ist die MEWOH Musterwohn GmbH vorsteuerabzugsberechtigt?
- **c)** Wie hoch ist der Betrag des Erhaltungsaufwands (Betriebsausgabe) bzw. der Buchwerterhöhung?

Situation 43

Umlagenabrechnung

Isabell erhält von ihrer Vorgesetzten Tüley Öztürk einige Unterlagen über die Kosten der Hausbewirtschaftung, die sich auf die vermieteten Wohngebäude „Seestraße 27“ und „Müllerstraße 12“ beziehen. Sie soll ermitteln, wie hoch die mit den Mietern im Folgejahr abzurechnenden, also umlagefähigen Kosten sind.

Für die Ermittlung der im Jahr (01) angefallenen und im Jahr (02) mit den Wohnraummietern abzurechnenden Betriebskosten des Wohngebäudes „Seestraße 27“ stehen ihr die folgenden Informationen zur Verfügung:

	Angefallene Kosten „Seestraße 27“	**Gesamt**
1	Kosten der Aufzugswartung, davon wurden 10 % durch die Aufzüge des Verwaltungsgebäudes verursacht	30.400,00 €
2	Kosten der Hausreinigung, davon wurden 5 % durch die Verwaltungsräume verursacht	24.000,00 €
3	Wartungskosten für die EDV-Anlagen, davon entfielen 2.000,00 € auf die Abteilung Wohnungswirtschaft	5.000,00 €
4	Kosten der Beheizung, davon entfielen 20.000,00 € auf vermietete Gewerbeobjekte	60.000,00 €
5	Kosten der Wasserversorgung der Mietobjekte	7.000,00 €
6	Kosten der Heizungsreparatur	3.000,00 €

Auch für das Wohngebäude „Müllerstraße 12“ soll Isabell prüfen und feststellen, wie hoch die gesamten auf die Mieter umlegbaren Betriebskosten sind. Das Objekt ist vollständig vermietet.

Angefallene Kosten „Müllerstraße 27“	**Betriebskosten**
• Grundsteuer	1.400,00 €
• Straßenreinigung	400,00 €
• Niederschlagswasser	600,00 €
• Personalaufwendungen für Hauswarte (davon 20 % für die Übernahme von Kleinreparaturen und Verwaltungsarbeiten)	4.000,00 €
• jährliche Gebäudehaftpflichtversicherung	800,00 €
• Jahreswartungskosten für den Aufzug (davon 500,00 € für Reparaturen)	1.800,00 €
• Pflege der Außenanlagen (davon 200,00 € Kosten für die Behebung von Schäden verursacht durch Fassadenerneuerung)	1.300,00 €

ARBEITSAUFTRÄGE

Helfen Sie Isabell dabei, die Unterlagen zu prüfen und festzustellen, wie hoch die gesamten auf die Mieter umlegbaren Betriebskosten sind. Nutzen Sie für diesen Arbeitsauftrag und für die der Folgesituationen auch die Vorlage 5.5 „Umlagenabrechnung“, die den Webcodematerialien beiliegt.

Folgesituation 1

Nachdem Isabell zuvor nur die gesamten auf die Mieter umlegbaren Betriebskosten berechnet hat, geht es nun darum, dass sie eine komplette Umlagenabrechnung bearbeitet. Dazu muss sie alle erforderlichen Buchungen im Rahmen der Umlagenabrechnung in den Geschäftsjahren (01) und (02) vornehmen. Bei dem Wohngebäude handelt es sich um einen Komplex mit preisgebundenen Wohnungen.

ARBEITSAUFTRÄGE

Geschäftsjahr (01)

1. Erfassen Sie die im Geschäftsjahr (01) anfallenden Bewirtschaftungskosten. Nehmen Sie zu den folgenden Geschäftsfällen die Buchungen vor:
   a) Eingangsrechnung über Fernwärmeversorgung (740.000,00 €)
   b) Eingangsrechnungen über diverse kalte Betriebskosten (710.000,00 €)
   c) Eingangsrechnung über
   - Aufzugsreparatur (2.800,00 €) und
   - Wartung der Aufzugsanlagen (200,00 €)

   d) Banküberweisung von Hauswartlöhnen (50.000,00 €)
2. Bestimmen Sie die Höhe der (voraussichtlich) im Jahr (02) mit den Mietern abzurechnenden, umlagefähigen Betriebskosten. Beachten Sie dabei auch, dass nur 70 % des Personalaufwands als Betriebskostenposition berücksichtigt werden können. Zudem wurden leerstandbedingte Betriebskosten in Höhe von 80.200,00 € ermittelt. Wie hoch sind die in (01) angefallenen und in (02) abzurechnenden, umlagefähigen Betriebskosten?
   a) Kosten der Wärmelieferung
   b) kalte Betriebskosten
   c) Aufzug
   d) Personalaufwand
3. Aktivieren Sie nun die noch nicht abgerechneten Betriebskosten zum 31.12.01. Durch die Aktivierung der im ersten Schritt ermittelten umlagefähigen Betriebskosten ergibt sich welcher zu buchende Wert? Geben Sie auch den Buchungssatz zur Aktivierung der noch nicht abgerechneten Betriebskosten an.
4. Stellen Sie dar, wie sich die bisher bearbeiteten Sachverhalte des Jahres (01) in der Gewinn- und Verlustrechnung und im Schlussbilanzkonto zum 31.12.01 zeigen.
5. Beachten Sie dabei bitte, dass die in (01) geflossenen Betriebskostenvorauszahlungen insgesamt 1.350.000,00 € betrugen.

Geschäftsjahr (02)

Nachdem zum 31.12.01 alle erforderlichen Abschlussbuchungen und zu Beginn des Geschäftsjahres (02) alle erforderlichen Eröffnungsbuchungen vorgenommen wurden, sind weitere Schritte in der Umlagenabrechnung vorzunehmen. Voraussetzung ist, dass in der Nebenbuchhaltung alle Einzelabrechnungen abgeschlossen wurden.

1. Lösen Sie das Konto (15) Noch nicht abgerechneten Betriebskosten auf und geben Sie den entsprechenden Buchungssatz an.
2. Nun erfolgt die Sollstellung der Forderung aus der Umlagenabrechnung. Die Forderungen aus der Umlagenabrechnung an die Mieter resultieren aus den im Vorjahr (01) aktivierten Betriebskosten. Zu beachten ist aber auch, dass die Feststellung der durch den Leerstand verursachten Kosten (Leerstandskosten) auf Schätzungen/Erfahrungswerten beruhte und im Jahr der Abrechnung eventuell zu korrigieren ist. Für die Musterrechnung gilt, dass die Leerstandskosten im Jahr (01) um 60.000,00 € zu hoch veranschlagt wurden.

Im Zusammenhang mit der Betriebskostenabrechnung für Objekte im öffentlich geförderten Wohnungsbau ist auch eine Umlageausfallwagnis (2 %) zu berücksichtigen. Ermitteln Sie die Höhe der Forderung aus der Umlagenabrechnung und geben Sie den Buchungssatz an.

3. Nehmen Sie abschließend die Abrechnung mit den Mietern vor. Berücksichtigen Sie dabei die unter Punkt (2) ermittelten, tatsächlich mit den Mietern abzurechnenden Betriebskosten des Jahres (01) und die im Jahr (01) geleisteten Betriebskostenvorauszahlungen (BKVZ).

Zugleich zeigen die Einzelabrechnungen,
- dass einige Mieter höhere Betriebskosten verursacht haben als durch die Vorauszahlungen abgedeckt sind, was zu Nachforderungen (NF) von 190.000,00 € führt und
- dass sich für einzelne Mieter Guthaben (GH) in einer Höhe von insgesamt 45.700,00 € ergeben.

a) Berechnen Sie den Saldo des Kontos (2002) Forderungen aus der Umlagenabrechnung.
b) Geben Sie die Buchungssätze für
  1) die Verrechnungen der Betriebskostenvorauszahlungen (BKVZ) mit den Forderungen aus der Umlagenabrechnung,
  2) die Nachforderungen (NF) und
  3) das Guthaben (GH) an.

Folgesituation 2

Die Teamleiterin Tüley Öztürk bittet Isabell darum, ihr einige Informationen aus der Gewinn- und Verlustrechnung zum 31.12.02 herauszuarbeiten.

S — (982) Gewinn- und Verlustrechnung zum 31.12.02 — H

S		H	
(800) Betriebskosten	650.000,00 €	(601) Umlagen	615.000,00 €
(648) Bestandsverminderung bei noch nicht abgerechneten Betriebskosten	610.000,00 €	(646) Bestandserhöhungen bei noch nicht abgerechneten Betriebskosten	610.000,00 €

Helfen Sie Isabell dabei, die entsprechenden Angaben herauszuarbeiten.

ARBEITSAUFTRÄGE

1. Wie hoch waren die im Jahr (02) angefallenen Betriebskosten?
2. Mit welchen nicht umlagefähigen Betriebskosten wird für das Jahr (02) gerechnet?
3. In welcher Höhe wurden die im Jahr (02) für das Jahr (01) abzurechnenden Betriebskosten bilanziert?
4. In welcher Höhe wurden Betriebskosten des Jahres (01) im Jahr (02) tatsächlich mit den Mietern abgerechnet?

Situation 44

Mieterhöhung über eine Indexmietvereinbarung

Im Rahmen einer innerbetrieblichen Schulung haben alle Auszubildenden den Auftrag erhalten, für den nächsten Tag eine Präsentation über eine Form der Mieterhöhung zu halten.

Isabell hat sich dafür entschieden, eine Präsentation zum Thema „Wie verläuft eine Mieterhöhung über eine Indexmietvereinbarung?" auszuarbeiten.

Für die Präsentation erhält Isabell die folgenden Vorgaben:

Grundlegende Daten

Mietpartei:	Familie Müller
Adresse:	Dombacher Ring 38, 04129 Leipzig
Etage:	1. Obergeschoss
Wohnungsgröße:	65 m² Wohnfläche
Anzahl Zimmer:	2,5
eingezogen am:	01.11.2019
Miete:	Die monatliche Nettokaltmiete betrug zu Mietbeginn 400,00 €.
Betriebskosten:	monatlich 150,00 €
Sonstiges:	Es wurde seit dem Mietbeginn noch keine Erhöhung der Miete vorgenommen.

Klausel im Mietvertrag

Die Miete wird durch den vom Statistischen Bundesamt ermittelten Verbraucherpreisindex für Deutschland bestimmt. Ändert sich der vom Statistischen Bundesamt ermittelte Verbraucherpreisindex für Deutschland (Basisjahr 2015 = 100 Punkte) um mehr als 5 Prozentpunkte, so ändert sich die Miete entsprechend. Die Miete muss, abgesehen von Erhöhungen nach §§ 559 bis 560 BGB, jeweils mindestens ein Jahr unverändert bleiben.

ARBEITSAUFTRÄGE

1. Helfen Sie Isabell bei der Erstellung der Präsentation. Gehen Sie dabei auf die folgenden Punkte ein.
   a) Besteht im vorliegenden Mietverhältnis die Möglichkeit einer Mieterhöhung? Prüfen Sie die rechtliche Gültigkeit der Vertragsklausel.
   b) Nennen Sie die gesetzlichen Grundlagen für eine Indexmieterhöhung.
   c) Welches Basisjahr bringen Sie in Ansatz?
   d) Welche Fristen sind einzuhalten?
   e) Berechnen Sie die derzeit mögliche Mieterhöhung.
2. Erarbeiten Sie ein Mieterhöhungsschreiben an die Mieter.
3. Welche Rolle spielt eine Mietminderung bei der Erhöhung über eine Indexmiete?

Folgesituation – Mietererhöhung über Modernisierung

Die MEWOH Musterwohn GmbH plant für einige Grundstücke Modernisierungs- und Instandhaltungsarbeiten. Davon betroffen ist auch das Wohngebäude in der Gründerstraße 10, 04318 Leipzig. Die Arbeiten sollen in ca. sechs Monaten beginnen. Alle erforderlichen Genehmigungen wurden bereits beantragt und liegen auch schon vor. In dem Haus sind bis auf drei Wohnungen alle anderen vermietet. Für die drei zurzeit leerstehenden Wohnungen ist geplant, dass vor einer Neuvermietung zuerst alle notwendigen Arbeiten ausgeführt werden.

In der Wohneinheit 1, sie befindet sich im Erdgeschoss links, wohnt eine ältere Dame, die schon seit längerer Zeit im Rollstuhl sitzt und ihre Wohnung nur noch sehr selten verlässt. Zum Verlassen der Wohnung ist sie auf Hilfe angewiesen, weil sie u. a. erst sechs Stufen im Hausflur überwinden muss, um zu ihrer Wohnung zu gelangen.

Die geplanten Modernisierungs- und Instandhaltungsarbeiten der MEWOH Musterwohn GmbH sollen aus eigenen Mitteln finanziert werden.

Zu berücksichtigende Eckdaten

- Bei dem Wohngebäude in der Gründerstraße 10, 04318 Leipzig handelt es sich um ein Mehrfamilienhaus mit 10 Wohnungen. Jede Wohnung hat dabei eine Wohnfläche von 70 m².
- Die derzeitige Miete beläuft sich auf 5,50 €/m² monatlich.

Geplante Modernisierungsmaßnahmen

- Es soll der Einbau eines Aufzugs erfolgen. Die Kosten liegen bei ca. 50.000,00 €.
- In jeder Wohnung wird eine Instandsetzung von allen Küchenfenstern vorgenommen. Die Kosten liegen bei ca. 5.700,00 €.
- In dem Wohngebäude wird eine Sprechanlage für ca. 6.500,00 € eingebaut.
- In den drei Leerwohnungen werden die Bäder erneuert. Es wird von Kosten in Höhe von ca. 24.000,00 € ausgegangen.
- Im Erdgeschoss erfolgt der Einbau einer Rollstuhlrampe. Die Kosten dafür belaufen sich auf ca. 6.000,00 €.
- Die Betreuung der Maßnahmen übernimmt ein Architekt (Kosten: ca. 12.500,00 €).
- Die Kosten für alle Genehmigungen betragen 1.800,00 €.
- Alle sonstigen Kosten, wie für Container, Versicherungen, Baustrom usw., werden mit ca. 4.300,00 € kalkuliert.
- Die Bauleitung wird durch die Bauabteilung der MEWOH Musterwohn GmbH ausgeführt.

ARBEITSAUFTRÄGE

1. Prüfen Sie, welche Maßnahmen als Modernisierungsarbeiten eingestuft werden können.
2. Berechnen Sie die Modernisierungserhöhung.
3. Welche Fristen sind einzuhalten?
4. Besteht die Möglichkeit, Fördermittel einzusetzen?
5. Entwerfen Sie das Schreiben zur Modernisierungsankündigung an die Mieter.

Aufgaben

1 Nennen Sie die Möglichkeiten einer Mieterhöhung im laufenden Mietverhältnis.

2 Was ist unter einer „Mietanpassungsklausel" zu verstehen und warum kann es sinnvoll sein, eine entsprechende Klausel zu vereinbaren?

3 Erklären Sie, warum das „Prinzip von Angebot und Annahme" bei einer freiwilligen Mieterhöhung während des Mietverhältnisses eine zentrale Rolle spielt.

4 Was ist unter einer Staffelmiete zu verstehen? Erläutern Sie die Voraussetzungen einer entsprechenden Vereinbarung.

5 Erklären Sie, warum bei einer Staffelmietvereinbarung ein Erhöhungsschreiben nicht erforderlich ist.

6 Wie ermittelt das Statistische Bundesamt den Lebenshaltungsindex?

7 Was verstehen Sie unter einer „ortsüblichen Vergleichsmiete" und wie wird sie ermittelt?

8 Nennen Sie den Unterschied zwischen einem einfachen und einem qualifizierten Mietspiegel.

9 Wer ist für die Erarbeitung eines Mietspiegels zuständig? Nennen Sie die gesetzlichen Bestimmungen.

10 Bei Modernisierungsmaßnahmen handelt es sich gemäß § 555b BGB um bauliche Veränderungen. Nennen Sie zu den folgenden Maßnahmen jeweils zwei Beispiele.
   a) Maßnahmen der energetischen Modernisierung
   b) Maßnahmen, durch die nicht erneuerbare Primärenergie nachhaltig eingespart oder das Klima nachhaltig geschützt werden
   c) Maßnahmen, die den Wasserverbrauch nachhaltig reduzieren
   d) Maßnahmen, die den Gebrauchswert der Mietsache nachhaltig erhöhen
   e) Maßnahmen, durch die die allgemeinen Wohnverhältnisse auf Dauer verbessert werden

11 Nennen Sie drei Beispiele, die nicht zu den Modernisierungsmaßnahmen zählen.

12 Sie möchten eine Modernisierung eines Wohnhauses vornehmen, in dem Sie einen Aufzug einbauen. Erläutern Sie folgende Punkte:
   a) Nennen sie das Ablaufschema einer Modernisierung.
   b) Welche Fristen müssen Sie einhalten?
   c) Wie hoch ist die Modernisierungsumlage?
   d) Erläutern Sie die Modernisierungsmaßnahme an einer Beispielrechnung.

13 Gemäß den aktuellen Regelungen erfolgt eine Härtefallprüfung in zwei Teilen: Es wird die wirtschaftliche und die persönliche Härte geprüft. Erklären Sie beide Prüfkriterien.

14 Was ist hinsichtlich der Erhöhungsgrenzen gemäß § 559 Absatz 3a BGB zu beachten?

15 In einem Wohnhaus haben sich aufgrund von Modernisierungen Kosten in Höhe von 9.550,00 Euro ergeben. Wie kann in Bezug auf die Mieterhöhung vorgegangen werden?

16 Wie wirken sich die folgenden Fehler bei einer Modernisierungsankündigung bzw. einer Erhöhungserklärung aus?
   a) Es erfolgt keine Modernisierungsankündigung gemäß § 555c BGB durch den Vermieter. Der Mieter hat Kenntnis von der Modernisierungsabsicht und duldet sie.
   b) Die Ankündigung der Modernisierung ist fehlerhaft, sie enthält allerdings die Ankündigung zur Mieterhöhung. Der Mieter widerspricht der Modernisierung.
   c) Eine Modernisierungsankündigung durch den Vermieter ist gemäß § 555c BGB erfolgt, aber die Ankündigung der Mieterhöhung fehlt. Der Mieter hat Kenntnis von der Modernisierungsabsicht und duldet sie.

Situation 45

Fristlose Kündigung eines Mietvertrags

Die MEWOH Musterwohn GmbH hat ein Mehrfamilienhaus in der Brauckner Straße 89, 04319 Leipzig zum 01.01.2022 in die Verwaltung übernommen. Die Mieter des Hauses wurden alle hinsichtlich der Verwaltungsübernahme informiert.

Jetzt ist bei der MEWOH ein Schreiben der Mieterinnen Katrin Willert-Schubert und Alena Schubert eingegangen (siehe Schreiben auf der nächsten Seite). In dem Schreiben geht es um die folgenden Punkte:

- fristlose Kündigung des Mietvertrags
- Schimmelbefall
- Ruhestörung wegen Hundegebell
- rückwirkende Mietminderung

Bei der Wohnung, die die Lebensgemeinschaft bewohnt, handelt es sich um eine 85 m² große Drei-Zimmer-Wohnung in der 2. Etage des Mehrfamilienhauses. Die monatliche Miete für die Wohnung beläuft sich gegenwärtig auf 950,00 Euro (Bruttowarmmiete) und setzt sich zusammen aus

- 750,00 Euro Nettokaltmiete und
- 200,00 Euro Betriebskostenvorauszahlung.

Dem Mietvertrag, den Katrin Willert-Schubert und Alena Schubert unterschrieben haben, kann entnommen werden, dass die Lebensgemeinschaft bereits seit zehn Jahren in der Wohnung lebt.

Um sich einen besseren Überblick verschaffen zu können, wird die Mieterakte zur Hilfe genommen, die die MEWOH von der vorherigen Verwaltung übernommen hat. Nach Durchsicht der Mieterakte stellt sich heraus, dass zu den genannten Beschwerden der Mieterinnen kein einziger Schriftwechsel vorhanden ist. Aus diesem Grund wird noch einmal Rücksprache mit der vorherigen Verwaltung genommen, um zu klären, ob sie etwas zu der Angelegenheit beitragen kann.

Nach der Rücksprache ergibt sich folgendes Bild: Die von den Mieterinnen hervorgebrachten Probleme waren bekannt, wurden allerdings als „lapidar" angesehen. Die Schreiben der Mieterinnen blieben daher unbeantwortet und sind alle im Papierkorb gelandet.

ARBEITSAUFTRÄGE

1. Kümmern Sie sich um den Vorgang. Erläutern Sie, wie Sie in diesem Fall vorgehen würden. Gehen Sie dabei auf die folgenden Punkte ein.

a) Wie gehen Sie mit den von den Mieterinnen angegebenen Problemen um?

b) Ist die fristlose Kündigung wirksam?

c) Ist eine Mietminderung möglich und der im Schreiben ausgewiesene Betrag auch in der geforderten Höhe gerechtfertigt? Falls es erforderlich ist, berechnen Sie den Mieterinnen die ihnen zustehende Mietminderung.

2. Setzen Sie ein Antwortschreiben an die Mieterinnen auf.

Katrin Willert-Schubert
und Alena Schubert
Brauckner Straße 89
04319 Leipzig

Leipzig, 15.01.2022

MEWOH Musterwohn GmbH
Fangerstraße 15–20
04104 Leipzig

Fristlose Kündigung wegen Schimmel und Ruhestörung
Brauckner Straße 89, 04319 Leipzig

Sehr geehrte Damen und Herren,

Ende Dezember 2021 ist bei uns das Schreiben eingegangen, dass Sie ab dem 01.01.2022 die neue Hausverwaltung übernehmen. Leider hatten wir mit der vorherigen Verwaltung so einige Probleme und freuen uns nun, einen kompetenten Ansprechpartner zu haben.

Aufgrund der bisherigen Situation in unserer Wohnung möchten wir hiermit unseren Mietvertrag fristlos zum 31.01.2022 kündigen.

In unserer Wohnung kämpfen wir seit einigen Monaten mit einem Schimmelbefall im Schlafzimmer. Der Schimmel tritt in den Fensterlaibungen und in den Ecken zur Außenwand auf. Das ist kein Zustand und wir möchten den Raum auch nicht weiter nutzen, da wir unsere Gesundheit gefährdet sehen.

Des Weiteren bellt der Hund in der Nebenwohnung ununterbrochen, sofern sich unser Nachbar auf Nachtschicht befindet und der Hund allein ist. Ein Schlafen in der Wohnung ist dann nicht mehr möglich.

Auf all die genannten Probleme haben wir die alte Verwaltung bereits mehrfach schriftlich aufmerksam gemacht. Leider ohne Erfolg.

Unabhängig von der fristlosen Kündigung machen wir rückwirkend eine Mietminderung von 1.330,00 € (20 % monatlich ab dem 01.07.2021) geltend. Den Minderungsbetrag überweisen Sie bitte auf unser Konto. Die Kontodaten liegen Ihnen vor.

Mit freundlichen Grüßen

Alena Schubert

Alena Schubert

Aufgaben

1 Erläutern Sie die Grundlagen eines Aufhebungsvertrags.

2 Was ist unter einer Kündigung zu verstehen? Erläutern Sie in diesem Zusammenhang auch, was mit dem Begriff „Willenserklärung“ gemeint ist.

3 Nennen Sie den Unterschied zwischen einer fristlosen und einer ordentlichen Kündigung in Bezug auf den Kündigungsgrund.

4 Kann eine Kündigung auch mündlich erfolgen? Begründen Sie Ihre Aussage.

5 Welche Fristen sind bei einer fristlosen Kündigung zu beachten?

6 Welche Fristen sind bei einer ordentlichen Kündigung einzuhalten?

7 Sie haben festgestellt, dass Ihr Mieter seine Wohnung untervermietet hat. Unter welchen Voraussetzungen haben Sie die Möglichkeit, den Mietvertrag zu kündigen?

8 Ein Vermieter möchte Eigenbedarf an einer 75 m² großen Wohnung (drei Zimmer mit Küche, Bad und Balkon) in seinem Haus anmelden. Der Vermieter wohnt auch selbst im Haus. Es stehen zwei Kündigungsgründe zur Auswahl.
- **a)** Der Neffe des Vermieters möchte demnächst in der Stadt studieren, hat aber keine Lust, in das ihm angebotene Studentenwohnheim einzuziehen. Da er viele unterschiedliche Hobbys hat, benötigt er auch eine große Wohnung.
- **b)** Die Mutter des Vermieters ist pflegebedürftig und möchte gern in die Nähe ihres Sohns ziehen.

Prüfen Sie die jeweiligen Kündigungsgründe und begründen Sie Ihre Entscheidung.

9 Unter welchen Voraussetzungen kann ein Mieter seine Wohnung außerordentlich fristgemäß kündigen?

10 Welche Kündigungsmöglichkeiten hat ein Mieter während des laufenden Mietverhältnisses unter der Voraussetzung, dass ein befristeter Mietvertrag abgeschlossen wurde?

11 Sofern die Kündigung des Wohnraums durch den Vermieter eine soziale Härte für den Mieter bedeutet, kann dieser sich darauf berufen. Welcher der nachfolgend aufgeführten Punkte stellt eine soziale Härte dar?
- **a)** Durch eine Kündigung würde der Mieter sozial entwurzelt werden.
- **b)** Durch die Kündigung würde sich der Anfahrweg zur Arbeit für den Mieter wesentlich verlängern.
- **c)** Die gekündigte Mieterin der Wohnung ist hochschwanger.
- **d)** Die Ex-Frau des Mieters lebt mit seinen Kindern in unmittelbarer Nähe. Eine neue Wohnung, die u. U. weiter entfernt wäre, würde für die Kinder nicht tragbar sein.
- **e)** Es ist dem Mieter nicht möglich, sich vor Ort mit vergleichbarem Wohnraum angemessen zu versorgen.
- **f)** Der Mieter der Wohnung ist schwer krank.

12 Sie haben eine Kündigung erhalten, die allerdings mit verschiedenen Bedingungen verbunden ist. Nehmen Sie dazu Stellung.

13 Auf welchem Weg sollte dem Vertragspartner eine Kündigung zugehen? Nennen Sie zwei Möglichkeiten und geben Sie an, worauf in diesen Fällen zu achten ist.

14 In vier Monaten endet ein Zeitmietvertrag. Sind die folgenden Aussagen korrekt?
- **a)** Zum Ende des Mietverhältnisses muss dennoch eine Kündigung ausgesprochen werden.
- **b)** Es ist ratsam, dass der Vermieter auf das Ende hinweist.
- **c)** Der Mieter hat das Recht, eine Verlängerung des Mietverhältnisses zu verlangen.

Situation 46

Außergerichtliches und gerichtliches Mahnverfahren, Zwangsräumung

Löschen | Antworten | An alle | Weiterleiten

Liebe Isabell,

Frau Hoffmann ist längerfristig erkrankt. Bitte übernehme doch ab heute ihr Aufgabengebiet der Terminüberwachung von Mieteingängen. Prüfe bitte gleich einmal, ob es bei den unten aufgeführten Mietern und Mieterinnen noch einen Handlungsbedarf gibt. Falls erforderlich, treffe bitte die notwendigen Entscheidungen

Gruß
Anna Foss

Mieteingänge Monat Mai (Grafenstr. 2, 04129 Leipzig)				
Mieter	**Miete in € (inkl. BKVZ)**	**Zahlung erfolgt am**	**Zahlungserinnerung am**	**Mahnung am**
Arlt, Benjamin und Freutis, Thomas	789,00	02.05.	---	---
Elling, Karla	521,00	13.05.	11.05.	---
Fülling-Kraft, Ella und Tobias	964,00	05.05.	---	---
Meister, Konrad	521,00	noch offen	11.05.	18.05.
Stech, Maren	424,00	04.05.	---	---
Zapfer, Ulla	424,00	18.05.	11.05.	18.05.

Hinweise:

1. Nach Ablauf der gesetzlichen Zahlungsfrist wartet die MEWOH Musterwohn GmbH immer noch zwei Arbeitstage, bevor eine Zahlungserinnerung verschickt wird.
2. Gehen Sie davon aus, dass der 1. Mai ein Freitag ist.
3. Eine Woche nach der Zahlungserinnerung wird eine Mahnung verschickt.

ARBEITSAUFTRÄGE

1. Bis wann hätte die Miete im Monat Mai gezahlt werden müssen (nach gesetzlicher Vorgabe)? Bestimmen Sie das genaue Datum.
2. Erklären Sie die Mieteingänge der einzelnen Mietparteien.
3. Wenn ein Mieter nicht zahlt, ist es erforderlich ihm zuerst eine Zahlungserinnerung und dann eine Mahnung zukommen zu lassen?
4. Wo gibt es noch einen Handlungsbedarf und was muss Isabell unternehmen?

Aufgaben

1 Nachfolgend sind Maßnahmen aufgeführt, um an die Miete säumiger Mieter und Mieterinnen zu kommen. Geben Sie an, welche Funktionen die einzelnen Maßnahmen übernehmen und welche Vorteile sie Ihnen bringen.
- **a)** außergerichtliches Mahnverfahren
- **b)** gerichtliches Mahnverfahren
- **c)** Klage vor Gericht
- **d)** Inkassoinstitut

2 Informieren Sie sich, wie in Ihrem Ausbildungsunternehmen bei einem Zahlungsverzug vorgegangen wird.

3 Erklären Sie das gerichtliche Mahnverfahren. Nutzen Sie dazu das Arbeitsblatt 5.6 „Gerichtliches Mahnverfahren“, welches den Webcodematerialien beiliegt.

4 Sie arbeiten in einem Unternehmen, dass seine Mieter und Mieterinnen bei einem Zahlungsverzug erst erinnert und dann mahnt. Entwerfen Sie einen Text für
- **a)** ein Erinnerungsschreiben und
- **b)** eine Mahnung.

Worauf sollten Sie bei den Schreiben achten?

5 Ein Mieter hat seine Miete noch nicht überwiesen. Wir haben heute den 10. des Monats. Ist es möglich, bereits jetzt ein Klageverfahren vor Gericht gegen den Mieter zu bestreiten? Was halten Sie von dem Vorgehen?

6 Säumige Mieter und Mieterinnen können einen großen Arbeitsaufwand und hohe Kosten verursachen. Gibt es Maßnahmen, die im Vorfeld ergriffen werden können, um fällige Zahlungseingänge abzusichern oder den rechtzeitigen Eingang der Miete wahrscheinlicher werden zu lassen? Geben Sie zwei Beispiele, welche Möglichkeiten für den Vermieter bestehen.

7 Nach einem gerichtlichen Mahnverfahren steht nun die Zwangsvollstreckung gegenüber einem Mieter an.
- **a)** Welche Voraussetzung muss gegeben sein, damit eine Zwangsvollstreckung durchgeführt werden kann?
- **b)** Erklären Sie, was genau unter einer Zwangsvollstreckung zu verstehen ist.
- **c)** Welche Gegenstände fallen unter eine Zwangsvollstreckung und welche nicht?
- **d)** Die Durchführung einer Zwangsvollstreckung erfolgt durch einen Gerichtsvollzieher. Informieren Sie sich über seine Aufgaben.

8 Fruchten das außergerichtliche sowie gerichtliche Mahnverfahren nicht gegenüber dem Mieter und hat auch eine Kündigung keinen Erfolg, dann hat der Vermieter die Möglichkeit, eine Zwangsräumung durchzuführen.
- **a)** Was ist unter einer Zwangsräumung zu verstehen?
- **b)** Was geht einer Zwangsräumung i. d. R. voran?

9 Welches Gericht ist zuständig für die Räumungsklage, sofern es sich um eine Mietwohnung handelt?

10 Welches Gericht ist zuständig für die Räumungsklage, sofern es sich um ein Gewerbeobjekt handelt?

11 Wird ein Antrag auf Räumungsklage gestellt, so ist darauf zu achten, dass verschiedene Angaben genannt werden. Sind die folgenden Angaben erforderlich?
- **a)** Name der klagenden Person
- **b)** Einschätzung des Vermieters zum Charakter des Schuldners
- **c)** eine Begründung der Klage durch die klagende Person
- **d)** Nennung des schnellstmöglichen Termins, zu dem der Schuldner aus der Wohnung muss
- **e)** ein möglicher Widerspruchsgrund des Mieters

12 Eine Zwangsräumung kann i. d. R. auf zwei Arten durchgeführt werden.
- **a)** Nennen Sie die zwei Arten.
- **b)** Erklären Sie das jeweilige Vorgehen und die Unterschiede.

Stichwortverzeichnis

H

I

J

K